LITERATUR UND ÖFFENTLICHKEIT
IM AUSGEHENDEN 19. JAHRHUNDERT

MANFRED BRAUNECK

Literatur und Öffentlichkeit im ausgehenden 19. Jahrhundert

Studien zur Rezeption des

naturalistischen Theaters in Deutschland

MCMLXXIV

J. B. METZLERSCHE VERLAGSBUCHHANDLUNG

STUTTGART

ISBN 3 476 00293 4

© J. B. Metzlersche Verlagsbuchhandlung und Carl Ernst Poeschel Verlag GmbH

in Stuttgart 1974

Satz und Druck: Gulde-Druck, Tübingen

Printed in Germany

Inhalt

Vorbemerkung 1

I. Theater und Öffentlichkeit. Institutionelle Bestimmungsfaktoren des Theaters im ausgehenden 19. Jahrhundert 7
   1. »Kulturindustrie«: die materiellen Produktionsbedingungen der privaten und öffentlichen Theater 7
   2. Die preußische Theaterzensur als legalistischer Rahmen staatlicher Kommunikationskontrolle 15
   3. Die Volksbühnenbewegung: »ästhetische Erziehung der Massen« oder proletarische Kulturpraxis 20

II. Die zeitgenössische Rezeption von Gerhart Hauptmanns Stück »Die Weber« als Fallstudie 50
   1. Der *Weber*-Prozeß 51
   2. *Die Weber:* ein Stück »aus den vierziger Jahren« 63
   3. *Die Weber* als Katalysator zum politischen Aufruhr: der ideologische Konsensus von national-konservativer Literaturkritik und den Ordnungsbehörden 65
   4. *Die Weber* im sozialgeschichtlichen Kontext der neunziger Jahre: das Weberelend in Schlesien und der Fall des Pastors Klein . . . 73
   5. *Die Weber:* »Rührstück« oder Tragödie 81

III. Sozialdemokratie als »Umsturzpartei« – Naturalismus als literarischer Anarchismus 87
   1. Sozialdemokratie und Naturalismus als Ausdruck antibürgerlichen Materialismus 87
   2. Sozialdemokratie und Naturalismus als antibürgerliche Internationale . . . 90
   3. Sozialdemokratie und Naturalismus als politischer und ästhetischer Anarchismus 91
   4. Der Naturalismus in der Reichstagsdebatte zur Umsturzvorlage (1894/95) 94

IV. Die Naturalismusdiskussion innerhalb der Sozialdemokratie . 99
   1. Wilhelm Liebknechts *Briefe aus Berlin* 99
   2. Die Polemik gegen proletarische Tendenzkunst als apologetische Argumentation für den Naturalismus 102
   3. Edgar Steigers Inanspruchnahme des Naturalismus für die sozialistische Arbeiterbewegung 104
   4. Die Naturalismusdebatte auf dem Gothaer Parteitag von 1896 . . 107
   5. Franz Mehrings *Ästhetische Streifzüge* und die Ansätze einer wissenschaftlichen Ästhetik auf der Grundlage des historischen Materialismus 113

Inhalt

V. NATURALISMUSDISKUSSION IN DEN »PREUSSISCHEN JAHRBÜCHERN«: LITERATURKRITIK JENSEITS DER POLITISCHEN FRONTEN 117
1. Der Naturalismus als »Begleiterscheinung der sozialen Frage« . . 117
2. Naturalismus als »allgemeine Weltanschauung« 118
3. Die Begründung des Zusammenhangs von Naturalismus und Proletariat unter dem Aspekt der »ästhetischen Gerechtigkeit« . . . 120

VI. DAS SOZIALE UND DIE PROGRAMMATIK DER MODERNE 123
1. Das Soziale als Fundierungszusammenhang der ästhetischen Theorie und des ästhetischen Urteils 125
2. Wilhelm Bölsches Schrift *Die sozialen Grundlagen der modernen Dichtung* 126
3. Soziale Thematik und naturalistische Ästhetik 130

VII. NATURALISMUS UND NATURWISSENSCHAFT 135
1. Die moderne Naturwissenschaft als beanspruchte Theoriegrundlage der naturalistischen Ästhetik: Wilhelm Bölsches *Prolegomena einer realistischen Ästhetik* 135
2. Naturwissenschaft und »socialdemokratische Theorie« im Kontext der Diskussion der neunziger Jahre: ein ideologisches Argumentationsmuster innerhalb der Naturalismusrezeption 138

VIII. SCHRIFTSTELLERISCHE PRAXIS UND POLITISCHES ENGAGEMENT: ZUR IDEOLOGISCHEN STANDORTBESTIMMUNG DER NATURALISTEN 149
1. Gerhart Hauptmann als Beispiel 149
2. Formalismus als ästhetische Signatur der bürgerlichen Moderne . 155
3. Die Naturalismuskritik Georg Lukács' und der marxistischen Literaturwissenschaft 157

IX. DAS THEATER DES NATURWISSENSCHAFTLICHEN ZEITALTERS: »EPISCHES THEATER« ALS MODELL DES ZEITSTÜCKS 162
1. Szenischer Illusionismus und das Prinzip der »vierten Wand« . . 163
2. Das Mikroskop als perspektivische Metapher 164
3. Der »Mangel an Gesamtanschauung« im naturalistischen Drama: das Episodische als Strukturprinzip 166
4. Die »epische« Form des Zeitstücks 169

X. TENDENZ ODER KUNSTWERT: DIE DISKUSSION EINER VERMEINTLICHEN APORIE 176
1. Tendenz und wissenschaftliche Ästhetik: »künstlerisch verwertete« Tendenz – »illustrierte« Tendenz 176
2. Tendenz und Zeitliteratur 181
3. Die Tendenzdiskussion in den Jahren 1910/11: ein kritisches Resümee 189

ANMERKUNGEN 195
BIBLIOGRAPHIE 294
PERSONENREGISTER 324

Als ob man von Kunst etwas verstehen könnte, ohne
von der Wirklichkeit etwas zu verstehen!
*B. Brecht, Der Dreigroschenprozeß. Ein soziologisches
Experiment* (1931)

Gesellschaftliche Wirkung von Kunst ist offenbar paradox als eine aus zweiter Hand; was an ihr der Spontaneität zugeschrieben wird, hängt seinerseits ab von
der gesellschaftlichen Gesamttendenz.
Th. W. Adorno, Ästhetische Theorie (1970)

Die Erforschung literarischer Rezeption hat als ihren Objektbereich die pragma-
tische und situationelle Realisation von Rezeptionsvorgaben durch den/die Rezipienten, in gleicher Weise aber auch die Bedingungen literarischer Produktion und
Distribution zu umgreifen. Diese bilden ein wesentliches Moment im Prozeß literarischer Rezeption, gehen in den Horizont der Erfahrungen der Rezipienten ein und
bestimmen maßgeblich deren kommunikative Kompetenz. In der Dialektik von
literarischer Produktion und Rezeption konstituieren sich Bedeutung, soziale Funktion und Wirkung von Literatur im historischen Raum, aus ihr resultiert vor allem
auch die produktive Komponente jedes Rezeptionsprozesses.

Diese Betrachtungsweise stellt den ästhetischen Bereich unter den Aspekt seiner
Produktion; er wird dadurch sowohl mit der allgemeinsten Konstitutionsbedingung
des Menschen vermittelt, der Produktion seiner selbst durch Arbeit, wie mit dem
Ganzen der gesellschaftlichen Produktion. Die Produktionskategorie enthält in ihrer
historisch-materialistischen Fassung zugleich die Definition der Gegenstände, auf
die sie angewandt wird; mit dem Akt der Produktion ist auf Grund der dialektischen Identität der Prozesse immer auch der Akt der Konsumtion/Rezeption als
»konsumtive Produktion« und »produktive Konsumtion« vermittelt: »Das Resultat, wozu wir gelangen, ist nicht, daß Produktion, Distribution, Austausch, Konsumtion identisch sind, sondern daß sie alle Glieder einer Totalität bilden, Unterschiede innerhalb einer Einheit. Die Produktion greift über, sowohl über sich in der
gegensätzlichen Bestimmung der Produktion, als über die andren Momente ...
Eine bestimmte Produktion bestimmt also bestimmte Konsumtion, Distribution,
Austausch und bestimmte Verhältnisse dieser verschiedenen Momente zueinan-
der.« [1] Der Stellenwert der Rezeptionsproblematik innerhalb der Literaturwissenschaft ist unter der Voraussetzung dieses Vermittlungszusammenhangs zu bestimmen.

Mit dem Begriff Rezeptionsästhetik hat H. R. Jauß [1a] die Rezeptionsforschung wieder in die aktuelle literaturwissenschaftliche Diskussion gebracht und davon ausgehend auf die Möglichkeiten verwiesen, die sich für eine Literaturgeschichtsschreibung erschließen, die sich auf das dialogische Verhältnis von Literatur und Leser als primärer Gegebenheit einläßt. Für die bürgerliche Literaturwissenschaft schien damit ein Weg gewiesen, die Gesellschaftlichkeit von Literatur, freilich reduziert auf das Verhältnis von Literatur und Leser, in die Forschung einbringen zu können, ohne sich auf eine Theorie des gesellschaftlichen Prozesses einlassen zu müssen. Jauß' These, daß die »literarische Erfahrung« des Lesers der Analyse zugänglich werde und dem Psychologismus entgehe, »wenn sie Aufnahme und Wirkung eines Werks in dem objektivierbaren Bezugssystem der Erwartungen beschreibt, das sich für jedes Werk im historischen Augenblick seines Erscheinens aus dem Vorverständnis der Gattung, aus der Form und Thematik zuvor bekannter Werke und aus dem Gegensatz von poetischer und praktischer Sprache ergibt« (32), hat ihre Grenze nicht nur in der Schwierigkeit der quellenmäßigen Dokumentation und Rekonstruktion dieser Bezugssysteme, es ist ihr vielmehr auch die Frage entgegenzustellen, ob sich der rezeptionsgeschichtliche Ansatz an der »literarischen Erfahrung« des Lesers hinreichend konkretisieren läßt. Denn die Analyse der hermeneutischen Differenz zwischen den Daten der »literarischen Erfahrung« und einem neu in den Erfahrungshorizont eintretenden Werk schließt den Vermittlungsprozeß nicht mit ein, der die »literarische Erfahrung« in den Konstitutionszusammenhang der allgemeinen gesellschaftlichen Praxis stellt. Durch diese Rückbindung jedoch erhält die Rezeption eines literarischen Werks jene perspektivische Dimensionalität, die mit der Reduktion auf den »Erwartungshorizont«, Jauß' zentraler Kategorie, m. E. nicht erfaßt wird, in der sich aber letztlich erst die Historizität des Verstehens von Literatur aufweisen läßt. Hier hat bereits K. R. Mandelkow [2] in einer Auseinandersetzung mit den Jauß'schen Thesen die Frage aufgeworfen, ob nicht »die begriffliche Fixierung eines solchen Horizonts eine heuristische Fiktion [sei], die den tatsächlichen komplizierten Vorgang der Aufnahme und Rezeption abstrahierend vereinfacht und damit gerade den eigentlichen Sachverhalt verfehlt« [3]; vielmehr sei mit einem Spektrum von Erwartungsfolien zu rechnen, die sich gegenseitig korrigieren und interferieren. Die Konstitution dieser Erwartungsfolien erklärt Mandelkow jedoch in einem Bezugsrahmen ästhetischer Prädispositionen, d. h. als »Epochenerwartung«, »Werkerwartung« und »Autorenerwartung«. Wenn es heißt, daß sich der »werkgleichzeitige[n] Rezeptionsvorgang [...] zumeist in Auseinandersetzung mit und unter dem Einfluß von anderen gleichzeitigen Rezeptionsprozessen« [4] vollzieht, ist dem nur zuzustimmen (gerade die zeitgenössische Rezeption des Naturalismus ist ein Paradigma für die Interferenz von Rezeptionsprozessen), doch führt m. E. erst die Aufgabe der ästhetischen Erfahrung als für den Rezeptionsprozeß maßgeblichen Fundierungszusammenhang aus dem Zirkeldenken dieses Ansatzes. Damit aber ist die Aufgabe gestellt, die der Rezeption vorgeordneten Erkenntnisinteressen und deren Konstitution im Zusammenhang allgemeiner zeitgeschichtlicher Dispositio-

nen zu erklären und den makrostrukturalen Bereich literarischer Produktions-
und Distributionsbedingungen in die Analyse einzubeziehen. Erst unter dieser
Voraussetzung verspricht jene Rückwirkung der »literarischen Erfahrung« auf
das gesellschaftliche Verhalten, in der Jauß die gesellschaftliche Funktion der
Literatur begründet sieht, konkret bestimmbar zu werden. Der Ansatz der
Rezeptions*ästhetik* umgeht die Frage nach einer Theorie des allgemeinen gesellschaftlichen Prozesses, seiner Struktur und Elemente, in dem literarische
Rezeption immer ein integratives Moment ist; sie erscheint als Paradigma einer
Betrachtungsweise, die die Totalität der Verflechtungen der literarischen Produktion im gesamtgesellschaftlichen Zusammenhang auf ästhetische Erfahrungs-
daten reduziert; ihre materiell-praktische Vermittlung bleibt in gleicher Weise
ausgeklammert, wie jene Bedingungen einer Sinnkonstitution, die die Rezeptivi-
tät und Funktionalität von Literatur nicht in der Dimension des ästhetischen
Überlieferungsfeldes prädisponieren. Es sind dies die Momente des geschichtli-
chen Lebenszusammenhangs, die in die Konstitution jener Vorverständnisse und
Erwartungsstrukturen eingehen, mit deren Hilfe die Rezeption letztlich erfolgt; es
sind die vielfältigen Regulative des kulturellen Bereichs, Kommunikations- und
Sozialisationsfaktoren, die institutionalisierten und institutionsfreien praktischen
Vermittlungen, die den Rezeptionsvorgang mitbestimmen.
Konkretisieren wir die Problemstellung am Gegenstand selbst! Es geht um die
Rezeption des naturalistischen Theaters in der zeitgenössischen Öffentlichkeit,
etwa zwischen 1890 und 1896, den ersten Jahren der Wilhelmischen Ära, an
deren Ende die Novemberrevolution von 1918 steht. Der Naturalismus wird
im Vorgang dieser Rezeption als Zeitliteratur verstanden und versteht sich
selbst als »literarische Moderne« und »Literatur des naturwissenschaftlichen Zeitalters«, die sich den Tendenzen der zeitgenössischen Wissenschaftsentwicklung
programmatisch verpflichtet weiß. Es ergibt sich folgendes Bild: Betrachten wir
das naturalistische Drama unter dem Anspruch seiner ästhetischen Theorie und
vom Selbstverständnis der Autoren her, so erscheint es als Produkt einer Kunstauffassung, der ein erkenntnistheoretischer Positivismus zugrunde liegt, den die
konservative zeitgenössische Literaturkritik im Bezugsrahmen einer späten,
eklektizistischen Rezeption der idealistischen Ästhetik als »Mangel an Auffassung«
apostrophiert, die jede parteiliche oder tendenziöse Widerspiegelung der Wirklichkeit ausschließt und die Autonomie des Ästhetischen gegenüber der Sphäre
lebenspraktischer Interessen behauptet. Im Widerspruch dazu steht das Bild, das
sich aus der Perspektive der zeitgenössischen Rezeption ergibt. Der überwiegende
Teil der Öffentlichkeit um 1890/96, insbesondere die staatlichen Ordnungsbehörden, begreifen den Naturalismus als zeitkritische oppositionelle Literatur, die
in einem konkreten Sinne politisch interpretiert und als sozialdemokratische
Parteiliteratur oder ästhetische Phalanx der »anarchistischen Internationale« bekämpft wird. [5] Das Urteil innerhalb der Sozialdemokratie hingegen diver-
giert; während die Mehrheit der sozialdemokratischen Kritiker und die Führer
der Partei den Naturalismus als Reflex spätbürgerlichen Kulturverfalls und
Produkt der décadence klassifizieren, formiert sich zugleich eine Gruppe seiner

Apologeten, die die »literarische Moderne« mit den Interessen der Arbeiterbewegung in Einklang zu bringen versuchen. Diese widersprüchliche Beurteilung der naturalistischen Literatur, vor allem des naturalistischen Theaters, verschärft sich zunehmend in den Jahren von 1890 bis 1896, schließlich wird der Naturalismus unmittelbar als politischer Gegenstand diskutiert. Die sozialgeschichtliche Basis für diese Auseinandersetzung bildet die einschneidendste Wirtschaftskrise des Jahrhundertendes, deren Terminierung in deutlicher Koinzidenz mit der Literaturdebatte steht.

An diesem Befund setzt die vorliegende Arbeit an. Es geht in einem ersten Schritt um die Entflechtung der Bezugsebenen, in denen die divergierenden Bedeutungs- und Funktionszuweisungen gegenüber dem literarischen Werk situiert sind; dieser Prozeß der Bedeutungs- und Funktionskonstitution ist auf seine Bestimmungsfaktoren hin zu untersuchen. In diese Frage eingeschlossen ist die Analyse der Produktionsverhältnisse des Theaters. Und es geht in einem zweiten Schritt darum, im Prozeß der Literaturrezeption den Vermittlungen des Ereigniszusammenhangs der allgemeinen Zeitgeschichte nachzugehen.

Die historische Periode, in der der Naturalismus als Zeitliteratur rezipiert wurde, war in Deutschland durch die politische Konstellation nach der Ablösung Bismarcks, die Aufhebung des Sozialistengesetzes und die Ansätze einer revisionistischen Politik der deutschen Sozialdemokratie, vor allem aber durch die Wirtschaftskrise der Jahre 1891 bis 1896 bestimmt; es war die dritte zyklische Konjunkturkrise innerhalb der »Großen Depression« [6], jener sozialgeschichtlichen Phase von 1873 bis 1896, deren instabiler Wirtschaftsverlauf dem Jahrhundertende die Signatur aufprägte. H.-U. Wehler führt zur Kennzeichnung der Entwicklungstendenzen dieses Zeitraums den Begriff »Sozialimperialismus« ein, E. Michel spricht von einer »sozial-chaotischen Epoche«. [7] Das in der kultur- und zeitkritischen Diskussion als Pessimismus oder als décadence umschriebene Lebensgefühl der Bourgeoisie des fin de siècle kann mithin als Niederschlag eines permanenten Krisenbewußtseins begriffen werden, das sich als Folge des liberalkapitalistischen Wirtschaftssystems eingestellt hatte. Dessen antagonalen Funktionszusammenhang beschreibt Friedrich Engels in folgender Weise:

Der täglich wachsenden Raschheit, womit auf allen großindustriellen Gebieten heute die Produktion gesteigert werden kann, steht gegenüber die stets zunehmende Langsamkeit der Ausdehnung des Markts für die vermehrten Produkte. Was jene in Monaten herstellt, kann dieser kaum in Jahren absorbieren [...] Die Folgen sind allgemein chronische Überproduktion, gedrückte Preise, fallende oder sogar ganz wegfallende Profite; kurz die altgerühmte Freiheit der Konkurrenz ist am Ende ihres Lateins und muß ihren offenbaren skandalösen Bankrott selbst ansagen. [8]

Gerade in den neunziger Jahren hatte sich unter den verschiedenen Krisentheorien auch bei den bürgerlichen Nationalökonomen jene als Lehrmeinung durchgesetzt, die die zyklische Krise als Folge der Überproduktion zum »natürlichen und unvermeidlichen« Teil der kapitalistischen Produktionsweise erklärte, als einen Vermittlungsprozeß, in dem sich bei der planlosen Konkurrenz und Selbständigkeit der Einzelunternehmer der Markt selbst reguliert. Die Auswirkungen dieses Systems führten schließlich zur Krise des freien Konkurrenzkapitalismus und zu seiner Wandlung. Der ideologische Konsensus der sich in dieser Situation zwischen den konservativen Gruppen der Gesellschaft ausgebildet hatte, artikulierte sich in der antisozialistischen Front der sogenannten »Ordnungsparteien«. [9] Die in der Literaturrezeption wirksam werdenden Argumentationsstereotypen der national-konservativen Literaturkritik reproduzierten diesen Konsensus. Für seinen Aufbau erwies sich jene Spannung als förderlich, die zwischen der zwar verlangsamten aber doch stetigen Zunahme der objektiven Arbeitsproduktivität und dem negativen Zeitbewußtsein, das durch die erschwerte und risikenreichere gesamtwirtschaftliche Situation erzeugt war, bestand. Daraus resultierte ein Umschwung in der Bewußtseinslage, der alle im Wirtschaftsprozeß Stehenden erfaßte;

ein vorwiegend sorgenvoll und pessimistisch gestimmter, zu ständiger Klage neigender Wirtschaftsgeist; eine Steigerung nunmehr chronisch und massenhaft werdender sozialer Unzufriedenheit und Unruhe; eine Zunahme der ideologischen Dynamik und Aggressivität; ein mit der erschwerten Steigerung der nationalen Realeinkommen verknüpfter, unablässiger, oft hitzig werdender und vielfach mit politischen Mitteln ausgefochtener Streit um ihre Verteilung. [10]

Die politische Auseinandersetzung der Arbeiterschaft mit dem gesellschaftlich bestimmenden Großbürgertum wurde durch diese Situation äußerst verschärft, die »soziale Frage« der neunziger Jahre zielte in erster Linie auf eine politische Veränderung der Gesellschaft. Diese Konstellation bestimmte den Anspruch, unter den das naturalistische Drama von der sozialdemokratischen Kritik als »soziales Drama« gestellt wurde; der in der politischen Emanzipationsbewegung engagierte Arbeiter mußte sich in der »Hinterhaus-Package« der Milieustücke in gleicher Weise diskriminiert sehen, wie durch den politischen Herrschaftsanspruch der Bourgeoisie und der Junker.

Die Interessenaufsplitterung des spätzeitlichen Konkurrenzkapitalismus fand ihre ideologische Entsprechung in der Aufsplitterung der Standpunkte und Meinungen, die das Bild der zeitgenössischen Rezeption des naturalistischen Theaters bestimmten. Die Antagonismen der materiellen Produktionssphäre reichten in ihrer ideologischen Vermittlung unmittelbar in den kulturellen Bereich; nicht nur über die betriebsmäßige und auf Kapitalverwertung hin angelegte Organisation der kulturellen Institutionen, vornehmlich des Theaters, sondern auch über die der ästhetischen Kritik und Wertung immanenten Ideologeme. Der kulturelle Bereich erhält im ausgehenden 19. Jahrhundert einen Grad unmittelbarer Politisierung, wie es bis dahin in der Geschichte der deutschen Literatur noch kaum zu beobachten war. Die Diskussion um die literarische Moderne wurde nicht allein von der zeitgenössischen Literaturwissenschaft und professionellen Literaturkritik geführt, sondern in gleicher Weise von den politischen Parteien (Parteitag der Sozialdemokratie in Gotha 1896, Parteipresse der konservativen Parteien), den Ordnungsbehörden und Gerichten (*Weber*-Prozeß), sie ist Gegenstand der Reichstagsdebatten (Umsturzdebatte) und zu ihr nimmt selbst der Kaiser Stellung. Auf diese politischen Dispositionen hin ist das Verstehen der zeitgenössischen Literatur immer schon transzendiert. Ein Konsensus zwischen den Rezipientengruppen ergibt sich stets dann, wenn diese auf der Ebene jener Interessendispositionen eine gemeinsame Front bilden. Es wird sich zeigen lassen, daß sich dieser Konsensus noch in den Detailinterpetationen der Stücke niederschlägt; die divergierenden Auslegungen des Todes des alten Hilse im letzten Akt von Gerhart Hauptmanns Stück *Die Weber* wie überhaupt die konträren Interpretationen des Ausgangs des Stücks (Wiederherstellung von Ruhe und Ordnung – oder: Triumph der Rebellion) sind Beispiele dafür.

Aus dem krisenhaften Zusammenbruch des konkurrenzkapitalistischen Wirtschaftssystem ging als neue Form der moderne Monopolkapitalismus hervor. An die Stelle des beim damaligen Stand der Entwicklung der Produktivkräfte überholten Prinzips der Selbstregelung des Systems, trat eine Aufteilung des Markts, eine durchgängige Kartellisierung der deutschen Wirtschaft und ihre Verflechtung mit dem internationalen Großkapital und dessen imperialistischer Politik.

Im Wirkungsfeld dieser Entwicklung standen die Reformversuche der Regierung, die die vom »Verein für Socialpolitik« entworfenen Perspektiven bereits seit den achtziger Jahren in eine neue Sozialgesetzgebung zu fassen versuchte, dies gilt besonders für die Februarerlasse von 1890 zur Arbeiterschutzgesetzgebung. [11] Für die konservativen Parteien war zwar ein Rückgang der Sozialdemokratie als erhoffter politischer Erfolg dieser Maßnahmen ausgeblieben, wohl aber mag sich diese Politik in der wachsenden Integrationsbereitschaft der Sozialdemokratie in den Wilhelminischen Staat niedergeschlagen haben. Zur politischen Strategie dieser Reformprogrammatik gehörten die Versuche einer Gruppe konservativer Sozialpolitiker, das Engagement für die »soziale Frage« als allgemeines Zeitproblem gegenüber dem politischen Sozialismus abzugrenzen und von dieser Orientierung aus den Naturalismus als soziale (aber unpolitische) Literatur aufzuwerten; auch die allerorts geforderte Reform des Theaters war in die staatliche Sozialpolitik integriert. Dieser sozialpolitischen Programmatik widersprachen wesentliche Entscheidungen der Regierung auf anderen Gebieten, die gegen die Interessen der Arbeiterschaft gerichtet waren. [12] Es war vor allem die Haltung der Regierung in der Kartellfrage und der Schutzzoll- und Kolonialpolitik, die den systematischen Aufbau eines deutschen Wirtschaftsimperialismus begünstigte und das Großbürgertum in eine politische Alliance mit Adel und Kaisertum brachte, die in der Arbeiterbewegung den politischen Gegner schlechthin sehen mußte. [13] In der Ideologie dieser Alliance war jene agitatorische Strategie der Ordnungsbehörden und der national-konservativen Literaturkritik vorgegeben, die den literarischen Naturalismus in den Kontext eines antibürgerlichen Feindbildes von Sozialismus, Anarchismus und Internationale stellte.

Die Schaubühne ist der gemeinschaftliche Kanal, in welchem von dem denkenden bessern Teile des Volks das Licht der Weisheit herunterströmt und von da aus in milderen Strahlen durch den ganzen Staat sich verbreitet. Richtigere Begriffe, geläuterte Grundsätze, reinere Gefühle fließen von hier durch alle Adern des Volks [...]

Fr. Schiller, *Die Schaubühne als eine moralische Anstalt betrachtet* (1784)

Die Klasse, die die Mittel zur materiellen Produktion zu ihrer Verfügung hat, disponiert damit zugleich über die Mittel zur geistigen Produktion, so daß ihr damit zugleich im Durchschnitt die Gedanken derer, denen die Mittel zur geistigen Produktion abgehen, unterworfen sind.

Marx/Engels, *Deutsche Ideologie* (1845/46)

Es gibt zwei Stände in Deutschland, die sich scheinbar niemals ihrer eigenen Kraft bewußt werden sollen, Schauspieler und Journalisten.

E. Schlaikjer, *Über die Organisation der Schauspieler* (1897)

1. »Kulturindustrie«: die materiellen Produktionsbedingungen der privaten und öffentlichen Theater

Die kapitalistische Produktionsform hatte in den 90er Jahren des 19. Jahrhunderts längst auch den kulturellen Bereich durchdrungen. [1] Das Theater nahm in diesem Prozeß insofern eine Sonderstellung ein, als hier die Prinzipien der kapitalistischen Warenproduktion in den schärfsten Widerspruch zu dem bildungsideologischen Anspruch gerieten, unter den die bürgerliche Gesellschaft diese Institution als »moralische Anstalt« gestellt hatte. So war auch das Theater bevorzugter Gegenstand einer Reihe von Untersuchungen, die um 1890 in dem sozialdemokratischen Intelligenzblatt *Die Neue Zeit* erschienen und Analysen der Produktions- und Distributionsverhältnisse des Theaters wie auch der ökonomischen Lage der Schauspieler durchführten. [2] Die Ergebnisse dieser Arbeiten hatten, ebenso wie zahlreiche Artikel über die allgemeinen »Ursachen des Bühnenniedergangs« in den Feuilletons bürgerlicher Blätter [3], eine breite

Resonanz in der Öffentlichkeit und bildeten ein integratives Moment innerhalb der Rezeptionsdispositionen für das zeitgenössische Theater. Es wird sich im Verlauf der Arbeit zeigen, in welch hohem Grade der Prozeß der literarischen Rezeption durch die Einschätzung des materiellen und ideologischen Status der Vermittlungsinstitutionen in der Öffentlichkeit bestimmt wird. Der Öffentlichkeitscharakter des Theaters erhält in diesem Zusammenhang seine konkrete Bestimmung, aus ihr resultiert auch maßgeblich die Sozialfunktion dieser Institution. Insofern ist für unsere Fragestellung die öffentliche Diskussion dieser Fragen in gleicher Weise von Bedeutung wie die objektive Analyse der Verhältnisse selbst.

Von seiten der sozialdemokratischen Kritiker war die Auseinandersetzung mit den Produktionsbedingungen des bürgerlichen Theaterbetriebs durch zwei Komponenten bestimmt: Die Aufgabe, die kulturellen Bedürfnisse des politisch selbstbewußter gewordenen Proletariats zu befriedigen, erhielt innerhalb der Zielvorstellungen der politischen Arbeiterbewegung immer mehr Gewicht; diese Befriedigung aber verwehrten den Arbeitern die bürgerlichen Kulturinstitutionen durch die Inhalte der bürgerlichen Kunst wie durch ökonomische und vom geltenden Klassenrecht legalisierte Regulative und durch die in den Institutionen selbst ritualisierte Form der ästhetischen Kommunikation. Den sozialdemokratischen Kritikern ging es darum, diese Barrieren zu durchschauen und praktisch zu überwinden. Die kulturpolitische Diskussion um die Aneignung des bürgerlichen Erbes durch das Proletariat nahm hier ihren Anfang; gleichzeitig wurde die Notwendigkeit der Aneignung der Produktionsstätten und Produktionsmittel im kulturellen Bereich, also der Theater, Verlage usw., durch das Proletariat artikuliert. Für diese letzte Forderung, die tiefgreifende Veränderungen der Besitzverhältnisse vorausgesetzt hätte, bestanden um 1890 freilich keinerlei Chancen zur Verwirklichung [3a]; so wurden ansatzweise neue Formen der kulturellen Produktion in einer vom Kapitaleinfluß weitgehend freien Sphäre entwickelt, z. B. die Freien Volksbühnen.

Stand diese Kritik unter dem kulturpolitischen Ziel, der Arbeiterschaft die Voraussetzungen zur kulturellen Betätigung zu schaffen, vor allem auch Ansätze einer eigenen Arbeiterkultur zu entwickeln, so hing damit aufs engste eine zweite Komponente zusammen, die die politökonomische Analyse des kulturellen Bereichs vornehmlich aus der Abwehr eines nahezu ausschließlichen Monopols der meinungsbildenden Institutionen und der öffentlichen Institutionen der Sozialisation in den Händen der Bourgeoisie motivierte. Die politökonomische Analyse dieses Bereichs ermöglichte es, die Operationalisierung und interessenorientierte Verwertung der kulturellen Institutionen und öffentlichen Medien im Zusammenhang der Totalität der Produktionsverhältnisse zu durchschauen und die Voraussetzungen einer emanzipatorischen Gegenkultur zu konzipieren.

Im einzelnen zeichnen die Analysen in der *Neuen Zeit* folgendes Bild [4]: Die Produktion im kulturellen Bereich erscheint durch die gleichen Besitzverhältnisse bestimmt und in gleicher Form organisiert wie die materielle Produktion, d. h. als kapitalistische Warenproduktion. In dem Beitrag *Das Proletariat der Bühne* [5] heißt es:

Vollendet wurde diese Degradation der Bühnenwelt dadurch, daß das Kapital sich des Theaters bemächtigte. Wohl ist das Theater schon längst ein Geschäft gewesen, aber es war ehedem ein solches, dessen Betreibung nicht viele Mittel erforderte [...] heute ist das Theater ein ungeheurer Apparat, den in Besitz zu bekommen und zu betreiben, ein bedeutendes Kapital erfordert. Theater auf Aktien sind keine Seltenheit mehr. Der Theaterdirektor ist zu einem Großkapitalisten oder zu dessen Vertreter geworden. (44 f.) D. h., daß sich infolge der Kapitalisierung der Produktion eine Entwicklung des technischen Aufwands und der Ausstattung vollzogen hatte, die diesen Elementen eine beherrschende Rolle im Theater einräumte; ihr extremes Endergebnis waren die großen Ausstattungsrevuen der kommerziellen Theater. [6] Die Steigerung des Aufwands an Ausstattung, Technik und Maschinerie erfolgte ausschließlich unter dem Gesichtspunkt der größeren Rentabilität des eingesetzten Kapitals; zugleich lag in dieser Entwicklung die Tendenz, die Theaterstaffage zu einem exotischen Milieu und zum sozialen Niemandsland zu stilisieren. Unter dem Gesichtspunkt der Warenproduktion geriet das Theater immer mehr auch unter die Herrschaft seiner Konsumenten, d. h. jener verschwindend kleinen Gruppe der Gesellschaft, die sich den Besuch der kommerziellen Theater leisten konnte; es hatte mit dieser Produktionsstruktur letztlich auch alle moralischen oder wirklich aufklärerischen Ziele preisgegeben, die Kapitalverwertung war zum einzigen Zweck der Theaterproduktion geworden. Ideologisch wurde dieser Vorgang durch die These von der notwendigen Tendenzfreiheit der künstlerischen Produktion legitimiert.

Den Versuch einer systematischen Analyse der Verflechtung des bürgerlichen Theaterbetriebs mit den Interessen der Kapitalverwertung unternahm Erich Schlaikjer in der Arbeit *Der Einfluß des Kapitalismus auf die moderne dramatische Kunst* [7], in der alle wesentlichen Aspekte der zeitgenössischen Diskussion zusammengefaßt sind. Als Folge dieser Verflechtung stellte Schlaikjer fest: (a) »Dadurch, daß das moderne Theater auf kapitalistischer Grundlage ruht, ist es gezwungen, das zu produzieren, was Markt hat« (649), es sei notwendig eine »Novitätenindustrie« (653) entstanden. (b) Auf Grund der allgemeinen Entwicklung der kapitalistischen Gesellschaft, in der »nur skrupellose Naturen obsiegen« (650), mußte sich der Geschmack des Theaterpublikums verändern. »Mit Naturnotwendigkeit suchte das erregte Nervensystem in der Kunst wohlthätige Erschlaffung und das ideallose Geldprotzenthum die einzige Sensation, deren es überhaupt fähig war: Sinnenkitzel.« (650) (c) Die »Novitätenfabrikation« [8] übte ihren Einfluß vor allem auch auf die Schauspieler aus: »Der Fachschauspieler entstand, der auf einen Ton gestimmt war und nur auf diesen. Wie überall im Fabrikbetrieb, so wurde auch im künstlerischen eine weitgehende Theilung der Arbeit eingeführt.« (654) (d) Auch die »Theaterskribenten« paßten sich dieser »unter dem Gesetz von Nachfrage und Angebot« (654) stehenden Situation an und produzierten nur Theater, das dem Tagesgeschmack entgegenkam. Die Produktion war als Massenproduktion organisiert; dies hatte wesentliche Folgen auch für die Inhalte der Stücke und führte zur Reproduktion von Erfolgsmustern. »Eine Folge des auf Äußerlichkeiten gerichteten Kunstgeistes war auch der bis zum Überdruß diskutierte Ausstattungsluxus.« (654) (f.)

Die Zerstörung aber geht, da das Theater selbst ein kapitalistisches Institut ist, auch von
Innen vor sich. Der Betriebsinhaber ist gezwungen, so billig wie möglich zu produzieren,
eine Tendenz, die eine möglichst große Herabdrückung des Gagenetats zur Folge
hat [...] Das Ausbeuteinteresse des Direktors geräth hier in Konflikt mit dem eines
anderen Ausbeuters, nämlich des Theateragenten. (654)

Der Theateragent stellte im kapitalistischen Theaterbetrieb eine Form des
»Zwischenhandels« dar. Gegen den Mißbrauch in der Vermittlungspraxis der
Theateragenturen erließ das Preußische Ministerium des Innern eine Verfügung
und ordnete deren Überwachung durch die Gewerbeämter an. [9]

Der Prozeß der industriellen Produktion stand seit den 70er Jahren des
19. Jahrhunderts im Zeichen großer Instabilität, deren direkter Ausdruck die
zyklischen Wirtschaftskrisen waren, die von marxistischen wie von bürgerlichen
Theoretikern als Folgeerscheinung von Überproduktion interpretiert wurden.
Der Begriff der Überproduktion wurde nun auch bei der Analyse des kulturellen
Bereichs angewandt. Ein Vergleich statistischer Werte der Jahre 1873 bis 1884
zeigt, daß in diesem Zeitraum die belletristische Buchproduktion um 40% zu-
genommen hatte, in Deutschland allein waren 16 000 Schriftsteller und Schrift-
stellerinnen registriert. [10] Produktion und Konsumtion waren jedoch durch
die Entwicklung der wirtschaftlichen Gesamtsituation tendenziell nicht mehr aufeinander bezogen. Der Überproduktion im literarischen Bereich stand eine Mini-
mierung der Kaufmöglichkeiten jener Bevölkerungsschichten entgegen, die vornehmlich als Leser/Publikum in Frage kamen.

Das Publikum ist derjenige Theil der wohlhabenden Klassen, der im Stande und geneigt ist, Bücher zu kaufen oder doch wenigstens die Leihbibliotheksgebühr zu zahlen,
also ein nur sehr geringer Bruchtheil des Volkes. Und dieser Bruchtheil setzt sich hauptsächlich aus dem gebildeten besitzenden Mittelstande zusammen, also einer Bevölkerungs-
schicht, welche durch die wirtschaftliche Entwicklung der Gegenwart keinen stärkenden
Zufluß erhält, sondern immer weiter vermindert und gedrückt wird. [11]

D. h. die Wirtschaftskrisen des ausgehenden 19. Jahrhunderts verliefen – wie
in den 20er und frühen 30er Jahren des 20. Jahrhunderts – stets auf Kosten des bürgerlichen Mittelstands und des Proletariats. Die Verlage reagierten auf diese Situation zunächst mit der Herstellung billiger Massenausgaben, es entstanden die
»Volksausgaben« der Klassiker; Wengraf kommentiert diese Einrichtung in folgender Weise:

Gewiß ist das ein Fortschritt, aber nicht minder gewiß ist, daß die Urheber derselben
sich verdammt wenig um die Ausbreitung von Bildung und Aufklärung bekümmern –
sowenig wie der Fabrikant billiger Wollstoffe daran denkt, den Armen die Anschaffung von Kleidern zu erleichtern. (246)

Solche Analogien, die sich häufig finden, machen deutlich, daß den Kritikern
der *Neuen Zeit* der kulturelle Bereich als von den gleichen Gesetzmäßigkeiten
beherrscht erschien wie die Sphäre der materiellen Produktion; im Verfahren
dieses undialektischen Analogisierens lag freilich auch die theoretische Begrenzt-
heit dieses Ansatzes der Kritik, die in der Entwicklung der technischen Produktivkräfte nur eine Verfallstendenz der kulturellen Produktion zu sehen vermochte.

Überproduktion charakterisierte jedoch nicht allein die Produktion von Kunstwerken, der bildenden Kunst, der belletristischen Literatur oder des Theaters, sie war auch signifikant für die Lage der Arbeitenden im kulturellen Bereich. *Die Neue Zeit* diskutiert dieses Problem von ihrer ersten Nummer an unter dem Schlagwort der »Überproduktion an Intelligenz in Deutschland«. [12] »Überproduktion an Intelligenz« bedeutet, daß die Lage der Wissenschaftler und der Künstler, beide sind in den zeitgenössischen statistischen Erhebungen stets zusammengefaßt, als Resultat der dem ökonomischen System immanenten Steuerungsfaktoren erscheint. So wird in zahlreichen Artikeln etwa die Einführung der allgemeinen und kostenfreien Elementarschule als im Interesse der Mehrproduktion (d. h. Überproduktion) von qualifiziert ausgebildeten Menschen stehend interpretiert, die dann auf dem Arbeitsmarkt das Pendel von Angebot und Nachfrage auf die Seite des größeren Angebots ausgeschlagen lasse, d. h. die Ware Arbeitskraft verbillige.

Die Proletarier der Intelligenz glaubten in naiver Weise, daß ihre Talente und ihre wissenschaftlichen und literarischen Kenntnisse ebensoviele Privilegien für sie bildeten, die sie hinderten, ins Proletarierelend herabgedrückt zu werden; sie bildeten sich ein, die Arbeitskraft ihres Gehirns könne nie zu einer Ware herabsinken, deren Preis sich nach Kosten richtet. Aber die Thatsachen haben sie bald ein anderes Lied gelehrt [...] Man fabriziert heute Chemiker, Ingenieure, Mediziner, Agronomen, Professoren mit derselben Leichtigkeit, mit der die Züchter Hühner, die das ganze Jahr Eier legen ohne je zu brüten, und Ochsen ohne Hörner produzieren, und ebenso zahllos wie Kaninchen [...] [13]

Diese Situation hatte vor allem Auswirkungen auf die Substrukturen der Theaterorganisation, die Rolle der Autoren und die Lage der Theaterproduzenten, also der Schauspieler, Regisseure und der Bühnenarbeiter. »Die Masse der Schauspieler« heißt es in dem Aufsatz *Das Proletariat der Bühne* [14], »zerfällt in zwei Theile: eine winzige Minorität, die Virtuosen, die Stars, die Zugkräfte, die, aus welchen Gründen immer das Publikum anlocken, und eine große Majorität elender Proletarier. Der Mittelstand spielt auch auf dem Theater eine immer schäbigere Rolle.« (45) Das verelendete Schauspielerproletariat befinde sich zudem in der widersprüchlichen Lage, »die Einnahmen des Handarbeiters vereinbaren [zu müssen] mit dem Äußeren und Gebahren der vornehmen Welt.« (45) Die zeitgenössischen Einkommenstatistiken verzeichnen Unterschiede im Jahreseinkommen der Schauspieler in der Spanne von 60 000 Mark und 200 Mark. [15] Durch diese Gagen- und Lohnstrategie erfolgte eine systematische Zersplitterung der lohnabhängigen Gruppen am Theater; die hohen Gagen wie die Ausstattungskosten mußten im Grunde von der Masse der Schauspieler getragen werden, die oft genug unterhalb des Existenzminimums entlohnt wurden. Die von den Theatern planvoll geförderte Vermehrung von Arbeitskräften durch das Heer unbezahlter Schauspielschüler und Theatervolonteure stellte die Bedingungen dieser Lohnpolitik sicher; die meisten Theaterdirektoren unterhielten eigene oder ihrem Unternehmen angeschlossene Schauspielschulen. Dieser Situation kam entgegen, daß das Theater vornehmlich jene jungen Menschen anzog, die aus

dem verarmten Mittelstand kamen und Arbeit suchten, ohne eine wirkliche Berufsausbildung absolviert zu haben; am Theater konnten sie sich gewisse Aufstiegschancen immerhin noch erhoffen, so gering diese für die Masse der Bewerber auch
sein mochten; »Arbeiter wollen sie ja doch nicht werden«, kommentierte ein Kritiker in der *Neuen Zeit*. [16]

Ein besonderes Risiko für die Schauspieler stellten die Arbeitsverträge dar.
Nach dem geltenden Recht konnten die Theaterdirektoren einen Schauspieler
innerhalb der ersten sechs Wochen der Saison, noch nach dem ersten Bühneneinsatz entlassen. Vielfach wurden bei Saisonbeginn an einem Theater für den
gleichen Rollentyp mehrere Schauspieler bzw. Schauspielerinnen engagiert, dann
aber nur derjenige behalten, der beim Publikum am besten angekommen war. Da
alle anderen sich bereits die notwendigen Kostüme auf eigene Rechnung hatten
anfertigen lassen und die Saison an den Theatern schon angelaufen war, hatten
die Direktoren in der Regel leichtes Spiel, den von der Entlassung bedrohten
Schauspielern die ursprünglich vereinbarten Gagen erheblich zu reduzieren, wenn
sie sie überhaupt am Theater behielten. O. Felsing spricht von »weißen Sklavinnen und Sklaven« (46), die auf Grund ihrer arbeitsrechtlichen Lage zur absoluten
Unterwürfigkeit verurteilt seien. [17] Am 5. März 1892 wurde vom Preußischen Innenministerium eine Zirkularverfügung zur Überwachung der Theaterunternehmer erlassen und für die gröbsten Formen des Vertragsmißbrauchs der
Entzug der Gewerbekonzession angedroht. Zahlreiche Fälle waren bekannt geworden, daß Theaterdirektoren nach Saisonbeginn mit Schaupielerinnen, die
durch Kostümkosten verschuldet waren, Tagesgagen von 50 Pfennigen vereinbart hatten. Die Verbandszeitschrift der Genossenschaft deutscher Bühnenangehöriger brachte fast in jeder Nummer dieser Jahre Schilderungen der bedrückenden Rechtlosigkeit und Ausbeutung der Schauspieler.

In einer besonders schwierigen Lage befand sich die Masse der Schauspielerinnen, die praktisch auf Prostitution angewiesen war.

Bei einer Schauspielerin muß die Prostitution nicht nur den Lohn auf die Höhe des
Existenzminimums ergänzen, sondern noch einen Beitrag liefern zu den Betriebskosten
des Unternehmens, einen Beitrag, der oft höher ist, als der der Schauspielerin gezahlte
Lohn. Es besteht nämlich bei den Theatern die eigentümliche Bestimmung, daß nur
männlichen Schauspielern ihre Kostüme von der Unternehmung geliefert werden. (46)[18]

So kam es vor, daß Schauspielerinnen, die eine Monatsgage von 100 Mark bekamen, während einer Saison Kostümkosten von 1000 Mark und mehr hatten.
An verschiedenen Orten bildeten sich deshalb private Hilfsorganisationen, die
die soziale Lage der Schauspielerinnen zu bessern versuchten. Erst im Jahre 1906
setzte die Deutsche Bühnengenossenschaft durch, daß sich die im Deutschen
Bühnenverein organisierten Bühnenvorstände vorbehaltlich der Zustimmung
ihrer Geldgeber verpflichteten, Chorsängerinnen und im Chor tätigen Schauspielerinnen zumindest die historischen Kostüme zu liefern, falls deren Monatsgage nicht 100 Mark übersteige.

Da aber die Durchschnittsmonatsgage von 105 bis 120 Mark für diese Fächer beträgt, so blieben an jedem Provinztheater höchstens drei bis vier, denen Kostüme geliefert werden müssen. Wem fallen da nicht die Kniffe der Kapitalisten gegenüber den Industriearbeitern bezüglich von Reformbestrebungen ein, wie sie Marx zu Dutzenden anführt und wie sie auch heute noch von allen Unternehmern praktiziert werden? [...] In der kapitalistischen Gesellschaft ist nicht Raum und Platz für radikale Reformen der Lage irgendeines Standes. Alle persönlichen und künstlerischen Mängel der Schauspielerklasse entspringen dem gewerbsmäßig und kapitalistisch betriebenen Verschleiß der Bühnenkunst. [19]

Eine extreme Zersplitterung der Gruppe der Schauspieler durch eine als Rollenspezialisierung praktizierte Arbeitsteilung ist ein weiteres Merkmal ihrer sozialen Lage. Die Etatabrechnungen der kommerziellen Theater verzeichnen oft über dreißig Rollentitel: Salondame, Erster Komiker, Erster Charakterspieler, Zweiter Charakterspieler, Erste Heldin, Zweite Heldin, Humoristischer Vater, Erste Mutter, Zweite Mutter, Erster jugendlicher Held, Erster jugendlicher Liebhaber, Zweiter jugendlicher Liebhaber, Sentimentale, Schüchterner Liebhaber, Zweite Liebhaberin, Père noble usw. Eine Einkommenstatistik des Theaterjahres 1904/5, die für 17 590 Schauspieler aufgestellt wurde, ergibt, daß 16,5% der Schauspieler ein Jahreseinkommen von über 2000 Mark hatten, 12,5% hatten ein Jahreseinkommen zwischen 1500 bis 2000 Mark, 43% zwischen 1000 und 1500 Mark, 20,5% zwischen 700 und 1000 Mark, 5% bis 700 Mark im Jahr und 2,5% hatten kein Einkommen, d. h. sie arbeiteten als Volonteure am Theater. Da die Schauspieler noch erhebliche Kosten durch Reisegelder, Mieten möblierter Wohnungen, Kostüme u. a. hatten, lag das Einkommen für die meisten der am Theater Arbeitenden weit unter dem von den statistischen Jahrbüchern angegebenen Lebenshaltungskostenminimum. Diese Zahlen machen deutlich, daß sich die Masse der Schauspieler in einer noch schlechteren ökonomischen Lage befand, als das zeitgenössische Industrieproletariat, das sich in den frühen 90er Jahren bereits ein deutlich höheres durchschnittliches Realeinkommen und größere soziale Sicherheiten erkämpft hatte. [20] – Auf die Bestrebungen, die sozialen Verhältnisse (insbesondere das Arbeitsrecht) der Schauspieler zu reformieren, wie es durch private Hilfsorganisationen, die Aktivitäten der Bühnengenossenschaft und des Deutschen Bühnenvereins seit etwa 1900 versucht wurde (die zitierte Statistik über die Einkommensverhältnisse bezieht sich also auf eine gegenüber 1890 bereits weitaus verbesserte Lage der Schauspieler) [21], soll hier nicht weiter eingegangen werden, da sie aus dem historischen Rahmen, den sich die Untersuchung gesetzt hat, hinausführen.

Daß die Lohn- bzw. Gagen- oder Honorarabhängigen im Bereich der kulturellen Produktion, seien es nun Autoren, Schauspieler oder bildende Künstler, ihre ökonomischen Interessen nicht durch einen wirkungsvollen gewerkschaftlichen Zusammenschluß durchzusetzen vermochten – wie das die Kritiker in der *Neuen Zeit* immer wieder forderten – muß wohl als Folge davon angesehen werden, daß der Begriff der künstlerischen Freiheit als unterstellte Notwendigkeit künstlerischer Produktivität stets nur als geistige Freiheit diskutiert und die

Betonung ihrer materiellen Grundlage als dem geistigen Arbeiter unangemessen diskreditiert wurde. Diese Einstellung prägt offenbar noch heute den Bewußtseinsstand der Masse derer, die in der modernen Kulturindustrie arbeiten; Martin Walsers Beschreibung der gegenwärtigen Situation macht ihre Kontinuität deutlich: »Die traditionsreiche Vorstellung von der Selbstverwirklichung in der unverwechselbaren, am liebsten einmaligen Individual-Laufbahn liefert die Fata Morgana, der zuliebe sich jeder lebenslänglich ausbeuten läßt. Nirgends scheint es so schwer zu sein, die eigenen Erfahrungen verstehen zu lernen wie im kulturindustriellen Bereich.« [22] Das Ideologem von der notwendigen Selbstverwirklichung in der »einmaligen Individual-Laufbahn« ermöglichte fraglos die restriktive Lohnpolitik im Bereich der kulturellen Produktion bereits im ausgehenden 19. Jahrhundert und stabilisierte ein System permanenter Ausbeutung. Diese Einstellung unterscheidet den Schauspieler deutlich von dem in der politischen Arbeiterbewegung organisierten Industriearbeiter; von den sozialdemokratischen Kritikern wurde das politische Bewußtsein der Schauspieler als typisch für das Lumpenproletariat bezeichnet:

Im Durchschnittsschauspieler steckt noch immer etwas vom Geist des alten Lumpenproletariers, und der durch die jetzigen ökonomischen Verhältnisse verstärkte Zudrang verbummelter und deklassierter Bourgeoiseelemente zum Theater facht diesen Geist mächtig an. Der Geist des Lumpenproletariats ist aber der gerade Gegensatz zu dem des industriellen Lohnproletariats. Der Begriff der Solidarität ist ihm fremd; er verwirklicht in vollendetster Weise das Ideal von der Selbständigkeit des Individuums der Herren Bueck und Konsorten. Der ›Kollege‹ ist ihm gleichbedeutend mit ›Feind‹, mit einem, der ihm im Wege steht, der ihm schadet, den er unschädlich machen muß, soll er vorwärts kommen. Nicht durch festes geschlossenes Zusammenhalten mit den Kollegen sucht der Durchschnittsschauspieler seine Lage zu verbessern, sondern durch Intriguen, durch Herabsetzen seiner Genossen, durch Überbietung derselben an Geschmeidigkeit und Unterwürfigkeit. Kein Wunder, daß die Schauspieler die hilfloseste und widerstandsloseste Menge bilden, die man sich denken kann. Auch der ärmste Lohnproletarier ließe sich die Beschimpfungen und Quälereien nicht bieten, die sich ein Theaterdirektor gegenüber den eleganten Herren und Damen seines Personals erlauben darf. [23]

Wie die Schauspieler waren auch die Theaterautoren den Gesetzen jener Produktionsweise unterworfen; das Verwertungsinteresse bestimme die literarische Produktion bereits an der Wurzel. [24] Sie

richten ihre Stücke oft danach ein [gemeint ist: nach den Interessen der Theaterdirektoren – M. B.], um sie leichter anzubringen. Sie schreiben Glanzrollen und Effektszenen; ein dürftiger Faden verbindet das Ganze und einige schablonenhafte Figuren agiren im Stück, zu keinem anderen Zweck, als nur die gewünschten Situationen für die Stars vorzubereiten [...] Für das Theater schreiben fast nur noch Leute, die keine Idee von dem haben, was ihre Zeit bewegt. [25]

Für das ausgehende 19. Jahrhundert läßt sich hinsichtlich der Produktionsverhältnisse des Theaters durchaus im Sinne der *Deutschen Ideologie* resümieren:

damit zugleich über die Mittel zur geistigen Produktion, so daß ihr damit zugleich im Die Klasse, die die Mittel zur materiellen Produktion zu ihrer Verfügung hat, disponiert

Durchschnitt die Gedanken derer, denen die Mittel zur geistigen Produktion abgehen, unterworfen sind [...] Die Individuen, welche die herrschende Klasse ausmachen, haben unter Anderm auch Bewußtsein und denken daher; insofern sie also als Klasse herrschen und den ganzen Umfang einer Geschichtsepoche bestimmen, versteht es sich von selbst, daß sie dies in ihrer ganzen Ausdehnung tun, also unter Andern auch als Denkende, als Produzenten von Gedanken herrschen, die Produktion und Distribution der Gedanken ihrer Zeit regeln; daß also ihre Gedanken die herrschenden Gedanken der Epoche sind. [...]

In dieser Betrachtungsweise erscheinen die Produktionsverhältnisse einer Gesellschaft als Ganzes. Der kulturelle Bereich verfällt nicht mehr einer isolierenden Interpretation der in ihm herrschenden Gesetze, sondern wird durch die Analyse seiner Produktionsstruktur, der geistigen wie der materiellen Produktion, hinsichtlich seines Stellenwerts im gesellschaftlichen Zusammenhang bestimmbar; kulturelle Produktion erscheint als Moment gesellschaftlicher Praxis und wird damit auf die in ihr verwirklichten emanzipativen Grundwerte befragbar.

2. Die preußische Theaterzensur als legalistischer Rahmen staatlicher Kommunikationskontrolle

Die »Distribution der Gedanken« war in der Gesellschaft des ausgehenden 19. Jahrhunderts nicht nur durch das eindeutige Produktionsmonopol der bürgerlichen Verlage und Theater und deren ökonomische Vertriebsregulative organisiert, sondern unterlag auch einem ausgebauten System staatlicher Kommunikationskontrollen, deren wichtigstes Instrumentarium die Zensurgesetze darstellten, die die verfassungsmäßig verbürgte Freiheit der öffentlichen Meinungsäußerung auf der unteren Ebene ordnungsbehördlicher Verfügungen permanent einzuschränken versuchten; daneben fungierte das Vereinsgesetz als Instrument der Kontrolle und der ständigen polizeilichen Überwachung der Theater, vornehmlich der zahlreichen Bühnenvereine. [1] Am Beispiel der preußischen Zensurgesetzgebung und der Praxis der Theaterzensur soll gezeigt werden, wie sich diese Kommunikationsregulative in den Zusammenhang der bisher dargestellten Produktionsstrukturen des kulturellen Bereichs einfügen; gleichzeitig wird in der Analyse der zeitgenössischen Auseinandersetzung um die Zensur der Stellenwert des Theaters als Institution bürgerlicher Öffentlichkeit erkennbar.

Eine gesetzliche Regelung der Theaterzensur wurde in Preußen erst durch eine Verfügung des Polizeiministers von Schuckmann vom 16. März 1820, die auf Veranlassung des Staatsministers von Hardenberg zustande gekommen war, eingeführt. Bis zu diesem Zeitpunkt regelten die allgemeinen Zensurbestimmungen, die Teil der Karlsbader Beschlüsse von 1819 waren, auch die Theaterzensur. Diese Beschlüsse sahen die staatliche Zensur für Bücher und Druckschriften unter zwanzig Bogen vor, darunter fielen praktisch alle Theaterstücke, die damit eine rechtliche Sonderstellung gegenüber den meisten anderen literarischen Veröffentlichungsformen einnahmen; die Zensur bezog sich jedoch nur auf den Druck von Texten. In der Verfügung vom März 1820 aber hieß es:

Da der Fall eintreten kann, daß ungeachtet der von der Zensurbehörde zum Drucke
eines Theaterstücks erteilten Erlaubnis, die öffentliche *Aufführung* desselben aus polizeilichen Rücksichten zu untersagen oder zu suspendieren ist, und des Herrn Staatskanzlers
Durchlaucht dies lediglich für einen Gegenstand der Polizei und nicht der Zensur erklärt
hat, so wird das Königliche Regierungspräsidium hierdurch veranlaßt: die Einrichtung
zu treffen, daß künftig auf keinem öffentlichen Theater (die für Königliche Rechnung
administrirten ausgenommen) irgendein gedrucktes oder ungedrucktes Trauer-, Schau-,
Lust- oder Singspiel ohne vorläufige Erlaubniß des Königlichen Regierungspräsidii oder
derjenigen Personen, welche dasselbe mit diesem Geschäft beauftragen wird, aufgeführt
werde. [2]

In der Begründung dieser Verfügung war eine äußerst folgenreiche Rechtsauslegung enthalten; dadurch nämlich, daß zwar der Vorgang der Druckgeneh-
migung als Aufgabe der Zensurbehörde, d. h. einer Abteilung des Ministeriums
des Innern, beibehalten wurde, die Aufführungsverbote jedoch von den lokalen
Polizeibehörden ausgesprochen werden konnten und allein unter deren rechtlicher
Kompetenz standen. Damit war ein Moment größter Willkür in die Zensurpraxis gebracht und das Überwachungssystem völlig dezentralisiert. Erst über
die Instanzen der Verwaltungsgerichte konnten die betroffenen Autoren gegen
die sofort wirksamen polizeilichen Verfügungen Berufung einlegen. Inwieweit
sich dieses formaljuristische Räderwerk am Ende stets gegen den klagenden
Autor oder Bühnenverein wandte, selbst wenn die letztentscheidende Instanz
zu dessen Gunsten urteilte, werden die Analysen der Prozesse gegen die Freie
Volksbühne und des *Weber*-Prozesses zeigen.

Im Jahre 1820 hatte jene Verfügung in der Öffentlichkeit kaum spürbare
Bedeutung, diese bekam sie erst, als nach 1848 eine Reihe von Privattheatern
gegründet wurden, als erstes am 25. Juni 1848 das »Deutsche Theater« in der
Schumannstraße in Berlin. Durch diesen Vorgang wurde aber auch deutlich,
daß durch die Kabinetsorder Friedrich Wilhelms von Preußen vom 18. März
1848, die eine wesentliche Liberalisierung des öffentlichen Rechts gebracht hatte,
die Theaterzensur nicht mit abgeschafft worden war. Dazu nimmt eine Erklärung des Preußischen Ministeriums des Innern vom 25. September 1848 Stellung,
in der festgestellt wird, daß die Theaterzensur der gesetzlichen Grundlage ent-
behre und »überdies unvereinbar [sei] mit dem jetzt angenommenen Grundsatz der öffentlichen Redefreiheit und mit dem Wegfall allgemeiner präventiver
Polizeieinrichtungen gegen den Mißbrauch öffentlicher Rede und Schrift«. [3]
Mit dieser Ministerialverfügung galt die Theaterzensur als abgeschafft, polizeiliche Überwachung öffentlicher Aufführungen erfolgte nur noch im Hinblick auf
die Übertretung der Strafgesetze. In den folgenden Jahren konnten sich die
Gegner der Theaterzensur überdies auf die am 31. Januar 1850 erlassene Preußische Verfassung berufen, die in ihrem § 27 erklärte: »Jeder Preuße hat das
Recht, durch Wort, Schrift, Druck und bildliche Darstellung seine Meinung frei
zu äußern. Die Censur darf nicht eingeführt werden; jede andere Beschränkung
der Preßfreiheit nur im Wege der Gesetzgebung.«

Dieser weitgehend liberalisierte Zustand wurde erst wieder durch das Eingrei-
fen des Berliner Polizeipräsidenten von Hinckeldey aufgehoben, der im Februar

1850 die Polizei anwies, regelmäßig ausführliche Rapporte über die Aufführungen der Theater anzufertigen, »wenn der Inhalt des Stücks etwas Auffälliges darbieten sollte«. [4] Im Dezember des gleichen Jahres legte Hinckeldey den Entwurf einer Polizeiverordnung vor, die unter Berufung auf das allgemeine Landrecht das gesamte Theaterwesen, insbesondere die zahlreichen Theatervereine, einer umfassenden Kontrolle unterwerfen sollte. Einen bereitwilligen Befürworter des Entwurfs fand Hinckeldey in dem preußischen Innenminister von Westphalen, der die Vorlage durch seine Stellungnahme noch verschärfte. So kam eine zweite Fassung des Verordnungsentwurfs zustande, der in 15 Paragraphen die Kontrollkompetenz der Polizei gegenüber den Theatern regelte und für die Ordnungsbehörden ein Instrumentarium bereitstellte, das nahezu jede Eingriffsmöglichkeit legalisierte. Diese Verfügung trat am 10. Juli 1851 in Kraft und behielt Geltung bis zum November 1918. [5] Besondere politische Bedeutung erhielt der § 3 der Verfügung, der den Öffentlichkeitsbegriff definierte; es war vor allem dieser Paragraph, der in den 90er Jahren als legalistische Grundlage für das Vorgehen der Polizei gegen den Verein Freie Volksbühne beansprucht wurde.

Diese Situation lag vor, als 1890/91 eine breite öffentliche Diskussion der Theaterzensur einsetzte [6], die ausgelöst wurde durch Verbote von Bühnenstükken des Naturalismus, deren von den Ordnungsbehörden unterstellte agitatorische Unterstützung der Sozialdemokratie und vermeintlich umstürzlerische Tendenz, ja sogar Parteinahme für die internationale Anarchismusbewegung, die rigoroseste Anwendung der Zensurbestimmungen zu legitimieren schienen. Wenn die politische Auseinandersetzung mit dem Naturalismus in den 90er Jahren fast ausschließlich als Auseinandersetzung mit dem naturalistischen Theater stattfand, mag das verschiedene Gründe gehabt haben: Eine der Ursachen war sicherlich die, daß das Theater durch seine bildungsideologische Beanspruchung als »moralische Anstalt« und durch seine spezifische Öffentlichkeitsform als Institution eine Sonderstellung innerhalb des Kulturbetriebs einnahm; zum andern aber auch dadurch, daß das Theater eben aufgrund seiner Ausnahmestellung innerhalb der Zensurbestimmungen der polizeilichen Überwachung und Reglementierung vornehmlich ausgesetzt war. Als besondere Komponente der Politisierung dieser Frage ist in Rechnung zu stellen, daß der Theaterbesuch langehin noch als Privileg feudaler Gesellschaftsschichten und der Bourgeoisie galt; es ging mithin auch um die Verteidigung eines Reservats innerhalb der bürgerlichen Gesellschaft, das sich diese Klassen für ihre »Feierstunden« geschaffen hatten und dessen Erhalt als »zweckfreie Sphäre« gerade einer in den Existenzkämpfen des späten Konkurrezkapitalismus verstrickten Gesellschaftsformation zur ideologischen Notwendigkeit geworden war.

Die Diskussion der Zensurfrage spiegelte das weltanschauliche Spektrum der politischen Parteien der frühen 90er Jahre wider. Die liberalen Rechtstheoretiker vertraten die Auffassung, daß ein Stück nicht schon vor seiner Aufführung verboten werden könne, sondern daß erst nach der Aufführung geprüft werden müsse, ob ein Verstoß gegen die Ordnungsverfügung vorläge; die national-konservativen Parteien und ihre Sprecher in den publizistischen Organen hingegen widersetzten sich dieser Differenzierung entschieden und stellten die Verfassungsmäßigkeit der freien Meinungsäußerung für das Theater prinzipiell in Frage. Sie interpretierten den § 27 der Preußischen Verfassung so, daß sich die Garantie der Meinungsfreiheit nur auf die im Absatz 1 genannten vier Arten der Meinungsäußerung beziehe. Freie Meinungsäußerung in einer öffentlichen Theateraufführung oder Rezitation erschien den Konservativen nicht als Gegenstand des Verfassungsparagraphen. [6a] Dieser Auslegung, obwohl sie eindeutig gegen die geübte Rechtspraxis verstieß, schlossen sich nicht nur die Polizeibehörden an, sondern später auch das Oberverwaltungsgericht und die Regierung. Die verfassungsmäßige Grundlage der Theaterzensur blieb jedoch umstritten, sie stützte sich ausschließlich auf die Verordnungen über die Machtbefugnis der Polizei; bereits die Hinckeldeysche Verfügung vom 10. Juli 1851 hatte keine andere rechtstheoretische Grundlage als den § 6 d des Organisationsgesetzes von 1850, der bestimmte, daß der Polizei der Auftrag zur Überwachung größerer Ansammlungen von Menschen zukäme. Obwohl die liberalen Parteien entschieden gegen die Aushöhlung der in der Verfassung garantierten Freiheiten durch diese Rechtsauslegung protestierten, räumten sie doch den Ordnungsbehörden das Recht auf Präventivmaßnahmen gegenüber dem Theater ein, die den Mißbrauch der Schaubühne zu unsittlichen und das allgemeine Wohl untergrabenden Zwecken verhindern sollten.

Die Zeitschrift *Deutsche Dichtung* veranstaltete im Jahre 1892 hinsichtlich der Theaterzensur eine Umfrage, die einen deutlichen Konsensus innerhalb der liberalen Literaturkritiker und Theaterleiter für eine eingeschränkte Präventivzensur ergab. [7] Die Sozialdemokraten sahen in der Zensurpraxis ein eklatantes Beispiel von Klassenjustiz, da sich die Zensurmaßnahmen fast ausschließlich gegen Stücke richteten, denen Parteinahme für die sozialdemokratische Arbeiterbewegung unterstellt wurde. Der Beitrag von Heinrich Bulthaupt, einem der erbittertsten Kritiker des naturalistischen Theaters, machte hingegen die nationalkonservative Position in dieser Frage deutlich. Bulthaupt plädierte uneingeschränkt für die Zensur, denn dem Staat komme der Auftrag zu, für Ruhe und Ordnung zu sorgen und gegen die »Verletzung seiner Gebote, eine Erschütterung seiner Fundamente, eine Störung seiner Internationalen Beziehung, Angriffe auf die Schamhaftigkeit und die gute Sitte« (25) vorzugehen; im Rückgriff auf diese Wertvorstellungen erschien jeder Eingriff in den Literatur- und Theaterbetrieb legitimiert. Hinter dieser Argumentation verbarg sich – für die Zeitgenossen hinreichend signalisiert – die Vorstellung von der Sozialdemokratie als Umsturzpartei; »Erschütterung der Fundamente des Staates« erwarteten die konservativen Parteien und ihre Anhänger ausschließlich von der sozialistischen Arbeiterbewegung, so daß die von Bulthaupt ganz allgemein formulierten Argumente das politische Vorverständnis der Zeitgenossen ausdrückten und als gezielte Agitation gegen die Sozialdemokratie zu interpretieren sind. Diese Argumentationsstrategie wurde spätestens in der vom Dezember 1894 bis zum Mai 1895 im Reichstag geführten Umsturzdebatte offenkundig, darauf wird noch einzugehen sein. – Das Theater wird von den meisten der Diskutanten als die in der

Öffentlichkeit wirkungsvollste Literaturgattung bezeichnet, in der »jedes Ärgernis vor einer zahlreichen Versammlung im hellsten Licht schaugestellt« (25) werde; diese Form der öffentlichen Kollektivrezeption macht ein wesentliches Moment in der von den Zeitgenossen angenommenen Sozialfunktion des Theaters aus. Seine Wirkungsmöglichkeiten werden im Sinne einer »ästhetischen und moralischen Erziehung des Menschen« eingeschätzt; die Zuweisung dieser Funktion an das Theater und ihre bildungsideologische Fundierung verbinden sich zu einem Argumentationsmuster der konservativen Kritik und müssen bei der Analyse der zeitgenössischen Rezeption des naturalistischen Theaters berücksichtigt werden.

Von größtem Interesse sind Bulthaupts Ausführungen, die die Zensur unter der Perspektive spezifischer Rezeptionsdispositionen reflektieren, d. h. die Bedeutungszuweisung gegenüber den Stücken in den Kontext außerästhetischer Momente stellen. Bulthaupt geht davon aus, daß auch Stücke, die »aus der keuschesten Seele geboren« (25) sind, in der Öffentlichkeit mit Interessen verbunden werden können, die weder vom Autor intendiert sind, noch sich unmittelbar aus dem Werk herleiten lassen; besonders solchen Stücken gegenüber erscheint ihm die staatliche Präventivmaßnahme als gerechtfertigt. In der Diskussion um das naturalistische Zeittheater bedeutet das, daß der Zusammenhang der neuen literarischen Richtung mit der politischen Arbeiterbewegung von den Autoren nicht erst erklärt oder in den Stücken durch parteiliche Darstellung der Zeitverhältnisse ausgewiesen sein mußte, daß vielmehr allein die Möglichkeit einer Verbindung von Interessen, »die mit der Kunst nichts zu thun haben, aber [...] [die] mit denen der Kunst verquickt und von ihnen leider nicht zu trennen« (25) sind, das Aufführungsverbot hinreichend legitimierte. D.h., daß die Aufgabe der Zensurbehörde darin gesehen wurde, das Spektrum der Möglichkeiten kontextualer und situationeller Bedeutungs- und Funktionszuweisungen zu reflektieren. Welchen Spürsinn dabei die preußischen Behörden entwickelten, wird die Analyse der *Weber*-Prozesse zeigen.

Fassen wir die Diskussion der Jahre 1890/91 um die Zensurmaßnahmen zusammen, so ergibt sich folgendes Bild: In der Polemik gegen die staatliche Zensur ist sehr genau zu differenzieren, mit welchen Argumenten die Zensur abgelehnt wird. Es sind dies vor allem jene Kritiker, die aus verfassungsrechtlichen Gründen die Zensur als illegitim verwerfen oder sie nicht mit den Grundsätzen ihres liberalen Rechtsempfindens vereinbaren können; hinzu tritt eine zweite Gruppe, die die Zensurmaßnahmen aus unpolitischen Gründen ablehnen, da sie durch die Zensur die ästhetische Freiheit angetastet sehen. Diese Kritiker treten für die Zensur ein, sobald ein Werk durch seine vermeintliche Tendenz oder mangelnde Moralität seinen Kunstwert in Frage stellt. Eine dritte Gruppe bilden die sozialistischen bzw. sozialdemokratischen Kritiker, die die Zensurmaßnahmen als gegen die Sozialdemokratie gerichtete politische Kampfmaßnahme der Regierung und der reaktionären Parteien ansehen, als Versuch, die öffentliche Aktivität der Partei in einem Teilbereich wenigstens erneut zu illegalisieren, und deren Argumentation gegen die Zensur im Zusammenhang einer politischen Auseinandersetzung mit dem Wilhelminischen Staat und der bürgerlichen Gesellschaft steht. Die Partei derer, die bedingungslos für die Zensur eintreten, betrachtet diese als politisches Abwehrmittel gegenüber der unterstellten Tendenz sozialistischer oder anarchistischer Subversion durch die literarische Moderne.

In der Splitterung dieser Positionen wird erkennbar, welchen Fermentwert der Naturalismus innerhalb der ideologischen Auseinandersetzungen des ausgehenden 19. Jahrhunderts einnahm. Die bürgerliche Gesellschaft sah sich nicht nur durch den Emanzipationskampf der sozialistischen Arbeiterbewegung herausgefordert, sie war zugleich konfrontiert mit dem Aufschwung neuer Wissenschaften, die die Grundlagen der bürgerlichen Morallehre in Frage zu stellen schienen. Zudem hatte die Erfahrung der Wirtschaftskrisen seit 1873 dem Zeitbewußtsein die Signatur aufgeprägt und das Erfolgspathos der Gründerjahre gebrochen; der Wandel der Sozialnormen, die Verschiebung der Klassengewichte und die anhaltende Zersetzung des ständischen Ordnungsdenkens mußten als geschichtliches Verhängnis empfunden werden. Die Herausforderung der bürgerlichen Klassengesellschaft durch den politischen Sozialismus wie durch den theoretischen Materialismus der Naturwissenschaften und der Popularphilosophie bestimmte die Rezeption des Naturalismus durch das konservative Bürgertum; die Rezeption des Naturalismus durch die Arbeiterschaft wurde bestimmt durch die Konfrontation der Sozialdemokratie mit der politischen Agitation der sogenannten Ordnungsparteien und durch die Notwendigkeit der kritischen Auseinandersetzung mit der naturalistischen Literatur selbst. Dieses Problem konkretisierte sich in der Frage, inwieweit die neue Literatur als sozialistische Literatur begriffen werden und als Element der politischen Praxis der Arbeiterbewegung fungieren konnte. Die Literaturdebatte wurde mithin von allen Beteiligten (bleibt eine kleine Gruppe profesioneller Literaturkritiker außer Betracht) immer auch auf einer politischen Ebene geführt. Die Stellungnahme der Sozialdemokratie 1896 auf dem Parteitag in Gotha stellt einen gewissen Endpunkt dieser Phase der zeitgenössischen Diskussion dar, in der sich die politische Reaktion auf die vorausgegangenen Diskussionen der Umsturz-Vorlage und der *Weber*-Prozesse ebenso niederschlägt wie die ästhetisch-theoretische Auseinandersetzung mit der »jüngstdeutschen« Literatur, die sich inzwischen in einer bedeutenden Anzahl literarischer Einzelkritiken ausformuliert hatte.

3. Die Volksbühnenbewegung: »ästhetische Erziehung der Massen« oder proletarische Kulturpraxis

Als Versuch, den ordnungsbehördlichen Zensurmaßnahmen zu entgehen, war 1889 von einer Gruppe »freisinniger Literaten« die Freie Bühne Berlin gegründet worden [1], Vorbild war André Antoines Théâtre libre zu Paris. [2] Der Berliner Theaterverein konstituierte sich juristisch als »privater Verein« im Sinne des preußischen Vereinsgesetzes, sein Ziel war die Aufführung avantgardistischer Stücke, vor allem der zeitgenössischen Moderne, die in den öffentlichen Theatern entweder verboten waren, bzw. dort noch kein größeres Publikum fanden. Die

Freien Bühnen, von denen es bald zahlreiche Gründungen im ganzen Reich gab, waren durchweg unpolitische Institutionen elitärer Literaten- und Bohemekreise, deren Eintreten für den Naturalismus dazu beitrug, diese Literaturrichtung im Sinne engagementloser Experimentalliteratur oder, wie es in der Terminologie der konservativen zeitgenössischen Literaturkritik hieß, als »Künstlerkunst« einzuschätzen. So wies auch Paul Schlenther, einer der maßgeblichen Initiatoren der Freien Bühne, jede politische Intention für die Vereinsgründung zurück [3]; charakteristisch für ihr Programm war Schlenthers Begründung für die Aufführung von Gerhart Hauptmanns Stück *Vor Sonnenaufgang:*

Nicht die ästhetische und sociale Tendenz des außergewöhnlichen Stücks, sein schrankenloser, noch schlackenreicher Naturalismus und sein schwer durchsichtiges Lebensprogramm sollte belohnt werden, sondern der kühne Wagemut des Dichters, aller Convention und aller Schablone gründlich zu entsagen, und der geniale Versuch, ein neues und volles Leben in dramatische Formen zu fassen. [4]

Es war also in erster Linie die experimentelle Form, die die Aufnahme des Stücks ins Repertoire der Freien Bühne rechtfertigte. In seiner Analyse des Hauptmannschen Elendsdramas verwies Schlenther auch mit keinem Wort auf die politische Perspektive, die durch das soziale Milieu oder den Protagonisten Loth nahegelegt sein konnte; die thematische Zuwendung zu den Problemen des vierten Standes wurde im Sinne einer romantischen Kunstideologie begründet: daß immer, wenn deutsche Dichtung einen neuen Ansatz fand, sie sich »mit derbem Spatenstich [...] in den Boden des niedrigen und niedrigsten Volks-Lebens« (21) eingrub und von dort »neue Kraft« bezog. Schlenthers ausführlicher Bericht über die Gründung der Freien Bühne, ihre Satzung und ihre ersten Mitglieder läßt es glaubhaft erscheinen, daß in dieser Gründungsphase eine politische Absicht nicht vorlag. Daß die Freien Bühnen in der Öffentlichkeit von Anfang an als politische Einrichtungen verstanden wurden, resultierte offenbar daraus, daß im Rahmen der restriktiven Praxis staatlicher Kommunikationskontrollen bereits eine liberale Position als politischer Affront gegen die bestehende Ordnung ausgelegt wurde.

Das Organisationsmodell der Freien Bühnen wurde zum Vorbild bei der Gründung des Vereins Freie Volksbühne Berlin, der ersten im lokalen Bereich wirklich massenwirksamen kulturpolitischen Institution der deutschen Arbeiterbewegung. Drei Komponenten waren es, die die Volksbühnenidee ungeachtet der kulturpolitischen Programmatik derer, die diese Bewegung trugen, bestimmten und die sich mit unterschiedlicher Akzentuierung in nahezu allen ihren konkreten Ausformungen nachweisen lassen: 1. Die Kritik des zeitgenössischen Kulturbetriebs als von der Herrschaft der Kapitalinteressen seiner wirklichen Bestimmung (über deren inhaltliche Festlegung gab es freilich kaum Übereinstimmung zwischen den konkurrierenden Gruppen) entfremdet; Kapitalismuskritik im Bereich der kulturellen Produktion war ein wesentliches Element in den Programmen kritischer bürgerlicher wie sozialdemokratischer Autoren. 2. Die ideologische Orientierung an der klassischen Bildungstheorie, die das »Theater

als moralische Anstalt« ausgab und ihm von dieser Grundlage aus einen überragenden Stellenwert in der Ausbildung der allgemeinen sittlichen Normen und
gesellschaftlichen Wertvorstellungen unterstellte; d. h. es bestand ein weitgehender Konsens hinsichtlich der Sozialisationsfunktion des Theaters. Und 3. die
Vorstellung, über eine Reform der kulturellen Einrichtungen auf die spezifische
Lage des Proletariats einwirken zu können; in dieser Frage ergaben sich zwischen den verschiedenen Trägern der Volksbühnenbewegung grundlegende Divergenzen.

Die Forderung nach Volksbühnen wurde seit dem Ende der 80er Jahre zunächst von bürgerlichen Gruppen propagiert, die darin ein Mittel sahen, die Bismarcksche Sozialpolitik auf kulturellem Gebiet fortzusetzen und dem Proletariat gewisse Errungenschaften des bürgerlichen Kulturbetriebs zugänglich zu
machen; Voraussetzung dafür war die Entpolitisierung der kulturellen Institutionen, ihre Neutralisierung hinsichtlich jeglicher Funktion gegenüber eines von
der Arbeiterschaft selbst bestimmten politischen Emanzipationsweges. Die Propagierung dieser Idee übernahm in erster Linie die liberal-konservative Literaturkritik, die das Problem von vornerein ausschließlich als Frage der Distribution behandelte. Maßgeblicher organisatorischer Träger der Volksbühnenbewegung auf bürgerlicher Seite war der »Verein zur Begründung deutscher Volksbühnen«, der seine Ziele in einer Reihe von Flugblättern und Zeitungsinseraten
publik machte. Der Verein forderte die Errichtung geeigneter Bühnenhäuser im
ganzen Reich, zunächst jedoch in Berlin; die finanzielle Sicherstellung der Volksbühnen sollte zwar durch den Staat erfolgen, jedoch wäre es vornehmlich »die
Aufgabe Einzelner, vom Glück Begünstigter, das Theater einem möglichst weiten Kreise des Volkes zu erschließen [...] Denn was in Berlin an Theatern
bestände, sei nur den Bemittelten zugänglich«. [5] In den Schriften des Vereins wurden zahlreiche technische Vorschläge zum Theaterbau und zur Senkung
der Betriebskosten gemacht; auch über die Spielpläne machten sich die Reformer
Gedanken, es sollte »alles Große und Gute der ganzen Weltliteratur dargestellt
werden, Klassisches und Modernes«, ein »verständnisvolles Eingehen auf die
Bedürfnisse der Gegenwart« [6] sei dabei durchaus zu befürworten. Conrad
Alberti polemisierte gegen diese Vorstellungen [7] unter anderem mit dem
Hinweis auf die mögliche Diskriminierung, die durch den Begriff »Volksbühne«
gegeben sein könnte. Das Volk suche sich durch den Theaterbesuch, »den oberen
Klassen gleich zu stellen; die Bezeichnung Volksbühne würde ihm wie eine Herabwürdigung seiner selbst erscheinen, und es würde wegbleiben«. [8] Alberti
traf mit seiner Kritik, die im Grunde keine wirkliche Alternative anbot, jedoch
zwei wichtige Elemente dieses Reformkonzepts: das den meisten von bürgerlicher
Seite aus entwickelten Programmen anhaftende karitative Moment, das das Proletariat in ein Verhältnis der Abhängigkeit von bürgerlichen Mäzenen oder
der Fürsorgepolitik des bürgerlichen Staats brachte, d. h. Kulturpolitik als integratives Element staatlicher Sozialpolitik auffaßte; und die Vorstellung, die
letztlich auch die sozialdemokratische Parteiführung teilte, daß es für die Arbeiterbewegung weniger darum gehen, eine konzeptionell neue Kulturpolitik zu ent-

wickeln, die konsequent mit den bürgerlichen Normen brechen und Teil des politischen Emanzipationskampfes werden sollte, als vielmehr darum, »es den oberen Klassen gleich tun« zu können.

Der bedeutendste Theoretiker der bürgerlichen Volksbühnenbewegung war der Freiburger Universitätsprofessor Georg Adler, der mit seiner Schrift *Die Sozialreform und das Theater. Auch eine soziale Frage«* [9] die Linien dieser Diskussion vorzeichnete, und mit dem sich Bruno Wille in einen Streit um die »Vaterschaft« der Volksbühne einließ. [10] In Adlers wohlmeinendem Programm ist der ideologische wie sozialpsychologische Hintergrund aller bürgerlichen Reformbewegungen zusammengefaßt; Adler selbst galt als theoretischer Führer einer sozialreformerischen Gruppe, die sich in den zahlreichen »Vereinen zur Hebung des Kunstsinns im Volke« eine kulturpolitische Plattform geschaffen hatte.

Es ging Adler um die Ausdehnung der »Culturmission des Theaters auf den Arbeiterstand« [11]; sein Vorschlag bestand darin, daß die staatlich subventionierten Theater alle acht Tage sonntags eine Arbeitervorstellung zu billigen Preisen veranstalten sollten. Daß die Neugründung von Arbeiterbühnen innerhalb des Parlaments oder in der Regierung politisch wirkungsvoll vertreten werden würde, hielt Adler sicher zurecht für ausgeschlossen. Das neue seiner Überlegungen war also die Integration der Volksbühnen in den bestehenden Theaterbetrieb und die ausschließliche Ausrichtung des Reformkonzepts auf die Arbeiterschaft. Fast alle anderen bürgerlichen Reformer sprachen in durchaus undifferenzierter Weise von der Erschließung des Theaters für das »Volk« und meinten damit all jene, die die teuren Karten der kommerziellen Theater nicht kaufen konnten, im Grunde also auch den gesamten Mittelstand, vielfach nennen die Reformschriften explizit auch diesen Kreis als eigentliche Bezugsgruppe ihres Programms. [12] Bei Adler aber hieß es:

Mithin ist die soziale Frage nicht nur eine Magenfrage, sondern betrifft nicht minder Geist und Seele. Zu ihrer Lösung genügt es also nicht, wenn bloß auf wirthschaftlichem Gebiete alle Hebel in Bewegung gesetzt werden: es müssen vielmehr auch die Einrichtungen geschaffen werden, welche den menschlichen Geist zu erziehen und zu veredeln vermögen [...] Nur darum wird es sich vielmehr handeln, die breite Masse des Volkes, soweit irgend möglich, auch ästhetischer Genüsse theilhaftig werden zu lassen. Und da wird man in erster Linie daran denken müssen, die Pforten des Theaters dem *Arbeiter* zu öffnen, damit auch der Paria der Gesellschaft an der Darstellung des Schönen Freude empfinde und nach des Tages Mühsal Stunden reiner Erhebung über irdischen Kummer verbringe [...] Glaubt etwa Jemand, daß das Arbeiterpublikum nicht auf Anstand halten oder sonst Unfug in den Räumen des Theaters treiben würde? Eine solche Ansicht könnte schwerlich von Einem ausgesprochen werden, der bereits einer Versammlung deutscher Arbeiter beigewohnt hat. Denn wer da ihre musterhafte Ordnungsliebe beobachtet hat, wird sich kaum zu einer solchen Verdächtigung hinreißen lassen. Oder sollte gar Jemand meinen, der deutsche Proletarier sei nicht reif für die dramatische Kunst? Nun, wir geben ohne Weiteres zu, daß gewisse ›Problem‹-Dichtungen zu hoch für das naive Gemüth des Volkes sind, – aber deshalb dem Volke das Verständniß für das Drama überhaupt abzusprechen, dürfte eine mehr wie gewagte Behauptung sein. Der Mann aus dem Volke, welcher höherer intellectueller und seelischer Regungen fähig ist, wird – daß kann man sicher sein – reiche Anregung vom Besuche des Theaters heimbringen und dankbar des Staats gedenken, der wie eine gütige Fee ihn zeitweise in eine Idealwelt entrückt hat. (153 f.) [13]

In dieser Argumentation ist die Programmatik bürgerlicher Volksbühnenbewegung auf ihren zweckrationalen Nenner gebracht: »Kunst dem Volke« hieß Ablenkung von der Erfahrung des Alltagsleids mit Hilfe der ästhetischen Scheinwelt; die kulturellen Stätten wurden dem Proletarier als Entschädigungsbezirk angeboten, der ihn auf alle konkreten Forderungen ökonomischer Besserstellung und nach politischem Einfluß in einer Gesellschaft, als deren »Paria« er galt, verzichten lassen sollte. So konnte auch der »Vater« der bürgerlichen Volksbühnenbewegung in Bruno Willes Programm einer Freien Volksbühne nur die Verunreinigung seiner Ideen sehen, denn Willes Spielplan enthielt Adler zu viele Stücke, »in denen ein revolutionärer Geist lebt«. [14] Adlers Kommentar zur Gründung der Freien Volksbühne lautete: »Der Teufelsfuß des Parteigeistes zertrat die ganze zarte Pflanze, deren natürliche Schönheit die breiten Volksmassen erquicken, erheben und bilden sollte.« [15]

Gezielte Konkurrenz durch die bürgerliche Reformbewegung erhielt die Freie Volksbühne in den Veranstaltungen des »Vereins für Volksunterhaltungen«, der im Berliner Ostend-Theater, das auch der proletarische Theaterverein angemietet hatte, seine Veranstaltungen durchführte. Dieser Verein bildete eine Kette von Institutionen über das ganze Reich hin, die national-konservativen Parteien waren ihr ideologischer und finanzieller Träger. 1891 gab es insgesamt 821 Ortsvereine der »Gesellschaft für Verbreitung von Volksbildung« [16]; das Unternehmen verstand sich als Kampfeinrichtung gegen die kulturpolitischen Aktivitäten der Sozialdemokratie oder ihr nahestehender Gruppen. Die Satzung der Gesellschaft schloß von den Programmen ihrer Veranstaltungen alles aus, »was politisch oder religiös trennend wirken könnte«; die Vereine sollten »zur Unterhaltung und Belehrung derjenigen [dienen], die sonst am Sonntagabend Tanzböden und Schenken besuchen würden, womöglich auch zur sozialen Annäherung der Gebildeteren an diese Volksklassen«. (161) Erklärtes Ziel war die »Ausgleichung der Klassengegensätze«, Mißtrauen und Vorurteile der Besitzlosen gegen die Besitzenden sollten abgebaut und so »dem wirtschaftlichen Kampf etwas von seiner Schärfe« genommen werden. [17] In Presseerklärungen wurde die politische Komponente dieser kulturellen Aktivitäten unverhüllt ausgesprochen; es gelte, Menschen, die sich »in Kneipen und Tanzlokalen oder aufregenden sozialdemokratischen Versammlungen herumtreiben« [18], für Erbaulicheres zu gewinnen. Für die Veranstaltungen des Vereins wurde der Sonntagvormittag mit der Begründung gewählt: »weil dann bekanntermaßen die meisten Volksversammlungen, z. B. sozialdemokratische, stattfinden.« [19] Um die Arbeiter der Freien Volksbühne abzuwerben, lagen die Preise der Veranstaltungen des »Vereins für Volksunterhaltung« in Berlin noch unter denen der Freien Volksbühne. In einem zeitgenössischen Kommentar dazu heißt es:

Es liegt etwas Raffiniertes in diesem Verfahren der Bourgeoisie. Sie sucht den Arbeiter da zu fassen, wo er am leichtesten zu fassen ist, bei seinem Bildungsdrang [. . .] Und es wäre ein beruhigender Gedanke gewesen, zu wissen, daß es eine ›moralische Anstalt‹ gab, in welcher dem ›begehrlichen‹ Proletariat durch thränenreiche Rührstücke vordemonstriert wurde, daß Armuth nicht schändet, und daß Reichtum nicht glücklich macht. Zum großen Leidwesen der Bourgeoisie wollten aber weder die Theater für das ›ganze‹ Volk noch für das ›niedere‹ Volk recht in Gang kommen, [...] weil das Volk längst aufgehört hatte, als Ganzes zu existieren, und in einzelne Klassen mit verschiedenen Interessen und verschiedenem Geschmack zerfallen war. [20]

Hier deuten sich die Entwicklungsrichtungen bereits an, die die bürgerliche Volksbühnenbewegung in den folgenden Jahren einschlug; zum überwiegenden Teil fielen ihre Aktivitäten in sich zusammen, vor allem mit dem Anwachsen der Freien Volksbühne zu einem Massenverein, zum andern glitten die Unterhaltungs- und Theatereinrichtungen auf ein niedrigstes Niveau ab. [21] Die ideologische Konzeption dieser Reformvorstellungen läßt das gemeinsame politische Ziel erkennen, jede Form kultureller Praxis der Legitimation und dem Erhalt der bürgerlichen Klassengesellschaft dienstbar zu machen, nur so auch bestätige sie ihren »Kunstwert«. Daß an die Pforten jenes Reservats des Ästhetischen, in dem die Antagonismen der gesellschaftlichen Wirklichkeit auf einer theoretischen Ebene überwunden schienen, nun auch das Proletariat geführt werde, galt als das reformerische Zugeständnis, als Beitrag zur Lösung der sozialen Frage. In einem Aufsatz über öffentliche Kunstpflege heißt es:

Glaubt man, der Mann der Arbeit weiß ein schönes stattliches Gebäude, das dem Heimatort zur Zierde gereicht, nicht zu schätzen? Er sieht mit Behagen von der Straße aus durch das eiserne Gitterthor nach der schönen Villa und dem Blumengarten mit dem Springbrunnen davor. [22]

Wenn in Hauptmanns *Webern* diese Tore gestürmt und der Pomp neureicher Fabrikantenwohnungen zertrümmert werden, mußte dies vor jenem Hintergrund bereits als die verwirklichte Revolution erscheinen.

Die Terminologie der bürgerlichen Reformer verdeckt vielfach nur unzureichend den pseudoreligiösen Anspruch, mit dem das Ästhetische als »versöhnende«, den Menschen »veredelnde« Macht, die auch den Proletarier aus seiner Alltagsnot »emporzuheben« vermag, vorgestellt wird. »Auf denn«, heißt es in einem Programmaufsatz in der *Freien Bühne,*

und führt die Kunst in das Volk, bringt Freude und Trost, veredelt und erhebt. Die von uns durch weite Klüfte getrennt, wir wollen sie uns wieder näher bringen, den Menschen in ihnen erfrischen und stärken. Denn daß sie Menschen, daß sie unsere Brüder sind, das ist der große versöhnende Gedanke, der über diesen kampferfüllten Zeiten schwebt. Zu den Armen und Elenden vor allem, wie Jesus von Nazareth, spreche die Kunst: Kommet her, ich will euch erquicken. [23]

Zugleich sollte damit der Proletarier auf Norm- und Wertzusammenhänge hin sozialisiert werden, die ihn seine wirklichen Lebensinteressen nicht erkennen ließen, die ihn schließlich glauben machen sollten, mit der Platzkarte im Theater den Klassenkampf erledigt zu haben. Die bürgerlichen Propagandisten der Volksbühnenbewegung wurden nicht müde, der Arbeiterschaft einzureden, daß die soziale Frage keine »Magenfrage« sei, daß sich vielmehr durch eine »Veredelung des Genußbedürfnisses« der Blick auf »höhere Werte« richten sollte; die Entschädigungsangebote im ästhetischen Bereich verlangten der Bourgeoisie den geringsten Kostenaufwand ab und ersparten ihr jegliche politische Machteinbuße.

Die Umdeutung der sozialen Frage zur volkspädagogischen und der Glaube an die Transzendierungsmöglichkeit der Klassenschranken durch Kunst und Bildung war in der Ideologie des Bürgertums des 19. Jahrhunderts zutiefst verankert. Sie fand ihre theoretische Begründung in einem auf Klassenlosigkeit zielenden Bildungskonzept, in dem sich auch die Erfahrung niedergeschlagen hatte, daß sich Bildung in den Spielregeln der bürgerlichen Gesellschaft letztendlich in Besitz ummünzen lasse, daß Bildung jedem die Chance zum gewaltlosen Aufstieg biete, mithin auch Klassengegensätze beseitige. Die Brüderlichkeitsbeteuerungen Georg Adlers und anderer bürgerlicher Volksbühnenreformer gegenüber dem Proletariat erhalten im Rahmen dieser Ideologie durchaus ihre subjektive Glaubwürdigkeit, selbst wenn es heute als Zynismus erscheinen muß, die Vermittlung von Bildung an die Arbeiterschaft als Teil der allgemeinen Armen- und Wohlfahrtspflege zu behandeln. Die Aneignung von Bildung und Besitz hatte für den Bürger gegenüber dem Adel ein Bewußtsein gesellschaftlicher Autonomie erzeugt. Der Autonomie-Begriff wurde »daher kontitutiv für den emphatischen Begriff von Bildung, der schließlich in der voll entfalteten bürgerlichen Gesellschaft herrscht. In diesem Zusammenhang erscheint ›Autonomie‹ wiederum dem Proletariat, suggeriert ihm die mit ihr zugleich gesetzte Idee einer Gesellschaft freier und gleicher, d. h. autonomer Individuen. Das Bürgertum hat diese Idee jedoch, einmal zur Herrschaft gelangt, nicht voll verwirklicht, sondern die Zulassung zur Herrschaft, die mit dem Besitz von Bildung und der Bildung von Besitz gegeben sein sollte, einzuschränken versucht, und zwar in dem Moment, als es begriff, daß die konsequente Auslegung der Gesetze, nach denen es angetreten, seine eigene Position gefährden würde«. [24] Für den Arbeiter waren Bildungshindernisse mithin klassenspezifische Barrieren, die der Entfaltung seiner Persönlichkeit entgegenstanden. Die Sozialdemokratie hatte in ihren kulturpolitischen Programmen von Chemnitz über Gotha bis Erfurt die ideologische Grundlage des bürgerlichen Bildungsbegriffs weitgehend übernommen [25]; dies schlug sich nicht zuletzt in der Einstellung der sozialdemokratischen Parteiführung zur proletarischen Volksbühnenbewegung nieder, es bestimmte auch die offiziöse Literaturkritik und deren Stellungnahme im Streit um das Tendenz-Problem in der Kunst. Die Absage an Nutzen und Zweckmäßigkeit der Kunst, auf der die Tendenzkritiker beharrten, setzte gesicherte und konsolidierte materielle Verhältnisse voraus, innerhalb derer die Kunst einen Teilbereich ausfüllt. So aber konnte allein das zur ökonomischen Macht gelangte Bürgertum seinen Kunstbegriff definieren; der Autonomie im Produktionsbereich korrespondierte die Verinnerlichung des Autonomiebegriffs in der ästhetischen Sphäre. Jede Theoriebildung für eine proletarische Literaturproduktion oder Kulturbewegung, die sich auf diesen Autonomiebegriff einließ, reproduzierte notwendig im ideologischen Bereich die Bedingungen der materiellen gesellschaftlichen Produktion; d. h. Kulturpolitik im Sinne der Arbeiterbewegung blieb in ihren Wirkungsmöglichkeiten an jene Grenzen gebunden, die die bürgerliche Klassengesellschaft der Verwirklichung der Lebensinteressen des Proletariats gesetzt hatte. Im Banne dieser Ideologie standen die wohlmeinendsten bürgerlichen Initiatoren der Volksbühnenidee und der Arbeiterbildung ebenso wie die offizielle Kulturpolitik der II. Internationale. Für unseren Zusammenhang ist daraus festzuhalten, daß sich Theorie und Praxis proletarisch-politischer Literatur und des Theaters im ausgehenden 19. Jahrhundert nur in Opposition zur Kulturpolitik der sozialdemokratischen Parteiführung durchzusetzen vermochte.

Gegenüber allen bürgerlichen Reformmodellen bedeutete die Gründung der Freien Volksbühne, die von der politisch organisierten Arbeiterschaft Berlins getragen war, einen prinzipiell neuen Schritt. Die Freie Volksbühne stellte ein Organisationsmodell hinsichtlich der Produktions- und Distributionsbedingungen des Theaterbetriebs dar, das im wesentlichen drei Ziele verfolgte: Es war der Versuch, Stücke für die Arbeiterschaft aufzuführen, die von den staatlichen Zensurbehörden verboten waren, da ihnen in der Regel ein politisch aufwieglerischer Inhalt unterstellt wurde; dies war ein neues Moment gegenüber allen bürgerlichen Volksbühneninitiativen, denn diese gingen vom Repertoire der bürgerlichen Theater aus. Die bereits für das bürgerliche Theaterpublikum inszenierten Aufführungen sollten lediglich zu billigeren Preisen den »weniger Bemittelten« zugänglich gemacht werden; Überlegungen zu einer den Interessen dieses neuen Publikums angemessenen Gestaltung der Spielpläne wurden kaum angestellt. – Es ging der Freien Volksbühne zweitens darum, die ökonomischen Barrieren, die das bürgerliche kommerzielle Theater für das Proletariat errichtet hatte, durch eine von den Interessen der Kapitalverwertung freie Produktion aufzuheben, zugleich wurde ein Rezeptionsmodell entwickelt, das die Stücke in einer Weise darbot, daß sie von der neuen Bezugsgruppe optimal aufgenommen werden konnten. Und es ging drittens um den Versuch, durch die Auswahl der zur Aufführung gelangenden Stücke den Theaterbesuch für das Proletariat als politischen Lernprozeß zu organisieren. Das Zusammenwirken dieser drei Komponenten läßt sich besonders an den Gründungsdiskussionen und den vereinsinternen Auseinandersetzungen in den ersten Jahren der Geschichte der Freien Volksbühne aufzeigen. Außerdem wird deutlich werden, daß sich in der Volksbühnenkonzeption der Arbeiterbewegung, zusammen mit den gleichzeitig eingerichteten Arbeiterbildungsvereinen und den Massenveranstaltungen der Maifeiern, Elemente einer Arbeiterkultur ausbildeten, die unter den Bedingungen einer kämpferischen Gegenöffentlichkeit zur Öffentlichkeit der bürgerlichen Gesellschaft, deren Normensysteme und Produktionsstrukturen sie negierte, stand. Im Raum dieser Gegenöffentlichkeit erhielten die kulturellen Aktivitäten der Arbeiterbewegung oder ihr verbundener Gruppen einen qualitativ neuen Stellenwert gegenüber allen Reformbestrebungen von bürgerlicher Seite aus, sie wurden für das Proletariat zu Elementen eines Prozesses der politischen Bewußtseinsbildung. Daß sich diese Gegenöffentlichkeit phasenweise auch nur in Opposition zur Politik der sozialdemokratischen Parteiführung entfalten konnte (als Beispiele die Maifeier-Diskussion und die Vorgänge, die zur

Spaltung der Freien Volksbühne führten), grenzte ihren historischen Wirkungsrahmen freilich wesentlich ein; zugleich aber lagen in der Konzeption dieser Gegenöffentlichkeit Ansätze, die als Adaption des bürgerlichen Kulturerbes begriffene Kultur- und Bildungspolitik der II. Internationale durch die Begründung einer proletarischen Kulturbewegung zu überwinden. Diesen Zusammenhängen soll im folgenden nachgegangen werden.

Den Anstoß zur Gründung einer Volksbühne im Rahmen der politischen Arbeiterbewegung und in deren Dienst gab ein sozialistischer Arbeiterdebattierklub mit dem Tarnnamen »Alte Tante«. [26] Nach lebhaften Diskussionen der ersten Aufführung der Freien Bühne wollten sich die 15 bis 20 Mitglieder dieses Klubs dem bürgerlichen Theaterunternehmen anschließen. Die Freie Bühne veranstaltete jedoch keine regelmäßigen Aufführungen; in den Preisen für die Eintrittskarten entsprach sie fast dem Deutschen Theater; die Plätze kosteten durchschnittlich 3,50 Mark, die billigsten Galerie-Plätze immerhin noch 1 Mark. Für die Masse der Arbeiter war ein Besuch dieses Theaters also unerschwinglich, der Debattierklub »Alte Tante« wollte daher nur einzelnen seiner Mitglieder den Theaterbesuch ermöglichen, diese hätten dann den anderen zu berichten gehabt. Zwei Mitglieder des Klubs setzten sich in dieser Sache mit Bruno Wille in Verbindung, der zu jener Zeit in Arbeiterkreisen als beliebter Vortragsredner galt und mit der Leitung der Freien Bühne in enger Verbindung stand. Wille griff den Plan begeistert auf, erweiterte ihn aber zum Projekt einer Volksbühne; am 23. März 1890 veröffentlichte er in der sozialdemokratischen Parteizeitung *Berliner Volksblatt* einen Aufruf zur Gründung einer »Freien Volksbühne«. In dem Aufruf, der auch von einer Reihe anderer Blätter abgedruckt wurde, heißt es:

Das Theater soll eine Quelle hohen Kunstgenusses, sittlicher Erhebung und kräftiger Anregung zum Nachdenken über die großen Zeitfragen sein. Es ist aber größtentheils erniedrigt auf den Standpunkt der faden Salongeisterei und Unterhaltungsliteratur, des Colportageromans, des Zirkus', des Witzblättchens. Die Bühne ist dem Capitalismus unterworfen, und der Geschmack der Masse ist in allen Gesellschaftsklassen vorwiegend durch gewisse wirthschaftliche Zustände korrumpiert worden. [27]

Willes Aufruf stellte sich damit in die Reihe jener zeitgenössischen kulturkritischen Stimmen, die die geistige wie die materielle Korruption gerade im Theaterbetrieb anprangerten und hier ein Paradigma dafür sahen, wie die Verflechtung der kulturellen Produktion mit den Profitinteressen der Kapitalgeber den Verfall der kulturellen Institutionen bedeutete.

Der Vorschlag Willes wurde in der Berliner Öffentlichkeit überwiegend begrüßt [28]; Wilhelm Bölsche, der auf Grund seiner Romane und theoretischen Schriften in Literatenkreisen bereits einen Namen hatte, stellte sich an seine Seite. So versammelten sich als Gründungsgruppe einer Freien Volksbühne neben Wille noch die Schriftsteller Wilhelm Bölsche und Julius Hart, der Kaufmannsgehilfe Julius Türk, Curt Baake, Redakteur des *Berliner Volksblatts*, Conrad Schmidt, Redakteur der radikalen *Volkstribüne* und der Tapezierer Carl Wildberger. Wille hatte zunächst daran gedacht, den Verein nach dem Vorbild der Freien

Bühne zu organisieren, d. h. eine Zweiteilung der Mitglieder vorzunehmen; es sollte eine kleine aktive Führungs- und Entscheidungsgruppe dem Verein vorstehen, der die Masse der nur zahlenden Mitglieder alle Kompetenzen überließ. Außerdem hatte Wille die Absicht, für den Kartenverkauf eine Preisstaffelung einzuführen. Diesen Vorstellungen wurde jedoch von den anderen Gründungsmitgliedern mit Entschiedenheit ein demokratisches Organisationsprinzip entgegengehalten, das die Freie Vohksbühne durch ihre Organisationsstruktur eindeutig von allen bürgerlichen Vereinen abgrenzen sollte. Also: Einheitspreise für die Platzkarten, die vor jeder Vorstellung ausgelost werden sollten und eine Organisation in der Führung des Vereins, die den Mitgliedern größten Einfluß einräumte. Siegfried Nestriepke, der spätere Chronist der Berliner Volksbühnen, schreibt dazu: »Er [gemeint ist Wille - M. B.] mußte sich aber sagen lassen, daß eine von der Arbeiterschaft getragene Organisation eine stärkere Demokratie zur Geltung bringen müsse«; das Prinzip der »Scheidung der Theaterbesucher nach ihrer Leistungsfähigkeit« wurde daher konsequenterweise verworfen. [29] Die Demokratisierung der Vereinsstruktur sollte in den folgenden Jahren zu einem der neuralgischsten Punkte der Freien Volksbühne werden; das Prinzip der demokratischen Organisation divergierte von Anfang an mit dem Führungsanspruch der bürgerlichen Intellektuellen gegenüber der Masse der Arbeitermitglieder.

Am 29. Juli 1890 fand die erste öffentliche Versammlung statt, zu der über 2000 Arbeiter, Literaten und Studenten kamen. Willes programmatische Losung auf dieser Versammlung hieß: Die Kunst dem Volke! Ein Bericht in der *Frankfurter Zeitung* gibt ein anschauliches Bild dieser Gründungsversammlung, es heißt dort:

So viel und so eifrig man den Wandelerscheinungen des Berliner Gesellschaftslebens nachspähen mag: was gestern Abend draußen am Friedrichshain vorkam, das war etwas ganz Neues und Befremdendes. Als im Vorjahr Freiherr v. Maltzahn und Genossen daran gingen, Volksbühnen gründen zu wollen, da waren in der gründenden Versammlung etwa 150 Menschen erschienen, lauter Leute vom engsten Fach und einige angejahrte Professorentöchter. Als gestern ein Aufruf zu einer Volksversammlung lud zu dem Zwecke, eine freie Volksbühne zu gründen, da reichte der Versammlungssaal nicht aus, die Zuhörer zu fassen. Und was für Zuhörer! Dichtgedrängt saßen und standen die Arbeiter, manche im Arbeitsanzug, und dazu gesellten sich Arbeiterinnen und Schriftsteller und jüngere Kaufleute meist sozialdemokratischen Bekenntnisses. Aus den Beratungen aber, die von diesem Publikum gepflogen wurden, klang es trotz allem Phrasenlärm, der mit unterlief, heraus wie ein Sehnen nach ethischer Erziehung durch die Kunst, und fast allen Sprechern war die *eine Melodie* gemeinsam: Fluch der verdammten Bedürfnislosigkeit. Die Schlagworte vom Hellenismus, von der Romantik und dem modernen Realismus wirbelten durcheinander, und wenn die Mehrzahl der Redner auch die Gerechtigkeit dem Historisch-Gewordenen gegenüber vermissen ließ, in *einem* waren alle einig: Beseitigt die Skelette in unserem Literaturgebäude. Wie leicht begreiflich, hatte das Pathos in der Versammlung die Oberhand, und die Kämpfer um einen erhöhten Bildungsgrad, wie ihn heute nur wenige Glückliche erlangen können, hatten vornehmlich die Kunst als Lehrmeisterin des Lebens und als Trösterin im Auge. So war ein hinreißender idealistischer Zug über die erste Volksversammlung, die im nüchternen, nordischen Berlin zum ersten Male eine Kunstfrage erörterte, gebreitet, trotz Allem und Allem, trotz mancher Naivität, trotz mancher Lächerlichkeit und manchem unliebsamen Zwischenfall [...] Und ein Arbeiter, dessen schlichte Sprache vom überhitzten Pathos manches seiner Kol-

legen und manches Schriftgelehrten wohltätig abstach, scheint mir das Tüchtigste während
des ganzen Abends ausgeführt zu haben. Dieser Mann trug nicht einmal einen Hemdkragen, auch hatte er keinen Klemmer auf der Nase und donnerte nicht ein einziges Mal
gegen die Bedrücker, die den Arbeiter dumm machen wollen; aber er fand die einfachste
Formel dafür, was dem intelligent gewordenen Arbeiter die Kunst sein könne, die Kunst
des Dichters, die in erschütternder Wahrheit auch *jenem* Mann ein ganzes Menschen-
schicksal offenbare, der sonst am Webstuhl oder über der Hobelbank nur Zeit gewinne.
wirre Bruchstücke dieses Menschenschicksals zu schauen. [30]

Der Hauptredner am 29. Juli war Bruno Wille. Er stellte seine These »Die
Kunst dem Volke« in den Zusammenhang einer ausführlichen Analyse und Kritik der zeitgenössischen Theaterverhältnisse, die wesentlich durch die Interessen
der Geldgeber bestimmt wären. In dieser Situation, so hieß es, müsse die Arbeiterschaft zu einer »organisierten Selbsthilfe« greifen. Wille versuchte in seiner
Rede, den Verein programmatisch von jeder Parteilinie freizuhalten, obgleich
bei den führenden Mitgliedern wie bei der Masse der anderen die Parteinahme
für die Sozialdemokratie – überwiegend waren es wohl eingeschriebene Mitglieder, auch Wille war Mitglied der Sozialdemokratischen Partei – eindeutig war.
Zum Abschluß des Treffens wählten die Anwesenden eine Kommission (Wille,
Bölsche, Türk, Baake, Schmidt, Wildberger und Otto Brahm von der Freien
Bühne), die eine Vereinssatzung vorbereiten sollte.

Am 8. August 1890 fand die zweite Versammlung statt, die den Vorstand und
die anderen Organe des Vereins wählte und die Satzung verabschiedete. Erster
Vorsitzender der Freien Volksbühne wurde Bruno Wille, dazu kamen in den
Vorstandsausschuß: Baake, Brahm, Bölsche, Julius Hart, Schmidt und Richard Baginski, ein Schuster. Als Revisoren wurden drei Arbeiter gewählt: Gustav Miek-
ker, Alwin Gerisch und Wilhelm Werner. Mehrere Mitglieder in diesen Gremien
gehörten zu jener linksradikalen Oppositionsgruppe innerhalb der Sozialdemokratie, die auf dem Parteitag von Erfurt 1891 ausgeschlossen wurde und die Partei der »Unabhängigen Sozialisten« gründete; darauf wird noch einzugehen
sein. Hier nur sei festgehalten, daß die politische und ideologische Orientierung
der Freien Volksbühne von Anfang an durch eine Linksgruppe bestimmt war,
die in offener Opposition zur Parteiführung der Sozialdemokratie stand; dies
hatte zur Folge, daß die Freie Volksbühne in ihren Aktivitäten nicht so ohne
weiteres auf den revisionistischen Kurs der Parteiführung in der Kulturpolitik
wie auch in anderen Fragen (z. B. Maifeier) festzulegen war; dies galt zumindest
für die erste Gründungskonzeption und die ihr folgende Praxis der Freien Volksbühne.

Der Verein beschloß im § 1 seiner Satzung:

Der Verein Freie Volksbühne stellt sich die Aufgabe, die Poesie in ihrer modernen Richtung dem Volke vorzuführen und insbesondere zeitgemäße, von Wahrhaftigkeit erfüllte
Dichtungen darzustellen, vorzulesen und durch Vorträge zu erläutern.

Die Mitgliedschaft wurde durch Zahlung eines Einschreibgeldes von 1 Mark
erworben, für jeden Monat sollte ein Minimalbeitrag zu zahlen sein, von Oktober
bis März je 50 Pfg., von April bis September je 25 Pfg.; der Verein arbeitete ohne
Gewinn. Die §§ 16 und 18 legten fest:

In jedem der Monate Oktober bis März findet mindestens eine Vorstellung für jedes Mitglied an einem Sonntag nachmittag statt. Wenn erforderlich, werden [...] die Mitglieder in Abteilungen verteilt. Die Vorstellungen für jede Abteilung sind dieselben. Die Verteilung der Plätze [...] geschieht durch die Ordner unter Anwendung des Loses.

Die Mitglieder hatten gegenüber dem Vereinsvorstand die Möglichkeit, durch Antrag (bei Beibringung von 100 Unterschriften) eine außerordentliche Mitgliederversammlung zu erzwingen. In der Regel wurde jedes Jahr eine Generalversammlung abgehalten, bei der der Vorstand und die Funktionäre gewählt wurden. Der Vorstand hatte das Recht, Regisseur und Schauspieler unter Vertrag zu nehmen. [30a]

Die Aufführungen fanden am Sonntagnachmittag um 14 Uhr statt; der Vorstellung ging ab 13 Uhr die Verlosung der Platzkarten unmittelbar voraus; diese Einrichtung wurde als demokratisches Prinzip aufgefaßt und war gegen die Preisstffelung der bürgerlichen Theater gerichtet. Als bei einer Extravorstellung anläßlich des Weggangs des Regisseurs Cord Hachmann nach New York einmal gestaffelte Preise eingeführt wurden, kam ein Mißtrauensantrag gegen den Vorstand zustande, der beinahe zu dessen Abberufung geführt hätte. [31]

Nachdem die Freie Volksbühne mit Ibsens *Stützen der Gesellschaft* am 19. Oktober 1890 ihr Programm eröffnet hatte [32], als zweites Stück folgte Hauptmanns *Vor Sonnenaufgang,* kam es im Mai 1891 zum ersten öffentlichen Skandal, der die Volksbühnendiskussion wieder unmittelbar in einen politischen Zusammenhang brachte. Anlaß war die Aufführung von *Kein Hüsung,* eines von H. Jahnke und W. Schirmer nach einer Versdichtung von Fritz Reuter verfaßten Dramas. [33] Bei den ersten drei Akten hatten sich die Bearbeiter streng an die Reutersche Vorlage gehalten, die einen höchst dramatischen, revolutionären Stoff behandelt, den Aufstand eines Knechts gegen seinen Herrn. Den Schluß der Reuterschen Konzeption (der Knecht erschlägt seinen Unterdrücker und flüchtet in die Wälder) veränderten Jahnke und Schirmer in einem neu hinzugedichteten vierten Akt, der dem Stück die revolutionäre Spitze nahm: Unterdrücker und Knecht fallen sich nach 30 Jahren versöhnt in die Arme. Die Anspielung auf die vermeintlich veränderte Situation im Deutschen Reich seit 1871, in der die politischen Spannungen, die zuvor noch die deutsche Gesellschaft in die feindlichen Lager gespalten hatte, infolge der Sozialpolitik der Regierung scheinbar aufgehoben waren, war nur zu offenkundig. Die Freie Volksbühne strich in ihrer Aufführung den vierten Akt und spielte das Stück in der ursprünglichen Reuterschen Konzeption, endend mit der Erschlagung des Unterdrückers. Gegen diesen Eingriff wehrten sich nicht nur die Autoren [34], es war vor allem die konservative Presse, die darin ein direktes Schüren von Klassenhaß und Umsturztendenzen erblickte und in der Aufführung von *Kein Hüsung* den endgültigen Beweis erbracht sah, daß die Freie Volksbühne ein verkapptes Polittheater im Dienste des sozialistischen Klassenkampfes sei. [35] Im Zusammenhang mit dem Stück wird auch erstmals die Aufführungspraxis des Bühnenvereins Gegenstand öffentlicher Diskussionen. Die Freie Volksbühne hatte in ihrer Satzung festgelegt, daß die aufgeführten Stücke dem Arbeiterpublikum durch Vorträge zu erläutern seien, hinzu kamen gewöhnlich Diskussionen, die sich unmittelbar an die Aufführung oder die Vorträge zu dem Stück anschlossen. In diesem Vermittlungszusammenhang von Vortrag und Diskussion erfolgte in der Regel eine unmittelbare Aktualisierung der Stücke, die direkte Politisierung ihres Inhalts hinsichtlich der gegenwärtigen Praxis der Arbeiterbewegung. In einem Zeitungsbericht über den Vortrag von G. Lange zu *Kein Hüsung* heißt es, daß der Vortragende, nach einigen Ausführungen über Reuters Leben und Werk, das in der Haftzeit des Dichters entstanden war, Reuters Dichtung als »wirklich revolutionäre und soziale« interpretiert und das Stück im Sinne sozialistischer Klassenkampfperspektiven aufgefaßt habe. »Denn die Unterjochung der damaligen mecklenburgischen Bauern«, heißt es in dem Vortrag,

lag an der Willkür der herrschenden Klassen und ihrem gehäuften Besitz. Seitdem haben nur die Formen gewechselt. Wie die mecklenburgischen Bauern unter der Hand vor einem halben Jahrhundert verschachert wurden, so blüht auch in unserer Zeit noch der Arbeiter-Menschenhandel in all seiner Schmach. [36]

Nach dem Vortrag, von dem im *Vorwärts* berichtet wurde, daß er mit großer Begeisterung aufgenommen worden sei, diskutierte die Versammlung die Berichte der bürgerlichen Presse zu der Aufführung und die inzwischen vom Vorstand der Freien Volksbühne geführten Verhandlungen mit den Autoren Schirmer und Jahnke. Es war vor allem Bruno Wille, der sich gegen die Vorhaltungen wehrte, die Streichung hätte dem Stück eine politische Tendenz gegeben; Willes Meinung nach war vielmehr die Aktualisierung der Bearbeiter, die das Stück mit einem versöhnlichen Schluß versehen hatten, ein Akt politischer Tendenz; denn die gesellschaftlichen Widersprüche, die im Stück zur Erschlagung des Unterdrückers führen, seien »heute weder aufgehoben noch gelöst«.

Die Ziele der Freien Volksbühne waren programmatisch in ihrer Satzung definiert, insbesondere im § 1; dazu hatten die Reden bei der Gründungsversammlung, über die in der Presse ausführlich berichtet worden war, einen deutlichen Programmcharakter. So bestand in der Öffentlichkeit ein Konsens darüber, daß die Freie Volksbühne eine Einrichtung der politischen Arbeiterbewegung sei, sich jedoch nicht unmittelbar parteipolitisch gebunden verstand; es waren vor allem die Vorstandsmitglieder um Bruno Wille, die diese Balance zwischen direktem politischem Engagement für die Interessen der Arbeiterschaft und der Freiheit von der Sozialdemokratie als Partei, besonders vom Einfluß der Parteiführung, zu halten versuchten. In dieser Standortbestimmung, die die Haltung der linken bürgerlichen Intelligenz dieser Zeit zur politischen Arbeiterbewegung deutlich wiedergab, waren jedoch alle Widersprüche im Keim angelegt, die die Rolle der Freien Volksbühne in der zeitgeschichtlichen Situation bestimmten. Willes Konzept mußte insofern zum Scheitern verurteilt sein, als es an der ideologischen Position einer kleinen Führungsgruppe orientiert war; ihr stand jedoch die Masse der Vereinsmitglieder gegenüber, die überwiegend in der Sozialdemokratie und in den Gewerkschaften organisiert waren und dem politischen Kurs der Führungsgremien dieser Organisationen folgten. Diese Mitglieder aber bestimmten letztlich das Leben des Vereins und verschafften sich bald auch die satzungsmäßigen Mittel, um auf den Vorstand und damit auf die politische Ausrichtung der Freien Volksbühne einzuwirken. So wurde bereits auf der ersten Mitgliederversammlung (gegen den Willen des Vorstands) für streikende Berliner Arbeiter gesammelt; vor allem aber beteiligte sich die Freie Volksbühne bei den jährlichen Maifeiern und zahlreichen anderen Veranstaltungen der Berliner Arbeiterschaft und engagierte sich für die in den 90er Jahren einsetzende Arbeiterbildungsbewegung. [37] Durch diese Aktivitäten nahm die Freie Volksbühne bald einen festen Platz im Bewußtsein der Masse der Arbeiterschaft ein.

Die konstitutive Funktion der Freien Volksbühne für eine proletarische Kulturbewegung läßt sich besonders an ihrem Engagement für die Maifeiern zeigen. Der 1889 in Paris vom Internationalen Arbeiterkongreß gefaßte Beschluß, an einem bestimmten Tag eine große internationale Arbeiterkundgebung zu organisieren [38], wurde 1890 zum ersten Mal verwirklicht. Enthusiastisch kommentierte Rosa Luxemburg die neue Einrichtung: »Es genügte jedoch, einmal die Maifeier im Jahre 1890 zu begehen, damit jeder sofort begriff und fühlte, die Maifeier müsse eine alljährliche und ständige Einrichtung sein.« [39] Sofort auch bildete sich anläßlich der Maifeiern eine eigene Literatur in Form von Liedern, Erzählungen und vor allem Theaterstücken, die die Feiern ausgestalten sollten, die Maifeier selbst aber auch thematisierten; es war eine neue politische Gebrauchsliteratur, die an die Tradition früherer revolutionärer Bewegungen anschloß (Französische Revolution, Vormärz, 48er-Revolution), das in seiner agitatorischen Wirkung erprobte literarische Formelrepertoire dieser Traditionen aufgriff und mit den neuen aktuellen Inhalten füllte. [40] Der politische Kern der Maifeiern war die Forderung nach dem Acht-Stunden-Tag. Diese Forderung aber war von Anfang an nicht allein damit begründet, daß der Arbeiter mehr Zeit zur Regeneration seiner physischen Arbeitskraft brauche, sondern sie war stets auch motiviert mit dem Bedürfnis der Arbeiter, sich fortzubilden. Die Programmatik der Maifeiern, die in der Regel mit massenhaften Arbeitsniederlegungen verbunden waren, vermittelte somit zwischen den unmittelbar politischen Zielen der Arbeiterbewegung im ökonomischen Bereich (der direkten Attacke auf die Tarifbindung, der Streikfrage [41] und der Forderung der Arbeitszeitverkürzung) und jenem weitergesteckten Ziel der Arbeiterbildung, durch die das Proletariat auf die Höhe seines politischen Bewußtseins gebracht, der einzelne aber auch in seiner beruflichen Qualifikation und allgemeinen Bildung gefördert werden sollte. Durch das Einbeziehen der Freien Volksbühne und der Aktivitäten der Arbeiterbildungsvereine in die Maifeiern, stellten sich beide kulturellen Institutionen in einen politischen Kontext; Bildungsprogramm und allgemeinpolitische Zielsetzung waren durch den organisatorischen Rahmen der Maifeier unmittelbar aufeinander bezogen, weit deutlicher, als es die reformerische Parole »Die Kunst dem Volke« dartun konnte.

Spektakulärstes Beispiel der Integration der kulturellen Institutionen in den politischen Tageskampf der Arbeiterbewegung war die Beteiligung der Freien

Volksbühne an der Maifeier des Jahres 1891, die, wie noch gezeigt werden wird, in den Zensurprozessen der folgenden Jahre immer wieder als Paradigma für den hohen Politisierungseffekt des Theaters zitiert wurde. Charakteristisch für das Jahr 1891, in dem die Maifeiern am Sonntag, den 3. Mai, abgehalten wurden, war der Massencharakter der Veranstaltungen auf internationaler Ebene. Nach Ortsgruppen innerhalb der Parteien oder Gewerkschaften gegliedert, vielfach auch nach Berufsgruppen, bildete sich ein Typus der Arbeiterfeier aus, in dem neben den politischen Reden, Volksfest, Tanz, Konzertaufführungen, lebende Bilder und Theater standen, aber auch Wasserfeste, Turnvorführungen, Fackelzüge, Preiskegeln, bengalische Beleuchtung und Gemeinschaftsspiele für die Kinder; stets endete die Feier mit dem Absingen der Arbeiter-Marseillaise. Die größten Veranstaltungen fanden in Berlin statt; von einer Maikundgebung in dem Gartenlokal »Auf dem Bock« heißt es in einem Bericht des *Vorwärts'*:

Der große Garten war festlich mit Hunderten von rothen Bannern und Fahnen, mit Inschriften auf rothem Stoff geschmückt, und er war bis auf den letzten Platz gefüllt. Die Zahl der Theilnehmer, ungerechnet der Tausenden von Kindern, betrug *mindestens zehntausend* [...] Mit brausendem Jubel wurde ein lebendes Bild aufgenommen. Eine Genossin, mit brennender Fackel in der Hand, stellte sich als Freiheitsgöttin dar. [42]

Ein lebendes Bild, betitelt »Schutz der Arbeit«, das auf einer Veranstaltung der in der Hutbranche beschäftigten Arbeiter und Arbeiterinnen gezeigt wurde, wurde von der Polizei verboten. Von zahlreichen anderen Massenveranstaltungen wird von der »Aufführung allegorischer Zeitgemälde« berichtet. [43] Ganz offensichtlich stellten die lebenden Bilder für die Arbeitervereine auch eine Möglichkeit laienspielerischen politischen Schauspiels dar, das über die Zensurvorschriften nicht erfaßt werden konnte, da keine gedruckten Texte zugrunde lagen. Erst während der Veranstaltung selbst konnte die Aufführung von den stets anwesenden Vertretern der Ordnungsbehörde unterbrochen und verboten werden, was jedoch eine unmittelbar politisierende Wirkung auf das Massenpublikum hatte, das sich in der Unterdrückungsmaßnahme der Polizei herausgefordert aber auch um ein beliebtes Spektakel gebracht sah.

Über die Beteiligung der Freien Volksbühne schreibt der *Vorwärts* in einem ausführlichen Kommentar:

Die Freie Volksbühne veranstaltete vorgestern Abend ihre Maifeier im Ostendtheater, indem sie mit dieser Feier eine Vorstellung für die erste Abtheilung verband. Eingeleitet wurde die Feier mit einer Fest-Ouverture, die der Kapellmeister Wiedecke dirigirte, und einem schwungvollen Prolog von Karl Henckell, vorgetragen von dem Deklamator Herman Paris. Darauf folgte das eigentliche Festspiel Durch Kampf zur Freiheit, ein historisches Melodrama in drei Akten nebst drei lebenden Bildern. Der Inhalt dieses Dramas ist kurz folgender: im ersten Akt wird das Elend einer schlesischen Weberfamilie geschildert. Die Ärmsten wollen nach Amerika auswandern, lassen sich aber durch die jammernde alte Mutter zurückhalten. Ein Aufstand entsteht, eine Fabrik wird demolirt und das Schlußbild zeigt uns den Kampf der unerschrockenen Anführer gegen das Militär, das sie zum Abzug zwingen. Der zweite Akt führt uns ein Stimmungsbild aus dem Jahre 1848 vor und das lebende Bild zeigt uns zum Schluß den Barrikadenkampf in Berlin. Der alte Weber Steinmann wird in diesem Kampfe erschossen, aber sein Sohn kämpft in 40 langen

Jahren den Kampf weiter. Er wird Sozialdemokrat. Im dritten Akt finden wir ihn wieder mit seinen beiden Neffen, in einem Walde bei Berlin die Maifeier mitfeiernd. Bevor das lebende Bild aufgerollt wird, treten sich noch einmal, wie im Anfang, die Genien der Freiheit und der Tyrannei gegenüber. Die Freiheit siegt, und die Tyrannei stürzt bei dem Anblick der in Liebe und Brüderlichkeit geeinigten Arbeiter aller Länder gebrochen zu Boden. Dieses Bild zum Schluß stellt die Welt-Maifeier dar. Das Fest der Freien Volksbühne war ein schönes und würdiges, das Festspiel von edelster Begeisterung getragen. Die von dem Kummer'schen und Flöter'schen Gesangverein (Dirigent Herr Flöter) ausgeführten Gesänge in den lebenden Bildern und im zweiten Theil der Feier, waren prächtig gesungen und höchst wirkungsvoll. Herr Paris trug im zweiten Theil noch einige Gedichte von Julius Hart u. a. vor. Den Abschluß gab der Massengesang der Marseillaise. Die Stimmung im Theater war eine festliche, sie stieg zu immer größerer Begeisterung an. Zum Schluß des Spiels wurde der ungenannte Autor stürmisch gerufen. Statt seiner erschien Frl. Emmy Samst, der Genius der Freiheit, und verneigte sich vor dem Volke. Es war, als ob das symbolische Spiel noch in einem eigenen Symbol endigen sollte. [44]

Auf die Bedeutung dieses Stücks, dessen Autor Bruno Wille war, wird noch einzugehen sein. Vorläufig soll nur festgestellt werden, daß die Freie Volksbühne als erste große kulturelle Einrichtung des organisierten Proletariats durch ihre Integration in die Massenveranstaltungen der Maifeiern eine neue politische Komponente erhielt, hinsichtlich der inhaltlichen Konzeption der These »Die Kunst dem Volke«, wie aber auch durch den organisatorischen Rahmen der massenhaften öffentlichen Selbstdarstellung des Proletariats. Die politisierende Wirkung dieser Einrichtung in den frühen 90er Jahren, die durch die Arbeitsniederlegung, die politische Agitation der Sozialdemokratie und die nie ausbleibenden Zusammenstöße mit der Polizei ihre kämpferische Komponente stets bewahrt hat, kann nicht hoch genug eingeschätzt werden, selbst wenn es sich um ein einmaliges Ereignis im Laufe des Jahres handelte; die Presseberichterstattung wie die Kommentierung der Maifeiern in den Akten der politischen Polizei bezeugen diese Wirkung.

Die Freie Volksbühne organisierte außer Theateraufführungen noch zahlreiche andere Veranstaltungen und Feiern für die Berliner Arbeiterschaft. Wille versuchte im zweiten Jahr die Initiativen über den literarischen Bereich hinaus zu erweitern; es sollten nach dem Vorbild des Dresdner Vereins »Volkswohl« Kunstausstellungen in Verkehrslokalen und geeigneten Cafés stattfinden, auch war die Gründung einer Freien Volksbühne für musikalische Veranstaltungen geplant. Es waren gerade die Unternehmungen außer der Reihe, die größtes Interesse bei den Arbeitern fanden; beim ersten Rezitationsabend am 17. September 1891, an dem eine »öffentliche deklamatorische Vorlesung des Herrn Oberregisseurs Hütter« ein Programm von Freiheitsdichtungen brachte, kamen über 2000 Zuhörer. Das Erfassen eines solchen Massenpublikums prägte die spezifische Funktion dieser Veranstaltungen für die organisierte Arbeiterschaft.

Von Anfang an wurden sämtliche Aktivitäten der Freien Volksbühne von der Ordnungspolizei überwacht. Zunächst waren es nur kleinere Eingriffe durch die Aufsicht führenden Beamten, bald aber setzten schwerwiegende Repressalien durch Polizei und Staatsanwaltschaft ein. Beide nahmen in erster Linie Anstoß an den Vorträgen und Diskussionen, dieser Einrichtung wurde die stärkste

Politisierungsfunktion für alle kulturellen Veranstaltungen unterstellt. Dies
führte dazu, daß die Vorträge vorübergehend eingestellt wurden und der Verein
gezwungen war, den § 1 seiner Satzung, der die einführenden Vorträge vor-
schrieb, entsprechend zu ändern. Am 20. April 1891 kam die erste Verfügung des
Polizeipräsidenten, die der Freien Volksbühne auferlegte, binnen acht Tagen
alle Statutenänderungen und alle Mitgliederzu- und -abgänge der Behörde zu
melden. Unter Anwendung des § 2 des preußischen Vereinsgesetzes von 1850, das
eindeutig aus politischen Motiven erlassen worden war, wurde die Freie Volksbühne als Verein behandelt, der »Einwirkung auf öffentliche Angelegenheiten«
bezwecke. [45] »Öffentliche Vereine« aber mußten jede von der Polizeibehörde
gewünschte Auskunft erteilen, jede Versammlung anmelden, ständige Überwachung durch die Polizei hinnehmen, Mitgliederverzeichnisse den örtlichen Polizeibehörden vorlegen, Auskünfte über geladene Redner erteilen und mit der so-
fortigen Auflösung rechnen, »wenn Anträge oder Vorschläge erörtert werden,
die eine Aufforderung oder Anreizung zu strafbaren Handlungen enthalten«. [46] Richard Grelling weist darauf hin, daß auf Grund dieses Gesetzes
eine Aufführung von Schillers *Wallenstein* von dem zur Aufsicht abgestellten
Polizeibeamten abgebrochen werden könnte, wenn im zweiten Aufzug des Stücks
die Ermordung des Herzogs geplant wird. Eine noch verschärftere Einschränkung, die in der Verfügung vom 20. April bereits angedeutet war, drohte der
Freien Volksbühne, wenn sie die Ordnungsbehörde zum »politischen Verein«
im Sinne des § 8 des Vereinsgesetzes erklären würde. Bereits eine Abgrenzung
»öffentlicher« und »politischer« Angelegenheiten war in der aktuellen Auslegung so unscharf, daß der Willkür Tür und Tor offenstanden, die Erklärung
der Freien Volksbühnen zum »politischen Verein« hätte diese jedoch so rigoro-
sen polizeilichen Kontrollen unterworfen, daß ein Weiterbestehen sinnlos erschienen wäre. Dagegen erhob der Vorstand der Freien Volksbühne beim Bezirksausschuß, der zuständigen Instanz zur Klärung verwaltungsrechtlicher Be-
schwerden, Einspruch. Die Freie Volksbühne wurde bei diesem ersten Verfahren
durch den Rechtsanwalt Wolfgang Heine vertreten, der Polizeipräsident durch
einen Regierungsassessor Böttger, der auch in den folgenden Jahren in zahlreichen Zensurprozessen die Polizeibehörde vertrat. Dieser erste Prozeß machte
deutlich, daß die Behörden von den Gründungsversammlungen an, systematisch
Material gegen den Verein zusammengetragen hatten. Böttger rechtfertigte das
Vorgehen des Polizeipräsidenten mit der Begründung, die Freie Volksbühne suche
durch ihre Aktivitäten »das Volk, d. h. die Arbeiterbevölkerung, mit einer
bestimmten Anschauung über die bestehende gesellschaftliche Ordnung zu erfüllen und von der Notwendigkeit einer Änderung derselben zu überzeu-
gen«. [47] In der Rechtfertigung der Verfügung wurde vor allem auf die Vorträge Bezug genommen, auch wurde aus den Reden der Gründungsversammlung
zitiert. Die Anklage stützte sich auf einzelne aus dem Zusammenhang gerissene
Sätze oder Teile von Sätzen, die von Polizeispitzeln in den Veranstaltungen
mitgeschrieben worden waren und die der Polizeipräsident zu einem komplet-
ten Umsturzkonzept zusammengefügt hatte. In dieser Belegsammlung wurden

selbst parteipolitisch so neutrale Redner wie Otto Brahm und Conrad Alberti zu Zeugen der agitatorischen Tendenz der Freien Volksbühne. Bruno Wille schrieb dazu: »Nach dem Bruchstück freilich, welches der überwachende Beamte von Brahms Vortrag über ›Kabale und Liebe‹ angegeben hatte, konnte man wähnen, ein Revolutionär à la Marat habe gesprochen.« [48] – Als besonders verdächtig wurden folgende Äußerungen angesehen: die Volksbühne wolle – so in einer Erklärung auf der Gründungsversammlung – »zu großen Taten begeisternd und veredelnd auf das Volks einwirken«; Wille hatte bei einem Vortragsabend gesagt, daß »schon Chamisso aufklärend auf das Volk gewirkt und das Polizeiwesen und das Spitzeltum gegeißelt« habe; in einem Vortrag über *Vor Sonnenaufgang* hieß es – laut Polizeiakten: »Wir leben in einer Zeit vor Sonnenaufgang; zwar schauen wir die Sonne noch nicht, doch ahnen wir sie und sehen ihre ersten Strahlen.« Aus einem Vortrag von Otto Brahm über *Kabale und Liebe* wurde zitiert: »Er [der vierte Stand – M. B.] mag aus dem Stück die Hoffnung schöpfen, daß auch sein Streben sich erfüllt, da seine Zeit gekommen ist«; der Germanist Conrad Schmidt hatte sich über den literarischen Naturalismus geäußert und erklärt, daß sich die Freie Volksbühne für den Naturalismus einsetze, da dieser »dem Wesen der Arbeiterbewegung entspreche«. Auch wurde von der Polizei darauf hingewiesen, daß bei den Versammlungen der Freien Volksbühne gelegentlich Sammelbons für gewerkschaftliche und politische Zwecke vertrieben worden seien. [49]

Am 30. Juni 1891 fand die mündliche Verhandlung vor dem Bezirksausschuß statt. Heine stritt ab, daß die von der Polizei angeführten Äußerungen im parteipolitischen Sinne interpretierbar seien, und erklärte außerdem, daß die Freie Volksbühne nicht für eingeladene Vortragsredner haftbar gemacht werden könne.

Wenn der Polizeipräsident in der Freien Volksbühne Socialismus wittert, so irrt er allerdings nicht. Man muß aber bedenken, daß der Socialismus *keineswegs* lediglich eine *politische* Partei, sondern eine *Weltanschauung* ist, die sich auf allen geistigen Gebieten, und nicht zum mindesten in der *Kunst*, bethätigt. Die Freie Volksbühne kultiviert die socialistische Weltanschauung auf dem Gebiete der Dichtung, Bühnenkunst, und literarischen Kritik, ist aber deswegen durchaus kein politischer Verein. [50]

Der Bezirksausschuß hob die Verfügung vom 20. April auf; in der schriftlichen Urteilsbegründung heißt es, daß die Satzung des Vereins nirgends die Absicht der Einwirkung auf öffentliche Angelegenheiten andeute, das von der Polizei beigebrachte Material reiche nicht aus, um ein satzungswidriges Verhalten nachzuweisen. Lediglich zwei Äußerungen aus Vorträgen der Freien Volksbühne kämen den Vorwürfen, die die Polizeibehörde erhebt, nahe, Türks Bemerkungen über Pissemskis Stück *Der Leibeigene:* daß »alle den Kampf des Helden um die Wahrung seiner Menschenwürde kämpfen müßten« und über die umstrittene Aufführung von *Kein Hüsung:* »Die Gestalt des Johann Schütt ist typisch, nicht nur für die Hörigen in Mecklenburg, sondern auch für die Arbeiter bei den heutigen Kapitalisten.« [51]

Der Polizeipräsident focht dieses Urteil beim Oberverwaltungsgericht an. In

der erneuten Begründung wurde der Verein Freie Volksbühne in einem ausführlichen Schriftsatz als »Propagandamaßnahme der Sozialdemokratie« hingestellt. Eine Erwiderung durch den Anwalt Heine blieb erfolglos; das Oberverwaltungsgericht entschied sich in einem Urteil vom 6. Januar 1892 für die Klage
des Polizeipräsidenten und setzte die Verfügung vom 20. April 1891 erneut in
Kraft. In dem Urteil heißt es:

Während der Verein nach den Angaben des klagenden Dr. Wille nur die Ausbreitung der
naturalistischen Richtung der Literatur unter der Arbeiterbevölkerung und eine ›Revolution‹ nur auf dem Gebiete der Kunst anstreben soll, lassen nach der Feststellung des Ge-
richtshofs die politische Thätigkeit der Leiter und der meisten Mitglieder des Vereins,
die tendenziöse Auswahl der vorgeführten Dramen [...] und insbesondere die zu diesen
in den Vereinsversammlungen vorgetragenen Erläuterungen, worin auf die Unhaltbarkeit
der dargestellten Verhältnisse im Gesellschafts- und Staats-Organismus und auf das Be-
vorstehen ähnlicher Kämpfe wie am Ausgange des vorigen Jahrhunderts hingewiesen
wurde, keinen Zweifel über die wirkliche Tendenz des Vereins. Diese bestehe nicht lediglich in der Befriedung des Kunstbedürfnisses und Erläuterung des Kunstgeschmacks, sondern die Organe des Vereins hätten thatsächlich und bewußt die dramatische Kunst be-
hufs Anregung von Gefühlen, Vorurtheilen und Leidenschaften weiter Schichten der Bevölkerung in den Dienst der Parteiagitation gestellt, um auf Änderung der bestehenden
Gesellschaftsordnung hinzuwirken, und damit den Zweck der Einwirkung auf öffentliche Angelegenheiten erkennbar gemacht [...] Hätte man aus den vorhandenen Dicht-
werken eine Anzahl der für die Zwecke sozialdemokratischer Parteiagitatoren besonders
passenden herauszusuchen, so wäre die vorstehende Auswahl als eine geschickte zu bezeichnen, denn sie alle sind gewiß geeignet, die ›Hohlheit und Unhaltbarkeit‹ der geschilderten Verhältnisse der Gesellschaft und unter den beamteten Staatsorganen vor Augen zu halten, Phantasie und Leidenschaften der zuhörenden Arbeiter zu erregen, ihre
Unzufriedenheit mit den herrschenden Zuständen möglichst zu steigern und in ihnen den
Willen, deren Änderung herbeizuführen und zu dem Zwecke der Partei sich anzuschlie-
ßen, tunlichst zu erwecken und zu befestigen. [52]

Das Gericht bezog sich in diesem Urteil auf die Stücke *Stützen der Gesellschaft, Der Volksfeind, Kabale und Liebe, Die Ehre, Vor Sonnenaufgang, Der
Leibeigene* und *Kein Hüsung*; es stellte jedoch fest, daß aus den bekannten Vorgängen nicht notwendig folge, daß bei den Versammlungen »politische Gegenstände erörtert oder zu erörtern bezweckt« worden sei [53]; d. h. der § 8 des
Vereinsgesetzes, mit dessen Anwendung der Verein hätte zum »politischen Verein« erklärt werden können, konnte nicht angewandt werden. Die Folge dieses
Prozesses war, daß die Freie Volksbühne die Vorträge aufgab und bei öffentlichen Veranstaltungen größte Vorsicht walten ließ. Die Polizeibehörde sam-
melte jedoch weiterhin Belastungsmaterial gegen den Verein und ersann neue
Repressalien. [54]

    1892 kam es zur Spaltung der Freien Volksbühne, Anlaß dazu waren Aus-
einandersetzungen zwischen Bruno Wille und Julius Türk, in denen ein latenter
Spannungsherd in der Konzeption des Vereins zum offenen Konflikt ausbrach.
Äußerer Anstoß war Türks Versuch, die »Unabhängigen Sozialisten« aus den
Gremien der Freien Volksbühne abzuberufen. Diesem Versuch widersetzte sich
Wille mit Entschiedenheit, es ging ihm darum, den Verein aus den internen
Parteiquerelen der Sozialdemokratie herauszuhalten, zudem hatte Wille selbst
die Opposition gegen die sozialdemokratische Parteiführung unterstützt.

Der Konflikt kam in der Generalversammlung am 4. Oktober 1892, bei der Türk eine Vermehrung der Vorstandsmitglieder forderte, zum offenen Ausbruch. Zur publizistischen Vorbereitung der Aktion hatte Türks Anhänger Paul Dupont am gleichen Tage im *Vorwärts* einen polemischen Aufruf verbreitet; hinter Türk und Dupont stand die überwiegende Mehrheit der sozialdemokratischen Mitglieder des Vereins. In einem Diskussionsbeitrag Duponts auf der Generalversammlung hieß es,

es müsse dafür gesorgt werden, daß frisches Blut, daß Angehörige des Proletariats an die Spitze kämen. Sollten die Herren Schriftsteller damit nicht einverstanden sein, – nun, die Arbeiter brauchten sie schließlich nicht und würden die Leitung auch allein übernehmen können. [55]

Diese Bemerkung Duponts enthielt den Sprengstoff für alle weiteren Vorgänge, sie zielte letztlich auf eine konsequentere Demokratisierung der Vereinsstruktur und brachte die Frage des Führungsanspruchs der Intellektuellen in die öffentliche Diskussion; in zahlreichen Kommentaren wurde dieser Streit zum Anlaß genommen, das Verhältnis von »Handarbeitern« und »Kopfarbeitern« neu zu durchdenken. – In der Zeitschrift *Der Kunstwart* berichtete Wille über *Die Spaltung der Freien Volksbühne* von seiner Sicht aus. [56] Für ihn war der Zerfall des Vereins fraglos eine Folge des demokratischen Prinzips der Vereinssatzung: »Schon vor der Gründung, im Freundeskreise, hatte ich vor dieser Konstitution gewarnt.« (50) Willes Abneigung gegen eine demokratische Organisation von Institutionen bezog sich nicht nur auf den kulturellen Bereich, wo es unmittelbar um den Führungsanspruch der bürgerlichen literarischen Intelligenz ging, sie war vielmehr grundsätzlicher Natur. Demokratie und »Sachverständigkeit« erschienen Wille als unvereinbare Prinzipien. Die Freie Volksbühne war für ihn ein »volkspädagogisches Institut« (50), dessen Aufgabe darin bestand,

die Zöglinge zu erziehen, d. h. empor zu ziehen auf einen höhern Standpunkt, den also die Zöglinge vor der erzieherischen Leistung nicht einnahmen. Will das Publikum einer Freien Volksbühne geistig mehr werden, als es ist, so darf es durchaus nicht mehr selber den Verein leiten, auch nicht indirekt, indem es Leiter wählt, – es sei denn, daß bei dieser Wahl der Zufall, die Blindheit, Eitelkeit und Selbstsucht nicht mitspielen könnten, – was indessen leider eine Utopie ist. (50)

Für Wille war der durch die demokratische Wahlmöglichkeit in seinem Selbstgefühl gehobene »Heerden-Proletarier« [57] lediglich ein Opfer der Parteidemagogie; sein Zweifel gegenüber dem demokratischen Prinzip verband sich mit offenen Angriffen auf die Praxis der sozialdemokratischen Parteiführung. Das Verhältnis der Intelligenz zur Masse der in der materiellen Produktion tätigen Arbeiter reduzierte Wille auf einen emotionalen Gegensatz:

Ein Moment des proletarischen Vereinslebens, das hier nicht unerwähnt bleiben darf, ist der dumpfe, versteckte Haß, den viele Handarbeiter gegen die Kopfarbeiter hegen, und zwar keineswegs nur gegen Kopfarbeiter, die sich dünkelhaft und herrschend über das Proletariat erheben, sondern selbst gegen solche, die sich brüderlich in die Reihen des Proletariats gestellt haben. Die Sehnsucht nach Bildung, nach weißen Händen und Hemdkragen tritt eben allzuhäufig als Neid auf. Von Belang ist auch das im Volke weit verbreitete Vorurteil, Arbeiter im eigentlichen Sinne seien nur die Männer der ›schwieligen Faust‹; das ›schwielige Hirn‹ und die Anstrengungen und produktiven Seiten des Kopfarbeiters entziehen sich eben der rohen Beobachtung. Übrigens mag der Handarbeiter mit manchem ›Bruder‹ Kopfarbeiter üble Erfahrungen gemacht haben. Genug, das Übel ist vorhanden: Der Proletarier ist bei seinem Ringen nach Befreiung, insbesondere nach Wissen und Bildung, auf den Kopfarbeiter angewiesen, empfindet aber ihm gegenüber allzuviel Mißtrauen. (51)

Als Beleg für seine These zitierte Wille die Bemerkung Duponts aus der Generalversammlung vom 4. Oktober. Die Heftigkeit und persönliche Verbitterung, mit der Wille in dieser Auseinandersetzung diskutierte, wird verständlich, wenn man die Vorgänge innerhalb der Parteiorganisation der Sozialdemokratie der Jahre 1890/91 betrachtet, die von Friedrich Engels als »Literaten- und Studentenrevolte« apostrophierte Opposition der »Jungen«.

Exkurs

Anlaß zu dieser Bewegung hatte die reformistische, auf Integration in den Wilhelminischen Staat zielende Politik der sozialdemokratischen Parteiführung, die (eine Folgeerscheinung der Jahre des Sozialistengesetzes) von der um parlamentarische Kooperation mit den Bürgerlichen bemühten Reichstagsfraktion der Sozialdemokratie übernommen worden war, gegeben. [58] Die Fraktion suchte alles zu vermeiden, was Anlaß zu einer erneuten Illegalisierung der Partei hätte geben können. Hinzu kam eine allgemeine Reformmentalität, die aus den Erfolgen in der Sozialpolitik, der stetigen Erhöhung des Realeinkommens der Arbeiterschaft und dem stärkeren Einfluß der Gewerkschaften auf den Parteikurs der Sozialdemokratie resultierte. So gab dann auch den eigentlichen Anstoß zur »Revolte der Jungen« die Stellung der Fraktion zur Feier des 1. Mai (1890). Während die oppositionelle Gruppe und wohl auch die Mehrheit der Arbeiter den 1. Mai als Massendemonstration des Proletariats gestalten wollten, blieben August Bebel und die Fraktion reserviert. Franz Mehring veröffentlichte in der Volkszeitung einen polemischen Artikel gegen den Plan der Oppositionsgruppe, in dem die Maifeier als überflüssig abgetan wurde, die Arbeiterschaft hätte bereits am 20. Februar anläßlich der Wahlen für die Verkürzung der Arbeitszeit demonstriert. Schließlich veröffentlichte die Fraktion einen äußerst unklaren Aufruf, der den Arbeitern anriet, den 1. Mai zu feiern, soweit dies ohne Konflikte mit den Arbeitgebern und den Behörden möglich sei. Zum offenen Ausbruch des Streits kam es, als Bruno Wille am 22. Juli 1890 in der Sächsischen Arbeiterzeitung einen Artikel (Der 1. Oktober) veröffentlichte, der rigoros gegen den Anspruch der Parteiführung auf »Unterordnung der Mitglieder« vorging und deren kleinbürgerliche »Versumpfung« öffentlich anprangerte; Willes Artikel war ein Plädoyer für die spontane Massenbewegung. Daraufhin erfolgte eine scharfe Reaktion des Parteivorstands, die sich vor allem gegen Wille und die Redaktion der Sächsischen Arbeiterzeitung [59], die sich zum publizistischen

Forum der »Jungen« gemacht hatte, richtete. Bebels Antwort auf Willes Attacken wurde in allen sozialdemokratischen Blättern des Reichs gedruckt, Willes Kritik jedoch war totgeschwiegen worden. Auf einer Versammlung am 12. August in Berlin trug Wille zusammen mit Carl Wildberger und Max Baginski die gleiche Kritik noch einmal öffentlich vor. Am 25. August kam es erneut in Berlin zu einer Massenveranstaltung, bei der Bebel und Singer als Hauptredner des Parteivorstands auftraten. Bebel griff hier Wille in aller Schärfe an und zitierte dessen Wort von den »Heerden-Proletariern«, das Wille im Zusammenhang der Auseinandersetzungen um die Führung der Freien Volksbühne gebraucht hatte. So gelang es dem Parteivorstand, die Stimmung der Masse hinter sich zu bringen, die Opposition erlitt eine schwere Schlappe. Eine Resolution, die jede Spaltungsabsicht der Sozialdemokratie verwarf, wurde fast einstimmig angenommen. Der nächste Anstoß, der unmittelbar zum Parteiausschluß eines Teils der Oppositionsgruppe führte, war ein Flugblatt von Carl Wildberger [60], in dem dieser die Regeneration der Sozialdemokratie als »revolutionäre und proletarische« Partei forderte, der gegenüber alle übrigen Gesellschaftsklassen als die »Eine reaktionäre Masse« zu gelten habe, vor allem attackierte Wildberger die »Autoritätenherrschaft« und »taktische Korrumpiertheit« des Parteivorstands. Auf dem Erfurter Parteitag im Oktober 1891 wurde Wildberger aufgefordert, seine Anschuldigungen aus dem Flugblatt zu belegen; da dies nicht hinreichend gelang, erfolgte der Parteiausschluß für ihn und eine Gruppe engster Gesinnungsgenossen. Mehrere sympathisierende Delegierte traten daraufhin aus Protest aus der Partei aus. Am 20. Oktober 1891 gründeten etwa 500 Anhänger der Oppositionspolitik die Partei der »Unabhängigen Sozialisten«, ihr Gründungsmanifest wurde maßgeblich von Bruno Wille [61], Kampffmeyer und Paul Ernst ausgearbeitet [62]; vom 15. November an erschien als publizistisches Organ der Gruppe *Der Sozialist,* dessen Redaktion ein Jahr später Gustav Landauer, der zum Freundeskreis Willes zählte, übernahm.

Für die Einschätzung der Opposition bei der Masse der organisierten Arbeiterschaft waren vor allem Friedrich Engels scharfe Attacken maßgebend, in denen der Konflikt allein aus dem Gegensatz von Intellektuellen und Handarbeitern erklärt wurde; Engels prägte das Wort von der »Studenten- und Literatenrevolte« und scheute auch vor der persönlichen Diffamierung der Dissidenten nicht zurück. In einem offenen Antwortbrief »an Herrn Paul Ernst« im *Berliner Volksblatt* (5. Oktober 1891) heißt es:

Weit gefährlicher für die Partei als eine kleinbürgerliche Fraktion, die man doch bei der nächsten Wahl in die Rumpelkammer werfen kann, ist eine Clique vorlauter Literaten und Studenten, besonders, wenn diese nicht imstande sind, die einfachsten Dinge mit Augen zu sehen und bei Beurteilung einer ökonomischen oder politischen Sachlage weder das relative Gewicht der vorliegenden Tatsachen noch die Stärke der ins Spiel kommenden Kräfte unbefangen abzuwägen, und die daher der Partei eine total verrückte Taktik aufnötigen wollen, wie sie namentlich die Herren Bruno Wille und Teistler, und in geringerem Maß auch Herr Ernst, ans Licht gebracht haben. Und noch gefährlicher wird diese Clique, wenn sie sich zu einer gegenseitigen Assekuranzgesellschaft zusammentut und alle Mittel der organisierten Reklame in Bewegung setzt, um ihre Mitglieder in die Redaktionssessel der Parteiblätter zu schmuggeln und vermittelst der Parteipresse die Partei zu beherrschen. [63]

In einer Reihe weiterer publizistischer Kampagnen nannte Engels die linke Opposition eine »Menge Studenten, Literaten und andere junge deklassierte Bürgerliche«, »kleine Lumpen«, »Gernegroß-Studenten« und »sonderbare getreue Eckarte«. [64] So notwendig die politische Entscheidung, die Engels Kritik zugrunde lag, gewesen sein mag, um die drohende Spaltung der Sozialdemokratie aber auch eine erneute Illegalisierung der Partei abzuwehren, so blockierte sie doch auf lange Sicht hin die Möglichkeit der Integration der linken literarischen Intelligenz in die Arbeiterbewegung und brachte diese Gruppe in eine stets größer werdende Isolation innerhalb der Gesellschaft.

Es waren vor allem zwei Punkte, auf die Engels und die Parteiführung der Sozialdemokratie ihre Kritik an der oppositionellen Gruppe richtete: (1) ihre Beziehungen zu anarchistischen Kreisen im In- und Ausland und (2) ihr Engagement für das Lumpenproletariat, das sie der organisierten Arbeiterschaft entfremdet hatte. [65] Daß der Vorwurf des Sympathisierens mit den Anarchisten zu Recht erhoben wurde, wurde deutlich als Max Baginski, einer der Wortführer der in Erfurt ausgeschlossenen Dissidenten – mit dem zusammen Gerhart Hauptmann 1891 seine Recherchen in den schlesischen Weberdörfern durchgeführt hatte – die Redaktion der anarchistischen *Chicagoer Arbeiter-Zeitung* übernahm, auch hatten die »Jungen« engen Kontakt mit dem in New York lebenden deutschen Alt-Anarchisten John Most, der ihnen wiederholt riet, »sich offen und frei als Anarchisten zu bekennen, da jede Zwitterstellung zwischen Sozialdemokratie und Anarchismus heute ein Unding sei«. [66] Später gab es in Berlin vielfältige Verbindungen anarchistischer Gruppen zur Redaktion der Zeitung *Der Sozialist*.

Beide Momente, die Beziehungen zur internationalen Anarchismusbewegung und die Parteinahme für das Lumpenproletariat, sollten eine wesentliche Rolle in der Naturalismuskritik der offiziösen Literaturkritik der Sozialdemokratie spielen, denn die Wortführer der parteiinternen Opposition waren zugleich die theoretischen Verfechter des Naturalismus und sie waren durchweg auch Vorstandsmitglieder der Freien Volksbühne. Der Hinweis der sozialdemokratischen Kritiker auf das Lumpenproletariat als den bevorzugten Gegenstand der Darstellung in den naturalistischen Stücken, sollte diese als soziale Literatur disqualifizieren; die Naturalisten hätten nach der Meinung dieser Kritiker vielmehr den Kampf des modernen, politisch aktiven Industrieproletariats zum Thema ihrer Dichtungen machen sollen. In den Elendsschilderungen der Naturalisten aber kamen jene anarchoiden Momente der Wilhelminischen Gesellschaft wieder grell ans Licht, die die Reformpolitik der letzten Jahre hatte vergessen lassen; es war die schockierende Wirklichkeit der unverstellten Klassenantagonismen, die jede Reformmentalität empfindlich irritieren mußte, der gegenüber, wie es selbst der Berliner Polizeipräsident formulierte, die Revolte letztlich die »Pflicht des tüchtigen Mannes« wäre. In den literarischen Darstellungen wurde deutlich, welche Grenzen einer reformerischen Durchsetzung der Interessen der Arbeiterschaft unter den Bedingungen des entfalteten Konkurrenzkapitalismus gesetzt waren, insbesondere in jenen Wirtschaftsbereichen, die am Rande der Kapitalinteressen lagen oder die von der technologischen Entwicklung überholte Produktionszweige darstellten, wie es etwa für die schlesische Hausweberei zutraf. Mit dem »Aussterbenlassen« solcher Industriezweige als Produktionsbereiche wurde das physische Aussterben derer, die in ihnen arbeiteten, in Kauf genommen, ja mit unverhülltem Zynismus öffentlich diskutiert. [67]

Diese vielgeschichtige Problematik stellt ein wesentliches Moment jenes zeitgeschichtlichen Hintergrunds dar, von dem aus die Diskussionen um den Kurs der Freien Volksbühne wie die Naturalismuskritik der Sozialdemokratie beurteilt werden müssen.

Der Versuch Willes, seine Position auf der Generalversammlung der Freien Volksbühne am 4. Oktober durchzusetzen, war auf Grund der Vorgänge des Jahres 1891 von Anfang an zum Scheitern verurteilt; Wille wurde durch den Protestlärm der Türk-Anhänger unterbrochen, so daß die Versammlung erst am 12. Oktober fortgesetzt werden konnte. Dieser Tag brachte die endgültige Spaltung der Freien Volksbühne auch nach außen hin. Als neuen Vorsitzenden des Vereinsvorstands schlug Julius Türk den Journalisten Franz Mehring vor. Wille und seine Anhänger gründeten am 15. Oktober 1892 die Neue Freie Volksbühne, die zu einem Sammelbecken der in Erfurt ausgeschlossenen bzw. aus Protest aus der Sozialdemokratie ausgetretenen »Jungen« wurde. Der Gründungsaufruf hatte folgenden Wortlaut:

Die ›Freie Volksbühne‹ hat durch die letzten Generalversammlungen eine Wendung erhalten, welche befürchten läßt, daß die ursprüngliche, rein volkspädagogische und echt künstlerische Tendenz dieses Vereins mehr und mehr zurückgedrängt wird. Deshalb haben sich die Unterzeichneten zusammengethan, um eine *neue freie Volksbühne* begründen zu helfen. Unser Verein möchte auf Geist und Gemüt seiner Mitglieder durch die Kunst veredelnd einwirken und so zur Fortentwicklung des Volkes überhaupt beitragen. Zu diesem Zwecke wollen wir in erster Linie die *Dichtkunst* und die *Bühnenkunst* durch Theatervorstellungen, Deklamationen und belehrende Vorträge pflegen, dann aber auch *musikalische Kunstwerke* von tüchtigen Kräften vorführen lassen. – Die Zahlungen der Mitglieder sollen möglichst niedrig – auf etwa 50 Pfg. monatlich – bemessen, die Theaterplätze verlost werden. Belehrt durch die Entwicklung der alten freien Volksbühne suchen wir unserm Verein eine derartige Verfassung zu geben, daß eine Leitung durch künstlerische und technische Sachverständige für die Dauer gewährleistet ist. [68]

Den Aufruf unterschrieb Bruno Wille; zur künstlerischen Führung des Vereins bereit, zeichneten Wilhelm Bölsche, Hermann Büttner, Franz Deutschinger, Albert Dresdner, Adalbert von Hanstein, Maximilian Harden, Julius Hart, Otto Erich Hartleben, Wilhelm Hegeler, Victor Holländer, Bernhard Kampffmeyer, Paul Kampffmeyer, Gustav Landauer, Emil Lessing, Max Marschalk, Fritz Mauthner, Bruno Wille, Ernst Freiherr von Wolzogen. In den Vorstand wurden gewählt: Max Halbe als Schriftführer, Robert Bertelt als Kassierer und Bruno Wille als Vorsitzender. In der neuen Satzung hieß es im § 1:

Der Verein bezweckt, seinen Mitgliedern erhebende und befreiende Kunstwerke aller
Gattungen, insbesondere Theatervorstellungen, Dichtungen und Musikwerke, nach Mög-
lichkeit auch Werke der Malerei und Bildhauerkunst, vorzuführen und dieselben durch
Vorträge zu erläutern. [69]

An der Spitze der Freien Volksbühne stand mit Franz Mehring [70] ein
Mann, der das Vertrauen der von der Sozialdemokratie erfaßten Volksmassen
wie der Parteiführung besaß; die Mitgliederzahl des Vereins wuchs in den folgenden Jahren ständig, im Dezember 1894 waren es ca. 6000 eingeschriebene
Mitglieder. Um dem Vorwurf der bürgerlichen Presse zu begegnen, in den Vorstellungen der Freien Volksbühne sähe man mehr Literaten, Studenten und Intellektuelle als Arbeiter [71] wurde eine Berufsstatistik der Mitglieder angelegt,
die deutlich auswies, daß die Freie Volksbühne ein Arbeiterverein war. Wegen
der stets überfüllten Vorstellungen wurde 1895 der Plan diskutiert, wochentags
Abendvorstellungen einzurichten. Polizeiliche Maßnahmen verhinderten jedoch,
daß dieser Vorschlag auf einer Mitgliederversammlung zur Diskussion gestellt
wurde.

Durch Franz Mehring wurde die kulturpolitische Programmatik der Freien
Volksbühne präzisierte. In der Vereinszeitschrift schrieb Mehring, die Freie Volksbühne sei »ein dienendes Glied im großen Emanzipationskampf der arbeitenden
Klasse«, doch sei es ein logischer Fehler der politischen Gegner der Arbeiterschaft, anzunehmen, »weil der proletarische Emanzipationskampf in erster Reihe
ein politischer Kampf ist, deshalb soll überall ›Politik‹ sein, wo mit diesem
Kampf wirklich ernst gemacht wird. Tatsächlich beruht aber die Emanzipation
der Arbeiterklasse durchweg auf der Selbstbefreiung und Selbsterziehung der
Arbeiter« [72], dieser Aufgabe diene auch die Freie Volksbühne. Im Oktober-
heft 1893 der *Volksbühne* heißt es, die Freie Volksbühne wolle ein proletarischer Verein sein, der »vom Klassenstandpunkte aus die Kunst fördert und ge-
nießt«; mehr zu sein, sei ihr nicht möglich, denn »eine revolutionäre Umwälzung
der bürgerlichen Bühne in der bürgerlichen Welt« liege nicht in ihrer Macht.
Ihren emanzipatorischen Anspruch aber müsse die Freie Volksbühne aufrecht erhalten, denn »für ästhetische Spielereien, für ein aussichtsloses Experimentieren,
für einen bloßen Vergnügungsverein sind die Zeiten viel zu ernst.« [73] Damit war dem Naturalismus, der als Experimentalliteratur galt, eine deutliche
Absage erteilt. Gleichzeitig wurden die Wirkungsmöglichkeiten der Freien Volksbühne als in den vorgefundenen allgemein gesellschaftlichen Bedingungen gebunden und durch sie begrenzt eingeschätzt. Ein Beitrag in der *Neuen Zeit* nimmt
zu dieser Frage ausführlich Stellung:

Von vornherein liegt auf der Hand, daß die Schaubühne für die Emanzipation der
arbeitenden Klasse niemals auch nur entfernt die gleiche Bedeutung haben kann, wie sie,
namentlich in Deutschland, für die Emanzipation der bürgerlichen Klasse gehabt hat.
So beschränkt unser Preß- und Vereinsrecht sein, so mangelhaft auch noch das allgemeine Wahlrecht sein mag, so tritt hinter diesen Hebeln des proletarischen Emanzipationskampfes das Theater doch vollständig in den Hintergrund. Es ist ganz richtig, wenn
Karl Frenzel sagt, das Jahr 1848 habe den überwältigenden Einfluß des Theaters im
deutschen Volk gebrochen. Diese Ansicht eines gebildeten Bourgeoiskritikers zeugt von

einer ebenso scharfen Auffassung der historischen Entwicklung, wie der preiswürdige Tiefsinn eines verkannten Genies aus Gründeutschland: Die Beteiligung der Arbeiter an der sogenannten ›Volksbühnen-Bewegung‹ sei unendlich wichtiger, als ihre Beteiligung an der Wahlbewegung, von dem Gegentheile zeugt. In dem Emanzipationskampfe des Proletariats wird das Theater nie eine entscheidende oder auch nur besonders einflußreiche Rolle spielen; darüber können sich nur unheilbare Wirrköpfe täuschen. [74]

In diesen Überlegungen wird eine Kritik auch gegenüber jenen Bestrebungen innerhalb der sozialdemokratischen Kulturpolitik vorgetragen, die das Vorbild für den politischen Kampf der Arbeiterschaft der 90er Jahre in dem Befreiungskampf des Bürgertums des 18. und frühen 19. Jahrhunderts sehen wollten und daraus eine Funktionsbestimmung der Literatur und des Theaters für die Arbeiterbewegung abzuleiten versuchten. Es wird noch einzugehen sein, auf eine spezifische Argumentation der Zurückweisung des Theaters als »förderliches Werkzeug des proletarischen Emanzipationskampfes«, die ihre Gründe auf einer vulgärpragmatischen Ebene formuliert: Der Arbeiter werde durch die Kunst vom politischen Handeln lediglich abgelenkt. [75] Gegenüber jenem Standpunkt vertritt die Argumentation in der *Neuen Zeit* eine im historisch-materialistischen Denken weit fundiertere Position, die letztlich die Operationalisierungsmöglichkeiten der ästhetischen Produktion aus den gesamtgesellschaftlichen Produktionsbedingungen zu erklären versucht. Daß sich diese theoretischen Ansätze, die sich in zahlreichen anderen Beiträgen der *Neuen Zeit* finden, letztlich doch nicht zu einer historisch-materialistischen Theorie der ästhetischen Produktion zusammenfügten, lag offenbar daran, daß die entscheidenden praktischen Aktivitäten der Arbeiterbewegung in diesen Jahren überwiegend in der Distributionssphäre ansetzten und unter diesem Aspekt auch theoretisch reflektiert wurden. Aus diesem Grunde nehmen letztlich alle Versuche materialistischer Theoriebildung bzw. Kritikansätze die Wendung in idealistische Begründungen, wenn es um die Bestimmung des Zusammenhangs der ästhetischen Produktion mit dem menschlichen Individuum geht. In dem zitierten Aufsatz der *Neuen Zeit* heißt es eben am Ende doch: »Denn in allem Wechsel der Zeiten wird der Bühne doch immer die Aufgabe bleiben, das menschliche Herz zu erheben und zu erfreuen.« (48) D. h. der historisierenden Betrachtungsweise der Distributionssphäre widerspricht eine enthistorisierende, idealistische Bestimmung der Bedeutung der ästhetischen Produktion für den Menschen; damit verengt sich auch die Kulturpolitik der Sozialdemokratie dieser Jahrzehnte stets zur Frage der gerechten bzw. ungerechten Beteiligung der Proletarier an den kulturellen Errungenschaften der Bourgeoisie.

1895/96 setzten neue und weitergehende Repressalien der Polizei gegen die Freie und die Neue Freie Volksbühne ein, die schließlich zur Auflösung der Vereine führten. Da die Polizei offenbar über das Vereinsgesetz die beiden Institutionen nicht entscheidend treffen konnte – ihr Ziel war es zweifellos gewesen, die Freie Volksbühne zum politischen Verein erklären zu lassen und sie damit strengsten ordnungsbehördlichen Kontrollen zu unterwerfen – wurde nun versucht, den Vereinscharakter überhaupt in Frage zu stellen und den Veranstaltungen der beiden Volksbühnen »Öffentlichkeit« nachzuweisen. Die große

Mitgliederzahl und die einfache Weise, wie man die Mitgliedschaft erlangen
konnte (der Verein nahm oft kurz vor den Vorstellungen noch Mitglieder auf,
die beim Kauf der Karten zugleich den Mitgliedsbeitrag entrichteten), waren die
Hauptansatzpunkte für die Ordnungsbehörden. Sie erklärten, daß es sich bei der
Freien Volksbühne nur »um eine verschleierte Form des öffentlichen Kartenver-
triebs« handele [76]; am 18. April 1895 kam es deswegen zu Verfügungen gegen
die Freie Volksbühne und die Neue Freie Volksbühne, in der es hieß:

Auf Grund der hier gemachten Beobachtungen und nach dem Inhalte der Statuten [der
Freien Volksbühne – M. B.] müssen die von derselben veranstalteten Vorstellungen
als öffentliche und demgemäß der diesseitigen Polizeiverordnung vom 10. Juli 1851
unterliegende angesehen werden. Ich mache den Vorstand darauf aufmerksam, daß auf
Grund des § 5 der gedachten Verordnung der Text der darzustellenden Stücke zeitig,
d. h. vierzehn Tage vor der Vorstellung zur Zensur hier einzureichen ist. Die weitere
Aufführung von Stücken ohne die vorherige Einholung der zensurpolizeilichen Genehmigung wird von hier aus inhibiert werden. [77]

Diese Verfügung führte zur Einstellung des laufenden Programms; in einer sofort einberufenen Generalversammlung am 23. April wurde heftigster Protest
gegen die Verfügung erhoben, und der Vorstand entschloß sich zur verwaltungs-
gerichtlichen Klage; das Verfahren zog sich jedoch so lange hin, daß der Verein
in seiner Organisation und finanziellen Basis immer mehr zusammenbrach. Julius
Türk machte zwischendurch den Versuch, als Privatmann Theateraufführungen
für die Mitglieder zu organisieren, aber auch dieses Unternehmen konnte sich
nicht lange halten.

   Das Verfahren nahm folgenden Verlauf: Der Verein Freie Volksbühne wurde
von dem Rechtsanwalt Kauffmann vertreten, der am 26. April 1895 gegen die
Verfügung Beschwerde beim Oberpräsidenten der Provinz Brandenburg einlegte.
Entschieden wurde die unterstellte Öffentlichkeit der Aufführungen bestritten,
ebenso das Recht der Polizei, weitere unzensierte Vorstellungen zu inhibieren.
Der Oberpräsident wies die Beschwerde mit der Begründung zurück, daß es sich
bei der Zuschrift der Polizei nicht um eine Verfügung handele, die im Sinne des
§ 127 des Gesetzes über die allgemeine Landesverwaltung vom 30. Juli 1883
anfechtbar sei; der Oberpräsident habe folglich keine Möglichkeit, in den Vorgang einzugreifen. Die Freie Volksbühne klagte daraufhin beim Oberverwaltungsgericht gegen den Oberpräsidenten, dabei wurden die in der ersten Beschwerde vorgebrachten Argumente wiederholt, weiterhin die Verfassungsmäßigkeit der Verordnung von 1851 angezweifelt und eine Interpretation dieser Verordnung vorgelegt, wonach der Begriff »Öffentlichkeit« auf Veranstaltungen von
Vereinen prinzipiell keine Anwendung finden könne. Die Behauptung der Nicht-
öffentlichkeit der Aufführungen der Freien Volksbühne wurde durch Kauffmann mit zahlreichen Materialien belegt. Die Klageerwiderung des Polizeipräsidenten beruhte hingegen auf folgenden Punkten: 1. Der unterstellten Verfassungsmäßigkeit der Verordnung von 1851. 2. Dem Vorwurf der Scheinhaftigkeit
des Vereinsstatus' der Freien Volksbühne, die Vereinsform sei lediglich ein Mittel zur Umgehung der Zensurbestimmungen. 3. Der unterstellten besonderen Ge-

fährlichkeit theateralischer Aufführungen vor geschlossenen Gruppen. 4. Protokollerklärungen von Agenten der Polizei, die herausgefunden hätten, daß jedermann ohne Schwierigkeit Eintrittskarten zu den Vorstellungen der Freien Volksbühne bekäme, auch sei die Mitgliedschaft leicht übertragbar. Außerdem erkläre der inzwischen auf über 7000 Mitglieder angewachsene Verein selbst, er habe die Absicht, seine künstlerischen Darbietungen »in weiteste Kreise« des Volkes zu tragen. Die Liste der Argumente zeigt deutlich die Taktik der Behörden; die Volksbühnen sollten durch kombiniertes Vorgehen auf der Ebene der Vereinsgesetzgebung wie mit Mitteln der politischen Diffamierung (unterstellte Umsturzabsichten) illegalisiert werden. Gerade dieses Vorgehen bot die Möglichkeit, die gerichtliche Klärung in einen langwierigen Instanzenweg zu bringen, der sich letztlich zum Nachteil des finanzschwachen Vereins auswirken mußte.

Erst am 3. Januar 1896 fand die Verhandlung des Oberverwaltungsgerichts statt, die Entscheidung fiel am 24. Januar. Das Schreiben der Polizei vom 18. April 1895 wurde als Verfügung anerkannt, inhaltlich schloß sich ihr das Gericht in allen Punkten an; auch wurde die Verfassungsmäßigkeit der Verordnung vom 10. Juli 1851 bestätigt. Im Urteil heißt es:

Die Tatsache, daß ein Verein die Aufführungen veranstaltet, schützt noch nicht vor Öffentlichkeit. Vielmehr kann die Organisation eines Vereins eine so lose, die Zahl der Mitglieder eine so große, die Zusammensetzung eine so wechselnde, und können die Voraussetzungen für den Erwerb der Mitgliedschaft so geringe und leicht zu erfüllende sein, daß seine Mitglieder als ein in sich geschlossener, bestimmt abgegrenzter Kreis innerlich verbundener Personen nicht angesehen werden können. [78]

Die Freie Volksbühne stelle folglich keine »geschlossene Gesellschaft« dar, die Aufführung unzensierter Stücke sei mithin eine »strafbare Störung der öffentlichen Ordnung«. Das Gericht deutete dem Vorstand an, daß der Verein ja seine Satzung ändern könne, um den Vorstellungen der Ordnungsbehörde von »öffentlichen« bzw. »nicht-öffentlichen« Veranstaltungen nachzukommen. Eine Generalversammlung der Freien Volksbühne, die zum 9. März 1896 einberufen wurde – ein großer Teil der Organisation des Vereins war bereits zusammengebrochen, zahlreiche Mitglieder waren verloren, auch finanziell war der Verein am Ende –, lehnte dieses Ansinnen ab. Franz Mehring empfahl der Versammlung die Auflösung des Vereins Freie Volksbühne; diese erfolgte noch in der gleichen Sitzung. Das verbliebene Vereinsvermögen von 1000 Mark wurde zu gleichen Teilen zwischen der Sozialdemokratie, der Arbeiterbildungsschule und den streikenden Webern von Cottbus aufgeteilt. Mit dieser Entscheidung war das Ende der Freien Volksbühne gekommen; die Neugründung des Vereins im Jahre 1897, wie die Anpassungsversuche der Neuen Freien Volksbühne an das Urteil vom 24. Januar 1896 standen unter Bedingungen, die der Volksbühnenbewegung ihren politischen Charakter weitgehend nahmen und sie zu einer Publikumsorganisation machten, die sich programmatisch immer weniger von den bürgerlichen Einrichtungen dieser Art unterschied. [79]

Blicken wir auf die Anfänge der Freien Volksbühne und ihre bewegte Geschichte bis 1896 zurück, so läßt sich resümieren, daß sich in der Praxis dieser

Institution, die sich in der permanenten politischen Selbstbehauptung und Abwehr der Illegalisierung durch die Ordnungsbehörden in gleicher Weise entfaltete wie in ihrem kulturellen Programm, eine Form proletarischer Gegenöffentlichkeit zur Öffentlichkeit der bürgerlichen Gesellschaft konstituiert hatte, die phasenweise und im lokalen Bereich von größter Massenwirksamkeit war, und der man keineswegs gerecht wird, wenn man sie als »Vermittlungsinstanz zur bürgerlichen Kultur« versteht. [80] Die Freie Volksbühne hatte unter spezifischen Produktions-, Distributions- und Rezeptionsbedingungen ein Modell politischen Zeittheaters für die Arbeiterschaft entwickelt, das jene Regulative aufhob, die im Rahmen des bürgerlichen Theaterbetriebs durch gesetzliche Reglementierung und ökonomische Repressalien (Aussperrung der Arbeiter vom Theaterbesuch durch drastische Anhebung der Preise der Galerieplätze, Aufführungsverbote an Sonntagen u. a.) den Proletarier vom Theaterbesuch ausschlossen, oder die Stücke durch die Form ihrer ästhetischen Vermittlung in ihren Inhalten hinsichtlich der Lebensinteressen der Arbeiter neutralisierten. Durch die Negation dieser Produktions- und Distributionsbedingungen (Außerkraftsetzen der Zensurbestimmungen durch den Vereinsstatus, billige Eintrittspreise, Sonntagnachmittag-Vorstellungen, Auswahl, inhaltliche Erklärung und Diskussion der Stücke) wurden Voraussetzungen geschaffen, unter denen die bürgerliche Literatur in die politische Praxis des Proletariats einzubringen war. Diese Aufführungspraxis vermochte ansatzweise jene dialektische Perspektive aufzubauen, die den Stücken selbst fehlte, die aber Voraussetzung war, damit das Theater zum Element eines Lernprozesses innerhalb der proletarischen Massenbewegung werden konnte. Der politische Horizont dieses Theaters konstituierte sich in der Funktionseinheit von Vortrag, Aufführung und Diskussion und im Rahmen der allgemeinen Konstitutionsbedingungen proletarischer Öffentlichkeit, in deren Dialektik die Freie Volksbühne neben der Arbeiterpresse als eine der wichtigsten Institutionen zur Darstellung und Durchsetzung der Interessen des Proletariats fungierte. Auf beiden Ebenen also, der Theaterpraxis wie aber auch der permanenten öffentlichen Auseinandersetzung mit den Ordnungsbehörden liegt die Bedeutung der Freien Volksbühne für die politische Arbeiterbewegung, auf beiden Ebenen liegen auch spezifische Funktionen hinsichtlich der Darstellung und der Durchsetzung proletarischer Interessen. So überholte die Dialektik der Praxis jener Einrichtung die Möglichkeiten der Theoriebildung wie der Literaturkritik der II. Internationale, die ihre Bindung an die idealistische Ästhetik nie grundsätzlich aufgab. Insofern weist das Modell der Aufführungspraxis der Freien Volksbühne, wenigstens seiner Intention nach, auf die Praxis des Piscatortheaters in den 20er Jahren und auf das Brechttheater voraus. Während in der Praxis der Freien Volksbühne jene Elemente, mit deren Hilfe die bürgerliche Literatur unter der Perspektive dialektisch-historisierender Betrachtung angeeignet werden konnte, noch Teil des Aufführungs- bzw. des allgemeinen Veranstaltungsarrangements blieben (z. B. der Vortrag als Kommentar und Mittel der Aktualisierung), teils erst aus den Bedingungen proletarischer Gegenöffentlichkeit insgesamt resultierten, wurden sie

bei Piscator und Brecht zu Elementen einer neuen Stückestruktur, des sogenannten »epischen Theaters«, das in seiner konsequentesten Ausformung ebenfalls
unter den Konstitutionsbedingungen einer proletarischen Öffentlichkeit stand.

Wir hatten es schwer, unsern Film durchzubringen.
Aus dem Haus gehend, verhehlten wir nicht unsere
Wertschätzung des scharfsinnigen Zensors. Er war weit
tiefer in das Wesen unserer künstlerischen Absichten
eingedrungen als unsere wohlwollendsten Kritiker. Er
hatte ein kleines Kolleg über den Realismus gelesen.
Vom Polizeistandpunkt aus.

B. Brecht, *Kleiner Beitrag zum Thema Realismus,*
(30er Jahre)

Die Vorurteile sind ihrerseits die Bedingungen möglicher Erkenntnis.

J. Habermas, *Zur Logik der Sozialwissenschaften*
(1970)

Für die zeitgenössische Rezeption des naturalistischen Theaters läßt sich an den
Argumentationen in den Verbotsverfügungen zu Hauptmanns *Webern,* den Schrift-
sätzen, die Hauptmanns Anwalt Richard Grelling in einer Reihe von Prozesssen
mit den preußischen Verwaltungsgerichten in dieser Sache ausgetauscht hat und
in den Pressediskussionen, die durch *Die Weber* ausgelöst wurden und sich über
mehr als zwei Jahre hinzogen, beispielhaft zeigen, in welchem Grade politische
und ideologische Vororientierungen, das Kalkül mit dem Fermentwert des Stücks
in der Zeit der Wirtschaftskrise und die öffentliche Einschätzung der institutionellen
Form der ästhetischen Vermittlung die Aufnahme der *Weber* in der zeitgenössischen
Öffentlichkeit bestimmt hatten und wie sich in diesem Prozeß der Rezeptionsvorgang weitgehend verselbständigte; d. h. die Polemik gegen *Die Weber* wurde
zur Polemik gegen die tatsächliche und vermeintliche Inanspruchnahme des
Stücks und gegen seine erst in der Rezeption sich ausbildende kritische Funktion:
»man schlug den Sack und meinte den Esel.« Für die Analyse der Rezeption
wird die jeweilige Form der Stellungnahmen (als ordnungspolizeiliche Verfügung, Klageschrift, verwaltungsgerichtliches Urteil, behördliche oder persönliche
Stellungnahme, literarische Kritik oder Aufführungsbesprechung in der Tagespresse), in der sich die zeitgenössische Rezeption heute dokumentiert, zu berücksichtigen sein. Es wird außerdem darauf ankommen, die produktive Komponente des Rezeptionsprozesses herauszuarbeiten.

1. Der »Weber«-Prozeß

Am 20. Februar 1892 wurde die Dialektfassung des Hauptmannschen Stücks *De Waber* von der Direktion des Deutschen Theaters beim Berliner Polizeipräsidenten zur Aufführungsgenehmigung vorgelegt: mit einer Verfügung vom 3. März erfolgte das Verbot der öffentlichen Aufführung. Damit war der spektakulärste politische Zensurprozeß in der Geschichte der deutschen Literatur eingeleitet [1]; seine Analyse veranschaulicht für die Zeit der Wilhelminischen Ära die restriktive Praxis staatlicher Kommunikationsüberwachung und das Zusammenwirken juristischen und ökonomischen Vorgehens bei der Unterdrückung der Aktivitäten der Arbeiterbewegung im kulturellen Bereich.

In der Verbotsbegründung [2] wird auf F. Mauthners Besprechung der Buchausgabe der *Weber* im *Magazin* [3] und auf zwei Briefe des Breslauer Regierungspräsidenten vom 9. Oktober 1891 und vom 15. Februar 1892 Bezug genommen. [4] Beide Briefe hatten offensichtlich die Funktion, die Berliner Behörden auf das *Weber*-Projekt aufmerksam zu machen. Das Verbot ist in diesem ersten Amtsvorgang in folgender Weise begründet:

In ordnungspolizeilicher Richtung geben zu erheblichen Bedenken Anlaß: a) Die geradezu zum Klassenhaß aufreizende Schilderung der Charaktere der Fabrikanten im Gegensatz zu denjenigen der Handweber im 1. und 4. Akt, b) die Deklamation des Weberliedes im 2. Akt und am Ende des 3. Aktes, c) die Plünderung bei Dreißiger im 4. Akt und d) die Schilderung des Aufstandes im 4. und 5. Akt. Es steht zu befürchten, daß die kraftvollen Schilderungen des Dramas, die zweifellos durch die schauspielerische Darstellung erheblich an Leben und Eindruck gewinnen würden, in der Tagespresse mit Enthusiasmus besprochen, einen Anziehungspunkt für den zu Demonstrationen geneigten sozialdemokratischen Theil der Bevölkerung Berlins bieten würde, für deren Lehren und Klagen über die Ausbeutung und Ausnutzung des Arbeiters durch den Fabrikanten das Stück durch seine einseitige tendenziöse Charakterisierung hervorragende Propaganda macht.

Auch die Vorlage einer inhaltlich geringfügig geänderten und dem Hochdeutschen angenäherten Fassung des Stücks (*Die Weber*) wurde am 4. Januar 1893 mit dem Hinweis auf die Begründung in der bereits erfolgten Verbotsverfügung abgewiesen. [5] Dagegen erhob Hauptmanns Anwalt Richard Grelling Klage beim Berliner Bezirksausschuß mit der Begründung, daß es sich bei dem Stück um die Darstellung von Vorgängen »aus den vierziger Jahren« handele. [6] Die Klageerwiderung des Polizeipräsidenten vom 4. Februar 1893 wandte gegen dieses Argument ein, daß der historische Abstand unerheblich wäre, da die im Stück beschriebene gesellschaftliche Ordnung noch die gegenwärtige sei und diese die habsüchtigen Unternehmer in Komplizenschaft mit den staatlichen Organen zeige. In einer Gegenerklärung betonte Grelling, daß dem Stück seinem Inhalt nach ein politisch-revolutionäres Moment nicht nachzuweisen sei, daß es weder Umsturz noch Kritik der Gesellschaft beabsichtige, sondern allein die Not der Weber zeige und deren Anspruch auf gerechtere Bezahlung propagiere; eine Analogie zu der gegenwärtigen Gesellschaft und der Situation der Berliner Arbeiter der neunziger Jahre herzustellen, verbiete sich auf Grund der wesentlich verbesserten sozialen Lage der Arbeiterschaft. Hauptmanns Anwalt konnte sich dabei auf das besonders in den achtziger Jahren angestiegene Realeinkommen der großstädtischen Industriearbeiter und die Bismarcksche Sozialgesetzgebung berufen. In diesem Vorspiel zu den eigentlichen *Weber*-Prozessen waren die wesentlichen Argumentationspositionen im Kern bereits formuliert.

Während der Bearbeitung von Hauptmanns Klage beim Berliner Bezirksausschuß erfolgte die erste Aufführung der *Weber* am 26. Februar 1893 an der Freien Bühne. [7] Der Tenor der Besprechungen in der Presse schien die Befürchtungen der Polizeibehörden zu bestätigen. Julius Hart schrieb in der *Täglichen Rundschau*:

Hier athmet ein revolutionärer Geist, so ernst und entschieden, wie in den ›Räubern‹ und in ›Kabale und Liebe‹, hier fließt der sozialdemokratische Ingrimm unserer Zeit, der auch in unserer jüngeren Literatur nur zu oft als Esel in der Löwenhaut umhergeht, in purpurrothen Blutwellen dahin, hier steckt jene Echtheit und Entschlossenheit der Gesinnung, welche auch den politischen Gegner mitzureißen vermag. Man erzählt, daß 1830 die Brüsseler ihre Barrikaden aufbauten, als sie entflammt von den Weisen der ›Stummen von Portici‹ aus dem Theater hinausströmten: auch eine Aufführung der ›Weber‹ in einer Versammlung von Arbeitslosen, vor dem ›Lumpenproletariat‹ und den ›Ballonmützen‹ würde aufreizender wirken, als die wildeste Anarchistenrede. Aber dabei steckt in der Dichtung nicht eine Spur von eigentlicher Tendenzpoesie: Jedem Reden ging der Dichter aus dem Wege, und Alles ist echt und wahrhaft künstlerisch gestaltet und gebildet worden. [8]

Für die Berliner Polizeibehörde war vor allem durch den Brief des Breslauer Regierungspräsidenten vom 9. Oktober 1891 ein konkreter Zusammenhang zwischen den *Webern* und aktuellen politischen Unruhen im schlesischen Proletariat erwiesen, und sie ermittelte in dieser Sache weiter. Am 2. März 1893 erfolgte eine Anfrage an die Staatsanwaltschaft Schweidnitz, in der der Berliner Polizeipräsident die Unterlagen in der »Strafsache gegen Franz Feldmann aus Langenbielau wegen Vergehen gegen die öffentliche Ordnung« [9] anforderte. Feldmann war Redakteur der Zeitung *Der Proletarier aus dem Eulengebirge*, zu der auch Hauptmann bei seinen Recherchen in den schlesischen Weberdörfern Kontakt aufgenommen hatte [10], und hatte am 26. August 1891 drei Strophen des berüchtigten Weberliedes im *Proletarier* abgedruckt. Dabei handelte es sich gerade um jene Strophen, die auch in Hauptmanns *Webern* stehen (»Hier im Ort ist ein Gericht [...]«, »Hier wird der Mensch langsam gequält [...]« und »Ihr Schurken all', ihr Satansbrut! [...]«). Das Schweidnitzer Urteil gegen Feldmann enthält bereits einige der wichtigsten Argumente, die auch die Ordnungsbehörden in Berlin gegen die *Weber* vorbrachten: die Wirkung des Weberlieds bzw. des *Weber*-Stücks sei allein aus der aktuellen politischen Lage des Proletariats zu erklären und angemessen einzuschätzen. In dem Urteil heißt es:

Der Angeklagte begegnet der Anklage mit folgender Verteidigung: Das Gedicht schildert eine historische, im Jahre 1844 geschehene Begebenheit, nicht zu Agitationszwecken sondern als historische [...] habe ich es in der Zeitung aufgenommen. Das Gedicht sei Anfang Mai 1891 auf der Freien Volksbühne in Berlin in der Begleitung lebender

Bilder einem Publikum von mehreren tausend Köpfen vorgeführt worden und unbeanstandet geblieben. Es habe niemanden aus diesem Publikum beunruhigt, umso weniger sei es geeignet in Langenbielau, in einem viel kleineren Kreise, beunruhigend zu wirken, es habe auch tathsächlich zu Unruhen nicht geführt. Auf die Gegenwart passe das Lied gar nicht mehr; deshalb habe er es unbedenklich aufgenommen. Das Gedicht hebt den Gegensatz zwischen den Reichen und Armen (unter welchen es der Überschrift zufolge insbesondere die Weber im Auge hat) – also zwischen Bevölkerungsklassen – hervor [...] Wenn eine Veröffentlichung, wie die hier in Rede stehende, in einem Blatt geschieht, welches, wie der ›Proletarier‹ überall den Gegensatz zwischen den Armen und besitzenden Klassen hervorhebt und bei Ersteren Unzufriedenheit und Mißstimmung hervorruft und nährt, ferner an einem Ort mit einer großen, mit ihrem Loos vielfach unzufriedenen Weberbevölkerung zu einer Zeit in welcher bekanntlich ein Notstand dort herrscht, und endlich ohne jeden Kommentar und ohne jede Mißbilligung und noch vielmehr mit dem Hinweis auf die Gewaltthätigkeiten, zu denen dieses Lied einst dort begeisterte, so muß sich mit Nothwendigkeit einem denkenden Menschen die Einsicht von der Gefährlichkeit dieser Handlungsweise aufdrängen. Die Bezugnahme des Angeklagten auf die Berliner Aufführung ist nicht zutreffend. Auf Berlin und das dortige Publikum hat das fragliche ›Weberlied‹ gar keine Beziehung, historische Reminiszenzen und lokales Interesse aber bietet es für die Weber der Langenbielauer Gegend, zumal nicht wenige von denjenigen dort noch leben, welche an dem Aufstand des Jahres 1844 unmittelbar betheiligt waren. Bei der vorhandenen gereizten Stimmung der Weber gegen die Fabrikherren ist gerade jetzt die Erweckung dieser Erinnerungen höchst unangebracht und recht eigentlich gefährdend. Bemerkt sei ferner, daß das Weberlied in Berlin nur deshalb unbeanstandet geblieben ist, weil laut Auskunft der Königlichen Staatsanwaltschaft daselbst ein Beschuldigter nicht ermittelt worden ist. [11]

Mit dieser Begründung sah das Schweidnitzer Amtsgericht die Möglichkeit der Verurteilung des Redakteurs Feldmann gegeben; für das Gericht war der Hinweis unerheblich, daß das Weberlied auf Ereignisse der 40er Jahre anspielt, es wurde allein im Hinblick auf den aktuellen Erfahrungszusammenhang einer spezifischen Zielgruppe beurteilt. Dabei differenzierte das Gericht deutlich zwischen der Einschätzung der Wirkung des Liedes in Langenbielau gegenüber Berlin: für die Proletarier in Langenbielau erhalte der Abdruck des Weberlieds in der lokalen Arbeiterzeitung einen anderen Stellenwert als seine Verwendung im Kontext eines Theaterstücks, das die Bewohner der schlesischen Weberdörfer ohnehin nie zu sehen bekämen. Es werden also außer den Rezeptionsdispositionen, die aus dem Erfahrungs- und Interessenhorizont der Leser resultieren, auch die Faktoren der Vermittlungs- und Distributionssituation des Textes als Bedingungen seiner Wirkung einkalkuliert. Auf die Verwendung des Weberliedes bei der sozialdemokratischen Maifeier 1891 in Berlin, auf die sich Feldmann bei seiner Verteidigung bezieht, wird noch einzugehen sein.

Nach dem Ergebnis dieser Recherchen bestätigte der Berliner Bezirksausschuß in der mündlichen Verhandlung vom 7. März 1893 die polizeiliche Verbotsverfügung und betonte die aufwieglerische Tendenz des Stücks:

Da hier in Berlin mit jedem Jahr die Zahl der Arbeitslosen zunimmt, und da außerdem hier notorisch zahlreiche Sozialdemokraten und mit ihrem Schicksal zerfallene Menschen leben, welche ihr Elend auf die Reichen und Besitzenden allein schieben, so liegt die Besorgnis nahe, daß falls ›Die Weber‹ in einem öffentlichen Theater hierselbst zur Aufführung gelangen sollten, die Empfindungen der etwa unter den Zuschauern befindlichen unzufriedenen Elemente in einer die öffentliche Ordnung gefährdenden Weise aufgeregt werden könnten [...] [12]

Die Analyse des Stücks, die der Berliner Polizeipräsident als Chef der Zensurbehörde vor dem Bezirksausschuß vorgetragen hatte [13], muß als Paradigma einer alle Faktoren des politischen Kontextes berücksichtigenden Rezeptionsanalyse der *Weber* angesehen werden, die freilich selbst unter den Bedingungen dieses zeitgeschichtlichen politischen Kontextes stand und durch die Darstellung der Rezeptionsmöglichkeiten selbst ein produktives Dispositionselement der Rezeption des Stücks in der zeitgenössischen Öffentlichkeit wurde. Von Richthofen ging davon aus, daß Hauptmann zwar historische Vorgänge geschildert habe, jedoch in tendenziöser Weise; das betreffe in erster Linie die Charakterisierung der besitzenden Klassen, deren Verhalten mit den geltenden Vorstellungen von Recht und Ordnung in der bestehenden Gesellschaft identifiziert werde; eine »objektive Darstellung« der historischen Verhältnisse (gemeint sind offenbar die durch Konjunkturkrisen und technische Entwicklung bedingten Schwierigkeiten der deutschen Textilindustrie in den vierziger Jahren) fehle in, dem Stück.

Nicht sowohl der – nur nebensächlich behandelte – Umstand, daß in einigen Fabriken mechanische Webstühle eingeführt wurden, sondern die gewissenlose Habsucht der reichen Arbeitgeber ist als die Ursache des bis zur Unerträglichkeit gesteigerten Elendes der Arbeiterschaft hingestellt. (1)

In der Begründung wird im einzelnen ausgeführt, wie alle Figuren der Bürgerschicht in ihrem Verhalten gegenüber den Webern nur negativ geschildert werden: dann folgt die entscheidende politische Analyse:

Diese Züge zeigen klar, daß das Drama nicht etwa nur die Hartherzigkeit einzelner Besitzender und ihrer Werkzeuge schildert, vielmehr sind alle im Rahmen des Stücks auftretenden Besitzenden als die brutalen Ausbeuter der Arbeiterschaft hingestellt, und es ist, da doch nach der Darstellung des Stücks die Organe von Staat und Kirche die vollberechtigten Klagen der Ausgebeuteten abgewiesen haben, die ganze Staats- und Gesellschaftsordnung der Zeit, in welcher sich die Handlung abspielt, als des Bestehens unwerth geschildert. Darum erscheint die gewaffnete Erhebung der unterdrückten Arbeiterschaft hier als die unabweisbare Folge der socialen Mißstände, die Betheiligung am Aufstande ist als die Pflicht des tüchtigen Mannes hingestellt. Bezeichnend ist es für diese Auffassung des Autors, daß er den einzigen Arbeiter, der, sich des besseren Lebens im Jenseits getröstend, von Gewalthätigkeit abräth und bei der Arbeit bleibt, von der Kugel der Soldaten fallen läßt, welche dann vor den siegreichen Aufständischen die Flucht ergreifen müssen. Daß ein Stück dieses Inhalts in der Gegenwart auf einen großen Theil des hauptstädtischen Publikums eine in hohem Grade aufreizende Wirkung hervorbringen müsse, ist der Censurbehörde zweifellos erschienen, und deshalb hat sie der öffentlichen Aufführung die Genehmigung versagt [...] Die Beurtheilung, ob das Censurverbot als ein begründetes anzusehen ist oder nicht, wird lediglich von der Beantwortung der Frage abhängen, ob unter den gegenwärtigen Zeitverhältnissen die Befürchtung begründet ist oder nicht, daß durch die Aufführung des Stückes entweder unmittelbare Störungen der öffentlichen Ordnung hervorgerufen oder die Neigung eines Theiles der Bevölkerung zu Auflehnung wider die öffentliche Ordnung gestärkt werden werde, mag der Autor solches bezweckt haben oder nicht. [14] Diese Frage kann aber nicht etwa schon deshalb in verneinendem Sinne beantwortet werden, weil die in dem Drama geschilderten Erlebnisse einer vergangenen Zeit angehören. Vielmehr wird die

Befürchtung, daß ein Bühnenstück, welches eine aufrührerische Erhebung aus vergangener Zeit verherrlicht, in der Gegenwart aufreizend wirken werde, in dem Grade begründet erscheinen, als die Annahme gerechtfertigt ist, daß das Publikum – oder ein Teil desselben – die in dem Stücke zur Rechtfertigung des Aufruhrs geschilderten Verhältnisse mit den gegenwärtigen Zeitverhältnissen in Beziehung bringen, jene diesen ähnlich finden werde. Diese Annahme dürfte aber im vorliegenden Falle nicht abzuweisen sein, denn eben dieselbe Staats- und Gesellschaftsordnung, welcher nach der Schilderung des Stückes die Duldung der Mißstände zur Last fällt, die den Weberaufstand hervorgerufen haben, besteht noch heute, und in weiten Kreisen der Nichtbesitzenden ist durch die socialdemokratische Agitation die Überzeugung erweckt und befestigt, daß die Herrschaft dieser sogenannten capitalistischen Gesellschaftsordnung mit der Ausbeutung der arbeitenden Klassen nothwendig verbunden sei und bleibe. So kann es nicht fehlen, daß die socialdemokratischen Lehren zugeneigten Theaterbesucher in dem Drama Zustände geschildert finden, wie sie ihrer Meinung nach noch bestehen oder doch jederzeit entstehen können. Zustände, denen eben nur mit Gewalt ein Ende bereitet werden könne. Die socialdemokratische Presse hat denn auch die agitatorische Kraft der in dem Schauspiele gegebenen lebendigen Schilderungen von Arbeiter-Elend und Fabrikanten-Übermuth wohl erkannt, und sie wird nicht unterlassen, die Arbeiterschaft der Hauptstadt in Masse diesem Schauspiele, wenn dessen öffentliche Aufführung freigegeben werden sollte, zuzuführen. Mag auch der urtheilsreifere Theil des Publikums die Schilderung der Arbeiter-Nothlage als übertrieben erkennen oder sie doch sicherlich nicht auf das Loos heutiger gewerblicher Arbeiter anwendbar finden, so ist die Befürchtung eine wohlbegründete, daß die den unteren Bevölkerungsklassen angehörenden Theaterbesucher unter dem Eindrucke der Bühnenhandlung, aus welcher ihnen die täglich gehörten Schlagworte der Socialdemokratie von der seitherigen Unterdrückung des Proletariats und seinem nahenden Siege widerklingen, in ihrer Neigung zu gewaltthätiger Auflehnung gegen die bestehende Ordnung werden bestärkt werden, ja daß sie sich zu öffentlichen Ausbrüchen der Parteileidenschaft fortreißen lassen werden. Aus diesen Erwägungen ist der Censurbehörde die öffentliche Aufführung des Stückes in hiesiger Stadt und zu einer Zeit, in welcher die socialrevolutionäre Bewegung noch in stetem Wachsthum begriffen ist, mit dem Interesse der Aufrechterhaltung der öffentlichen Ordnung nicht vereinbar erschienen. (1) [15]

Von Richthofens Analyse deckt das unter den gegebenen Zeitumständen am Stück aktualisierbare Agitationspotential auf und reflektiert die Bedingungen seiner Aktualisierung; die Analyse macht deutlich, daß eine ästhetische Betrachtung des Stücks wie auch die Erklärungen des Autors hinsichtlich seiner gestalterischen Absicht für die Beurteilung der konkreten Wirkungszusammenhänge weitgehend irrelevant sein können; die Rezeption bildet eine selbständige Schicht. Diese Einschränkung würde auch für eine rezeptionsästhetische Analyse der *Weber* zutreffen, die im Erklärungsrahmen ästhetischer Prädispositionen, vornehmlich der »literarischen Erfahrung« einer fiktiven Bezugsgruppe literarisch gebildeter Leser bliebe. Sie könnte davon ausgehen, daß der Erwartungshorizont des zeitgenössischen Theaterpublikums durch die Gattungsmuster der dramatischen Literatur disponiert sei und sich die aktuelle Bewertung des Stücks aus diesen Erwartungsdispositionen herleiten müßte; das würde in diesem Zusammenhang bedeuten: aus der Differenz von »dramatischem« Drama und »epischem« Drama, von »altem« und »neuem« Darstellungsstil, von »alten« und »neuen« Inhalten. Obwohl das naturalistische Drama die Erwartungen des zeitgenössischen Theaterpublikums aufs schwerste irritieren mußte, wurden sowohl die

»neue« (undramatische) Form wie die »neuen« (proletarischen) Inhalte nach den Zeugnissen der Zeitgenossen in die »literarische Erfahrung« des gebildeten Publikums offenbar rasch integriert. Die ästhetische Polemik gegen das Stück, die sich auf diese Differenz einließ, läßt sich bei jener Kritikergruppe, die den Naturalismus als »künstlerischen Anarchismus« oder »dramatische Internationale« [16] angriff, nur unschwer als die ideologische Verkleidung einer Interessenlage erkennen, die in der Analyse des Polizeipräsidenten offen dargestellt war.

Gegenüber jenen Kritikern des Verbots, die darauf hinwiesen, daß die in dem Stück geschilderten Verhältnisse infolge der Verbesserungen der sozialen Lage der Arbeiterklasse in den neunziger Jahren überholt seien und es sich vielmehr um eine historische Darstellung handele, machte der Polizeipräsident geltend, daß die »sogenannte capitalistische Gesellschaftsordnung« (1), die im historischen Kontext als Ursache des Arbeiterelends erscheint, noch in gleicher Weise bestehe wie im Jahre 1844, daß überdies – und hier differenzierte in der zeitgenössischen Diskussion allein diese Begründung von Richthofens – die Gefahr bestehe (begründet offenbar aus der Kenntnis der allgemeinen zyklischen Krisenanfälligkeit des konkurrenzkapitalistischen Wirtschaftssystems und unter Berücksichtigung punktueller branchenspezifischer Krisen der Jahre 1890/91), daß eine Situation sozialen Notstands für die Arbeiter jederzeit erneut eintreten könnte, wenn sie schon im gegenwärtigen Zeitpunkt noch nicht gegeben sei. Diese Argumentation löst sich prinzipiell von jeder textimmanenten oder im Bezugsrahmen ästhetischer Wirkungszusammenhänge fixierbaren Deutung des Stücks und orientiert die Wirkungsfrage ausschließlich an der Analyse der konkreten historischen Situation, auf die das Stück bei seiner öffentlichen Aufführung treffen würde. Die tendenzielle Übereinstimmung der Argumentation der Ordnungsbehörden mit den Urteilen der professionellen Literaturkritik aus dem nationalkonservativen Lager macht die legitimistische Funktion der von dieser Kritikergruppe angewandten ästhetischen Wertungsmuster in aller Schärfe deutlich; diese Frage wird im Rahmen der Analyse der Tendenzdebatte erneut aufzugreifen sein.[17]

Gegen das Urteil des Bezirksausschusses legte Grelling am 5. April 1893 beim Berliner Oberverwaltungsgericht Berufung ein; er wies in seiner Begründung darauf hin, daß Hauptmann nichts ferner gelegen habe, als ein sozialistisches Stück zu schreiben: »Dies beweist auch schon die Zugehörigkeit des Dichters zu einer Schule, die es sich zur Aufgabe gemacht hat, das Leben, die Natur, wie sie ist, möglichst objektiv, ohne Tendenz oder andere subjektive Zuthaten künstlerisch darzustellen.« [18] Das Stück zeige in genauer Anlehnung an die historischen Vorgänge, die Hauptmann der Darstellung des Schmoller-Schülers Zimmermann entnommen habe, die Verhältnisse der vierziger Jahre im Eulengebirge und bewahre eindeutig diesen Lokal- und Zeitcharakter. Grelling legte größten Wert auf die Richtigstellung der Angabe von Hauptmanns Quelle. Die Zensurbehörde hatte unterstellt, wie auch heute noch vielfach in der Hauptmannforschung zu lesen ist, daß Hauptmann die Arbeit des Marx-Freundes Wilhelm Wolff *Das Elend und der Aufruhr in Schlesien* aus dem *Deutschen*

Bürgerbuch für 1845 als maßgebliche Vorlage für sein Weber-Drama benutzt hätte. [19] Diese Vorstellung paßte genau in den Zusammenhang der politischen *Weber*-Rezeption. Mit Grellings Hinweis auf die Studie von Alfred Zimmermann *Blüthe und Verfall des Leinengewerbes in Schlesien* (1885), die dem kaisertreuen, damals bedeutendsten deutschen Nationalökonomen Gustav Schmoller gewidmet war, wurde jedoch eine politisch höchst unverdächtige Quelle angegeben. In Grellings Ausführungen heißt es weiter:

Die Weber sind ein Drama des Elends und des Hungers, aber nicht eine Verherrlichung socialdemokratischer Weltordnung. Eine geringe Erhöhung ihres Lohnes, ein ehrliches, nicht schikanöses Verfahren bei Abnahme ihrer Gewebe würde sie wieder zu ebenso guten, geduldigen, frommen und ordnungsliebenden Staatsbürgern machen [...] [20]

Von sozialistischen Ansschauungen seien *Die Weber* frei, die

heutige Socialdemokratie hat vollständig entgegengesetzte Ziele wie die Weberbewegung von 1844. Die Weber standen im Prinzip durchaus auf dem Boden der bestehenden Wirtschaftsordnung und verlangten nur einen größeren Antheil am Ertrage ihrer Arbeit, die Socialdemokratie erstrebt den Umsturz der bestehenden Wirthschaftsordnung und den gleichen Arbeitsertrag für alle. [21]

Eine tendenziöse Interpretation des Stücks durch die Sozialdemokratie dürfe dem Autor nicht angelastet werden, auch lasse der Schluß des Stücks keinen Zweifel, daß Ordnung und Recht wieder hergestellt seien. Als entscheidenden Beweis aber gegen die unterstellte agitatorische Wirkungsmöglichkeit des Stücks führte Grelling an, daß es sich die Arbeitslosen Berlins kaum werden leisten können, die hohen Preise für die Plätze im Deutschen Theater zu bezahlen, daß folglich die durch das Stück politisierbaren Kreise des Proletariats die Aufführung ohnehin nicht besuchen würden. Überdies:

Die socialdemokratischen Arbeiter haben es nicht nöthig, die Aufführung der ›Weber‹ abzuwarten, um sich in ihren Absichten von der Unhaltbarkeit der gegenwärtigen Wirthschaftszustände bestärken zu lassen. Sie brauchen bloß ihre Zeitungen zu lesen, ihre Versammlungen zu besuchen, oder etwa die Aufführungen der ›Freien Volksbühne‹, welche keiner Censur unterworfen sind, und sie haben die An- oder Aufregung aus allererster Hand, die sie aus einer Aufführung der ›Weber‹ doch erst ziemlich indirekt und verdünnt schöpfen müßten. Die Berliner Polizei-Behörde mit ihrer überängstlichen Behütung des Theaters scheint immer davon auszugehen als *wenn wir noch ein Socialistengesetz besäßen.* [22]

Das Stück werde daher zu Unrecht zu einem sozialdemokratischen Tendenzstück »erniedrigt«; Grelling fügte hinzu:

Der Dichter hat den unterzeichneten Anwalt ausdrücklich zu der Erklärung ermächtigt, daß es ihm vollständig ferngelegen habe, mit den ›Webern‹ eine socialdemokratische Parteischrift zu verfassen, in einer derartigen Absicht würde er eine Herabwürdigung der Kunst sehen; nur die christliche und allgemein menschliche Empfindung, die man Mitleid nennt, habe ihm sein Drama schaffen helfen. [23]

Diese Argumentation Grellings wurde vor allem von Franz Mehring [24] scharf angegriffen: Hauptmann wäre besser beraten gewesen, wenn er sich »mit Würde in das polizeiliche Verbot der öffentlichen Aufführung seines Schauspiels«

(287) gefügt hätte, als sich mit einem Advokatentrick verteidigen zu lassen. Mehring räumte ein, daß die Stellungnahme des Polizeipräsidenten vor dem Bezirksgericht von dessen Standpunkt aus durchaus richtig gewesen sei; Grellings Argumentation hätte sich vielmehr dagegen wenden müssen, daß ein Stück, das sich so genau an die historische Wahrheit hält wie *Die Weber* – Mehring wird in einer späteren Besprechung gerade diesen Punkt entschieden zurücknehmen – mit der Unterstellung einer strafbaren Tendenz verboten werden könne. Hingegen verfälsche Grelling die Konzeption des Stücks mit seinem Hinweis, daß am Ende »Ruhe und Ordnung wieder hergestellt« wären. [25] Mehring geht 1893 offenbar davon aus, daß Grelling Hauptmanns politisches Engagement für die Arbeiterbewegung nicht angemessen erkannt und vertreten habe und wertet die politische Indifferenz und Halbherzigkeit der Argumentation allein zu Lasten des Anwalts; in den Darstellungen nach 1896 wird Mehring seine Vorstellungen zum Werk und zur Person Hauptmanns wesentlich korrigieren. [26]

»Im Namen des Königs« wurde am 2. Oktober 1893 vom Obersten Verwaltungsgericht der Berufungsklage entsprochen und das Stück zur Aufführung am Deutschen Theater freigegeben. [27] Das Verwaltungsgericht bestätigte dabei jedoch die praktizierte Theaterzensur als legal, ebenso die Auffassung des Polizeipräsidenten, daß allein die zu erwartende Wirkung des Stückes für die Verbotsbegründung ausschlaggebend sei, nicht die erklärte Absicht des Autors. Ein aufwieglerischer Effekt würde jedoch bei einer Aufführung der *Weber* im Deutschen Theater nicht zu erwarten sein, da dieses Haus wegen der teuren Plätze »vorwiegend nur von Mitgliedern derjenigen Gesellschaftskreise besucht wird, die nicht zu Gewaltthätigkeiten oder anderweitiger Störung der öffentlichen Ordnung geneigt sind« (272); damit begründete das Gericht seine Entscheidung.

Der Premierenzettel der *Weber* im Deutschen Theater verzeichnet für den 25. September 1894 folgende Preise für die Platzkarten:

Fremden-Loge 7,50 Mark, Orchester-Loge 7,50 Mark, I. Rang Balkon 6 Mark, Parquet 4,50 Mark, Steh-Parquet 3 Mark, II. Rang Balkon 3 Mark, II. Rang Proscenium 3 Mark, II. Rang Tribüne 2,50 Mark, II. Rang Sperrsitz 2 Mark, Galerie 1 Mark.

Der durchschnittliche Arbeitslohn eines großstätischen Industriearbeiters betrug in den Jahren um 1894 etwa 1,50 bis 2,50 Mark am Tag; davon mußten wenigstens 40% für Miete und Brot, zur Sicherung also der elementaren Lebensbedürfnisse, ausgegeben werden; dabei bleibt die Notwendigkeit, für den Unterhalt einer Familie aufkommen zu müssen, noch unbeachtet. Weiterhin ist zu berücksichtigen, daß die durchschnittlichen Löhne der Industriearbeiter, obwohl diese in der höchsten Lohngruppe innerhalb der Arbeiterschaft lagen, im Zeitraum von 1887 bis 1893 um 15% unter dem von den offiziellen statistischen Jahrbüchern angegebenen Lebenshaltungskostenminimum lagen. [28] Unter diesen Voraussetzungen war für den Arbeiter der Erwerb eines Galerie-Platzes im Deutschen Theater, ein ebenso unerschwinglicher Luxus wie ein fünfgängiges Diner in Berlins exklusivstem Theaterrestaurant, dessen Preis im gleichen Premierenzettel mit 1,50 Mark angegeben war. Daß das Preisregulativ auch in der öffentlichen Meinung als wirkungsvolle Barriere, die den Arbeiter vom Theaterbesuch aussperrte, begriffen wurde, zeigten die zustimmenden wie die kritischen Kommentare zu dem Berliner Urteil. Die juristische Sanktionierung des Preisregulativs galt allgemein als der Kern dieser Entscheidung; die konservativen Gruppen sahen darin ein ausreichendes Instrumentarium der Kontrolle, mit dem sich das bestehende Gesellschaftssystem durch die konsequente Anwendung seiner eigensten Gesetze der Herrschafts- und Machtausübung zu schützen vermochte; die sozialdemokratischen Kritiker brandmarkten das Urteil als ein eklatantes Beispiel von Klassenjustiz.

In zahlreichen Städten versuchten daraufhin die Theaterdirektoren den Genehmigungsvorgang für die öffentliche Aufführung der *Weber*, die durch die Berliner Vorgänge zum Kassenschlager geworden waren [29], dadurch abzukürzen, daß sie von sich aus den Polizeibehörden drastische Preiserhöhungen für die billigsten Plätze (in der Regel um 200–300%) anboten, um für die Galerieplätze, die allein für das Arbeiterpublikum in Frage kamen, auf das Preisniveau des Deutschen Theaters in Berlin zu kommen und damit das Berliner Urteil als Präzedenzurteil beanspruchen zu können. Beispielhaft für diese Praxis waren die Vorgänge am Lobe-Theater in Breslau, dort hatte die Direktion den Antrag auf Genehmigung der öffentlichen Aufführung der *Weber* am 3. März 1893 gestellt. Da dieser Antrag abgelehnt worden war [30], reichte die Direktion am 9. Oktober, also unmittelbar nach dem Berliner Urteil, ein zweites Gesuch ein, in dem das Angebot gemacht wurde, »zu den Vorstellungen der ›Weber‹ außer den Logen nur Plätze des Parketts, des ersten und zweiten Ranges, also nur solche zum Preise von mindestens 1,50 M. zu verkaufen«. (Bl. 158) Die Breslauer Polizeibehörde lehnte diesen Vorschlag mit dem Hinweis ab, daß daraus eine Quelle erheblicher Provokationen und Unruhen des durch die hohen Eintrittspreise ausgesperrten Teils der Bevölkerung entstehen könnte. Daraufhin bot die Direktion des Lobe-Theaters an, auch die Galerieplätze freizugeben, diese jedoch auf 1 Mark zu erhöhen. Mit dieser Regelung wurde die Aufführung der *Weber* in Breslau schließlich freigegeben, das Gericht wies ausdrücklich darauf hin, daß die Erhöhung der Preise der Galerieplätze am Lobe-Theater gleiche Bedingungen schaffe wie am Deutschen Theater zu Berlin, und daß für die Stadt Breslau auch etwa die gleichen allgemeinpolitischen Verhältnisse gegeben wären wie für Berlin. Der *Vorwärts* schreibt dazu:

Auf Befehl des Polizeipräsidiums zu Breslau hat Direktor Witte-Wild vom Lobe-Theater die *Preise der Plätze* auf dem dritten Range von 30 und 50 Pfennig auf 1 Mark und 1 Mark 25 Pfg. *erhöhen müssen!* Bliebe auch keine einzige andere Kennzeichnung der heutigen Situation späteren freieren Geschlechtern erhalten, diese eine Thatsache genügte, um ihnen die ganze grimmige Komik unserer Tage vor Augen zu führen. [31]

Eine weitere Maßnahme zur Aussperrung der Arbeiterschaft von den *Weber*-Aufführungen der öffentlichen Theater wurde erstmals 1894 von den Frankfurter Ordnungsbehörden angewandt; die Aufführung des Stücks wurde für die Abendvorstellungen an Wochentagen freigegeben, verboten wurden lediglich Aufführungen an Sonntagen.

Die Polizei unterscheidet fein zwischen Sonntags- und Werktagstheaterbesuchern. Sie sagt sich vermutlich, daß Gerhart Hauptmanns erschütterndes soziales Gemälde keine geeignete Kost für die minderbemittelten Klassen ist, die in der Woche hart frohnden und höchstens einmal für einen später beginnenden und billigeren Volkstheaterabend Zeit und Geld erübrigen können. [32]

Diese Veranstaltungen aber waren, wie auch die der Freien Volksbühne, stets auf den Sonntag gelegt, so daß ein Aufführungsverbot der *Weber* an Sonntagen als gezielte Aktion gegen das Arbeiterpublikum angesehen werden mußte. Die durchschlagende Wirkung dieser Maßnahme kann nur richtig eingeschätzt werden, wenn berücksichtigt wird, daß die tägliche Arbeitszeit in der Mitte der 90er Jahre noch bei 12 bis 16 Stunden lag, Pausen und Arbeitswegzeiten nicht eingerechnet, so daß der Tagesablauf für die Arbeiter in der Regel von morgens 5 bis abends 9 Uhr durch ihre Arbeit bestimmt war; so an allen Werktagen, nur nicht am Sonntag. Ein Theaterbesuch am Abend während der Woche (mit der üblichen Anfangszeit zwischen 7 und 8 Uhr) kam mithin für die Arbeiter nicht in Frage. [33]

Beide Regulative zusammen, die Aussperrung der Arbeiter durch die Preisbarriere wie die Aufführungsverbote an Sonntagen, zeigen, mit welcher Konsequenz die in der materiellen Produktionssphäre der industriellen Arbeit herrschenden Machtverhältnisse und deren Stabilisierungsmechanismen auch den kulturellen Bereich durchdrangen und sich in dessen Bedingungen von Produktion und Distribution reproduzierten. Das politische Äquivalent zum Preismonopol der Freien Unternehmer der Privattheater stellte das Instrumentarium der staatlichen Kommunikationskontrolle dar, die Anwendung des einen fügte sich nahtlos in die Strategie des andern; über den Marktwert und die öffentliche Bedeutung einer Aufführung ließ sich ein Konsensus zwischen Theater-Unternehmern und den Ordnungsbehörden mühelos erzielen. So wird der Stellenwert einer *Weber*-Aufführung in der zeitgenössischen Öffentlichkeit letztlich bestimmbar auf Grund ihres Warencharakters, in der Balance von Profitstreben und systemstabilisierendem Ordnungsdenken, durch die Interessenverflechtung ökonomischer und politischer Machtsicherung innerhalb eines in seinem sozialen Sinn weitgehend entleerten Kulturbetriebs.

Die Rekonstruktion dieser Vorgänge, die sich vom Februar 1892 bis zum Oktober 1893 hingezogen hatten, läßt das Spektrum und die Interferenz der Argumentationen erkennen, die die Rahmenbedingungen zur zeitgenössischen Rezeption des Naturalismus darstellten und die ihre Eigenbewegung entwickelten. Sie konstitutierten sich im Laufe dieses Zeitraums in der Wechselwirkung der in der juristischen Auseinandersetzung formulierten und im öffentlichen Bewußtsein durch die Presseberichterstattung fixierten Argumente mit jenen Stellungnahmen, die durch die Besprechungen der Buchausgabe der *Weber* und der Aufführung in der Freien Volksbühne in die Diskussion gebracht worden waren. Wenngleich Grelling unterstellt werden könnte, für seinen Mandanten Hauptmann ein politisches Engagement nur deshalb zurückgewiesen zu haben, um die öffentliche Aufführung des Stücks von dem Zensurverdikt freizubekommen, so wird doch seine Argumentation durch Hauptmanns spätere Entwicklung nachträglich bestätigt. Überdies ist festzuhalten, daß Grelling, wenn er immer wieder versuchte, den historischen Charakter des Stücks nachzuweisen, im Rahmen einer immanenten Deutung blieb und unter dieser Voraussetzung auch Recht haben mochte. Für die aktuelle Rezeption der *Weber* war dieses Argument jedoch irrelevant. Selbst sein Hinweis auf die Zugehörigkeit Hauptmanns zur Gruppe der Naturalisten, die in ihrem ästhetischen Programm konsequente Objektivität und Neutralität hinsichtlich der Wertung oder Parteinahme gegenüber den Gegenständen der künstlerischen Darstellung forderten, verfehlte die Perspektive der politischen Rezipienten des Stücks. Das gleiche gilt für Grellings Anspielung auf die Umsturzabsichten der Sozialdemokratie und den Hinweis, daß die Rebellion der Weber die bestehende gesellschaftliche Ordnung keineswegs aufheben wollte und sich aus diesem Grunde jeder Vergleich zur Zeitgeschichte verbiete: im Stück gehe es den Webern nur um einen »größeren Antheil am Ertrag ihrer Arbeit«, die Sozialdemokratie hingegen verlange »den gleichen Arbeitsertrag« für Unternehmer und Arbeiter. D. h. Grelling und, wie sich zeigen wird, der überwiegende Teil der liberalen Kritiker interpretierten das Stück ohne Berücksichtigung seiner aktuellen Rezeptionsbedingungen; es spiegelte sich darin der Versuch einer Gruppe der literarischen Intelligenz wider, sich auf die abstrakten Kriterien ästhetischer Normen (Kritik der *Weber* hinsichtlich der Erfüllung oder Nichterfüllung von Gattungsregeln) oder die Position einer der eigenen Gegenwart gegenüber neutralisierten Geschichtsauffassung (*Die Weber* als Dokumentarstück aus den 40er Jahren) zu berufen. Unter ganz anderen Prämissen argumentierten die Zensurbehörden; für sie war das Rezeptionsproblem die allein relevante Frage, hinter die die historische Faktentreue oder die künstlerische Absicht des Autors zurücktreten mußten. Die von der professionellen Literaturkritik als Ideologem noch behauptete Unvereinbarkeit von ästhetischer Praxis und wirklichen Lebensinteressen wurde durch jene Institutionen aufgegeben, die die gesellschaftlichen Machtverhältnisse, zu deren ideologischer Legitimation jene Unterscheidung beitrug, konkret, d. h. im Rahmen der historischen Klassenauseinandersetzungen, sicherzustellen hatten. *Die Weber* wurden von den Ordnungsbehörden im Wirkungszusammenhang von öffentlicher Berichterstattung und möglicher agitatorischer Funktion für die proletarische Emanzipationsbewegung beurteilt; allein diese Faktoren bedingten für sie die wirkliche Rezeption des Stücks. Die Zensurbehörde orientierte deshalb die Wirkungsfrage an der Interessenlage spezifischer Publikumsgruppen und berücksichtigte, inwieweit diese auf Grund ihrer ökonomischen Situation in die Lage kommen könnten, das Stück im Theater zu sehen – eben diese Überlegung führte freilich zur Freigabe der *Weber*. Insofern griffen die Argumente in der zeitgenössischen Diskussion kaum ineinander, sie dokumentieren in erster Linie die Dispositionen der Urteilsbildung aber auch die produktive Komponente des Rezeptionsvorgangs; eine Verifizierung der Urteile am literarischen Gegenstand selbst lag im Grunde außerhalb des Interesses. Damit wird die Analyse der Rezeption notwendig auf die Analyse der Gesellschaft verwiesen, in der ihre Bedingungen vorgefunden werden: die in der Dialektik dieses Prozesses sich konstituierende Bedeutung oder Funktion des Stücks vermag jede immanente Intentionalität zu überlagern. Die von den Parteien im *Weber*-Prozeß vorgetragenen Interpretationen sind deswegen kaum kompatibel, die divergenten Analysen resultierten aus unterschiedlichen, ja konträren Erklärungsabsichten und aus der Anwendung inkommensurabler Kriterien. Wenn der Polizeipräsident das katalysatorische Potential des Stücks als entscheidendes Argument für das Verbot heraushob, lag dem eine äußerst differenzierte Analyse der historisch-politischen Rezeptionsbedingungen zugrunde und waren dabei die Mechanismen öffentlicher Kommunikationslenkung und informeller wie institutionalisierter Meinungsbildung mit einem Spürsinn berücksichtigt, wie dies die Mehrzahl der nationalkonservativen Kritiker, die den politischen Standort mit dem Polizeipräsidenten teilten, nicht zu leisten vermochten, die in Hauptmanns Stück plumpe sozialistische Propaganda zu erkennen glaubten; oder wie die liberale Kritik, die die politische Harmlosigkeit der *Weber* nachzuweisen versuchte. In der Analyse des Zusammenspiels der politischen Maßnahmen gegen die Sozialdemokratie in den Entwürfen zur Umsturz-Vorlage mit den Verbotsbegründungen gegen die *Weber* wird sich die zeitgenössische Bedeutung dieser Interpretationsperspektiven noch differenzierter darstellen lassen.

Die Analyse der Zensurpraxis am Beispiel der *Weber* hat insbesondere auch gezeigt, daß die den Medien, hier dem Theater, in einem allgemeinen Konsensus zugewiesene Sozialfunktion (inhaltlich: »Bühne als moralische Anstalt«, im institutionellen Status: öffentliche Einrichtung) zu den wesentlichsten Faktoren innerhalb jedes Rezeptionsvorgangs zählt; dies spiegelte sich selbst in den geltenden Rechtsnormen, soweit sie diesen Bereich regeln, wider. So sind etwa dem Buch oder der Zeitung auch andere Sozialfunktionen zugewiesen als dem Theater und andere Wirkungsmöglichkeiten unterstellt. Dieser Zusammenhang aber ist nicht als »literarische Erfahrung« gegeben, sondern konstituiert sich im Zusammenwirken bildungsideologischer Momente, formenspezifischer Gegebenheiten und deren Tradition und der allgemeinen Produktionsbedingungen im kulturellen Bereich in jeder Epoche für jede Gesellschaftsschicht neu. So konnten Franz Mehring und andere Kritiker in den 90er Jahren zu Recht darauf hinweisen, daß das Theater in der Emanzipationsbewegung des Bürgertums im 18. Jahrhundert allein deswegen eine größere Bedeutung gewinnen konnte als für das Proletariat im ausgehenden 19. Jahrhundert, weil das Bürgertum des 18. Jahrhunderts in der Lage war, sich ein Theater als Institution einzurichten und finanziell zu tragen. [34] Mithin hat die Analyse der Rezeption von dramatischer Literatur stets in Rechnung zu stellen, daß ein Bühnenstück durch seine Aufführung in einen anderen Erwartungshorizont gebracht wird, als die Buchausgabe des dazugehörigen Textes. Diese Differenz ergibt sich nicht allein dadurch, daß die literarische Vorlage erst in ihrer szenischen Realisierung zur eigentlichen Entfaltung ihrer Wirkungsmöglichkeiten kommt, sondern sie resultiert wesentlich aus den oben beschriebenen Faktoren unterschiedlicher Rezeptionsbedingungen hinsichtlich der Vermittlungsinstitutionen. [35]

2. »Die Weber«: ein Stück »aus den vierziger Jahren«

Es wurde schon darauf hingewiesen, daß Richard Grelling in seiner Argumentation gegen die Verbotsverfügungen immer wieder betont hatte, daß Hauptmanns *Weber*-Drama als Gestaltung eines historischen Stoffes aufzufassen und nicht auf die Situation der neunziger Jahre zu beziehen sei; die Stellungnahme der Zensurbehörde zu dieser These wurde dargestellt. Die Deutung der *Weber* als historisches Drama und Dokumentarstück des 44er-Aufstands vertraten jedoch auch eine Reihe zeitgenössischer Literaturkritiker, zumeist aus dem liberalen Lager.

Als ein Bild »aus den vierziger Jahren, in dem der ganze soziale Ingrimm der Gegenwart grollt« (85) bezeichnete Edgar Steiger [1] *Die Weber*. In seiner Analyse des Stücks wies er auf den enormen Werbeeffekt hin, der durch die Verbote in Berlin für die Aufführungen in der Provinz und das Ausland zustande gekommen war und die Erwartung des Publikums im Sinne einer politischen Interpretation prädisponiert hatte,

und das alles ohne Zuthun, ja gegen den ausdrücklichen Willen des Poeten, dessen beschaulicher Künstlernatur nichts ferner lag als der Streit der politischen Parteien. Er verwahrte sich sogar öffentlich gegen die Verdächtigung, als hätte er ein sozialdemokratiches Tendenzdrama schreiben wollen, er gab jene vielbelächelte Erklärung ab, daß die Dichtung lediglich aus dem sozialen Mitleid mit den Ärmsten und Unterdrückten heraus geboren sei, und man hat nicht das mindeste Recht, die Ehrlichkeit dieser Erklärung anzuzweifeln oder gar, wie das vielfach geschehen ist, den Dichter der Feigheit zu zeihen. (86)

Steiger interpretierte das Stück, ohne es mit den politischen Zielen der Sozialdemokratie in Verbindung zu bringen: der sinnlose Weberaufstand der vierziger Jahre habe mit der zielbewußten Arbeiterbewegung »von heute« so gut wie nichts gemein, die Weberfiguren des Hauptmannschen Dramas seien alles andere als die Träger sozialistischer Gesinnung oder Wegbereiter einer neuen Gesellschaft; das Stück biete daher nicht mehr als die Dokumentation einer historischen Rebellion. – In der Arbeit *Hauptmann's Weber* [2] wies auch Otto Brahm mit einer ganz ähnlichen Begründung die Unterstellung tendenziöser Gestaltung des geschichtlichen Stoffes zurück.

Ich halte diese Ansicht für grundfalsch und glaube vielmehr, daß die ›Weber‹ eine Dichtung von künstlerischer Objektivität sind, deren Wirkungen gerade in der sachlich-schlichten Wahrheit ihrer Schilderung gründen, in der von jeder Tendenzmacherei entfernten, ruhigen Gerechtigkeit der Darstellung. Ein historischer Vorgang ist aufgefaßt, frei von parteimäßiger Voreingenommenheit, und wer die ›Weber‹, als ein starkes Tendenzstück, verbietet, der mag nur gleich den ›Tell‹ und jede andere poetische Schilderung von Revolution und Befreiungsdrang mit untersagen; daß das Stück tiefes Mitleid mit seinen Helden wecken kann, daß es zu heißer Erregung, zu erschütterter Theilnahme fortreißen kann, das ändert an diesem Grundzuge künstlerischer Sachlichkeit nichts: denn dies ist die schöne Folge seiner ehrlichen Kraft und Wahrheit, nicht das Resultat unpoetischer Politisirerei. (446)

Die von den Gattungsregeln abweichende Gestaltung ergab sich für Brahm als notwendige Folge aus dem stofflichen Vorwurf; *Die Weber* verwirklichten in konsequenter Weise die Form des »Massendramas«. – In einem ausführlichen Vergleich zwischen den historischen Ereignissen des Weberaufstands und Hauptmanns Stück versuchte A. Bartels [3] die »Objektivität« der Dichtung nachzuweisen. Bartels nahm in seiner Studie auch zur zeitgenössischen Rezeption der *Weber* Stellung und resümierte:

> Daß man in Zeiten, wo Kapitalismus und Sozialismus in heftigstem Kampfe liegen, das Werk doch als Tendenzdrama auffaßte, sowohl hüben wie drüben, war freilich unvermeidlich, der gerechte Beurteiler aber wird dagegen stets protestieren müssen: die ›Weber‹ sind ein durchaus objektives geschichtliches Drama. Das hindert jedoch nicht, ihnen außer ihrer künstlerischen auch eine große soziale Bedeutung zuzugestehen. (127)

Grellings Hinweis auf Hauptmanns Zugehörigkeit zur Gruppe der Naturalisten, nahm L. Nelten [4] auf; er bezeichnet *Die Weber* als »socialpolitische Abstraktion« (106), in der es darum gehe, die Wirklichkeit »abzuphotographieren«, nicht aber sie im Sinne einer Parteilinie darzustellen. – Samuel Lublinski [5] interpretierte *Die Weber* als Stück »aus den vierziger Jahren«, das weit davon entfernt sei, ein modernes Zeitdrama zu sein:

> Es ist nämlich nicht wahr, wie zuweilen behauptet wurde, daß ›Die Weber‹ *das* Drama der modernen sozialen Bewegung bedeuten. Heute hält ja längst nicht mehr nur der nackte Hunger die soziale Bewegung in Fluß, sondern die Energie des aufsteigenden und schöpferisch erregten vierten Standes, der das Leben der Gesellschaft umformen und mit neuen Idealen durchsättigen möchte. Davon ist in den ›Webern‹ noch nichts zu spüren [. . .] (258 f.)

»Die Weber« stellten vielmehr den Abschluß einer vorsozialistischen Phase der Auseinandersetzung mit der sozialen Frage dar und entsprächen in keiner Weise dem Geist des organisierten Klassenkampfes. Diese perspektivische Begrenzung resultiert für Lublinski aus Hauptmanns Klassenzugehörigkeit zum Kleinbürgertum, die den Dichter allenfalls zu einem Ausdruck des Mitleids als humanitärer Geste gelangen ließe, nicht aber zu einem dialektischen Verständnis der konkreten historischen Entwicklungsperspektiven. Lublinskis *Weber*-Kritik ist Teil einer Kritik der gesamten Bewegung des Naturalismus, die unter diesem Aspekt steht. [6]

Wenn wir die Argumente überblicken, mit denen in den hier referierten Interpretationen *Die Weber* als Stück »aus den vierziger Jahren« ausgewiesen werden sollen, ergibt sich folgendes Bild: Mit Ausnahme von Lublinski ist bei jedem Kritiker der Versuch zu erkennen, Hauptmanns Darstellung der Weber-Revolte auf die Kategorie der Objektivität zurückzuführen: »poetischer Dokumentarismus« (Steiger), »künstlerische Objektivität« (Brahm), »objektiv geschichtlich« (Bartels), »socialpolitische Abstraktion« (Nelten). Objektivität wird dabei als Übereinstimmung mit den Fakten des historischen Verlaufs des Weberaufstands von 1844 verstanden und in diesem positivistischen Sinne als Bedingung des Kunstwerts der Weberdichtung vorausgesetzt. Diesem Begriff der Objektivität steht in der Argumentation jener Kritiker die Kategorie der Tendenz entgegen, die den Inhalt (als unrichtige oder verzerrte Wiedergabe der historischen Vorgänge) wie den

Kunstwert des Stücks zugleich zu disqualifizieren vermag. In der argumentativen Verbindung von Objektivität und Kunstcharakter wird der gemeinsame Ansatz dieser Kritikergruppe erkennbar. Lublinskis Argumentation nimmt eine Sonderstellung ein, für ihn ist die Objektivitätskategorie an eine dialektische Geschichtsauffassung gebunden, d. h. als »objektiv« erscheint ihm jene Darstellung, die die Tendenzen der Entwicklung der Geschichte aufdeckt. Mit dem kritischen Anspruch auf Objektivität der künstlerischen Darstellung wird jedoch die Interpretationsperspektive auf die Relation Dichtung – historische Quelle und auf die immanenten Gestaltungsprobleme des Werks reduziert und wird zum Problem richtig oder falsch erkannter bzw. widergespiegelter Wirklichkeit; d. h. die Frage nach der Aufnahme und Wirkung des Werks in der zeitgenössischen Öffentlichkeit, die Frage seiner möglichen Operationalisierung rückt aus dem Blick der Kritiker, sie erscheint allenfalls durch den Objektivitätsanspruch vermittelt. Unter der Voraussetzung einer positivistisch verstandenen Objektivitätskategorie wird für den Interpreten das Feststellen von Daten, die die Kongruenz oder Nicht-Kongruenz von literarischer Gestaltung und historischem Faktum aufzuweisen haben, entscheidend. Diese Position nahmen im Grunde auch jene Kritiker ein, die den *Webern* den Charakter der Tendenz allein unter Berufung auf das ästhetische Programm des Naturalismus absprachen. Die Deutung der *Weber* als Stück »aus den vierziger Jahren« resultierte mithin aus Argumentationsansätzen, die sich aus der idealistischen Ästhetik wie auch von positivistischen Vorstellungen herleiteten und die mit dem Kriterium der Objektivität die humanitäre Komponente des Stückes verteidigten – andererseits vertraten diese Interpretation auch Kritiker, die unter dem gleichen Kriterium die klassenbedingte Reduktion der erkenntniskritischen Perspektive des Stücks nachzuweisen versuchten.

3. »Die Weber« als Katalysator zum politischen Aufruhr: der ideologische Konsensus von national-konservativer Literaturkritik und den Ordnungsbehörden.

Der Interpretation der *Weber* aus dem Zusammenhang der politischen Situation der frühen neunziger Jahre, wie sie der Berliner Polizeipräsident von Richthofen vorgenommen hatte, schlossen sich eine Reihe von Kritikern aus dem national-konservativen Lager an; sie bekämpften den Naturalismus als sozialistische Parteiliteratur, als »ästhetischen Anarchismus« oder schlichtweg auch als »Pornographie«. Nur wenige bemühten sich um eine Abgrenzung der ästhetischen Intention der literarischen Moderne gegenüber ihrer Rezeption durch die zeitgenössische Öffentlichkeit. So etwa unterstellte F. Kirchner in der Streitschrift *Gründeutschland* [1] Hauptmann zwar nicht die Absicht bewußter Parteinahme (der Dichter sei nur »Chronist«), doch sei das Stück durch den politischen Klassenkampf in eine parteiliche Perspektive gestellt worden. Kirchner hob vor allem die Verbindung hervor, die zwischen dem naturalistischen Drama und der

Freien Volksbühne bestand, die er für ein sozialdemokratisches Agitationsforum hielt, das die Kunst »zur Magd der Agitation erniedrigt« (258). Immerhin deutet sich in seiner Argumentation eine gewisse Einsicht in die Verselbständigung und Eigenbewegung des Rezeptionsvorgangs an.

Der überwiegende Teil der national-konservativen Kritiker sah in den *Webern* gelenkte politische Agitation im Dienste der Sozialdemokratie oder des Anarchismus; dies dokumentieren die Berichte zur Premiere des Stücks an der Neuen Freien Volksbühne [2] am 15. Oktober 1893, an der Freien Volksbühne am 3. Dezember 1893 und am Deutschen Theater am 25. September 1894. Für die Polizeibehörde ergab sich der Zusammenhang des *Weber*-Stücks mit der Agitation der Sozialdemokratie maßgeblich aus den Erfahrungen bei der Aufführung an der Neuen Freien Volksbühne. In dem schriftlichen Bericht eines Wachtmeisters Dantert von der Politischen Polizei über diese Premiere wird zwar bestätigt, daß die Schilderung des Verhaltens der Zuschauer im *Kleinen Journal* [3] den Tatsachen entsprechen würde, aber: »Bemerkt wird noch, daß dem Heft ›Die Kunst dem Volke‹, welches dort zur Ausgabe gelangte, Programme der Mai-Veranstaltung von 1891 mit Bezug auf das dort verzeichnete ›Weberlied 1844‹ beigelegt waren.« [4] In den Polizeiakten befinden sich ein beschlagnahmtes Programmheft samt der Beilage, benso die *Weber*-Besprechung aus dem *Kleinen Journal*, die vielfach im Briefwechsel der Behörden zitiert wurde und offenbar als offiziöse Version der Berichterstattung galt. Das dem Bericht der Politischen Polizei beigelegte Programmheft *Die Kunst dem Volke! Eine Schrift für die Volksbühnen-Bewegung mit besonderer Berücksichtigung der ›Neuen freien Volksbühne‹. Herausgegeben von Dr. Bruno Wille. Oktober 1893, (Heft 11)* [5] ist ein hervorragendes Beispiel jener an der Freien Volksbühne entwickelten Form der Programmhefte, deren Aufgabe es war, das Stück in den aktuellen Erfahrungszusammenhang des Arbeiterpublikums zu rücken aber auch historische und theoretische Fragen zum Verständnis der Aufführung zu erläutern. Das Heft enthält außer einem Aufsatz über *Die Weber*, einen Beitrag über das Tendenzproblem in der Kunst, *Einiges über Gesangsformen*, *Die Bewegung der Volkskunst* und das Verzeichnis der Personen des Stücks und ihrer Darsteller. In der *Weber*-Analyse (vermutlich von Wille verfaßt) heißt es:

Hier ist eine Geschichte aus den vierziger Jahren, der verzweiflungsvolle Aufstand schlesicher Weber, dargestellt worden aus derjenigen Stimmungs- und Gedankenwelt heraus, welche die moderne Sphinx hervorruft; ich meine natürlich die soziale Frage. Das ist es, was dieser Vorstellung den eigenthümlichen Reiz verleiht, was unser Publikum in eine Feiertagsstimmung versetzt und gewissermaßen eine Offenbarung von der Bühne erwarten läßt. Das ist es, was diese Vorstellung zu einer Bedeutung erhebt, wie sie etwa die Première von Schillers ›Räubern‹ erlangt hat, die eben gleichfalls brennende Interessen des Volkes berührten, die damalige soziale Frage, wie sie das aufstrebende Bürgertum empfand. (1)

Die *Weber* seien kein Tendenzstück, nur Mangel an künstlerischem Urteil und politische Voreingenommenheit kämen zu dieser Anschauung, freilich sei Hauptmann wie jeder Dichter ein »Kind seiner Zeit« und beeinflußt von den »theoretischen, sozialen, politischen und praktischen Tendenzen« der Zeit. Besonders hervorgehoben wird der Schluß des Stücks; Hauptmann lasse »die Handlung in einer gewissen Unentschiedenheit ausgehen, er verwendet seine Kunst wesentlich darauf, eine abschließende *Stimmung* hervorzurufen.« [5] In diese »tragische« Schlußstimmung jedoch mische sich

ein tröstliches Moment: Das Schwanken der Empörer zwischen Sieg und Niederlage, bei dem der Dichter uns stehen läßt, erinnert uns daran, daß der vorgeführte Kampf *fortdauert*, daß wir es hier eigentlich nur mit einem *Gefechte* zu thun haben, dem kleinen Theile eines langen Krieges, des *großen Freiheitskampfes* der unterdrückten *Menschheit*. (6)

In dieser Analyse wird die mangelnde Eindeutigkeit des Stücks durch den Hinweis auf die gegenwärtige Praxis des Klassenkampfes korrigiert und die Perspektive dieser Praxis an die Stelle der Perspektive des Stücks gesetzt. [6]

Von entscheidender Bedeutung für die Vorbereitung einer politischen Rezeption der *Weber* war jedoch das Programmheft der *Mai-Vorstellung am 1., 2. und 3. Mai 1891* [7], das bei der *Weber*-Premiere zusammen mit jenem Heft *Die Kunst dem Volke!* ausgegeben wurde. Es dokumentiert ausführlich eine politische Massenveranstaltung, die die Sozialdemokratie als Maifeier arrangiert hatte. Dem Programmheft zufolge nahm diese Veranstaltung des Jahres 1891 folgenden Verlauf: Nach einer Gesangseinleitung und der Rezitation eines Gedichts von Karl Henckell folgte die Aufführung des Stückes *Durch Kampf zur Freiheit. Historisches Melodrama in 3 Akten nebst 3 lebenden Bildern.* In den Erläuterungen dazu heißt es:

Das 1. lebende Bild stellt den Weber-Aufstand in Langenbielau im Jahre 1844 dar. Die von entsetzlicher Noth gepeinigten und über die Fabrikanten erbitterten Weber haben eine Fabrik demoliert und werden vom Militär angegriffen. Von dessen Schüssen sind elf Mann todt und viele verwundet gefallen. Dennoch bleiben die Anführer unerschrocken stehen, so daß dem Militär nichts übrig bleibt, als abzumarschieren. (Historisch.) 2. Lebendes Bild: Barrikadenkampf zu Berlin am 18. März 1848, 3. lebendes Bild: Maifeier im Walde bei Berlin 1891.

In dieser Bilderfolge wird genau jene historische Kontinuität vom Weberaufstand 1844 bis zur Praxis der Arbeiterbewegung in den 90er Jahren entwickelt, die auch auf die Interpretation der *Weber* übertragen wurde. Die Einholung des historischen Vorgangs in den gegenwärtigen Erfahrungszusammenhang (Maifeier 1891) vermittelte die historische Begebenheit aus der Perspektive der Gegenwart und ließ sie als Element eines revolutionären Prozesses erscheinen, an dem die Rezipienten des *Weber*-Stücks als handelnde Subjekte selbst teilhatten. Gleichzeitig lieferte der Programmzettel die Information über die blutige Niederschlagung des Weber-Aufstands durch das Militär, mit einer Angabe der Zahl der Toten und Verwundeten. Diesen Vorgang klammert das Hauptmannsche Stück aus, an seine Stelle rückt in der Dichtung der stärkste Effekt politisch neutralisierender Emotionalität: der Tod des alten Hilse als Quasibeweis einer tragischen Weltordnung. Die Maifeier 1891 wurde fortgesetzt mit dem Absingen des *Weberliedes 1844* und einer Marseillaise (Text von Emanuel Wurm). Von allen Liedern waren die Texte in dem Programmheft abgedruckt. – Für die Polizeibehörde war damit der Zusammenhang von Hauptmanns *Weber*-Drama, der politischen Agitation der Sozialdemokratie (Maifeier, Weberlied und Gestaltung des Weberaufstands in lebenden Bildern als Aktualisierung historischer Phasen des Klassenkampfs) und den konkreten sozialen Problemen der Gegenwart (Weberunruhen in den frühen 90er Jahren in Schlesien; der in Schweidnitz verurteilte Redakteur Feldmann hatte sich auf die Berliner Maifeier von 1891 berufen) nachgewiesen.

Die Berichte über die *Weber*-Premiere an der Freien Volksbühne scheinen die Auffassung der Ordnungsbehörde von der aufwieglerischen Tendenz des Stücks zu bestätigen. [8] Den Höhepunkt der Kampagne gegen das Hauptmannsche Drama bildeten jedoch die Besprechungen der Premiere der *Weber* im Deutschen Theater [9]; um diese Aufführung war es schließlich in dem in der Öffentlichkeit des ganzen Reichs wie im Ausland mit größtem Interesse verfolgten Verbotsprozeß gegangen, der schließlich mit einer Niederlage des Polizeipräsidenten und seiner Vollzugsorgane geendet hatte und bei dem infolge der Urteilsschelten durch den Kaiser und den Innenminister der maßgebliche Richter des Oberverwaltungsgerichts auf der Strecke geblieben war. In der Premieren-Besprechung in den *Hamburger Nachrichten* [10] wurden *Die Weber* als »eminent aufreitzendes, die revolutionairen Instincte der großen Maßen in den tiefsten Tiefen aufwühlendes Stück« (204) bezeichnet, demgegenüber die Verbotsverfügung völlig zu Recht bestehen würde. Ob Hauptmann ein Anhänger der Sozialdemokratie sei, hielt der Kritiker der *Hamburger Nachrichten* für belanglos; auch könne es für die Ordnungsbehörden keine Rolle spielen, ob es sich bei dem Stück um ein Kunstwerk handele oder nicht. Die Tatsache, daß die Fabrikanten als gewissenlose Ausbeuter, die Vertreter der Obrigkeit als Karikaturen und der einzige, die alte Ordnung und den Glauben aufrechterhaltende Weber als alberner Schwächling (gemeint ist der alte Hilse) dargestellt würden, zeige die radikale, aufwieglerische Tendenz des Werkes.

Das Drama ist *Zündstoff* für die *Revolution* und die Polizei ist zweifellos in vollstem Rechte gewesen, die Aufführung zu verbieten; ich stehe, obwohl ich wahrhaftig keinerlei ›reactionaire‹ Neigungen besitze, entschieden auf dem Standpunkte, daß es besser gewesen wäre in *Zeiten* wie den *heutigen* ein solches Stück nicht zu geben. (204)

Der anonyme Kritiker folgte auch in den Einzelheiten seiner Argumentation den Verbotsbegründungen, die schon die Polizeibehörde vorgebracht hatte; sein Bericht enthält eine ausführliche Liste aller bei der Premiere im Deutschen Theater anwesenden Besucher von öffentlicher Bedeutung und hebt – wie in zahlreichen anderen Berichten über die *Weber*-Premiere – die Anwesenheit der beiden politischen Führer der Sozialdemokratie, Singer und Liebknecht, besonders hervor:

die Beiden folgten mit großem Interesse den erregten Scenen, die sich auf der Bühne abspielten, klatschten auch mit den Übrigen den Autor heraus – wenn aber behauptet worden ist, daß sie in provokatorischer Weise sich an den Beifallsstürmen, die das Haus durchdröhnten, betheiligt hätten, so ist das einfach eine Unwahrheit. Provokatorisch wirkte nur der Lärm, der schon nach dem sehr schwächlich wiedergegebenen ersten

Akt auf der Gallerie entstand; wer aber konnte entscheiden, ob sich dort oben wirklich eine größere Anzahl Sozialdemokraten festgesetzt hatte, oder ob es die leicht begeisterungsfähige Jugend war, die den Sturm entfesselte? (206)

Dieser Differenzierungsversuch muß gegenüber anderen Berichterstattern, die in der Weber-Aufführung ausschließlich eine von der Sozialdemokratie arrangierte politische Demonstration sahen, vermerkt werden. – Ein Beitrag in der Germania [11], dem Organ der Zentrumspartei, setzte sich mit der Kommentierung der öffentlichen Diskussion der Weber im Vorwärts auseinander, in der von der Sozialdemokratie entschieden widersprochen wurde, daß die Weber als sozialistisches Tendenzstück zu interpretieren seien; der Verfasser des Vorwärts-Artikels [12] ging davon aus, daß dem Autor der Weber jegliche Kenntnis des modernen Proletariats und dessen politischer Ziele abgehe. Die Kritik an den Webern durch das offizielle Organ der Sozialdemokratie wurde jedoch von den Konservativen als politische Taktik ausgelegt; der Kritiker der Germania argumentierte:

Daß die organisierten ›Genossen‹ schon längst Einzelgewaltthaten und Putsche verurtheilen, wissen wir und ist in unseren Spalten oft genug gesagt. Auch für diese ›zielbewußten‹ Genossen aber schafft das Stück die Stimmung für den großen Tag der Rache. Daß dabei aber immer ein Theil der ›Genossen‹ aus derselben Stimmung heraus zur ›Propaganda der That‹ kommt, und daß hier und da solche Thaten geschehen, ist doch ebenso sicher, ist aber nach unserer ebenfalls oft ausgedrückten Überzeugung nicht das Schlimmste an der socialdemokratischen Bewegung, sondern das Schlimmste ist, daß große Massen in die rechte Stimmung kommen für den ›großen Kladderadatsch‹. Und diese Stimmung nährt das Hauptmann'sche Stück. (1)

Von »sozialistischen Brandreden«, die von der Bühne herab gehalten worden seien, sprach E. Zabel in der National-Zeitung« [13]; Die Weber erschienen ihm als unverhüllte sozialdemokratische Agitation, die den gegenwärtigen Staat provozieren müsse. Im gleichen Sinne interpretierte O. Elster in der Kreuzzeitung [17] Hauptmanns Stück. Auch im Kleinen Journal [15] sah der Berichterstatter in der Weber-Aufführung ein reines Politspektakel der Sozialdemokratie:

Mit Trampeln und Radau hat die Sozialdemokratie gestern abend ihren Einzug in das Deutsche Theater gehalten und dank der geschickten Arrangements der im Parquet sitzenden Festordner Singer und Liebknecht mit ihrer rothen Fahne einen Sieg erfochten. Die Vertrauten der Partei, durch ihre Brasidasse wohlinstruiert und geschickt vertheilt, brüllten ihrem neuen Nationaldichter Hauptmann jubelnd zu, und das vornehme Haus in der Schumannstraße erdröhnte zum ersten Male seit seinem Bestehen von dem Gepolter schmutziger Stiefel. (7)

In einer Retrospektive von 1909 resümiert Heinrich Bulthaupt [15], daß die politische Aktualisierung des Stückes »durch die Hetze der Sozialdemokratie« zustande gekommen sei, die Sozialdemokraten hätten sich

Die Weber zu eigen gemacht: Der Verfasser ließ sich die tumultarischen Wirkungen seiner Schöpfungen gern gefallen und widersprach auch nur ganz leise, oder gar nicht, wenn die Sozialdemokratie ihn mit Haut und Haaren für sich in Anspruch nahm. Und es war nicht schwer zu sehen, daß die großen Erfolge des Stückes auf *künstlerische* Gründe nicht zurückzuführen waren. Es war eine ›Aktualität‹ geworden, (wie das schlechte Wort lautet), ein Partei-Pamphlet. Und vom Parteistandpunkt schätzte man es ab. (524) [17]

Die Gruppe dieser Kritiker verband der politische Standort, von dem aus sie *Die Weber* bekämpften; es ging im Gesamtkontext der Besprechungen nur am Rande um Fragen der dramatischen Form, die, wenngleich die Eindringlichkeit von Hauptmanns Charakterisierungskunst vielfach hervorgehoben wurde, durchweg als regelwidrig klassifiziert wird (»Scenengemenge«, »theatralische Verrohung« u. a.); es ging allein um die vermeintliche Tendenz des Stücks. Dabei zeichneten sich zwei Richtungen in der Argumentation ab. In einem Teil der Besprechungen wurde dem Stück politische Agitation im Sinne anarchistischer oder sozialdemokratischer Ideen, beide Begriffe fungierten als synonyme Elemente eines ideologischen Feindbilds konservativ-reaktionärer Literaturkritik, unterstellt, die unmittelbar aus den Dialogen und den Bühnenvorgängen (immer wieder der Hinweis auf die Demolierung der Wohnung Dreißigers) abgeleitet wurden. Diese Kritiker übergingen jede Differenzierung zwischen historischem Stoff und literarischer Gestaltung, sie faßten die Klagen der Weber gegen Ausbeutung und Ungerechtigkeit und den Aufruf zur Revolte im Stück als unmittelbar gegen die zeitgenössische Gesellschaft gerichteten revolutionären Appell auf. In diesem Appellationswert wurde die Aufhebung jener Abgrenzung des Ästhetischen gegenüber der Sphäre lebenspraktischer Interessen gesehen, die als erkenntnistheoretische Bedingung des Ästhetischen postuliert wurde, d. h. *Die Weber* erschienen als Tendenzstück, das sich durch den Verstoß gegen die praxisneutralisierende Funktion des Ästhetischen hinsichtlich seines Kunstwerts disqualifizierte, zugleich aber auch die Kriterien von Wahrheit[18] und Sittlichkeit nicht erfüllte; ästhetische und moralische Wertung fielen in dieser Argumentation in eins. Das Stück wurde als Gefährdung einer Gesellschaftsordnung interpretiert, mit der sich das national-konservative Bürgertum in ideologischer Übereinstimmung wußte. In der Analyse der Wertungskriterien und ihrer argumentativen Anwendung wird das ideologische Vorverständnis dieser ästhetischen Kritik erkennbar, sie fungiert als Affirmation der bestehenden Ordnung und ihrer Normen, der ästhetischen wie der moralischen. Die Verschränkung von ästhetischer Wertung, moralischem Urteil und politischer Parteinahme erweist sich als Legitimationsstrategie konservativen Denkens, dem der Versuch der Abstraktion und Metaphorisierung des Historischen mit Hilfe scheinbar praxisferner Kategorien zugrunde liegt.

Eine zweite Gruppe von Kritikern erklärte die agitatorische Wirkung der *Weber* aus einer unterstellten Manipulation der Sozialdemokratie, die sich das Stück »angeeignet« habe. Sie ignorierten die sozialdemokratische Kritik an der Literatur des Naturalismus, bzw. erklärten sie als politische Taktik. Für sie resultierte die aktuelle Bedeutungszuweisung ausschließlich aus dem außerästhetischen Kontext. Diese Kritiker reproduzierten weitgehend die Argumente der *Weber*-Analyse des Berliner Polizeipräsidenten; ihr Urteil war konsequent auf die zeitgenössische Rezeption bezogen, und sie räumten durchaus ein, daß Hauptmann die politische Interpretation seines Stücks nicht zu verantworten habe. Diese Gruppe wußte sich auch in Einklang mit der Einstellung des Kaisers zu dem Hauptmannschen Stück und mit dessen Burteilung des *Weber*-Prozesses. Die Rolle Wilhelms II. in dieser Frage wurde bisher immer nur sehr pauschal dargestellt, in der Regel durch den Hinweis darauf, daß die königliche Loge im Deutschen Theater gekündigt wurde. Sie läßt sich aus den Akten des Königlichen Geheimen Civil-Cabinets genau rekonstruieren. Ein erstes Anzeichen für die Reaktion des Kaisers auf die *Weber*-Affäre ist ein *Auszug aus einem Schreiben des Botschafters Graf zu Eulenburg in Wien* vom 30. September 1894, in dem von den heftigen Unmutsäußerungen des Kaisers über das Urteil des Oberverwaltungsgerichts berichtet wird, der Justizminister hätte die öffentliche Aufführung der *Weber* zu verhindern wissen müssen. [19] In den Akten des Geheimen Civil-Cabinets ist der Bericht der *Berliner Politischen Nachrichten* vom 26. September 1894 über die Premiere im Deutschen Theater archiviert, der offenbar des Kaisers erste Informationsquelle darstellte. Mit einem Schreiben vom 5. Oktober verlangte dieser Aufklärung durch den Justiz- und den Innenminister, warum die Freigabe des Stücks nicht verhindert wurde [20], »sowie insbesondere auch darüber [...], ob nicht der von dem Theater ausgehenden Aufreizung gegen die Regierung und die bestehende Gesellschaftsordnung entgegengetreten werden könne.« Diesem Schreiben ist ein mit der Aufschrift »geheim« versehener Bericht des Präsidenten des Oberverwaltungsgerichts vom 1. Oktober 1894 beigelegt, in dem sich dieser auf einen telegraphischen Befehl des Kaisers »vom gestrigen Tage« bezieht, über das Urteil zu berichten. Der Gerichtspräsident legte seinem Schreiben eine Abschrift des Urteils bei und gab einen ausführlichen Kommentar dazu ab, der hauptsächlich auf zwei Punkte hinwies: 1. Zum Aufführungsverbot eines Stückes reiche der Hinweis auf die »entfernte Möglichkeit« einer öffentlichen Gefahr nicht aus, es müsse eine »wirklich drohende, nahe Gefahr« nachgewiesen werden; und 2. sei das Stück nur für das Deutsche Theater freigegeben, und dessen Publikum neige nicht zu Gewalttätigkeiten. Darüber hinaus meldete der Präsident jedoch seine Bedenken gegen die Richtigkeit der Einschätzung der »thatsächlichen Verhältnisse von Seiten des Gerichtshofes« an; in dem Schreiben heißt es:

Ich hege meinerseits solche Zweifel, war aber nicht in der Lage, dieselben bei der Berathung des Urtheils geltend zu machen, da ich im Dritten Senat nicht den Vorsitz führe [...] Ich habe indeß nicht versäumt, vor Abhaltung des Termins zur mündlichen Verhandlung in diskreter Weise dem stellvertretenden Vorsitzenden von meinen Zweifeln an der Richtigkeit der Auffassung der thatsächlichen Verhältnisse [...] Mitheilung zu machen.

Der Präsident beteuerte die prinzipielle Absicht aller Senate, bei ihren Urteilen »die Autorität und die Aktion der Polizeibehörden zu stärken und zu stützen und die unveräußerlichen Rechte des Staats gegenüber den gegenwärtigen Umsturzbestrebungen [...] mit aller Kraft und Energie zu wahren.« Als Beweis für diese Einstellung wies der Gerichtspräsident auf das Verbot des Stücks

Nothwehr von Elsa von Schabelsky vom 8. März 1894 hin. Eine handschriftliche Randnotiz des Kaisers zu diesem Schreiben [21] vermerkt: »Die Thatsache des Skandals bei der Première macht alle diese hohlen Phrasen zu nicht! – Gedanklicher Quatsch! W.« Zu dem *Weber-Urteil* notiert der Kaiser [22]: »Der Styl ist ebenso unklar wie die Begründung durchaus verkehrt und mangelhaft. Die Folgen haben Richthofen in hervorragender Weise Recht gegeben. Unglaublich töricht ist der künstlich gesuchte Unterschied im Grade des Theaterpublikums. Es war bei der Première eben gerade nun anderes dem Theater nicht entsprechendes Sozialdemokratenpublikum drin.« [23] Das Antwortschreiben des Innenministers vom 7. Oktober 1894 [24] trägt den späteren Aktenvermerk »Pro not: Durch Allerh. Ordre vom 17./4.95 ist dem Deutschen Theater in Folge der Aufführung der *Weber* die Königliche Loge gekündigt worden«; der Minister gab jedoch zu bedenken, daß ein Aufführungsverbot nach der Freigabe politisch nicht mehr opportun wäre, der Polizeipräsident habe versichert, sofort einzugreifen, wann immer sich Gelegenheit dazu bieten würde. [25] In der Öffentlichkeit kursierten inzwischen die widersprüchlichsten Berichte über die Interventionsaktivitäten des Kaisers im Fall der *Weber.* Als maßgeblicher Informant gab sich die *Bank- und Handels-Zeitung* aus, die durch ihre Nachricht vom 2. Oktober 1894 über die Logenkündigung eine Serie von Artikeln auslöste. [26] Zwei Notizen im *Berliner Tageblatt* vom 3. und 4. Oktober fügten dem noch hinzu, daß für die Offiziere des Heeres und der Marine ein Besuchsverbot für die *Weber*-Aufführung im Deutschen Theater erlassen worden sei; der Kommentator des Blatts bemerkt:

Wenn diese Mitheilung sich bewahrheitet, würde sich eine eigenthümliche Divergenz zwischen den Anschauungen der Militärbehörden und dem preußischen Oberverwaltungsgericht als oberster Civilinstanz ergeben, welches die Aufführung der ›Weber‹ im Deutschen Theater freigegeben hat, weil dadurch weder die öffentliche Ordnung noch die Moral bedroht erscheinen. Im Übrigen waren wenigstens in den ersten beiden Vorstellungen der ›Weber‹ Offiziere im Deutschen Theater bemerkbar.

In den Akten der Politischen Polizei ist dieser Artikel archiviert; von Beobachtern der Polizei sind handschriftlich die Namen einiger bei der Premiere anwesender Offiziere am Rande vermerkt. [27] Die Direktion des Deutschen Theaters erzwang daraufhin unter Berufung auf den § 11 des Pressegesetzes den Abdruck einer Gegendarstellung in der *Bank- und Handels-Zeitung* [28], in der mitgeteilt wurde, daß ihr weder über die Kündigung der Loge noch des finanziellen Zuschusses (4000 Mark), der damit verbunden war, eine offizielle Mitteilung gemacht worden sei. In der Presse wurde noch in einer Reihe weiterer Beiträge zur Frage des Besuchsverbots für Offiziere wie zur Logenkündigung Stellung genommen. [29] Einen gewissen Abschluß der Debatte, die in der Öffentlichkeit größtes Aufsehen erregt hatte, brachte ein Artikel im staatstreuen und gut informierten *Kleinen Journal* [30], in dem es hieß, daß der Kaiser auf eine offizielle Kündigung der Loge verzichtet hätte, da er den Anschein einer offenen Urteilsschelte vermeiden wollte, »doch der Kaiser ist entschlossen, das Deutsche Theater nicht wieder zu betreten«. Die offizielle Kündigung der königlichen Loge erfolgte erst, nachdem in der öffentlichen Diskussion eine gewisse Beruhigung eingetreten war, am 17. April 1895 – jedoch gerade zu der Zeit, als im Reichstag die Umsturzvorlagen behandelt wurden, die das *Weber*-Stück erneut in den Zusammenhang mit den Zielen der Sozialdemokratie und dem internationalen Anarchismus brachten.

4. »Die Weber« im sozialgeschichtlichen Kontext der neunziger Jahre: Das Weberelend in Schlesien und der Fall des Pastors Klein

Die im Zusammenhang mit Hauptmanns *Webern* geführte Diskussion brachte von zwei Seiten her immer wieder den sozialgeschichtlichen Aspekt ins Spiel: (a) Hauptmanns Stück wurde auf seinen historischen Kern hin befragt, den Weber-Aufstand des Jahres 1844; in einer Reihe von Rezensionen wurde ausführlich geprüft, inwieweit der Dichter der Historie folge; das Kriterium der Objektivität der Dichtung schien mit diesem Vergleich verbunden. Und: (b) Es wurde der Darstellung der *Weber* die verbesserte soziale Lage der Arbeiterschaft der neunziger Jahre gegenübergestellt und aus der scheinbar offenkundigen Divergenz entweder der dokumentarische Charakter des Stücks oder seine Tendenz abgeleitet. Es stellt sich nun die Frage, ob die Anspielung auf den 44er-Aufstand ausreichen konnte, die politische Brisanz, die das Stück in den frühen neunziger Jahren hatte, hinreichend zu erklären, oder ob nicht ein Bezug des Stücks zu den konkreten sozialen Problemen dieser Zeit gegeben sein mußte, der über den allgemeinen Hinweis des Polizeipräsidenten, daß das gesellschaftliche System der vierziger Jahre, das in den *Webern* kritisiert werde, »noch heute« bestünde, und die kaum verifizierbare Unterstellung sozialdemokratischer Propaganda hinausging.

Diese Frage rückt die Wirtschaftskrise der ersten Hälfte der neunziger Jahre und das Weberelend der Jahre 1890/92 in Schlesien, das in einer ausführlichen Berichterstattung durch die Presse im ganzen Reich publik gemacht worden war, als den konkreten sozialgeschichtlichen Horizont, auf den Hauptmanns *Weber* zu beziehen sind, in den Vordergrund des rezeptionsanalytischen Interesses. Ausgelöst wurde diese Pressekampagne über das Weberelend in Schlesien [1] durch den Reinerzer Pastor Ernst Klein, der am 1. Januar 1891 im *Reichsboten* einen Aufruf zur Unterstützung der Weberdörfer, der von zahlreichen Tageszeitungen nachgedruckt wurde, veröffentlicht hatte; außerdem erschien von Klein in der *Gartenlaube* eine anschauliche Schilderung der kaum vorstellbaren Verelendung und Ausbeutung der schlesischen Weber. [2] Es war vor allem dieser Artikel, der die Weberfrage im ganzen Reich zum Diskussionsgegenstand machte und den »Fall Klein« heraufbeschwor. Klein hatte aber nicht nur über das Weberelend geschrieben, sondern auch aus den Spendenbeträgen, die auf seine Artikel hin in beträchtlicher Höhe eingegangen waren, ein privates Hilfswerk begründet, das er ausschließlich nach seinen Vorstellungen einrichtete. Der Konflikt mit den Behörden, die inzwischen auch schon Kommissionen zur Prüfung der

Lage in den Weberdörfern gebildet hatten, war damit gegeben. [3] Die Publizität der Webermisere mußte die staatliche Sozialpolitik ebenso wie die Wirtschafts- und Zollpolitik in größten Mißkredit bringen. [4] Die Breslauer Regierung reagierte deshalb mit äußerster Heftigkeit auf die Aktivitäten des Reinerzer Pastors. Sie forderte dessen dienstrechtliche Maßregelung durch die vorgesetzte kirchliche Aufsichtsbehörde, das Königliche Konsistorium zu Breslau. [5] In einem Schreiben des Regierungspräsidenten vom 3. März 1891 an die kirchliche Behörde heißt es:

Betont muß aber jedenfalls werden, wie in hohem Maße bedenklich es erscheint, daß Pastor Klein aus der allgemeinen gedrückten Lage der unteren Klassen gerade die, von den oppositionellen Parteien seit jeher und neuerdings seitens der Sozialdemokratie mit Vorliebe zu agitatorischen Zwecken ausgebeutete Weberfrage hervorgehoben und unter schiefer Darstellung der thatsächlichen Verhältnisse wieder in die große Öffentlichkeit getrieben hat, und daß er anscheinend gewillt ist, diese Frage sobald nicht wieder von der Tagesordnung verschwinden zu lassen. Pastor Klein macht sich anscheinend nicht klar, daß er hier ein gefährliches Spiel treibt und der Socialdemokratie geradezu in die Hände treibt. Noch in lebhafter Erinnerung in der ganzen Gegend ist der Weberaufstand im Eulengebirge im Frühjahr 1844 und dessen für die Betheiligten namentlich in Langenbielau so verhängnisvoller Ausgang. Diese traurige Erfahrung scheint ihn nicht bedenklich zu machen, obgleich ich selbst ihn darauf aufmerksam zu machen mich verpflichtet gefühlt habe. (15)

In diesem Brief war mit der Anspielung auf die Sozialdemokratie der politische Hintergrund genannt, der die heftigen Attacken der Regierung gegen Klein motivierte. Dieser Zusammenhang wurde auch in der Presse immer wieder hergestellt, so in der *Schlesischen Volkszeitung* in einer Notiz vom 14. November 1891:

Was die Nothstandsbeschwörung für eine, in ihren Folgen wohl nicht beabsichtigte Wirkung gehabt hat, zeigt sich schon jetzt. Die schlimme Saat ist aufgegangen. Immer fester dringen die Sozialdemokraten vor und fassen Fuß in der einst so stillen, friedlichen Ecke der Grafschaft. Alle paaar Wochen sind sozialdemokratische Versammlungen hier. Die Unzufriedenheit wird immer größer, das Übel frißt immer weiter um sich. Den Frieden gestört zu haben, daran trägt Pastor Klein die Schuld. [6]

Außerdem wurde die Tätigkeit Kleins mit der der »Sozialistenführer« in der Reinerzer Gegend, den beiden Redakteuren F. Feldmann und M. Baginski, verglichen, beide spielten in den späteren *Weber*-Prozessen eine Rolle; Baginski stand zudem mit G. Hauptmann in Verbindung. [7] Der Vorwurf des »Aufbauschens und Übertreibens der Notlage«, der gegen Klein erhoben wurde, war charakteristisch für die Sprachregelung, mit der die Darstellung sozialer Mißstände durch die Sozialdemokratie in der konservativen Presse diskreditiert wurde. Die spektakulärste Maßnahme der Regierung gegen Klein war eine Regierungsverfügung vom 17. März 1891, die allen Pfarrern, Lehrern und Behörden unter Androhung dienstrechtlicher Bestrafung jede Kooperation mit Klein verbot. [8] Aber nicht nur von der Regierung wurde gegen Kleins Tätigkeit agitiert, auch einzelne Reinerzer Bürgerkreise, die durch die publizistische Verbreitung des Weberelends ihre Geschäftsinteressen berührt sahen (Reinerz war ein bekannter Kurort), gingen gegen Klein vor. Ihr Wortführer war der Gemeindearzt Schubert, der eine von allen regierungstreuen Blättern übernommene Gegendarstellung zu Kleins Bericht in der *Gartenlaube* abgab. [9] Die publizistische Fehde Klein-Schubert und das Vorgehen der Breslauer Regierung gegen den Reinerzschen Pastor beschäftigte monatelang die Tageszeitungen von Berlin bis München; zumeist wurde die Berichterstattung über den »Fall Klein« [10] auch verbunden mit Darstellungen der Geschichte der Schlesischen Weber [11] und Hinweisen auf frühere literarische Gestaltungen des Weberstoffs. In einem gegen Klein gerichteten Artikel in der *Schlesischen Zeitung* heißt es: die Not sei nicht größer als in anderen Kleinbetrieben auch.

Es ist daher unzutreffend, aus dieser Bevölkerung nur allein die Weber herauszugreifen und als besonders mitleidswerthe Geschöpfe hinzustellen, wie dies einst in früheren Jahren geschah, wo mit Vorliebe ›Webernovellen‹, ›Weberromane‹, ›Webergemälde‹, zur Aufregung des Publikums in die Welt geschickt wurden, woran sich dann künstlich geschürte Revolten schlossen, die zur traurigen Katastrophe von Langenbielau führten.

Es waren vor allem aber die Fabrikanten und die Garnausgeber [13], die sich durch die Presseberichte in ihrem Ansehen geschädigt sahen und gegen Klein vorgingen. Ein Fabrikant Dierig drohte an, die Hausweber künftig nicht mehr zu beschäftigen, wenn die arbeitgeberfeindliche Berichterstattung über die Weberfrage nicht eingestellt werde. [14]

Abgeschlossen wurde der »Fall Klein« dadurch, daß die kirchliche Aufsichtsbehörde eingriff. Den letzten Anstoß dazu hatte Kleins Vorhaben gegeben, zusammen mit einer Zeitschrift (*Illustrierte Welt*) eine Bildreportage über die Weberdörfer herauszubringen. [15] Klein wurde zu einer Aussprache mit dem Generalsuperintendenten für die Provinz Schlesien vorgeladen, die ergab, daß er sich bereit erklärte, künftig seine Hilfsmaßnahmen mit den staatlichen Behörden abzustimmen, die restlichen Gelder aus den Spendenaktionen in Aktien anzulegen und dem Staat zu überschreiben und schließlich die Bildreportage über das Webergebiet zurückzuziehen. [16]

Für die Rezeptionsanalyse der Hauptmannschen *Weber* ist die Form der Auseinandersetzung im »Fall Klein« wie deren publizistische Darstellung von größter Bedeutung; durch diese Vorgänge wurde eine breite Öffentlichkeit über die Situation der schlesischen Weber informiert, über deren Geschichte wie deren aktuelle Misere, und die Stimmung zur politischen Rezeption des Hauptmannschen Stücks vorbereitet.

Wenden wir uns der Kleinschen Schilderung in der *Gartenlaube* zu! Klein gibt in dem Bericht eine genaue Analyse der Einkommensverhältnisse und Arbeitszeiten der Weber [17] und schildert mit großer Eindringlichkeit die furchtbare soziale Not in dieser Gegend; der Tenor seiner Darstellung ist unmißverständlich der einer sozialen Kritik. Der Schilderung folgt eine detaillierte Analyse der Ursachen des Weberelends; Klein geht auf die Schwierigkeiten der allgemeinen ökonomischen und technischen Entwicklung dieses Industriezweigs ein, ohne freilich das kapitalistische Wirtschaftssystem oder die für die schlesischen Hausweber fraglos sich negativ auswirkende staatliche Zoll- und Wirtschaftspolitik in Frage zu stellen. In Kleins Bericht werden zahlreiche Vorschläge entwickelt, die die Lage der Weber durch administrative Regelungen verbessern sollten [18]; ihnen liegt die sozialreformerische Logik zugrunde, wie sie die Bestrebungen des »Vereins für Socialpolitik« kennzeichnete. Kleins Analyse dürfte für jene Hauptmann-Kritiker als vorbildlich gegolten haben, die dem Dichter Einseitigkeit vorwarfen. Ein Beispiel dafür war F. Spielhagens *Weber*-Kritik [19], die der *Weber*-Dichtung das Fehlen jeglichen Hinweises auf die Probleme der allgemeinen technisch-wirtschaftlichen Situation ankreidet, ohne die die Darstellung als tendenziöse Verzerrung erscheinen müsse.

Diese Argumentation stellt ein wesentliches Moment innerhalb der zeitgenössischen Diskussion um Hauptmanns Stück dar. Hauptmann hatte mit den *Webern* einen Stoff aufgegriffen, der in der wirtschaftswissenschaftlichen Forschung des 19. Jahrhunderts so gründlich aufgearbeitet war, wie kaum ein anderer Wirtschaftsbereich. [20] Die schlesische Textilindustrie galt offenbar als national-ökonomisches Paradigma, an dem auf Grund seiner extremen Krisenanfälligkeit und Produktionsstruktur (hochtechnisierte Produktionsverfahren neben Formen der Hausweberei in den Gebirgsdörfern) unterschiedliche Modelle von Krisen- bzw. Konjunkturtheorien entwickelt und überprüft werden konnten; ebenso lag hier ein Paradigma sozialreformerischer Studien vor. Hauptmanns Dichtung geriet damit in eine Konfrontation mit Darstellungen des gleichen Gegenstands, die im wissenschaftlichen Sinne als »objektiv« gelten mußten, auf diesen Vergleich bezieht sich ein Teil gerade der liberalen Kritiker. Die national-ökonomische Orientierung von Hauptmanns Quellen für die *Weber*-Dichtung wurde ja auch im Rahmen des *Weber*-Prozesses diskutiert.

Ein zweiter Bericht in der *Gartenlaube,* den die Redaktion mit der Absicht in Auftrag gegeben hatte, Kleins Schilderungen zu überprüfen, stellte erneut das Elend der schlesischen Weber dar und nahm Stellung zu der Polemik, die Kleins Artikel inzwischen ausgelöst hatte, sein Verfasser war ein J. Proelß. [21] Ähnlich wie Hauptmann wurde Klein vorgeworfen, er habe die Rolle der Garnausgeber zu sehr ins schlechte Licht gerückt und deren eigene schwierige Lage nicht begriffen. In Kleins Beitrag hieß es:

Der Vater geht bei sinkender Sonne zum Garnausgeber. Wie gut, daß er wenigstens nahe wohnt! Manche verlaufen sich auf dem Wege zu ihm und irren Stunden lang umher, kostbare Zeit! Doch, ach, der Herr Ausgeber ist jetzt nicht zu sprechen. ›Seien Sie schön gebeten, lieber Herr, wir haben nichts zu essen‹, fleht der Arbeiter. ›Kommen Sie morgen wieder, ich hab' jetzt keine Zeit!‹ Traurig geht der Vater heim, traurig hören die Seinen die Schreckenskunde. Am nächsten Morgen steht der Vater wieder vor dem gestrengen Herrn. ›Zeigt die Arbeit her! Da ist ein Fehler, da wieder einer! Das Stück kann ich nicht brauchen! Seht, daß Ihr es wo anders verkauft und mir das Garn, das ich Euch dafür gab, bezahlt!‹ Ja, wer wird das Stück kaufen? Lange läuft der Ärmste umher, endlich bekommt er bei einem Kaufmann einige Groschen dafür, die kaum hinreichen, den Ausgeber zu befriedigen. Die angestrengte Arbeit einer Woche ist verloren! [...] Der Weber läuft von Haus zu Haus: endlich, endlich findet er nach vielem Bitten bei einem neuen Herrn neue Arbeit. Doch die Bedingungen sind strenger, der versprochene Lohn niedriger als gewöhnlich! (152)

Proelß' Artikel versuchte in der Beurteilung der Situation zu differenzieren [21]; er schilderte ausführlich die sich seit den vierziger Jahren hinziehende Diskussion der Weberfrage in der Presse, im Rahmen national-ökonomischer Analysen und im Zusammenhang von Hilfsmaßnahmen der regionalen Behörden. Daraus geht hervor, daß im Jahr 1890 ein aufwendiges soziales Reformprogramm der Regierung eben zu der Zeit initiiert worden war, als Kleins Bericht die Öffentlichkeit wieder auf dieses Problem aufmerksam gemacht und eine Vielzahl von caritativen Privatinitiativen ausgelöst hatte; so kam es zu der bis dahin intensivsten Berichterstattung über die Weberfrage in der Presse des gesamten Reiches. Die auf Kleins Aufruf hin konstituierten Notstandskommisionen bei den Glazer Behörden riefen in den Amtsblättern zu Hilfsaktionen und zur Unterstützung Kleins auf. Doch diese Situation änderte sich schlagartig, als die politische Komponente des Vorgangs von der Berliner Regierung reflektiert wurde.

Die kurz vorher von den Behörden selbst angerufene Wohlthätigkeit weiterer Kreise wurde in einer Konferenz beim Handelsminister, welcher verschiedene schlesische Landtagsabgeordnete und der Regierungspräsident aus Breslau anwohnten, als ›entbehrlich und bedenklich‹ bezeichnet, da eine über das Bedürfnis hinausgehende Unterstützung nur ›demoralisierend‹ wirken könne. (272)

Die Darstellungen in der Presse, so argumentierten die Behörden nun, seien aufgebauscht, der Notstand »nicht acut«. Gegen diese offensichtlich manipulierte Informationspolitik der Regierung protestierte Proelß ausdrücklich. Er verwies auf zahlreiche Berichte seit dem Jahre 1793, in denen dem Weberelend gegenüber von seiten der Behörden aus immer wieder resigniert wurde; die Not der Weber wurde als »Schicksal der Weber« (272) aktenkundig gemacht. Überdies bestätigten die Protokolle der Notstandskommissionen, die Proelß eingesehen hatte, die Schilderungen Kleins in allen Punkten. Bei seinen Ermittlungen kam ihm der bereits zehn Jahre zuvor gedruckte Bericht des Reinerzer Bürgermeisters zustatten, der »auf Grund reicherer Erfahrung, eingehender und mit schärferen Ausdrücken« (274) die Not in den Weberdörfern schildere; in der *Gartenlaube* wird ausführlich aus diesem Bericht zitiert. Es folgen Proelß' eigene Darstellungen des fürchterlichen Elends der Weber, die an Deutlichkeit und Eindringlichkeit Hauptmanns Stück kaum nachstehen. Aber auch er versuchte, freilich nicht so ausführlich, wie es der Beitrag von Klein unternommen hatte, die Gesamtsituation dieses Wirtschaftszweigs zu analysieren und sah wie dieser in der technischen und allgemein-ökonomischen Entwicklung der Textilindustrie in Deutschland und in der geringen Leistungsfähigkeit der inzwischen physisch und psychisch völlig degenerierten schlesischen Weberbevölkerung die Ursachen des ihm unheilbar erscheinenden Übels. Der Bericht des Bürgermeisters von Reinerz spricht von einer »Degeneration von Geschlecht zu Geschlecht«, die für die Weber typisch sei, die »Zeit der Kretins wird bald gekommen sein und Exemplare solcher können in hiesiger Gegend schon nachgewiesen werden!« (274) [23]

Die Darstellungen in der *Gartenlaube* bestätigten das Bild, das A. Zimmermann in seiner vielbeachteten Untersuchung *Blüthe und Verfall des Leinenge-*

werbes in Schlesien [24], die die Entwicklung bis in die achtziger Jahre schildert, gezeichnet hatte. [25] Zimmermann ging ausführlich auf das Zusammenwirken ein, das im Jahre 1844 zwischen der Berichterstattung in der Presse, den Darstellungen in der Literatur [26] und der Regierungspolitik in der Weberfrage zu beobachten war. Im Hinblick auf eine Artikelserie Breslauer Zeitungen aus den Jahren 1843/44, also unmittelbar vor dem Aufstand vom 3. Juni 1844, schreibt Zimmermann:

Bei dieser Stimmung brachten die düsteren Schilderungen der Tagesblätter über das Elend der Weber eine ähnliche Wirkung hervor wie wenige Jahre später die bekannten Aufsätze des Morning Chronicle betreffs der Noth der Londoner Handwerker in England. Alle Zeitungen beschäftigten sich mit der Frage, wie den Armen im Allgemeinen und insbesondere den Schlesiern zu helfen sei. Durch die Schilderungen der Presse wurde auch die Regierung alarmiert. Graf Stolberg ertheilte am 13. Januar 1844 dem Regierungsrath von Woringen Befehl, sofort nach dem Gebirge zu reisen, unter Zuziehung der Landräthe und Hilfsvereine den Nothstand zu untersuchen und Mittel dagegen vorzuschlagen. (341)

Der preußische Innenminister forderte außerdem von den schlesischen Landesbehörden einen Bericht an, der zu den Pressedarstellungen inhaltlich Stellung nehmen und vor allem Auskunft über die privaten Hilfsvereine, die sich auch zu dieser Zeit allerorts gebildet hatten und in denen die Regierung Keimzellen politischer Subversion vermutete, geben sollte. Dieser Verdacht schlug sich auch in der Erklärung des Innenministers vom 7. April 1844 nieder, in der die Not in den schlesischen Weberdörfern geleugnet und die Berichterstattung über das Weberelend als politischer Akt gegen die staatliche Steuer- und Zollverfassung ausgegeben wurde. Zimmermann zitiert aus diesem Bericht:

Einzelne Theilnehmer der Vereine mögen auch in der Pflege derselben Nahrung für ihre Vorliebe zu sozialistischen und kommunistischen Ideen finden. Wenigstens scheint hierauf die Eröffnung in der Zeitungsnachricht, welche Eurer etc. Aufmerksamkeit rege gemacht hat, hinzudeuten, wonach es ein schönes Zeichen der Zeit sein soll, in großen Associationen Mittel zur Hilfe gegen Entbehrungen zu suchen. (344) [27]

Der Exkurs auf die Vorgänge von 1844 macht deutlich, daß die Reaktion der Ordnungsbehörden in den neunziger Jahren den gleichen Regeln folgte wie zur Zeit des historischen Aufstands; die Verbindung der Weberfrage mit dem Verdacht sozialistischer Agitation in der publizistischen Berichterstattung, in literarischen Darstellungen oder über die privaten Hilfsvereine war ein politisches Argumentationsmuster, das über Jahrzehnte hin angewandt wurde. Für Hauptmanns *Weber*-Drama schien sich dieser Zusammenhang erneut zu bestätigen.

In einem inhaltlichen Vergleich der Berichterstattung in der *Gartenlaube* und in den zahlreichen Tageszeitungen mit Hauptmanns Stück ist festzuhalten, daß sich in der Darstellung des sozialen Elends der Weber und ihrer rücksichtslosen Ausbeutung durch die Fabrikanten und Garnausgeber kaum Unterschiede zeigen; der eindringlicheren dichterischen Gestaltung in Hauptmanns Stück stehen die kaum weniger beeindruckenden und erschütternden Fakten der journalistischen Recherchen gegenüber. Gerade dieser Vergleich zeigt, daß ein Hinweis auf den historischen Charakter des Hauptmannschen Stücks, sollte er dazu dienen, den sozialkritischen Effekt zu neutralisieren, unglaubwürdig erscheinen mußte. Um so mehr also rückte das zentrale dramatische Motiv in den Blickpunkt, die Revolte der Weber, die in den *Gartenlaube*-Berichten verschwiegen wurde. J. Proelß vermerkt zum Jahre 1844 lediglich: »1844 war das Elend so arg, daß der Hungertyphus auftrat, selbst der saure Mehlkleister, den die Weber zum Anfeuchten des Garns als ›Schlichte‹ benutzten, wurde damals von den Hungrigen aufgezehrt.« (272) In der Darstellung von A. Zimmermann wird der Aufruhr zwar in seinem genauen Hergang geschildert, doch erscheint er nur als Episode in einer Geschichte der *Gewerbe- und Handelspolitik dreier Jahrhunderte,* so lautet der Untertitel der Studie. Obwohl beide Artikel in der *Gartenlaube* auf die im wirtschaftlichen System angelegten Ursachen der Notlage ausführlich und kritisch eingehen, gilt für die Berichterstatter letztlich die Schicksalhaftigkeit des Weberelendes durch dessen eigene Geschichte als erwiesen. Klein spricht zwar mit Empörung über den »Ausweg, der neulich allen Ernstes vorgeschlagen wurde: Gebt das jetzt lebende Webergeschlecht auf, laßt es verhungern, sterben, je schneller, desto besser!« (154), doch auch seine und Proelß' Schilderung vom Grade der Verelendung der Weber lassen jede Reform im Grunde sinnlos erscheinen. [28] Proelß zitiert selbst Zimmermanns »vortreffliches Buch« als Beleg für die These: »Das war immer so; das ist eben das Schicksal der Weber!« (272) Die Weber aber stehen in allen diesen Darstellungen ihrer Lage in völliger Hilflosigkeit und Passivität gegenüber. Diese Betrachtungsweise wird in Hauptmanns Stück aufgegeben, hier rebellieren die Weber gegen ihre Unterdrücker. Unter diesem Aspekt mußte das *Weber*-Drama in eine konkrete politische Perspektive rücken.

Ein weiteres Moment der besonderen Politisierung der Hauptmannschen Dichtung lag im Kontext seiner Vermittlung. J. Proelß spricht in seinem Bericht von einem plötzlichen Abbruch aller behördlichen Hilfsaktion im Glatzer Landkreis. Die Ursache dafür mag in der Pressekampagne gesehen werden, durch die die Weberfrage eine Publizität erhalten hatte, die aus der Sicht der Regierung der sozialistischen Agitation unmittelbar in die Hände spielen mußte. Für diese Erklärung spricht ein Bericht von M. Baginski [29], dem Redakteur des *Proletariers aus dem Eulengebirge,* der 1891, eben zur Zeit der Berichterstattung von Klein und Proelß, zusammen mit Hauptmann die Dörfer Langenbielau, Steinersdorf und Peterswaldau besuchte, wo Hauptmann Lokalstudien zu den *Webern* betrieb. Baginski vermutete in Hauptmann, dessen Verwicklung in den Breslauer Sozialistenprozeß von 1887 bekannt war, einen politisch engagierten Literaten, der sich der sozialen Probleme der schlesischen Weber annehmen wollte. Bezeichnend für die Situation wäre gewesen, wie Baginski später mitteilt, daß die Bevölkerung von Langenbielau in Hauptmann einen Regierungsbeauftragten vermutet habe, der das Weberelend an Ort und Stelle untersuchen wollte; er referiert den Eindruck von Hauptmanns Erscheinen in den Weberdörfern in folgender Weise:

Nur war es auffallend, daß der Mann sich dann mit einem Roten einließ, die doch, so stand im Kreisblatt zu lesen, aus Gründen ihrer Verhetzungspolitik die Not stets unerhört übertrieben schilderten. Ob das Weberelend diesen Winter so groß sei, daß eine offizielle Untersuchung für notwendig befunden werden müsse, darüber war seit Wochen viel geredet und geschrieben worden. Auch die Staatsanwaltschaft nahm in ihrer Weise aktiv Stellung: Sie beantwortete die Kritik, welche unser Blatt, der ›Proletarier‹, an den Zuständen, an den Profiterschindungsmethoden der Fabrikanten übte, mit einer Reihe von Anklagen wegen Pressevergehen, deren Grundtext in der Regel lautete, es sei an sich schon ein gewagtes Unterfangen, eine Bevölkerung aufzureizen, in diesem Falle sei das aber noch verwerflicher, sträflicher, weil die Notlage der Weber die Gefahren, die solche Schreibart in sich berge, verdoppele. Die Webernot war damit offiziell, aktenkundig festgestellt, doch gerade deswegen sollte sie nicht attackiert werden. (152)

Es liegt nahe, den Umschwung in der Berichterstattung, den Proelß bemerkt, auch mit diesen Vorgängen in Verbindung zu bringen. Der Vorwurf übertreibender Darstellung und der Volksverhetzung, der gegen die Darstellungen Kleins wie gegen den *Proletarier* erhoben wurde, wurde in gleicher Weise in den *Weber*-Prozessen wiederholt; d. h. Hauptmanns Stück wurde unmittelbar in den Kontext der sozialdemokratischen Presse gestellt und mit den Praktiken ihrer Agitation verglichen. Wenn sich also die Maßnahmen der Zensurbehörden nicht gegen die Berichte in der *Gartenlaube* und die zahlreichen kritischen Reportagen in der Tagespresse richteten, sondern gegen Hauptmanns Gestaltung des Weberaufstands von 1844, so lag der Grund dafür nicht nur in der verfassungsmäßig eindeutigen Garantie der Preßfreiheit gegenüber der umstrittenen Rechtsgrundlage der Meinungsfreiheit auf dem Theater, sondern in den spezifischen Dispositionen, die die Rezeption des Hauptmannschen Stücks bestimmten. Durch die Fixierung des naturalistischen Theaters auf eine oppositionelle Position (»ästhetischer Anarchismus«) und die unterstellte Verbindung Hauptmanns zur Sozialdemokratie war für das *Weber*-Stück ein prinzipiell anderer Erwartungshorizont gegeben als für die Berichte in der bürgerlichen Presse; hinzu kam bei Hauptmann die Darstellung des Aufruhrs. Der Kontext, in dem hingegen die Reportagen der *Gartenlaube* gelesen wurden, mußte deren Kritik an den sozialen Verhältnissen in den schlesischen Weberbezirken einen anderen politischen Stellenwert einräumen als der Kritik, die man aus dem naturalistischen Weberdrama herauslas. Die kritischen Reportagen in der bürgerlichen Presse wurden als Ausdruck jener sozialreformerischen Tendenzen betrachtet, die zum Programm der Regierung Wilhelms II. in den neunziger Jahren gehörten; das gleiche galt für die Sozialkritik in der Studie von A. Zimmermann. [30] Der Vergleich macht einmal mehr deutlich, daß die Rezeption der *Weber* in der zeitgenössischen Öffentlichkeit im Bezugsrahmen der groben Stereotypen politischer Vororientierungen erfolgte, in dem das wirkliche Verhältnis Hauptmanns und des Naturalismus zur Sozialdemokratie so wenig objektiv gesehen wurde wie das literarische Werk als Rezeptionsvorgabe. Als Ergebnis dieser Analyse ist vor allem aber festzuhalten, daß für die Rezeption von Hauptmanns *Webern* der entscheidende historische Horizont nicht der Aufstand von 1844 war, sondern die Weberkrise der

Jahre 1890/92 und weiter ausgreifend die Wirtschaftskrise der ersten Hälfte der neunziger Jahre. In diesem sozialgeschichtlichen Kontext waren *Die Weber* ein Zeitstück par excellence.

5. »Die Weber«: »Rührstück« oder Tragödie

In der Frage, ob *Die Weber* als sozialistisches Tendenzdrama zu verstehen seien, stellte sich zwar das entscheidende Problem der zeitgenössischen Rezeption, daneben jedoch füllten eine Reihe von Interpretationen, die *Die Weber* durchaus unpolitisch auffaßten, das Spektrum der Diskussion aus; sie verdienen insofern besondere Beachtung, als sich an ihnen die spätere Hauptmannforschung weitgehend orientierte. Auf die politisch neutralisierende Betrachtung der *Weber* als Stück »aus den vierziger Jahren« wurde schon hingewiesen, im gleichen Sinne fungierte ihre Behandlung als Ideendrama [1] oder Tragödie.

So erschien das Stück einigen Kritikern als weltanschauliche Dichtung, die über das Motiv der sozialen Frage die »immanente Tragik der Weltentwicklung« (33) zur Anschauung bringe, die soziale Frage wie der historische Stoff dienten ausschließlich als zeitgemäße Einkleidung dieser Idee. Diese Deutung stellte das Stück zumeist auch in den Zusammenhang einer Zeitstimmung des fin de siècle, als deren literarischer Träger der Naturalismus betrachtet wurde. [2] Das Stück nehme zwar einen sozialgeschichtlichen Stoff »aus den vierziger Jahren« auf, doch seien *Die Weber* in einem ganz allgemeinen Sinne nur

ein soziales Drama, kein sozialdemokratisches. Sie sind frei von jedem Programm. Der Dichter verteidigt nicht, er verwirft nicht. Er stellt keine Theorien auf, keine Zukunftsideen. Die Vorgänge selbst die Charaktere und Zustände müssen reden: alle Folgerungen werden den Draußenstehenden überlassen [...] Vor allem sind ›Die Weber‹ durch diesen Zug davor bewahrt, ein Gegenstand politischer Ab- und Zuneigung zu werden, mit dem etwa eingenommenen Parteistandpunkte umstritten zu werden, mit diesem zu veralten. (32)

Diese Argumentation P. Mahns läßt deutlich den Versuch erkennen, das literarische Werk aus der Tagesdiskussion herauszuhalten und seine »Idee« unabhängig von dem politischen Konflikt, in dem es freilich längst stand, zu bestimmen. Als Dokument des Verfallsbewußtseins des Jahrhundertendes sollten *Die Weber* gegenüber ihrer Rezeption neutralisiert werden, so »naturalisierte« Mahn auch die soziale Frage als »unabwendbares Problem der Weltentwicklung«; als »soziales Drama« bezeichnet, geriet das Stück in die Vieldeutigkeit, mit der dieser Begriff in der zeitgenössischen Diskussion gebraucht wurde. – Vergleichbar damit ist W. Bölsches Analyse von *Gerhart Hauptmanns Webertragödie* [3], in der diese Interpretation jedoch kritisch gegen Hauptmann gewendet wird. Bölsche sieht in den *Webern* eine tragikomische Situation angelegt:

Die ganze Zwitterstellung dieser armen Vor-Sonnenaufgang-Leute steckt wieder darin, – der innere Intrigant, die innere Schuld, das innere Verhängnis, daß sie, die da den Affektzorn zum Zerschlagen eines kostbaren Mobiliars und zum Verjagen eines Fabrikherrn, der selbst eine lächerliche Durchschnittsfigur ist, haben, daß sie nie und nimmer die innere Geisteskraft, den echten *produktiven* Zorn, die produktive Märtyrerkraft besitzen, die das Flammenscheit ihrer Augenblicksrache zu einem wirklichen Freiheitslicht umschaffen könnte. (184)

D. h. in Hauptmanns Drama werde der konkrete historische Stoff durch eine metaphysische Problemstellung enthistorisiert und verliere dadurch seine »produktive« Perspektive. Der Weberaufstand sei als Symbol eines Kampfes zweier Weltanschauungen aufgefaßt, »zwischen denen seit Jahrtausenden der Kampf tobt: irdisches Begehren nach Glück – und christliches Entsagen auf Erden zugunsten eines idealen Jenseits« (185). [4] Bölsches Deutung des Stücks, die Hauptmann letztlich eine Ideologisierung der Geschichte vorwirft, setzte bei der Figur des alten Hilse an; damit war der Angelpunkt bezeichnet, der immer wieder zu metaphysischen Deutungen der *Weber* Anlaß bot. Schon Th. Fontane hatte in seiner *Weber*-Rezension [5] die »Balancierkunst des 5. Aktes« (856) vermerkt, den er als Widerspruch zu dem vorangegangenen Verlauf empfand, als »Notbehelf«, der der Kunstregel folge und dem Stück einen Tragödienschluß verschaffe [6]; das Drama, das als »Revolutionsstück« konzipiert gewesen sei, ende »von Kunst wegen« also als »Anti-Revolutionsstück« (858), dadurch erhalte es zwar seine »Doppelgesichtigkeit« aber auch seine »doppelte Mahnung«, an die oberen wie an die unteren Klassen. Auf die Hilse-Szene beriefen sich alle jene Kritiker, die *Die Weber* aus der politischen Diskussion ausklammern wollten. Diese Absicht verfolgte auch R. Grelling mit dem Hinweis, daß die Ordnung am Ende des Stücks wiederhergestellt sei. [7] Th. Fontane schließt in seiner Kritik nicht aus, daß Hauptmann die politische Abschwächung des Schlusses auch »von Staats und Oprigkeits« wegen (858) vorgenommen habe. Ob Kunstgriff oder Opportunismus, diese Frage bleibt offen.

Daß der Tod des alten Hilse jedoch auch schlüssig in einem Kontext interpretiert werden konnte, der den *Webern* Umsturzabsichten unterstellte, zeigt die Analyse des Stücks durch den Polizeipräsidenten von Richthofen. Dieser ging davon aus, daß Hauptmann die Lage der Weber so dargestellt habe, daß die Beteiligung am Aufstand »als die Pflicht des tüchtigen Mannes hingestellt« wurde, und folgerte deshalb:

Bezeichnend ist es für diese Auffassung des Autors, daß er den einzigen Arbeiter, der sich des besseren Lebens im Jenseits getröstend, von Gewaltthätigkeit abräth und bei der Arbeit bleibt, von der Kugel der Soldaten fallen läßt. [8]

Hilses Tod also als ein Akt poetischer Gerechtigkeit, die denjenigen straft, der sich der »Pflicht des tüchtigen Mannes« entzieht, und durch die die Notwendigkeit der Handlungs- und Gesinnungssolidarität umso eindringlicher demonstriert wird. Auch in F. Mauthners *Weber*-Rezension, die in den *Weber*-Prozessen immer wieder zitiert wurde, ist die Rede davon, daß Hilse »zur Strafe erschossen« wurde. [9]

Als »Tragödie des Hungers« oder als »Mitleidsdrama« interpretieren H. Merian [10] und P. Schlenther [11] *Die Weber*; ihre Arbeiten sind paradigmatisch für ein weiteres Verfahren, das Stück gegenüber seiner politischen Rezeption abzuschirmen; sie stellen es in den Rahmen moralischer (Mitleid) und psychologischer (Rührung) Kategorien. Merian hält es für ein besonders eklatantes Mißverständnis, wenn gerade Hauptmann, der sich »stets völlig und mehr als irgend ein anderer von allem litterarischen oder sonstigen Parteitreiben ferngehalten hat« (1290), als sozialistischer Revolutionär verstanden werde; er entwirft ein Hauptmannbild, das den Dichter als unpolitisch und an den aktuellen Zeitfragen uninteressiert hinstellt. Ebenso weist P. Schlenther ein politisches Engagement Hauptmanns entschieden zurück; in den *Webern* gehe es ausschließlich um den Aufruf zu werktätigem Mitleid, dessen Ethos im Erbe bürgerlich-humanistischer Tradition begründet sei. Das Stück wird als »modernes Schicksalsdrama«, das den Menschen in seinem »naturhaften« Ausgeliefertsein an die Not, in seinem Kampf wie seinem Scheitern zeige, interpretiert. »In den ›Webern‹ gibt es kein einziges Wort, das irgend einer bestehenden Partei das Recht gäbe, den Dichter auf ihre Fahne einzuschwören.« (150) Beide Interpreten argumentieren unter Berufung auf Hauptmanns Orientierung an der Tradition und den moralischen Normen des Bürgertums, auf seine besondere Heimatbeziehung und Herkunft aus einer schlesischen Weberfamilie. Die Moralität des Stücks resultiere aus diesen Bindungen.

Die national-konservativen Kritiker, die in Hauptmanns *Webern* ein Pamphlet sozialistischer Agitation sahen, beriefen sich dabei auf E. Steigers Inanspruchnahme des Naturalismus für die proletarische Bewegung, auf die Besprechung A. Auerbachs in der Zeitschrift *Der Socialist* [12] und auf E. Schlaikjers Hauptmann-Artikel im *Sozialdemokraten* [13]; vor allem diese Besprechungsreihe wurde mit der offiziellen Parteimeinung identifiziert – ungeachtet der sehr distanzierten Besprechung der *Weber* im *Vorwärts*. E. Schlaikjer legte zwei Interpretationsebenen an: das Stück wurde als Tragödie und als soziales Zeitstück aufgefaßt. Die Tragödie sei im Ausgang des Stücks angelegt, der die Weber letztlich der Hoffnungslosigkeit ausliefere.

Der Sieg der Weber ist nur ein momentaner. Das geschlagene Militär wird verstärkt zurückkommen. Das Krachen der Gewehrsalven wird sich wiederholen, bis in das Weberdorf die todte Ruhe eingekehrt ist, die Ordnung. Der Rest ist Zuchthaus für die Rädelsführer und die alte Sklaverei für die Massen. (6)

Der alte Hilse versuche, dieser Hoffnungslosigkeit die religiöse Gewißheit eines jenseitigen Friedens entgegenzustellen; Schlaikjer läßt in der Analyse der Hilse-Szene jedoch keinen Zweifel, daß diese Haltung keine Lösung darstellen könne: »Draußen beginnt der Straßenkampf, und durch das offene Fenster knallt ihm eine Kugel vor den Kopf, daß der Kadaver plump und schwer auf den Webstuhl fällt.« (6) Der Form der Tragödie entspreche ihre Wirkung auf den Zuschauer: Das Drama löse »wie ein Strom von Reinheit, ein tiefes Mitleid mit den Unterdrückten und zugleich ein herbes Gefühl unvergänglichen Hasses gegen die Despotie« (6) aus. Damit hatte Schlaikjer das Stück seinem Aufbau wie seiner Wirkungsweise nach restlos in das Schema der Tragödie gepreßt; in der dramatischen Überhöhung der Katastrophe und ihrer Erweiterung auf »die Masse« sah er den entscheidenden Fortschritt, den *Die Weber* gegenüber Hauptmanns vorangegangenen sozialen Dramen darstellten. Daneben interpretierte Schlaikjer *Die Weber* als soziales Dokument, das »einen wichtigen Beitrag zur Wesenskenntniß und zur richtigen Werthschätzung gewaltsamer Revolution liefert« (6), das die Genesis des Konflikts und das Schema seines Verlaufs genau beschreibe. In der Analyse des Stücks werden die Vorgänge der vierziger Jahre in unmittelbare Analogie zur Gegenwart gesetzt [14]; es war diese Interpretation, die Schlaikjers *Weber*-Aufsatz zum viel zitierten Beweismittel der Ordnungsbehörden für die »sozialdemokratische Hetze« in den *Webern* werden ließ.

Diese beiden Aspekte machen die Intention von Schlaikjers Analyse deutlich, und sie sind charakteristisch für einen Teil der sozialdemokratischen Literaturkritik in den neunziger Jahren. Schlaikjer versuchte einerseits, *Die Weber* mit den traditionellen Kriterien »großer Dichtung« zu beurteilen und den unterstellten moralischen Anspruch des Stücks durch dessen ästhetische Qualität zu legitimieren, andererseits aber sollte das Stück als Zeitliteratur begriffen und in den Dienst klassenkämpferischer Agitation gestellt werden; unter dem einen Aspekt wurden *Die Weber* als Tragödie, unter dem anderen als »Beitrag zur Wesenskenntniß [...] gewaltsamer Revolutionen« interpretiert. In der Widersprüchlichkeit dieser Forderungen lag die zentrale Frage der ästhetischen Diskussion innerhalb der Sozialdemokratie: Wie vermochte eine neue proletarische (parteiliche) Literatur die Kontinuität zur literarischen Tradition zu erhalten? Schlaikjers Versuch, *Die Weber* als große Tragödie und als Zeitstück zugleich zu begreifen, konnte als Lösung dem Problem nicht gerecht werden, da beide Deutungen unvermittelt nebeneinander standen. Die gleiche Widersprüchlichkeit charakterisierte den Standpunkt E. Steigers, auf den an anderer Stelle einzugehen sein wird.

Verfolgen wir exkursorisch die Linie der *Weber*-Interpretationen innerhalb der marxistischen Literaturwissenschaft weiter, so läßt sich feststellen, daß zwar das Gesamtwerk Hauptmanns eindeutiger problematisiert und in seiner ideologischen Befangenheit entschiedener kritisiert wird – gleichzeitig aber werden immer wieder Versuche unternommen werden, *Die Weber* im Geiste der sozialistischen Bewegung zu interpretieren. Ein Beispiel dafür ist die Arbeit von H. Herting. [15] Sie sieht in den *Webern* ein Stück, in dem sich der Geist der deutschen Arbeiterbewegung niedergeschlagen habe; Hauptmann sei es gelungen, »den Grundkonflikt seiner Zeit, den Widerspruch zwischen Proletariat und Bourgeoisie, zu erfassen«. (63) Die entscheidende Leistung der *Weber*-Dichtung aber liege darin, daß das Proletariat nicht nur in seinem Elend geschildert werde, sondern auch in seiner Rebellion gegen die Unterdrücker. [16] Der einzelne erscheine ohnmächtig, erst das Kollektiv könne sich politische Geltung verschaffen; aus dieser Einsicht würden die Weber handeln.

In diesem Werk sprengt der Dichter die Schranken naturalistischer Elendsmalerei und der Darstellung einer zufälligen, banalen Wirklichkeit. In einem jedoch wich Hauptmann, nicht zu seinem Schaden, von der Wolffschen Vorlage ab. Der Dichter läßt die aufständischen Weber nicht dem Militär unterliegen, wie dies in Wirklichkeit der Fall war, sondern läßt sie siegen. Am Schluß der ›Weber‹ zeigt sich am deutlichsten, wie sehr Hauptmann von den machtvollen Kämpfen der deutschen Arbeiterklasse, die das Bismarcksche Sozialistengesetz zu Fall gebracht hatte, beeinflußt war, so daß er diese Unbesiegbarkeit gleichsam symbolhaft am Ende seines Schauspiels zum Ausdruck bringt. (66)

Herting geht davon aus, daß Hauptmann das Stück unter dem Eindruck des politischen Erfolgs der Sozialdemokratie im Jahre 1890 geschrieben und vor allem den Schluß des Stücks daraufhin konzipiert habe; die Theorie vom werktätigen Mitleid sei in den *Webern* zugunsten des politischen Kampfes aufgegeben. So kommt Herting auch zu einer in ihrer Argumentation schlüssigen Deutung der Hilse-Szene: »Am Schicksal des alten Hilse, der erschossen wird, zeigt der Dichter, daß sich niemand den großen Klassenauseinandersetzungen gegenüber passiv und neutral verhalten kann, daß man Partei ergreifen muß.« (67) Hilses Tod also als gerechte Strafe für einen, der sich dem offenen, politischen Kampf entzieht! Zum Beweis dieser These führt Herting die kritische Aufnahme der *Weber* in den bürgerlichen Kreisen an und zitiert aus dem Text der Polizeiverfügung vom 12. März 1892. Diese Verfügung stellt jedoch eine politische Interpretation dar, die die Rezeption der *Weber* reflektierte und sich nicht an die Intention des Stücks hielt. Wenn Herting folgert, »der Ideengehalt der ›Weber‹ wird in dieser Verordnung durchaus richtig erfaßt« (69), so trifft das nicht zu; nicht um den »Ideengehalt« des Stückes geht es in der Verfügung der Ordnungsbehörde, sondern um seine mögliche politische Aktualisierung in der zeitgenössischen Rezeption und die in diesem Prozeß sich erst konstituierende Bedeutung, für die alle Faktoren des politischen Kontextes mit kalkuliert werden. – Gegenüber dem Versuch von H. Herting, *Die Weber* als Beispiel revolutionärer proletarischer Literatur ohne Einschränkung in Anspruch zu nehmen, bringt die Arbeit von H. J. Geerdts [17] grundsätzliche Bedenken vor. Geerdts Haupteinwand richtet sich gegen die Spontaneität, die den Impuls des Weberaufstands in Hauptmanns Dichtung ausmacht. »Der Verzicht Hauptmanns auf Reflexion, auf Auseinandersetzung, auf Ideologie führt aber schließlich und endlich dazu, daß sogar in den weitwirkenden ›Webern‹ das Provinzielle, das Zufällige hineinwirkt.« (157) In dem positivistischen Objektivismus der naturalistischen Ästhetik, den Herting in den *Webern* überwunden glaubte, sieht Geerdts m. E. zu Recht die Ursache für das Versagen des Naturalismus der neunziger Jahre bei der Gestaltung der historischen oder zeitgeschichtlichen Klassenauseinandersetzungen. Geerdts These jedoch, daß Hauptmann in diesem Stück erstmals den »echten und wahrhaft erfaßten Proletarier« (138) auf der Bühne gestaltet habe, müssen die Einwände der zeitgenössischen sozialdemokratischen Kritiker entgegengehalten werden, daß nämlich gerade das moderne Proletariat nicht unter den Figuren des naturalistischen Dramas erscheine, daß dieses vielmehr das unorganisierte, politisch unfähige Lumpenproletariat zu einem Gegenstand gemacht habe. – Eine konsequent kritische Stellungnahme den *Webern* wie dem literarischen Naturalismus insgesamt gegenüber bezieht U. Münchow. [18] Sie räumt zwar ein, daß der Naturalismus versucht habe, der Arbeiterbewegung der neunziger Jahre gerecht zu werden, jedoch nicht in dem Sinne, daß die Naturalisten das Proletariat in ihrem Emanzipationskampf politisch unterstützt hätten,

es lag ihnen vielmehr daran, bei ihrer eigenen Klasse soziales Interesse zu wecken. Hauptmann stellte die Klasse auf die Bühne, die einmal mit ihrer Emanzipation eine menschlichere Ordnung in der Welt aufrichten würde. Aber er wollte nicht für die Herrschaft des Proletariats eintreten, sondern die Bourgeoisie, die an der Verelendung der Massen Schuld trug, erziehen. (714 f.)

Gegenüber den Arbeiten von H. Herting und H. J. Geerdts gewinnt U. Münchow mit dieser Argumentation wieder jene Position gegenüber dem Naturalismus, zurück, die von einigen der sozialdemokratischen Kritiker der neunziger Jahre bereits formuliert worden war. Eine marxistische Analyse wird den Naturalismus als bürgerliche Literatur zu begreifen haben, auch dort, wo er sich den Problemen des Proletariats zuwendet und dessen soziale Notlage anprangert. Gerade darauf bezogen sprach Brecht von der »monumentalen Schwäche« der naturalistischen Dramatik: ihrem Appell an das Mitleid des Bürgertums. Den Blick auf diese »Schwäche« verstellt freilich vielfach die Wirkungsgeschichte der *Weber,* insbesondere ihre brisant politische Rezeption in den neunziger Jahren.

III. Sozialdemokratie als »Umsturzpartei« – Naturalismus als literarischer Anarchismus

> Wie die Anarchisten ihre Dolch- und Bombenattentate mit dem Glorienschein des Idealismus zu umgeben trachten, ganz so verherrlichen einige Theoretiker der ›neuen Kunst‹ als unendlichen Gewinn, als bahnbrechende Neuerung, was nichts als Rückgang, Verödung und Zerstörung ist.
>
> H. Bulthaupt, *Theater und Gesellschaft* (1894)

Die im Dezember 1894 im Reichstag von den sogenannten Ordnungsparteien eingebrachte Umsturzvorlage stellt in den neunziger Jahren den Höhepunkt des politischen Kampfes gegen die Sozialdemokratie wie gegen den Naturalismus dar. Die Argumente, mit deren Hilfe der Naturalismus in diesen politischen Zusammenhang gestellt wurde, waren durch eine seit Ende der achtziger Jahre politisch geführte Naturalismuskritik aus dem national-konservativen Lager vorbereitet worden.

1. Sozialdemokratie und Naturalismus als Ausdruck antibürgerlichen Materialismus

Es war die Polemik des Naturalismus gegen die klassische Tradition, seit K. Bleibtreus Programmschrift von 1886 als *Revolution der Literatur* von den Jüngstdeutschen selbst hochgespielt, die J. Volkelt in seiner Aufsatzreihe *Dichtung und Wahrheit* [1] zum Anlaß nahm, um den Tendenzcharakter des Naturalismus zu beweisen. Wichtiger aber noch waren Volkelts *Vorträge zur Einführung in die Philosophie der Gegenwart* [2] und die Schrift *Ästhetische Zeitfragen* [3], in denen er sich als einer der profiliertesten Vertreter einer antisozialistischen und antinaturalistischen Kampagne erwies, der den Rednern der konservativen Parteien in der Umsturzdebatte die Argumente vorgab, die den Naturalismus als literarischen Anarchismus diskreditieren sollten.

In dem Vortrag *Die Philosophie des neunzehnten Jahrhunderts* [4] bezeichnete Volkelt den Materialismus als die philosophische Grundlage der »allermodernsten Bewegung in Litteratur, Kunst und Kritik« (29) und zugleich auch der Sozialdemokratie; denn Sozialdemokratie wie Naturalismus gingen von der These aus, daß der Mensch durch die äußeren materiellen Umstände determiniert sei. Volkelt sah darin den anthropologischen Grundirrtum beider Richtungen. Zur Veranschaulichung seiner These diente ihm Hauptmanns Stück *Vor*

Sonnenaufgang, in dem sich sozialistische und »materialistisch-naturalistische« Vorstellungen verbinden würden. [5] Die sozialistische Lebensauffassung werde in diesem Stück durch den weltanschaulichen Naturalismus, dessen Hauptmerkmal die Übertragung naturwissenschaftlicher, d. h. mechanistischer Erklärungen auf das Gebiet der Moral sei, bestärkt. Die Naturalisten stellten Gemütszustände allein als Nervenerregungen [6] dar und enthumanisierten dadurch den Menschen. Die gleiche Enthumanisierung liege dem ökonomistischen Denken der Sozialdemokratie zugrunde, sie betreffe dort vor allem die menschliche Arbeit. [7] Höchst problematisch erschien Volkelt die Übertragung des mechanistischen Prinzips auf die Politik, die er in der Ausdehnung des Wahlrechts auf alle Bürger und in der Forderung nach einer allgemeinen Bildung sah; das erste würde den Prozeß politischer Entscheidungen nur unförderlich emotionalisieren, das zweite führe zur Nivellierung der menschlichen Individualitäten. Volkelt stellte mit diesen Thesen die radikalste konservative Position dar, von der aus der Naturalismus als Kunstrichtung und Weltanschauung ideologisch bekämpft wurde. Von seiner Sicht aus erscheinen der literarische Naturalismus wie die Lehren der Sozialdemokratie als materialistische Systeme, die durch ihre Tendenzen der »Mechanisierung«, der »Enthumanisierung« und der »Nivellierung« die Grundlagen der bürgerlichen Moralordnung untergraben. In den *Ästhetischen Zeitfragen* stellt Volkelt die literarische Moderne nicht nur in den Zusammenhang sozialistischer Propaganda, sondern betrachtet sie auch als Erscheinung eines allgemeinen Verfalls am Jahrhundertende; damit modifiziert sich seine Position in der späteren Schrift (1895) geringfügig. Der geschärfte Wirklichkeitssinn und die Verfeinerung der Zivilisation »bis ins Raffinierte« (159) führten zu einem extremen Darstellungsdetailismus, es »entsteht daraus jene Entartung und Zerrüttung des Empfindens und Fühlens, die zu den Merkmalen des fin de siècle und der decadence gehören« (159). Bezogen auf die Literatur des Naturalismus bedeutet das für Volkelt ein Betonen der momentanen Impression in der Darstellung, »Überanschaulichkeit« (162) und »zuchtloses Raffinement« (162), das den »Intimismus« zu einem »Trivialismus« (164) abfallen ließe. So liege die Trivialität des naturalistischen Theaters in seiner Neigung zum »eintönigen Quark des Lebens« (166); aus der Reduzierung der Darstellung auf das sogenannte »Milieu« resultiere eine Verzerrung der Wirklichkeit, gleichzeitig ihre »Proletarisierung«. D. h. die Darstellung der »Schattenseiten des Lebens« und des »Gemeinen« wird als aus der Kunstprogrammatik und einer weltanschaulichen Komponente der literarischen Moderne hergeleitete Konsequenz, nicht als unmittelbar politisch gemeintes Engagement an den Problemen des Proletariats interpretiert. Für Volkelt ist damit der Zusammenhang von Sozialdemokratie und Naturalismus freilich nicht aufgehoben, wohl aber differenziert. Diese Differenzierung geht vor allem in die Naturalismusrezeption der Jahre nach 1896 ein und wird von einer Reihe liberaler Kritiker weiterentwickelt. In diesen Jahren tritt die Deutung des Naturalismus als sozialdemokratische Parteiliteratur immer mehr in den Hintergrund, für diesen Vorgang liegen die Ursachen zum einen Teil in der Entwicklung des literarischen Naturalismus selbst, insbesondere modifizierte sich das Bild Hauptmanns durch die Stücke dieser Periode; zum andern entschärfte sich die Literaturdiskussion in ihrer politischen Komponente als Rückwirkung der seit etwa 1897 deutlich einsetzenden Stabilisierungsprozesse im ökonomischen Bereich; die durch zunehmende wirtschaftliche Prosperität wieder sicherer gewordenen Träger des Wilhelminischen Staates vermochten nun einer »literarischen Opposition« wieder größeren Spielraum zu geben. Die ideologisch-politische Frontstellung der Konservativen gegen Sozialdemokratie und Naturalismus blieb jedoch erhalten. [8]

Als »zwei Bäche, die aus einer gemeinsamen Quelle entsprungen sind« (156), bezeichnet K. Frenzel in seiner Schrift *Der moderne Realismus* [9] den politischen Sozialismus und den Naturalismus; ihre gemeinsame Grundlage bilde als »antibürgerliche Weltanschauung« der philosophische Materialismus. »Die politischen Verhältnisse, wie sie sich seit 1848 gebildet haben, und die wissenschaftliche Methode, die ungefähr seit derselben Zeit zur ausschließlichen Herrschaft gelangt ist, sind der Nährboden des Naturalismus, denn sein innerstes Wesen ist vielmehr wissenschaftlicher und sozialpolitischer als künstlerischer Art.« (156) [10] Die allgemein verbreitete Diskussion der sozialen Frage, die mit der politischen Neustellung des Proletariats durch das reformierte Wahlrecht aufgekommen sei, habe die Interessen der Arbeiter auch zum Gegenstand literarischer Darstellung werden lassen. Gegenüber dem Naturalismus hebe sich die soziale Dichtung früherer Perioden jedoch dadurch ab, daß die Gestalten des vierten Standes »noch nicht alle von demselben Klassenhaß erfüllt, noch nicht von demselben Grau der Armut umhüllt, von demselben Fuselgeruch umwittert sind, wie die Figuren des naturalistischen Romans« (157). Die sozialdemokratische Agitation, die im Proletariat das neue Klassenbewußtsein entwickelt habe, wird als Ursache dieser Entwicklung angesehen. »Aus dieser Stimmung heraus, unter dem pessimistischen und sozialdemokratischen Gesichtswinkel betrachtet der Naturalismus den vierten Stand [...] Die Sozialdemokratie will auf dem gesellschaftlichen, der Naturalismus auf künstlerischem Gebiete die Erneuerung vorbereiten.« (157) Damit scheint die Brücke geschlagen, die den Naturalismus mit der Umsturzpartei verbindet, und es rechtfertigt sich für die konservative Kritik die Betrachtung des Naturalismus als politisches Phänomen und seine Bekämpfung mit politischen Mitteln. Die »Revolution der Literatur« erscheint als die andere Seite der politischen Revolution, mit der sie vermeintlich auch die theoretische Grundlegung teilt. In der Anwendung dieser These auf die dramatische Literatur der Jüngstdeutschen spricht Frenzel [11] davon, daß das Theater »zur Waffe in dem politisch-socialen Kampf« (447) geworden sei. Allein die proletarische Wirklichkeit sei Gegenstand des Theaters, der Arbeiter beanspruche auch in der Kunst die ausschließliche Herrschaft; so erweist sich das ästhetische Programm als ein verkapptes politisches. Für Frenzel gilt das naturalistische Theater als das besondere literarische Genre, in dem die sozialistische Tendenz des Naturalismus unmittelbar in Erscheinung trete, es gilt als Plattform sozialdemokratischer, antibürgerlicher Agitation. [12]

2. Sozialdemokratie und Naturalismus als antibürgerliche Internationale

Neben der gemeinsamen theoretischen Grundlage im philosophischen Materialismus werden Sozialdemokratie und Naturalismus insbesondere von der deutschnationalen Kritik unter dem Vorwurf der »Internationale« bekämpft. E. Bauers Pamphlet *Die ›Modernen‹ in Berlin und München* [1] charakterisiert den Naturalismus durch »alle jene Eigenschaften, welche der modernen *internationalen semitischen Preßklique, die in Naturalismus und Socialismus macht,* gewissermaßen als Kainszeichen der Zeit anhaften« (771); davon »*trennt das Deutschtum eine Welt*« (771). Der Naturalismus wird damit in die Front eines materialistischen, semitischen Internationalismus gestellt, dessen Bestrebungen als »ideal anarchistisch« (774) bezeichnet werden. Für Bauer ergibt sich die Synonymenreihe antibürgerlicher Feindstereotypen: »modern«, »sozialistisch«, »anarchistisch«, »semitisch«, »kosmopolitisch«, »demokratisch«, »internationalistisch«, »naturalistisch«. Die von ihm herausgegebene Zeitschrift *Das zwanzigste Jahrhundert* stellte sich die Aufgabe, »unsere Literatur und Kunst reinzuhalten von der Verderbniß, die ein vaterlandloser, internationaler und radikaler Geist in sie hineinzutragen bemüht ist«. (775) Die Naturalismuspolemik von E. Bauer und dem Kreis der Mitarbeiter seiner Zeitschrift zeigt, wie die national-konservativen Gruppen das Vokabular des politischen Chauvinismus unmittelbar in die ästhetische Kritik einbringen. Der Naturalismus gilt als französischer »Kulturimport«, Zolas Ahnherrschaft diskreditierte die neue Literatur für den vaterländischen Leser; als »literarische« und »politische Internationale« werden Naturalismus und Sozialismus in den agitatorischen Schablonen dieser Gruppe ohne Einschränkung identifiziert. [2] Die Verschärfung der ideologischen Auseinandersetzung, die sich in dieser Komponente der Naturalismuskritik niederschlug und die alle Merkmale einer präfaschistischen Ideologie aufwies, fand ihren Antrieb in der anhaltenden Krisenerfahrung jener Jahre, deren ökonomische Ursachen unter dem Stichwort der »Großen Depression« bereits angedeutet wurden. Im Entwicklungsspektrum dieser Erfahrung konstituierten sich die Feindbilder für das konservative Bürgertum, das die Zeittendenzen als unmittelbare Bedrohung ihrer politischen und ökonomischen Existenzgrundlage interpretieren mußte.

Bei dieser aggressiv-kämpferisch gestimmten Gesinnungsrichtung, deren einigendes Band die Judenfeindschaft und die Judendiffamierung war, handelte es sich um eine Teilerscheinung der pluralistischen Unmutswelle und antiliberalen Prostestbewegung, die [...] in erster Linie von Angehörigen der sich überflügelt und bedroht fühlenden traditionellen Gesellschaftsschichten getragen wurde, Schichten, die die Zersetzung der überkommenen gesellschaftlichen, wirtschaftlichen und politischen Herrschaftsverhältnisse und ständisch-korporativen Verbände und den aus der Industrialisierung erwachsenden Wandel der Sozialnormen, Klassengewichte und der Wirtschaftsmoral als ein Verhängnis empfanden. [3]

Die Analyse H. Rosenbergs beschreibt die Konstitution jener ideologischen Wertungsmuster, die in ihrer Anwendung durch die literarische Kritik in den ästhetischen Urteilen vermittelt erscheinen, ein Beispiel dafür ist das Schlagwort vom »literarischen Anarchismus«.

Diese Argumentation wird auch in den Vorlesungen des Bonner Literarhistorikers B. Litzmann [4] aus dem Jahre 1893 aufgenommen, der den Naturalismus in den Zusammenhang der allgemeinen technischen und ökonomischen Entwicklung der Moderne stellt und ihn als Bewegung charakterisiert, die es abgesehen habe »auf eine völlige Revolution, die mit der Bourgeois-Litteratur ebenso tabula rasa machen will, wie die sozialdemokratische mit der Bourgeoisgesellschaft. Es hängt das allerdings zum Teil damit zusammen, daß auch thatsächlich diese litterarischen Revolutionäre politisch sich mehr oder minder entschieden zu wesentlichen Programmpunkten der sozialdemokratischen Partei bekennen«. (127) Als »literarischer Internationalismus« wird der Naturalismus als nationale Fehlentwicklung eingeschätzt, Litzmann spricht von der »Lüge der Internationalität der Litteratur«. Die Sicherung der nationalen Tradition ist für Litzmann das entscheidende Kriterium, daß ihn Naturalismus und Sozialdemokratie in einer gemeinsamen Feindstellung zum konservativen Bürgertum sehen läßt: auch »die Sozialdemokratie brüstet sich ja stolz als eine ›internationale‹« (215). [5]

3. Sozialdemokratie und Naturalismus als politischer und ästhetischer Anarchismus

Durch ihre Gleichzeitigkeit mit der Diskussion der Umsturzvorlage im Reichstag erhält die Arbeit von H. Bulthaupt *Theater und Gesellschaft* [1] eine für die zeitgenössische Naturalismusdiskussion herausragende Bedeutung. Bulthaupt stellte in ihr einen Zusammenhang zwischen dem internationalen Anarchismus und dem literarischen Naturalismus in Deutschland, vor allem Hauptmanns *Webern*, her; seine Begründung, die in den Diskussionen des Reichstags zur Umsturzvorlage zitiert wurde, bildete eine dritte Perspektive in jenem komplexen Bündel agitatorischer Argumentationen, in der der Naturalismus von der konservativen Kritik als antibürgerliche Feindstereotype aufgebaut wurde. In der politischen Auseinandersetzung in der ersten Hälfte der neunziger Jahre sollte die Sozialdemokratie, die seit ihren Erfolgen bei den Reichstagswahlen von 1890 und ihrem Einschwenken auf eine revisionistische Linie an poltischem Prestige gewonnen hatte, gerade durch die unterstellte Verbindung mit dem internationalen Anarchismus bei der Arbeiterschaft und beim liberalen Bürgertum kompromittiert werden, damit die Regierung nach der Aufhebung der politischen Sondergesetze im Jahre 1890 ein neues Instrument politischer Repression gegenüber der Oppositionspartei im Reichstag wie in der Öffentlichkeit zu begründen vermochte. Der literarische Naturalismus, durch die *Weber*-Prozesse hinreichend in diesen politischen Kontext gebracht, erschien als geeignetes Vehikel »das rote Gespenst« erneut zu beschwören.

Bulthaupt geht bei seiner Naturalismuskritik von dem internationalen Charakter der »modernen Richtung« (167) aus, die diese mit der sozialistischen Bewegung gemein habe, und spricht von einer »internationalen Moderne« (167), die G. Hauptmann auf den Schild gehoben hätte und mit der bestehenden Gesellschaft ins Gericht gehe. Es waren vor allem Vorkommnisse bei Aufführungen der *Weber* [2] am Théâtre libre und der *Einsamen Menschen* am Théâtre L'Œuvre in Paris, über die in der Presse ausführlich berichtet wurde und die als Beweise für die Verbindung des deutschen Naturalismus zu internationalen Anarchistenkreisen angeführt wurden. Größtes Aufsehen in der französischen und deutschen Öffentlichkeit hatten die Aufführung der *Einsamen Menschen* (am 12. Dezember 1893) und die damit in Verbindung stehenden Maßnahmen der Polizei gegen das Théâtre L'Œuvre erregt. Das Stück war von dem als Anarchisten verdächtigten A. Cohen übersetzt worden [3], einem Schwager von Vaillant, der am 9. Dezember 1893 durch ein Bombenattentat auf die Pariser Deputiertenkammer die internationale Öffentlichkeit in Schrecken versetzt hatte. [4] Als in diesem Zusammenhang auch Cohen verhaftet worden war, sollte in einer Aufführung der *Einsamen Menschen* eine Protestversammlung stattfinden; daraufhin erfolgte ihr Verbot. Bei der Überprüfung der Hauptmannschen Stücke, die die Pariser Zensurbehörden nun vornahmen, stellten sie fest, daß sie »von sozialistischem Geist durchsetzt« seien:

[...] so oder so, der Anarchist Cohen war der Übersetzer und Protektor Hauptmanns, und der Gedanke lag nahe genug, daß es gerade die – gewollte oder ungewollte – Tendenz der Dramen des modernen deutschen Schriftstellers war, die sie ihm interessant und so liebenswert gemacht [...] Über den Zusammenhang zwischen seinen politischen ›Überzeugungen‹ und dem Charakter der von ihm übertragenen Dramen konnte es einen Zweifel wirklich nicht geben. (169)

Die Chambre des Députés behandelte die Vorgänge am Théâtre L'Œuvre auf Grund einer Anfrage des radikalsozialistischen Abgeordneten Vigné (Paul Etienne) am 20. Januar 1894. [5]

Es waren aber nicht nur die Ereignisse in Paris, die Hauptmanns Stücke unmittelbar in den Zusammenhang anarchistischer Aktionen zu stellen schienen. In der deutschen Presse wurde auch ausführlich über die *Weber*-Aufführung eines anarchistischen Arbeitertheaters in New York und Chicago, das unter der Leitung John Mosts stand, berichtet. Most gab die *Freiheit. Internationales Organ der Anarchisten Deutscher Sprache* in New York heraus; die *Weber*-Inszenierung sollte in erster Linie Gelder einbringen, die den Fortbestand der Zeitung sichern halfen [6]; Most selbst hatte die Rolle des alten Baumert übernommen. [7] Die *Weber*-Aufführung sollte am 8. Oktober 1894 in New York stattfinden, wurde aber zunächst verboten, da in einem Stadtbezirk seit neun Wochen tausend Textilarbeiter streikten, und die Polizei Unruhen befürchtete. [8] Schließlich kam die Aufführung zustande und wurde in New York wie in Chicago ein großer Erfolg. [9]

So konnte Bulthaupt in seiner Darstellung resümieren, daß es bei der modernen literarischen Bewegung »nur zum geringen Teil ein Kampf um die Kunstform [sei] – in Wirklichkeit streitet man für oder wider die Gesellschaft«

(169). Dabei wurde eingeräumt, daß sich Hauptmann der politischen Bedeutung seiner Stücke offenbar nicht bewußt sei;

sie bedeuten eine Anklage und eine Gefahr für die Gesellschaft, nicht für sich allein genommen, aber in Reih und Glied mit allem, was heutzutage gegen das Bestehende mobil macht. Nicht der gute Alte in den ›Webern‹ allein, den die Kugel niederstreckt, eben weil er der Lenkung Gottes vertraut, auch das arme schlesische Dorfkind, das irgend einem vornehmen Herrn sein Dasein verdankt und das in dem armseligsten Winkel, seinem Heiland und all seinen himmlischen Heerscharen zu bitterem Vorwurf verscheidet, ballt im Tode noch die Faust gegen Gott und Welt (171).

Bulthaupt leitet daraus die Forderung ab, durch eine wirksame Präventivgesetzgebung zu verhindern, daß der politische Anarchismus über seine literarische Vorhut auch in Deutschland Fuß fasse. Damit war die Argumentationsstrategie der konservativen Parteien für die Reichstagsdebatten in den Verhandlungen über die Umsturzvorlage vorgegeben. Neben den politischen Anarchismus stellte Bulthaupt den »ästhetischen Anarchismus« Hauptmanns und der Naturalisten und folgerte, so »gut wie die Anarchisten ihre Dolch- und Bombenattentate mit dem Glorienschein des Idealismus zu umgeben trachten, ganz so verherrlichen einige Theoretiker der ›neuen Kunst‹ als unendlichen Gewinn, als bahnbrechende Neuerung, was nichts als Rückgang, Verödung und Zerstörung ist«. (174) Unter dem Oberbegriff der »internationalen Moderne« wird der Naturalismus als künstlerischer Anarchismus abgestempelt. [10]

Die unterstellte Verbindung von Naturalismus, Sozialismus und Anarchismus als antibürgerliche Fronde prägte die Rezeptionsperspektive des konservativen Bürgertums für das naturalistische Theater entscheidend; für Roman und Lyrik waren die Rezeptionsbedingungen gegenüber dem Theater in den Akzenten unterschieden, darauf soll hier aber nicht eingegangen werden. Die Bildung der rezeptionsleitenden Wertungsmuster erfolgte weitgehend im politischen Rahmen, er neutralisierte die Widersprüche und die Heterogenität, die zwischen den einzelnen Faktoren dieser Argumentation vorlagen. Die beharrlichen Versuche gerade der deutschen Sozialdemokratie, sich gegen die internationale Anarchistenbewegung abzugrenzen und in den eigenen Reihen jeden anarchistischen Ansatz durch Parteiausschluß im Keim zu ersticken, wurden von den bürgerlichen Parteien offenbar nicht zur Kenntnis genommen. [11] Daß von der bürgerlich-konservativen Literaturkritik der Zusammenhang zwischen Naturalismus und Bürgertum nicht gesehen wurde, erklärt sich aus der ideologischen Befangenheit der betreffenden Gruppen, insbesondere aus der antibürgerlichen, oppositionellen Rolle, in der sich die jüngstdeutschen Literaten selbst sahen. Für die Analyse der Rezeption des Naturalismus wird einmal mehr deutlich, daß die von den Interessendispositionen der Rezipientengruppen aus entworfenen ideologischen wie politischen Orientierungen so weitgehend in den Prozeß der Literaturrezeption eingehen, daß sie zu einer Verselbständigung des Rezeptionsprozesses führen können. Gerade die Interpretation des naturalistischen Theaters als »ästhetischer Anarchismus« läßt den Konstitutionszusammenhang erkennen, der in der

Literaturrezeption ästhetische Wertung, politische Vorstellungen und eine Vielzahl ideologisch und gesellschaftlich wirksamer Normen vermittelt.

4. Der Naturalismus in der Reichstagsdebatte zur Umsturzvorlage (1894/95)

Eine deutliche Verschärfung des politischen Kampfes der Ordnungsparteien gegen die Sozialdemokratie wie gegen den als sozialdemokratische Parteiliteratur verstandenen Naturalismus erfolgte durch die Einbringung der sogenannten Umsturzvorlage, die im Dezember 1894, im Januar und im Mai 1895 im Reichstag beraten wurde. [1] Die Vorlage firmierte als »Entwurf eines Gesetzes betreffend Änderungen und Ergänzungen des Strafgesetzbuchs, des Militär-Strafgesetzbuchs und des Gesetzes über die Presse.« [2] Die Begründung der Vorlage nahm direkt Bezug auf das Gesetz »gegen die gemeingefährlichen Bestrebungen der Sozialdemokratie« vom 21. Oktober 1878, das 1894 längst außer Kraft gesetzt war. Obwohl die internationale Anarchistenbewegung als Anlaß für die Einbringung des Gesetzentwurfs genannt wurde, machten die national-konservativen Parteien in der Diskussion kein Hehl daraus, daß die Vorlage ausschließlich gegen die Sozialdemokratie gerichtet war. [3] In der publizistischen Agitation hatten diese Parteien Sozialdemokratie und Anarchismus stets identifiziert, ihre Naturalismuskritik war dafür beispielhaft. Eine wirkliche Gefahr des Aufkommens anarchistischer Bewegungen bestand in Deutschland zu der Zeit nicht, der Staatssekretär des Reichsjustizamts Nieberding, der den Entwurf im Reichstag vorstellte und ausdrücklich erklärte, daß mit ihm kein »verkapptes Sozialistengesetz« (16) eingeführt werden sollte, zitierte zwar eine Anzahl anarchistischer Flugschriften, deren Aufruf zu Gewalt und politischem Umsturz eindeutig war, jedoch stammten diese durchweg aus den Randgebieten des Reiches. In einer langen Rede verteidigte daraufhin der sozialdemokratische Abgeordnete Auer seine Partei gegen die unterstellten Vorwürfe der Umsturzabsicht und des Anarchismus, als dessen entschiedensten Gegner Auer die Sozialdemokratie selbst bezeichnete. Auer erläuterte die restriktiven Auswirkungen des Gesetzentwurfs gegenüber der Literatur und dem Theater und exemplifizierte an Schillers *Tell* und den *Räubern* die Möglichkeiten eines Verstoßes gegen die neuen Umsturzparagraphen. [4] Damit war die zweite verdeckte Intention des Entwurfs in die Diskussion gebracht. Nach dem Entscheid des Obersten Verwaltungsgerichts im *Weber*-Prozeß gegen die Verbotsverfügung der Zensurbehörde, stellte die eingebrachte Vorlage den Versuch dar, eine wirkungsvollere gesetzgeberische Grundlage für die Theaterzensur zu schaffen.

Es war die Rede des Abgeordneten der Deutschen Reichspartei von Stumm-Halberg, die keinen Zweifel mehr lassen konnte, daß mit der Umsturzvorlage die Sozialdemokratie getroffen werden sollte. Von Stumm, der als einer der erbittertsten Gegner der Sozialdemokratie galt, bezeichnete diese als politisches

Element, das nur »auf Grund der Geschäftsordnung als Partei« (64) im Hause geduldet werde, außerhalb

des Hauses ist die Sozialdemokratie weiter nichts als ein Zusammenfassen aller Elemente, die von Haß, Gift und Neid gegen ihre besser situirten Mitbürger erfüllt sind. Die sozialdemokratische Presse tritt alles mit Füßen, was dem Menschen heilig sein sollte. Die Ehe und die Familie, das Vaterland und die Monarchie, die Religion und die Sitte werden in der rohesten Sprache angegriffen und herabgewürdigt [...] ich behaupte, daß die Sozialdemokratie [...] *geradezu den deutschen Anarchismus geboren hat.* (65)

Vor allem beklagte von Stumm das »Kokettiren gewisser gebildeter, namentlich gelehrter Kreise mit der Sozialdemokratie, mit der Revolution (sehr richtig! rechts), ganz ähnlich, wie das kurz vor der französischen Revolution geschehen ist«. (72) Diese Anspielung mußte im Kontext der Rede eindeutig auf jene Berliner Literatengruppe bezogen werden, die den literarischen Naturalismus propagierte und als Sympathisantenkreis der sozialistischen Arbeiterbewegung galt. Der Zusammenhang zum Naturalismus wurde ausdrücklich hergestellt durch den Verweis auf Hauptmanns *Weber:*

Meine Herren, in Berlin wird unter den Augen der Polizei oder vielmehr durch die Entscheidung des Ober-Verwaltungsgerichts ein Stück, ›Die Weber‹, aufgeführt, ein Stück, das in New York verboten worden ist, das Ihr früherer Genosse Most als das wirksamste Mittel zur Verbreitung anarchistischer Ideen, wirksamer als alle anarchistischen Flugblätter, hingestellt hat, – das wird durch die Entscheidung des Ober-Verwaltungsgerichts in Berlin aufgeführt (hört, hört! rechts), während es in Stettin und Hamburg verboten wurde. Ja, meine Herren, es ist nicht einmal so weit gekommen, daß man in allen staatlichen Betrieben notorisch sozialdemokratische Arbeiter ausgeschlossen hat. (74)

In dieser Rede wird die Schärfe des politischen Kampfes der konservativen Parteien gegen die Sozialdemokratie auch in der Phase ihrer politischen Legalität spürbar, wieder ist die stereotype Unterstellung eines Zusammenhangs von Sozialdemokratie, Anarchismus und Naturalismus als agitatorische Argumentationsstrategie eingesetzt. Dieser Kontext bestimmte für den literarischen Naturalismus, insbesondere für das Theater, den Rezeptionshorizont in seiner exponiertesten politischen Perspektive. [5] In diesem Kontext diskutierte letztlich auch die Sozialdemokratie den Naturalismus, indem sie die Inhalte der naturalistischen Literatur (Engagement für das Lumpenproletariat) unter dem Aspekt des Anarchismusverdikts kritisierte.

Die Überarbeitung der Umsturzvorlage für die zweite Lesung hatte keine nennenswerten Änderungen gebracht. [6] In einer ausführlichen Stellungnahme erläuterte der liberale Abgeordnete Barth die Konsequenzen, die die Vorlage durch die Strafandrohung der »Glorifikation von Verbrechen oder Vergehen« (§ 111) in öffentlichen Darstellungen auf die Literatur, insbesondere auf das Theater haben würde. Barth wies darauf hin, daß der größte Teil der dramatischen Weltliteratur Konflikte und Handlungen zeige, die sich aus einer subjektiven Rechtsauffassung des dramatischen Helden, aus dessen Berufung auf eine höhere, die positive Rechtsordnung überlagernde Moralordnung herleiten.

Das sind aber gerade diejenigen Fälle, die hier, als den eigentlichen Typus bildend, nach den Motiven der Regierungsvorlage dem Glorifikationspragraphen unterstellt werden sollen. Wenn Sie sich von der Antigone des Sophokles bis zum Schillerschen Tell oder bis zu den Hauptmannschen Webern die ganze große Reihe der klassischen dramatischen Werke der verschiedenartigsten Völker vergegenwärtigen, so werden Sie zahlreiche tragische Konflikte finden, die aus dem Gegensatz der subjektiven Rechtsanschauung zu der objektiven Rechtsnorm erwachsen sind. (272)

Und da Klassikeraufführungen vor einem politisch aufgewiegelten Publikum von größerer agitatorischer Wirkung sein können als anarchistische Pamphlete, würden auch sie letztlich dem Verbot unterliegen. Barth resümiert: »Mir scheint, es liegt in der That eine Gefahr für die ganze Entwicklung unserer dramatischen Poesie vor, eine Gefahr, die keineswegs unterschätzt werden darf.« (273)

Bereits in einem Artikel in der *Nation* über die *Umsturzparteien* [7] hatte sich Barth gegen das geplante Gesetz und die Sozialistenhetze der National-Konservativen ausgesprochen, die den politischen Hintergrund der Literaturpolemik bildete. [8] Er bezeichnete die Vorlage als Taktik der »politischen Entnervung«, die zu leichtfertig mit dem »roten Gespenst« der sozialistischen Subversion drohe. [9] »Die Umsturzvorlage hat in jüngster Zeit schon manchen Schriftsteller in die politischen Schranken gerufen, der das ›garstig Lied‹ der Politik bis dahin sorgfältig zu vermeiden suchte.« (393) Barth stand mit seiner Ablehnung des Gesetzentwurfs nicht allein im liberalen Lager. Bezogen auf ein Zeittheater, das politische oder gesellschaftliche Konflikte thematisiere, vermutete auch L. v. Bar [10], daß die Ordnungsbehörden stets hinreichende Gründe finden würden, die Paragraphen der Umsturzvorlage zur Anwendung zu bringen. Für von Bar bestand kein Zweifel daran, daß mit den neuen Bestimmungen ausschließlich die Literatur der Moderne getroffen werden sollte.

Aus den Kreisen der Literaten traten vor allem K. Telmann, P. Schlenther und G. Freytag mit Protesten gegen die Gesetzesänderung an die Öffentlichkeit. Telmann schrieb aus Rom den Beitrag Wo *liegt die Schuld? Ein Wort zur Umsturzvorlage* [11] und sah in dem Entwurf ein Zeugnis des Niedergangs liberalen Geistes in Deutschland, der sich allein auf die manipulierte Angst vor der Sozialdemokratie, die sich der politische Konservatismus für seine Interessen nutzbar mache, gründe.

Der Notschrei der Hungernden, Enterbten, der aus den ›Webern‹ gellt, – glaubt man denn wirklich, den durch Staatsanwalt und Polizei ersticken zu können? Und jetzt noch, wo er mehr als ein halbes hundert mal allein schon von der Bühne eines einzigen Theaters in Berlin gehört worden ist? [...] Daß man so ziemlich alle Werke unserer Klassiker von den ›Räubern‹ bis zum ›Faust‹ unter den famosen Bestimmungen dieses Kautschuk-Gesetzes bringen könnte, daß man unsere halbe Literatur ihm zum Opfer bringen müßte, – wem leuchtet denn das *nicht* ein? (37)

Für Telmann stellt die Umsturz-Vorlage den Versuch dar, einen Weg der Zensur zu legalisieren, der in einer offenen politischen Debatte nicht durchgesetzt werden könnte. Der Bezug zur Zeitliteratur wurde in nahezu allen Beiträgen zur Umsturzdiskussion hergestellt, wenngleich neben Hauptmanns *Webern* stets auch Stücke von Schiller oder Calderon zitiert wurden.

Der herrschenden Gesellschaft gefällt das Spiegelbild nicht immer, das ihr aus den Dramen und Romanen unserer jüngeren Dichtergeneration entgegenblickt. Das ist sehr begreiflich. Aber ist das die Schuld der Dichter? Diese Dichter haben die *Wahrheit* auf ihre Fahnen geschrieben. Man will die Kritik an allem Bestehenden mundtot machen. Weiß man denn nicht, daß der Staat, der eingesteht, seine Institutionen vertrügen keine Kritik, damit seinen Bankerott erklärt? Das Umsturzgesetz ist ein trostloses Angstprodukt und das offenkundigste Zeichen für das eigene Schwächegefühl. (40)

Der Zusammenhang der Gesetzesvorlage mit dem literarischen Naturalismus ist hier durch die Anspielung auf dessen ästhetische Programmatik (»die *Wahrheit* auf ihre Fahnen geschrieben«) in aller Deutlichkeit hergestellt. P. Schlenther sieht in dem Aufsatz *Theater und Umsturz* [12] bei den Initiatoren der Vorlage die Tendenz, in der Anwendung des Gesetzes auf klassische Autoren, die Stücke mit politischen Konflikten und gesellschaftlicher Kritik geschrieben haben, und auf zeitgenössische Autoren, die eine entsprechende Thematik aufgreifen, zu unterscheiden. Die Intention der Vorlage läßt für Schlenther erkennen, daß die klassische Literatur offenbar zu jenen Gütern gehöre, die als Teil der bestehenden Ordnung von der oppositionellen zeitgenössischen Literatur in Frage gestellt würden. Ausdrücklich weist Schlenther auf die strafrechtliche Verschärfung hin, die die Vorlage gegenüber der bestehenden Zensurpraxis bedeute; »wo bisher der Zensor einen Dichter nur mundtot machen konnte, würde unter dem Umsturzgesetz der Staatsanwalt gegen denselben Dichter anklägerisch einschreiten« (314). [13] D. h., daß die Tendenz des Gesetzes nicht nur auf das Verbot von Literatur zielte, sondern darüber hinaus auf eine Kriminalisierung der Autoren. – In der *Nation* [14] wird auf eine in zahlreichen Blättern veröffentlichte Protestschrift, die sich gegen die Umsturzvorlage richtete, Bezug genommen; G. Hauptmann muß als einer ihrer Initiatoren angesehen werden. Er forderte u. a. auch G. Freytag zur Unterstützung der Eingabe auf. In der Schrift, die einen sehr maßvoll formulierten Einspruch gegen die Umsturzgesetze darstellt, wollten vor allem Künstler und Universitätsprofessoren, die sich durch den Gesetzesentwurf der Möglichkeit persönlicher Strafverfolgung ausgesetzt sahen, einen gemeinsamen Protest öffentlich zum Ausdruck bringen. Für diese Aktion engagierten sich die Intellektuellen aus allen politischen und weltanschaulichen Lagern. Die Redaktion der *Nation* vermerkte, daß Freytags Schreiben an Hauptmann zeige, »wie weit jene Richtung, die uns das Umsturzgesetz aufzudrängen gedenkt, von den Quellen deutscher Bildung und Kultur abgekommen ist. Bei den Debatten über das Gesetz erschien Hauptmann im Spiegel des Banausenthums als der Typus jener modernen Sudler, die unter dem Deckmantel künstlerischen Schaffens aus der Unterwühlung der Gesellschaft ein Geschäft machen« (440).

Wenngleich die Vorlage der Umsturz-Gesetze für die Ordnungsparteien keinen unmittelbaren politischen Gewinn einbrachte, ist die Bedeutung ihrer öffentlichen und parlamentarischen Diskussion für die Rezeption der literarischen Moderne in den neunziger Jahren nicht hoch genug einzuschätzen. Die Vorlage dokumentiert die spektakulärste Verschärfung des Kampfs gegen die Sozialdemokratie nach der Aufhebung der Sozialistengesetze, die im Zusammenhang mit

den Wirtschaftskrisen der Jahre 1890 bis 1896 gesehen werden muß, und sie
bringt die Auseinandersetzung um den literarischen Naturalismus in diesem politischen Kontext vor das höchste öffentliche Forum. Das in den Reichstagsdebatten reproduzierte antibürgerliche Feindbild von Sozialismus – Anarchismus – Naturalismus erhielt dadurch einen Rahmen politischer Öffentlichkeit, demgegenüber
die zahlreichen vorausgegangenen *Weber*-Prozesse durchaus als lokal begrenzte
Vorgänge zu betrachten sind. Zugleich wurde hier erstmals, über die praktizierte Zensurgesetzgebung entscheidend hinausgehend, die literarische Moderne
unter ein strafrechtlich begründetes Verdikt gestellt, das auch die Autoren unmittelbar bedrohte. In der Differenzierung hinsichtlich der Legitimation einer
gesellschaftskritischen »klassischen Literatur« und der »kritischen Moderne«
zeichnete sich eine weitere Perspektive ab, unter der der Naturalismus als oppositionelle Zeitliteratur begriffen wurde; diese Differenzierung ist als eines der
Ergebnisse dieser Diskussionen festzuhalten.

> [...] das kämpfende Deutschland hat keine Zeit zum
> Dichten.
> W. Liebknecht, *Brief aus Berlin* (17. Februar 1891)

W. Liebknechts *Brief aus Berlin* [1] vom 17. Februar 1891, der in der *Neuen Zeit* erschienen war, löste eine Kette öffentlicher Stellungnahmen innerhalb der Gruppe der Berliner Naturalisten aus, da hier erstmals von einem der Parteiführer der deutschen Sozialdemokratie, zugleich dem Chefredakteur ihrer offiziellen Parteizeitung *Vorwärts*, dezidiert zur literarischen Bewegung des »jüngsten Deutschland« Stellung genommen wurde. Damit war jene Naturalismusdebatte innerhalb der Sozialdemokratie eingeleitet, die sich über die Diskussionen von Gotha (1896) bis zu Fr. Mehrings ideologischer Abrechnung in den *Ästhetischen Streifzügen* (1898) hinzog.

1. Wilhelm Liebknechts Briefe aus Berlin

Ohne sich auf einzelne Autoren festzulegen und mit dem Eingeständnis, nicht allzu Konkretes über die neue Literatur zu wissen, fällte Liebknecht ein vernichtendes Urteil:

Ich will weder Namen nennen, noch mich jetzt in eine literarische Kritik einlassen, – ich will nur feststellen: der Hauch der sozialistischen, oder meinetwegen auch nur der sozialen Bewegung ist *nicht* auf die Bühne des ›jüngsten Deutschland‹ gedrungen. Die Fragen, welche das lebende Geschlecht in zwei schroff einander gegenüberstehende Heerhaufen trennen, sind für das ›jüngste Deutschland‹ nicht vorhanden. Und, wenn wir von dem gemeinsamen Zeitgepräge absehen, das jede Epoche den ihr entstandenen Schöpfungen des Geistes aufdrückt, könnten die Bühnenstücke des ›jüngsten Deutschland‹ sehr wohl auch einer früheren Periode entstammt sein, in der es noch keine sozialistische Bewegung gab [...] Wer die Bühnenstücke des ›jüngsten Deutschland‹ inwendig und auswendig kennt und nur sie kennt, der weiß *nichts* von der Gegenwart [...] (709)

Nicht nur als »soziale« oder »sozialistische« Literatur, sondern als Zeitliteratur überhaupt wurde der Naturalismus mit diesem Urteil verworfen, Liebknecht orientierte sich dabei ausschließlich am naturalistischen Theater. [2] Dem Mangel an konkreter Zeitbezogenheit in der Literatur setzte Liebknecht die »Intensität und Allgemeinheit« des politischen Tageskampfes entgegen, der von den wirklich engagierten Kräften geführt werde, dieser konkrete politische Kampf aber schließe die Kunst aus. »Das alte, junge und jüngste Deutschland – ohne

›Gänsefüßchen‹ – welches für die soziale Bewegung ein Verständnis hat, *kämpft,* und das welches nicht kämpft, hat kein Verständnis für sie. Und das kämpfende Deutschland hat keine Zeit zum Dichten.« (710) [3] Die Skepsis der Gründergeneration unter den Sozialdemokraten gegen jede Form der Sublimierung der konkreten politischen Auseinandersetzung ins Ästhetische, die der Partei lange den Vorwurf der Kunstfeindlichkeit eingebracht hatte, ist in diesen Worten nicht zu überhören. – In einem zweiten *Brief aus Berlin* [4] vom 25. März 1891, der bereits Stellung zu der Diskussion nimmt, die der rigorose politische Pragmatismus des ersten Briefes auch in den Reihen sozialdemokratischer Genossen ausgelöst hatte, wurde Liebknechts kritische Einstellung dem Naturalismus gegenüber noch deutlicher umrissen, als Ansatz dazu diente ihm die Leserzuschrift eines »Hn. aus Zürich« an den *Braunschweiger Volksfreund* vom 8. März 1891, die Hauptmanns Stück *Vor Sonnenaufgang* für die Idee des politischen Sozialismus in Anspruch nahm; darüber hinaus formulierte Liebknecht hier die eindeutige Abgrenzung der Sozialdemokratie gegenüber der jüngstdeutschen Bewegung. Bezogen auf die Figur des Loth in Hauptmanns Drama, der in dem zitierten Leserbrief als »Sozialist« bezeichnet wurde, erwiderte Liebknecht:

Loth ist *kein* Sozialist, er hat vom Sozialismus nicht eine blasse Idee, – *solche* Sozialisten hat auch das ›junge Deutschland‹ schon auf die Bühne gebracht; *der* Sozialismus ist nur Puder, der über Haar und Haut gestäubt ist, nicht aber in Fleisch und Blut steckt [...] [5] Das, worauf es mir ankam, war, auszusprechen, daß – ich spreche von der *Richtung,* nicht von Personen – das ›jüngste Deutschland‹, was immer es auch sein mag, mit dem Sozialismus und der Sozialdemokratie nichts zu thun hat, und zu unserer Bewegung ebensowenig gehört, wie Antipfafferei, die Antiimpferei, Antialkoholerei, das Evangelium vom nassen Strumpf und andere ›Bewegungen‹ dieser Art, die sich uns an die Rockschöße hängen – oder uns an die Rockschöße gehängt werden. (43)

Mit dieser Zurückweisung »anderer ›Bewegungen‹« setzte sich Liebknecht gegen eine Argumentation zur Wehr, die gerade am Beispiel von *Vor Sonnenaufgang* mit besonderer Deutlichkeit zu beobachten war: Für einen Teil der zeitgenössischen Öffentlichkeit und der Literaturkritik galt die Anprangerung des Alkoholismus in dem Stück als hinreichendes Kriterium, es als »sozialdemokratisch« zu etikettieren; nach der Entstehung solcher Zuordnungsschablonen wird noch zu fragen sein.

Neben Liebknecht ging vor allem R. Schweichel mit »Deutschlands jüngster Dichterschule« [6] hart ins Gericht. Sie repräsentiere einen Tiefpunkt der deutschen Dichtungsgeschichte und sei eine notwendige Folge der Entwicklung der bürgerlichen Klassengesellschaft, als deren Literatur sie die Anarchie des ökonomischen Bereichs widerspiegle (630); Pessimismus sei die wesentliche Grundhaltung der neuen Literatur. Schweichel stimmte Liebknechts These zu, daß alle wesentlichen Kräfte der Zeit im politischen Kampf und nicht in der Dichtung engagiert seien. Der »Kopie der moralischen Verkommenheit der Bourgeoisie«, die die naturalistische Literatur biete, fehle selbst die Perspektive immanenter Kritik. So versage der Naturalismus auch in der Darstellung, sobald er Figuren gestalte, die der Gesellschaft kritisch gegenüberstehen. Mit deutlicher Anspielung auf Hauptmanns *Vor Sonnenaufgang* heißt es: »Ihre Sozialdemokraten, welche Rolle sie auch spielen mögen, verstehen entweder vom Sozialismus gar nichts, oder sind verworrene Köpfe [...] oder moralische Schufte.« (629) Durch die Unklarheit der sozialistischen Ideen, wie durch die literarische Charakteristik der Träger des politischen Sozialismus, schade der Naturalismus der Sozialdemokratie mehr, als er ihr nützen könne [17] Die neue proletarische Literatur, die Schweichel fordert, hätte in ihrem revolutionären Optimismus an die frühbürgerlichen Traditionen (18. Jahrhundert, Vormärz) anzuknüpfen.

In zwei anonym erschienen *Briefen aus Berlin* [8] wird eine Kunstausstellung besprochen, in der sich eine erste Differenzierung gegenüber Liebknechts und Schweichels Verdikt der literarischen Moderne abzeichnet. Der Kritiker versucht, einsichtig zu machen, daß die Kunstlehre des Impressionismus/Naturalismus, die die unverfälschte Wiedergabe der Natur postuliere, zwar das Produkt bürgerlicher Weltanschauung sei, zugleich aber auch ein Versuch, deren Fesseln zu sprengen.

Der Impressionismus ist dieselbe künstlerische Rebellion auf dem Gebiete der bildenden Kunst, welche der Naturalismus im Drama ist; er ist eine Kunst, welche den Kapitalismus im Leibe zu spüren beginnt: ›sie fährt herum, sie fährt heraus und säuft aus allen Pfützen‹. (652)

Mit den naturalistischen Dramatikern teilten die Impressionisten die Lust am »Kehricht« (652) der kapitalistischn Gesellschaft, der sie den Spiegel vorhalten. Impressionisten und Naturalisten seien

auf künstlerischem Gebiet eine Art bürgerliche Sozialisten; sie treffen mit bitterer Kritik die Auswüchse der kapitalistischen Gesellschaft, aber nicht um diese Gesellschaft zu vernichten, sondern gerade um sie zu reinigen, zu stärken und als ihren unveräußerlichen Nährboden zu erhalten. Sie schildern das verlumpte und verthierte, aber nicht das arbeitende und kämpfende Proletariat. Das ist die Regel und bei der kapitalistischen Voraussetzung der bildenden Künste, muß es auch die Regel sein (652).

Der künstlerische Niedergang des Bürgertums sei deshalb eine Folge des politischsozialen; erst die Bildung einer neuen Gesellschaft biete die Voraussetzungen für eine neue Kunst.

Mit diesen Stellungnahmen waren bereits sehr früh von sozialdemokratischen Kritikern die entscheidenden Einwände gegenüber dem Naturalismus formuliert, die dann auch die lebhaften Auseinandersetzungen in der Mitte der neunziger Jahre bestimmten, zugleich aber zeichneten sich schon in diesen Stellungnahmen die Grenzen ab, die dieser Kritik durch ihre theoretische Fundierung gesetzt waren. Ihr Ansatz läßt sich in folgenden Thesen zusammenfassen: 1. Die gegenwärtige Situation der Arbeiterschaft kann allein durch den politischen Kampf, nicht aber durch die Kunst verändert werden. 2. Der Naturalismus spiegelt den Verfall der bürgerlichen Gesellschaft wider, er gestaltet weder den »neuen Menschen« noch die »neue Zeit«, die die sozialistische Emanzipationsbewegung als ihre Ziele propagiert. 3. Der Naturalismus schildert das Proletariat nur in seiner Verelendung, nicht aber in seiner großen historischen Bewegung; die neue Literatur kann daher auch dort, wo sie die bestehende Gesellschaft kritisiert, nicht als sozialdemokratische Tendenzkunst gelten.

2. Die Polemik gegen proletarische Tendenzkunst als apologetische Argumentation für den Naturalismus

Gegen Liebknechts *Hirtenbrief* (241) und R. Schweichels polemische Attacken wenden sich O. Brahm mit der Schrift *Naturalismus und Sozialismus* und J. Hart mit seiner kritischen Erwiderung *Ein sozialdemokratischer Angriff auf das ›jüngste Deutschland‹.* [2] – Brahm unterstellt Liebknecht, in seinem Verdikt des neuen Theaters abstrakte, parteipolitische Maßstäbe angelegt zu haben, die der literarischen Bewegung nicht gerecht werden; sie gleichen dem »trostlosen Doktrinarismus, den die Bourgeois von reinstem Blut vor der Kunst zu entfalten pflegen« (241). Liebknechts Urteil reproduziere im Grunde die These vom »Ende der Kunstperiode« und erweise sich damit in der bürgerlichen Ideologie der 48er-Bewegung verhaftet. [3] In der Schilderung des Sozialen legitimiert sich für Brahm das naturalistische Theater durchaus als Zeitliteratur; Liebknechts Kritik an Hauptmanns Stück *Vor Sonnenaufgang*, das in der Diskussion dieser Jahre eine Schlüsselstellung einnahm, hält er entgegen: Die sozialistische Perspektive des Stücks liege

nicht in der Figur des Agitators allein, deren Lebendigkeit man anzweifeln mag, sondern in den Gestalten der armen Knechte und Mägde, die ganz auf sozialunterwühltem Boden stehen; und wo wäre denn der kapitalistische Streber je schärfer, schlagender, überzeugender geschildert worden, als im Ingenieur Hoffmann? (242)

Das gesellschaftliche Engagement dieser Literatur könne nicht darin liegen, Parteiprogramme zu dramatisieren, »dramatisierter Marx in fünf Akten« (241) also, sondern bestehe im Zusammenhang mit den Zeitbewegungen anderer Länder und im Aufgreifen der sozialen Fragen der Gegenwart; eben hier aber finde sich die »Einheit sozialer und künstlerischer Bewegungen [...], die Herr Liebknecht so eilig vermißt.« (243) [4] – Als »rohe Nützlichkeitsnüchternheit« (913) bezeichnet J. Hart die sozialdemokratische Einstellung zur modernen Kunst, die sich in Liebknechts und Schweichels Polemik artikuliere; in ihr komme eine philiströse Kleinbürgerlichkeit zum Ausdruck, die im Widerspruch zu dem politisch-revolutionären Anspruch der Sozialdemokratie stehe. Hart erklärt sich diese Diskrepanz aus dem Generationenproblem innerhalb der Partei; die alte Garde der führenden Sozialdemokraten, deren literarischer Geschmack noch an der Dichtung des frühen 19. Jahrhunderts orientiert sei, zur modernen Literatur zu bekehren, erscheint ihm »auf ästhetischem Gebiet ein ebenso schweres Stück Arbeit, als auf politischem die Umwandlung eines Großgrundbesitzers in einen Sozialdemokraten« (913). Es müsse die Aufgabe der jüngeren Genossen sein, für das kulturpolitische Programm der Partei die Richtung neu zu weisen.

Die These, daß der Zusammenhang zwischen Sozialdemokratie und Naturalismus weniger in einer Propagierung parteipolitischer Ziele durch die neue Literatur als vielmehr im Darstellen von Zeitproblemen zu suchen sei, wird von einer Reihe sozialdemokratischer Kritiker aufgenommen, für deren Argumentation der anonym erschienene Beitrag *In Sachen: Kunst und Sozialdemokratie«* [5] ein

Beispiel ist; er motiviert sich als Antwort auf die Zuschrift eines »sozialdemokratischen Parteiführers« (362). Der Autor sieht den übergeordneten Zusammenhang zwischen neuer Kunst und Sozialdemokratie darin, daß die »Gährung« (363), die das gesamte politische, kulturelle, gesellschaftliche und wirtschaftliche Leben am Jahrhundertende erfaßt habe, doch wesentlich von der sozialistischen Arbeiterbewegung in Gang gebracht wurde. »Diese Gährung hat auch die verschiedenen Künste ergriffen; zum Teil also ist die Ursache der sozialpolitischen Evolutionen gewiß auch, mindestens indirekt, anstoßgebend für die Kunstbewegung gewesen, so wenig die künsterlischen Stürmer und Dränger unserer Tage dies vielleicht zuzugeben bereit sind.« (363) Vor allem aber, so vermutet der anonyme Schreiber, gäbe es unter den naturalistischen Literaten eine große Anzahl »Krypto-Sozialdemokraten« (363), die ihr politisches Profil nicht offen zu zeigen wagten; so seien auch die von der sozialdemokratischen Parteiführung abgegebenen kritischen Äußerungen gegenüber dem naturalistischen Theater notwendige politische Taktik innerhalb des bürgerlichen »Militär- und Polizeistaates«. (363) Dieses Argument wurde immer wieder auch von der national-konservativen Kritik bemüht, um die Distanzierung der Sozialdemokratie vom Naturalismus als taktisches Manöver hinstellen zu können. Daß damit die Motivation der sozialdemokratischen Naturalismuskritik (besonders der Parteiführung) gewiß nicht richtig eingeschätzt wurde, läßt sich allein daran zeigen, daß sich diese Kritik nahtlos in den politischen Gesamtkurs der Partei einfügte; sie stand auch im Hintergrund der Diskussionen um die Führung der Freien Volksbühne, die zur Ablösung Willes geführt hatten. Unter Fr. Mehrings Leitung gab die Freie Volksbühne ihr programmatisches Engagement für den Naturalismus auf.

In den zeitgenössischen Diskussionen vielfach zitiert, ist die Arbeit von E. Reich, *Die bürgerliche Kunst und die besitzlosen Volksklassen* [6], als einer der ersten Versuche einer systematischen Behandlung des Verhältnisses von Kunst und Proletariat zu betrachten. Reich ging von der These aus, daß die bürgerliche Kunst den besitzlosen Klassen in gleicher Weise feindlich gegenüberstehe, wie etwa das bürgerliche Recht. Entschieden wandte er sich gegen die Vorstellung, daß die soziale Frage nicht Gegenstand künstlerischer Gestaltung sein dürfe; damit »ist keiner Tendenz das Wort geredet, freilich genügt es, solche Themen ruhig und unparteilich darzustellen, damit von selbst beim Zuschauer eine gewiße Empfindung sich einstelle, deren absichtliche Erzeugung mit verwerflichen Mitteln allerdings tendenziös genannt werden müßte«. (39) Reich unterstellte der bürgerlichen Klasse wie den Sozialdemokraten, »sie wollen nicht Kunstwerke, sozialer Natur, sondern Tendenzwerke ihres Programms« (40). Seine Stellung zum Naturalismus mußte daher ambivalent sein; Reich sah das wesentliche Verdienst der Jüngstdeutschen darin, die moderne Wirklichkeit für die Literatur entdeckt zu haben, verfehlt dagegen sei die theoretische Konzeption des Naturalismus, die die kommentarlose Reproduktion dieser Wirklichkeit zum Selbstzweck erhebe. Wenn in der naturalistischen Literatur die moderne soziale Frage noch nicht angemessen zur Darstellung gebracht werden konnte – nur im Bezug auf die Lyrik sprach Reich von einem »sozialistischen Naturalismus« (134) –

dann nicht zuletzt deshalb, »weil jene Schichten, welche die Kunst zu beherrschen streben, dies mit allen Mitteln, auch denen des Zwanges, zu hintertreiben suchen« (153). Seine These »Kunst für das Volk« (155) will sagen, daß die Kunst die Sache des Proletariats vertreten müsse, eine Konkretisierung dieses Engagements bleibt in Reichs Darstellung jedoch aus. Die emanzipatorische Funktion des Theaters sieht Reich allein darin, daß dieses dem Proletariat als Bildungsinstitution zugänglich gemacht werde. Als philosophische Begründung seiner Thesen versucht Reich, einen Begriff der Parteilichkeit zu entwickeln, der sich »außerhalb des Parteipolitischen« definiert. Seine Arbeit ist charakteristisch für eine Position, die bemüht ist unter den Voraussetzungen der idealistischen Ästhetik ein ästhetisches Engagement für die sozialistische Bewegung zu legitimieren. Den Widerspruch, den dieser Ansatz zwischen Tendenz und Kunstwert unterstellt, vermag Reich freilich nicht aufzulösen. Emanzipation des Proletariats wird daher auch im wesentlichen als bildungspolitisches Programm verstanden.

So bleiben die meisten Versuche, vom Standpunkt der an der Sache des Proletariats engagierten Kritiker aus, das Naturalismusverdikt Liebknechts zu erschüttern, in der Aporie der Tendenzproblematik stecken. Der vermeintliche Widerspruch von Tendenz und Kunstwert verstellt immer wieder die Möglichkeit, einen parteilichen Literaturbegriff, der zugleich ästhetisch gerechtfertigt erschien, zu entwickeln. Während ein Teil der sozialistischen Kritiker die Diskussion um den Tendenzbegriff aufnahm und sich damit auf eine durch die Kategorien der idealistischen Ästhetik vorstrukturierte Behandlung des Problems einließ, schien sich als Alternative dazu nur die Verweigerung der ästhetischen Praxis und ihre Diskreditierung als bürgerliches Geschäft anzubieten. In diesem theoretischen Dilemma sah sich die Sozialdemokratie mit dem konkreten Bedürfnis der Arbeiterschaft nach einer ihren Klasseninteressen förderlichen Literatur konfrontiert.

3. Edgar Steigers Inanspruchnahme des Naturalismus für die sozialistische Arbeiterbewegung

Die profilierteste Gegenposition innerhalb der Sozialdemokratie zur Naturalismuskritik der Parteiführer nahm E. Steiger ein, Schweizer Pastorensohn, Schüler J. Burkhardts und F. Nietzsches, der sich früh schon der deutschen Arbeiterbewegung angeschlossen hatte. [1] Steiger war Redakteur der *Neuen Welt*, die als Unterhaltungsbeilage in fast allen sozialdemokratischen Blättern erschien, und hatte sich zum beredten Anwalt der literarischen Moderne gemacht. Seine Redaktionsführung der *Neuen Welt* und die programmatischen Erklärungen in der *Leipziger Volkszeitung* lösten zunächst die Kritik der Hamburger Genossen aus, die sich in den Artikeln R. Bérards im *Hamburger Echo* artikulierte, und veranlaßte die entscheidende Auseinandersetzung der Sozialdemokratie mit dem Naturalismus auf dem Parteitag in Gotha 1896. Steiger war bereits 1889 mit der Schrift *Der Kampf um die neue Dichtung* [2] in die literarische Fehde eingetreten; die wichtigen Beiträge jedoch, die von Bérard und dann in den Gothaer Diskussionen aufgegriffen wurden, erschienen zusammengefaßt unter dem Titel *Das arbeitende Volk und die Kunst.* [3]

Steiger ging wie Liebknecht davon aus, daß der politische Emanzipationskampf, als vorrangiges Erfordernis der Zeit, alle Kräfte der Arbeiterklasse beanspruche und den Zugang zur Kunst in gleicher Weise erschwere wie deren mangelnde Bildung. Aufgabe aber der Sozialdemokratie müsse es sein, die arbeitende Bevölkerung zur Kunst zu erziehen, d. h. durch die »Pflege von Phantasie und Gemüt den Arbeiter zum Vollmenschen« (7) zu machen. Steiger übertrug die Vorstellungen idealistischer Bildungsideologie, die in der Pflege der Kunst und im Kunstgenuß eine Veredelung des Menschen im Sinne seiner ästhetischen Erziehung sah, auf die Situation des Proletariats; eine erste Anwendung fand diese Überlegung in dem Beitrag *Das Proletariat und die Modernen.* [4] Hier setzte sich Steiger mit der Programmatik des Naturalismus auseinander und versuchte, die literarische Bewegung in den Dienst einer »Erziehung zum Sozialismus« zu stellen. Literatur solle »einfach ein Stück Welt, wie es ist, mit seinem lebendigen Farbenzauber abspiegeln. Daß diese Abspiegelung der Wirklichkeit den Gesichtskreis des Lesers erweitert [...] soll natürlich nicht geleugnet werden; nur die *Absicht,* zu lehren, streiten wir dem wahren Kunstwerk ab« (10 f.); die künstlerische Gestaltung werde überflüssig, wenn »wir mit dem ersten besten Leitartikel oder der ersten besten Agitationsrede dasselbe sagen können« (11). Der wahre Dichter vermag die Totalität des Lebens in einer Weise zur Anschauung zu bringen, die erbaut und erschüttert zugleich und die »alles Menschliche als Notwendiges begreifen lehrt« (10). [5] Mit dieser Erklärung wird deutlich, daß Steiger den Forderungen Liebknechts und Schweichels nach einer politischen Parteiliteratur in keiner Weise entsprach. Steiger orientierte sich jedoch an einem Kunstbegriff, der Tendenz als unkünstlerisch ausschloß; sein Begriff der »lebendigen Kunst« meinte eine Kunst, »die sich ihre neuen Kunstformen schafft, Kunstformen, die keine bloß willkürlichen Zuthaten des einzelnen Künstlers, sondern naturnotwendig aus dem jeweiligen Lebensinhalt des Kunstwerkes heraus geboren und mit ihm aufs innigste verwachsen sind« (9). Die Form-Inhalt-Dialektik der idealistischen Ästhetik war damit auch zum konstitutiven Kriterium einer neu zu schaffenden proletarischen Literatur erklärt. Steiger reflektierte zwar den Zusammenhang zwischen der modernen Literatur und dem spätzeitlichen Bewußtsein des Jahrhundertendes, dessen »dumpfe Lebensmüdigkeit« (9) dem Fortschrittsglauben und dem Optimismus der sozialistischen Bewegung zutiefst widerspreche – er versuchte diesem Widerspruch jedoch mit dem Hinweis auf eine entsprechende Auswahl, die sich an den politisch-pädagogischen Interessen der Arbeiterbewegung orientiere, zu entgehen.

In dieser Argumentation wird der theoretische Eklektizismus Steigers in aller Deutlichkeit erkennbar, er charakterisiert die sozialistischen Apologeten der neuen Literatur wie deren Kritiker in gleicher Weise. Die sozialdemokratische Literaturprogrammatik der neunziger Jahre bewegte sich im Zirkel der Aporie von Tendenz und Kunstwert und vermochte eine Ästhetik der Zeitliteratur, die sich konzeptionell aus dem idealistischen Ansatz löst, nicht zu entwickeln. Das von Steiger vorgetragene Programm konnte den im politischen Kampf engagierten Sozialdemokraten vom Schlage Liebknechts nicht genügen; Steiger nötigte die Befürworter dieses Programms zu einem Auswahlverfahren, dessen Kriterien er nicht in die Theorie der Literatur einbrachte, das vielmehr in einen pädagogischen Pragmatismus auswich. So sehr die Naturalismuskritik Liebknechts letztlich selbst an der idealistischen Ästhetik orientiert und in sich widersprüchlich blieb, so eindeutig konfrontierte sie den Naturalismus mit der Perspektive des politischen Klassenkampfes und wies damit tendenziell über den Horizont idealistischer Kunstbetrachtung hinaus. Wenn Steiger der »wahren Kunst« und dem »echten Dichtwerk« (14) den »Leitartikel«, die »Agitationsrede« (11) und den »Traktat« (14) als Formen unkünstlerischer Tendenzliteratur, wie sie Liebknecht und Schweichel angeblich forderten, entgegensetzte, so war das von ihm als theoretische Alternative durchaus richtig gesehen; es war der Gegensatz, den Hegel mit den Kategorien der »poetischen« und der »prosaischen Auffassung« bezeichnet, und er überlagert in der Tat die Diskussion um »alte Kunst oder moderne Kunst« (14) in diesen Jahren. Steigers ästhetisches Programm orientierte den Literaturbegriff eindeutig an der Vorstellung des »poetischen Kunstwerks«; er begriff daher den Gestaltungsvorgang als »Abspiegelung« eines »Stücks Welt« (11) und bezeichnete die Wirkungsintention mit Kategorien wie »Erbauung« (10) oder »Erschütterung« (10). Wenn Steiger in seiner Auseinandersetzung mit der Kritik Bérards, auf die noch einzugehen ist, die Frage stellte, ob es wirklich »so jämmerlich bestellt« sei, »daß wir Sozialdemokraten, die wir in der Politik und in der Gesellschaftswissenschaft an der Spitze marschieren, in der Ästhetik ein halbes Menschenalter hinter der Bourgeoisie herhinken« (15), so traf das zwar jene Kritiker, die den Naturalismus wegen seiner vermeintlichen moralischen Verkommenheit angriffen (diese meinte Steiger) – das Urteil fiel jedoch auch auf ihn selbst zurück, da sein Programm der ästhetischen Erziehung des Proletariats im Grunde nur auf eine Liberalisierung des bürgerlichen Literaturgeschmacks zielte, darüber hinaus aber die Bildungsideologie des Bürgertums für die Arbeiterbewegung adaptierte, d. h. den Arbeiter durch ästhetische Erziehung zum »Vollmenschen« (7) zu entwickeln versuchte.

In seiner späteren Schrift (1898) *Das Werden des neuen Dramas* [6] wurde die Position Steigers, mit der sich die »fortschrittlichen« Gruppen der Sozialdemokratie weitgehend identifizierten, in ihrer theoretischen Problematik noch schärfer erkennbar, denn Steiger durchschaute hier den unpolitischen Ansatz des naturalistischen Dramas durchaus, der Versuch seiner politischen Interpretation erweist sich gewissermaßen als Nachtrag in eigener Sache. – Steiger geht aus vom Zusammenhang, der zwischen der sozialen Thematik der modernen Dichtung und deren Wissenschaftsprogramm gegeben sei.

Wir leben im Zeitalter des Mikroskops, das dürfen wir nicht vergessen. Daß die naturwissenschaftlichen Errungenschaften des Jahrhunderts die ganze poetische Auffassung des Lebens vielfach umgestalteten, ist eine allbekannte Thatsache [...] Und doch wird ein künftiger Geschichtsschreiber den inneren Zusammenhang zwischen dem Mikroskop und den mikroskopischen Augen der modernen Künstler klarlegen müssen, um den dramatischen Charakter unseres Kunstlebens als eine geschichtliche Notwendigkeit nachzuweisen [...] Der Kleine Mann im Leben draußen und die kleine Empfindung in der eigenen Seele – sie waren beide für ihn [den Dichter – M. B.] unentdeckte mikroskopische Welten. Und wie er sie näher betrachtete, entstand die Armeleutemalerei und die soziale Dichtung und mit ihnen zugleich eine ganz neue mikroskopische Psychologie, die die Seelen gleichsam in ihre lebendigen Atome auseinanderfaserte und deren kreisende Wirbel belauschte (117).

Mit der in die Literaturtheorie des Naturalismus eingebrachten Metapher von »Mikroskop« oder dem »mikroskopischen Sehen« ergab sich für Steiger eine Kontinuität zwischen »sozialer Dichtung« (d. h. Darstellung des »kleinen Mannes«) und der als Impressionismus oder später als Neuromantik bezeichneten psychologischen Literatur, deren Merkmal die Akribie in der Schilderung psychischer Vorgänge war. Wenn Steiger diese Vorstellung in den politischen Kontext einzubringen versuchte, indem er folgerte, die »kleinen Leute« entdeckten in der neuen Literatur das »weltgeschichtliche Bewußtsein ihrer Macht und ihrer Bedeutung« (117) und würden sich fortan nicht mehr mit der Rolle weltgeschichtlicher Statisten begnügen, so lag dieser Argumentation ein mechanistisches Denkmodell zugrunde, das den Prozeß historischer Bewußtseinsbildung in naiver Weise mit den Prozessen der allgemeinen technischen Entwicklung analogisierte. Die Forderung einer neuen proletarischen Literatur hielt Steiger in der gegebenen historischen Situation für unerfüllbar. »Das Proletariat, das eben den Kampf um diese Kultur, um diese geistigen Güter kämpft, wird daher, solange es Proletariat ist, auch keine Kunst aus sich heraus erzeugen« (119). [7] Die Adaption der idealistischen Ästhetik durch die Arbeiterbewegung in der Phase des Klassenkampfs schien ihm mit dieser These legitimiert.

Ich sage das bloß, weil man in sozialdemokratischen Kreisen über die moderne Kunst so oft verächtlich die Achseln gezuckt hat, weil sie dem proletarischen Empfinden nicht entspreche. Ich gebe zu, daß der müde Pessimismus, der aus den meisten modernen Dichtungen der ersten Periode uns entgegengrinst, mit dem frohen Kampfesmut der großen Emporstrebenden gar seltsam zusammenstimmt. (119)

Gegenüber der aus diesem Pessimismus hervorgebrachten »feinen Seelenmalerei« (120) gelten Steiger freilich die Produkte der sozialistischen Tendenzliteraten als »plumpe Vergröberungen«; in dieser Ambivalenz bleibt letztlich sein Urteil.

4. Die Naturalismusdebatte auf dem Gothaer Parteitag von 1896 [1]

Die öffentliche Polemik gegen Steigers Literaturprogramm wurde durch zwei Aufsätze von R. Bérard im *Hamburger Echo* eingeleitet, die sich mit Steigers Abhandlung *Das arbeitende Volk und die Kunst* auseinandersetzten. In einer ersten kurzen Stellungnahme [2] erklärte Bérard bereits seine Absicht, diese ästhetischen Grundsatzfragen vor das Forum der Parteiöffentlichkeit zu bringen. Die Erziehung des Proletariers zur Kunst könne nicht mit Hilfe der naturalistischen Literatur erfolgen. Dem Arbeiter, so argumentierte Bérard, der nur am

Sonntag von der täglichen Arbeitslast frei sei, dürfe in seiner ohnehin geringen Freizeit von der Parteipresse nicht eine Literatur angeboten werden, die ihm lediglich das Elend seiner Klasse in beklemmender Weise vor Augen führe.

Für die Arbeiter ist es dringendes Bedürfniß durch die ihnen gebotene Lektüre ihren Idealismus anzufachen, der im schweren Kampf des Lebens verloren zu gehen droht und den wir für die schließliche Erreichung unseres erhabenen Zieles nicht entbehren können. Der Pessimismus, der den das Ekelhafte und Entsetzliche kultivirenden Schriftstellern aus allen Poren dringt, ist aber das beste Mittel, diesen unentbehrlichen Idealismus geradezu zu ertödten. (3)

Vielmehr liege im Entwurf einer optimistischen kämpferischen Lebensperspektive die notwendige Tendenz einer »Kunst für Arbeiter«; der Naturalismus spiegele jedoch den Verfall und die Korruption der kapitalistischen Gesellschaft. – Ein zweiter Beitrag im *Hamburger Echo* [3] führte diesen Ansatz weiter aus. Bérards Vorwürfe richteten sich gegen die Einseitigkeit, mit der in der *Neuen Welt* nur eine Richtung der zeitgenössischen Literatur gefördert werde, sie beriefen sich auf den Zusammenhang zwischen dem Bildungsstand der Leser, ihren Lebensbedingungen und den Bedingungen der Literaturrezeption; diesen Konnex hatte auch Steiger seinen Überlegungen zugrunde gelegt. Die Argumentation Bérards spiegelt wie die Steigers die theoretischen Aporien und die ideologische Widersprüchlichkeit der sozialdemokratischen Literaturkritik in dieser Diskussion besonders deutlich wider. Bérard argumentiert: »Der Genuß, den die Kunst gewährt, die Möglichkeit, in stiller Beschaulichkeit sich ihr hinzugeben, ist von jeher mehr oder weniger abhängig gewesen von *Besitz*. Auch setzt dieser Genuß, wenn er ein wahrhafter und vollkommener sein soll, einen gewißen Bildungsgrad voraus.« (1) Er stellt sich also gegen Steigers vermeintliche Auffassung, daß dem Proletarier das Empfinden für die Kunst prinzipiell abgehe, es sei vielmehr nur durch die ständige Lohnsklaverei verkümmert.

Man kann und muß sagen, daß das Kunstverständniß, das *künstlerische Empfinden* des Volkes noch einer *bedeutenden Entwicklung* fähig ist; aber ungerecht, den Thatsachen widersprechend, ist es, anzunehmen, daß die ›Wunderwelt der Kunst‹ ein völlig fremdes Gebiet ist. Ihm brauchen nicht erst, wie Steiger meint, *die Augen und Ohren geöffnet* zu werden, damit es ›staunend die Wunderwelt der Kunst in sich aufnimmt und sich am farbigen Widerschein des Lebens ergötzt‹. O nein, man gebe ihm nur *Gelegenheit*, Aug und Ohr auf künsterische Leistung zu richten [...] (1)

Die naturalistische Literatur biete jedoch keine Voraussetzung dafür, daß sich der Arbeiter die Bilder aus dem »Reich des Schönen« (1) zu eigen mache. [4]
    Das Bildungsniveau des Bürgertums zu erreichen, seine ästhetischen und sittlichen Ideale zu teilen und seinen literarischen Geschmack zu adaptieren, erschien einem Teil der Sozialdemokratie der neunziger Jahre als Voraussetzung zur Gewinnung eines gesellschaftlichen Prestiges, das zu den Zielen des Klassenkampfes zählte. Dabei galt als Orientierung durchaus das konservative, nicht das liberale Bürgertum, dieses nämlich hatte den Naturalismus als literarische Moderne auf seine Fahnen geschrieben. Statt um die Konzeption einer proletari-

schen Kultur (Literatur), ging es im Sinne sozialen Aufstiegsdenkens um die Besitznahme der kulturellen Tradition des Bürgertums und ihrer Institutionen. Die Artikel Bérards und die Gothaer Diskussionsbeiträge zeugen von diesem kulturpolitischen Konzept. G. Roth [5] verweist auf eine der ersten Autobiographien, die den kulturellen Hintergrund der Arbeiterschaft dieser Zeit aufhellt, W. Brommes *Lebensgeschichte eines modernen Fabrikarbeiters,* in der Bromme von dem Nebeneinander der Bilder einiger Heiliger, Wilhelms II., Feldmarschall Moltkes, Bismarcks, Bebels, Marx' und Lassalles in der Wohnung seiner Eltern erzählt. Vorschub für diese Entwicklung wurde offenbar in den bürgerlichen »Volksbildungsanstalten« (Liebknecht) Schule, Presse und Militär geleistet. Die Alternative, die die Gegner Steigers vorschlugen, spiegelte diese Vorstellungswelt in den ästhetischen Grundsatzerklärungen wider. Gefordert wurde eine Literatur, die weder moralisiere, noch nur seichte Unterhaltung biete, noch sozialdemokratische Traktatliteratur sei. Bérard zitiert ausführlich Schiller, um einen Begriff der »wahren Kunst« zu formulieren, auf dessen Grundlage »die belletristische Literatur der Sozialdemokratie zu reformiren« (1) sei. Die in diesem Rahmen entwickelten Normen bestimmten für eine Mehrheit innerhalb der Sozialdemokratie den Rezeptionshorizont gegenüber der naturalistischen Zeitliteratur. Emanzipation bedeutete im kulturpolitischen Sinne Angleichung des Proletariers an die sittlichen und ästhetischen Werte der bürgerlichen Klasse; die Kunst blieb eine Sphäre der Erbauung und des ästhetischen Genusses, vor allem blieb sie ein ideeller Bereich, der sich einer Verstrickung in die Interessen der konkreten Arbeitswelt verschließt; eine ideale Wirklichkeit auch, deren Rezeption letztlich nur als der Verinnerlichung begriffen werden kann. Damit wurde die Literatur in einen Bereich der Freizeit und der Muße verwiesen. Diese Vorstellung wurde, so sehr der Standort der Hamburger Gruppe von dem Steigers zu divergieren schien, im Grunde auch von Steiger selbst im Konzept der »ästhetischen Erziehung« des Proletariats vertreten. Die eigentlichen Gegensätze lagen daher nicht zwischen Steiger und der Gruppe um Bérard, wie es, rekonstruiert man die historische Entwicklung dieses Konflikts, den Eindruck erweckt, sondern sie bildeten sich in den Stellungnahmen gegenüber dem Tendenzproblem, das die Fronten zwischen den sozialdemokratischen Naturalismuskritikern wieder anders gruppierte.

Der sozialdemokratische Parteitag von Gotha 1896 brachte diese Diskussion vor das höchste Gremium der Partei [6]; ihr Ergebnis wurde in der zeitgenössischen Publizistik als außerordentlich bedeutsam empfunden. [7] Die von dem Delegierten K. Frohme eingebrachte Kritik an Steiger richtete sich vor allem gegen die Romane, die in der *Neuen Welt* zum Abdruck gekommen waren.

In weiten Parteikreisen ist nun die Meinung verbreitet, daß man sich die ›Neue Welt‹ jetzt immer erst genau ansehen muß, bevor man sie den Kindern gibt [...] Wenn Steiger und seine literarischen Freunde ihren Naturalismus, der sich rühmt, über jeder Partei zu stehen, bethätigen wollen, mögen sie es tun, wo sie wollen, aber außer-

halb der ›Neuen Welt‹. Das Blatt gehört der Partei; es erfordert hohe Kosten [...]
Dies Geld darf nicht ein Privilegium, ein Unterstützungs-Fond für Naturalisten werden (79);

die *Neue Welt* wurde von Frohme als »Probirfeld für die naturalistische Richtung« apostrophiert. Die Anträge der Steiger-Kritiker forderten eine Korrektur
dieses literarischen Kurses. [8] Die wesentlichen Einwände gegen den Naturalismus waren in Frohmes Disskussionsbeitrag zusammengefaßt, sie zielten auf
die als unmoralisch und deprimierend erklärten Inhalte naturalistischer Dramen
und Romane und die programmatische Objektivität der naturalistischen Kunsttheorie, die dem Anspruch der sozialistischen Kritiker auf Parteilichkeit nicht
genügte.

Steigers Erwiderung auf diese Angriffe wiederholten die bekannten Thesen
aus den Aufsätzen der *Leipziger Volkszeitung;* in den Vordergrund stellte er
den »Wahrheitsmuth« (82) der neuen Richtung und ihre Beziehung zur modernen
Naturwissenschaft. Beides legitimiere den Naturalismus als Zeitliteratur. [9]
Erstmals aber nahm Steiger hier zu G. Hauptmann Stellung, dessen soziale
Stücke er unter der Kategorie einer »höheren Sittlichkeit« (85) interpretierte
und im moralischen Anspruch den Werken der Klassiker gleichstellte. Vor allem
ging er gegen jene sozialdemokratischen Kritiker (Liebknecht und Schweichel)
vor, die Hauptmanns Erstling *Vor Sonnenaufgang* attackiert hatten. [10]
Wenn Hauptmanns Stücke von Steiger ohne Einschränkung als soziale Literatur
verstanden wurden, so unter der Voraussetzung, daß soziale Literatur nichts
mit sozialdemokratischer Parteiliteratur gemein habe, sondern vielmehr die Darstellung des Menschen in seiner gesellschaftlichen und historischen Bedingtheit bedeute. Diese Interpretation des Sozialen wurde vornehmlich von jenen Kritikern
entwickelt, die die naturwissenschaftliche Grundlegung der naturalistischen Theorie
in den Vordergrund rückten; zu ihnen zählte auch Steiger. Es wird sich zeigen,
daß dieser Argumentationsansatz für die Diskussion des Tendenzbegriffs, die
als ästhetisches Grundsatzproblem hinter allen Literaturdebatten dieser Zeit
stand, eine wesentliche Rolle spielen wird. – Die Wirkung der »neuen Kunst«
sah Steiger in der Objektivität ihrer Darstellung verbürgt; d. h. jedoch, daß
eine interpretierende Perspektive gegenüber der in den Stücken dargestellten
Wirklichkeit vom Zuschauer selbst zu entwickeln und damit als Problem der
Rezeption zu betrachten sei. Die Voraussetzungen einer in der Weise wirksamen
Rezeption wurden von Steiger nicht diskutiert [11], er sprach von dem »denkenden Arbeiter«, der mit der naturalistischen Literatur konfrontiert werde und den
es zu lehren gelte, »künstlerisch zu lesen, das heißt nachzuempfinden und nach-
zufühlen« (84). Mit der Beschränkung der Rezeption auf »nachempfinden und
nachfühlen« wird jedoch das produktive Moment des Rezeptionsvorgangs, das
in der Formulierung vom »denkenden Arbeiter« angelegt ist, in undialektischer
Weise bestimmt; Steiger übernimmt vielmehr das Rezeptionsmodell der idealistischen Ästhetik, in der, wie er selbst formulierte, die Gegebenheiten des Menschlichen »als notwendige« erscheinen.

Am zweiten Tag des Parteitags, dem 13. Oktober 1896, wurde die Diskussion über den Tagesordnungspunkt »Presse«, unter dem die Naturalismusfrage behandelt wurde, weitergeführt; dabei kamen Auszüge aus einer Reihe von Steiger in der *Neuen Welt* publizierter Romane zum Vortrag, über die der Abgeordnete Frohme urteilte: »Wenn die naturalistische Kunst glaubt, es rechtfertigen zu können, derartige absolute, stinkende Schweinereien in Romanen bieten zu dürfen (Beifall und Unruhe), dann hört einfach alles auf.« (93) An diesem Verhandlungstag nahm erstmals auch W. Liebknecht Stellung. Er begründete die Kritik der Sozialdemokratie am Naturalismus damit, daß diese Literatur »als Produkt der Decadence, d. h. der Fäulnis der kapitalistischen Gesellschaft« (103) angesehen werden müsse, und durch ihre irritierende Grundhaltung das Proletariat mit dem Atmosphärischen des bürgerlichen Verfalls und seiner »prickelnden Lust« (103) infiziere. [12] Entschieden wandte sich Liebknecht gegen Steigers Hochschätzung G. Hauptmanns:

Ich glaube z. B. nicht, daß Hauptmann der große Mann ist, als welchen er [gemeint ist Steiger – M. B.] ihn hingestellt hat; es ist sehr viel Plattes, Geschmackloses und Häßliches in seinen Schriften, und vor Allem ist nichts Revolutionäres darin, nein, Spießbürgerlich-reaktionäres zum größten Theil. (103)

Das Verhandlungsprotokoll registriert »Beifall und Widerspruch« (103). – Von der Gruppe, die den Konflikt zu entschärfen suchte, war A. Bebel der Wortführer, der sich eingehend mit dem Vorwurf der Immoralität, der immer wieder gegenüber dem Naturalsmus erhoben wurde, auseinandersetzte. Bebel erklärte, eine »Partei wie die unsrige, die reformirend in alle Gebiete eingreift, kann doch nicht auf dem Gebiet der Kunst und Literatur einen Standpunkt vertreten, der nach und nach als veralteter angesehen wird« (110). [13] Bebel machte auf den Widerspruch aufmerksam, der für ihn zwischen den progressiven politischen Vorstellungen des Sozialismus und den konservativen Ideen der Sozialdemokratie in bezug auf Kunst und Literatur bestehe. Seiner Vermittlerrolle war es schließlich zu danken, daß die Hamburger Gruppe ihre Anträge zurückzog und Steiger erklärte, die Intentionen dieser Anträge künftig in seiner Feuilletonredaktion zu berücksichtigen.

Die Diskussion des Parteitags über die Frage der naturalistischen Literatur fand in der zeitgenössischen Öffentlichkeit größte Beachtung, so dürftig von heute aus gesehen ihr Ergebnis erscheinen mag. G. Swarzenski hob in einem Beitrag *Moderne Kunst und Literatur auf dem sozialdemokratischen Parteitag* [14] die Tatsache, daß sich ein deutscher Parteitag mit diesen Fragen überhaupt befaßt habe, als das Bedeutsamste des ganzen Ereignisses hervor, unabhängig von der Philisterei an Einzelmeinungen, die in Gotha zutage getreten sei. Die Berichterstatter zitierten zumeist ausführlich Bebels Diskussionsbeitrag, der die Widersprüchlichkeit der im politischen Konzept radikalen, in den ästhetischen Anschauungen aber noch kleinbürgerlichen Haltung der Sozialdemokratie aufgezeigt hatte. Als ein wesentliches Ergebnis der Debatte muß jedoch vermerkt werden, daß der Zusammenhang zwischen literarischer Produktion und dem Bedürfnis eines spezifischen Leserpublikums in aller Deutlichkeit bewußt gemacht wurde. Auf diese Problemstellung war die Diskussion von Anfang an dadurch gelenkt, daß die Naturalismusfrage im Zusammenhang der Feuilletongestaltung in der Arbeiterpresse behandelt wurde. [15] Alle an der Diskussion Beteiligten waren sich darüber einig, daß die Disposition literarischer Rezeption durch die Arbeiterschaft durch deren Bildungsstand und Freizeitbedingungen bestimmt sei. Die Betonung, die das Problem des Bildungsrückstands in diesem Argumentationszusammenhang erfuhr, bestätigte erneut die Orientierung der Sozialdemokratie an den kulturellen Normen des Bürgertums.

Eine Analyse der Literaturdebatte von Gotha erstellte auch K. Eisner in der Schrift *Parteikunst*. [16] Eisner betrachtete es als »Spießbürgerdogma« (284), zu fordern, daß Kunst »anständig« sein müsse; er widersprach vor allem dem Eindruck, daß das Ergebnis des Parteitags Steigers Auffassungen bestätigt habe. »Ist die moderne Kunst, von der zugestanden sein mag, daß sie die einzige ist, die wir haben, eine Kunst für die Socialdemokratie? Hat Edgar Steiger nicht die heilige Pflicht, den Genossen eine *Partei*kunst zu bieten?« (285) Der Naturalismus wird von Eisner als bürgerliche Dekadenzliteratur verworfen, er zitiert Liebknechts pathetischen Ausspruch in Gotha, »daß Hauptmann nicht einmal Socialdemokrat sei« (285). Die Annahme, daß Parteilichkeit den Kunstwert aufhebe, wies Eisner zurück, entscheidend sei allein, daß es die Parteilichkeit »für eine große Kulturbewegung« sei. Eisner versuchte damit das Tendenzproblem in der Weise zu lösen, daß er die Tendenz inhaltlich aufwertete. Mit deutlichem Affront gegen Hauptmann heißt es:

Die Socialdemokratie verlangt zwar nicht dramatisierten Marx, aber sie ersehnte ihn in dunklem Drange. Und diese Sehnsucht ist nichts als das brünstige Bedürfnis nach einer großen modernen Weltanschauungskunst, und wir werden, im Ernste erst dann den Classiker der Modernen besitzen, wenn uns der dramatisierte Marx ersteht. Der Dichter der Zukunft, auf den wir warten, wird ein überzeugter Parteimann sein und seine Kunst eine Parteikunst. (287)

Daher sei auch Steiger in Gotha »allzu billigen Kaufs davongekommen« (287), denn gerade die ästhetische Erziehung des Proletariats erfordere die »proletarische Parteikunst«. Das Ergebnis des Parteitags wurde von Eisner m. E. jedoch nicht richtig eingeschätzt, wenn er darin die Versöhnung der Sozialdemokratie mit der »künstlerischen Verfallsblüte« (287) des Bürgertums sah, denn die entscheidenden Argumente W. Liebknechts und zuvor schon R. Schweichels blieben in der Diskussion unwiderlegt. Der gleiche Einwand gilt gegenüber der Stellungnahme des französischen Sozialistenführers J. Jaurès zu der Gothaer Diskussion, der die These entwickelte, daß das Proletariat in der gegebenen historischen Situation noch keine eigene Kunst produzieren könne und sich daher der bürgerlichen Literatur bedienen müsse; doch diese Literatur vermag keine neuen produktiven Perspektiven zu entwickeln. Es »ist das eine aufgeregte, häufig verachtende oder hassende Kunst. Es ist im wahren Sinne des Wortes eher eine anarchistische als eine socialistische Kunst, denn sie ist eher der Ausdruck einer individuellen Empörung als einer organisierten Classenerhebung«. [17] Das entscheidende Resümee der Naturalismusdiskussion innerhalb der Sozialdemokratie dieser Jahre zog erst F. Mehring. [18]

5. Franz Mehrings »Ästhetische Streifzüge« und die Ansätze einer wissenschaftlichen Ästhetik auf der Grundlage des historischen Materialismus

Über die literarische Tagespolemik hinaus formulierte F. Mehring in seinen *Ästhetischen Streifzügen* [1] von 1898 eine Kritik der naturalistischen Literaturprogrammatik auf der Grundlage des historischen Materialismus. Zwei frühere Arbeiten Mehrings, *Etwas über Naturalismus* [2] und *Der heutige Naturalismus* [3], standen dieser Bewegung noch abwartend und wenig kritisch gegenüber; in der zweiten Schrift ging Mehrings positive Bewertung des Naturalismus noch so weit, daß er ihn als »Widerschein«, »den die immer mächtiger auflodernde Arbeiterbewegung in die Kunst wirft« (131) ansah: Die neue Kunst richte sich gegen den Kapitalismus, den sie jetzt im Leibe zu spüren beginnt« (131). Die Schilderung des Verfalls der bürgerlichen Gesellschaft war für Mehring ein erster Schritt auf dem Wege zu einer neuen Kunst.

Ist die ganze Gesellschaft verfallen, so ist es die Kunst, die nur um diesen Verfall herumzugrinsen weiß, erst recht. Aber die ganze Gesellschaft ist nicht verfallen, und das Schicksal des Naturalismus hängt davon ab, ob er den zweiten Teil seines Weges vollendet, ob er den höheren Mut und die höhere Wahrheitsliebe finden wird, auch das Entstehende zu schildern. (133)

Diese Hoffnung freilich wurde nicht erfüllt. Mehring läßt daran bereits in seiner Stellungnahme zu der Literaturdiskussion beim Gothaer Parteitag, den er selber nicht besucht hatte, keinen Zweifel [4]; der Naturalismus wird nun ausschließlich als bürgerliche Literatur, »Reflex eines unaufhaltsamen Verfalls« (135), beurteilt, die ihrer Grundhaltung nach dem Optimismus der revolutionären Arbeiterklasse diametral entgegengesetzt sei. Vor allem wandte sich Mehring gegen Steigers Idee einer ästhetischen Erziehung des Proletariats durch die neue Kunst: Gerade das arbeitende Volk spüre aus seinem Klasseninstinkt heraus den unkämpferischen Charakter des Naturalismus und lehne ihn deswegen ab; es sei gerade ihr kämpferischer Grundzug, nicht eine Frage philiströsen Geschmacks, der das Proletariat die klassische Literatur höher einschätzen lasse. [5] Damit deutet sich eine Verschiebung des Problems einer Ästhetik der proletarischen Literatur von der aporetischen Entgegensetzung von Kunstwert und Tendenz an. Proletarische Literatur habe in der Darstellung der Wirklichkeit die Funktion, das Proletariat als treibende Kraft der Geschichte darzustellen und die gegenwärtige Wirklichkeit aus dieser Perspektive widerzuspiegeln. Es wird sich in der Analyse der Tendenzdiskussion zeigen, daß in der Einschätzung der Position Mehrings, wie sie Wittfogel in seiner Beitragsreihe *Zur Frage der marxistischen Ästhetik* [6] und G. Lukács in dem Aufsatz *Tendenz oder Parteilichkeit* [7] vornehmen, die Akzente doch korrigiert werden müssen, da beide m. E. Mehring zu einseitig im Kontext der bürgerlichen Kantrezeption interpretieren; H. Koch spricht in diesem Zusammenhang zu Recht von Lukács' »Mehring-Legende«. [8] Mehring sieht die idealistische Argumentation in der Tendenzfrage durchaus kritisch und kommt zu einer ähnlichen Beurteilung des Postulats eines »reinen Kunstwerks«, wie sie Lukács später vorträgt und als Überwindung der Mehringschen Position ausgibt; bei Mehring heißt es bereits in dieser frühen Schrift: »Natürlich ist die ›reine Kunst‹, indem sie angeblich parteilos sein will, erst recht parteiisch« (137). Eben dies war auch das entscheidende Ergebnis von Wittfogels und Lukács' Analysen.

Mehrings Kritik der ästhetischen Theorie des Naturalismus, war verbunden mit dem Versuch, Ansätze einer wissenschaftlichen Ästhetik auf der Grundlage des historischen Materialismus zu entwickeln. Dazu erschien ihm innerhalb der bürgerlichen Philosophie in der Ästhetik Kants insofern eine geeignete Vorarbeit geleistet zu sein, als Kant die Selbständigkeit der Ästhetik als Wissenschaft theoretisch begründet hatte;

hatte die bisherige Ästhetik die Kunst auf die platte Nachahmung der Natur verwiesen oder sie mit der Moral verquickt oder sie als eine verhüllende Form der Philosophie betrachtet, so wies sie Kant in demselben Deutschland dessen aufstrebendem Bürgertum allein die Rennbahn der schönen Künste offenstand, als ein eigenes und ursprüngliches Vermögen der Menschheit nach (150).

Die Kantsche Ästhetik wurde von Mehring also aus der historischen Situation, in der sie konzipiert worden war, interpretiert, d. h. aus dem Zusammenhang der Emanzipationsbewegung des Bürgertums. Mit dieser Historisierung nahm Mehring zugleich eine kritische Position gegenüber Kant ein; Kants Ästhetik wurde als historisch bedingte, nicht, wie Kant meinte, als logisch-allgemeine, verstanden. Für das kritische Bürgertum der klassischen Zeit, so folgerte Mehring, mußte unter den gegebenen politischen Verhältnissen die »ästhetische Lösung« als der einzige Weg ihrer Emanzipation erscheinen; allein im Reiche des ästhetischen Scheins konnte das Ideal der Gleichheit realisiert werden, dem sich in der konkreten politischen Wirklichkeit die Adelsklasse widersetzte. Die Vorstellung jedoch, über die »ästhetische Lösung« zur Verwirklichung der politischen Rechte des Bürgertums zu gelangen, konnte von Mehring nur als illusionistisch beurteilt werden, ihr setzte er den politischen Kampf als die einzig »konkrete Lösung« entgegen. [9] D. h. die ästhetische Theorie Kants stellte zwar durch die Sicherung des wissenschaftlichen Ansatzes der Ästhetik und ihre historische Fundierung in der Emanzipationsbewegung des Bürgertums um 1800 eine wichtige Vorarbeit dar, hatte jedoch im historischen Bewußtsein und den Möglichkeiten politisch-revolutionärer Praxis dieses Bürgertums ihre Grenze. Für den Marxisten Mehring konnte dieser resignative Weg keinen Modellcharakter haben; die Übertragung des Emanzipationsstrebens in den Bereich des Ästhetischen bedeutete für das Bürgertum der klassischen Zeit die Aufgabe ihres politischen Emanzipationsanspruchs. Die Tendenz dieser Einstellung glaubte Mehring auch in der naturalistischen Ästhetik zu erkennen, mit der er sich am Beispiel von E. Steigers Schrift *Das Werden des neuen Dramas* eingehend auseinandersetzte: Die Naturalisten gingen davon aus, die Ästhetik in der »modernen Erkenntnistheorie« grundzulegen, und verstünden darunter die positivistische Psychologie im Sinne einer Psychophysik; d. h. die Grundlegung der Ästhetik sollte im Rahmen eines von der Naturwissenschaft vorgegebenen Erkenntnismodells erfolgen. Unter dieser Voraussetzung wurde die ästhetische Wirkung als Tatsache des »inneren Geschehens« verstanden, und die ästhetische Problemstellung von der historischen Perspektive abgehoben. Dies war für Mehring die erkenntnistheoretische Konsequenz, die sich für die naturalistische Ästhetik aus ihrer Grundlegung in den Naturwissenschaften ergab.

Mit dem Versuche, die ästhetische Wirkung als eine Tatsache des inneren Geschehens zum objektiven Bestimmungsgrunde des Geschmacks zu machen, kommt man also immer nicht über die Grenze des subjektiven Geschmacks heraus. Jedoch ist mit dem Scheitern dieses Versuchs auch Kants Annahme zerstört, wonach die objektiven Bestimmungsgründe in unserem ›übersinnlichen Substrate‹, in der ›unbestimmten Idee des Übersinnlichen in uns‹ wurzeln. Eine übersinnliche Idee kann keine historische Entwicklung haben, und doch ist alles ästhetische Urteil historisch bedingt. (165)

Wenn es also objektive Bestimmungsgründe des Geschmacks überhaupt gibt, so sind sie allenfalls im Rahmen einer historischen Bestimmung des ästhetischen Urteils ermittelbar. Eine wissenschaftliche Ästhetik habe nach der Geschichte des ästhetischen Geschmacks zu fragen, soweit dieser an die konkreten Wandlungen der Gesellschaft gebunden sei; in einer materialistischen Ästhetik aber ist in diesem Wandel die Dialektik der bestimmenden Faktoren der Geschichte vermittelt. Die Kritik, die Mehring gegenüber dem ahistorischen Denken Kants entwickelte, traf im gleichen Maße den Ansatz E. Steigers, der in der Umkehrung der materialistischen Dialektik »die geistigen Einflüsse vergangener Kulturen« als viel wirkungsmächtiger als deren »materielle Interessen« (167) veranschlagte; Mehring versuchte diese These gerade an jenem Beispiel zu widerlegen, wo sie am ehesten zuzutreffen schien, an der deutschen klassischen Literatur und am Beispiel Shakespeares.

Von dieser Position aus wird G. Hauptmann als Repräsentant einer bürgerlichen Literaturtradition angesehen, deren sozialer Impuls sich in jenem »werktätigen Mitleid« niederschlage, das Mehring als Inbegriff eines hoffnungslosen Moralprinzips interpretiert, das jede konkret politische Lösung des sozialen Elends verhindere. Als »bloßes Milieu« bezeichnet Mehring den sozialen Horizont Hauptmanns, für dessen perspektivische Reduktion ihm ein Stück wie *Vor Sonnenaufgang* beispielhaft ist, das die konkreten Probleme der kapitalistischen Gesellschaft mehr verdecke als enthülle.

Gegenüber den Millionen von Bauern, die von der kapitalistischen Produktionsweise unmittelbar in den Abgrund geschleudert werden, gibt es nicht hundert Bauern, die von ihr in der von Hauptmann geschilderten Weise mittelbar zu Reichtum gekommen sind. Es fehlt gänzlich jede Übereinstimmung zwischen Individuum und Gattung, deren Höhegrad nach Kant die ästhetische Formvollkommenheit bestimmt. Deshalb ist ›Vor Sonnenaufgang‹ ästhetisch ebenso unschön und unwahr, wie man es aus dem gleichen Grunde nicht sowohl ein ›soziales‹ als ein ›antisoziales‹ Drama nennen muß. (190)

Diese Kritik wurde von Mehring als grundsätzliche Kritik am Darstellungsprinzip des Naturalismus weitergeführt, sie bezog sich auf die kognitive Komponente der naturalistischen Theorie. In Mehrings Argumentation wird deutlich, daß der

Begriff des Sozialen, der zu den Schlüsselbegriffen der literarischen Moderne zählte, von den marxistischen Theoretikern anders interpretiert wurde, als ihn etwa Hauptmann und die liberale bürgerliche Kritik gebrauchten. Während diese den Begriff aus der Perspektive einer historischen Relativierung der moralischen wie der ästhetischen Normen und der Gebundenheit des Individuums an sein »Milieu« zu bestimmen versuchten, sah Mehring im Sozialen die Widerspiegelung der ökonomischen Struktur der bürgerlichen Klassengesellschaft und der sie bewegenden Dialektik. Im Hinblick auf die Auffassung des Sozialen, wie sie sich in den Stücken Hauptmanns darstellte, sprach Mehring daher von einer »unglaublichen Beschränktheit seines Gesichtskreises« (194), die sich durch das Prinzip der »objektiven Reproduktion« wesentlicher Erkenntnismöglichkeiten begab. Für den konsequenten Marxisten mußte daher der Anspruch des Naturalismus, die fortschrittliche moderne Dichtung der Literaturentwicklung zu repräsentieren, prinzipiell zurückgewiesen werden.

V. Naturalismusdiskussion in den »Preussischen
Jahrbüchern«: Literaturkritik jenseits der
politischen Fronten

> Die naturalistische Märchendichtung und der soziali-
> stische Zukunftsstaat sind Produkte desselben Prozes-
> ses.
>
> M. Lorenz in den *Preußischen Jahrbüchern* (1897)

Die Diskussion des Naturalismus in den *Preußischen Jahrbüchern,* eine der
profiliertesten Zeitschriften innerhalb der liberalen Publizistik der 90er
Jahre [1], läßt deutlich zwei Richtungen erkennen; eine erste (O. Harnack),
in der die neue literarische Bewegung unter dem allgemeinen Vorwurf, durch
ihre Tendenz den Kunstcharakter zu verderben, scharf kritisiert wird [2], und
eine zweite, für die die Arbeiten von R. Hessen und M. Lorenz charakteristisch
sind, die den Naturalismus aus der Orientierung an der klassischen Tradition
zu lösen und ihn als Zeitliteratur ästhetisch zu legitimieren versuchen.

1. Der Naturalismus als »Begleiterscheinung der sozialen Frage«

Einer der ersten Versuche in der Literaturkritik der 90er Jahre den Naturalismus ohne Parteinahme in den politischen Konflikten, im Zusammenhang mit der
sozialen Frage und unter dem Blickpunkt seiner Rezeption zu verstehen, ist der
Aufsatz von R. Hessen *Die Berliner Freie Bühne.* [1] Die Redaktion der
Preußischen Jahrbücher versah Hessens Beitrag mit der Bemerkung, daß sie sich
bislang der Freien Bühne gegenüber ablehnend verhalten habe, sie unter »dem
Gesichtspunkt einer dramatischen Versuchsstation aber, oder eines Ferments, das
das stockende scenische Leben in Gährung bringt« (29) wohl gelten lasse. Diese
Bemerkung kennzeichnet die Position der liberalen Kritik insgesamt. R. Hessen
sieht in der jüngstdeutschen Bewegung *»eine Begleiterscheinung der sozialen
Frage«* (27), eine Kunstrichtung, die durch ihren neuen Realismus den durch die
wirklichkeitsentfremdete Literatur des Klassizismus abgestumpften Zeitgenossen provozieren müsse. Der nämlich

habe es verlernt, den Dingen in's Gesicht zu sehen und sich für das Schlechte, für den
Sieg der Unvernunft und Bosheit, für die Opfer gesellschaftlicher Unterdrückung und
Mißwirtschaft verantwortlich zu fühlen. Daher kämen sie [die Naturalisten – M. B.]
nun, um in die Nacht der Zustände hineinzuleuchten, uns aufzurütteln, uns anzuklagen
und schließlich – ebenfalls zu bessern. (15)

Hessen interpretierte hier vom Standpunkt des liberalen Kritikers aus, der selber eine oppositionelle Rolle in der Gesellschaft einnahm, sich aber in keiner Weise mit der sozialistischen Bewegung identifizierte. Unter diesem Gesichtspunkt erhält der Naturalismus eine »aufklärerische Funktion«. Hessen macht das deutlich in seiner Analyse von Hauptmanns Drama *Vor Sonnenaufgang*: Der Dichter rücke Zustände ins Licht des Bewußtseins, von denen die Gesellschaft nichts gewußt oder die sie verdrängt habe; er »unternimmt hier mit einem Wort das, was uns bisher für absolut galt, als relativ hinzustellen, er erfüllt die große Aufgabe, den Menschen als solchen wieder in den Mittelpunkt der Politik zu rücken, neue wirthschaftliche Gedanken tief in's Publikum hineinzutragen und so dem Staatsmann den Boden zu bereiten« (17). Sehr genau erkannte Hessen, daß sich die zeitgenössische Naturalismusrezeption, besonders die politischen Reaktionen gegen Hauptmann und die von den Ordnungsbehörden verfügten Aufführungsverbote, an den Interessen des konservativen Bürgertums orientiert hatte, nur an zweiter Stelle spielten jene Argumente eine Rolle, die auf die Normen der klassischen Literaturtradition verweisen, die man in der jüngstdeutschen Literatur verletzt fand.

Am lautesten jedoch waren gewiße Tagesblätter, welche die Kurstreibereien der Börse berufsmäßig bemänteln und niemals reinere Freuden genießen, als wenn ihre Lieblinge an irgend einem Verbrechen gegen Volkskraft und Menschenthum wieder einmal gründlich ›verdient‹ haben. Man schlug den Sack und meinte den Esel. Es war die Kunstform, die man angriff, es war der Stoff, den man haßte. (18) [2]

Die sozialen Stoffe aber machten das naturalistische Theater zur Zeitliteratur, es spiegelte die bewegenden Probleme der 90er Jahre – nicht aber aus der Sicht sozialistischer Parteipolitik.

2. Naturalismus als »allgemeine Weltanschauung«

Der bedeutendste Repräsentant der liberalen Kritik war M. Lorenz, dessen Beiträge aus den *Preußischen Jahrbüchern* geringfügig überarbeitet in der Sammlung *Die Literatur am Jahrhundert-Ende* [1] erschienen. Lorenz zog zwischen Naturalismus und dem politischen Sozialismus eine deutliche Trennlinie; jede auf Wirkungsabsicht oder gar Agitation zielende Gestaltung widerspreche dem theoretischen Prinzip des Naturalismus grundsätzlich. Die Einstellung der Naturalisten der Wirklichkeit gegenüber wurde mit Kriterien beschrieben, die in der idealistischen Ästhetik die Haltung des Epikers charakterisierten. Im Hinblick auf Hauptmanns *Weber* spricht Lorenz von der »Ruhe der Betrachtung [...], solche Tiefe menschlichen Elends bis in's Kleinste getreu darzustellen« (490); in einer Analyse des *Fuhrmann Henschel* ist von einer »Lust des Schauens« (495) die Rede, die die Darstellung leite und sich auch auf den Leser übertrage. »Das naturalistische Kunstwerk erhebt und berauscht nicht, aber es glättet und besänftigt. Wir sehen die Erscheinungen in größerer Wahrheit und Reinheit, mit entschleierten Augen und beruhigter Seele. Es ist das ein passives Glücksgefühl.« (496)

Die Leitbegriffe, mit denen die liberalen Kritiker den Naturalismus analysierten, waren »Objektivität« und »Materialismus«. [2] Der Naturalismus wurde nicht mehr als Erscheinung der Kunst- bzw. der Literaturentwicklung allein aufgefaßt, sondern als »eine allenthalben sich bemerkbar machende Geistesverfassung unserer Zeit« (491). [3] Auf dieser allgemeinen Ebene ließ sich der Naturalismus auch konkreter als Zeitliteratur bestimmen als nach dem Kriterium stofflicher Aktualität. Unter dieser Perspektive wurde auch der Gegensatz des Naturalismus zu anderen Kunstrichtungen des Jahrhundertendes gesehen, deren Distanz und Entfremdung von den besonderen Problemen der Zeit und der »modernen Denkweise« kritisch registriert wurde. »Der Naturalismus steht im Verhältnis der Opposition und Negation zur alten ›idealistischen‹ Kunst, die mit der idealistischen Weltanschauung zusammenhängt.« (482) In der materialistischen Grundlage des Naturalismus schien es auch begründet, daß der Naturalist den Menschen in der Abhängigkeit seiner gesellschaftlichen Bedingungen zeige; dementsprechend konnte das Drama des Naturalismus auch nicht mehr am Begriff der Handlung orientiert bleiben, der in der idealistischen Ästhetik eine Grundkategorie des Dramatischen darstellt. Der dramatische Held als Träger von Handlung und freier Entscheidung war im Rahmen einer mechanistischen Weltanschauung nicht mehr denkbar: »Hier sind die Menschen unterdrückt von Dingen, Sklaven der Verhältnisse.« (485) Da die »Verhältnisse« jedoch vorwiegend als soziale begriffen wurden, erschien das Theorem von der Determination des Menschen in der Form seiner ökonomischen Unterdrückung am stringentesten darstellbar. Allein diese Darstellungsabsicht leite den naturalistischen Dramatiker, nicht Belehrung oder politische Agitation; daraus folgert Lorenz:

Es ist also gar nicht Mitleid oder gar revolutionärer Drang, sondern die innere Zusammengehörigkeit von Geist und Stoff, Seele und Materie, die den Naturalisten zum Dichter derer macht, die unter dem Druck des Elendes leiden. So gehören innerlich aber einander völlig unbewußt Naturalismus und Proletariat zusammen. In beiden hat die Seele unserer Zeit denselben Ausdruck erhalten, nur in verschiedener Form, das eine Mal in künstlerischer, das andere Mal in sozialer. (485)

Auch in ihrer gemeinsamen materialistischen Basis gehörten beide Bewegungen zusammen, selbst dort, wo sie sich voneinander zu entfernen suchten. Lorenz wies in seiner Arbeit über *Gerhart Hauptmann* [4] auf den Lyrismus hin, der für viele Naturalisten charakteristisch sei und aus deren Verfallensein an die Wirklichkeit und deren impressionistische auflösende Schilderung resultiere. Das lyrische Phantasiestück und das Märchen erscheinen Lorenz als »künstlerische Befreiungsmittel des naturalistischen Individuums« (487), dem der sozialistische Zukunftsstaat, der für die proletarische Masse weder in der Gegenwart noch in der unmittelbaren Zukunft konkrete politische Bedeutung habe, unmittelbar korrespondiere: »Die naturalistische Märchendichtung und der sozialistische Zukunftsstaat sind Produkte desselben Prozesses« (487). In diesem übergreifenden Sinn umfasse der Naturalismus als Weltanschauung auch die sozialistische Bewegung.

Lorenz setzte sich eingehend mit F. Mehrings Naturalismuskritik auseinander, die ihm typisch dafür ist, daß ein Sozialist kein Verständnis für den künstlerischen Naturalismus entwickeln könne, ebenso müsse dem naturalistischen Künstler die konkrete politische Perspektive fremd bleiben. So komme Mehring notwendig zu einer falschen Einschätzung des Verhältnisses von Kunst und Proletariat. Ein Beispiel dafür sei, daß es Mehring nicht gelinge, ein Stück wie Hauptmanns *Versunkene Glocke* konsequent aus dem weltanschaulichen Ansatz des Naturalismus zu begreifen und zu erkennen, daß es aus den gleichen philosophischen Voraussetzungen konzipiert sei, auf die sich auch der Sozialismus beriefe. Die Kluft, die Mehring zwischen dem Naturalismus und der sozialistischen Arbeiterbewegung sieht, ist für Lorenz ein Mißverständnis; er verweist auf das beiden gemeinsame Grundverständnis vom Menschen hin, nämlich die »Unterordnung der Seele unter die Dinge und Verhältnisse« (491). – In dieser Schrift liefert Lorenz eine der interessantesten zeitgenössischen Analysen des Naturalismus, deren Einsichten und Mißverständnisse in gleicher Weise aufschlußreich sind. Lorenz übersieht, daß der mechanistische Ansatz des Naturalismus, aus dem in den Dichtungen jene von den Zeitgenossen immer wieder registrierte Hoffnungslosigkeit resultiert, in einem grundlegenden Widerspruch zu der dialektischen Geschichtsauffassung steht, die die sozialistische Bewegung trägt und von der aus sie ihre Zukunftsperspektive entwirft. Die mechanistische Erklärung des Verhältnisses von Milieu und Individuum hat die vollständige Unterwerfung des Individuums unter die Determinanten des Milieus zur Folge. Dieser Auffassung mußte die Perspektive der politischen Praxis des Sozialismus, die mit der Veränderbarkeit der geschichtlichen Wirklichkeit durch den Menschen rechnet, widersprechen. Die Dialektik des Verhältnisses von Individuum und Geschichte ist in der sozialdemokratischen Naturalismuskritik stets nur mit der Formel vom »Optimismus« als der Grundstimmung der modernen Arbeiterbewegung umschrieben, die den Pessimismus der bürgerlichen Moderne negiere. Diese Psychologisierung des Gegensatzes vermag freilich den zugrunde liegenden Klassenantagonismus kategorial nicht zu erfassen. In der ästhetischen Theoriediskussion innerhalb der Sozialdemokratie war die Unterscheidung von mechanistischer und dialektischer Bestimmung des Verhältnisses von Kunst und Wirklichkeit nicht deutlich unterschieden. So bezeichnen sozialistische Kritiker ihre Position, indem sie sie gegen den Pessimismus und den mechanistischen Materialismus der spätbürgerlichen décadence absetzen, vielfach auch als »idealistisch«. Es muß als Dilemma der Sozialdemokratie der frühen 90er Jahre angesehen werden, daß sie in ihrer programmatischen Selbstdarstellung wie in der ästhetischen Theoriediskussion ihre politische Praxis nie ungebrochen zu vermitteln vermochte.

3. Die Begründung des Zusammenhangs von Naturalismus und Proletariat unter dem Aspekt der »ästhetischen Gerechtigkeit«

Die Neigung der Naturalisten zur Darstellung der »Schattenseiten« des menschlichen Daseins wurde von der liberalen Kritik auch mit dem Hinweis auf das Prinzip der »ästhetischen Gerechtigkeit« [1] interpretiert; d. h. die künstlerische Darstellung gäbe dem Unscheinbaren jene Bedeutung, die ihm im wirklichen Leben fehle. Die konkrete Perspektive des Ausgeliefertseins an die Zwänge der sozialen Situation werde im ästhetischen Erlebnis neutralisiert, es sei ein Vorgang der Sublimierung: »Auch hier kann das Mitgefühl mit den geschilderten Vorgängen lebendig sein, und wir haben kein Recht, von einem bloßen Scheingefühl dabei zu reden. Aber es hat aufgehört der Ausgangspunkt für eine praktische Bethätigung zu werden.« (238) Alle Empfindungen seien reine »Objektsgefühle« (282), die aus der ästhetischen Sphäre nicht herausreichen; der Kunstcharakter hebe jede handlungsorientierende Bedeutung der Darstellung auf. So verwandele der naturalistische Künstler »die zahlreichen Unwerthe des Lebens, der Natur in ästhetische Werte« (289). Dem im Ästhetischen Dargestellten gegenüber verharre der Betrachter in völliger Passivität, gleichwohl mit »tiefer und reiner Teilnahme« (290). Die Sphäre des Ästhetischen wird in dieser Argumentation als von jeder lebenspraktischen Bedeutung abgehoben gedacht, die Sphäre der Praxis bleibt demgegenüber als unkünstlerisch, letztlich als das Nicht-Schöne qualifiziert. Eine Kategorie wie »ästhetische Gerechtigkeit« bezeichnet die eine Argumentationsrichtung des liberalen Bürgertums der sozialen Fragen gegenüber, gleichsam ihre »ästhetische Lösung«. Die andere Richtung propagiert ein »werktätiges Mitleid«; darauf hatte sich der Kreis der Hauptmannfreunde festgelegt. In diesem Argumentationsrahmen läßt sich eine positive Stellungnahme zum Naturalismus insofern entwickeln, als der Naturalismus mit der Schilderung der »Schattenseiten« des Lebens, diese ins Bewußtsein, freilich nur in ein ästhetisches Bewußtsein, hebt. O. Külpe formulierte für diese Funktion der Kunst noch eine einschränkende Voraussetzung:

Aber von dieser Anerkennung bleibt zugleich ausgeschlossen diejenige Kunst [...] die sich in den Dienst bestimmter Theorien außerästhetischer Art stellt. Aufreizung zum Klassenhaß, Propaganda für eine moderne Sittlichkeit und Lebensanschauung, Vorliebe für das Frivole und Gemeine liegen der echten naturalistischen Kunst fern. Wo der Dichter solche Ingredienzien in den Trank mischt [...] da werden gerade die praktischen Beziehungen des von ihm geschilderten Gegenstandes zu uns, die dem Kunstwerk gegenüber zurücktreten und vergehen sollten, mit täppischer und roher Hand wiederhergestellt. (291)

D. h., daß dann die als Voraussetzung des Kunstwerts postulierte »Interesselosigkeit« dem ästhetischen Gegenstand gegenüber aufgehoben und ein vermittelnder Bezug von Kunst und der Sphäre der Lebenspraxis hergestellt sei. Dem »wahrhaft Ästhetischen« gegenüber habe der Betrachter in der »Rolle des bloßen unbetheiligten Zuschauers« (83) zu verbleiben, Külpe spricht von der »isolierenden Macht« (286) der künstlerischen Darstellung; der soziale Ort der Kunst seien in dieser Auffassung die »Feierstunden«.

Diese Interpretation des Naturalismus, die seine Rezeption durch das liberale Bürgertum widerspiegelt, läßt zweierlei erkennen: Die liberalen Kritiker waren bereit, die Verketzerung des Naturalismus als sozialistische Tendenzliteratur zurückzuweisen, indem sie das Prinzip der »objektiven« Darstellung einer idealistischen Interpretation unterwarfen, die jede Zweckhaftigkeit der Kunst ausschloß und die neue literarische Richtung, soweit diese nur ihren eigenen theoretischen Grundsätzen treu blieb, mit der idealistischen Tradition versöhnte. Der argumentative Weg dazu bot sich in einer Annäherung/Identifikation bzw. gegenseitigen Interpretation der Kategorien »Objektivität« und »Interesselosigkeit«, im Verständnis des Kantschen Postulats, an, deren verschiedene Systemkontexte (positivistische Wissenschaftsprogrammatik – transzendentallogische Begründung des ästhetischen Urteils) freilich außer acht blieben. Unter dieser Voraussetzung galt die Neigung der naturalistischen Literaten zu den Themen und Motiven aus dem sozialen Bereich in der Kunsttheorie legitimiert, jeder politische Aspekt der Stoffe erschien im Ästhetischen aufgehoben; der konkret politischen Forderung wurde die »ästhetische Gerechtigkeit« als Praxis neutralisierende, gleichwohl aber der Wirklichkeit gegenüber (ästhetisch) Stellung nehmende Kategorie entgegengesetzt.

Für unsere Rezeptionsanalyse ist jedoch festzuhalten, daß von einer wesentlichen Gruppe der liberalen Literaturkritik der Naturalismus, auch im Hinblick auf das Tendenzproblem, ohne jede Anspielung auf die Arbeiterbewegung und die Politik der Sozialdemokratie diskutiert wurde. [2]

VI. Das Soziale und die Programmatik der Moderne

> Es ist daher die erste und wichtigste Aufgabe der
> Poesie, sich der großen Zeitfragen zu bemächtigen.
> K. Bleibtreu, *Revolution der Literatur* (1886)
>
> Der preußische Junker nennt die Schaffung einer
> Brandweinliebesgabe und die künstliche Vertheuerung
> des täglichen Brotes mit derselben Inbrunst ›Sozial-
> reform‹ wie der Sozialdemokrat die Verwandlung aller
> Privatkapitalien in Kollektivkapital und der Antisemit
> die Judenhetze. Die ›soziale‹ Flagge muß heute jede
> politische Waare decken.
> H. Roth, *Die soziale Phrase* (1895)

Das Aufgreifen der sozialen Frage in der Dichtung der achtziger und zu Anfang
der neunziger Jahre muß im Zusammenhang mit den Bestrebungen der sozialistischen Arbeiterbewegung aber auch mit der allgemeinen wirtschaftlichen Kri-
senlage, die die soziale Unsicherheit und Not großer Teile der Arbeiterbevölkerung wieder verschärft ins Bewußtsein rückte, gesehen werden; es steht aber auch
im Zusammenhang mit den sozialpolitischen Aktivitäten des Wilhelminischen
Staates, der die Reformprogramme des »Vereins für Socialpolitik«, in denen die
Impulse der sozialen Bewegungen dieser Jahre zusammengefaßt waren, aufgegriffen hatte. Die wesentlichsten Maßnahmen waren eine Reihe von Verbesserungen im Arbeitsrecht und im Versicherungsschutz für Arbeiter, die Einführung
der Gewerbegerichte (Juli 1890), der Sonntagsruhe, des Schutzes für Frauen- und
Kinderarbeit (Juni 1891), die Einsetzung einer Kommission für Arbeitsstatistik
und damit die ersten Versuche einer systematischen Erfassung der Situation der
Arbeiter und des Arbeitsmarkts (1892), und der Ausbau der Alters- und Inva-
liditätsversicherung (1894). In Übereinstimmung mit den Bestrebungen der Wilhelminischen Sozialpolitik standen eine Reihe konservativer Kritiker, die auf
Grund ihres Engagements an der sozialen Frage die soziale Kritik, die sie in
einem Werk wie Hauptmanns *Webern* zu vernehmen glaubten, aus Überzeugung unterstützten und seine Interpretation als sozialdemokratisches Tendenzdrama entschieden zurückwiesen. D. h. die soziale Frage, wie unterschiedlich sie
inhaltlich auch gefaßt war, wurde zum Thema der Moderne quer durch alle
politischen Lager, zum Zeitproblem schlechthin, zum Stoff aktueller journali-
stischer Reportagen, aber auch zur modischen Attitüde in der neuesten literarischen Bewegung; sie war Teil eines als zeitgemäß empfundenen Fortschritts-

denkens, das seine Ideologie aus den verschiedensten Kanälen speiste. [1]
A. Bürkle [2] sieht diesen Zusammenhang für die Autoren der *Freien Bühne*
m. E. richtig und charakterisiert zugleich die allgemeine Situation, wenn er
schreibt:

Andererseits wird ersichtlich, wie sehr es den Autoren darauf ankommt, bei der Behandlung sozialer Fragen die Wirklichkeit zu skizzieren, auf die vorhandene Problematik
hinzuweisen, keineswegs aber eigentlich sozialpolitisch zu wirken. Denn auf die für die
sozialistische bzw. sozialpolitische Entwicklung der neunziger Jahre wichtigen Ereignisse wird in keiner Weise eingegangen. Eine politische Aktualität kann also der ›Freien
Bühne‹ keineswegs zugesprochen werden. Wenn von ihrem sozialpolitischen Anliegen die
Rede ist, so läßt sich dieses als ›literarisch‹ erkennen. (112)

Dieses Urteil Bürkles ist sicher zutreffend, gleichwohl aber ergab sich eine in
der allgemeinen Zeitstimmung begründete Aktualität der »sozialen« Literatur,
die auch das naturalistische Theater als Zeitliteratur auswies, jenseits der politischen Perspektiven des sozialen Problems. Der Widerspruch zwischen dem Anspruch auf Aktualität des Sujets und dem strikten Ausweichen vor den konkreten
Problemen der zeitgenössischen Sozialpolitik erklärt sich im Hinblick auf die
ästhetische Programmatik des Naturalismus, in der die Kategorie des Sozialen
auf einer anderen Ebene angesiedelt ist als der politisch praktischen. Wenn Bürkle
dem Naturalismus politische Aktualität abspricht, und er befindet sich damit in
Übereinstimmung mit der Mehrheit der zeitgenössischen sozialdemokratischen
Kritiker, die immer wieder daraufhin wiesen, daß in den literarischen Darstellungen des Proletariats die charakteristischen Figuren und Einrichtungen der
modernen Arbeiterbewegung fehlten, so orientierte er sich allein an der ästhetischen Theorie des Naturalismus bzw. einer immanenten Deutung der Dichtungen selbst; er übersieht dabei die Vermittlung des Politischen in den anscheinend politisch nicht aktuellen Stoffen, die in der zeitgenössischen Rezeption der
naturalistischen Literatur durchbrach. Der Naturalismus wurde von nahezu allen
in den neunziger Jahren maßgeblich am Literaturprozeß beteiligten gesellschaftlichen Gruppen als politisches Faktum behandelt; das dokumentieren allein die Argumentationen in den Verbotsverfügungen von Hauptmanns *Webern*. D. h. die
Frage der politischen Aktualität und Wirkung von Literatur ist einseitig gestellt,
wenn sie sich allein am thematischen Aufgreifen konkreter zeitpolitischer Probleme
orientiert. Mehr als durch das stoffliche Aufgreifen politischer Tagesfragen und
deren parteiliche Gestaltung scheint die politische Wirkung von Literatur aus dem
zeitgeschichtlichen Kontext insgesamt zu resultieren, indem alle Faktoren literarischer Produktion und Rezeption vorgegeben sind. Sie vermag sich ebenso gegen
die Intention der Autoren wie gegen die Rezeptionsvorgabe selbst aus den Bedingungen »der geschichtlichen Stunde« zu ergeben; sind diese Bedingungen nicht
vorhanden, kann auch eine noch so parteilich intendierte oder politische Fragen
unmittelbar thematisierende Literatur im Prozeß der Rezeption ihrer Intention
nach restlos neutralisiert werden, wie andererseits auch aus »schiefen, fragmentarischen, dunklen Darstellungen«, wie Brecht in den Nachträgen zum *Kleinen
Organon* schreibt, (richtige) Wirkungen gewonnen werden können. Adorno be-

schreibt den Vorgang wohl zutreffend, wenn er behauptet: »Gesellschaftliche Wirkung von Kunst ist offenbar paradox als eine aus zweiter Hand; was an ihr der Spontaneität zugeschrieben wird, hängt seinerseits ab von der gesellschaftlichen Gesamttendenz.« [3] Damit werden in der dialektischen Vermittlung von Produktion und Rezeption die Bedingungen der Rezeption nicht zum allein bestimmenden Moment erhoben, sondern es werden vielmehr die Bedingungen der literarischen Rezeption als Momente des gesellschaftlichen Produktionsprozesses im ganzen aufgefaßt.

1. Das Soziale als Fundierungszusammenhang der ästhetischen Theorie und des ästhetischen Urteils

Das Problem des Sozialen wurde in der Theorie des Naturalismus in der sozialen und historischen Bedingtheit ästhetischer Normen und davon hergeleiteter ästhetischer Urteile gesehen. Diese Position formulierte bereits 1885 J. Hillebrand in seiner Programmschrift *Naturalismus schlechtweg!* [1]

Der Hauptirrtum der Gegner der neuen realistischen Kunstrichtung liegt aber noch tiefer. Sie verkennen nämlich ganz den untrennbaren Grund und Zusammenhang der Poesie mit dem sozialen Leben und der Wissenschaft. Die Kunst ist ebenso ein Produkt der jeweiligen Gesellschaftszustände wie etwa Ethik oder Politik. Es giebt daher auch keine absolute Ästhetik. Ist z. B. der Gesellschaftszustand ein religiös-feudaler, so ist auch die Poesie (infolge ihrer notwendigen Beziehungen zum geistigen und materiellen Leben) religiös-feudal. (233)

Diese Überlegungen wurden von O. Brahm [2] auf das naturalistische Theater angewandt, indem er für diesen Literaturbereich den von der konservativen Literaturkritik erhobenen Geltungsanspruch ahistorischer Gattungsregeln zurückwies. Diese Kritikergruppe versuchte das naturalistische Theater als »undramatisch« abzuwerten. Brahm wandte dagegen ein, daß damit Aristoteles als eine Art »ästhetischer Moses« kanonisiert werde.

Wir suchen, Schüler der Hegelschen Philosophie, die wir sind – auch wenn wir nie eine Zeile Hegel gelesen haben, stehen wir Heutigen noch unter diesem vererbten Bann, diesem gespenstischen Einfluß – wir suchen mit Hegel die *wahre* Kunst, das *wahre* Drama [...] und vergessen, daß es so viele Formen der Kunst giebt, als es Nationen giebt und Zeiten. (494)

In diesem Sinne spricht auch A. Holz von der künftigen wissenschaftlichen Ästhetik als von einer »*Soziologie* der Kunst«. [3]
Eine materialistisch soziologische Interpretation des Zusammenhangs von Literatur und Gesellschaft unter der Kategorie des Sozialen findet sich in den Arbeiten von E. Schlaikjer. In dem Aufsatz *Der Einfluß des Kapitalismus auf die moderne dramatische Kunst* [4] wird das Theater in seinem Status als öffentliche Institution als soziales Phänomen betrachtet, daneben interpretiert Schlaikjer das Soziale im naturalistischen Drama aber auch konkret thematisch. So erscheint ihm in *Vor Sonnenaufgang* die Familie Krause als »Symptomenkomplex der Korrup-

tion« [5] einer Gesellschaft, deren Klassenstruktur das Stück konsequent widerspiegele. Gleiches gelte für *Einsame Menschen* [6], *Hannele* [7] und die *Weber* [8], in denen der soziale Stoff zur Tragödie gestaltet worden sei.

In ›Vor Sonnenaufgang‹ spielten die sozialen Verhältnisse noch die passive Rolle des Milieus, in den ›Einsamen Menschen‹ traten sie schon selbständig in Aktion, indem Menschen verschiedener Generationen aneinanderprallten, aber die Handlung blieb noch innerhalb des engen Kreises einer Familie. In den ›Webern‹ erweitert sich der Kreis der Familie zum Volk. Die einzelnen Individuen schwinden, und die *Masse* geräth in Bewegung, nicht gegen einen Einzelnen, sondern gegen die ganze ihr feindliche Schicht. (6)

In einem eingegrenzteren Sinne versteht O. Ernst [9] die Begriffe »sozialer Roman« und »soziales Drama« als nur auf Werke anwendbar, »welche *den Menschen im sozialen Kampfe*« (6) darstellen. Die Kategorie des Sozialen wird in diesen beiden Auffassungen mit einem zusätzlichen Bedeutungswert ausgestattet, sie bezeichnet nicht nur das Gesellschaftlich-Historische als allgemeinen Fundierungszusammenhang der ästhetischen Produktion, sondern deren Bedingungen in der bürgerlichen Klassengesellschaft.

2. Wilhelm Bölsches Schrift »Die sozialen Grundlagen der modernen Dichtung«

Von der Naturalismusforschung bislang übersehen, stellt die Arbeit W. Bölsches *Die sozialen Grundlagen der modernen Dichtung* [1] eine der aufschlußreichsten Analysen des Sozialen als Kategorie innerhalb der ästhetischen Theoriebildung in der Diskussion der neunziger Jahre dar. W. Bölsche setzt den Zusammenhang von zeitgenössischer Literatur, der »sozialen Frage« als Zeitproblem und den politischen Bestrebungen der Sozialdemokratie an den Ausgang seiner Fragestellung und entwickelt aus der Analyse des Verfalls der idealistischen Philosophie am Ende des 19. Jahrhunderts eine Funktionsbestimmung des Sozialen für die ästhetische Theorie. Das Soziale wird so definiert, daß es an jene Stelle tritt, an der zuvor metaphysische Begriffe Legitimationsfunktion einnahmen. [2]

Endlos lange vernachläßigt, treten heute zum ersten Mal die sozialen, die Massenbewegungen in der Geschichte hervor, das ›Volk‹ kommt allenthalben in Aktion. Was nie geahnt wurde, dem glauben wir heute bereits auf der Spur zu sein: der Abhängigkeit selbst so scheinbar ›ewigen‹ Geistesbesitzes wie der Moralbegriffe einer Zeit von der jeweiligen Herrschaft gewisser wirthschaftlich einheitlicher Klassen oder überhaupt, der Existenz solcher Klassen. (25) [3]

D. h., daß auch ästhetische Theorie und poetische Praxis aus einem »letzten Endes wirthschaftlich zu begründenden Standpunkte« (26) zu begreifen seien; unter diesem Verständnis des Sozialen sei die »Kulturrolle der Dichtung« (27) d. h. ihre aktive Funktion im geschichtlichen Prozeß, neu zu bestimmen. Wenn Bölsche eine Geringschätzung oder Infragestellung dieser Funktion kritisiert, mag das als Polemik gegen die These einer Reihe sozialdemokratischer Kritiker gerichtet sein, die die Rolle der Literatur in der politischen Emanzipationsbewegung der Arbeiterschaft als bedeutungslos ansahen. Charakteristisch für die Argumentation Bölsches ist, daß er den Begriff des Sozialen in dieser übergreifenden Funktion aus jedem sozialpolitischen Pragmatismus löst, gleichzeitig aber mit einem neuen Geschichtsverständnis verbindet, das sich aus der Erkenntnis der historischen Bedeutung der großen Volksmassen herleitet. Bölsche sichert den Begriff des Sozialen gegenüber eingrenzenden Auslegungen ab:

Man denkt sich und fürchtet unter den ›sozialen‹ Elementen der Kunst bestimmte politische Meinungen des Dichters, übersieht aber, daß im Sinne gerade echt moderner Auffassung auch die Moral nichts mehr und nichts minder als ein echt soziales Phänomen ist und daß jeder Poet in dem Zuge, der das ethische Gebiet streift [...] Stellung nimmt im tiefsten Kern der brennenden sozialen Fragen unserer Zeit. Ich erinnere nur an Hauptmanns ›Weber‹, die gegen den Vorwurf, ein ›soziales‹ Drama im stürmischen aktuellen Sinne zu sein, vertheidigt wurden als eine ›reine Mitleidsdichtung‹ – als wenn nicht eben in dem ›Mitleid‹ des großen, so tief individuell angelegten Dichters mit den armen schlesischen Webern, der ganze Strom der Zeit, der unsere ›soziale Fragen‹ mit all ihren schärfsten praktischen Zuspitzungen emporgetrieben hat, quer auch durch die Weberdichtung flösse. (28)

Auf Grund einer Bestimmung des Sozialen, die sich an der »sozialen Frage« der Gegenwart zwar konkretisiert, nicht aber darin aufgeht, versucht Bölsche, die naturalistische Bewegung von der idealistischen Tradition abzugrenzen, zeigt aber gleichzeitig ihre gemeinsame Orientierung an einem »Idealen« als einer Art regulativen Idee, die jedoch innerhalb der Struktur einer Dichtung in beiden Traditionen verschiedenen Stellenwert besitzt.

Zola's ›Assommoir‹ oder Hauptmanns's ›Weber‹ stehen in jeder Faser auf Idealen, jeder Zug in ihnen ist innerlich gemessen an ganz bestimmten Idealen. Das besondere Raffinement besteht aber hier darin, daß diese Ideale vom Hörer unwillkürlich als Kehrseite ›erschlossen‹ werden, *ohne* daß sie plump in Worten ausgedrückt oder gar in die Dinge hineingeworfen sind. Das letztere, das direkte Verwandeln der Wirklichkeitsdinge in das Ideal, mindestens als Schlußlösung, war das gangbare Prinzip des sogenannten älteren ›Idealismus‹. (101)

Während also die klassische Literatur das Ideal zumindest als Perspektive sichtbar gemacht hatte, überläßt der naturalistische Dichter die Entwicklung dieser Perspektive seinem Leser/Publikum. Das Soziale fungiert damit als Regulativ, das den Zusammenhang von Leser und Werk, von Werk und seiner Rezeption, stets neu in der historischen Situation vermittelt. Der naturalistische Dichter stellt Konflikte nicht mehr als individuelle dar, sondern eben als »soziale«, d. h. begründet im Prozeß der Geschichte.

So erscheint auch vor dieser ›sozialen‹ Betrachtung alle ›Schuld‹ des Indiviuums bloß als der Ausdruck gewißer verworrener sozialer Übergangszustände, und aller Schmerz wird verklärt durch den Ausblick auf eine glücklichere Zukunft, die im inneren Gefüge menschlicher Fortentwicklung sich nur aufbauen *konnte,* wenn diese Schmerzen durchkostet wurden [...] (103).

Bölsche bringt mit dieser These ansatzweise ein dialektisches Moment in den literarischen Wirkungsprozeß, das der Darstellung selber fehlt, oder besser: das den Zusammenhang von Leser und Werk voraussetzt. In der poetischen Praxis des Naturalismus ist jene »glückliche Zukunft«, von der Bölsche spricht, freilich nicht zu erkennen, auch nicht als kritische Perspektive, die die dargestellte Wirklichkeit transzendiert oder auch nur verfremdet. Die Problematik dieses Wirkungsmodells wird besonders durch die Analyse der zeitgenössischen Rezeption der *Weber* deutlich, die der »kulinarischen« Verwertung sowenig wie der politischen Fehlinterpretation entgangen sind. Wenn Bölsche den Schuldbegriff so interpretiert, daß er allein »Produkt momentaner Unzulänglichkeit der Gesellschaft«, »Allgemeinschuld« und der Schuldige nur »Opfer sozialer Mißstände« (104) sei, dann reproduziert er letztlich den mechanistischen Ansatz der naturalistischen Milieulehre, die das Invividuum in den gesellschaftlichen Determinanten fixiert und jene Wandlung zu einer »glücklicheren Zukunft« ausschließt, von der er selbst spricht. Es ist m. E. eine falsche Einschätzung des Rezeptionsvorgangs, wenn Bölsche für Hauptmanns *Weber* voraussetzt, daß das »Ideal« schon genügend deutlich in der dunklen Kehrseite stecke,

um im *Hörer* die Lösung gleichsam selbstthätig, durch eine Art intuitiver Reaktion entstehen zu lassen. Bei dem Wagniß, heute schon ein konkretes Bild von der wirklichen sozialen *Zukunfts*lösung zu geben, fällt der Vortheil der Methode hier unbedingt dem Dichter zu (105).

Damit wird die eigentliche Absicht dieser Argumentation deutlich; Bölsche versucht, das Verhältnis von Literatur und sozialer Wirklichkeit in der Weise zu erklären, daß er sich von der positivistischen Bestimmung des Sozialen als monokausalem Determinationsbereich abgrenzt, letztlich aber auch eine materialistisch-dialektische Bestimmung seines Gegenstandes nicht zu leisten vermag. Es komme für den Dichter nicht so sehr darauf an, sich für eine der sozialen Lösungen zu entscheiden, die in »einer immer kräftiger aufblühenden sozialkritischen Theorie« oder in den »verschiedenen aktuellen Besserungssystemen des sozialen Gebiets« (105) angeboten werden, wesentlich sei vielmehr, daß in der literarischen Darstellung »die sozialen Dinge und alles, was damit zusammenhängt, als im Fluß begriffen« (105) erscheinen. Damit wird anstelle einer konkreten parteilichen Kritik die Entwicklung des Bewußtseins der Historizität der sozialen Gegebenheiten gefordert; im Aufbau dieses Bewußtseins komme der Dichtung eine entscheidende Bedeutung zu.

In einem zweiten Ansatz, das Soziale in seiner Funktion für die ästhetische Theorie und Praxis zu bestimmen – nämlich von der Reflexion auf den Klassenstandpunkt des Schriftstellers ausgehend – kommt Bölsche zu einer politisch konkreteren Lösung. Er entwickelt diese Argumentation in folgender Weise:

Es ist sicherlich wahr, daß nicht die Hauptquelle aber doch *eine* der Quellen, aus denen der soziale Zug in unserer modernen Dichtung entspringen muß in der *unmittelbaren wirthschaftlichen Lage des modernen Dichters als Persönlichkeit* steckt. (564 f.)

Davon wird die Forderung abgeleitet, die soziale Situation der Autoren einer systematischen Untersuchung zu unterwerfen; die unterschiedlichen wirtschaftlichen Verhältnisse der einzelnen Schriftsteller und die Frage nach deren Ursachen werden als Probleme vordringlicher literarsoziologischer Forschung herausgestellt. [4] Die gegenwärtige soziale Lage der Autoren, die durch Publikumsmeinung und Literaturgeschäft manipuliert sei, gibt nach Bölsches Meinung kein Bild wieder, das sich an der künstlerischen Qualität mißt, vielmehr haben die Autoren, die sich auf den Modegeschmack einlassen, das Publikum und damit das Geschäft hinter sich. Dieser Zustand aber resultiere letztlich aus der Struktur der Klassengesellschaft, denn das Literaturpublikum sei keineswegs identisch mit der Gesellschaft im ganzen.

Es stellt nur einen relativ ganz geringen Ausschnitt daraus dar: nämlich den Ausschnitt Derer, die die *materiellen Mittel* besitzen, um überhaupt Bücher, also auch Dichtungen, kaufen zu können. Davon, daß der Dichter unmittelbar mit seiner Nation zu thun hätte, ist gar keine Rede. (566)

D. h. für die große Masse des Volkes spielt die Literatur im Grunde keine Rolle; jener beschriebene »Ausschnitt« ist in der bürgerlichen Gesellschaft identisch mit der Gruppe der Besitzenden: »Die Besitzenden sind zugleich die Gebildeten.« (567) Somit reguliert sich der Literaturbetrieb auf zwei Ebenen nach den Interessen der Besitzenden, indem sie als Leser ein Auswahlkorrektiv darstellen und indem sie als Verleger die materiellen Voraussetzungen der Literaturproduktion und -distribution beherrschen. [5] Bölsche resümiert:

Das Verlegerthum, wie es uns heute vor Augen steht, ist ein ausgesprochenes Produkt des Kapitalismus. Und es stellt die Ecke dar, wo auch der Dichter, der sich nie einen Moment auch nur mit Nationalökonomie beschäftigt, ja diese Beschäftigung vielleicht direkt verachtet hat, mit dem ganzen Kopf gegen das Prinzip dieses Kapitalismus stößt und es sehen muß [...] Es ist nur gerecht, wenn seine Kritik in diesem Fall von allem Persönlichen abstrahirt und ganz ausschließlich Kritik dieses konkreten Systems wird. (668)

Sollte die sozialistische Bewegung die Besitzverhältnisse der Gesellschaft zu ändern vermögen, wäre damit zwar noch nicht ein neues Bildungsniveau garantiert, es wäre jedoch sichergestellt, daß allen Teilen der Bevölkerung der Zugang zur Literatur gleichermaßen offenstünde; die ökonomischen Verhältnisse würden damit als regulativer und selektiver Faktor der Literaturproduktion wie der -rezeption bedeutungslos werden. Zur Einsicht in diesen Zusammenhang vermag der Dichter durch die Reflexion seiner eigenen Erfahrungen zu gelangen.

Ob unser Dichter sich schließlich einem engeren Parteiprogramm genau anschließen wird, das ist ganz subjektive Sache. Unbedingt hat ihn sein eigenes Erleben und Denken bis zum vollen Verständnis geführt, daß reformirende Parteien auf sozialem Gebiete, die den Kapitalismus verwerfen und eine neue wirtschaftliche Grundlage unserer Gesellschaft suchen in einer Form, die den heutigen Gegensatz von Besitzenden und Besitzlosen aufhebt, überhaupt ihre logische Berechtigung haben und einen Entwicklungsfortschritt verkörpern. (670)

Somit würde Gestaltung des Sozialen bedeuten, in der gegenwärtigen Gesellschaft jenen Verfallsprozeß sichtbar zu machen, den das System selber erzeugt; das aber käme tendenziell der Aufgabe des mechanischen Denkmodells und der Darstellung der Wirklichkeit mit der Möglichkeit ihrer Veränderung gleich; die Gestaltung des Sozialen erschiene dann, führt man den Ansatz Bölsches konsequent weiter, als ein Akt der dialektischen Historisierung, der (bei Brecht als »Verfremdung«) als kritische Perspektive in die Gestaltung einginge.

W. Bölsche vollzieht mit dieser Schrift von 1897, die in sich keineswegs immer schlüssig argumentiert und in manchem wiedersprüchlich bleibt, eine deutliche Korrektur gegenüber seiner ersten Programmschrift von 1887, *Die naturwissenschaftlichen Grundlagen der Poesie* [6], die bisher in der literaturwissenschaftlichen Naturalismusforschung ausschließlich das Bild Bölsches bestimmt hat. Zusammen mit Mehrings *Ästhetischen Streifzügen* von 1898 stellt Bölsches Arbeit über *Die sozialen Grundlagen der modernen Dichtung* einen gewissen Abschluß der zeitgenössischen Naturalismusdiskussion dar. In seiner ersten Analyse definierte Bölsche die Grundlagen der ästhetischen Theorie noch ausschließlich unter Berufung auf die Naturwissenschaften. Dichtung habe, sofern sie die Grenzen des naturwissenschaftlichen Erkenntnismodells nicht überschreite, sondern diese in der poetischen Praxis konsequent erfülle, den Charakter des Experiments; in einem rein mechanistischen Ansatz wurde das Individuum von den Bedingungen seines Milieus her erklärt. Das *realistische Ideal* (69), von dem Bölsche in dieser Schrift spricht, ist eine Tendenz zum »Harmonischen, Gesunden, Glücklichen« und »Natürlichen« (71). Die beiden Programmschriften Bölsches, zwischen denen die Entwicklung von zehn Jahren liegt, lassen den Bogen erkennen, den die Diskussion um die »literarische Moderne« gespannt hat. Bölsches eigene Entwicklung steht paradigmatisch für die Verschiebung der Akzente: von der anfangs programmatischen Grundlegung der Ästhetik und der Literaturtheorie in den Naturwissenschaften zu Theorieansätzen hin, deren zentrale Kategorie das Soziale ist. Mit diesem Begriff wurde die historische Perspektive wieder in die Prämissen der Theoriebildung eingebracht, darin liegt die bedeutende erkenntniskritische Leistung dieser Kategorie. Der Vorgang wird weiter zu verfolgen sein in der Frage nach der Stellung der Naturwissenschaften im Rahmen der zeitgenössischen Naturalismusdiskussion; es bleibt auch zu prüfen, welche Rolle die Naturalismuskritik, die von der Sozialdemokratie entwickelt wurde, im Hinblick auf diese Akzentverschiebung gespielt hat. Die in der sozialistischen Literaturtheorie der neunziger Jahre immer nur sehr rudimentär erscheinende dialektische Betrachtung des Verhältnisses von Literatur und Gesellschaft wurde in Bölsches Schrift von 1897 am weitesten entwickelt.

3. Soziale Thematik und naturalistische Ästhetik

In welchem Grade unterschiedliche Bezugssysteme bei der Verwendung der Kategorie des Sozialen in der Naturalismusdiskussion der neunziger Jahre ihre inhaltliche Bestimmung uneinheitlich machten, soll in einer Reihe weiterer Definitionsansätze des Begriffs veranschaulicht werden, in denen sich auch der Zusammenhang des Sozialen mit der ästhetischen Theorie unterschiedlich begründet. Eine Studie von H. Roth *Die soziale Phrase* [1] untersucht diese Situation:

Einen klaren Sinn hat der Ausdruck wohl nie gehabt; und wenn er ihn je gehabt haben sollte so hat er ihn doch jetzt nicht mehr, wo jede Partei darunter etwas anderes versteht, etwas anderes das dann wiederum nach Zeit und Umständen wechselt. Der preußische Junker nennt die Schaffung einer Branntweinliebesgabe und die künstliche Vertheuerung des täglichen Brotes mit derselben Inbrunst ›Sozialreform‹ wie der Sozialdemokrat die Verwandlung aller Privatkapitalien in Kollektivkapital und der Antisemit die Judenhetze. Die ›soziale‹ Flagge muß heute jede politische Waare decken. (645)

Roth rät an, den Begriff aufzugeben, da mit ihm in der Diskussion keine Übereinkunft mehr hergestellt werden könne; durch seine agitatorische Verwendung werde allein die Sozialistenfurcht, die These »vom roten Gespenst im Staate«, gefördert.

Von Anfang an war das Schlagwort von der sozialen Frage, was immer man auch darunter verstand, Teil des naturalistischen Programms. Bereits in K. Bleibtreus *Revolution der Literatur* [2] hieß es: »Es ist daher die erste und wichtigste Aufgabe der Poesie, sich der großen Zeitfragen zu bemächtigen« (13); Bleibtreu bezeichnete die soziale Frage als die Frage der Zukunft. [3] Soziale Bewegung und Realismus galten als gemeinsamer Ausdruck des Zeitgefühls; in dem Maße, wie sich der Naturalismus programmatisch den Themen des Sozialen zuwandte, wurde er als Zeitliteratur aufgefaßt. »Das ›Moderne‹ im Drama« [4] resultierte aber auch aus dem Widerspruch zur Requisitenkunst des der modernen Wirklichkeit entfremdeten nachklassischen Theaters, an den »Themen der Zeit« wurde eine neue Darstellungstechnik erprobt. Auf den Zusammenhang von Stoffwahl und naturalistischer Reproduktionstechnik wird noch einzugehen sein. – Eine eingehende Analyse des Sozialen in der Gestaltung des naturalistischen Dramas entwickelte K. Goldmann in seiner Streitschrift *Die Sünden des Naturalismus* [5]; er sah in der Lösung der sozialen Frage, »der Emancipation der Arbeit von dem Feudalismus des Capitals« (73), das Problem des 19. Jahrhunderts. Da in der Gegenwart dieser Konflikt jedoch nur auf der Ebene des politischen Klassenkampfes auszutragen sei, müsse die Literatur aus dieser Frage herausgehalten werden. Dem Naturalismus insgesamt machte Goldmann den Vorwurf, daß er es umgehe, die sozialen Verhältnisse auf ihre eigentlichen Ursachen zurückzuführen, und nur vordergründig und einseitig die soziale Realität schildere. Das naturalistische Drama reduziere die soziale Frage auf das Problem des Alkoholismus und die minutiöse Ausbreitung des Verfalls der modernen Gesellschaft; Hauptmanns »soziales« Drama *Vor Sonnenaufgang* sei dafür ein Beispiel:

Eine lebenskräftige Tendenz, einen socialen Ziel- und Endpunkt bietet dieses Drama nicht. Es ist naturalistisch, weil es eine wohl wahrheitsgetreue, aber ästhetisch völlig ungenießbare Schilderung des gemeinen, Häßlichen und Verkommenen bietet [...] wer aber den blutigen Ernst der socialen Frage, die nicht bloß betrunkene, im Alkoholismus verkommene Bauern, sondern Arbeiter, den Handelsstand und das Gelehrtenproletariat, Militär und Adel, Frauenfrage, Ehezustände, die öffentliche Sittlichkeit, Erziehungswesen, politisches und litterarisches Leben, die Judenfrage u. a. m. in sich einschließt, vollkommen kennt, der wird nicht lange darüber im Zweifel sein, ob wir es hier nur mit einem dramatischen Jahrmarktsgräuel oder mit einem wirklich ernsten socialen Drama zu thun haben. (109)

Der Spielraum in der Verwendung des Begriffs »soziales« Drama wird in dieser Argumentation deutlich. Während Hauptmann glaubt, sein Stück mit diesem Etikett versehen zu können, weil es ihm darum ging, die Determination des Verhaltens der Individuen durch ihre Umwelt zu zeigen, fordert Goldmann vom »sozialen Drama« die Thematisierung sozialpolitischer Probleme. Sein Urteil über das Hauptmannsche Stück muß daher negativ ausfallen, denn für ihn liegt allein in der Trunksucht der Familie Krause der »sociale Kerngedanke« (77). Mit der Verkürzung der Perspektive auf die »bloße Magenfrage« (79) und das Alkoholproblem mache sich der Naturalismus »der Lüge schuldig« und rücke von seinem eigenen Grundsatz der objektiven Darstellung ab. Die entscheidende Aufgabe einer modernen sozialen Dichtung liegt für Goldmann vielmehr darin, das Soziale nicht nur als Macht »von außen«, die die Individuen überwältigt, »von der sie mechanisch bewegt und geformt werden« (81), darzustellen, sondern zu zeigen, wie diese »selbst nach Kräften zurückwirken und sie umgestalten helfen« (81). Goldmanns Kritik richtete sich gegen den mechanistischen Erklärungsansatz, mit dem der Naturalismus die soziale Wirklichkeit beschreibt, und der jede Anstrengung zur Veränderung dieser Wirklichkeit sinnlos erscheinen läßt. In diesem Defätismus sah Goldmann »ein Gift, das den ganzen staatlichen und gesellschaftlichen Organismus dem Materialismus, Nihilismus und der Anarchie entgegentreibt« (84). Der Nachsatz macht Goldmanns eigene Position deutlich; er zählt zu jenen konservativen Kritikern, die die soziale Frage als Problem ihrer Zeit erkannten und ernst nahmen, doch ihre Lösung durch den politischen Sozialismus nicht akzeptierten, sondern in der Reformpolitik der Regierung den richtigen Weg sahen. Indem er sein eigenes politisches Engagement seiner Literaturkritik zu Grunde legt, muß ihm der Naturalismus als »anarchistisch«, »pessimistisch« und »nihilistisch« erscheinen.

Der Zusammenhang von sozialer Thematik und ästhetischer Theorie wird in der zeitgenössischen Diskussion auch als Bedingungsverhältnis interpretiert, das sich aus den Prämissen der naturalistischen Ästhetik selbst herleitet. Unter diesem Aspekt wird der Begriff des Sozialen von A. v. Berger in einer Vortragsreihe zur Ästhetik und Technik des Dramas, (1889/90 in Wien gehalten) [6] unter Zurückweisung jeder politischen Perspektive entwickelt. Der Naturalismus erscheint von Berger als die dem modernen naturwissenschaftlichen Denken entsprechende Literatur, der Naturalist habe ein rein intellektuelles Interesse an der Wirklichkeit, das des empirischen Forschers. Soziale Thematik und naturalistische Theorie werden nicht nur als parallele Zeiterscheinungen begriffen und aufeinander bezogen, wie es C. Bleibtreu als erster formuliert hatte, sondern vom theoretischen Ansatz her verknüpft. Verbindungsglied ist die Milieutheorie, durch sie werden die Stoffe bestimmt, die der Darstellungsabsicht der Naturalisten besonders entgegenkommen. Von Berger folgert deshalb:

Der Mensch in der Sphäre der Bildung ist kein geeignetes Objekt für diese Darstellungsweise, die sich jedoch trefflich eignet für jene Menschennaturen, die mit ihrem Natur- und Kulturmilieu noch eng verwachsen sind. Dies ist der artistische Grund für die Thatsache, daß das moderne Drama nicht müde wird, Lebensbilder aus den sogenannten unteren Volksschichten zu malen. (35)

D. h. im Proletarier findet der Naturalist jene Verhaltensdispositionen vor, die sich nahtlos in seine soziologistischen und sozialpsychologischen Theoreme (Milieudetermination) einfügen. Neben diesem »artistischen Grunde«, wird zwar ein Mitempfinden mit »dem Elend der Enterbten« (224) als sekundäre Motivation eingeräumt, um die soziale Thematik zu erklären, doch ist das »Milieudrama« letztlich nur über die Postulate der naturalistischen Kunsttheorie an die Stoffe »aus dem Leben des vierten Standes« gebunden. [7]

Mit dem Milieubegriff ist eine Grundkategorie der naturalistischen Theorie aufgegriffen, die das Soziale in der Gestaltung der naturalistischen Literatur unter eine erkenntniskritische Perspektive stellt. In seiner Theorie des Experimentalromans hatte E. Zola die Milieulehre in die Ästhetik der Moderne eingebracht, in dem er das Individuum als »den physikalischen und chemischen Gesetzen absolut unterworfen« [8] erklärt hatte. W. Bölsche griff in seiner Programmschrift von 1887 [9] diesen Gedanken konsequent auf und sah darin die Voraussetzung der realistischen Schreibweise, die dem Dichter die Rolle des wissenschaftlichen Experimentators ermöglichte:

Für die Dichter aber scheint mir in der Thatsache der Willensunfreiheit der höchste Gewinn zu liegen [...] Erst indem wir uns dazu aufschwingen, im menschlichen Denken Gesetze zu ergründen, erst indem wir einsehen, daß eine menschliche Handlung, wie immer sie beschaffen sei, das restlose Ergebnis gewisser Factoren; einer äußeren Veranlassung und einer innern Disposition, sein müsse und daß auch diese Disposition sich aus gegebenen Größen ableiten lasse – erst so können wir hoffen, jemals zu einer wahren mathematischen Durchdringung der ganzen Handlungsweise eines Menschen zu gelangen und Gestalten vor unserm Auge aufwachsen zu lassen, die logisch sind, wie die Natur. (34 f.) [10]

Dieses Verständnis des Milieubegriffs erklärt jene Zurückweisung des Naturalismus durch die sozialdemokratische Kritik, die als wesentlicher Aspekt der zeitgeschichtlichen Rezeption bereits dargestellt wurde, es erklärt aber auch das Urteil, das in der Arbeit von Goldmann zum Ausdruck kommt. Der Milieubegriff ist als soziologische Kategorie keineswegs mit dem Begriff der Klasse identisch, mit dem die sozialistischen Theoretiker das gesellschaftliche Grundverhältnis des Menschen beschreiben. Die gesellschaftlichen Klassen bestimmen sich im Sinne der marxistischen Theorie aus der Stellung der Individuen im ökonomischen Prozeß und werden damit zum Faktor einer Geschichtsdialektik. Das Milieu dagegen ist in der naturalistischen Auffassung eine dem Individuum gegenübergestellte Größe, in der die gegenständliche Seite des menschlichen Wesens von der Subjektivität des Menschen getrennt erscheint. Der unmenschlichen Gegenständlichkeit der »Verhältnisse« gegenüber verfällt das seinem Wesen entfremdete Individuum in ein Bewußtsein der Ohnmacht, die »Verhältnisse« erscheinen ihm nicht als Sphäre seiner Praxis. Die Beziehung des Individuums zum Milieu wird als mechanistischer Determinismus aufgefaßt; alle von der Milieutheorie aus entwickelten erkenntnistheoretischen Perspektiven bleiben an den Horizont des Individuums gebunden. Denn so eindeutig zwar das Milieu das Individuum determiniert und zu seinem Erkenntnishorizont wird, so sehr ist auch das Milieu als der Raum des Individuums begrenzt; der soziale Horizont, der sich darin ausbildet, bleibt auf den Horizont des Individuums reduziert. Das naturalistische Milieudrama mußte daher dem marxistischen Denken zutiefst widersprechen. In der Reduktion des Sozialen auf das Milieu liegt die Beschränktheit der kognitiven Leistung der naturalistischen Ästhetik. Diese erkenntnistheoretische Befangenheit der Naturalisten der Empirie gegenüber wurde notwendig auch zur politischen Befangenheit; d. h. die in der Theorie nicht begriffene Veränderbarkeit der Wirklichkeit erzeugte in der politischen Praxis der kritischen, bürgerlichen Literaten jenen Zwiespalt von resignativem Mitleidsdenken und anarchoiden Aktionismus.

VII. Naturalismus und Naturwissenschaft

> Die Naturwissenschaft zieht als Triumphator auf dem
> Siegeswagen einher, an den wir alle gefesselt sind.
> W. Scherer, *Vorträge und Aufsätze zur Geschichte des
> geistigen Lebens* (1874)

> [...] werden Namen glänzen, die gegenwärtig von
> den zahlreichen Jüngern der ästhetischen Wissenschaft
> überhaupt noch gar nicht in den Zusammenhang mit
> der Ästhetik gebracht werden. Ein solcher Name ist in
> erster Linie der von *Charles Darwin*.
> W. Bölsche, *Charles Darwin und die moderne Ästhe-
> tik* (1887)

Für die Analyse der Rezeption der naturalistischen Literatur und ihrer ästhetischen Programmatik nimmt die Frage nach dem Zusammenhang von Naturalismus, Sozialismus und Naturwissenschaft eine Schlüsselstellung ein. In der Abgrenzung der Standorte bildete sich in der zeitgenössischen Diskussion ein Spektrum von Argumentationsmustern, mit denen eine Vielzahl von Möglichkeiten
der Zuordnungen bereitgestellt war. Die Berufung auf die Naturwissenschaft galt
als Indiz für Modernität, und sie etikettierte eine oppositionelle Einstellung gegenüber den metaphysischen Begründungszusammenhängen der idealistischen
Philosophie; es war zugleich der angestrengte Versuch, den von der idealistischen
Ästhetik aufgebauten Gegensatz von Wissenschaft und Kunst zu überwinden.

1. Die moderne Naturwissenschaft als beanspruchte Theoriegrundlage der naturalistischen Ästhetik: Wilhelm Bölsches »Prolegomena einer realistischen Ästhetik«

W. Bölsches Programmschrift von 1887 *Die naturwissenschaftlichen Grundlagen der Poesie* entwarf die richtungsweisende Perspektive für die Inanspruchnahme der Naturwissenschaft für die Theoriebildung der naturalistischen Ästhetik. Als entscheidendes Kriterium des neuen wissenschaftlichen Denkens wurde
die Zurückweisung jeder metaphysischen Erklärung der Wirklichkeit angesehen,
an ihre Stelle trat ein von den positiven Wissenschaften überprüfbares Erklärungsmodell, das »das Bild einer unerschütterlichen Gesetzmäßigkeit alles kos-
mischen Geschehens« (3) zeichnete. Zolas Theorie des Experimentalromans wurde

für Bölsche zum Paradigma der konsequenten Anwendung des naturwissenschaftlichen Verfahrens auf die Dichtung:

> Der Dichter, der Menschen, deren Eigenschaften er sich möglichst genau ausmalt, durch die Macht der Umstände in alle möglichen Conflicte gerathen und unter Bethätigung jener Eigenschaften als Sieger oder Besiegte, umwandelnd oder umgewandelt, daraus hervorgehen oder darin untergehen läßt, ist in seiner Weise ein Experimentator, wie der Chemiker, der allerlei Stoffe mischt, in gewisse Temperaturgrade bringt und den Erfolg beobachtet. (8)

Bölsche entwickelt, von dieser Vorstellung Zolas ausgehend, Ansätze einer materialistisch-mechanischen Anthropologie, die das Verhalten des Menschen durch die neu entdeckten Determinationssysteme Vererbung und Milieu erklärt und darin die Disposition der realistischen Schreibweise begründet sieht. Wie sehr der Glaube, daß die »mathematische[n] Durchdringung der ganzen Handlungsweise eines Menschen« (34) zu einer Dichtung, die »in der That eine Art von Mathematik« (35) sei, führen könne, ein Programm der ersten Stunde war, vergleichbar mit A. Bebels enthusiastischer Rezeption der Darwinschen Entwicklungslehre für eine Theorie des sozialistischen Zukunftsstaats, zeigt Bölsches spätere Korrektur dieser Betrachtungsweise.

Von Bedeutung für die in der zeitgenössischen Rezeption entwickelten Wertungsmuster wird besonders die Polemik, die von der Position der neuen wissenschaftlichen Ästhetik aus gegen die literarische Tradition und deren ästhetische Grundlegung in der idealistischen Philosophie geführt wurde. In Bölsches Aufsatz *Charles Darwin und die moderne Ästhetik* [1] ist dieser Gegensatz programmatisch vorgetragen und auf seine Ursachen in den unterschiedlichen theoretischen Begründungen zurückgeführt. Bölsche weist auf die deutlich voneinander abgehobenen Phasen, in die die ästhetische Tradition des 19. Jahrunderts zerfällt, hin:

> eine weniger günstige, deren treibende Idee die innige Verkettung von Ästhetik und spekulativer Philosophie war, und eine von langsamen aber stetig anwachsendem Erfolge begleitete, in welcher die Ästhetik von der rein beobachtenden und experimentierenden Methode der Naturwissenschaft beherrscht wird. Unter den kraftvollen Förderern der zweiten Richtung aber werden [...] Namen glänzen, die gegenwärtig von zahlreichen Jüngern der ästhetischen Wissenschaft überhaupt noch gar nicht in Zusammenhang mit der Ästhetik gebracht werden. Ein solcher Name ist in erster Linie der von *Charles Darwin* (125).

Damit wird die wissenschaftliche Begründung der naturalistischen Ästhetik in den Zusammenhang der Darwinismusdiskussion gestellt, die das Zeitbewußtsein des Jahrhundertendes maßgeblich prägte. Der Darwinismus wurde zu einer der Vermittlungskategorien, mit deren Hilfe die modernen Naturwissenschaften unmittelbar in einen ideologischen Kontext gestellt und in die Literaturprogrammatik eingebracht wurden. Im Bezug darauf hatte auch C. Alberti den Themenrahmen der literarischen Moderne programmatisch umrissen: »Kampf ums Dasein, Vererbung, Zuchtwahl und Anpassung.« [2]

In seiner Analyse der Zeitschrift *Freie Bühne* untersucht A. Bürkle die Beiträge, die in popularisierender Weise die Theorien von Ch. Darwin und E. Haekkel propagieren und zumeist auch unter der Perspektive der Begründung einer neuen Ästhetik diskutieren; dabei ergibt sich ihm folgendes Bild:

Schon allein der popularisierende Charakter dieser Aufsätze macht es begreiflich, daß weniger die jeweiligen Forschungsergebnisse, als vielmehr das allem Forschen zugrunde liegende Weltbild zum Gegenstand der Betrachtung gemacht wird. Theorien sind nur insoweit von Interesse, als sie dem eigenen Welt- und Wirklichkeitsgefühl entgegenkommen. (75)

D. h., daß die Wissenschaftsprogrammatik wie die konkreten Erkenntnisse der neuen Wissenschaften in einer Weise vermittelt wurden, die ihrer Transmission in stereotype Denkmuster und Schlagworte, in denen sich ein gemeinsames Bewußtsein der Modernität artikulieren ließ, Vorschub leistete. In dieser Vermittlung prägte das neue wissenschaftliche Bewußtsein auch den Rezeptionshorizont für die Literatur des Naturalismus. Die Zeitschrift *Freie Bühne* wurde zum Forum dieser Zeitprogrammatik. Wenn Bürkle die Reflexionen über die naturwissenschaftlichen Erkenntnisverfahren, die in den dort erschienenen Beiträgen vorgenommen wurden, als »naiv« bezeichnet, getragen mehr vom Optimismus des neuen Beginns als von der Einsicht in die Vorläufigkeit dieser Erkenntnisse, trifft das die Situation in einer Hinsicht sehr genau; das Problem wird m. E. jedoch zu einseitig gesehen, wenn die Bedeutung der Rezeption der Naturwissenschaften in dieser popularisierenden Vermittlung nur in der Bestätigung des vorhandenen Lebensgefühls gesehen wird. Bürkle unterschätzt den Anteil, den diese Rezeption für den Aufbau des Zeitbewußtseins und die Konstitution der neuen Denkschablonen hat. Die Rezeption der naturwissenschaftlichen Theorie vermittelt sich in einer programmatisch geforderten Aktualität der Literatur und ist einer der Schlüssel zum Verständnis der Rezeption des Naturalismus als Zeitliteratur. In der Erklärung der *Freien Bühne* »Zum Beginn« [3] ist dieser Zusammenhang von »neuer Kunst« und »gegenwärtigem Dasein« emphatisch formuliert; sie versteht sich als »Freie Bühne für modernes Leben«:

Die moderne Kunst, wo sie ihre lebensvollsten Triebe ansetzt, hat auf dem Boden des Naturalismus Wurzel geschlagen. Sie hat, einem tiefinnern Zuge dieser Zeit gehorchend, sich auf die Erkenntniß der natürlichen Daseinsmächte gerichtet und zeigt uns mit rücksichtslosem Wahrheitstriebe die Welt, wie sie ist. (2)

Es zeichnet sich aber bereits in dieser ersten Programmperspektive eine deutliche Skepsis gegenüber einer Verselbständigung der naturwissenschaftlichen Programmatik in der Ästhetik und literarischen Praxis des Naturalismus ab, und es ist ein nicht zu übersehendes Zeichen, wenn der erste Beitrag der Zeitschrift, der sich einer naturwissenschaftlichen Frage unmittelbar zuwendet, in hohem Grade Vorbehalte gegen *Die naturwissenschaftliche Phrase* [4] anmeldet; E. Schiff beklagt darin das allzu unvermittelte und übereilte Aufnehmen der vielfach noch kaum genügend gesicherten Ergebnisse der naturwissenschaftlichen Forschung. Das Schlagwort und der Gemeinplatz würden hier an die Stelle gesicherten Wissens treten.

Darum halte ich es auch für bedauerlich, wenn derlei Begriffe wie der der Vererbung, der natürlichen Zuchtwahl und Anpassung, von modernen Schriftstellern zum Gegenstand literarischer Behandlung unter Zuhilfenahme wissenschaftlicher Äußerlichkeiten genommen werden. Dem einzelnen literarischen Werke soll dadurch ein modernes Gepräge aufgedrückt werden, aber die Autoren, welche mit derlei Entlehnungen zu wirken hoffen, bedenken nicht, daß sie in den Augen des Unterrichteten, der weiß, daß es sich, wie z. B. bei der Vererbungsfrage um eine wissenschaftliche Tagesströmung handelt, deren Berechtigung gerade von den neuesten Forschungen wieder in Frage gestellt wird, sich nur bloßstellen. (12)

Schiffs Darstellung weist auf ein Problem, das durch die Analyse des Zusammenhangs von Naturwissenschaften und Sozialismus in der Diskussion der neunziger Jahre noch in den Vordergrund treten wird. Die Naturwissenschaften werden in erster Linie als »Programm« rezipiert, das durch seine Forderung nach bedingungsloser Wahrheit und seinen Anspruch, die eigentlichen Wirklichkeits- und Lebensmächte zu zeigen, den Charakter der Modernität jedem zu garantieren scheint, der sich auf sie beruft. Insofern erfüllt diese Beanspruchung der Naturwissenschaften immer auch eine legitimistische Funktion, die es kritisch zu hinterfragen gilt. Zunächst aber resultierte aus dieser Wissenschaftsprogrammatik die Adaption von Stoffen aus dem naturwissenschaftlichen Bereich (Milieuproblematik, Vererbungsfrage, Alkoholismus, Emanzipation u. a.) vor allem im Drama. – Eine zweite Komponente, die in dieser Programmatik liegt, darf nicht übersehen werden; es ist die Polemik gegen die idealistische Tradition, die sich im programmatischen Anspruch einer »Tagesliteratur« vermittelt. Das Aufgreifen der neu ins Licht gerückten Wirklichkeitsbereiche und die unkritisch erscheinende Adaption wissenschaftlicher Theoreme, die sich oft als Eintagsfliegen erweisen mochten, hatten diese provokatorische Funktion zu erfüllen. Hier aber lag der Ansatz für die konservativen Naturalismuskritiker, die ästhetisch gemeinte Revolution als politische umzudeuten.

2. Naturwissenschaft und »socialdemokratische Theorie« im Kontext der Diskussion der neunziger Jahre: ein ideologisches Argumentationsmuster innerhalb der Naturalismusrezeption

Wenn die Naturalismusforschung den Zusammenhang von Naturwissenschaft und naturalistischer Ästhetik, den sie in den zeitgenössischen Programmschriften explizit vorfand, längst erkannt hat, so blieb hingegen der Zusammenhang von Naturwissenschaft, Naturalismus und Sozialismus/Sozialdemokratie bislang unbeachtet. Er tritt freilich erst unter der rezeptionsanalytischen Fragestellung als eine der wichtigsten Argumentationsstereotypen, die die Rezeption des Naturalismus als Zeitliteratur bestimmten, ins Blickfeld. Der Zusammenhang von Sozialdemokratie und Naturwissenschaft konkretisierte sich in der zeitgenössischen Diskussion in der Frage nach der Bedeutung des Darwinismus für die »socialdemokratische Theorie« und der Inanspruchnahme der Darwinschen Entwicklungslehre für den Entwurf eines sozialistischen Zukunftsstaates. Gleichzeitig fanden sich Sozialdemokratie und Naturwissenschaft durch ihre theoretische Grundlegung in einem philosophischen Materialismus in einer gemeinsamen Konfrontation gegenüber dem Idealismus des 19. Jahrhunderts, dessen ästhetische Tradition der Naturalismus programmatisch in Frage stellte. Der Darwinismus aber, wie sich gezeigt hatte, war auch ein Vermittlungsglied von Naturwissenschaft und Naturalismus; das betraf die Legitimationsfunktion des Begriffs wie die von Darwinistischen Theoremen hergeleiteten inhaltlichen Problemstellungen in den Dichtungen.

Die Inanspruchnahme der Naturwissenschaften für die Theorie des Sozialismus wurde durch eine Reihe programmatischer Äußerungen W. Liebknechts erklärt, vor allem aber durch das in der internationalen Öffentlichkeit viel diskutierte Buch A. Bebels *Die Frau und der Socialismus* [1], das 1892 bereits in der 11. Auflage erschienen war und neben der in allen politischen Lagern der Zeit diskutierten Frage der Emanzipation der Frau ein in vielen Einzelheiten konkretisiertes Modell eines sozialistischen Staates entwarf. Von einer Reihe sozialistischer Kritiker freilich wurde Bebels Schrift als unwissenschaftlich und »utopistisch« abgewertet [2]; von E. Richter erschien die Parodie *Sozialdemokratische Zukunftsbilder. Frei nach Bebel* [3], die zwischen 1891 und 1893 in mehr als 250 000 Exemplaren verkauft und in acht Sprachen übersetzt worden war; Richters Bebelparodie nahm die Intention einer früheren Broschüre, *Die Irrlehren der Sozialdemokratie* (1890 in einer Auflage von 80 000 Exemplaren erschienen), wieder auf und wurde als Fortsetzungsfolge von den meisten bürgerlichen Zeitungen nachgedruckt und von zahlreichen Wirtschafts- und Agrarverbänden kostenlos verteilt. Die Angaben über die Auflageziffern dieser Schriften (Bebels wie seiner Kritiker) lassen bereits erkennen, welche Bedeutung diese Diskussion für den Verständnishorizont des zeitgenössischen Lesers haben mußte, der mit der Literatur des Naturalismus konfrontiert wurde. Gerade in der popularwissenschaftlichen Vermittlung der naturwissenschaftlichen und der sozialistischen Theorien bildeten sich die für die zeitgenössische Rezeption des Naturalismus entscheidenden Vorverständnisse aus.

Programmatisch mußte der letzte Satz in Bebels Buch erscheinen, der für die sozialistische Zukunftsgesellschaft prognostizierte, daß sich erst in ihr die Menschen frei und gemäß ihrer natürlichen Anlagen würden entwickeln können und der daraus den Anspruch ableitete: »Der Sozialismus ist die mit voller Erkenntnis auf alle Gebiete menschlicher Thätigkeit angewandte Wissenschaft.« (463) Der Aufbau der sozialistischen Gesellschaft wird als ein »*naturgeschichtliches Werden*« (464) bezeichnet; im Kampf der sozialdemokratischen Partei bilden, so stellt es Bebel dar, neben

der Sozialwissenschaft [...] das weite Gebiet der Naturwissenschaften, die Gesundheitslehre, die Kulturgeschichte und selbst die Philosophie das Arsenal, dem die Waffen entnommen werden. Die Grundlagen des Bestehenden werden von *alle*n Seiten angegriffen, die wuchtigen Hiebe werden gegen die Stützen der alten Gesellschaft geführt (471).

Es war in erster Linie Bebels leidenschaftliche Parteinahme für die Emanzipation der Frau, die eines der einschlägigsten Vorverständnisse prägte, auf Grund dessen das naturalistische Theater in der zeitgenössischen Öffentlichkeit als »sozialdemo-kratisch« klassifiziert wurde. Eine Figur wie Helene Krause in Hauptmanns Stück *Vor Sonnenaufgang,* die dem geliebten Manne (Loth) ihre Zuneigung ein-gesteht, bevor dieser sich erklärt [4], wurde als »emanzipiert« im Sinne der Bebelschen Forderungen interpretiert und als Indiz für den Tendenzcharakter des Stücks angeführt. Die Identifizierung von Stücken mit »modernen« Frauen-gestalten mit der »sozialdemokratischen Parteidoktrin« kann als stereotype Argumentation der national-konservativen Kritik beobachtet werden; R. v. Gottschall [5] etwa spricht von einem »tumultuarischen Zudrang dieser neue-sten Frauengestalten« (86) auf das Theater.

Die eigentliche Intention von Bebels Buch galt dem Entwurf eines sozialisti-schen Zukunftsstaats, den er in einer Fülle konkreter Einzelheiten, auf die sich eine Reihe in der Naturalismusrezeption wirksamer Stereotypen der Zuordnung oder der kritischen Wertung zurückführen lassen, darstellte. So fanden die kon-servativen Naturalismuskritiker Bebels Konzept einer sozialistischen Gesellschaft unmittelbar reproduziert in dem Gespräch Loths mit Helene im zweiten Akt von Hauptmanns *Vor Sonnenaufgang.* Loth schien sich genau für jene Ziele zu engagieren, die in Bebels Sozialismusutopie formuliert waren: »Mein Kampf ist ein Kampf um das Glück aller; sollte ich glücklich sein, so müßten es erst alle anderen Menschen um mich herum sein; ich müßte um mich herum weder Krank-heit noch Armut, weder Knechtschaft noch Gemeinheit sehen.« [6] Loths Kampf wird als ein »Kampf im Dienste des Fortschritts«, der der sozialen Ge-rechtigkeit verschrieben ist und sich gegen die kapitalistische Ausbeutung der Menschen richtet, dargestellt, als Kampf gegen »die Verkehrtheit unserer Ver-hältnisse« (47); Loth: »Es ist z. B. verkehrt, wenn der im Schweiße seines Ange-sichts Arbeitende hungert und der Faule im Überflusse leben darf.« (47) Das Elendsbild, das Loth von den Arbeitern in der Seifenfabrik zeichnet, nimmt manches von dem vorweg, was Hauptmann in den *Webern* in noch drastischerer Anschaulichkeit ausbreitete. Dagegen hatte Bebel das Bild einer künftigen Ge-sellschaft entworfen, in der privates Gewinnstreben und persönlicher Egoismus keinen Platz mehr haben, und das neue Bewußtsein der Menschen persönliches Interesse und Gemeinwohl verband. Loths Argumentation mit dem Topos der »verkehrten Welt« konnte also unmittelbar als Konfrontation der gegenwärtigen Gesellschaft mit der Perspektive eines sozialistischen Idealstaats im Geiste Bebels aufgefaßt werden.

Neben Fragen der gemeinnützigen Verteilung der Wirtschaftsgüter, des Schut-zes der Umwelt gegen ihre Zerstörung durch die Industrialisierung, Fragen der Sexualethik u. a. m. behandelt Bebel ausführlich das in der zeitgenössischen Dis-kussion höchst aktuelle Alkoholismusproblem, das von ihm als soziales Problem aufgefaßt wurde. Daß sich die Sozialdemokratie als »die geborene *Vorkämpfe-rin gegen den Alkoholismus*« [7] verstand, hatten der zeitgenössischen Öffent-lichkeit eine Reihe programmatischer Reden sozialdemokratischer Abgeordneter im Reichstag ins Bewußtsein gebracht; vor allem stand dieses Problem auf der Tagesordnung fast jedes sozialdemokratischen Parteitags. Der Alkoholismus galt für die Sozialdemokratie als eine Folgeerscheinung des Kapitalismus, und die Alkoholismusdebatte war stets als Kritik des kapitalistischen Systems angelegt. Die Intensität, mit der diese Frage um 1890 in der Sozialdemokratie diskutiert wurde, rief selbst in Kreisen der Partei Verwunderung hervor. [16] Ein Stück wie Hauptmanns *Vor Sonnenaufgang* traf also in der zeitgenössischen Öffentlichkeit auf einen Erwartungshorizont, der durch die sozialdemokratische Agitation in hohem Grade fixiert war; in einem Artikel des konservativen *Grenzboten* war die Rede von einem »Hochspielen der Schnapspest« durch die sozialdemokratische Presse. [8] Die Rezeption des Stücks als »sozialdemokratisches Tendenzdrama« war aus den gegebenen Vorverständnissen heraus für den bürgerlichen Leser eindeutig. Der Abstinenzler Loth erschien als politischer Agitator, die »Schnapspest« der Familie Krause als Syndrom der kapitalistischen Gesellschaft. Wieder war in Bebels Zukunftsstaat das Gegenbild gezeichnet: »Für die Culturmenschen der neuen Gesellschaft ist der Branntwein Consum verschwunden, die Kartoffel- und Getreideproduktion für diesen Zweck, also auch der Boden und die Arbeitskräfte werden für gesunde Nahrungsmittelerzeugung frei.« (302) Die Utopie einer neuen Menschheit leitet sich für Bebel aus der konsequenten Anwendung der naturwissenschaftlichen Erkenntnisse auf die Gesellschaft ab, als Rückführung der Menschheit »auf ihre natürliche Basis« (462); die neue Gesellschaft bedeute das »›goldene Zeitalter‹ von dem die Menschen seit Jahrtausenden träumten und nach dem sie sich sehnten« (435). [9]

Wie entscheidend das Bild der Sozialdemokratie in der zeitgenössischen Öffentlichkeit durch Bebels Entwurf einer sozialistischen Utopie bestimmt war, macht nicht nur die politische Parodie dieser Utopie, von der die Rede war, deutlich, Bebels Programm war es vielmehr auch, das einen großen Kreis von fortschrittlichen Intellektuellen in die Reihen der Sozialdemokratie gezogen hatte. Wenn die sozialdemokratischen Naturalismuskritiker stets die Perspektivelosigkeit der neuen Literatur hervorgehoben und deren Hoffnungslosigkeit und pessimistischen Grundzug, der mit dem Zukunftsdenken der Emanzipationsbewegung der Arbeiterklasse nichts gemein habe, angeprangert hatten, so stellte für sie Bebels Programm ein radikales Gegenmodell dar. Um so mehr muß es als Paradoxon der zeitgenössischen Rezeption des Naturalismus erscheinen, wenn gerade dieses Buch für die bürgerliche Kritik zum entscheidenden Beleg dafür wurde, den Naturalismus als sozialdemokratische Tendenzliteratur aufzufassen.

Stellen wir in Rechnung, daß die modernen Naturwissenschaften dieser Zeit aus einem vergleichbar emphatischen Fortschrittsglauben heraus die Lösung aller »Welträtsel« versprachen, so wird für das Jahrhundertende das Nebeneinander von naturwissenschaftlichem und sozialistischem Utopiedenken zum ideologischen Charakteristikum. Auf die Parallele dieses Fortschrittsglaubens hatte bereits W. Liebknecht auf dem Parteitag der Sozialdemokratie im Jahre 1890 hingewiesen:

Wir leben in der Ära der Eisenbahnen und Elektrotechnik, die Wissenschaft ist der kühnsten Phantasie von damals vorangeeilt. Diejenigen, welche nun ein genaues Bild von dem erstrebten Zukunftsstaate verlangen, sollen einmal das ganze Wesen der heutigen Gesellschaftsordnung sich gegenwärtig halten, sie sollen bedenken, daß alle Voraussetzungen, auf welchen unsere Gesellschaftsordnung beruht, im Nu durch das Fortschreiten von Technik und Wissenschaft über den Haufen geworfen werden können.[10]

Die Übertragung der Entwicklungsperspektiven aus der naturwissenschaftlichtechnischen Sphäre auf die Gesellschaft und das geistige Leben der Menschen wurde aber bereits von zahlreichen zeitgenössischen Kritikern innerhalb der Sozialdemokratie als unzulässige Vereinfachung empfunden, sie beruhte zudem auf einem ideologischen Mißverständnis.

Im Gegensatz zu jener Gruppe sozialdemokratischer Theoretiker, die einen Zusammenhang zwischen moderner Naturwissenschaft und »socialdemokratischer Theorie« unterstellte, bildete sich eine zweite Diskussionsebene aus, die das entgegengesetzte Ziel verfolgte; an dieser Diskussion beteiligten sich sozialistische wie bürgerliche Theoretiker. Ihr Ansatz war die vermeintliche Unvereinbarkeit von Sozialismus und Darwinismus, in dessen Lehren der Kernpunkt modernen naturwissenschaftlichen Denkens, vor allem seine weltanschaulich wirksame Komponente gesehen wurde; dieser Problemzusammenhang wurde im Hinblick auf Darwins Thesen vom »Kampf ums Dasein« und der »natürlichen Auslese« diskutiert. Mit der Darwinismus-Diskussion war zugleich eine gemeinsame Ebene zwischen den verschiedensten ideologischen Positionen der Zeit gegeben: den »Sozialisten«, »Sozialdarwinisen«, »Atheisten«, »pantheistischen Schwärmern«, »Leistungsaristokraten«, »Jungnationalen« u. a. [11] Die konkreten Inhalte, mit denen der Darwinismus das Denken der Zeit bestimmte, waren freilich in sehr unterschiedlicher Weise vermittelt, »mehr oder minder stark popularisiert und vulgarisiert, mehr oder minder stark interpretiert, mehr oder minder stark umgedacht und umgedeutet, ja vergewaltigt«. [12] In erster Linie war es die Fortschrittsprogrammatik in allen weltanschaulichen Lagern, die sich aus diesem Kanal speiste.

Der Zusammenhang der sozialistischen Weltanschauung mit dem wissenschaftlichen Darwinismus wurde zuerst von den Gegnern der Sozialdemokratie entwickelt; Repräsentant dieser Gruppe war R. Virchow, der in seiner Rede auf der Deutschen Naturforscherversammlung 1877 in München unter dem Thema *Die Freiheit der Wissenschaft im modernen Staat* diese These vortrug. Mit Virchows Rede setzte sich E. Haeckel in einer Entgegnung *Freie Wissenschaft und freie Lehre* [23] auseinander. Haeckel ging von der Rolle der sozialen Instinkte innerhalb der Darwinschen Lehre aus, die für Virchow Anlaß waren, die Deszendenztheorie als »socialistische Theorie« zu erklären »und ihr somit den gefährlichsten und verwerflichsten Character beizulegen, den gerade in der Gegenwart eine politische Theorie haben kann« (70). In der Auseinandersetzung Haeckels mit Virchow wird die Vielschichtigkeit der Theoriediskussion beispielhaft dokumentiert. Die Inanspruchnahme der modernen Naturwissenschaften durch die verschiedenen Lager der weltanschaulichen Gruppierungen des Jahrhundertendes war in einem so hohen Grade widerspruchsvoll, daß sich darin auch alle Widersprüche in der Rezeption der naturalistischen Literatur, die ihre ästhetische Theorie und vielfach auch die Problemstellungen in den Dichtungen selbst an diesem Bereich orientierte, ja sich programmatisch als »Literatur des naturwissenschaftlichen Zeitalters« verstand, widerspiegelten. Nur so ist es zu erklären, daß zwei erbitterte Gegner der Sozialdemokratie die Stellung der Naturwissenschaft zum Sozialismus grundlegend anders einschätzten und somit auch zu unterschiedlichen Stellungnahmen gegenüber dem Naturalismus kamen. Haeckel wies Virchows politische »Denunciation« der Darwinischen Lehre entschieden zurück, seine Argumente wurden in den zeitgenössischen Schriften immer wieder zitiert.

Deutlicher als jede andere wissenschaftliche Theorie predigt gerade die Descendenz-Theorie, daß die vom Socialismus erstrebte Gleichheit der Individuen eine Unmöglichkeit ist, daß sie mit der thatsächlich überall bestehenden und nothwendigen Ungleichheit der Individuen in unlöslichem Widerspruch steht. (72)

Wollte man den Darwinismus politisch einordnen, dann allenfalls als »aristokratisch«, keineswegs als »demokratisch«; der Demokratiebegriff wurde von der bürgerlichen Kritik im Zusammenhang mit den Zielen der Sozialdemokratie stets als kollektivistische Nivellierung interpretiert. Vor allem aber sei es die These vom »Kampf ums Dasein«, die im Darwinschen System das gesellschaftliche Lebensgesetz darstelle, Entwicklung und Auslese bestimme und eine »auserlesene Minderzahl der bevorzugten Tüchtigen« der großen Masse gegenüberstelle, die »notwendig elend verderben muß« (73), die in einem grundlegenden Widerspruch zum sozialistischen Denken stehe. Haeckel folgert daraus: »wie aber der heutige Socialismus an diesen Bestrebungen seine Freude haben soll, und wie die Schrekken der Pariser Commune darauf zurückzuführen sind, das ist mir, offengestanden, absolut unbegreiflich« (64). Es läßt sich hier die gleiche sterotype Argumentation erkennen, die die Rezeption des Naturalismus auf der Ebene seiner politischen Interpretation durch das konservative Bürgertum bestimmt hatte. Der Sozialdemokratie, die in der Agitation der national-konservativen Gruppen immer wieder in Verbindung mit dem politischen Anarchismus des Auslands gebracht worden war, wurde nun auch mit Hilfe der Naturwissenschaft »naturgeschichtliches« Anarchiedenken unterstellt, sie wurde als politisch-weltanschauliche Partei hingestellt, die dem Grundgesetz der allgemeinen Naturgeschichte wie der Geschichte der menschlichen Entwicklung widerspreche, indem sie der Deszendenzlehre und den daraus sich herleitenden Selektionsthesen gegenüber ihr Konzept der »Gleichheit aller« propagiere. Diese Argumentation mußte auch auf den literarischen Naturalismus rückwirken, sofern er als »sozialdemokratische Tendenzliteratur« interpretiert wurde. Die Diskussion des Zusammenhangs von Sozialismus und Darwinismus (d. h. in der popularwissenschaftlichen Vermittlung: moderne Naturwissenschaft) zeigt deshalb so paradigmatisch die ideologischen Rezeptionsbedingungen für die Literatur des Naturalismus, weil in dieser Diskussion über die gemeinsamen Bezugspunkte der Wissenschaftsprogrammatik und der konkreten Inhalte (Vererbungslehre, Milieutheorie u. a.) auf einer anderen, außerhalb der ästhetischen Theoriediskussion und der angewandten Literaturkritik liegenden Ebene alle Argumente dieser Rezeptionsdiskussion reproduziert wurden und sich aus den von den unterschiedlichsten Lagern an die Naturwissenschaften herangetragenen Inanspruchnahmen das theoretische und ideologische Selbstverständnis der einzelnen Gruppen schärfer voneinander abhob. Die Diskussion um die Beanspruchung oder Zurückweisung der Naturwissenschaften als theoretischer Fundierungszusammenhang stellt daher ein Modell dar, in dem sich die Positionen der Naturalismusrezeption direkt vermitteln und das die Konstitutionsbedingungen der in ihr wirksamen Argumenationsmuster genauer erkennen läßt. [14]

Auch die in den Auseinandersetzungen um diese Frage in den neunziger Jahren vielzitierte Schrift O. Ammons *Der Darwinismus gegen die Sozialdemdokratie* [15] weist, ähnlich der Argumentation Haeckels, eine Verquickung sozialdemokratischer Thesen mit der Lehre Darwins entschieden zurück. Die Darwinsche Anthropologie sei »keine Wissenschaft, welche einer dem *Umsturz* zustrebenden Partei Waffen liefern kann. Im Gegenteil: ihre Ergebnisse sind der lauteste *Protest* gegen die Sozialdemokratie der sich denken läßt« (12). Ammon erklärte die soziale Gliederung der Gesellschaft, die die Sozialdemokratie bekämpfe, als »*eine natürliche Gliederung*, beruhend auf dem Darwinschen Satze von der ›natürlichen Auslese‹ im ›Kampfe ums Dasein‹« (74); der Mensch sei vielmehr als ein Produkt »einer weit hinter uns liegenden geologischen Periode« (77) zu betrachten, als des gegenwärtigen gesellschaftlichen Zustands, wie es der Sozialismus unterstelle. Von dieser Perspektive aus kritisierte Ammon auch die Beurteilung des Bürgertums und dessen gegenwärtiger Kulturleistung durch die Sozialdemokratie als dekadent.

Keinesfalls haben die *Sozialdemokraten* ein Recht, das Bürgerthum als in sittlicher Zersetzung begriffen hinzustellen und Skandale breit zu treten, die, wenn sie auf der Höhe passiren, jeder sieht, während die gleichen Vorkommnisse in der Tiefe gar nicht auffallen. Die Sozialdemokraten messen mit ungleichen Maßen: die sittlichen Mängel der ›Bourgeoisie‹ sind selbstverschuldet, die der unteren Schichten sind durch die ungesunden Gesellschaftszustände verursacht, für welche wieder die Bourgeoisie verantwortlich ist. (93)

Ammon sieht die Tendenz der sozialdemokratischen Kritik allein dadurch widerlegt, daß sich die sittliche und praktische Überlegenheit des Bürgertums in der Geschichte längst bestätigt habe, da das Bürgertum »entwicklungsgeschichtlich der höhere Gesellschaftsstand« sei und sich durch die konkreten Herrschaftsverhältnisse »noch heute« als solcher ausweise. – Damit erklärt sich ein weiteres in der Naturalismuskonzeption wirksames Vorverständnis aus dem Kontext der Darwinismusdiskussion. Wenn der Naturalismus von der sozialdemokratischen Kritik als Reflex des Verfalls der spätbürgerlichen Gesellschaft, als Literatur der décadence also, begriffen wurde, so bot Ammons Darwinismusinterpretation ein Argument an, das diese These zu widerlegen schien. Das Urteil der sozialdemokratischen Kritiker wurde unter Anwendung der veränderten Prämissen in Ammons Argumentation ins Gegenteil verkehrt: Der Naturalismus erscheine vielmehr als sozialistische Tendenzliteratur, da er in seiner einseitigen Stoffauswahl die »Nivellierungsthesen« der Sozialdemokratie, die den als wissenschaftlich gesichert geltenden Entwicklungsgesetzen widersprechen, reproduziere. Insofern sei der Naturalismus ein Reflex eines gegen jede Ordnung verstoßenden Denkens. Diese Argumentation fügte sich nahtlos in die Vorstellung von der Sozialdemokratie als politischer Umsturzpartei. Den agitatorischen Parolen in der Umsturzdebatte, die die Sozialdemokratie mit dem politischen Anarchismus identifiziert hatten, wurde damit gleichsam eine naturwissenschaftlich gesicherte Begründung unterstellt; der Sozialismus erschien auch unter der Perspektive wissenschaftlicher Kritik als Anarchismus, da er die vermeintlichen Regeln der natürlichen Entwicklung und die daraus resultierende Ordnung der Klassengesellschaft bekämpfe. [16]

Neben der Arbeit von O. Ammon spielte die Schrift von H. E. Ziegler *Die Naturwissenschaft und die socialdemokratische Theorie* [17] in der Diskussion der neunziger Jahre eine herausragende Rolle; mit ihr setzten sich eine Reihe sozialdemokratische Theoretiker eingehend auseinander. [18] Die Sozialdemokratie mußte ein doppeltes Interesse haben, ihren Standort in dieser Diskussion festzulegen: Es ging ihr einmal darum, die Unterstellung zurückzuweisen, die den Naturalismus als sozialistische Tendenzkunst ausgab, ein Urteil, das seine Argumente weitgehend aus diesem Problemzusammenhang herleitete; die Rolle, die Bebels Buch für die Konstitution dieser Zuordnung spielte, wurde erläutert. Und: es ging der Sozialdemokratie darum, ihre eigene theoretische Position gegenüber den positivistischen Erklärungsmodellen der bürgerlichen Wissenschaften abzugrenzen. Ziegler kritisierte vor allem A. Bebels These, daß das Herbeiführen veränderter sozialer Verhältnisse auch andere Menschen schaffe, es gelte also nur, den besseren sozialen Zustand herzustellen, nach dem Gesetz der Anpassung resultiere daraus dann auch eine Änderung der Natur des Menschen. Diesen Thesen setzte Ziegler eine Vielzahl von wissenschaftlichen Belegen entgegen, die dokumentieren sollten, daß Bebels Anwendung der naturgeschichtlichen Entwicklungsgesetze auf die gesellschaftliche Entwicklung unzulässig sei. [19] Bei einer Vergleichung beider Theorien zeige sich vielmehr, daß ihr Grundansatz unvereinbar sei; während die Naturwissenschaften wesentlich empirisch vorgingen, erweise sich die Programmatik des Sozialismus als »idealistisch« und »utopistisch«: »Die Anhänger der socialdemokratischen Lehre«, so resümiert Ziegler,

werden sich nicht länger auf die Naturwissenschaften berufen dürfen; und wer gleichzeitig Gegner der Sozialdemokratie und Gegner der modernen Naturwissenschaft ist, der darf nicht länger behaupten, daß die moderne Naturwissenschaft zur Sozialdemokratie führe [...] Soweit die socialdemokratische Partei von meiner Kritik berührt wird, handelt es sich nicht um praktische Bestrebungen, welche die Besserstellung eines Standes bezwecken, sondern um die theoretischen Ideen, welche das Ideal und Endziel der Partei bestimmen [...] Zwischen den socialdemokratischen Theoretikern und den Naturforschern besteht nicht nur ein Gegensatz hinsichtlich der Resultate, sondern auch ein Gegensatz der Methode. (39 f.)

Die Kritik Zieglers an der Theorie des Sozialismus stellte dessen Konfrontation mit dem wissenschaftlichen Positivismus der neunziger Jahre dar und versuchte, den »idealistischen« Ansatz des Sozialismus aufzudecken. Auf indirekte Weise aber machte Ziegler dabei deutlich, daß sich die »socialistische Theorie« von den mechanistisch-materialistischen Modellen der naturwissenschaftlichen Milieu- und Vererbungsdetermination, der Deszendenztheorie und der Grundlegung einer vulgär-materialistischen Gesellschaftslehre in den Darwinschen Entwicklungsgesetzen, wie sie in die literarische Theorie und Praxis des Naturalismus eingegangen waren, tendenziell unterschied. Diese Konsequenz wurde von Ziegler freilich nicht reflektiert, ihm ging es nur um die theoretische Abgrenzung zwischen Naturwissenschaft und Sozialismus. Für die Analyse der Rezeption der naturalistischen Literatur werden mit seiner Arbeit jedoch wichtige Abgrenzungen im Spektrum der zeitgenössischen Denkansätze deutlicher erkennbar. Es zeichnet sich durch Zieglers Argumentation ein klarer Gegensatz ab zwischen naturwissenschaftlichen Erklärungsmodellen und der auf sie sich berufenden ästhetischen Theorie des Naturalismus, die sich beide als mechanistische Theoreme erweisen, und der Dialektik des historischen Materialismus, von dem sich die Perspektiven der Theorie und der Praxis der Arbeiterbewegung herleiteten.

Die sozialistischen Theoretiker der neunziger Jahre nahmen in dieser Diskussion nach zwei Seiten hin Stellung, einerseits wurde Bebels Schrift von vielen als zu undifferenzierte Anwendung der naturwissenschaftlichen Denkweise auf die Entwicklung der Gesellschaft kritisiert und als nicht repräsentativ für die Anschauungen der Sozialdemokratie erklärt – zum andern wurde gegenüber der bürgerlichen Kritik der Anspruch aufrechterhalten, daß der Sozialismus die konsequente Weiterentwicklung der Lehren von Darwin und Spencer, sowie die Anwendung der wissenschaftlichen induktiven Methode auf alle Gebiete des menschlichen Lebens darstelle. Zurückgewiesen wurde das Argument, der Sozialismus behaupte die »Gleichheit aller« im psychologischen oder biologischen Sinne; richtig sei vielmehr, daß nur die Gleichheit der Menschen in ihren Grundrechten gefordert werde; gerade die sozialistische Gesellschaft gewährleiste eine Entwicklung des Individuums nach seinen natürlichen Anlagen, da sie die Repressalien der Klassengesellschaft aufhebe. E. Ferri, dessen Arbeit *Socialismus und moderne Wissenschaft* [20] eine Zusammenfassung aller Thesen aus dieser Diskussion bietet, richtete sich scharf gegen Haeckels Vorstellung, daß das Selektionsprinzip eine Auslese der Besten herbeiführe und die Höherentwicklung der Menschheit garantiere; dieses Prinzip führe vielmehr zu einer Auslese der Bestangepaßten; d. h. daß diejenigen »überleben«, die den Normen der bürgerlichen Gesellschaft, die Ferri als Pervertierung der natürlichen Lebensbedingungen interpretierte, am weitgehendsten entsprechen. Während Darwin den Mechanismus der zoologischen Entwicklung der Arten im Kampf ums Dasein aufweisen konnte, »hat der Marxistische Socialismus den Mechanismus der gesellschaftlichen Entwicklung auf das Gesetz des Klassenkampfes zurückgeführt« (65); der Klassenkampf sei das soziologische Pendant zu dem biologischen Entwicklungsgang der Darwinschen Lehre. Insofern könne eine völlige Entsprechung der sozialistischen Theorie zu den positiven Wissenschaften unterstellt und zugleich Bebels zu direkte, unvermittelte Übertragung kritisiert werden. Im Zusammenhang der Analyse der naturalistischen Milieulehre hatte sich gezeigt, inwieweit diese Überlegungen in die Rezeption des Naturalismus eingegangen waren und sich über die Theoriediskussion klare Abgrenzungen zwischen den gesellschaftstheoretischen Vorstellungen des Sozialismus und der naturalistischen Darstellung des Sozialen ergaben. Zugleich waren mit dieser Differenzierung die vergröbernden Argumentationsmuster zurückgewiesen, die sich aus der Bebelschen Schrift hatten herleiten lassen.

Der Protest gegen Zieglers Auslegung der »socialdemokratischen Theorie« war in der sozialdemokratischen Presse besonders heftig, als sein wesentlichster Wortführer konnte G. Ledebour gelten, der mit seiner Entgegnung *Die Naturwissenschaft und die sozialdemokratische Theorie.* [21] Zieglers Unterstellung kritisierte, Bebels Schrift *Die Frau und der Socialismus* sei als Dogma sozialdemokratischen Denkens aufzufassen. Diese Zurückweisung war verbunden mit einer prinzipiellen Kritik an den bürgerlichen Theoretikern, deren Sozialismusbild sich nicht an den Ergebnissen der positivistischen Forschung sondern an einem ideologischen Dogma orientiere. [23] In der Darstellung Zieglers werde vor allem die Milieukomponente, in der die Grundstruktur der Gesellschaft entscheidend zum Ausdruck kommen müßte, falsch eingeschätzt, insbesondere ihr Zusammenspiel mit anderen Determinationsfaktoren, etwa der Vererbung. Ledebour entwickelte hier eine Differenzierung, die auch die Hypothesen der Vererbungslehre, die die Naturalisten in ihre literarische Praxis übertragen hatten, zu korrigieren versuchte. Von dieser Kritik aus mußte beispielsweise der Doktrinarismus eines Loth in Hauptmanns *Vor Sonnenaufgang* als mechanistisch und der sozialistischen Auffassung widersprechend erscheinen. Wenn die Rezeption dieses Stücks innerhalb der Sozialdemokratie dennoch unterschiedlich war – ein Teil der Kritiker in ihm die Widerspiegelung sozialistischer Auffassungen, andere es in schärfstem Widerspruch dazu stehend sahen –, so resultierten diese Beurteilungen weitgehend aus divergenten Positionen in der Darwinismusdebatte, für die sich auch innerhalb der Sozialdemokratie kein Konsensus ausgebildet hatte.

Die Diskussion um den wissenschaftlichen Darwinismus, die sich in den Fragen nach dem Zusammenwirken von Milieufaktoren und Vererbung, ihrer Determinationsfunktion und der Konsequenz der Deszendenztheorie für die Ordnung der Gesellschaft konkretisierte, prägte den Verständnishorizont der bürgerlichen wie der sozialdemokratischen Kritiker gegenüber dem Naturalismus. [23] Wesentliche Vorverständnisse und Wertungsmuster bildeten sich in dieser Diskussion aus bzw. wurden durch sie korrigiert. Die Gegenüberstellung von Zieglers Thesen mit der Entgegnung von Ledebour erhellen diesen Zusammenhang besonders deutlich. Ziegler erkannte in seiner polemisch angelegten Schrift m. E. klarer als Ledebour den mechanistischen Ansatz der zeitgenössischen Naturwissenschaften und stellte in seiner durchaus positivistisch verfahrenden Argumentation deren Gegensatz zu der auf Veränderung und Überwindung der gesellschaftlichen Verhältnisse angelegten Theorie des Sozialismus unmißverständlich heraus. Die sozialdemokratischen Theoretiker der neunziger Jahre befanden sich offensichtlich in dem Zwiespalt, mit der Zurückweisung naturwissenschaftlicher Erklärungsmodelle, deren mechanistischem Ansatz sie hätten widersprechen müssen, zugleich je-

nen mit der Berufung auf die Naturwissenschaft garantiert erscheinenden Anspruch
der Modernität aufzugeben. Aus diesem Zwiespalt resultierten die in sich widersprüchlichsten Kompromisse. In der Entgegnung Ledebours auf Ziegler wie in der
Schrift Bebels wurde der Akzent wieder anders gesetzt; beide Theoretiker sahen
sich durch die Polemik Zieglers in ihrem Anspruch, eine wissenschaftlich begründete Erklärung der Entwicklungsgesetze der Gesellschaft zu geben, herausgefordert und verteidigten deshalb die vermeintliche theoretische Übereinstimmung des Sozialismus mit den Naturwissenschaften leidenschaftlich. Auch
fand die Sozialdemokratie in den Naturwissenschaften eine Denkrichtung, die
sich wie sie in einer ablehnenden Position gegenüber der idealistischen bürgerlichen Tradition befand. Die Gemeinsamkeit des oppositionellen Impulses wie das
gemeinsame Bewußtsein der Modernität müssen jedoch sorgfältig gegenüber den
unterschiedlichen theoretischen Ansätzen abgehoben werden. In der zeitgenössischen Diskussion sind die prinzipiellen Unterschiede, die den mechanistischen
Materialismus der Naturwissenschaften von dem dialektischen Ansatz des theoretischen Sozialismus trennen, vielfach unter dem Leitbegriff der Moderne verdeckt, in dem immerhin eine bewegende, auf Umwälzung des Bestehenden ausge-
richtete Komponente des Zeitbewußtseins zum Ausdruck kam. Das Problem der
Abgrenzung stellte sich für die Sozialdemokratie in gleicher Weise gegenüber der
literarischen Moderne, dem Naturalismus; in seine Rezeption gingen alle Argumente jener Diskussion um das Verhältnis der Sozialdemokratie zu den Naturwissenschaften als Vorverständnisse ein und erklären die vielfach widersprüchlichen Auffassungen. Die Strategie der Argumentation wie ihre Inhalte änderten
sich in der Rezeption offenbar mit dem jeweiligen Gesamtkontext, in den sie gestellt wurden. Die Konstitution einer Programmatik der Moderne stellte einen
der wichtigsten parallelen zeitgeschichtlichen Vorgänge im ideologischen Bereich
zur Rezeption des literarischen Naturalismus dar, sein Anspruch, als Zeitliteratur
zu gelten, suchte sich darin zu bestätigen. Für die konservativen Naturalismuskritiker waren diese Zusammenhänge durch die politischen Schablonen verstellt,
mit denen sie die Zuordnungen zwischen Sozialdemokratie, Naturalismus und
Naturwissenschaften vornahmen.

VIII. Schriftstellerische Praxis und politisches
Engagement: zur ideologischen Standortbestimmung
der Naturalisten

> Ich bin überzeugt, daß die Berliner Gigerln noch nie-
> mals mit solchem Appetit in den chambres séparées
> von Uhl und Dressel mit Proletariertöchtern soupiert,
> die Börsenjobber noch nie mit solchem Behagen das
> Verzeichniß ihrer Werthpapiere beim Heimkommen
> durchgeschmeckt haben wie just nach der Aufführung
> der ›Weber‹.

R. Hessen, *Dramatische Handwerkslehre* (1895)

Die zeitgenössische Rezeption des Naturalismus wurde wesentlich mitbestimmt
durch die Einschätzung des politischen und ideologischen Standorts der naturalistischen Autoren, wie er sich in den Manifestationen ihrer literarisch-politischen
Praxis aber auch in einer Sphäre allgemeiner Lebenseinstellung ausdrückte. Für die
widersprüchliche Existenz der literarischen Intelligenz in jenem Zwischenfeld von
antibürgerlicher Boheme und Arbeiterbewegung, in dem sich konkretes Engagement wie unparteiisches Heraushalten gegenüber den Problemen der Zeit in
gleicher Weise rechtfertigen wie verwerfen ließen, galt G. Hauptmann bereits in
den 90er Jahren als Paradigma. [1]

1. Gerhart Hauptmann als Beispiel

Von einem Freunde [1] stammt ein Bericht aus dem Jahre 1895, der über
Hauptmanns Vorstellungen zur Frage der sozialen Literatur und zum parteilichen Engagement des Schriftstellers in der Gesellschaft Aufschluß zu geben vermag. Dort heißt es:

Dieser Dichter weiß, daß er eine soziale Aufgabe zu erfüllen hat und zwar in der
Richtung der Humanität, das Wort im edelsten (Herderschen) Sinne begriffen; er weiß,
daß die sozialdemokratische Verherrlichung der Mittelmäßigkeit die guten Instinkte der
gegenwärtigen Menschen in falsche Bahnen zu lenken droht; er weiß endlich, daß auch
das tendenzlose Dichtwerk eine konstante Wirkung ausüben kann. (287)

Reflexion und theoretische Zergliederung werden für Hauptmann als wesensfremd
hingestellt. Daß der Berichterstatter den Dichter damit offenbar richtig einschätzte,
bestätigen dessen eigene Bemerkungen zum Problem der Zeitliteratur. Im Zusammenhang mit dem Stück *Vor Sonnenaufgang,* von dem sich Hauptmann in
dem zitierten Gespräch »mit der Miene des Unbehagens« (282) ausdrücklich
distanzierte, weist er jede Festlegung auf »sogenannte Zeitfragen« entschieden
zurück.

Die zeitliche Begrenzung des Stoffes aber, etwa auf die Gegenwart, ist Nebensache – mir schwebt für später einmal ein ›Perikles‹ vor: und ebensowenig sollen sich inhaltlich meine Dramen auf die Darstellung von Armen, von äußerem oder innerem Elend beschränken. Ich hoffe, daß mir künftig eine Dichtung der Freude gelingen wird. (289)

Als Hauptmann sich so äußerte, arbeitete er am *Florian Geyer* und feierte Goethe als sein dichterisches Ideal; seine Auffassung über die zeitkritische Aufgabe von Literatur weist in die gleiche Richtung, wie jene Argumentation, die Hauptmanns Anwalt Grelling im Rahmen des *Weber*-Prozesses vorgetragen hatte: Es gehe Hauptmann bei diesem Stück nicht um ein konkretes Engagement im politischen Sinne, sondern in ihm schlage sich ein Mitleidsdenken nieder, das sich bewußt in die Tradition einer bürgerlich-humanistischen Ethik stelle. Damit ist ein erster Ausgangspunkt für unsere Fragestellung gegeben.

Die Hauptmann von seinen zeitgenössischen Kritikern unterstellte politisch oppositionelle Haltung resultierte wesentlich aus dem Eindruck, den die *Weber*-Prozesse in der Öffentlichkeit gemacht hatten, die politische Rezeption des Stücks fiel auf dessen Autor zurück; außerdem wurde in der Presse immer wieder darauf hingewiesen, daß Hauptmann in den Breslauer Sozialistenprozeß von 1887 verwickelt gewesen sei. [2] Der Bekanntenkreis des Dichters schien den Zeitgenossen als ein weiteres Indiz dafür, eine engere Beziehung Hauptmanns zur Sozialdemokratie zu vermuten. Hauptmann selbst beschreibt diese Beziehung in seiner Autobiographie *Das Abenteuer meiner Jugend* [3] in folgender Weise:

Von früh auf in Opposition gedrängt, war ich ihr freilich auch heut noch verfallen. Ein ruhiger Bürger war ich und war ich nicht. Was ich dachte, war Neuerung. In keiner erlaubten noch unerlaubten Rubrik ließ es sich unterbringen. Stand ich dem Sozialismus nahe, so fühlte ich mich nicht als Sozialisten. Die Einzigkeit meines Wesens war es, auf der ich bestand und die ich gegen alles mit verzweifeltem Mut verteidigte. (753)

In dieser Selbstcharakterisierung wird der individualistische Ansatz von Hauptmanns »oppositionellem« Lebensgefühl erkennbar; der Begriff der »Neuerung«, den Hauptmann für sein Denken beansprucht, ist auf diesen Rahmen reduziert; er spiegelt jenes gebrochene Zeitbewußtsein des bürgerlichen Literaten wider, der aus einer Erfahrung persönlicher Verunsicherung und des Verfalls seiner ideologischen Orientierungen, deren Ursachen weder erkannt noch reflektiert werden, an seiner Zeit »leidet«. Im Hinblick auf die sozialistische Arbeiterbewegung, mit der den Dichter allenfalls ein Moment der Stimmung zu verbinden schien – es deutet sich an, wenn er davon spricht: »Aber nun merkte ich plötzlich, ich sei nicht allein.« (753) – reproduziert Hauptmann das für die bürgerliche Sozialismuskritik typische Argument, daß die »socialdemokratische Theorie« der Nivellierung und Vermassung Vorschub leiste. Demgegenüber will der Dichter die »Einzigkeit [seines] Wesens« verteidigen; in diesem Nebeneinander von subjektivistischem Anspruch und polemischem Argument gegen die Sozialdemokraten drückt sich der Widerspruch in Hauptmanns »politischem« Bewußtsein aus und reduziert sich jede oppositionelle Geste auf die Artikulation privaten Unbehagens, allenfalls auf ein Leiden an der Zeit.

Hauptmanns Schilderung der ersten Konzeption seines *Weber*-Dramas bestätigt diese Analyse weitgehend und läßt die Intention erkennen, mit der der bürgerliche Dichter den proletarischen Stoff aufgriff. Die erste Anregung zu den *Webern* schien ihm in Zürich bei einem Besuch seines Bruders Carl und der Schwägerin Martha gekommen zu sein, er notierte:

In und um Zürich blühte damals noch, und zwar seit dreihundert Jahren, die Seidenweberei. An den Stühlen saßen Handweber. An dem Hüttchen eines von ihnen ging ich mehrmals die Woche vorbei [...] Das Wuchten des Webstuhles hörte man durch die Wand dringen. Und eines sonnigen Morgens, erinnere ich mich, überfiel mich bei diesem Geräusch der Gedanke: du bist berufen, ›Die Weber‹ zu schreiben! Der Gedanke führte sofort zum Entschluß. (792)

Die Voraussetzung dafür, daß er die *Weber* als »Bauerndrama« schreiben könne, schien ihm hinreichend gegeben: »ich beherrschte den Volksdialekt. Ich würde ihn also, war mein Beschluß, in die Literatur einführen« (793). In diesem Sinne griff Hauptmann das »soziale Drama«, das als »Postulat in der Luft« lag, auf, es »real ins Leben zu rufen, war damals eine Preisaufgabe [...]« (792) Selbst wenn man berücksichtigt, daß eine Retrospektive wie *Das Abenteuer meiner Jugend*, die in den Jahren von 1929 bis 1935 entstanden war, die Perspektive der späteren Jahre in die nachträgliche Interpretation von Motivationen und Anschauungen früherer Lebensabschnitte unvermeidlich einbringt, läßt sich Hauptmanns Standort für die erste Hälfte der neunziger Jahre daraus doch rekonstruieren; das Ergebnis fügt sich in das schon skizzierte Bild. Einmal mehr wird deutlich, daß die politische Aktualisierung eines Stücks wie *Die Weber* nur im Abstand zu seinem Autor erfolgen konnte, weitgehend unabhängig von dessen Intentionen und bestimmt durch Faktoren, die sich allein im zeitgeschichtlichen Rezeptionskontext konstituierten. Nehmen wir die Auskunft über die *Weber*-Konzeption in der Autobiographie ernst, so muß jene Widmung des Stücks von 1892 an den Vater Robert Hauptmann als Topos interpretiert werden, mit dem die artistische Leistung (»Preisaufgabe«) in einen scheinbaren Erlebnishintergrund hineinstilisiert werden sollte. In der Widmung heißt es: »Deine Erzählung vom Großvater, der in jungen Jahren ein armer Weber, wie die Geschilderten hinterm Webstuhl gesessen, ist der Keim meiner Dichtung geworden, die, ob sie nun lebenskräftig oder morsch im Innern sein mag, doch das Beste ist, was ›ein armer Mann wie Hamlet ist‹ zu geben hat.« [4] Interpretieren wir die Widmung als Topos richtig, so erhält das indirekte Rollenzitat vom Weberenkel, ähnlich dem literarischen Rollenzitat (»ein armer Mann wie Hamlet ist«), die Funktion, die artistische Distanz des Autors zu seinem Stoff zu verschleiern, d. h. als Engagement und Erlebnis erscheinen zu lassen, was als »Preisaufgabe« gelöst wurde.

Die Zwiespältigkeit des Hauptmannbildes, die sich in dieser Analyse abzeichnet, wird in zahlreichen Urteilen der Zeitgenossen über den Dichter bestätigt. Das polemische Portrait *Gerhart Hauptmann* von C. Alberti [5] versucht, den Bourgeois Hauptmann in der Fragwürdigkeit seiner Existenz bloßzustellen:

Heute Proletariertragödien und Weihnachtsmärchen dichten, und morgen Actiengesellschaften gründen: das kann nur ein sehr gewiegter Weltmann vereinen! [...] Gern spielt er das arme Kind des Volkes, den Weberenkel. Aber sein Vater war ein guter Bourgeois, ein begüterter Kaufmann, und alle Gewaltinstinkte des Emporkömmlings haben sich im Sohne potenzirt und verfeinert. Er läßt die ganze Propaganda der ›Hauptmannsache‹ durch seine Leute besorgen, er steht scheinbar abseits, träumend, unbekümmert; in Wahrheit flattert kein Blatt von Brahm's Schreibtisch ohne seinen Willen. [6] Der ganze Stab jener jungen Leute, die ihre Posaunensätze in Zeitungen und Revüen hineinschmettern, führt nur Hauptmann's Ideen aus [...] Er sucht es Allen recht zu machen, damit Alle zu ihm treten: In den ›Webern‹ zielbewußter Socialist, in den ›Einsamen Menschen‹ Anarchist, im ›Hannele‹ muckernder Pietist. Freie Volksbühne und Burghtheater: ihm ist das Eine so gleichgiltig und so bedeutungsvoll, wie das andere, er läßt überall nur sich selbst aufführen, er will nur Eindruck machen, Seelen fangen, sich nur immer von neuen Seiten ›entwickeln‹. (782)

Der Hauptmann-Biograph Bartels [7] setzt sich mit dieser Kritik Albertis auseinander [8] und hält ihr entgegen, Hauptmann müsse als »Dichter der Symptome« angesehen werden, der die »Decadence-Krankheiten unserer Zeit« (251) gestalte; er habe nie die Partei der Sozialdemokratie ergriffen und könne auch auf keine bestimmte Gesinnung festgelegt werden, seine gesellschaftskritischen Stücke spiegeln allenfalls eine persönliche Haltung humanitären Ethos' wider: Hauptmann also als unparteiischer »Chronist« seiner Zeit. Bartels läßt in dieser Charakteristik unberücksitigt, daß Hauptmann als »Dichter der Symptome« nicht außerhalb der Situation zu stehen vermag, die er beschreibt, daß vielmehr seine eigene Bewußtseinslage aus den historischen und klassenspezifischen Bedingungen der Bourgeoisgesellschaft resultiert und verstanden werden muß. Insofern wird das Bild, das Alberti entwirft, nimmt man seine polemische Überzeichnung zurück, Hauptmanns entscheidungslosem Standort zwischen den Fronten wohl eher gerecht.

Damit ist ein ideologiekritischer Ansatz skizziert, von dem aus schon ein Teil der zeitgenössischen Kritiker versuchte, den Widerspruch von literarischer Manifestation und politischer Praxis der naturalistischen Literaten zu erklären. Und was für die Schriftsteller zutraf, galt auch für eine spezifische Gruppe der zeitgenössischen Rezipienten. Über deren Einstellung urteilt R. Hessen, der unter dem Pseudonym Avonianus eine vielgelesene *Dramatische Handwerkslehre* [9] verfaßt hatte:

Ich bin überzeugt, daß die Berliner Gigerln noch niemals mit solchem Appetit in den chambres séparées von Uhl und Dressel mit Proletariertöchtern soupiert, die Börsenjobber noch nie mit solchem Behagen das Verzeichniß ihrer Werthpapiere beim Heimkommen durchgeschmeckt haben wie just nach der Aufführung der ›Weber‹. Die Braven ließen sich einmal vom Dichter so recht gruselig machen, im stillen Vertrauen, daß Polizei und Gesetzgebung schon auf dem Platze sein würden, um einen ähnlichen ›Ulk‹ rechtzeitig zu verhüten und ihnen, den Rechtschuldigen, die unbequeme Nothwendigkeit zu ersparen, sich ändern zu müssen. (249) [10]

Das naturalistische Theater wurde also, analysiert Hessen die Situation richtig, von einem Teil des bürgerlichen Literaturpublikums als artistische Sensation aufgenommen, und gerade diese Rezipientengruppe schien am weitgehendsten der

Einstellung der naturalistischen Autoren selber entgegenzukommen. Eine politische Komponente des naturalistischen Theaters ergab sich folglich erst dann, wenn mit der Möglichkeit seiner Rezeption durch das Proletariat gerechnet wurde. Diese zu verhindern, war deswegen auch die vornehmliche Aufgabe der Ordnungsbehörden.

Somit erweisen sich soziale Thematik und die proletarischen Motive als sensationsträchtiges Inventar einer Zeitliteratur und modische Attitüde. Bytkowski [11] spricht von einer Faszination der modernen Autoren durch die aktuellen Stoffe: »Dieses Aktuelle ist die besondere Domäne des Snobismus, der seine Herrschaft leider auch auf die Gebiete der Kunst erstreckt.« (47) Hauptmanns soziales Drama *Vor Sonnenaufgang* wird als Konglomerat aktueller Zeitfragen, wissenschaftlicher Theoreme und politischer Motive betrachtet; der stoffliche Reiz werde weit höher eingeschätzt als das politische oder moralische Engagement an der Sache; der Begriff »soziales Drama« wird hier zu einer irreführenden Terminologie. [12] »Das geht so weit, daß man mit diesem Stoff nur noch snobistisch kokettiert; er dient als Nervenkitzel für gelangweilte Bourgeois. Die soziale Frage ist zur ›neuesten Mode‹ geworden, und wer nicht rückständig erscheinen will, macht sie mit, um sich dann wieder einer anderen zuzuwenden.« [13] Für den naturalistischen Autor löst sich die Wirklichkeit in eine Reihe von Empfindungskomplexen auf, die er zwar in aller Genauigkeit registriert, deren »Gesamtanschauung« ihm jedoch verlorengegangen ist. So wird auch im naturalistischen Drama aus einer spezifisch bürgerlichen Sicht die Arbeiterklasse dargestellt. C. B. Kniffler [14] interpretiert daher *Vor Sonnenaufgang* als »bürgerliches Drama«.

Bürgerliche Dichter spüren den stärksten Konfliktstoff ihrer Zeit und verarbeiten ihn im bürgerlichen Drama [...] Proletarische Gesinnung ist das Motiv dieser Dramen, nicht aber der Boden in dem sie wurzeln; Norm gibt ihnen die bürgerliche Gesellschaft. Gewiß stehen die Verfasser den Arbeitern und auch dem Sozialismus durchaus sympatisch gegenüber, aber die Werke sind nicht gesellschaftlich verbunden mit der neuen Schicht, es sind bürgerliche Dramen mit dem Zeitmotiv der Arbeiterbewegung. (52 f.)

In der ideologischen wie politischen Befangenheit seiner Autoren findet das »soziale« Drama des Naturalismus die Grenze seiner kritischen Perspektive, ja es enthüllt sich gerade in der spezifischen Weise der Zuwendung zu den Problemen des »vierten Standes« am stärksten sein bürgerlicher Charakter.

Aus der Distanz eines Jahrzehnts zieht S. Lublinski [15] eine erste Bilanz aus jener problematischen Alliance, die sich zwischen der sozialistischen Arbeiterbewegung und den Intellektuellen des liberalen Bürgertums in den neunziger Jahren ergeben hatte; Lublinski resümiert:

Die soziale Frage wurde von der Arbeiterbewegung des vierten Standes getragen, von einer durch und durch modernen Gesellschaftsklasse. Die jungen Leute der bürgerlichen Intelligenz stammten dagegen in ihrer großen Mehrheit vom älteren Liberalismus und Radikalismus ab, der einst für allgemeine Menschenrechte geschwärmt hatte, solange er nämlich noch nicht wußte, daß er nur der Platzhalter des Kapitalismus wäre, und auch die temperamentvollen Literaten der neunziger Jahre wußten es immer noch nicht, und waren, wenn sie sich der Sozialdemokratie zuwandten, nur zum kleinern Teil von den wirtschaftlichen Beweggründen des modernen Proletariers und hauptsächlich von den politischen Impulsen eines Bürgertums vergangener Zeiten bestimmt. (5 f. [16]

Es sei die Problematik derer, die kapitalistisch leben und dabei sozialistisch denken wollten; G. Hauptmann mußte als Paradigma für diese Haltung gelten. [17] Die Sozialdemokratie ging vor allem auch einen anderen politischen Weg als die Emanzipationsbewegung des liberalen Bürgertums der Jahrhundertmitte; Schwerpunkte ihrer politischen Praxis waren die Organisation der Arbeiterschaft und nach 1890 auch die Auseinandersetzung mit den politischen Gegnern im Reichstag. Vom Standpunkt der Sozialdemokratie aus mußte daher die Kritik des liberalen Bürgertums an der zeitgenössischen Gesellschaft als politischer Romantizismus eingeschätzt werden; so kam es für die bürgerlichen Literaten der neunziger Jahre, wie es Lublinski formuliert, zu der kaum lösbaren Aufgabe, »ihren bengalisch beleuchteten Revolutionsbegriff mit dem Begriff einer dialektischen Entwicklung in Einklang zu bringen«. (10) Als Folge dieser grundlegenden Differenz im ideologischen Bewußtsein und in den konkreten Klasseninteressen gelang dem Naturalismus keine realistische Darstellung der Arbeiterbewegung, meist geriet sie zur Karikatur. Der naturalistische Schriftsteller begriff die soziale Frage nicht aus der Dialektik des ökonomischen Prozesses, vielmehr hob er soziale Einzelerscheinungen hervor, und entwickelte daran sein sozialethischen Pathos. Aus diesem Vorgehen resultierte die doktrinäre Beschränktheit der Vertreter sozialistischer Theoreme in der naturalistischen Literatur, z. B. Loth in *Vor Sonnenaufgang*. Die Natur wurde für den liberalen bürgerlichen Autor zu einer Art revolutionärem Symbol, das er dem epigonalen Klassizismus entgegensetzte, ein oppositioneller Gestus, der im programmatischen Ausspielen der Naturwissenschaften gegenüber der idealistischen Tradition sein theoretisches Korrelat fand. Angewandt auf ein Stück wie *Vor Sonnenaufgang* bedeutet das, daß Vererbung und Alkoholismus zu absoluten Größen mystifiziert wurden; durch den Verweis auf die Erkenntnisse der modernen Naturwissenschaften erschien diese Auffassung auch legitimiert; Loths Hinweis auf die in den neunziger Jahren bereits in zwanzig Sprachen übersetzte Arbeit von G. v. Bunge *Die Alkoholfrage* [17] hat die Funktion solcher Legitimation. Die Naturwissenschaften fungieren zur Bestätigung des Gegebenen, in dem sie es als gesetzmäßig »erklären« oder anders formuliert: indem sie die gegebenen Verhältnisse »naturalisieren«, d. h. als unveränderbare, der menschlichen Praxis entzogene Wirklichkeit erscheinen lassen. Die Widersprüchlichkeit zwischen dem Denkansatz des naturalistischen Autors und dem revolutionären Interesse des Proletariats wird in der legitimistischen Anwendung wissenschaftlicher Erkenntnisse besonders scharf deutlich; die Proletarier in den schlesischen Kohlen- und Weberdörfern sind in der Darstellung Hauptmanns zur Verelendung verdammt. Dies war auch die Perspektive, unter der die brügerliche Nationalökonomie die Weberfrage seit dem 18. Jahrhundert betrachtet hatte.

2. Formalismus als ästhetische Signatur der bürgerlichen Moderne

Den esoterischen Charakter des naturalistischen Theaters bezeichnete eine Gruppe zeitgenössischer Kritiker [1] mit dem Begriff der »Künstlerkunst« (250); gemeint war eine Literatur, die sich von ihrem Anspruch her als artistisch, als »Literatur für Kenner« erwies. Diese Argumentation wendet sich gegen das rezeptionsgeschichtliche Mißverständnis des Naturalismus als politisch engagierte Zeitliteratur und versucht von einer Analyse seiner ästhetischen Theorie aus das politische Desinteresse der Autoren an den Inhalten ihrer Stücke nachzuweisen.

So sieht E. Wolff den Naturalismus zwar als Tendenzliteratur [2] an, bezeichnet diese Tendenz jedoch allein als Folgeerscheinung einer zeitbedingten Rezeption. Der Intention seiner Autoren nach müsse der Naturalismus als Literatur für einen »kleinen Kreis« betrachtet werden; Wolff spricht davon, »daß die Werke unserer Jüngsten fast ausnahmslos – trotz der vielen Stoffe aus dem Leben des ›Volkes‹ – nur Waare für den literarischen Feinschmecker sind, von der das Volk im engeren Sinne [...] nichts aufnimmt als die Schlagworte und die tendenziöse Zuspitzung, um nicht zu sagen: Verzerrung« (99). Diese Interpretation wird selbst auf ein Stück wie G. Hauptmanns *Weber* angewandt.

Der formalistische Grundzug des Naturalismus erscheint unter diesem Blickwinkel [3] im Verlust der historischen Bedeutung des Bürgertums am Ende des 19. Jahrhunderts begründet, das »seine Rolle als geistiger Führer Europas aufgegeben« (509) habe, ihm gegenüber erhebe das moderne Proletariat den Anspruch, in der Emanzipationsbewegung Träger des Fortschritts der Geschichte zu sein. Durch den Verlust der historischen Funktion des Bürgertums war auch der Anspruch des Naturalismus, als Zeitliteratur und literarische Moderne zu gelten, nicht mehr gerechtfertigt; sofern er erhoben wurde, mußte er als Reflex »falschen Bewußtseins« angesehen werden. [4] Gerade dort, wo sich die bürgerliche Literatur eine neue Inhaltlichkeit zu geben versuchte, sich der Naturalismus den Problemen des Proletariats zuwandte, trat ihre artistische Komponente in der virtuosen Sprachgestik der dramatischen Milieuszenen in den Vordergrund. Die entscheidende Entwicklung in dieser Richtung wurde durch A. Holz und J. Schlaf mit dem Programm der »neuen Darstellungstechnik« eingeleitet. Holz selber bezeichnete die »technische Neuerung« in der Wiedergabe der Charaktere als das wesentliche Moment in der Revolutionierung der Ästhetik, die der Naturalismus gebracht habe; so müsse auch die Verschiebung des »Fundamentalgesetzes alles Dramatischen« von der Handlung als der letzten Absicht des Dramas auf die »Darstellung von Charakteren«, als Akzentuierung der Darstellungsproblematik aufgefaßt werden, darauf allein liege die Betonung. [5] Zudem wurde von Holz die Theoriediskussion fast ausschließlich als Diskussion der Reproduktionstechnik und ihrer Bedingungen geführt. Ernst bezeichnete Holz und Schlaf als »reine Künstler« (516), deren Intentionen den Rahmen eines ästhetischen Formalismus nicht übergreifen; die Analyse der kognitiven Komponente des naturalistischen Darstellungsmodells wird diese Auffassung bestätigen. Holz' politisches Engagement in den frühen neunziger Jahren bleibt von seinem ästhetischen Programm unberührt. Für den Ästhetizismus der Holz'schen Darstellungstechnik, die sich ihren Inhalten gegenüber weitgehend verselbständigt, ist die restlose Auflösung der Individuen (d. h. der »Charaktere«) in ihrem Milieu ein spezifisches Indiz, »daß Persönlichkeit und Milieu geradezu verschwimmen [...] und das Gespräch einer Person hat nicht mehr Bedeutung wie das Knacken eines Stuhles« (516 f.). In dieser ästhetischen Konzeption verliert sich die soziale Frage als konkrete Problemstellung und wird, wo sie thematisch erscheint, durch die Darstellungstechnik in ihrer kritischen Dimension neutralisiert; d. h. für den bürgerlichen Literaten: ästhetisch gelöst. Das Aufgreifen proletarischer Motive war für ihn eine modische Manier.

Der Aspekt der Artistik und des Formalismus' wurde auch von bürgerlichen Naturalismuskritikern aufgenommen und nur geringfügig im Akzent verschoben; als Beispiel sei auf K. Frenzel [6] verwiesen. Für ihn liegt das entscheidende Kriterium für den formalistisch-ästhetizistischen Ansatz des Naturalismus in jenem Abstand, der zwischen den zwar nicht weiter bestimmten Leseerwartungen des Arbeiters, dessen »kulturellem Bedürfnis« und der literarischen Moderne liegt.

Denn sind vielleicht die Kohlenarbeiter um Lüttich und Charleroi in der Lage, Zolas ›Germinal‹ zu lesen? Erfreuen sich vielleicht unsere Arbeiter und Arbeiterinnen an den Schilderungen der Branntweinseuche? [...] Die naturalistischen Dichter und Maler wenden sich mit all ihren Schöpfungen ausschließlich an die Bildung der oberen hunderttausend, an das Proletariat der Bildung, an die Zigeuner in allen Künsten, an die reiche, müßige, blasierte, nach Aufregungen begehrende Gesellschaft, die nach der sozialen Revolution ebenso lüstern ist, wie es ihre Vorgängerin, die Hofgesellschaft des 18. Jahrhunderts, nach der politischen war. (160)

Sein eigentliches Publikum finde der Naturalismus daher in den literarischen Zirkeln der Kaffeehäuser und der Salons. Der artistische Detailismus erscheint dem konservativen Kritiker nicht geeignet, »auf einfache, naive, sich in einem beschränkten Kreise von Arbeit und Pflicht, von Leid und Freude bewegenden Menschen eine tiefere Wirkung auszuüben« (160), gleichwohl liege in der Erweiterung der literarischen Darstellungsmittel und des motivischen Horizonts ein bleibendes Verdienst der »jüngstdeutschen Bewegung«.

Die Argumentationen dieser Kritikergruppe, in denen sich die unterschiedlichsten Standorte zusammenfinden, lassen sich unter die These bringen, daß der Naturalismus von der Intention seiner Autoren aus als ästhetischer Formalismus zu begreifen sei, dessen manieristische Komponente gerade in jenen Beispielen, in denen er am engagiertesten an der sozialen Realität zu sein scheint, hervortrete. Unter dem Aspekt einer »Künstlerkunst« wird die Zuwendung des Naturalismus zu den Motiven des »vierten Standes« zum Resultat eines kunsttheoretischen Ansatzes; die Artistik erweist sich als Reaktion der bürgerlichen Literaten gegenüber einer veränderten geschichtlichen Wirklichkeit, die von ihrem gesellschaftlichen Standort aus nicht mehr überschaubar ist, der gegenüber ihr Funktionsverlust als persönliche Krise oder als Krise der Kunst erfahren wird. In der Reduktion des Gesellschaftlichen auf das »Milieu«, versucht die naturalistische Ästhetik, diese Überschaubarkeit wiederherzustellen; die kognitive Beschränktheit der Milieutheorie wurde indessen als ideologisch bedingte erkannt. Die sozialistischen Kritiker sahen darin das Unzeitgemäße der bürgerlichen Moderne; der Widerspruch, der dem zugrunde liegt, ist ein Widerspruch, der zutiefst in der Gesellschaft begründet war. Der Ästhetizismus des naturalistischen Theaters wurde freilich in der Dialektik seiner zeitgeschichtlichen Rezeption aufgehoben; so sehr der Naturalismus die Autonomie des Ästhetischen in der Theorie eines postivistischen Objektivismus neu abzusichern versuchte, indem er an die Stelle metaphysischer Begründungszusammenhänge die erkenntnistheoretische Programmatik der modernen Naturwissenschaft setzte, so irrelevant erschien dieser Autonomieanspruch im Prozeß der zeitgeschichtlichen Rezeption.

3. Die Naturalismuskritik Georg Lukács' und der marxistischen Literaturwissenschaft

G. Lukács leitet seine Darstellung des deutschen Naturalismus [1] mit einer historischen Terminierung ein, er schreibt: »Am Anfang der neueren deutschen Literatur steht eine merkwürdige Koinzidenz von literarischen und politischen Ereignissen: die Gründung der ›Freien Bühne‹ und der Sturz Bismarcks« (145). Die Probleme der Periodisierung, die in dieser Erklärung liegen, sollen hier nicht diskutiert werden. [2] Lukács' Feststellung dieser Koinzidenz ist vor allem nicht als geistesgeschichtliche Parallele, sondern als Ausdruck einer historischen Dialektik von Literatur und Gesellschaft zu interpretieren, und sie stellt in der Tat einen entscheidenden Schlüssel zur Analyse der Literatur um die Jahrhundertwende dar. Wenn Lukács die Literatur der neunziger Jahre unter der Perspektive des Übergangs des Wilhelminischen Staats vom Konkurrenzkapitalismus zum politischen und wirtschaftlichen Imperialismus beschreibt, ist für ihn der konkrete historische Rahmen des Naturalismus genauer beschrieben, als es einzelne Werkdatierungen vermöchten.

In seiner Analyse des historischen Romans des 19. Jahrhunderts [3] entwickelte Lukács ein Naturalismusbild, das von diesem Zusammenhang ausgeht: Der Naturalismus habe sich durch seine Beschränkung auf die photographische Reproduktion der Wirklichkeit der erkenntniskritischen Möglichkeit begeben, »die wesentlichen treibenden Kräfte der Geschichte« (250) sichtbar zu machen; im Hinblick auf die Romane von Flaubert und Maupassant spricht Lukács vom »Episodischen« als der konsequent aus der naturalistischen Kunsttheorie hergeleiteten Struktur und ihrer Perspektive; d. h. die Wirklichkeit erscheint allein im Ausschnitt, von einem individuellen Blickpunkt aus. Das Individuum wird in einem Lebenskreis gezeigt, der über dessen eigenen Horizont nicht hinausweist; so bleibt der einzelne unverbunden mit der Historie, diese bildet allenfalls Hintergrund oder Dekor. [4] Aus dieser perspektivischen Reduktion resultiert für Lukács auch die Reduktion des Gesellschaftlichen auf »eine der ›zwei Nationen‹« (252), die sich mit der Ausbildung eines klassenbewußten Proletariats als Riß,

der durch die Nationen Westeuropas gehe, ergeben habe. Der dem Gesamtgesellschaftlichen entfremdete Literat vollzog in seinem Bewußtsein diesen Riß mit,
indem er sich entweder der Gesellschaft »oben« oder der Gesellschaft »unten«
zuwandte. Eine letzte Ursache dieser Segmentierung des Gesellschaftlichen im
ästhetischen Bereich sieht Lukács in der politischen und ideologischen Teilung
der Nationen. Gegenüber der französischen Romanentwicklung, um die es Lukács
vornehmlich geht, setze der Naturalismus in Deutschland, insbesondere das
Drama, die Akzente insofern anders, als eine Orientierung »nach oben« weitgehend ausfalle; die thematische Beschränkung auf das ländliche oder städtische
Proletariat sei mit wenigen Ausnahmen die Regel. Diese Regel leitet sich aus dem
Bedingungsverhältnis von Kunsttheorie und Stoffauswahl, bzw. Kunsttheorie
und Darstellungsperspektive ab; d. h. die Beschränkung auf Themen und Stoffe
des Proletariats resultierte für das Drama wesentlich daraus, daß im Bereich
der proletarischen Lebenswirklichkeit die spezifischen Reproduktionsverfahren des
Naturalismus am stringentesten anzuwenden waren. Der Darstellung des Individuums im Determinantennetz von Milieu- und Vererbungsfaktoren schienen
die psychologischen Verhaltensmuster der gesellschaftlichen Unterschicht entgegenzukommen; naturwissenschaftliche Erklärungen überlagerten die Faktoren
ökonomischer Abhängigkeit bzw. Herrschaft, sie ließen allein das sogenannte
»Milieu« in den Blick treten. Dieser Zusammenhang erscheint in der Naturalismuskritik von Lukács m. E. unterschätzt; er wird auch dadurch nicht hinreichend beschrieben, daß Lukács in der Kritik der naturalistischen Darstellung,
deren Verhältnis zur Wirklichkeit als »abstrakt«, als »Ausschalten der Vermittlungen« (262) u. a. bezeichnet, wenngleich damit die Kritik des naturalistischen
Reproduktionsverfahrens in seiner kognitiven Funktion angesprochen ist.

Das Problem der perspektivischen Verkürzung der naturalistischen Literatur
auf die Alltagswirklichkeit reflektiert Lukács noch von einem weiteren Blickpunkt aus, der unserer Analyse weit näher kommt [5]; die Alltagswirklichkeit
vermag nach seiner Meinung die »großen gesellschaftlichen Widersprüche« (160)
nicht mehr in ihrer prägnanten Form widerzuspiegeln, das Durchschnittliche verstelle vielmehr die Gesetze der Entwicklung, es sei deren »totes Resultat« (166).
Dies hat entscheidende Konsequenzen für den Grad der Objektivität, die unter
diesen Prämissen erreicht werden kann, sie enthüllt sich für Lukács als Scheinobjektivität, da sie nur die Bewegungen an der Oberfläche der Gesellschaft registriert.

Mit dieser Scheinobjektivität der Theorie und Praxis der neueren bürgerlichen Literatur hängt ihre Scheinwissenschaftlichkeit eng zusammen. Der Naturalismus entfernt sich
immer mehr von der lebendigen Wechselwirkung der großen gesellschaftlichen Widersprüche und setzt an ihre Stelle im steigenden Maße leere soziologische Abstraktionen.
Und diese Scheinwissenschaftlichkeit nimmt [...] einen agnostizistischen Charakter an.
(168)

Der Wissenschaftsanspruch reduziere sich in diesem Modell auf die Erklärung des
»Wie« (Zola), der letzte Bestimmungsgrund des Gesellschaftlichen auf die rational nicht mehr auflösbare Kategorie der Rasse (Taine).

Lukács ist zuzustimmen in der Grundtendenz seiner Naturalismuskritik, soweit er diese an den Dichtungen und ihrer Theorie selbst entwickelt und folgert, sie fungierten im Dienste einer ideologischen Apologetik des Bürgertums. In den Oberflächengestaltungen der Wirklichkeit, auch in der Anprangerung ihrer sozialen Deformationen, würden die entscheidenden gesellschaftlichen Kämpfe der Zeit verdeckt, in der Verdinglichung der Wirklichkeit zum Milieu, dem der einzelne schicksalhaft verfallen erscheine, reproduziere sich die mit der kapitalistischen Produktionsform verbundene Form der Erkenntnis der Wirklichkeit. Jedoch erfährt dieses Bild eine Differenzierung durch die Einbeziehung der Rezeption in den literarischen Wirkungszusammenhang. Der von Lukács unterstellten ideologischen Apologetik des Naturalismus steht dessen praktische Identifikation mit dem politischen Sozialismus (bzw. Anarchismus) durch das konservative Bürgertum entgegen; diese Betrachtung freilich liegt auf einer anderen Ebene und bleibt in der Lukács'schen Ideologiekritik gänzlich außer acht. Dagegen bringt Lukács zur Unterstützung seiner Argumentation die Rolle der politischen Opposition der neunziger Jahre, also der Sozialdemokratie, mit in den Zusammenhang. Diese wird in die Kritik einbezogen, wenn von einem Unverständnis der Arbeiterpartei für das Problem der Demokratisierung Deutschlands in dieser Zeit die Rede ist; daraus resultiere letztlich auch die Unfähigkeit der Sozialdemokratie, die Entwicklungsperspektiven der zeitgenössischen literarischen Praxis zu begreifen. Lukács bezieht dieses Urteil vor allem auf W. Liebknecht und dessen Kreis, im Grunde aber auch auf F. Mehring [6]; er resümiert pauschal: »Aber die wesentliche Aufgabe haben die Sozialdemokraten nicht verstanden, geschweige denn gelöst.« [7] Aus der Kritik an der politischen Opposition scheint sich für Lukács indirekt eine Rechtfertigung der mangelnden Konkretheit des Engagements der oppositionellen literarischen Intelligenz herzuleiten, dadurch nämlich, daß diese durch ihren Anschluß an die Arbeiterbewegung letztlich nichts hätten gewinnen können. Ihr »sozialer Messianismus« korreliert nach Lukács' Auffassung mit der revisionistischen Entwicklung der Sozialdemokratie in den neunziger Jahren.

Mit dieser Analyse wird man jedoch der kritischen Leistung der Sozialdemokratie gegenüber dem Naturalismus nicht gerecht, vor allem muß der Versuch zurückgewiesen werden, den »Sozialismus der naturalistischen Literaten« über den gleichen ideologischen Leisten zu schlagen wie den der Sozialdemokratie. Am Beispiel Hauptmanns erscheint überdies der »soziale Messianismus«, den Lukács den Naturalisten unterstellt, in der Fragwürdigkeit eines legitimistischen Rollenspiels. Lukács übersieht, daß von den sozialdemokratischen Kritikern jener Mangel an Perspektive, der von ihm selbst als die wesentliche ideologische Barriere in der Widerspiegelung der geschichtlichen Wirklichkeit bezeichnet wird, in aller Deutlichkeit formuliert wurde. Die Sozialdemokratie hatte in ihrer Kritik am Naturalismus, zu der sie durch die Agitation der konservativen Parteien in verschärftem Maße gezwungen worden war, eindeutig Stellung genommen und dessen ideologische Bindung an das Bürgertum klar erkannt. Wenn Lukács ein Versagen der sozialdemokratischen Kritik gegenüber dem Naturalismus unterstellt, dann mag das bei den Kriterien seiner Argumentation allenfalls für E. Steiger und jene Kritikergruppe gelten, die den Naturalismus als neue Kunst der proletarischen Bewegung in Anspruch genommen hatte. Steigers Erfolg auf dem Gothaer Parteitag darf jedoch über den Rahmen der redaktionellen Probleme der *Neuen Welt* hinaus nicht überschätzt werden. Diese Einschränkung gegenüber Lukács' Naturalismusauffassung gilt auch für dessen Hauptmannsbild. [8]

Dem Klassenbewußtsein des naturalistischen Schriftstellers wendet sich mit besonderem Interesse auch die neuere marxistische Literaturwissenschaft zu, sie fragt dabei in erster Linie nach dem Verhältnis von Naturalismus und Arbeiterbewegung. – Zu einfach macht es sich m. E. H. J. Geerdts [9] am Beispiel G. Hauptmanns, wenn er sich zur Klärung dieser Frage ausschließlich auf die der Interpretation bedürfenden *Abenteuer meiner Jugend* als autobiographisches Dokument für Hauptmanns politische Einstellung in den neunziger Jahren stützt; er glaubt folgern zu können: »Die Frage der Klassenzugehörigkeit wurde ihm bereits als Kind zu einem unauflöslichen Problem. Noch wirkte das proletarische Milieu als Erbteil der Vorfahren, die sich kümmerlich mit der Weberei durch das Leben geschlagen hatten.« (134) Damit reproduziert Geerdts Hauptmanns eigene Anspielungen auf seine Weberherkunft, deren legitimistische Funktion bereits von den Zeitgenossen durchschaut wurde; auch wurde gezeigt, daß der Rollentopos vom »Weberenkel« an der konkreten Klassenlage des Autors korrigiert werden muß. Geerdts ist zuzustimmen, wenn er feststellt, daß Hauptmann nie den Anschluß an den wissenschaftlichen Sozialismus und die politische Arbeiterbewegung gefunden habe und daher in der ideologischen Perspektive seiner Stücke in eine Sackgasse geraten mußte; doch stellt sich dieser Zusammenhang, besonders unter Berücksichtigung der Einwände von G. Lukács, weit differenzierter dar, als es in Geerdts Ausführungen erscheint. Wenn Hauptmann dennoch als bedeutender Gesellschaftskritiker bezeichnet wird, interpretiert Geerdts das naturalistische Theater aus der Perspektive seiner Rezeption. – In der Beurteilung des kritischen Engagements Hauptmanns in den neunziger Jahren beruft sich auch H. Herting [10] auf die autobiographischen Darstellungen und den Bericht M. Baginskis und kommt zu dem Schluß, daß der Dichter in der Rolle eines »Anwalts der Enterbten« zu sehen sei. Herting versucht die Stellung der bürgerlichen Literaten aus der Übergangssituation am Jahrhundertende und der Problematik ihres gesellschaftlichen Bewußtseins zu erklären:

Echtes Ringen und Suchen verquickten sich eng mit persönlicher Geltungssucht, mit der Forderung nach ungehemmtem Ausleben des Individuums bis an die Grenze des Normalen und Gesunden und der Koketterie mit dem Kranken und Abnormen. Es bleibt aber das Verdienst der jungen Dichtergeneration jener Jahre, daß sie vor den brennenden Zeitfragen nicht die Augen verschloß (15 f.).

Dieses Urteil ist bemüht, trotz der Einsicht in die Widersprüche zwischen dem politischen Sozialismus und der jüngstdeutschen Literaturbewegung, diese wenigstens auf der Ebene der Zeitkritik in eine gemeinsame Fronde gegen den Wilhelminischen Staat zu stellen; Herting schätzt dabei offensichtlich die Faktoren der ästhetischen Theorie, die den Naturalismus auf die »brennenden Zeitfragen« verwiesen, zu gering ein. – Die Arbeit von E. Hilscher, *Gerhart Hauptmann* [11], geht mit großer Ausführlichkeit auf den biographischen Hintergrund ein und versucht, aus diesem Bezugsrahmen die Problematik des ideologischen Standorts des Dichters zu entwickeln. Hilscher sieht in Hauptmanns früher finanzieller Sicherung in den Kreisen des besitzenden Bürgertums, einer Folge seiner Heirat mit Marie Thienemann, die entscheidende Ursache dafür, daß es dem Dichter nicht gelungen sei, »in die Probleme der zukunftgestaltenden revolutionären Arbeiterbewegung einzudringen« (44). Dennoch will Hilscher die frühen Stücke unter dem Gesichtspunkt sozialistischer Gesellschaftskritik interpretieren; *Vor Sonnenaufgang* etwa erscheint ihm als Schilderung des Verfalls einer Familie im Übergang von der Agrarwirtschaft zur Industrialisierung. Diese Interpretation läßt unberücksichtigt, daß in diesem Stück die Alkoholfrage und das Vererbungsproblem so eindeutig im Vordergrund stehen und die Konfliktstruktur bestimmen, daß die ökonomischen Aspekte an den Rand rücken und auch nicht als Verursachung nahegelegt werden; allein die Ausklammerung aller Fragen der Bergarbeiter widersetzt sich Hilschers Deutung.

Die drei hier in Teilaspekten vorgestellten Arbeiten lassen sich in der Intention zusammenfassen, Hauptmann und den literarischen Naturalismus in die Tradition der politischen Oppositionsbewegung des Jahrhundertendes einzuholen, die ideologischen Vorbehalte werden dabei unterschiedlich veranschlagt; insofern können diese Arbeiten als paradigmatisch für die neuere marxistische Naturalismusforschung angesehen werden. Auch für sie gilt die bereits dem Naturalismusbild von Lukács gegenüber vorgetragene Kritik; der ideologiekritische Ansatz bietet m. E. keine hinreichende Erklärungsmöglichkeit für den konkreten historischen Wirkungsprozeß.

IX. Das Theater des naturwissenschaftlichen
Zeitalters: »Episches Theater« als Modell des Zeitstücks

> Nur der ist zum Realisten tauglich, der die Gabe des
> technischen Sehens und die Kraft, mechanische Dinge
> plastisch zu modellieren, besitzt. Die Gabe wird ihn
> dann auch befähigen, die seelischen Vorgänge in ihren
> intimsten Verschlingungen mit dem Mikroskop psycho-
> logischer Forschung zu verfolgen und, wie ein beliebi-
> ges mechanisches Geschehniß der Außenwelt mit sinn-
> lich greifbarer Gestaltung zu photographieren.
>
> K. Bleibtreu, *Revolution der Literatur* (1886)

> Der Naturalismus offenbart schon in seinem Namen
> seine naiven, verbrecherischen Instinkte. Das Wort
> Naturalismus ist selber schon ein Verbrechen. Die bei
> uns bestehenden Verhältnisse zwischen den Menschen
> als natürliche hinzustellen, wobei der Mensch als ein
> Stück Natur, also unfähig, die Verhältnisse zu ändern,
> betrachtet wird, ist eben verbrecherisch. Eine ganz be-
> stimmte Schicht versucht hier unter dem Deckmantel
> des Mitleids den Benachteiligten die Benachteiligung
> als natürliche Kategorie menschlicher Schicksale zu
> sichern. Es ist die Geschichte der Benachteiliger.
>
> B. Brecht, *Über die Verwertung der theatralischen*
> *Grundelemente* (um 1930)

Das naturalistische Drama erweist sich seiner Struktur und seinen Inhalten nach
als konsequente Verwirklichung einer ästhetischen Theorie, die sich durch ihre
Berufung auf die Erkenntnisse und die Verfahren der Naturwissenschaften als
»wissenschaftlich« zu legitimieren versucht. Insofern versteht sich das naturalistische Theater als Zeittheater, d. h. als »Theater des naturwissenschaftlichen
Zeitalters«. Folgen wir diesem Ansatz, so liegt sein Zeitcharakter weniger in
der Verarbeitung aktueller Stoffe und Tagesthemen als vielmehr in der Perspektive, die es den Stoffen gegenüber entwickelt; damit rückt das Problem
der Darstellungstechnik in den Vordergrund. Zugleich aber ist der naturalistischen Schreibweise ein spezifisches Erkenntnisverfahren immanent, das unter
den gleichen ideologischen Bedingungen steht wie die ästhetische Theorie.

1. Szenischer Illusionismus und das Prinzip der »vierten Wand«

Ein erstes strukturales Merkmal des naturalistischen Dramas ist sein konsequenter szenischer Illusionismus, der in der zeitgenössischen Diskussion mit der Metapher der »vierten Wand« apostrophiert wird. Wir finden dieses Problem in einer Bemerkung G. Hauptmanns zu seinem Stück *Vor Sonnenaufgang* [1] ausführlich erläutert, dort heißt es:

Schon oft hat man die alte Forderung wiederholt: die Bühne sei kein Katheder! und ich unterschreibe diese Forderung. Ich stellte sie auch an mich, als ich mein Stück begann, und schrieb es durch, ohne an das Publikum nur zu denken, als ob die Bühne nicht drei, sondern vier Wände hätte. Auch Alfred Loth redet nirgends zum Publikum. Er redet zu Hoffmann von Dingen, wie man sie nach einer langen Trennung nothwendigerweise zur Sprache bringt, er redet unter dem Essen im Kreise einer Tafelrunde ohne Prätention – und zwar nur für diesen Kreis – von Angelegenheiten, die der Gang der Unterhaltung ihm aufdrängt. Er redet dann mit Helenen, einem guten naiven Kinde, und gibt ihr die ihm selbst alltäglichen Gedanken in einer leicht faßlichen Form, um sie ihr nahezulegen. Er spricht auch im zweiten Akt unterm Taubenschlag nur für Helene. Welch eine unbillige Forderung von Kritikern und Publikum, er solle diesem Mädchen mit schwierigen neuen Gedanken kommen! Eigene schwierige ungelöste Probleme diesem Kinde vordiskutieren, dem das Abc einer neuen Weltanschauung nicht geläufig ist [...] Wie soll es anders als lächerlich wirken, wenn der Schauspieler mit gewollten Simplizitäten prätentiös heraustritt und sie wie Offenbarungen höchster Weisheit ins Parkett hinunterpredigt. Hätte Herr Loth eine Brandrede halten wollen, dann würde er, wie ich ihn kenne, ganz andere Saiten aufgezogen haben. Und dies ist der Punkt: Nicht der ganze Alfred Loth mit all seinen Empfindungen, Gedanken, Eigenschaften, Fähigkeiten, sondern nur Alfred Loth unter gewissen im Drama vorhandenen Bedingungen ist geschildert, Bedingungen, die seinem Charakter, aber nicht seinen hervorragenden Denkfähigkeiten erlauben, sich zu entwickeln [...] (93).

Die szenische Struktur des naturalistischen Dramas wie die Anlage seiner Figuren orientiert sich an dieser konsequenten Illusionsästhetik; der naturalistische Dramatiker vermeint mit jenem Illusionismus die programmatische Forderung nach objektiver Darstellung zu erfüllen, d. h. nach einer Widerspiegelung der Wirklichkeit, wie sie dem Wahrheitsanspruch wissenschaftlicher Beschreibung genügt. [2] Dieses Darstellungsmodell bildet auch den Rahmen, auf den die Wirkungsintentionen des naturalistischen Theaters von seiner Theorie her reduziert sind, wie auch alle kognitiven Möglichkeiten der Darstellung selbst. D. h., daß nur jene Perspektive oder Dimension der Wirklichkeit im Drama vermittelt werden kann, die sich unter den Bedingungen des naturalistischen Illusionismus szenisch vermitteln läßt; damit erfolgt eine Segmentierung der Wirklichkeit, die ihre Kriterien innerhalb der ästhetischen Theorie definiert. Die kognitive Leistung des ästhetischen Systems ist daran gebunden. Bezogen auf die Figur des Loth, auf die Hauptmanns Bemerkung gerichtet ist, bedeutet das, daß Figuren, die als Objekte der sozialen Verhältnisse wie als deren Kritiker erscheinen, ebenfalls unter diesen strukturalen wie erkenntniskritischen Voraussetzungen stehen; die Perspektive ihrer Kritik bleibt im Horizont des Werks gebunden. Die Figur selbst wird nur segmentiert wiedergegeben, »unter gewissen im Drama vorhandenen Bedingungen«; die naturalistische Theorie verwendet dafür den Begriff des »Charakters«. Im Sinne der naturalistischen Theorie bringt er jene Eigenschaften (Segment) einer Figur zur Anschauung, die im Rahmen der Illusionsästhetik innerhalb szenischer Bedingungen reproduzierbar sind. Durch das illusionistische Darstellungsmodell ist auch die Position des Zuschauers festgelegt; er ist in der Rolle des außenstehenden Beobachters, der wie durch eine »vierte Wand« die Vorgänge auf der Bühne verfolgt. [3] Zwischen Bühne und Publikum sind alle Interaktions- und Kommunikationsbrücken, soweit sie sich in der Tradition der Theaterpraxis als Stilelemente ausgebildet hatten, abgebrochen, z. B. Prolog, Vorspiel, Reden zum Zuschauer, Beiseitesprechen, Zwischenspiele, spezifische Kommentarfiguren, Epiloge u. a. [4] Der Illusionismus verschleiert zugleich das Wesen des Theaters als Produziertes und verdinglicht so die Vorgänge auf der Bühne als »Welt für sich«. Der Zuschauer wird in eine Rolle gebracht, vergleichbar der des wissenschaftlichen Experimentators, der den Verlauf eines Experiments von seinen Anfangsbedingungen aus verfolgt, nachdem der Prozeß in Gang gebracht wurde. Da die Darstellung sich jeder Kommentierung enthält, fällt dem Beobachtenden auch die Rolle des Urteilenden zu [5]; d. h. er muß jenen Erkenntnisprozeß nachvollziehen, der zu den Bedingungen des Experiments geführt hat, der Spielvorgang erhält damit die Funktion einer wissenschaftlichen Demonstration. Es wäre zu fragen, ob sich unter Berücksichtigung des der Darstellung immanenten Experimentcharakters die Vorliebe des Naturalismus für die Stoffe des Proletariats nicht auch aus der Absicht erklärt, zwischen dem Gegenstand des Experiments und dem Experimentator eine möglichst große Distanz herzustellen, die hier zugleich auch die konkret gegebene Distanz des bürgerlichen Schriftstellers und seines Problikums zu der Alltagswirklichkeit des Proletariats ausdrückt. Daraus ließe sich die These ableiten, daß das Arme-Leute-Milieu der schlesischen Weberdörfer Kaschbach und Peterswaldau oder die Berliner »Hinterhaus-Package« für den bürgerlichen Literaten eine Art artifiziellen Exotismus darstellen – vergleichbar mit der Funktion der Exotismen in Brechts »wissenschaftlichem Theater«, dem London der *Dreigroschenoper,* dem Kilkoa von *Mann ist Mann* und dem China der Sezuanparabel. [6]

2. Das Mikroskop als perspektivische Metapher

Auch auf die Position des Betrachters des naturalistischen Theaters läßt sich jene Metapher vom Mikroskop oder dem »mikroskopischen Sehen« übertragen, mit der in der ästhetischen Theorie die Darstellungsperspektive des naturalistischen Autors beschrieben wird. In dieser Perspektive ist der Detailismus der Darstellung des naturalistischen Theaters begründet. Schon in K. Bleibtreus Programmschrift von 1886 *Revolution der Literatur* fällt das Stichwort:

Das Haupterfordernis des Realismus ist die Wahrhaftigkeit des Lokaltons, der Erdgeruch der Selbstbeobachtung, die dralle Gegenständlichkeit des Ausdrucks. Nur der ist zum Realisten tauglich, der die Gabe des technischen Sehens und die Kraft, mechanische Dinge plastisch zu modellieren, besitzt. Die Gabe wird ihn dann auch befähigen, die seelischen Vorgänge in ihren intimsten Verschlingungen mit dem Mikroskop psychologischer Forschung zu verfolgen und, wie ein beliebiges mechanisches Geschehniß der Außenwelt, mit sinnlich greifbarer Gestaltung zu photographieren. (31)

K. Frenzel [1] vermerkt im Hinblick auf die *Familie Selicke*: »es ist eine Notiz aus dem Polizeibericht unter dem pessimistischen Vergrößerungsglase« (454); als »mikroskopisches Forschen« (702) charakterisiert Th. Ziegler [2] die naturalistische Schreibweise und stellt in Frage, ob damit die moderne Wirklichkeit angemessen erfaßt werden könne: »Denn diese [...] ist so sehr ins Riesengroße gewachsen, mit Dampf und Electrizität flutet sie rastlos und atemlos dahin, daß sie sich nirgends anhalten und fassen läßt.« (716) F. Spielhagen notiert in seiner *Weber*-Kritik [3] im Hinblick auf das naturalistische Drama: »Es ist als ob wir aus der Vogelperspektive auf eine Stadt hinabblickten, in der die Dächer der Häuser abgedeckt sind, so daß wir die Bewohner in ihrem Thun und Treiben beobachten dürfen, wobei es völlig gleichgültig ist, ob wir die Beobachtung bei der Wohnung Nr. 1 beginnen und bei der Nr. X aufhören, oder umgekehrt.« (234 f.)

In der Metaphorik vom »mikroskopischen Sehen« wird der Zusammenhang von Darstellungsperspektive und Wissenschaftsprogrammatik evident; das »mikroskopische Sehen« stellt ein ästhetisches Verfahren dar, das für die Gegenstände der Gestaltung konstitutiv ist. Unter diesem Gesichtspunkt versucht E. Steiger [4] die spezifischen Inhalte des naturalistischen Dramas aus dessen theoretischem Ansatz herzuleiten:

Der kleine Mann im Leben draußen und die kleine Empfindung in der eigenen Seele – sie waren beide für ihn [den Schriftsteller – M. B.] unentdeckte mikroskopische Welten. Und wie er sie näher betrachtete, entstand die Armeleutemalerei und die soziale Dichtung und mit ihnen zugleich eine ganz neue mikroskopische Psychologie, die die Seelen gleichsam in ihre lebendigen Atome auseinanderfaserte und deren kreisende Wirbel belauschte. (117)

Auf dem Gothaer Parteitag begründete Steiger den Anspruch des Naturalismus, als Zeitliteratur zu gelten, aus dessen erkenntnistheoretischer Fundierung in den Naturwissenschaften [5]: »Die Widerspiegelung der kleinsten Regung der Menschenseele basiert auf der großen Rolle der Naturwissenschaften in der Gegenwart. Das Mikroskop hat sozusagen uns eine neue Welt eröffnet, hat uns die moderne Kunst gegeben.« (82) Diese Argumentation Steigers kann als beispielhaft für jene Gruppe zeitgenössischer Kritiker angesehen werden, die den Naturalismus als literarische Moderne bejahen. Insofern prägt das Schlagwort vom »Zeitalter des Mikroskops« [6] ein wesentliches Rezeptionsmuster für das naturalistische Drama; seine Metaphorik überträgt das wissenschaftliche Verfahren unmittelbar in den Kontext der ästhetischen Theorie. Weiterhin bestätigt sich in dieser Argumentation die bereits entwickelte Auffassung des Sozialen im naturalistischen Drama als Konsequenz der Kunsttheorie – nicht als zeitkritisches Engagement. Als experimentelle Literatur, die den Experimentbegriff der Naturwissenschaften ins Ästhetische überträgt, erwiese sich dann der Naturalismus erneut als ästhetischer Formalismus, oder, wie es in der zeitgenössischen Kritik heißt, als »Künstlerkunst«. Dies bedeutet weiter, daß sich im konsequenten Illusionismus des naturalistischen Theaters jene »Interesselosigkeit« und »Absichtslosigkeit« der ästhetischen Produktion, die für Kant die Voraussetzung dafür war, daß das Kunstwerk »als Natur angesehen werden« könne, in einer materialistischen Umkehrung wiederfindet. [7]

3. Der »Mangel an Gesamtanschauung« im naturalistischen Drama: das Episodische als Strukturprinzip

Mit der Formel des »mikroskopischen Sehens« wurde auf einen Perfektionismus der Detaildarstellung hingewiesen, den die Literaturwissenschaft als »Sekundenstil« bezeichnet, der jedoch den Erkenntnishorizont des Werks entscheidend einschränkt. Als »Mangel an Gesamtanschauung« [1] wurde diese perspektivische Reduktion des Ästhetischen von der zeitgenössischen Kritik als Symptom einer alle Lebensbereiche durchdringenden Krise interpretiert, in der sich die bürgerliche Gesellschaft am Jahrhundertausgang befinde. E. Heilborn begründet dieses Urteil im Zusammenhang einer Kritik an der Episodenstruktur von Hauptmanns *Florian Geyer* [2]: »Denn es lastet gegenwärtig in Deutschland auf allen Gemüthern ein dumpfer Skepticismus, der das Schaffen lähmt und vor allem in Hauptmann's jüngstes Werk tiefe Furchen gegraben hat. Vielleicht ist das, was ich Mangel an Auffassung nannte, nur eben eine Folge des Skepticismus.« (237) So erklärt sich auch F. Spielhagen das *Panoptikum* der jüngstdeutschen Literatur aus einer Stimmung, die »von nervöser Unruhe durchwühlt ist, angesichts so vieler sich herandrängender ungelöster Probleme und der pessimistischen Weltanschauung, welche aus dieser Unruhe aufsteigt, wie grauer Nebel aus einem gährenden Sumpfe.« [3] Diese Interpretationen nennen bereits die Formeln, unter denen der Naturalismus von der konservativen Kritik als Zeitliteratur und Reflex einer Krisenstimmung begriffen wurde. Die Rezeptionsperspektive dieser Kritiker war dadurch bestimmt, daß sie die neue Literatur mit den Normen der idealistischen Ästhetik konfrontierten: von diesem Maßstab aus erschien der »Mangel an Auffassung« als »Mangel einer Idee«. Insbesondere die thematische Einengung des Naturalismus auf die Motive des »vierten Standes« bot Anlaß für diesen Vorwurf. In einer Gegenüberstellung von G. Hauptmann und H. Sudermann weist R. Link [4] auf die Darstellung des nur Zufälligen und Einzelnen, die aus der naturalistischen Kunstdoktrin resultiere; um das Einzelne könne es in der poetischen Darstellung jedoch nicht gehen:

Diese kleinen Leute, deren Los heutzutage mit Recht die Literatur anstatt der früheren Fürsten und Helden beschäftigt, sind an sich als Einzelwesen, wenig reizvoll, graue Fabrikware der Natur, eine Misère der wirklich nichts Großes passiren kann. Groß und bedeutend werden sie erst, wenn wir in ihrem Schicksal das Los einer ganzen Menschenklasse, der Menschheit selbst erkennen. (282) [5]

Eine solche Verallgemeinerung aber lag nicht in der Intention des naturalistischen Darstellungsmodells, das in seiner Perspektive eben stets nur das Einzelne erfaßte – dies freilich mit einer bis dahin nichtgekannten realistischen Akribie, das von der historischen Bedingtheit seiner Aussagemöglichkeiten ausging und sich auf »Ewigkeitsgehalte« nicht einzulassen vermochte. Damit setzte sich das naturalistische Theater dem Vorwurf aus, nur zufällige Momente der Wirklichkeit abzuspiegeln, deren Erkenntnisrelevanz im Bezugsrahmen der idealistischen Ästhetik gering schien. Die naturalistische Darstellungstechnik erweise sich vollends als Sackgasse, wenn es über die reine Beobachtung und Beschreibung hinaus um die Darstellung der Genese von Zuständen und um deren Einordnung in die größeren Zusammenhänge des Gesellschaftlichen oder des Historischen ging. Besonders gegenüber Hauptmanns *Florian Geyer* war dies der Tenor der zeitgenössischen Kritik.

Dieser Argumentationsansatz wurde auch von den sozialistischen Kritikern aufgenommen, von ihnen wurde jener »Mangel an Auffassung« vom Standpunkt einer materialistischen Geschichtstheorie aus interpretiert. So wies Mehring in seiner Besprechung von Hauptmanns *Florian Geyer* [7] unter anderem auch auf die episodische Struktur des Stücks hin, die zur Folge habe, daß eine »geistige Widerspiegelung des historischen Prozesses« (497) nicht gelinge. Im gleichen Stück sah Advocatus [8] nicht viel mehr als »episodische Stimmungsmalerei«, die die eigentlichen Ursachen des Bauernaufstandes verdecke.

Wir sehen nicht, wo die Bewegung entsteht, wie sich die verschiedensten widerstrebenden Interessen äußerlich vereinigen, obwohl sie sich innerlich fremd bleiben: wenn der Vorhang aufgeht, stehen wir einem Tohuwabohu gegenüber, in dem wir uns nicht zurecht finden können [...] Politische Forderungen erscheinen als die Hauptziele der ganzen Bewegung, das soziale Element ist ganz in den Hintergrund gedrängt. Das ist vom historischen Standpunkt aus wohl der bedenklichste Mangel des Werkes. (585)

Das Zurückdrängen der sozialen Elemente bedeute ein Verfehlen der Ursachen und der Entwicklung des historischen Ereignisses aus den ökonomischen Problemen der Zeit. Mit dem Begriff des »Episodischen« wurde die aus der Milieutheorie resultierende, auf den geschichtlichen Stoff übertragene Spielstruktur des naturalistischen Dramas beschrieben.

Im Rahmen der idealistischen Ästhetik mußte sich die poetische Darstellung zeitgeschichtlicher Stoffe verbieten, da ihr lebenspraktisches Interesse der ästhetischen »Umwandlung« der Stoffe entgegenstand, das galt in besonderem Maße für das Problem der sozialen Frage; so hatte Hegel auch die »Tagesfragen« wie den »vereinzelten Fall« von den möglichen Gegenständen poetischer Darstellung ausgeschlossen und der prosaischen Kunst (Rhetorik, Geschichtsschreibung) zugeschlagen. [9] Unter Berufung darauf wies auch die konservative Naturalismuskritik der neunziger Jahre die aktuellen Stoffe aus dem Kunstbereich:

Weil sie zu ernsthaft interessieren, zu sachlich aufregen, als daß das *ästhetische* Interesse am dramatischen *Spiel* unbeeinträchtigt bleiben könnte; und wenn man die modernen sozialen Dramen sich ansieht, die einige Wirkung gethan haben, so findet man in der That, daß diese Wirkung meist mehr von der stofflichen Erregung, dem sogenannten aktuellen Interesse bedingt ist als von spezifisch dramatischer Kraft- und Kunstentfaltung. [10]

Auf die Prämissen dieser Argumentation wird im Zusammenhang der Tendenzdiskussion (Kap. X) noch einzugehen sein. Das Fehlen einer Perspektive bzw. der »Mangel an Auffassung« – dies läßt sich resümieren – bedeuten für die konservativen Kritiker »Mangel an Idee« und Mangel an ästhetischer »Umwandlung«, d. h. an Enthistorisierung, Abstraktion und Neutralisierung des Stoffes hinsichtlich jedes lebenspraktischen Interesses. Aus dieser Einstellung, die in den fundamentalen Voraussetzungen der idealistischen Ästhetik begründet war, erfolgte die Rezeption des naturalistischen Theaters als Zeitliteratur von vornherein unter einer negativen ästhetischen Wertung; diese schlug sich u. a. auch darin nieder, daß im Rahmen dieser Kritik der »Mangel an Idee« den »Mangel an dramatischer Konzeption« zur Folge haben mußte.

W. Bölsche, der mit seinen kritischen Rezensionen die Entwicklung des naturalistischen Dramas von den Anfängen an verfolgt hat, stellt in einer Retrospektive von 1904, in der er den Titel von H. Landsbergs Streitschrift *Los von Hauptmann* neu aufnimmt [11], das naturalistische Drama wie die Zeit des Jahrhundertausgangs unter die Formel des »Fragmentarischen« (108). Im Drama ist damit jener Mangel an Perspektive, »an Idee«, gemeint, den auch die konservative Kritik registriert hatte; das »naturalistische Drama weiß am Ende mit seinen Konflikten, seinen Personen verzweifelt wenig anzufangen« (112). Dieses Urteil ergibt sich notwendig gegenüber einer theoretischen Einstellung, die ohne Engagement an den Fragen der Zeit blieb. Der »Mangel an Auffassung« resultiert letzthin aus der ideologischen Befangenheit des bürgerlichen Autors. Der Fragmentcharakter des naturalistischen Dramas und seine Episodenstruktur bedingen sich gegenseitig; Hauptmann bemerkt in den Gesprächen mit J. Chapiro, daß es ihm darum gehe, einmal ein Stück zu schreiben, das ohne Abschluß, d. h. auch »ohne Entscheidung« bliebe: »Das wahre Drama ist seiner Natur nach endlos. Es ist ein fortdauernder innerer Kampf ohne Entscheidung. In dem Augenblick, da diese fällt, bricht das Drama ab. Da wir aber jedem Bühnenwerk eine Entscheidung zu geben gezwungen sind, hat jedes gespielte Drama etwas Pedantisches, Konventionelles an sich, was das Leben nicht hat. Das Leben kennt nur den fortdauernden Kampf, oder es hört überhaupt auf. Das ideelle Drama, das ich schreiben möchte, wäre eines, das keine Lösung und keinen Abschluß hätte. Ich habe viele Stücke nach ein oder zwei Akten abgebrochen, weil ich mich nicht entschließen konnte, ihnen Lösungen aufzuzwingen. Der Schlußakt ist fast immer ein Zwang, den der Dramatiker sich oder der Handlung auferlegt.« [12] Wenn davon abgesehen wird, daß in diese Rückschau eine lebensphilosophische Begründung als ideologischer Überbau, der als Resultat späterer Entwicklung anzusehen ist, eingebracht wurde, spiegelt sich auch im Bilde vom »endlosen« Drama jener »Mangel an Auffassung«, als Unvermögen des bürgerlichen Literaten, »Entscheidungen« zu treffen. Wenn Hauptmann davon spricht, »viele Stücke nach ein oder zwei Akten abgebrochen« zu haben, ist damit jener Befund angegeben, für den Bölsche den Begriff des »Fragmentarischen« als kritische Kategorie geprägt hat; Hauptmanns eigene Darstellung mag als Versuch gelten, eine lebensphilosophische Metaphysik als Erklärung für eine Position anzubieten, deren Ursachen vielmehr in den Widersprüchen der historischen Situation, der gegenüber die bürgerlichen Intellektuellen ratlos waren, zu suchen sind. [13]

4. Die »epische« Form des Zeitstücks

In der zeitgenössischen Literaturkritik wird das Theater des Naturalismus als »Mischform«, »Zwischending«, »Lesedrama«, als »dramatische Novelle« oder »dramatisierter Roman«, als »letztes Kapitel eines Romans«, als »novellistisch«, »episodisch« oder allgemein als »episch« oder »Epos« charakterisiert. Diese Kategorien wurden als Topoi der Kritik oder Versuche der Stilbeschreibung auch in der literaturwissenschaftlichen Naturalismusforschung [1] und in der Diskussion um das Zeitstück in den zwanziger Jahren erneut aufgenommen.

So bezeichnet W. Bölsche [3], mit dem Hinweis auf die umfänglichen Regieanmerkungen, Hauptmanns Drama *Vor Sonnenaufgang* als »Zwischending« von Roman und Drama: »An allen Stellen dieser Art fühlt man, wie undeutlich bei diesen konsequenten Realisten die Grenze zwischen dem Drama und seiner leider fast erwarteten Erniedrigung zum Lesedrama und dem Roman wird.« (236) Auf die besondere Form der Regieanmerkungen der Hauptmannschen Stücke wurde in der zeitgenössischen Kritik immer wieder hingewiesen, sie stellte formal die spektakulärste stilistische Neuerung dar und brachte dem naturalistischen Drama insgesamt den Ruf des Epischen oder Novellistischen ein [4]; es war auch jener Typ von »Skizzen«, wie sie die Sammlung *Papa Hamlet* (1889) darstellte, der diese Klassifizierung nahelegte. Mit diesen »Skizzen« war von A. Holz und J. Schlaf ein neuer Formtypus im Zusammenhang mit der Theoriediskussion des Naturalismus entwickelt worden, in dem die Gattungsgrenzen als aufgehoben betrachtet werden mußten.

Zwei Stücke waren es, die in besonderer Weise den epischen Charakter des naturalistischen Theaters zu belegen schienen, Hauptmanns *Einsame Menschen* und *Die Weber*. Zu den *Einsamen Menschen* schreibt F. Mauthner [5], daß die »epische Breite« das Wesen dieses wie des naturalistischen Dramas überhaupt ausmache. In der Besprechung einer Aufführung des gleichen Stücks stellt auch M. Harden [6] den »epischen Charakter«, vor allem der ersten Akte, als sein wesentlichstes Merkmal heraus; das Stück erbringe den Nachweis für Hauptmanns »hervorragendes Talent als Novellist« und weise alle Qualitäten einer »Novelle« auf. Ausdrücklich als »dramatisierte Novelle« (253) charakterisiert es M. Kent [7]; Hauptmann bleibe ganz in der Schilderung des Zuständlichen: »Diese epische Freude an breiter, zum Selbstzweck erhöhter Darstellung gegebener Verhältnisse hat für das Drama ›Einsame Menschen‹ das Beste und zugleich das Schlimmste gethan.« (252) [8] Die gleichen Argumente werden gegenüber den *Webern*« vorgebracht. Bytkowski [9] geht von einer »epischen Konzeption« des Stücks aus; die »Schilderung des Elends ist die Hauptsache. Der Konflikt besteht schon längst und auch seine Zuspitzung hat nicht den Charakter einer unabwendbaren dramatischen Austragung« (68). Vor allem aber erwiesen sich die Konfliktstruktur und die Funktion der Charaktere in dem Stück als »episch«. Die Ursache für die epische Struktur des naturalistischen Dramas wird in der Genese seiner Theorie gesehen. Das naturalistische Darstellungsmodell sei offenbar als Theorie des Romans konzipiert und »dann irrtümlich auf das Drama angewendet worden« (176). Es sei also vornehmlich die Technik der Darstellung, die jene Zwittergebilde »dramatisierter Erzählungen, Bilder einerseits, dramatisierte Lyrik andererseits« (179) hervorbringe. Das Fehlen einer Idee wird von Bytkowski als Grundübel des naturalistischen Theaters apostrophiert, das seine undramatische Form letztlich begründe; der Naturalismus sei daher »Tagesliteratur« ohne perspektivischen Hintergrund. [10] E. Sulger-Gebing [11] spricht davon, daß nicht »das Weber-Drama, nur der Weber-Roman (vermocht hätte,) den Stoff voll auszuschöpfen« (49). *Die Weber* seien nicht als dramatisches Stück, sondern durch ihr Nebeneinander »episodischer Bilder« – von denen das zweite und das dritte umgestellt und das fünfte für sich gespielt werden könnte – wesentlich »episch« strukturiert.

Dieses Argumentationsmuster, das in die verschiedensten Formeln gefaßt war (»dramatisierte Erzählung«, »episiertes Drama«, »episches Theater«, »episches Drama«, »Reihe episodischer Bilder«, »Epos in einzelnen Bildern«, »letztes Romankapitel«, »Lesedrama«, »episch«, »erzählend«, »episodisch«, »novellistisch« u. a.), zeigt deutlich, daß die zeitgenössische Rezeption des naturalistischen Dramas im Erwartungsfeld der traditionellen Kategorien »episch« bzw. »dramatisch« erfolgte und daß das neue Theater gegenüber diesen Kategorien einen Grenzfall darstellte. Das in der Freytagschen *Technik des Dramas* (1863) entwickelte dramaturgische Modell, das die poetologischen Regeln der Schillernachfolger in dem Pyramiden-Schema von Exposition, Steigerung, Höhepunkt, Umkehr und Katastrophe fixiert hatte, mußte für den zeitgenössischen Theaterbesucher und für den Kritiker als Bezugsfolie gelten. Von diesen poetologischen Normen hob sich das naturalistische Theater der frühen neunziger Jahre nicht nur durch seine neuartige Thematik (»Arme-Leute-Milieu«) ab, sondern vor allem auch durch seine als »undramatisch« empfundene Form.

Die stilistischen Kriterien, in denen sich die Stellungnahmen der zeitgenössischen Kritik ohne Differenzierung im prinzipiellen Urteil gegenüber dem Naturalismus ausdrückten, wurden in der Literaturdiskussion der zwanziger Jahre erneut aufgenommen, um das »neue Theater« dieser Zeit, das sich aus den Gegenbewegungen zum Expressionismus und im Zusammenhang eines konkreten politischen Engagements seiner Autoren ausgebildet hatte, poetologisch zu bestimmen (zugleich aber ästhetisch zu diskreditieren). So konnte jene Übereinkunft zustande kommen, in der das Theater des Naturalismus wie das Brecht-Theater als »episches« Theater bezeichnet wurden. Es wird zu zeigen sein, daß sich die kommunikativen und kognitiven Strukturen beider Formen so wesentlich voneinander unterscheiden, daß sich die gemeinsame Charakterisierung »episch« als völlig unzureichend, wenn nicht als irreführend erweist; gerade das Brecht-Theater konstituiert seine Theorie aus einem Ansatz (historisch-dialektischer Materialismus), der die Prämissen der naturalistischen Ästhetik (mechanistischer Materialismus) prinzipiell negiert.

In der Zusammenschau der Argumentationen innerhalb der zeitgenössischen Kritik am naturalistischen Theater und seiner Rezeption konturiert sich ein deutliches Bild hinsichtlich der Funktion, die einem »epischen« Theater als Zeittheater zugewiesen wurde. Die Episierung der dramatischen Form wurde als Technik der Beschreibung und der Schilderung, verbunden mit dem Anspruch auf größtmögliche Objektivität, Genauigkeit und Unmittelbarkeit in der Wiedergabe, und zum Aufbau eines konsequenten szenischen Illusionismus aufgefaßt. Damit war ein entscheidender Bruch gegenüber dem traditionellen Gattungsdenken vollzogen, denn Beschreibung galt als Merkmal des Epischen und mithin als »undramatisch«. Die Einführung des Begriffs »episch« zur Strukturbeschreibung des naturalistischen Dramas muß jedoch gegen die traditionelle Bedeutung dieser Kategorie abgegrenzt werden. [12] Gegen das »epische« Drama der neunziger Jahre wurde mit der Gattungsvermengung zugleich der Vorwurf der Perspektivelosigkeit, der Zufälligkeit in der Auswahl und der mikroskopischen Segmentierung der Wirklichkeit, des »Mangels an Auffassung« und des »Mangels an Idee« erhoben. Perspektive jedoch im Sinne von »Gesamtanschauung«, »Überschau« oder »Totalität« galt in der idealistischen Ästhetik als Charakteristikum epischer Gestaltung. Hier wird die Widersprüchlichkeit in der Begriffsverwendung deutlich, die daraus resultierte, daß die in der idealistischen Ästhetiktradition inhaltlich weitgehend festgelegten Kategorien auf eine Literatur angewandt wurden, der konzeptionell eine mechanistisch-materialistische Ästhetik zugrunde lag. Im Gegensatz dieser Theorieansätze ist auch die unterschiedlich definierte kognitive Funktion der ästhetischen Kategorien begründet, die in der Kritik des Naturalismus zum Ausdruck kam. Mit der Kategorie des Epischen wurde in der Struktur des naturalistischen Theaters jener Beobachtungsgestus des Experimentators charakterisiert, der in der naturwissenschaftlichen Grundlegung der neuen Ästhetik fundiert war; der Vorwurf eines »Mangels an Gesamtanschauung« oder »Mangels an Idee« war vielmehr Merkmal einer »unzeitgemäßen Rezeption« von Zeitliteratur. D. h., daß die poetologischen Begriffe zur Beschreibung der Struktur des naturalistischen Theaters aus dem Ansatz seiner ästhetischen Theorie hätten entwickelt werden müssen, wollten seine Kritiker aus dem Zwang der Anwendung nur negativ bestimmender Kategorien herauskommen. »Episches« Theater ist seiner Konzeption nach ein Beschreibungstheater, das die Intention »objektiver« und kommentarloser Darstellung verwirklicht und dessen kognitive Leistung auf die Bedingungen dieses Darstellungsverfahrens reduziert ist. Vom Standpunkt der idealistischen Ästhetik aus, die durch den vulgärmaterialistischen Ansatz der naturalistischen Ästhetik programmatisch in Frage gestellt war, konnte mit dem Begriff des Epischen das naturalistische Theater stets nur abgewertet werden. [13]

Gehen wir der Funktionsfrage der Episierung im Drama des Naturalismus von einem weiteren Aspekt aus nach, so weist wieder die zeitgenössische Rezeption eine erste Richtung. Das naturalistische Drama macht als Zeitliteratur jene neuentdeckten Faktoren der Realwirklichkeit zu seinem Gegenstand, die durch Milieutheorie und Vererbungslehre in den Blick gekommen waren, und durch deren strukturbildende Funktion am literarischen Werk die naturwissenschaftlichen Erkenntnisverfahren unmittelbar reproduziert wurden, die Metapher vom »mikroskopischen« oder »technischen Sehen« hatte das deutlich gemacht. P. Ernst hebt in seiner Arbeit *Die Anfänge des modernen Dramas* die »getreue, penible Reproduktion der Wirklichkeit« (456) als die eigentliche Intention naturalistischer Gestaltung heraus und weist auf die Herleitung der neuen Technik aus Zolas Theorie des Experimentalromans. [14] Im »soziologischen Roman«, für den Zola auch die praktischen Muster vorgegeben hatte, sollte die Totalität des »modernen Lebens« abgespiegelt werden; dazu galt es, die in den neuen Wissenschaften gewonnenen Erkenntnisse einzubringen, »zur latenten Analyse, welche der Künstler schon durch Auswahl, Gruppierung etc. giebt, und in der offenkundigen, durch soziologische Kommentare à la Balzac, etwa wie im ›médicin de campagne‹« (454). In der Übertragung der erkenntnistheoretischen Konzeption des Experimentalromans auf das Drama aber lag das Problem, denn diese Konzeption traf auf eine Auffassung vom Drama, die sich nicht nur an einem in der ästhetischen Tradition fixierten Begriff des Dramatischen (als Darstellung von Handlung) orientierte, sondern auch an die Bedingungen einer konsequenten Illusionsästhetik gebunden war. Während in der naturalistischen Ästhetik das »Wesen des Dramas« (als Darstellung von Charakteren) aus dem Zusammenhang der neuen Theoriegrundlegung neu bestimmt worden war (Holz) [15], wurde der szenische Illusionismus nicht aufgegeben, sondern vielmehr zu einem »konsequenten Realismus« weiterentwickelt, der alle strukturalen Elemente der Illusionsdurchbrechung, die sich in der Tradition der theatralischen Praxis ausgebildet hatten, ausschloß. Das Drama konnte nach dieser Auffassung nur Zustände wiedergeben, diese erschienen dem Betrachter als Tatbestände, deren Genese verborgen blieb. Von der Theorie des Dramas her war damit die Möglichkeit verstellt, jene Perspektivik aufzubauen, die der Experimentalroman auf Grund seiner Theorie und auf Grund seiner strukturalen Bedingungen entwickeln konnte. Gegenüber dem »alten Theater« befand sich daher das Publikum des naturalistischen Theaters in einer veränderten kommunikativen Situation; »im alten Drama mit seinen Charakteren, die nothwendig auch bereits das Urtheil über sich selbst durch den Dichter in sie hineingelegt enthielten, war das Verständniß einfach, die Stimmung sofort erzielt. Alle Menschen waren einig in dem, was sie erhalten hatten. Das neue Drama schillert wie das Leben« (459). Die Erfahrung dieses Gegensatzes wurde auch von jenen Kritikern des naturalistischen Theaters immer wieder betont, die den Naturalismus als ästhetisches Programm zu akzeptieren bereit waren.

Wir stehen vor einer, wie es scheint, widersprüchlichen Analyse des naturalistischen Theaters durch seine zeitgenössischen Kritiker. Die naturalistische Darstellungstechnik wird einerseits als Episierung im Drama durch die Widerspiegelung der »modernen Wirklichkeit« als notwendige Voraussetzung gefordert (P. Schlenther spricht davon, daß das moderne Leben »auf der Bühne eine gewisse epische Breite herausfordern [würde], die sich durch erhöhte Kunstübung mit den praktischen Ansprüchen des Theaters noch wird zu versöhnen haben« [143]) [16] – andererseits wird diese Technik (durch ihren »Mangel an Auffassung« bzw. ihre »mikroskopische« Perspektive) als untauglich bezeichnet, die »moderne Wirklichkeit« darzustellen. Die Divergenz dieser Argumentationen läßt sich im Hinblick auf die verschiedenen Rezipientengruppen auflösen. Die naturalistische Technik mußte von jenen Kritikern als Mangel empfunden werden, die (a) von einem idealistischen Denkansatz oder (b) von den Vorstellungen einer marxistischen Geschichts- und Gesellschaftstheorie ausgehend, den Naturalismus beurteilen, also von Positionen aus, die in schärfstem Widerspruch zum Positivismus standen. Unter diesem Anspruch konnte das naturalistische Drama weder »Perspektive« noch »Gesamtanschauung« bieten. Für den einen Ansatz (a) ist die Kritik Spielhagens an Hauptmanns *Webern* ein Beispiel. Für ihn mußte das Theater das für die »naturalistische Doctrin« am wenigsten geeignete Genre bedeuten.

Das Drama kann sich seiner Natur nach immer nur mit einem Einzelfall befassen, und was ist wissenschaftlich mit einem solchen groß bewiesen? Die Wissenschaft freilich würde ja auch mit dem kleinen Gewinn vorliebnehmen, wäre sie wenigstens des Beweises sicher. Aber wie wäre der in dem engen dramatischen Rahmen überzeugend zu erbringen? wie allen Nebenumständen die gebührende Rechnung zu tragen? wie das Milieu, aus dem die handelnden Personen wachsen und dessen Produkt sie sind, in seiner Vollständigkeit vorzuführen? zu dem allen scheint doch höchstens der Roman den nötigen Ellbogenraum zu bieten, nimmermehr aber das Theater. [17]

Gegenüber diesem objektivistischen Anspruch erscheint die Darstellung der Wirklichkeit im naturalistischen Drama als Verzerrung bzw. Tendenz. – An der Verkürzung der Darstellungsperspektive setzt auch die Naturalismuskritik der Marxisten (b) an, wie sie G. Lukács [18] aus dem Widerspruch des naturalistischen Gestaltungsprinzips und einer als objektiv begriffenen dialektischen Geschichtsauffassung entwickelt:

Die Unmittelbarkeit des Naturalismus stellt die Welt dar, so wie sie in den Erlebnissen der Figuren selbst direkt erscheint. Um eine vollendete Echtheit zu erlangen, geht der naturalistische Schriftsteller weder inhaltlich noch formell über den Horizont seiner Gestalten hinaus; ihr Horizont ist zugleich der des Werks [...] Der Naturalist lehnt ein [...] Abheben der Gestaltungsprinzipien der objektiven Wirklichkeit von den Denk- und Empfindungsgrenzen seiner Helden ab. Selbst bei Hauptmann wird der Bauernkrieg für uns nur so weit sichtbar, als sein Florian Geyer imstande ist, ihn zu erleben. (160)

Ein Überschreiten des Einsichtshorizonts der Figuren im Drama konnte aber nicht in der Absicht naturalistischer Gestaltung liegen. Der positivistische Materialismus, auf den sich der Naturalismus theoretisch berief, definierte allein im Registrieren und Beschreiben der empirischen Faktizität die erkenntnistheoretische Funktion ästhetischer Darstellung; d. h., daß die Erkenntnistheorie, die der naturalistischen Ästhetik zugrunde lag, weder einem dialektisch-materialistischen Erklärungsanspruch, noch einem idealistisch aufgefaßten Objektivismus gerecht werden konnte. Diese Kritik traf notwendigerweise auch die Werke selbst.

Die epische Form des naturalistischen Dramas wird in der literaturwissenschaftlichen Forschung als Folge der thematischen Darstellung des Sozialen interpretiert, damit wird die Argumentation der liberalen Kritiker der neunziger Jahre (vgl. die Argumentation P. Schlenthers) aufgegriffen. So sieht P. Szondi in seiner Arbeit die *Theorie des modernen Dramas* [19] »die dramatische Darstellung jener ökonomisch-politischen Zustände, unter deren Diktat das individuelle Leben geraten ist« (63) als die eigentliche Aufgabe des sozialen Dramatikers an und geht davon auch bei seiner Analyse des sozialen Dramas bei G. Hauptmann aus. Die Darstellung des Sozialen aber bedinge die epische Form. Szondi spezifiziert hier jedoch den Begriff des Sozialen in einem Sinne, der nicht dem Verständnis der Naturalisten entspricht, die Analyse dieser Begriffsverwendung (Kapitel VI) hat das deutlich gemacht. Nicht nur die Reduktion der sozialen Komponente auf das Ökonomisch-Politische muß die Intention des Naturalismus verfehlen, sondern auch Szondis Vorstellung, mit dem Sozialen die Perspektive des Typischen bzw. des Klassenspezifischen verbinden zu können. Er versucht das einsichtig zu machen in einer Bemerkung zur Darstellungsabsicht in Hauptmanns »sozialem Drama« *Vor Sonnenaufgang*: »[...] sie muß den Ausblick auf die Gesamtheit der schlesischen ›Kohlebauern‹ ermöglichen« (65); im Bezug auf die Situation in dem Stück spricht Szondi von einem »typische(n) Fall« (65). Diese Definition des Sozialen übersieht die Bindung dieser Kategorie im naturalistischen Drama in den Horizont des dramatischen Individuums. D. h., daß in der naturalistischen Darstellungsperspektive das Soziale nicht als typisches Soziales erkennbar wird, schon gar nicht als Aspekt der Klassenbestimmung, sondern immer ein individuelles Soziales ist. Szondi geht davon aus, daß der Intention des sozialen Dramas, in der er ein Durchkreuzen der »Absolutheitsforderung der dramatischen Form« (64) sieht und das soziale Drama daher für »einen Widerspruch in sich« (64) hält [20], seine epische Grundstruktur entspreche. Ihr trage der naturalistische Dramatiker durch das Einbeziehen des »Fremden« (etwa Loth in *Vor Sonnenaufgang*) Rechnung: »In der Maske Loths tritt also das epische Ich auf. Die dramatische Handlung selbst ist nichts anderes als die thematische Travestie des epischen Formprinzips.« (66) Das würde heißen, daß durch die kognitive Funktion, die durch die Rolle des »Boten aus der Fremde« erfüllt wird, jene Perspektive aufgebaut wird, die unter Szondis Voraussetzung den Einzelfall zum Typischen macht. Das aber muß zurückgewiesen werden; denn auch dieser Figurentypus bleibt in den perspektivischen Horizont des Werks gebunden und vermag daher diesem gegenüber weder eine Korrektur noch eine neue Perspektive zu vermitteln. Loth verhält sich, wie es Hauptmann selber formuliert, »unter gewissen im Drama vorhandenen Bedingungen«, seine Funktion kann nicht die des epischen Erzählers in dem von Szondi unterstellten Sinne sein, sondern liegt in der dramatischen Struktur des Stücks selbst. E. H. Bleich [21] hat diese Funktion des »Boten aus der Fremde« ausführlich dargestellt und als Kompositionsprinzip zu erklären versucht. Es muß daher problematisch erscheinen, das naturalistische Drama als »verleugnete Epik« (71) zu bezeichnen. So stellt sich die Frage, ob nicht der Begriff des Epischen aus einer offenkundigen Ratlosigkeit in der kategorialen Einordnung des naturalistischen Dramas gegenüber den Traditionsmustern eingeführt wurde, weniger also im Sinne einer abgrenzenden, eindeutigen Formbestimmung, ob mit dem Epischen (»Episodischen«, »Novellistischen« u. a.) nicht vielmehr der vermeintliche »Mangel des Dramatischen« bezeichnet werden sollte, d. h. jene Irritierung, die das neue Drama der Tradition gegenüber darstellte. Die Analyse der zeitgenössischen Literaturkritik, vor allem ihrer unsicheren Terminologie, die eine Vielzahl austauschbarer Formeln bereit hielt, legt diesen Schluß nahe.

Unter diesem Blickpunkt muß auch die Interpretation der »epischen Form« in den *Webern* durch F. Martini [22] als problematisch angesehen werden. Martini behandelt *Die Weber* als Paradigma des sozialen Dramas, ihre »epische Form« resultiere aus »dem Thema und einer verwandelten Perspektive zum Menschen« (81); *Die Weber* werden als Tragödie »vom Elend des Menschen schlechthin, das als Grundelement des Lebens zeitlos und überall gültig ist« (79), aufgefaßt. Dieses Allgemein-Menschliche erscheine bei Hauptmann jedoch immer nur im einzelmenschlichen Schicksal. Daraus leite sich für den naturalistischen Dramatiker die Aufgabe ab, das gemeinsame Grundthema aus der Perspektive der vielen Einzelschicksale darzustellen. Diese »Technik einer perspektivischen Spiegelung durch das Mannigfaltige hindurch« (81) interpretiert Martini als epische Breite; als metaphysische Komponente des Stücks wird die Vorstellung vom Leiden, der Ausweglosigkeit des menschlichen Daseins und seiner schicksalhaften Preisgegebenheit (81) herausgearbeitet. Martinis These von der »perspektivischen Spiegelung«, die die epische Grundstruktur des Dramas begründe, muß jedoch entgegengehalten werden, daß in den Figuren des Stücks keine im Prinzip unterschiedlichen Perspektiven vermittelt sind, sondern die einzelnen Figuren vielmehr, ungeachtet etwa unterschiedlicher Bildungsgrade und psychologischer Differenziertheit, in gleicher Weise einer aus ihrer Milieubefangenheit resultierenden Beschränktheit verfallen sind. Für den perspektivischen, kritischen Horizont des Werks wird durch die Häufung der Einzelaspekte somit keine qualitativ neue Dimension erschlossen. [23]

Es muß einer eigenen Arbeit vorbehalten bleiben, die neuere Forschung im Hinblick auf die theoretischen Begründungen des Epischen im Drama kritisch zu untersuchen, das schließt vor allem auch die Brecht-Forschung ein. Die Arbeiten von Szondi und Martini können insofern als paradigmatisch angesehen werden, als sie in der Unterstellung einer wechselseitigen Bedingung von sozialer Thematik und epischer Form im Drama ein Argumentationsmuster der zeitgenössischen Rezeption in der Naturalismusforschung fortsetzen, ja zur Grundlage ihrer Theoriebildung machen.

X. Tendenz oder Kunstwert: die Diskussion einer vermeintlichen Aporie

> Unterdessen ist Herwegh zu Zürich ›lebendig‹. Ein famoser Kerl, aber die politische Poesie, insofern sie eine diplomatische ist, taugt eben nichts, und ist von der patriotisch-politischen wohl zu distinguiren. Die Poesie soll sich eben an das Ewige, Bleibende halten und nicht immer mit dem verfluchten Dreck und Schund unsers kläglichen, miserablen Menschen- und Staatslebens zu schaffen haben.
>
> F. Freiligrath, *An Levin Schücking* (September 1841)

> *Partei! Partei!* Wer sollte sie nicht nehmen,
> Die noch die Mutter aller Siege war!
>
> G. Herwegh, *Die Partei* (1841)

In der Auseinandersetzung um das Problem der Tendenz in der Kunst findet die Rezeption des Naturalismus einen theoretischen Rahmen, der alle Positionen der Kritik umgreift, sie unmittelbar an der ästhetischen Tradition orientiert und damit zu einem entscheidenden Kriterium der Zuordnung und der Wertung wird. Die Stellungnahmen zum Tendenzproblem gruppieren die einzelnen Positionen neu, auch gegenüber den Kriterien gesellschaftlicher oder politischer Standorte. Die Diskussion wird auf zwei Ebenen geführt: als Problem der ästhetischen Theorie und als angewandte Kritik in der Auseinandersetzung mit der Literatur des Naturalismus, insbesondere mit dem Theater, da durch dessen spezifische Rezeption in der zeitgenössischen Öffentlichkeit die Fragestellung Tendenz oder Kunstwert am deutlichsten motiviert schien.

1. Tendenz und wissenschaftliche Ästhetik: »künstlerisch verwertete« Tendenz – »illustrierte« Tendenz

In den Argumentationen zur ästhetischen Legitimation von Tendenz bzw. zur Sicherung der Autonomie des Ästhetischen finden sich die wesentlichsten theoretischen Positionen der zeitgenössischen Naturalismusrezeption grundgelegt, soweit diese Rezeptionen in einem ästhetischen Bezugsrahmen erfolgten; zugleich wurden in den verschiedenen Auffassungen der Tendenzfrage die Faktoren jener lebenspraktischen Interessen vermittelt, um deren Eliminierung oder Rechtfertigung gegenüber der ästhetischen Produktion es eigentlich ging. Das Spektrum der Thesen reflektiert die spätbürgerliche Hegel- und Kantrezeption, die in der

neuen »wissenschaftlichen Ästhetik« verarbeitet wurde; die verschiedenen Auslegungen des Zusammenhangs von Tendenz und Kunstwert bieten einen ersten
Überblick.

Von L. Berg [1] wird das Tendenzproblem in den Zusammenhang der wissenschaftlichen Grundlegung der neuen Ästhetik gestellt; er greift die in der zeitgenössischen Kritik geläufige Polemik auf, die den Naturalismus als Tendenzliteratur der idealistischen, als tendenzfrei erklärten Literaturtradition gegenüberstellt und in seinem Kunstwert anzweifelt. Dem hält Berg entgegen, daß
jedes Kunstwerk insofern eine Tendenz enthalte, als es das »Leben«, bzw. die
»Natur« bejahe oder verneine [2]; die Legitimität dieser Tendenz resultiere
aus der Zweckhaftigkeit der Wirklichkeit für den Menschen, einer in der Natur
angelegten Teleologie. Zurückzuweisen sei deshalb nur eine »aufgezwungene
Tendenz«, die nicht als in der Wirklichkeit selbst begründet angesehen werden
könne. In einem so abgesteckten Rahmen sei die Forderung nach Wirkung in der
Poesie durchaus legitim, und Berg kann die These aufstellen: »Die Größe und
Bedeutung eines Kunstwerks hängt nicht von der Gegenständlichkeit des behan-
delten Stoffes ab, sondern von der Wirkung und zwar der *beabsichtigten* Wirkung auf ein ganz bestimmtes Publikum.« (187) Hinsichtlich der Frage einer beabsichtigten politischen Wirkung räumt Berg die Möglichkeit einer ästhetischen
Legitimation auch von politischer Tendenz ein, solange diese »künstlerisch verwertet« (193) [3] ist; abgelehnt wird die »Fraktionspoesie« (194), d. h., eine
Literatur, in der der Stoff gegenüber der Tendenz eine nur »illustrierende« Funktion einnimmt. [4] Das Problem von »künstlerisch verwerteter« und »illu-
strierter« Tendenz wird zu klären sein.

Die Grundthese, daß durch »die Gestaltung eines Gedankens [...] jedes
poetische Werk zu einer Tendenzdichtung wird« (318), nimmt auch J. Hart [5]
auf, er stellt dieser Auffassung einen zweiten Begriff von Tendenzliteratur
(»was wir heute gewöhnlich als Tendenzpoesie bezeichnen und mit Recht verur-
teilen«) entgegen, die durch ihren »Mangel an Gestaltung« charakterisiert sei.
»Sie ist das Erzeugnis dichterischen Unvermögens, das Letzte, Höchste, Dichterische wenigstens geht ihr ab.« (318) Ein Beispiel dafür bieten ihm die Romane
von W. Jordan, in denen sich die Personen in langen Gesprächen, die in der
Fabel des Romans als unmotiviert erscheinen müssen, über Fragen des Darwinismus unterhalten. [6]

Wenn Dickens eine Agitation gegen die Barbarei der englischen Schuldgefängnisse wach-
rufen will, so bringt er seinen Helden als Gefangenen an diesen ›Ort der Qual‹ und
läßt ihn alle Not erdulden, die falsche Tendenzpoesie, die didaktische, ist aus dem Verfahren des deutschen Romandichters zu erkennen. Wir lesen in seinem Werke heftige
Ausfälle gegen das Gefängniswesen, aber der gefangene Held selber führt in Folge besonderer günstiger Umstände ein wahres Götterdasein. (318)

Gerade die soziale Poesie erschüttere, so meint Hart, am meisten, wenn sie das
Elend unmittelbar vor Augen führt. Hauptmanns *Weber* mußten für diese Auf-
fassung als Musterbeispiel gelten; mit der »Gestaltungs«-These waren ästhetische
Qualität und Wirkungsabsicht des poetischen Werks zugleich begründet. »Wer

glaubt, er müsse seine Tendenz aussprechen und beweisen, wird immer, da ihm die Poesie durchaus versagt ist, zu Gesprächen über seine Meinung kommen, und um sich nur deutlich machen zu können Karikaturen schaffen.« (318)

Mit dieser Analyse des Tendenzbegriffs sind entscheidende Argumente der Realismusdebatte der frühen dreißiger Jahre vorgegeben, ein Zwischenglied ist Lukács' Hauptmannkritik. [7] L. Berg wie J. Hart fassen den Tendenzbegriff nicht in dem einschränkenden Sinne als »gegnerische Tendenz« [8] auf, wie es Lukács in seinem Aufsatz *Tendenz oder Parteilichkeit?* unterstellt, der sich auf die Tendenzdiskussion am Beispiel der Jungdeutschen Literatur bezieht [9], sondern sie integrieren die Tendenzfrage in eine Theorie der »Gestaltung«. Tendenz wird in dieser Argumentation weitgehend gleichbedeutend mit dem Begriff Idee (Hart: »Gedanken«) gebraucht, so kann Berg auch den Tendenzdichter als »Idealisten« bezeichnen. Darin wird deutlich, daß das Tendenzproblem von den liberalen Kritikern der neunziger Jahre im Bezugsrahmen der idealistischen Ästhetik behandelt wird, die die Autonomie des Ästhetischen gegenüber den lebenspraktischen Interessen (»Fraktionspoesie«, »didaktische Tendenzpoesie«) wahrt. Dieser Rahmen wird erst in dem Lösungsversuch des Problems durch Lukács aufgegeben, indem der Begriff der »Parteilichkeit« eingeführt und die ästhetische Diskussion in den Zusammenhang einer dialektisch-materialistischen Theorie der Geschichte gestellt wird. Bergs Interpretation erweist sich als Kompilation einer idealistischen Begründung mit der Programmatik der neuen Ästhetik, d. h. der Begriff der »Natur« bzw. des »Lebens« tritt als Fundierung an die Stelle der Idee; Tendenz erscheint legitimiert unter der Prämisse der Form-Inhalt-Dialektik als »gestaltete« Tendenz. Wenn Berg zu dem Schluß kommt, »Kunst ist sich selbst Tendenz« (199), dann bedeutet das letztlich eine Umschreibung der idealistischen Prämisse vom Selbstzweck der Kunst. [10]

So wird der Tendenzbegriff von der Gruppe liberaler Kritiker in einer Bedeutung gebraucht, die seine ästhetische Legitimation immerhin ermöglicht. Allein die national-konservative Kritik, die den Naturalismus als sozialistische Parteiliteratur bekämpft, nimmt die eingeschränkte Bedeutung auf, die auch Lukács' Analyse zugrunde liegt, Tendenz also als »gegnerische Tendenz«. Die Argumentationsweise dieser Kritiker entspricht im Ansatz der Literaturkritik der Restaurationsbewegung der Jahrhundertmitte und markiert deren Standort deutlich, im Spiegel der Rezeption des Naturalismus aktualisieren sich die politischen und ideologischen Positionen der achtundvierziger Zeit. Der Naturalismus wird von der konservativen Kritik als Tendenzkunst ästhetisch disqualifiziert; zugleich erfüllt diese Kritik, wie gezeigt werden konnte, eine legitimistische Funktion für die Verbote der neuen Literatur durch die Ordnungsbehörden. Die ästhetische Kritik am Naturalismus wurde zum politischen Druckmittel gegen die Sozialdemokratie umgemünzt, das Argumentationsschema verlief nach der bereits in der Zeit durchschauten Regel: »man schlägt den Sack und meint den Esel«.

Neben dem Theorem der »gestalteten« Tendenz, bzw. Idee, wird der Hinweis auf die prinzipiell nicht auszuschließende »persönliche Färbung« eines literarischen Werks als Begründung einer möglichen ästhetischen Legitimation von Tendenz vorgebracht. Auf diese Unterscheidung zielen die Argumentationen von L. Fulda in der Schrift *Moral und Kunst* [11] und in C. Albertis *Zwölf Artikeln des Realismus*. [12] Fulda geht von der Vorstellung aus, daß es zum Wesen der Kunst gehöre, die Wirklichkeit »ruhig und unbefangen« zu betrachten; die Kunst vermag somit eine Distanz zwischen der Lebenspraxis und der Darstellung des Lebens aufzubauen und in dieser Distanz »vom Drucke des Lebens« (7) zu befreien. Sie stellt eine Sphäre dar, in der alle lebenspraktischen Interessen angehoben seien, in der weder Moral noch Ideologie Berechtigung hätten; wie die Natur frei von Moral und Parteilichkeit sei, müsse es auch die Kunst sein:

Weil aber die Kunst Nachahmung der Natur ist, darum ist der Künstler um so größer, je mehr sein Schaffen demjenigen der Natur ähnelt, das heißt, je unpersönlicher es ist. So lange er nur Schöpfer bleibt, so lange er nur *in* seinen Gestalten denkt und nicht nebenher auch noch *über* sie: so lange steht er jenseits von Gut und Böse, steht er auf einer höheren Warte als den Zinnen der Moral. (7)

Damit wird der Freiligrathsche Topos aufgegriffen: wo die Moral anfängt, hört die Kunst auf; im Sinne strenger Kantauslegung wird das Ästhetische (»wie die Natur«) als Sphäre der Interesselosigkeit (»Absichtslosigkeit«), von der keinerlei Handlungsorientierung ausgehe (»jenseits von Gut und Böse«), erklärt. Da jedoch eine »reine Nachahmung« der Natur nicht möglich sei, so argumentiert Fulda, Nachahmung nämlich immer durch ein »Temperament« erfolge, bleibe auch im wirklichen Kunstwerk stets ein Rest »persönlicher Färbung« (7), die dann als Tendenz erscheine; solange diese »Färbung« unbewußt bleibe und nicht zur Absicht werde, sei der Kunstwert davon nicht berührt. Erst wenn der Dichter als bewußter Arrangeur auftrete, d. h. kommentierend eingreife, sei der Kunstwert in Frage gestellt. So kann Fulda in der an den perspektivischen Horizont der Figuren gebundenen Gestaltung des naturalistischen Theaters das Paradigma einer sich jeder Tendenz enthaltenden Literatur sehen. [13] Die Differenzierung von ästhetisch legitimer und unkünstlerischer Tendenz wird an diesem Darstellungsmodell noch im Hinblick auf die Wirkungsabsicht eingehender konkretisiert: Die beabsichtigte Mobilisierung von Empfindungen beim Zuschauer gilt dann als ästhetisch gerechtfertigt, wenn diese Empfindungen aus der Einfühlung in die Spielfiguren resultieren und deren Horizont nicht überschreiten; z. B. sollte sich die Empörung einer Figur auf der Bühne beim Zuschauer in eine unter den gleichen psychischen und sachlichen Dispositionen stehende Empörung übertragen. Das Gegenbeispiel dazu wäre das Wirkungsmodell des Brecht-Theaters, wie es im Zusammenhang einer Kritik der Einfühlungsdramatik in dem Aufsatz *Über experimentelles Theater* beschrieben ist: Im »alten Theater« stecke der Zorn des Lear über seine Töchter den Zuschauer an, der konnte

zuschauend, nur ebenfalls Zorn erleben, nicht etwa Erstaunen oder Beunruhigung, also andere Gemütsbewegungen. Der Zorn des Lear konnte also nicht auf seine Berechtigung hin geprüft oder mit Voraussagen seiner möglichen Folgen versehen werden [...] Soll nun der Zuschauer unserer Zeit diesen Learschen Zorn teilen [...]? Die Frage lautete: Wie kann die Szene so gespielt werden, daß der Zuschauer im Gegenteil in Zorn über

diesen Learschen Zorn gerät? Nur ein solcher Zorn, mit dem der Zuschauer aus der Einfühlung herausstürzt, den er überhaupt nur empfinden, der ihm überhaupt nur ein-
fallen kann, wenn er den suggestiven Bann der Bühne bricht, ist sozial in unseren Zeiten
zu rechtfertigen. [14]

Aber gerade diese als »reale« bezeichneten Gefühle, die einen handlungsorien-
tierenden Bezug zur Lebenspraxis des Zuschauern herstellen könnten, werden
von Fulda aus dem ästhetischen Bereich ausgeschlossen; sind sie

der eigentliche *Zweck* eines Werkes, so haben wir es mit Erzeugnissen zu thun, die je
nach Art der erregten Gefühle unter besonderen Normen etwa als Tendenz- oder Sen-
sationswerke den eigentlichen Kunstwerken gegenübergestellt werden. Wollen sie etwa
Vaterlandliebe oder religiöse Empfindungen, Haß oder Begeisterung für bestehende
Dinge anregen, so handelt es sich um *Tendenzwerke* (115). [15]

Die Bestimmung des Ästhetischen als autonome, praxisneutrale Sphäre wird in
Fuldas Theorie insofern in die Wissenschaftsprogrammatik des Naturalismus einzuholen versucht, als das Darstellungsprinzip der »objektiven«, kommentarfreien
Wiedergabe mit Kants Vorstellung der »Absichtslosigkeit« des Ästhetischen begründet wird. Wie eindeutig diese Argumentation am Bezugsrahmen der idealistischen Ästhetik orientiert ist, lassen C. Albertis *Zwölf Artikel des Realismus*
erkennen, die einen weiteren Aspekt dieser theoretischen Einstellung freilegen.
Alberti geht von einer prinzipiellen Zweckhaftigkeit der Kunst aus, die durch
ihre Geschichte bestätigt werde [16], und er verbindet diesen Gesichtspunkt mit
der These einer Historisierung des Kunstbegriffs. Die Zweckhaftigkeit von Literatur wird jedoch eindeutig von der Gestaltungsabsicht des Dichters gelöst; diese
habe jede Zwecksetzung zurückzuweisen. Wenn Kunst dennoch einen Zweck erfülle, so sei das eine Folge ihres Gebrauchs bzw. ihrer Rezeption, die »hinzu-
kommt«; Zweckhaftigkeit der Kunst und ästhetische Autonomie ließen sich in
dieser Differenzierung durchaus vereinbaren. Der

Künstler steht um so höher, je reiner und wahrer er in seiner Darstellung die Natur
in ihrer unermeßlichen Größe, ihrer allwaltenden Schönheit, ihrer Vermischung des ge-
setzmäßigen Wesens und des individuellen Scheins hervortreten läßt, mit möglichster
Unterdrückung seiner Persönlichkeit (8). [17]

Diese Einschränkung resultiert wie bei Fulda aus der Voraussetzung, daß die
ästhetische Widerspiegelung der Wirklichkeit immer durch ein »Temperament«
erfolge; mit dieser Formel wurden in der Theorie des Naturalismus die unterschiedlichsten Auslegungen des Verhältnisses von Autor und der spezifischen
Weise ästhetischer Reproduktion legitimiert.

Aber auch unter einem inhaltlichen Gesichtspunkt wurde der Zweckbegriff
eingeschränkt; als Zweck galt allein die »Förderung und Fortbildung der menschlichen Kultur, deren letztes Endziel die Erkenntnis des Wesens der Welt, die
Erkenntnis unserer selbst ist« (4). Damit war eine Position Hegels aufgenommen,
der in diesem Sinne von der Poesie als der »allgemeinste[n] und ausgebrei-
tetste[n] Lehrerin des Menschengeschlechts« [18] spricht; sie werde durch diese
Einschränkung nicht zur »Trägerin einer politisch-doktrinären Tendenz« (6), die

Autonomie des Ästhetischen bleibe gewahrt. Mit der Übernahme der Hegelschen Differenzierung von »poetischen Zwecken« und »prosaischen Zwecken« [19] konnte der Tendenzbegriff (Zweckbegriff) in die ästhetische Theorie des Naturalismus integriert werden. Als »gestaltete« Tendenz wird diese gegenüber dem Anspruch praktischer Interessen abgehoben (»umgewandelt«); das literarische Werk bietet dann der Realwirklichkeit gegenüber keinerlei unmittelbare Handlungsorientierung mehr. Die Erkenntnisfunktion, die in diesem Modell der Poesie dennoch eingeräumt ist, ist als »Erkenntnis des Wesens der Welt« oder als »Erkenntnis unser selbst« (als »Wesenserkenntnis«) definiert. Die unkünstlerische Tendenz (»Fraktionspoesie«, »politisch-doktrinäre Tendenz«) resultiert in dieser Auffassung aus dem subjektiven Faktor (»persönliche Färbung«, mangelnde »Unterdrückung [der] Persönlichkeit«); in dieser Erklärung legitimieren sich idealistische (»Interesselosigkeit des Ästhetischen«) und positivistische Theoreme (»objektive Reproduktion«) gegenseitig.

2. Tendenz und Zeitliteratur

Der kategoriale Rahmen der Hegelschen Ästhetik wird von B. Wille, dem es in dem Aufsatz *Tendenz und Poesie* [1] um die »Ergründung eines Zeitproblems« geht, in expliziter Weise aufgenommen. Wille geht von der Bedeutungsdifferenzierung des Tendenzbegriffs in der zeitgenössischen Diskussion aus und unterscheidet vier Formen seiner Anwendung; der Tendenzbegriff wird dabei in unterschiedliche auch inkompatible Relationen gestellt: 1. Tendenz als Bezeichnung des *Ideengehalts* einer Dichtung; in diesem Sinne sei jede Dichtung tendenziös. 2. Tendenz als *unbewußte Parteinahme*; auch unter diesem Aspekt sei jede Dichtung parteiisch, da sich immer die religiöse, nationale, weltanschauliche oder soziale Parteinahme des Autors in seinem Werk niederschlage. 3. Tendenz als *Gegensatz zum Kunstwert*. Diese Begriffsverwendung charakterisiere besonders die reaktionäre Kritik gegen die liberalen Tendenzdichter des Jungen Deutschland und der Vormärzbewegung; Tendenzliteratur wurde als Zeitliteratur ästhetisch disqualifiziert. 4. Tendenz als *bewußte Parteinahme* und positives Kriterium literarischer Wertung. – Wille selbst nimmt den Standpunkt derer ein, die in der erklärten Parteinahme einen Widerspruch zum Prinzip des Ästhetischen sehen; Kunst und Wissenschaft seien als »zweckfreie Sphären« der realen Wirklichkeit gegenüber abzuheben: der ästhetische Zustand gilt als reine Kontemplation (ausdrücklich bezieht sich Wille auf die Philosophie Schopenhauers), als »Entrückung aus der Sphäre des Wollens« (4). [2] Von diesem Ausgangspunkt her wird auch die sogenannte »Agitations-Dichtung« (516) betrachtet: »Der Agitations-Dichter will sein Publikum überreden, zur Folgsamkeit hinreißen, zu einer Handlung innerviren. Denselben Zweck verfolgt der Redner. Daher gehört die Agitations-Dichtung inhaltlich in das Gebiet der Rhetorik, nur formell zur Poesie.« (517) Allerdings, so räumt Wille ein, könne auch die Rhetorik künstlerische Wirkungen erzielen, und ein rhetorisches Werk kann »zu einer anderen Zeit« als poetisches aufgefaßt werden. Die vorgetragenen Beispiele machen deutlich, daß Wille diese Verschiebung der Auffassung und des Urteils dann als gegeben ansieht, wenn das rhetorische Werk aus seiner historischen Gebrauchssituation gelöst wird. Diese Differenzierung eröffnet eine für die ästhetische Theoriebildung interessante Perspektive: Die Hegelsche Unterscheidung zwischen der Rhetorik als einem theoretischen Paradigma tendenzhafter, wirkungsorientierter (»prosaischer«) Kunst und der Poesie als einem Paradigma tendenz- und interessenfreier, praxisneutraler (»poetischer«) Kunst wird hier zur kategorialen Differenzierung wie zur ästhetischen Wertung von Tendenz- bzw. Zeitliteratur gegenüber sogenannter tendenzfreier Literatur (»Dichtung im eigentlichen Sinne«) angewandt. Wille stellt die »didaktische Literatur«, die »Zeitliteratur« und die »historische oder mythologische Anspielungspoesie« (519), gemeint ist damit offenbar die sogenannte Gelegenheitsdichtung, in den Rahmen der Tendenzliteratur; damit sind bis auf die Geschichtsschreibung alle Genres erfaßt, die bei Hegel unter die »prosaische Auffassung« fallen. Mit dieser kategorialen Unterscheidung verbindet Wille jedoch eine ästhetische Abwertung des »Prosaischen«, ohne Hegels erkenntnistheoretische und geschichtsphilosophische Prämissen, die den beiden Auffassungsweisen (»poetisch«, »prosaisch«) vorausgesetzt sind, zu rekonstruieren. Der Verzicht auf die erkenntnistheoretischen und die historischen Voraussetzungen der Hegelschen wie der Kantschen Ästhetik ist ein Charakteristikum ihrer spätbürgerlichen Rezeption. Wille reduziert seine Argumentation auf die These, daß das Nützliche »der Totengräber der Poesie« (521) sei; so lautet seine Definition der Tendenzdichtung entsprechend:

Tendenz in der Poesie ist die Richtung eines poetischen Werkes auf eine Wirkung, welche nicht im Bereiche der rein künstlerischen, ästhetisch-kontemplativen Geistesverfassung liegt (521). [3]

Die Möglichkeit einer positiven theoretischen Begründung von Zeitliteratur bzw. Gebrauchsliteratur, die in Hegels Unterscheidung von »poetischer« und »prosaischer Auffassung« m. E. angelegt ist, wurde in der Literaturtheorie der neunziger Jahre nicht verfolgt. Die Kategorien der idealistischen Ästhetik fungierten vielmehr in einer systemfremden, vulgarisierten Fassung als Formeln der literarischen Wertung. [4]

Exkurs

　　Welche Bedeutung das Modell der Rhetorik als Paradigma »prosaischer Auffassung« für die theoretische Fundierung von Zeitliteratur bzw. Gebrauchsliteratur einnehmen könnte, wird in der Naturalismuskritik der neunziger Jahre im Rahmen der Tendenzdebatte erkennbar, freilich nur insofern, als die Kriterien negativer Wertung von Zeit- oder Tendenzliteratur davon hergeleitet werden. Erst in der Diskussion um die Zeitliteratur in den zwanziger Jahren des 20. Jahrhunderts zeichnen sich die Möglichkeiten, dieses Modell zur Theoriegrundlage einer »Literatur des wissenschaftlichen Zeitalters« weiterzuentwickeln, deutlicher ab. Der historische Brückenschlag rechtfertigt sich m. E. aus der lückenlosen Kontinuität, die diese Diskussion von den neunziger Jahren an bis in die Realismusdebatte der dreißiger Jahre aufweist und durch die gemeinsame Klassifizierung des Zeitstücks der neunziger und der zwanziger Jahre »episches« Drama. Der folgende Exkurs soll ein erstes Bild skizzieren, er erhebt keinen größeren Anspruch als den, Diskussionsanregung zu sein. Fraglos bedarf die Untersuchung der Hegelschen Ästhetik hinsichtlich der in ihr vorgegebenen Ansätze einer Theorie der Literatur im »wissenschaftlichen Zeitalter« eines wesentlich weitergesteckten Rahmens, als es diese Arbeit erlaubt.

Die Diskussion, die seit dem Anfang der zwanziger Jahre um das »neue Drama«, mit dem die Stücke Brechts, die Inszenierungen Piscators, die Dramen der Fleißer aber auch Lampels, Paquets und anderer gemeint waren, geführt wurde, stand unter dem Schlagwort des »epischen Theaters«; die zeitgenössische Kritik war sich bewußt, mit diesem Begriff den gemeinten Gegenstand nicht angemessen bezeichnen zu können. [5] Sehen wir ab von Brechts umschreibenden Metaphern »Theater als sportliche Anstalt«, »Rauchtheater«, »Theater des wissenschaftlichen Zeitalters«, »dokumentarisches Theater«, »Zeittheater«, »politisches Theater«, »episches Theater«, »Markttheater«, »Lehrtheater«, »nicht-aristotelisches Theater« u. a., die das neue Zeittheater als Gebrauchstheater bezeichnen sollen, so wird vor allem in der Terminologie der zeitgenössischen Literaturkritik die Folie erkennbar, von der aus sich diese Diskussion in einen theoretischen Bezugsrahmen stellen läßt. Das neue Drama/Theater der zwanziger Jahre wird (wieder) im Zusammenhang mit der Tendenzfrage in der Gegenüberstellung von poetischer Gestaltung und rhetorischer Form diskutiert. Zwar wird der bei Hegel vorgegebene Gegensatz in der ästhetischen Bewertung von den meisten Kritikern noch aufrechterhalten, doch zeichnet sich immer stärker die Tendenz ab, neben der »poetischen Kunst« die »prosaische« als historisch bedingte und funktional legitimierte, eigengesetzliche und eigenwertige Möglichkeit ästhetischer Produktion zu begreifen und das ästhetische Verdikt aufzuheben. Die zeitgenössische Diskussion bietet folgendes Bild: Mit den Kateegorien »Essayismus« und »Didaktik« beschreiben M. Krell [6] und W. Hasenclever [7] die politische Zeitliteratur und stellen sie den traditionellen Genres gegenüber; von »Leitartikel, Broschüre, geschriftstellerte[m] Buch, nicht Roman und Drama, also gedichtete[m] Buch« spricht H. Frank [8] im gleichen Zusammenhang. W. Michel [9] bezeichnet das sogenannte »Gesinnungstheater« (Piscator, Brecht) als »dialogisierten Leitartikel«; K. Weill scheint einer der ersten gewesen zu sein, der die Bezeichnung »dialogisierter Leitartikel« [10] auf Beispiele des Piscortheaters als wertungsneutrale, nicht polemische Beschreibungskategorie angewandt hat und damit die neue soziologische und kognitive Komponente dieses Theaters zu charakterisieren versuchte. Für A. Kerr [11] ist das »epische Theater« ein Etikett für »geschluderte« Stücke, »Zeitung [...] mit verteilten Rollen« (40). Als »Plakatkunst« [12], »Reportagen«, »Tatsachenbericht«, oder »Stenogramme« klassifiziert R. Bie [13] das neue Drama;

als »Form der Publizistik« wird A. Paquets Stück *Fahnen,* das den Untertitel *Ein dramatischer Roman* trägt, und von dem Piscator berichtet, daß es das erste »epische« Drama gewesen sei [14], bezeichnet. L. Weltmann [15] sieht in dem Paquetschen Stück den Zusammenhang des neuen Theaters mit der Publizistik als dessen bedeutsamstes Merkmal an und nennt den Begriff des »epischen Theaters« ein Modewort der Zeit, »das Unentwegtere und Unbescheidenere neuerdings [...] auf ihr literarisches Programm schreiben« (443); das neue Theater wird als Erweiterung der traditionellen dramatischen Form, als »soziologisch-politisches Drama« (443) betrachtet; die Kategorie des Sozialen, die in den Analysen der Stücke dieser Jahre immer wieder auftaucht, wird auf die neuen Produktions- und Kommunikationsstrukturen bezogen, die als das herausragende Merkmal des Zeittheaters der zwanziger und frühen dreißiger Jahre angesehen wurde. [16] Paquet selbst übertrug am konsequentesten Begriffe der Publizistik auf die neue Form des Theaters: Man muß es »aufs stärkste mit den Elementen aktueller Publizistik durchsetzen, in einem Zeittheater aber immer ein wenig mehr bieten, als nur die evidentesten Zeitereignisse in einem sensationellen und schließlich nichtssagenden Abklatsch«. [17]

Die in dieser Gruppe vorgestellten Beschreibungsversuche sind paradigmatisch dafür, daß das »epische« Theater mit den Zweckformbegriffen [18] und den Kategorien der Publizistik charakterisiert wurde, um seine besondere Aktualität, Wirkungsabsicht und Kommunikationsstruktur zu bezeichnen. Die kategoriale Bestimmung bemühte sich um das Erfassen der soziologischen Faktoren des neuen Theaters, seine rezeptionsspezifische und gebrauchsfunktionale Dimension (Information, Didaktik, Agitation); die Bezeichnung »episches Theater« vermochte allenfalls als umschreibender Hilfsbegriff dienen, der als Topos der Kritik innerhalb der Tendenzdiskussion tradiert worden war. Mit den Begriffen »Leitartikel«, »Reportage«, »Abhandlung«, »Essay« wurde auf die Rhetorik als kommunikationstheoretisches und gebrauchsfunktionales System der literarischen Formbestimmung verwiesen, in dem vor allem auch die Gegensätze von Kunst und Wissenschaft, Kunstwert und Tendenz aufgehoben waren. In der Auseinandersetzung G. Lukács' mit der Reportage »als schöpferischer Methode« ist die theoretische Verklammerung von Zweckliteratur (bzw. Zeitliteratur oder Publizistik) und Rhetorik (im Sinne der »prosaischen Auffassung« bei Hegel) in allen wesentlichen Merkmalen dieses Bezugsrahmens hergestellt.

»Episches« Theater und Rhetorik werden in einer Reihe von Arbeiten ausdrücklich aufeinander bezogen, der Verweis auf die Rhetorik wird dabei in der Regel als Argument der Kritik ausgespielt. Beispielhaft dafür sind die Beiträge von F. Koffka [19] und P. Kornfeld. [20] Koffka polemisiert gegen eine Kunstauffassung, die vom Dichter verlange, die »Peitsche der Propaganda und der Agitation« zu schwingen, dies sei allein Aufgabe des Rhetors. »Und wirklich: das Kunstwerk ist diesen Leuten am Ende nichts anderes mehr als ein rhetorisches Mittel, es unterscheidet sich im Wesen durchaus nicht mehr von der Rede, von der gedruckten Kundgebung. Sein Anlaß wäre: die Unvollkommenheit, sein Ziel: die Veränderung irdischer Einrichtungen. Seine Form hingegen nichts als ein Mittel, dieses Ziel, etwa durch ein Beispiel, plausibel zu machen.« (156) Bei. P. Kornfeld heißt es:

Es geht nicht an, daß Menschen, die bestimmte Tendenzen vertreten wollen und zu diesem Zweck Reden halten, Politik treiben, Artikel schreiben, Rednertribünen und Zeitungen und Zeitschriften dafür verwenden, daß diese Menschen plötzlich ausrufen: hallo, hier ist auch noch etwas, wo wir unsere Meinungen hinausschreien können, hier, die Bühne, das Theater, das Drama. (9)

Im Gegensatz zu dieser Argumentation, die das politische Gebrauchstheater über die Schablonen ästhetischer Wertung der Rhetorik zuordnet und es damit in seinem Kunstwert in Frage stellt, stehen jene Vorschläge, die die Tendenz- bzw. Gebrauchsliteratur im Sinne einer neuen Gattung als »rhetorische« Literatur begreifen. So erklärt E. Moes in dem Aufsatz *Tendenzdramen* [21], daß der Begriff »Tendenzdrama« zum »Gattungsnamen jener Stücke geworden [ist], die im politischen oder sozialen Sinne ein altes Klassensystem bloßzustellen und zu bekämpfen suchen« (14); die Frage nach der »Tendenz im Drama« müsse davon unterschieden werden.

Die Beispiele, die den begrifflichen Rahmen dieser Diskussion auf der Ebene der Literaturkritik abstecken und belegen, ließen sich noch vermehren; es kann hier aber nur um ein sehr vorläufiges Bild gehen. Wir versuchen deshalb zu resümieren: Die aus der Tendenzdiskussion aufgenommenen Kategorien »der prosaischen Auffassung« (Paradigma: Rhetorik) bezeichnen ein ästhetisches Gegenmodell zu einem Kunst- bzw. Literaturbegriff, in dem die Autonomie des Ästhetischen gewahrt bleibt, der sich jeder Relativierung entzieht und jedes lebenspraktische Interesse zurückweist. Die in der Ästhetik Hegels entwickelte Historisierung des Kunstbegriffs wird im Rahmen dieser Rezeption nicht mitvollzogen. In der Naturalismusdiskussion der neunziger Jahre werden die Kriterien der »prosaischen Auffassung« und die Funktionsbestimmung der Rhetorik kritisch auf das Theater angewandt, um dieses als Tendenzliteratur zu entlarven und in seinem Kunstwert zu disqualifizieren. Das unter gattungsspezifischem Aspekt als »episch« oder »novellistisch« bezeichnete naturalistische Drama wird im Hinblick auf die Tendenzfrage als »dramatisierter Marx« u. a. apostrophiert. In der Terminologie dieser Kritik werden die Formtypen des Prosaischen (die sogenannten »Zweckformen«) mit der Absicht der ästhetischen Abwertung gebraucht; die kritische Wertung setzt die Tendenzhaftigkeit dieser Literatur als negative Qualität immer voraus. Diese Voraussetzung aber hat sich als Resultat einer spezifischen Rezeption ergeben und geht auch auf diesem Wege in die ästhetische Kritik ein. – Unter ähnlichen Voraussetzungen wird das Zeittheater der zwanziger und der frühen dreißiger Jahre diskutiert, es tritt mit dem Anspruch der Parteilichkeit auf und entwickelt unter dieser Perspektive seine neuen Formtypen. Wir registrieren erneut das Nebeneinander einer Klassifizierung als »episches Theater«, als Tendenzdrama und durch die Zweckformenbegriffe, nun aber im Zusammenhang erklärten politischen Engagements und auf Grund der Ansätze besonderer Theorieentwicklung (z. B. bei Brecht und Piscator). D. h. das »epische Theater« der zwanziger und dreißiger Jahre erweist sich in der Tat als »rhetori-

sches« Theater, als »Theater des wissenschaftlichen Zeitalters« in dem Sinne, wie
diese Kategorien in der »prosaischen Auffassung« fundiert sind; es kann poetologisch als »Zweckform« betrachtet werden. Das trifft in besonderer Weise für
das Brechttheater zu, dessen formale Struktur sich gerade im Beschreibungssystem
der Rhetorik erschließt, in dem Gebrauchssituation, kognitive Leistung und Formtypus aufeinander bezogen sind. Auch erhalten unter dieser Perspektive die von
Brecht beanspruchten Traditionsaspekte, Jesuitentheater und Schuldrama des
16. Jahrhunderts, einen neuen Stellenwert, auch sie müssen in ihrem gebrauchs-
funktionalen Ansatz und ihrer Struktur als rhetorisches Theater angesehen
werden.

Nehmen wir die Auseinandersetzung mit der Tendenzdiskussion im Umpreis
der Naturalismuskritik wieder auf, so galt Tendenz in den bislang diskutierten
Theorieansätzen als ästhetisch legitimiert, solange sie in der Gestaltung »umgewandelt« war, »künstlerisch verwertet« oder »gestaltet«; sie galt dann als unum-
gängliches Faktum, da Kunst in einer prinzipiellen Weise auf andere Wertsysteme
(Tendenz als »Idee«) angewiesen bleibt. Aus der allgemeinen soziologisch-histo-
rischen Relativierung von Wertsystemen (Hillebrand, Bölsche) ergab sich der wei-
testgehende Versuch einer legitimistischen Argumentation für die Tendenz in der
Kunst. Ein Beispiel dafür bietet die Arbeit von O. Ernst *Die Scheu vor der Tendenzdichtung*. [22] Ernst geht von der Überlegung aus, daß nur der »Durchschnitts-
verstand« (5) meinen könne, der Literat würde sich ausschließlich Themen zuwenden, die »tendenzfrei« zu behandeln seien (als Beispiele werden zitiert: ero-
tische Motive, Naturschilderungen, historische Stoffe, Stimmungsbilder) oder
aber, wenn er eine »Idee« aufgreife, dann nur unter der Bedingung ihrer dauer-
haften Gültigkeit, »daß sie Gedanken und Gefühle variire, die die Menschheit
gewissermaßen ein für alle Mal bewältigt und zu ihrem festfundirten Vernunft-
kapital geschlagen hat.« (5) Dem stellt Ernst die These entgegen, daß Ideen
ihrer Gültigkeit und Dauerhaftigkeit nach nicht unterschieden werden können
und die Konzeption eines zeitlosen »Vernunftkapitals« eine ideologische Fiktion
sei. »Demnach kommen wir zu dem Ergebnis, daß jedes echt dichterische, eine
Idee verkörpernde Werk, in dem ein künstlerisches Individuum sich selbst giebt
und mit charakteristischer Deutlichkeit zur Geltung bringt, tendenziös ist und
von den großen Parteien des Publikums in diesem Sinne aufgenommen wird.
Es gehört nicht einmal die Absicht des Kampfes oder der Herausforderung zum
Kampfe zu den notwendigen Merkmalen unseres Tendenzbegriffs. Denn allein
schon dadurch, daß der Dichter sein Ich mit freudiger Energie in die Öffentlichkeit hinausträgt, ruft er alle kontrastierenden Seelen zum Widerspruch auf.« (5)
D. h. der Dichter schreibt stets aus einer Parteilichkeit, die in seinen Überzeugungen und in seinem »Stand« begründet ist; wie immer er seine Parteinahme auch
ausrichtet, in

jedem Falle hat er für den benachteiligten Stand unzweifelhaft eine Tendenzdichtung geschrieben. Verteilt er aber das Recht mit sorgfältig abgewogener Gleichheit auf beide Seiten, so ist er darum nicht besser daran; denn auch die Hälfte des Rechts ist, wie der soziale Kampf täglich beweist, den einen zu viel, den andern zu wenig. Berührt endlich der Dichter diese Fragen überhaupt nicht, sondern giebt er etwa eine obligate Verlobungs- und Heiratsgeschichte mit einer blassen Untermalung von Streiks, Boykotts, Arbeiter- revolten und sozialpolitischen Staatsaktionen, so narrt er seine Leser auf unverant- wortliche Weise, wenn er *das* auf dem Titelblatt einen sozialen Roman nennt. (6)

Ernst verbindet hier die von Lukács gebrauchte Bedeutung des Tendenzbegriffs als »gegnerische Tendenz«, die stets ein Resultat der Rezeption sei, mit einer Auf- fassung der Tendenz als Widerspiegelung einer prinzpiell parteilichen Position des Autors. Gegenüber Ernsts soziologischer Relativierung des Parteilichkeits- begriffs (jeder nach seinem »Stand«) interpretiert Lukács jedoch die Kategorie der Parteilichkeit geschichtsdialektisch, d. h. als Parteilichkeit »für jene Klasse, die Trägerin des geschichtlichen Fortschritts« [23] ist. Durch O. Ernsts These aber ist in die Tendenzdiskussion der neunziger Jahre zumindest jene historisie- rende Betrachtungsweise eingebracht, die Ideen in ihrem Geltungsanspruch sozio- logisch relativiert. Ernst leitet daraus ab, daß ein Dichter, der die großen Fra- gen seiner Zeit aufgreift, »tendenziös sein muß« (6), um so mehr würde das der Fall sein, wenn er »in den neueren, in den *Zeit*ideen den geheimnisvollen Puls- schlag des Werdens und des Wachsens vernimmt [...] So ist es geradezu die Mission des zeitgemäßen Dichters, als ein starkes Individuum in seiner Zeit zu stehen und mit ihr zu gehen, also Tendenzdichter zu sein.« (6) [24] Der Ten- denzbegriff wird hier in den Zusammenhang einer »Idee des Fortschritts« in der Geschichte gestellt.

Überblicken wir das Spektrum der Auslegungen des Verhältnisses von Tendenz und Kunstwert in den neunziger Jahren, so wird ein außerordentlich differen- ziertes aber auch divergierendes Feld von Kriterien und Maßstäben erkennbar, die in die zeitgenössische Rezeption des Naturalismus, insbesondere seine ästheti- sche Wertung, eingehen. Es ist dies die Folie, von der aus der literarische Natura- lismus an den ästhetischen Normen des Idealismus gemessen wird, das trifft auch für jene synthetisierenden Argumentationen zu, die die Tendenz im Rahmen der neuen Wissenschaftsprogrammatik zu rechtfertigen versuchen. Vor allem klären sich in der Tendenzfrage die ideologischen Standorte der einzelnen Rezeptions- gruppen; das Spektrum der Thesen innerhalb der Tendenzdebatte erklärt auch die Aporien in den ästhetischen Urteilen gegenüber dem naturalistischen Drama, das wegen seiner unterstellten Tendenzhaftigkeit sowohl kritisiert wie auf den Schild gehoben wird, das aber in gleicher Weise wegen des vermeintlichen Man- gels an Tendenz konträre Beurteilungen erfährt.

Es sind im wesentlichen drei Argumentationsansätze, die sich aus der Tendenz- diskussion ergeben und in die Rezeption des naturalistischen Dramas als Kriterien der ästhetischen Wertung eingehen: 1. Dem naturalistischen Drama gegenüber wird eingewandt, es entwickle immer nur »Teilansichten«, und zwar Ansichten der negativen Seite des Lebens, des Lasters und der sozialen Not, und zeige einen Wirklichkeitsbereich nicht in seiner Totalität, seiner Ausgewogenheit zwi-

schen Licht und Schatten und im Zusammenhang aller seiner Verursachungen,
d. h. es biete keine »Gesamtanschauung«. In dieser »Tendenz« wird zugleich eine
Aufhebung der Autonomie des Ästhetischen gesehen. H. v. Gumppenberg resümiert in der Arbeit *Zur Fortentwicklung unserer Litteratur* [25], der diese
Argumentation zugrunde liegt:

Die Tendenzdramatik in *dem* Sinne, daß die lebendige Gestaltung eines in der Menschen-
welt möglichen Vorgangs, statt ihren Schwerpunkt in sich selbst zu haben, lediglich für
irgend eine parteiische Wirklichkeit den Weg bahnen soll, wird von der echten künstlerischen Empfindung immer verurteilt werden, mag die Ausführung intellektuell noch
so hoch stehen, mag die betreffende ›These‹ noch so geschickt verteidigt sein (224);

das wirkliche Leben sei nicht parteiisch, deshalb dürfe es auch die Kunst nicht sein
(vgl. die These von C. Alberti). Dem Begriff der Tendenz (hier: »Teilansicht«)
wird die Kategorie der Totalität gegenübergestellt, gleichzeitig wird das reflek-
torische Moment als unkünstlerische Einstellung verworfen; diese Argumentation
wendet deutlich Kriterien an, mit denen Hegel in der Beschreibung seiner Beispiele »prosaische« und »poetische Auffassung« unterscheidet. [26] 2. Einen
anderen Aspekt innerhalb dieses Bezugsrahmens greifen jene Kritiker auf, die
das naturalistische Drama auf Grund der Wissenschaftsprogrammatik seiner
Theorie in seinem Kunstwert in Frage stellen. Sie bezeichnen das naturalistische
Theater als in »dramatische Form gegossene Abhandlung« oder als »dramatisierten Leitartikel« [27]; damit gilt seine Tendenzhaftigkeit als erwiesen. Wieder stellt Hegels Kategorie der »prosaischen Auffassung« in ihrer erkenntnistheoretischen Bestimmung als »wissenschaftliche Abstraktion« [28] die Bezugsfolie
der Kritik dar; für das »prosaische Kunstwerk« habe die ästhetische Form lediglich die Funktion eines Mittels zum Zweck; bei Hegel heißt es: »In der Beredt-
samkeit aber erhält die Kunst nur die Stellung eines zur Hülfe herangerufenen
Beiwerks; der eigentliche Zweck dagegen geht die Kunst als solche nichts an,
sondern ist praktischer Art, Belehrung, Erbauung, Entscheidung von Rechtsan-
gelegenheiten, Staatsverhältnissen u. s. f.« [29] 3. Ein drittes Argumentationsschema ist die unter dem Tendenzvorwurf geführte Polemik gegen das naturalistische Theater als Zeit- bzw. Tagesliteratur. E. Mauerhof [30] argumentiert: Der
»wahre Künstler, der in sich nur das ewig Menschliche begreift, steht so sehr
außer allem Zusammenhang zu den Bedürfnissen des Tages, daß sich selbst bezüglich der äußeren Form und der Wahl des Stoffes der Einfluß der Gegenwart
nur höchst selten und schwer nachweisen läßt« (4); die »Kunst des Genies« sei
zeitlos. Dem Naturalismus der neunziger Jahre wird daher die Forderung eines
»wirklichen Naturalismus«, der den »natürlichen Menschen« darstelle, kritisch
entgegengehalten; der Naturalismus der Berliner Gruppe um G. Hauptmann
erscheint unter diesem Blickwinkel als artistische Variante innerhalb der Realis-
musbewegungen des 19. Jahrhunderts. Mauerhof bezeichnet es als Scharlatane-
rie, »zu behaupten, um einen schmutzigen Vagabunden oder einen besternten
Kommerzienrat, hier einen Schweinestall dort einen Ballsaal der oberen Zehntausend zu schildern, dazu gehöre ein von Grund aus verschiedenes Verfahren –
zum ersten Naturalismus, zum letzteren Realismus« (117). Damit wird auch

der Zusammenhang von Kunsttheorie, Darstellungstechnik und Stoffauswahl unter den Gesichtspunkt der Tendenz gestellt und der Naturalismus als ästhetischer Formalismus mit dem Begriff einer »wahren Kunst des Genies« konfrontiert.

Daß aus einem anderen theoretischen Standort mit Hilfe der gleichen ästhetischen Wertungsmuster eine genau konträr gerichtete Kritik am Naturalismus entwickelt werden kann, wird in den Stellungnahmen jener Kritiker deutlich, die den Naturalismus wegen seiner vermeintlichen Tendenzlosigkeit angreifen. So argumentiert L. Berg, daß die Programmatik der Objektivität in der naturalistischen Literatur zu einer perspektivelosen Reproduktion der Wirklichkeit führe; bezogen auf G. Hauptmann schreibt Berg [31]: »Der Dichter – ein Sklave seines Objekts, ohne Willen, ohne Zwecke, ohne Tendenzen« (228); d. h. ohne eine das Werk organisierende Idee, die Berg als (»gestaltete«) Tendenz in jedem Kunstwerk voraussetzt. Der »Mangel an Idee« (bzw. an »gestalteter« Tendenz) wird von dieser Kritikergruppe besonders dort empfunden, wo sich der Naturalismus den Themen der Gesellschaft zuwendet. [32] Von R. Hamann [33] wird der ästhetische Illusionismus [34] des naturalistischen Dramas als ausschlaggebende Urache dafür angeführt, daß der Naturalismus nicht in der Lage sei, im Publikum eine kritische Aktivität zu mobilisieren; seine Kunsttheorie begründe zugleich seine Wirkungslosigkeit; über *Die Weber* heißt es:

Alles was sich an Hunger, Sorge, Schmerzen, Rache, Wut und Unterwürfigkeit im Fühlen dieser Leute angesammelt hatte, war für einen stark sozial empfindenden, mitfühlenden Dichter ein lockendes künstlerisches Problem. Und charakteristisch für Hauptmann: Was Zola im Germinal romanmäßig mit viel stärkerer subjektiver Gefühlsbeteiligung und sozialer Entrüstung schildert, das arbeitet Hauptmann zu unheimlicher Naturtreue heraus, um dann sein ästhetisch-künstlerisch empfindendes Werk gegen propagandäre Ausnutzung parteipolitischer Interessen zu verwahren. (76)

Die Schilderung sozialen Elends erhalte den Charakter einer bloßen Stilübung.

3. Die Tendenzdiskussion in den Jahren 1910/1911: ein kritisches Resümee

Die Diskussion um die Tendenz in der Kunst hatte sich als theoretische Folie für die Rezeption des naturalistischen Theaters erwiesen, soweit die Rezeption sich an ästhetischer Theorie orientierte bzw. sich in ästhetischen Kategorien ausdrückte. In dieser Diskussion hatte sich ein kategorialer Rahmen ausgebildet, beruhend auf Hegels Unterscheidung der »poetischen« und der »prosaischen Auffassung«, von dem aus das neue Theater als »episches« Theater klassifiziert wurde. Diese Klassifizierung gab Anlaß, thesenhaft und exkursorisch eine Verbindung zwischen der Diskussion um das Zeittheater der neunziger Jahre des 19. Jahrhunderts und das der zwanziger und frühen dreißiger Jahre im 20. Jahrhundert herzustellen. Ein wesentliches Glied in der Kontinuität dieses Problemzusammenhangs ist die Diskussion, die 1910 und 1911 durch eine Artikelserie von

H. Sperber (pseud. für Herman Heijermans) im *Vorwärts* ausgelöst wurde. Darin wird ausdrücklich auf die Naturalismusdebatte der neunziger Jahre, die zeitgeschichtliche, politische Rezeption der Hauptmannschen Stücke und die Diskussion auf dem Gothaer Parteitag Bezug genommen, so daß sich eine unmittelbare Spiegelung der früheren Positionen in einem neuen Kontext ergibt, in dem die Problemstellungen infolge einer veränderten historischen Situation verschärft artikuliert werden.

Dem die Diskussion auslösenden Artikel *Tendenziöse Kunst* [1] gingen drei Beiträge Sperbers voraus, die eine kritische Analyse des zeitgenössischen Literatur-, Theater- und Musikbetriebs vornahmen und unter dem Thema *Kunst und Industrie* [2] dem Zusammenhang von Kunstproduktion, den Kapitalinteressen der Verlage bzw. der institutionellen Träger der Theater und anderen in den Kunstbetrieb verflochtenen Faktoren (Kunst- u. Literaturkritik) nachgingen. Aus dem Zusammenwirken von Produktionsfaktoren und den Faktoren der Distribution resultiere, so Sperbers These, eine Literatur, die nur an einem spezifischen Typ des Literaturkonsumenten interessiert sei.

Bemühen sie sich auch nur im allergeringsten, sich über das, was ›unten‹ wühlt und schiebt und drängt, zu orientieren? Ist Dichten nicht etwas, das fern von ›platter Wirklichkeit‹ geboren wird? Ja, als die Elendsmalerei in der Zeit des Naturalismus Mode war, ja, damals durfte ab und zu ein wenig von den Welterscheinungen genascht werden. Damals spielte Hauptmann den Brutalen, den ›Pfadfinder‹ in seinen ›Webern‹ und in ›Vor Sonnenaufgang‹, und auch andere bliesen sich zu roten Kampfhähnchen auf, aber das war bald vorbei. Es waren so wenig Ehren und noch weniger Tantiemen dabei einzuheimsen. (3)

An einer Reihe zeitgeschichtlicher Beispiele versucht Sperber, den Zusammenhang zwischen Kunstproduktion und Kapitalinteressen zu belegen, und sieht die Gesetze des Literaturbetriebs durch dessen Ökonomie bestimmt; in diesem Sinne spricht Sperber von »Kunstindustrie«. Damit waren die Prämissen seiner Argumentation formuliert.

Die entscheidenden Thesen entwickelte Sperber in dem Artikel *Tendenziöse Kunst*; dabei wurden die Argumente, die bereits in der Naturalismusdebatte der neunziger Jahre vorgetragen wurden, neu aufgegriffen: »*Es ist kein Theaterstück, kein Roman denkbar ohne Tendenz.*« [3] Die höfische Literatur reproduziere in ihrer Tendenz die Moralinteressen der Aristokratie, die bürgerliche Literatur die des Bügertums; Sperber folgert daraus, daß die literarische Poduktion stets den Interessen der herrschenden Klasse diene, da diese Produktion und Distribution von Literatur zu regulieren vermag. [4] Im jeweiligen Bezugssystem betrachtet, werde die Tendenz jedoch nicht erkannt, sondern vielmehr als allgemeingültige Moral ausgegeben.

Solche Dichter, die sich der normalen Tendenz angepaßt haben, heißen: ›richtige Künstler‹ – die anderen, die in unserem Sinne schaffen, weil sie nicht anders können, weil die sozialistische Tendenz *zu einem Teil ihres Lebens geworden* ist, werden als ›tendenziös‹ hinter die ›richtigen Künstler‹ bürgerlichen Genres zurückgestellt. Ich glaube, daß es Zeit ist, ein wenig vorsichtig zu werden. Wir müssen durch den sauren Apfel der ›Tendenz‹ hindurch. [5]

Damit ist der Intention nach jene Kategorie der Parteilichkeit, die Lukács dem Tendenzbegriff im Sinne einer »der herrschenden Richtung klassenmäßig feindlichen« Tendenz entgegensetzt, eingeführt. Parteilichkeit wird als Parteinahme für die Sache des Proletariats verstanden, in dem Sperber – wie Lukács – die den geschichtlichen Fortschritt tragende Klasse sieht. [6] Diese Auslegung der Tendenzhaftigkeit von Kunst und Literatur erfordert nach Sperbers Ansicht eine Theorie, die die Orientierung an der idealistischen Ästhetik aufgibt und von der ökonomischen Analyse der Gesellschaft und der Geschichte ausgeht. Dem stehe jedoch die Praxis der »gegenwärtigen« sozialistischen Literaturkritik entgegen.

Sagt man einem deutschen Genossen, daß eine Periode kommen wird, wo die Namen *Hauptmann, Fulda, Halbe, Schnitzler, Hirschfeld,* um nur so ins Wüste hinein einige Äpfel dieses blühenden Apfelbaumes zu pflücken, hohle Kläge sein werden, weil sie alle Diener der Bourgeoisie geblieben [...] dann wird man uns Paradoxen vorwerfen, theoretischen Quatsch, oder man wird schulternzuckend in langem Sermon auf die Unsterblichkeit des ›Allgemein Menschlichen‹ das sich jahrhundertelang bewährt hat, hinweisen. [7]

Entgegen der These, die in der Gothaer Literaturdebatte von W. Liebknecht und anderen verfochten wurde, daß erst in einer sozialistischen Gesellschaft sozialistische Literatur geschaffen werden könne und nicht bereits in einer Zeit, in der das Proletariat noch im politischen Kampfe stehe, erhebt Sperber die Forderung einer sozialistischen Kampfliteratur, »selbst auf die Gefahr hin, daß die ›Tendenz‹ zu stark vorherrschen sollte«. [8]

Soweit Sperbers Ansatz [9]; die wesentliche Polemik gegen diesen Versuch einer »ästhetischen Klassenkampftheorie« [10] wurde aus den Reihen der sozialdemokratischen Kritiker, von H. Ströbel und R. Franz, vorgetragen [11], eine weitere Auseinandersetzung ergab sich 1911 zwischen Sperber und F. Stampfer. [12] In der Arbeit *Eine ästhetische Werttheorie* [13] ging Ströbel von der Frage des Zusammenhangs von »Klasseninstinkt« und der Legitimation ästhetischer Urteile aus. Der Standpunkt Sperbers wurde so interpretiert, daß in einer proletarischen Tendenzkunst allein ihr Funktionswert entscheidend sei und sich darüber hinaus keine objektiven ästhetischen Kriterien ergäben; Ströbel griff das Schlagwort von der »Ästhetik der schwieligen Faust« auf, mit dem die Position Sperbers in der zeitgenössischen Kritik apostrophiert wurde, und wies sie als »ästhetische Demagogie« zurück. Der proletarische Klasseninstinkt, so argumentierte Ströbel, reiche nicht zur Begründung ästhetischer Urteile aus; wir »wissen, daß die proletarische Klassenlage an sich nicht mehr auslöst als die *Empfänglichkeit* für die sozialistische Weltanschauung« (598). [14] Allein der literarische Kenner vermag kompetente ästhetische Urteile abzugeben, so »groß auch der Bildungseifer und Wissensdrang des klassenbewußten Proletariats sind, so wenig vermag es sich den psychologischen Hemmnissen zu entziehen, die sich zwischen den Arbeiter und den Kunstgenuß stellen« (599). Damit wird erneut die Trennung von Tendenz und Kunstwert ausgespielt, wenn auch die These der idealistischen Ästhetik, daß Poesie tendenzfrei sein müsse, mit dem Hinweis auf die weltanschauliche Bindung eines jeden Kunstwerks zurückgewiesen wird.

Ströbel greift die Argumente von L. Berg, C. Alberti, J. Hart u. a. auf: der Tendenzcharakter wird als ein von der ästhetischen Qualität abgehobenes Merkmal behandelt, die Voraussetzung der Vereinbarkeit beider aber bleibt die Gestaltung; insofern geht Ströbel nicht über die Lösungen, die in den neunziger Jahren für die Tendenzfrage entwickelt wurden, hinaus.

Mag die Dichtung von Tendenz strotzen, mag sie diese Tendenz mit Fanfaren in das Land hinausschmettern, sie kann deshalb doch die lauterste, echteste Kunst sein, wenn sich die Tendenz nur nicht in dürren Phrasen und klappernden Versen ausspricht, sondern wie bei Freiligrath in einer Sprache von hinreißendster Leidenschaft und wuchtigster Bildkraft, in der Form, die Goethes Wort ›Bilde, Künstler, rede nicht‹ geradezu paradigmatisch erhärtet. (600)

Das Gestaltungstheorem bleibt letztlich ein Postulat, auf das die Mehrheit der sozialdemokratischen Theoretiker nicht verzichten zu können glaubt; um so mehr mußte Sperbers Programm einer proletarischen Kampfliteratur die um Synthese mit der idealistischen Tradition bemühten Positionen decouvrieren. Erst von E. Ottwalt wurde in der Auseinandersetzung mit G. Lukács um den Reportageroman das Gestaltungstheorem erneut als »abstrakt literarphilosophisches« Prinzip in Frage gestellt:

Die proletarisch-revolutionäre Literatur ist nicht Selbstzweck, sondern sie soll die Wirklichkeit verändern helfen. Unsere Literatur hat nicht die Aufgabe, das Bewußtsein des Lesers zu stabilisieren, sondern sie will es verändern. Der größere oder geringere Grad dichterischer Gestaltung schlechthin kann also niemals das ausschließliche Kriterium der proletarisch-revolutionären Literatur sein. Nicht die schöpferische Methode ist Objekt der Analyse, sondern die funktionelle Bedeutung, die ein Buch in einer ganz bestimmten, von ganz bestimmten ökonomischen und politischen Einflüssen gebildeten Wirklichkeit hat. [15]

Die Diskussion um das Konzept einer proletarischen Literatur kann als Paradigma dafür angesehen werden, eine Theorie der politischen Gebrauchsliteratur im Rückgriff wie in der Abgrenzung gegenüber der idealistischen Ästhetik zu entwickeln. Die Kategorien der Literaturkritik wie die Ansätze zur Theoriebildung wiesen dabei in durchgehender Kontinuität auf die Hegelsche Unterscheidung der »poetischen« und der »prosaischen Auffassung«. Das Problem stellte sich in gleicher Weise als kulturpolitische wie ästhetisch-praktische Frage, als Frage nach der Möglichkeit kritischer Aneignung des bürgerlichen Erbes wie als Aufgabe der Entwicklung einer Theorie der ästhetischen Produktion auf der Grundlage des dialektischen Materialismus.

Die Tendenzdiskussion der Jahre 1910/11 führt unmittelbar zurück zu unserer Ausgangsposition und reflektiert die Naturalismusdebatte aus der Retrospektive. R. Franz hatte Sperber bereits im *Vorwärts* mit einem polemischen Artikel angegriffen [16]; in seiner darauffolgenden Arbeit *Theater und Volk* [17] stellte er die Tendenzfrage, die sich aus den Sperber-Beiträgen ergeben hatte, in den Zusammenhang der literaturpolitischen Auseinandersetzung von Gotha [18]; in seinem Buch sind die für diese Frage wichtigsten Protokollteile als Anhang abgedruckt. Franz geht davon aus, daß jede Kunst unter dem Gesichtspunkt des Klasseninteresses produziert und rezipiert werde und folgert:

So ist es denn auch niemals der ästhetische Wert, der den Erfolg oder Mißerfolg eines Stückes entscheidet, sondern immer das, was Kant Interesse nennt [...] Das stärkste Interesse, wiewohl ein unbewußtes, ist der Klasseninstinkt. Ja gerade weil er ein unbewußtes Interesse darzustellen pflegt, wirkt er mit größerer Macht als jedes soviel primitivere und auch soviel leichter zu durchschauende persönliche Interesse. Wenn wir das Kunstwerk mit der Methode des dialektischen Materialismus untersuchen, so erheben wir nur das Klasseninteresse in unser Bewußtsein und untersuchen lediglich die Ursachen der Tendenz des Kunstwerks und seiner Wirkung auf die Masse des Publikums. Diese Ursachen liegen aber, wie gesagt, meist völlig außerhalb des Ästhetischen. (12)

Auch in dieser Argumentation bleibt der »ästhetische Wert« als autonome Größe unberührt, für dessen Bestimmung beansprucht Franz weiterhin das Gestaltungstheorem. [19] Die Aspekte der Produktion und der Rezeption von Literatur (»Erfolg oder Mißerfolg«) treten zwar in den Vordergrund, stehen aber unvermittelt neben ihrem »Kunstwert«. Das Konzept einer operationalen politischen Literatur, wie es Sperber propagiert hatte, wird mit den gleichen Argumenten verworfen, wie sie in der Gothaer Debatte gegen den Naturalismus ausgespielt wurden. Die Literaturtheorie der Sozialdemokratie dieser Jahrzehnte vermochte sich vom idealistischen Erbe nicht zu emanzipieren.

Die Analyse der Versuche, das Tendenzproblem theoretisch zu lösen, macht letztlich die Sackgasse deutlich, in die diese Problemstellung führt. Weder über die Frage, ob »gestaltete« Tendenz oder »illustrierte« Tendenz, noch über das Widerspiegelungstheorem [20] läßt sich der historische Wirkungszusammenhang, wie er am Beispiel der Rezeption des naturalistischen Theaters dokumentiert wurde, begreifen, vor allem nicht die komplexen Formen der Operationalisierung und Funktionalisierung von Literatur im Rezeptionsprozeß selbst, dessen produktive Komponente also. Es liegt deshalb nahe, diesen Erklärungsversuchen ein Verfahren entgegenzusetzen, das die literarische Kommunikation im Zusammenhang der Bedingungen der Produktion und Distribution von Literatur und in der Dialektik der allgemeinen gesellschaftlichen Produktionsverhältnisse untersucht und in diese Bedingungszusammenhänge die Rezeptionsproblematik wie die Wirkungsfrage eingelagert sieht. Theorie der Rezeption ist mithin angewiesen auf die Erklärung der Gesetzmäßigkeiten jener Bedingungen und ihrer Vermittlung in den literarischen Prozeß.

Eine zweite These läßt sich aus den vorausgegangenen Untersuchungen formulieren: Rezipienten realisieren Rezeptionsvorgaben, z. B. Texte, Theateraufführungen, entsprechend ihrer erfahrungsbestimmten und interessegeleiteten Kompetenz; je nach Rezeptionsperspektive und -disposition werden andere Informationen und Wirkungsmöglichkeiten der Rezeptionsvorgabe aktualisiert. [21] Dies gilt in besonderem Maße für die Rezeption einer Theateraufführung, deren kommunikative Struktur höchst komplex und durch die über die Vermittlungsinstitution vorgegebenen Bedingungen der Interaktion formal disponiert und weitgehend ritualisiert ist.

An der Analyse der zeitgenössischen Rezeption des Naturalismus konnte gezeigt werden, daß sich Rezeptionsprozesse weitgehend gruppenspezifisch bestimmen

lassen; das vermag nicht zu überraschen. Für Hauptmann ergab sich eine deutlich
bestimmbare Bezugsgruppe, zwischen der und dem Autor in hohem Grade über-
einstimmende und vermittelbare Orientierungen im ideologischen Bereich und in
den akzeptierten Standards des gesellschaftlichen Verhaltens, insbesondere auch
im Rezeptionsverhalten im kulturellen Bereich, gegeben waren; es waren dies die
liberalen Intellektuellen, der Friedrichshagener Literatenkreis, die Kritiker um
Brahm und Schlenther und, wollte man es für das Theater pointiert formulieren,
das Premierenpublikum des Deutschen Theaters. Diese Gruppen sublimierten in
der naturalistischen »Elendspoesie«, die sie als ästhetische Sensation zu konsu-
mieren verstanden, ihre reale Distanz zu jenen Gesellschaftsschichten, um deren
Schicksale es in den Stücken Hauptmanns ging. Die Kriterien, nach denen im
Rahmen solcher Bezugsgruppen Bedeutung und ästhetischer Wert eines literarischen Werks bestimmbar werden, leiten sich her aus den allgemeinen Konsens-
bedingungen, mit deren Hilfe sich die Gruppe nach innen stabilisiert und nach
außen abgrenzt. Die Gruppe der »adäquaten« Hauptmann-Rezipienten war programmatisch auf jene Ideologie der Moderne eingeschworen, die am Ende des
19. Jahrhunderts unter Berufung auf Wissenschaft und technischen Fortschritt
eine neue Zeit verhieß.

Vorbemerkung

* Die Arbeit behandelt am Beispiel des naturalistischen Theaters einen Teilaspekt der vielschichtigen Rezeptionsproblematik der Literatur vor der Jahrhundertwende. Die Notwendigkeit, eine Vielzahl von Quellenmaterialien, die hier zumeist erstmals für die Forschung dokumentiert werden, einzubringen, hat die Form der Arbeit mitbestimmt. Wesentliche Teile wurden bereits im Frühjahr 1972 abgeschlossen und lagen der Philosophischen Fakultät der Universität Regensburg als Habilitationsschrift vor; neuere Literatur wurde in der Regel nur in Anmerkungshinweisen berücksichtigt.

Der mit dem Titel des Buches verbundene Anspruch der Breite des Untersuchungsgegenstands konnte nur zum Teil eingelöst werden. Literatur und Öffentlichkeit bilden im ausgehenden 19. Jahrhundert einen so komplexen Vermittlungszusammenhang, daß an der zeitgenössischen Rezeption des naturalistischen Theaters gewiß nur eine seiner Komponenten wohl aber – von der Einschätzung der Zeitgenossen wie von der Sicht des heutigen Forschers aus – eine besonders signifikante, wesentliche Strukturmomente dieses Zusammenhangs aufdeckende, darstellbar ist. – Unzureichend mußte der Versuch bleiben, die Prozesse der Ideologiebildung innerhalb der gesellschaftlichen Gruppierungen des ausgehenden 19. Jahrhunderts aufzuzeigen und ihre konstitutive Funktion bei der Entwicklung der in der Literaturrezeption wirksam werdenden Erwartungsdispositionen und für die Bedingungen der Bedeutungs- und Funktionszuweisungen zu erklären; hier konnte oft nur sehr verallgemeinernd und abstrahierend argumentiert werden. Gerade für diesen Zeitraum fehlen zureichende Voruntersuchungen zur Klassenstruktur der Gesellschaft und zum Prozeß der Ideologiebildung selbst, auf die sich der Literaturwissenschaftler hätte stützen können. Es wurde deshalb von einer, den Verhältnissen der Zeitgeschichte gegenüber vielleicht zu undifferenzierten, an den die Rezeptionsprozesse belegenden Dokumenten zumeist aber doch operationalisierbaren Dreiteilung von Konservativen, Liberalen und Sozialisten/Sozialdemokraten ausgegangen.

Die literaturwissenschaftliche Naturalismusforschung hat sich, von wenigen Ausnahmen abgesehen, der Rezeptionsfrage noch kaum zugewandt. Vielmehr läßt sich zeigen, daß Auffassungen der Naturalismusrezeption der neunziger Jahre des 19. Jahrhunderts (zumeist der zeitgenössischen Literaturkritik), die deutlich durch die historischen Dispositionen bedingt waren, von der Naturalismusforschung bis heute, nun freilich als wissenschaftliche Interpretation ausgegeben, tradiert werden (ästhetische und politische Wertung des Naturalismus, Interpretationsansätze, poetologische Deskription des naturalistischen Dramas, Einschätzung einzelner Autoren u. a.); insofern wird die Naturalismusforschung selbst zum Problem einer spezifischen Rezeption des Naturalismus. Im historischen Kontext muß sich die Untersuchung den Eigenbewegungen und der Verselbständigung des literarischen Rezeptionsprozesses zuwenden, ebenso aber der gleichzeitigen Rezeption außerliterarischer Bewegungen. Gerade in der Verflechtung von Literaturrezeption mit den popularwissenschaftlich vermittelten Naturwissenschaften und der zeitgenössischen Weltanschauungsphilosophie bildete sich am Ausgang des 19. Jahrhunderts jene Ideologie der Moderne, der sich nahezu alle Gruppen der Gesellschaft programmatisch verschrieben hatten.

Folgenden Archiven ist der Verfasser für Auskunft und Unterstützung durch Bereitstellung von Archivmaterialien zu Dank verpflichtet: Staatsarchiv Potsdam (DDR), Deutsches Zentralarchiv (Abt. Merseburg, DDR), Bayerische Staatsbibliothek (München), Institut für Zeitungsforschung der Stadt Dortmund, Landesarchiv Berlin, Assemblée Nationale de la République Française Service de la Documentation Etrangère (Paris), Bundesarchiv Koblenz, Hauptstaatsarchiv Düsseldorf, Stadtarchiv der Stadt Frankfurt am Main, Badisches Generallandesarchiv (Karlsruhe), Hessisches Hauptstaatsarchiv (Wiesbaden), Niedersächsisches Hauptstaatsarchiv (Hannover), Niedersächsisches Staatsarchiv (Bückeburg), Niedersächsisches Staatsarchiv (Oldenburg), Niedersächsisches Staatsarchiv (Stade), Niedersächsisches Staatsarchiv (Wolfenbüttel), Niedersächsisches Staatsarchiv (Aurich), Friedrich-Ebert-Stiftung (Archiv der Sozialen Demokratie, Bonn-Bad Godesberg), Württembergische Landesbibliothek (Stuttgart), Hessisches Staatsarchiv Marburg, Landesarchiv Schleswig-Holstein (Schleswig), Stadtarchiv der Landeshauptstadt Hannover, Stadtarchiv Lüneburg, Archiv der Stadt Göttingen, Stadtarchiv Münster, Stadtarchiv der Stadt Braunschweig. Mit Unterstützung der polnischen Archive: Archiwum Państwowe (Warszawa), Slaski Instytut Naukowy (Katowicach), Instytut Slaski (Opole) konnten die für die Rezeption des Naturalismus (insbesondere von Gerhart Hauptmanns Stück »Die Weber«) wichtigen sozialgeschichtlichen Verhältnisse in Schlesien um 1890/92 dargestellt werden.

Besonderer Dank für stets bereitwilliges Entgegenkommen gilt der Fernleihabteilung der Universitätsbibliothek Regensburg, die weit über den üblichen Rahmen hinaus beansprucht werden mußte. Für hilfreiche Kritik und Unterstützung bei den Korrekturarbeiten habe ich Christine Jung und Hildegard Brauneck zu danken.

1 K. *Marx*, Grundrisse der Kritik der politischen Ökonomie, Frankfurt und Wien o. J., 20 (= Politische Ökonomie. Geschichte und Kritik).

1a H. R. *Jauß*, Literaturgeschichte als Provokation der Literaturwissenschaft, Konstanz 1967 (= Konstanzer Universitätsreden.); eine erweiterte und überarbeitete Fassung in: H. R. *Jauß*, Literaturgeschichte als Provokation, Frankfurt 1970, 144–207 (es 418). Die Auseinandersetzung mit Jauß' Thesen, vor allem auch mit deren inzwischen von Jauß vorgenommenen Modifikationen, soll an dieser Stelle nicht weitergeführt werden; im Fortgang der Arbeit wird von spezifischen Fragestellungen aus noch auf den Ansatz der Rezeptionsästhetik einzugehen sein. Auf folgende neuere Auseinandersetzungen mit der Rezeptionsproblematik sei hier aber noch hingewiesen: K. *Lubbers*, Aufgaben und Möglichkeiten der Rezeptionsforschung. In: GRM. N. F. 14 (1964), 292–302; E. L. *Zacharias*, Zwischenbilanz eines Vorversuchs zur Wirkungsforschung. In: Wiss. Zs. d. Univ. Halle, gesell.- u. sprachwiss. R. 15 (1966), 511–517; H. *Weinrich*, Für eine Literaturgeschichte des Lesers. In: Merkur. 21 (1967), 1026–1038; das Forschungsprojekt (Pilotstudie) zur Literaturrezeption an der Universität Halle, die Berichte von D. *Löffler*, E. M. *Scherf*, J. *Driclaud*, A. *Ziegs*. H. *Spiess*, E. *Köstler*, G. *Braun*, A. *Walter* und D. *Sommer* in: Wiss. Zs. d. Univ. Halle, gesell.- u. sprachwiss. R. 18 (1969), 233–235, 237–239, 241–246, 247–252, 253–259, 261–273, 275–281, 283–289 u. 291–295; R. *Weimann*, Gegenwart und Vergangenheit in der Literaturgeschichte. In: WB. 16 (1970) H. 5, 31–57; P. U. *Hohendahl*, Literaturkritik und Öffentlichkeit. In: Literaturwissenschaft und Linguistik. 1/2 (1970), 11–46; M. *Naumann*, Literatur und Leser. In: Weimarer Beiträge. 16 (1970), 92–116; W. *Iser*, Die Appellstruktur der Texte. Unbestimmtheit als Wirkungsbedingung literarischer Prosa, Konstanz 1970; N. *Fortunatow*, Künstlerischer Schaffensprozeß und Leser-Rezeption. In: Kunst und Literatur. 1 (1971), 26–44; R. *Fieguth*, Rezeption contra falsches und richtiges Lesen? Oder Mißverständnisse mit Ingarden. In: Sprache im technischen Zeitalter. Heft 38 (1971), 142–159; M. *Durzak*, Plädoyer für eine Rezeptionsästhetik. In: Akzente. 18 (1971), 487–504; W. *Mauser* u. a., Text und Rezeption, Frankfurt 1972; M. *Nau-*

mann/D. *Schlenstedt*/K. *Barck*/D. *Kliche*/R. *Lenzer,* Gesellschaft, Literatur, Lesen, Berlin u. Weimar 1973; H. *Hillmann,* Rezeption – empirisch. In: Ästhetische Erfahrung und literarisches Lernen, hrsg. v. W. Dehn, Frankfurt 1973, 219–237

2 K. R. *Mandelkow,* Probleme der Wirkungsgeschichte. In: Jb. f. Int. Germ. 2 (1970), H. 1, 71–84. Mandelkow rückt mit dem Hinweis auf die unzureichende kategoriale und methodische Absicherung, die den Stand der Rezeptionsforschung kennzeichne, zweifellos die entscheidenden Probleme ins Licht: Diese Situation resultiere aus der spezifischen Entwicklung der deutschen Literaturwissenschaft, für die die Orientierung an der ästhetischen Theorie des Idealismus, die die Autonomie des Ästhetischen postuliere und Fragen der Wirkung als den Kunstwert beeinträchtigendes, relativierendes Moment betrachte, charakteristisch sei; sie sei auch Folge der »gesellschaftliche[n] Isolation der deutschen Literatur« (72), der von der Goethephilologie sich herleitenden »Prävalenz der genetischen vor der wirkungsästhetischen Komponente« (72) und der Trennung von Literaturwissenschaft und Literaturkritik.

3 Ebenda, 79.

4 Ebenda, 81.

5 Es waren in erster Linie Gerhart Hauptmanns Stücke »Vor Sonnenaufgang« und »Die Weber«, an denen die politische Rezeption des Naturalismus in der zeitgenössischen Öffentlichkeit ansetze.

6 H. *Rosenberg,* Wirtschaftskonjunktur, Gesellschaft und Politik in Mitteleuropa, 1873–1896. In: Moderne deutsche Sozialgeschichte, hrsg. v. H.-U. Wehler, Köln-Berlin 1966, 225–253; *ders.,* Große Depression und Bismarckzeit. Wirtschaftsablauf, Gesellschaft und Politik in Mitteleuropa, Berlin 1967 (= Veröffentlichungen der Historischen Kommission zu Berlin beim Friedrich-Meinecke-Institut der Freien Universität Berlin. 24) – Der Terminus »Große Depression« wurde von Rosenberg zur sozialgeschichtlichen Periodisierung der Spätphase des 19. Jahrhunderts eingeführt. Mit der Untergliederung in die für diesen Zeitraum charakteristischen zyklischen Wirtschaftskrisen ergibt sich unter sozialgeschichtlichem Aspekt ein Periodisierungsschema, das auf der Grundlage der Wirtschaftskonjunkturtheorie eine differenzierte Übersicht über das Jahrhundertende bietet.
Zur sozialgeschichtlichen Orientierung dienten dem Verfasser im wesentlichen die Arbeiten von H. *Rosenberg* und H.-U. *Wehler* (Anm. 7); darüber hinaus wurden folgende Darstellungen für Einzelfragen herangezogen: M. *Dobb,* Studies in the Development of Capitalism, London 1963; E. *Engelberg,* Deutschland von 1871 bis 1897 (Deutschland in der Übergangsphase zum Imperialismus), Berlin 1967; K. E. *Born,* Der soziale und wirtschaftliche Strukturwandel Deutschlands am Ende des 19. Jahrhunderts. In: Moderne deutsche Sozialgeschichte. 271–284; J. *Kuczynski,* Studien zur Geschichte der zyklischen Überproduktionskrisen in Deutschland 1873 bis 1914, Berlin 1961 (zur Krise von 1891/92 ausführlich 77 ff.); B. *Seidel,* Die Wirtschaftsgesinnung des Wilhelminischen Zeitalters. In: Das Wilhelminische Zeitalter, hrsg. v. H. J. Schoeps, Stuttgart 1967, 173–198; H. *Mottek,* Wirtschaftsgeschichte Deutschlands Bd. 2, Berlin 1964; A. *Spiethoff,* Die wirtschaftlichen Wechsellagen. Aufschwung, Krise, Stockung, Tübingen 1955; D. *Stegmann,* Die Erben Bismarcks. Parteien und Verbände in der Spätphase des Wilhelminischen Deutschlands, Köln-Berlin 1970 (zur Wirtschaftskrise von 1892 ausführlich 60 ff.).

7 H.-U. *Wehler,* Bismarck und der Imperialismus, Köln u. Berlin 1969; *ders.* Krisenherde des Kaiserreichs 1871–1918. Studien zur deutschen Sozial- und Verfassungsgeschichte, Göttingen 1970; E. *Michel,* Sozialgeschichte der industriellen Arbeitswelt, Frankfurt 1960.

8 K. *Marx*/F. *Engels,* Werke, Berlin (Dietz) 1969 (fortan zitiert: MEW), Bd. 25, 453.

9 Zur Parteiengeschichte dieser Zeit vgl.: L. *Bergsträsser,* Geschichte der politischen Parteien in Deutschland (11. Aufl. hrsg. v. W. Mommsen), München – Wien 1965

(= Deutsches Handbuch der Politik. 2) mit ausführlicher Bibliographie; besonders auch die Darstellung von D. *Stegmann* (Anm. 6) 20 ff.
10 H. *Rosenberg* (Anm. 6), 233.
11 Vgl. dazu B. *Seidel* (Anm. 6); H. *Bollnow*, Wilhelms II. Initiative zur Arbeiterschutzgesetzgebung und die Entlassung Bismarcks. In: Aspekte sozialer Wirklichkeit, Berlin 1958, S. 94–195 (= Abh. d. Hochschule f. Sozialwissenschaften. 7) und H. *Herkner*, Die Arbeiterfrage. Eine Einführung. 2. Bd.: Soziale Theorien und Parteien, Berlin – Leipzig 1921; dort vor allem über die Sozialpolitik Bismarcks und die sozialen Bewegungen innerhalb der konservativen Parteien, deren wichtigste für diesen Zusammenhang das Sozialprogramm A. Stöckers darstellt.
12 So erbrachten das preußische Dreiklassenwahlrecht und besonders die Wahlkreiseinteilung für die Sozialdemokratie bei den Reichstagswahlen beträchtliche Nachteile. Durch die große Abwanderung der Bevölkerung aus den Landgebieten in die Städte wurde die Diskrepanz zwischen Bevölkerungsverteilung und Wahlkreiseinteilung außerordentlich groß. Da die Wahlkreiseinteilung dieser Bevölkerungsverschiebung nicht angepaßt wurde, wurden die konservativen Parteien, die bei der Landbevölkerung ihre größte Anhängerschaft hatten, eindeutig begünstigt. In der Folge dieser Abwanderung wurde Schlesien zur politischen Domäne der Reichs- und Freikonservativen Partei, auf diese Tatsache wird bei der Analyse der »Weber« zurückzukommen sein. Vgl. dazu auch D. *Stegmann* (Anm. 6), 25 und B. *Seidel* (Anm. 6), 177 f.
13 K. E. *Born* (Anm. 6) beschreibt diesen Prozeß als Feudalisierung des deutschen Großbürgertums, der aus den gemeinsamen sozialpolitischen und allgemeinpolitischen Interessen mit dem Adel resultiere. »Diese politische Interessengemeinschaft beruhte darauf, daß beide einen gemeinsamen Gegenspieler hatten: die Arbeiterbewegung.« (283) Aus dem Interesse der Erhaltung des bestehenden Sozialgefüges und der Abwehr der ökonomischen Krisen bildete sich eine Übereinkunft im politischen Handeln zwischen den wirtschaftlich bestimmenden Gruppen der Gesellschaft aus, die den Wirtschafts- und Sozialimperialismus in Deutschland begründete. H.-U. *Wehler* (Anm. 7) sieht in dieser Einstellung alle Aktionen des konservativen Großbürgertums und des Adels motiviert. »In einem für das politische Entscheidungshandeln womöglich noch dringenderen Sinn hofften sie daher die Sprengkraft, die von den ökonomischen Erschütterungen her auf die Gesellschaft einwirkte, durch Expansion abmildern und die traditionelle Gesellschaftsverfassung dadurch von einem unerträglichen Druck entlasten zu können. Sie hielten die Überproduktion für die Ursache der Depression und fürchteten als ihre Folge der Sozialrevolution. Die ideologische Furcht übersteigerte, oft bis ins Extrem, die Bedeutung der ohnehin schwerwiegenden realen Probleme [. . .] Der Sozialimperialismus war die moderne, in entscheidendem Maße sozialökonomisch motivierte Form einer alten, schon von Macchiavelli beschriebenen Herrschaftstechnik: um der Bewahrung des sozialen und politischen Status quo willen die inneren Bewegungskräfte und Spannungen nach außen zu lenken.« (115) In einem Interaktionsprozeß mit den sozialökonomischen Vorgängen bildeten sich jene Argumentationsmuster und Feindbilder aus, die in der Rezeption des literarischen Naturalismus zu den verschärften politischen Reaktionen der konservativen Gesellschaftsgruppen führten, und die außerhalb dieses ereignisgeschichtlichen Bezugrahmens nicht hinreichend zu erklären sind.

I. Theater und Öffentlichkeit. Institutionelle Bestimmungsfaktoren des Theaters im ausgehenden 19. Jahrhundert

1. »Kulturindustrie«: die materiellen Produktionsbedingungen der privaten und öffentlichen Theater

1 Die Darstellung der Produktionsverhältnisse im kulturellen Bereich bleibt in diesem Kapitel skizzenhaft und auf das Theater beschränkt; es werden nur ihre allgemeinen Prinzipien und Tendenzen umrissen, soweit sie sich in der zeitgenössischen Diskussion widerspiegeln und für die Untersuchung der Rezeptionsvorgänge wichtig sind. Ergänzungen ergeben sich aus späteren Kapiteln. Eine ausführlichere Analyse des Theaters, Verlags- und Pressewesens im ausgehenden 19. Jahrhundert hinsichtlich ihrer Produktionsbedingungen und institutionellen Struktur bleibt einer eigenen Arbeit vorbehalten.

2 Diese Untersuchungen stehen in der »Neuen Zeit« neben Analysen aktueller Probleme: Rechtsreform, Bildung, Prostitution, Sexualität, Alkoholismus, Frauenemanzipation; sie erhalten ihre politische Perspektive aus dem Zusammenhang einer Kritik der kapitalistischen Gesellschaft, die an den Phänomenen im Überbauberich (Recht, Moral, Kunst, Religion, Wissenschaft) ansetzte. Deshalb konnte auch E. *Schlaikjer* in dem Artikel »Die Befreiung der Kunst«. In: Die Neue Zeit. 14,1 (1895/96), 69–77 feststellen, daß die Freiheit des künstlerischen Schaffens »identisch geworden [sei] mit der politischen Freiheit« (73).

3 Vgl. G. *Köberle,* Ursachen des Bühnenniedergangs. In: Der Kunstwart. 2 (1888/89), 241–243; *ders.,* Der Bühnenkrieg und seine Bedeutung. In: Der Kunstwart. 3 (1889/90), 209–212; *ders.,* Das Ende des Bühnenkriegs. In: Der Kunstwart. 4 (1890/91), 321–324; *ders.,* Das Drangsal der deutschen Schaubühne, Dresden u. Leipzig 1890; B. *Westenberger,* Wie retten wir unser Bühnenschrifttum? In: Der Kunstwart. 2 (1888/89), 97–98; Der Schauspielerkultus. In: Der Kunstwart. 4 (1890/91), 262–264. Ein Beitrag zur allgemeinen Situation der Theater: Der Allgemeine Deutsche Bühnenverein. In: Der Kunstwart. 6 (1892/93), 161–163 resümiert: »Geschäft, Geschäft, Geschäft.« In dem Gründungsrundschreiben des Allgemeinen Deutschen Bühnenvereins gibt dieser als sein wichtigstes Ziel an: »Diesem tiefen Verfall der heutigen deutschen Bühne entgegenzuwirken.«

3a In der Novemberrevolution 1918 wurde von den Spartakusgruppen der erste großangelegte Versuch unternommen, über das ganze Reichsgebiet hin, vor allem aber in der Hauptstadt Berlin, Verlagshäuser und Zeitungsredaktionen zu besetzen und in die Hand des revolutionären Proletariats zu bringen. Dieser konkrete Versuch, die Besitzverhältnisse an Produktionsmitteln in einem Teilbereich der Kulturindustrie grundlegend zu verändern, hatte über die ersten Tage der Revolution hinaus keine Chance, er scheiterte an der Garantie des Privateigentums durch den Rat der Volksbeauftragten. Vgl. dazu: Die Rote Fahne. Kritik, Theorie, Feuilleton, hrsg. v. M. Brauneck, München 1973 (Einleitung, 10 ff).

4 Die Arbeiten in der »Neuen Zeit« sind heute unerläßliche Quellen zur Analyse der Produktionsstruktur des kulturellen Bereichs um 1900, vor allem auf Grund ihrer statistischen Angaben. Auf folgende Beiträge sei noch verwiesen: Die Kapitalisierung von Kunst und Wissenschaft. In: Die Neue Zeit. 6 (1888), 463–470. In dem Beitrag werden Kunst und Wissenschaft zu der »Waaren produzierenden Hausindustrie« (464) gezählt; Bedingungen der »völligen Kapitalisierung [sind] [...] auf der einen Seite eine wenigstens theilweise Proletarisierung der bis dahin selbständigen Produzenten, auf der andern Seite das Erstehen eines ausgedehnten Marktes, der eine Massenproduktion ermöglicht, ja nothwendig macht.« (464) Der Verfasser weist auch auf die ökonomische Struktur der meisten Theater als Aktiengesellschaften hin. – Ebenso die Arbeiten: Der Kapitalismus und die Kunst. In: Die Neue Zeit. 9, 1 (1891), 649–653 u. 686–690; Kapital und Presse. In: Die

Neue Zeit. 10, 2 (1892), 97–101; Kapitalistischer Theaterskandal. In: Die Neue Zeit. 15,1 (1896/97), 33–37; H. *Osterwald,* Kunstfabriken. In: Die Neue Zeit. 16,2 (1898), 412–413; O. *Krille,* Kunst und Kapitalismus. In: Die Neue Zeit, 24, 1 (1906), 530–534« Krille gibt eine historische Übersicht über den Prozeß der Kapitalisierung, in den einzelnen Kunstbereichen, der für ihn notwendig mit einem Verfall der Kunst selbst verbunden ist. Endphase ist für Krille die »gegenwärtige Klassenkunst« der Decadence. An diese Kritik des bürgerlichen Kunstbetriebs, die um die Jahrhundertwende auch Gegenstand vieler Artikelreihen in den Feuilletons der sozialdemokratischen Presse war, schließen die späteren Arbeiten von H. *Sperber* an: Kunst und Industrie I. u. II. In: Vorwärts. Nr. 183, v. 7. Aug. u. Nr. 189, v. 14. Aug. 1910; *ders.,* Berlin – die Musikstadt. In: Vorwärts. Nr. 195, v. 21. Aug. 1910.

5 K. K., Das Proletariat der Bühne. Bemerkungen zum »Fall Lindau«. In: Die Neue Zeit. 9, 1 (1891), 43–51.

6 Dazu auch der Beitrag von S. *Frey,* Der Luxus auf der Bühne. In: Die Gegenwart. 37 (1890), 392–393.

7 E. *Schlaikjer,* Der Einfluß des Kapitalismus auf die moderne dramatische Kunst. In: Die Neue Zeit. 12, 2 (1893/94), 647–655.

8 Zahlreiche Zeitschriftenbeiträge behandeln das Problem der Massenproduktion von Stücken; beispielhaft: Über die Massenproduktion von Theaterstücken. In: Der Kunstwart. 6 (1892/93), 309–310: »Um vorerst beim Statistischen zu bleiben: Dem Berliner Schauspielhaus werden alljährlich durchschnittlich 271 Stücke eingereicht; im Theaterjahr 1890/91 hat es aufgeführt an Original-Neuheiten 5, während 9 Bühnenwerke dort ihre Berliner Erstaufführung erlebten. Am höchsten in der Gunst der Bühnenschriftsteller steht in der Reichshauptstadt das Berliner Theater, welchem jährlich im Durchschnitt 450 Stücke eingereicht werden, während der Jahresdurchschnitt im Deutschen Theater nur 300 bis 400 beträgt. All unseren deutschen Bühnen voran aber schreitet in dieser Hinsicht das Breslauer Stadttheater, welchem alljährlich durchschnittlich 1095–1460 Stücke eingereicht werden. Täglich sendet man also diesem Theater drei bis vier Werke, von denen allerdings kaum 0,2 v. H. – auf gut Deutsch: zwei Neuheiten das Jahr – die Feuertaufe erleben. Diese Zahlen sprechen deutlicher, als ganze Abhandlungen.« (310)

9 Vgl. Zur Kenntnis der Theatersklaverei. In: Der Kunstwart. 6 (1892/93), 262–264. Daß die zeitgenössischen Kritiker des Theaterbetriebs gerade in der Einrichtung der Theateragenturen eine besondere Form der Ausbeutung der Schauspieler sahen, machen folgende Beiträge deutlich: Bühnenverein und Theateragenten. In: Der Kunstwart. 7 (1893/94), 198–199 und H. *Bischoff,* Die Theateragenturen, ein soziales Übel für Bühnenvorstände und Bühnenmitglieder. Mit Angabe der Mittel zur Beseitigung dieses Übels, Berlin 1891.

10 Dazu ausführlich: E. *Wengraf,* Literatur und Gesellschaft. In: Die Neue Zeit. 7 (1889), 241–248: Wengraf spricht von einer »anarchischen Überproduktion.«

11 Ebenda, 246.

12 Beispielhaft für diese Diskussion ist der Aufsatz von B., Die Überproduktion an Intelligenz in Deutschland. In: Die Neue Zeit. 1 (1883), 201–208; der Aufsatz enthält aufschlußreiche statistische Angaben zur Bildungsökonomie, B. resümiert: »Wir sehen hier also die soziale Frage in einer ganz neuen nicht minder bedenklichen Gestalt uns gegenüber treten.« (207)

13 P. *Lafargue,* Das Proletariat der Handarbeit und Kopfarbeit. In. Die Neue Zeit. 5 (1887), 452–461.

14 Vgl. K. K., Das Proletariat der Bühne (Anm. 5).

15 Angaben dazu finden sich in den Beiträgen: B. B., Schilderungen aus dem Leben des Schauspielerproletariats. In: Die Neue Zeit. 18, 1 (1899/1900), 268–276; *ders.,* Über die ökonomische Lage der Provinzschauspieler. In: Die Neue Zeit. 20, 2 (1901/02), 373–380; *ders.,* Die ökonomische Lage der Schauspieler an Großstadt-

und Jahrestheatern. In: Die Neue Zeit. 24, 1 (1906), 23–30. Ch. *Engel-Reimers,* Die deutschen Bühnen und ihre Angehörigen. Untersuchungen über ihre wirtschaftliche Lage, o. O. u. J.

16 Vgl. K. K., Das Proletariat der Bühne (Anm. 5).

17 O. *Felsing,* Zum Kapitel vom Schauspielerelend. In: Die Gegenwart. 37 (1890), 46–47; G. *Fuchs,* Moderne Sklaven. 6 Kapitel Schauspielerelend, Berlin 1907; J. F. *Bubendey,* Soziale Schäden im Arbeitnehmertum des deutschen Bühnengewerbes und ihre Abwendung durch Selbsthilfe und Staat. Studie zur Geschichte der sozialen Bühnenbewegung, Leipzig 1912. Über die Vertragsrisiken vgl. auch: R. *Misch,* Die deutschen Stadttheater und ihre Reform. In: Die Gegenwart. 41 (1892), 213–216; P. *Lorenz,* Die Prostitution in der Kunst. In: Die Neue Zeit. 11, 1 (1893), 375–382. Allgemein: O. *Opet,* Deutsches Theaterrecht, Berlin 1897; M. *Burckhardt,* Das Recht der Schauspieler, Stuttgart 1896; B. *Marwitz,* Der Bühnenengagementsvertrag. Ein Handbuch für Juristen und Laien, Berlin 1902; F. A. *v. Benst,* Der Bühnenengagementsvertrag. Nach deutschem und schweizerischem Recht unter Berücksichtigung des österreichischen Theatergesetzentwurfs und der französischen Judikatur, Zürich 1911; L. *Seelig,* Reichstheaterrecht. Ein Beitrag zu der sozialen Frage des Theaters, Mannheim 1913; R. *Feuerherdt,* Das Arbeitsvertragsrecht der Arbeiter in staatlichen und kommunalen Theater, Berlin 1929; E. *Staenicke,* Die deutschen Theater und ihre Arbeiter. Ein Beitrag zum Arbeits- und Theaterrecht, Berlin 1930.

18 K. K., Das Proletariat der Bühne (Anm. 5). Vgl. auch E. *Schlaikjer* (Anm. 7), 654; N. C. *Mardon,* Die Frau beim Theater. In: Die Neue Zeit. 21, 2 (1902/03), 786–792; T. *Kellen,* Die Not unserer Schauspielerinnen. Studien über die wirtschaftliche Lage und die moralische Stellung der Bühnenkünstlerinnen, Leipzig 1902; R. *Heymann,* Das Theater im Dienste der Prostitution. Kulturgeschichtliche Skizze, Reichenau 1905; P. *Schlenther,* Der Frauenberuf im Theater. In: Der Existenzkampf der Frau im modernen Leben. Seine Ziele und Aussichten, hrsg. v. G. *Dahms,* Bd. 2, Berlin 1895, 33–60.

19 B. B., Die ökonomische Lage der Schauspieler an Großstadt- und Jahrestheatern (Anm. 15). 30.

20 Dazu: J. *Kuczynski,* Darstellung der Lage der Arbeiter in Deutschland von 1871 bis 1900, Berlin 1962, bes. 295 ff. (= Geschichte der Lage der Arbeiter unter dem Kapitalismus. Teil 1, Bd. 3).

21 Dazu: K. *Vogt,* Ein Kapitel Bühnengenossenschaft, Berlin 1910.

22 M. *Walser,* Wie schwer es ist, eigene Erfahrungen zu verstehen. In: Kürbiskern 4, 1972 (Abhängigkeit in der Kulturindustrie), 531–533. Vgl. auch: Solidarität gegen Abhängigkeit – Auf dem Weg zur Mediengewerkschaft, hrsg. v. U. *Paetzold* u. H. *Schmidt,* Darmstadt u. Neuwied 1973, 9 ff.

23 K. K., Das Proletariat der Bühne (Anm. 5), 45 f. In der zeitgenössischen Berichterstattung über die Verhältnisse am Theater wurde der Begriff Lumpenproletariat zur bewußtseinsmäßigen Klassifikation der Schauspieler eingeführt; hinzu kam als besonders signifikante Charakteristik der als Topos der Kritik oft gebrauchte Hinweis, daß: »Kein Fabrikarbeiter [...] sich je die brutalen Gemeinheiten gefallen lassen [würde], die ein Schauspieler als etwas Selbstverständliches von Höherstehenden tagtäglich ruhig hinnimmt. Nirgends gilt der Grundsatz so allgemein, nirgends wird er so offen proklamiert, als beim Theater, daß bei den weiblichen Arbeitern der Lohn zu standesgemäßem Leben nicht hinzureichen braucht und die Prostitution den Ausfall zu decken hat.« Vgl. Die Kapitalisierung von Kunst und Wissenschaft (Anm. 4), 467. Eine der schärfsten Formulierungen in der Einschätzung der Schauspieler als Lumpenproletariat findet sich in dem Aufsatz »Die Organisation der Schaupieler« von Erich *Schlaikjer.* In: Der Kunstwart. 10 (1896/97), 111: »Die Schauspieler sind politisch der korrumpierteste und beschränkteste Teil unseres Volkes. *Eine* Erkenntnis aber müßte sich in unserer Zeit, wo akademische Kreise für den Hafenarbeiterstreik

sammeln, auch in dieser Schicht Bahn brechen können, diejenige nämlich, daß auch das geringste Mitglied unserer Volksgemeinschaft so hoch steht, daß *politisch* mit ihm gleichgesetzt zu werden, eine Ehre ist. Die Schaupieler haben ihr Schicksal in der Hand. Eine resolute, energische, zum Kampf geeignete Organisation, und sie selbst und die deutsche Kunst sind von dem Druck der Sklavenkontrakte, der Agenten, der Kostümkosten und der reichen Liebhaber befreit. Aber es kommt wohl nie so weit. Es gibt zwei Stände in Deutschland, die sich scheinbar niemals ihrer eigenen Kraft bewußt werden sollen, Schauspieler und Journalisten.«

24 Die Situation der Schriftsteller war im ausgehenden 19. Jahrhundert nicht in dem Maße Gegenstand kritischer Analysen, wie es die Lage der Schauspieler war. Eine erste große Untersuchung liegt in den von L. *Sinzheimer* im Auftrag des Vereins für Sozialpolitik herausgegebenen Studien: Die geistigen Arbeiter. 1. u. 2. Teil, München und Leipzig 1922 (= Schriften des Vereins für Sozialpolitik. 152) vor, die auch die Verhältnisse vor der Jahrhundertwende mit umfassen. Zu dieser Problematik vgl. auch die Hinweise zur Frage der Massenproduktion und Überproduktion (Anm. 8, 10 u. 12).

25 K. K., Das Proletariat der Bühne (Anm. 5), 44 f.

26 MEW 3, 46.

2. Die preußische Theaterzensur als legalistischer Rahmen staatlicher Kommunikationskontrolle

1 Zur Zensurenfrage allgemein vgl.: U. *Otto,* Die literarische Zensur als Problem der Soziologie und Politik, Stuttgart 1968; R. D. *Herrmann,* Der Künstler in der modernen Gesellschaft, Frankfurt 1971; zur Zensur in Preußen vgl.: R. *Heindl,* Die Theaterzensur, Diss. jur. Erlangen 1907; K. *Kleefeld,* Die Theaterzensur in Preußen, Berlin 1905; M. *Sommer,* Zur Geschichte der Berliner Theaterzensur, Diss. Berlin 1945; *ders.,* Die Einführung der Theaterzensur in Berlin, Berlin 1956 (= Kleine Schriften der Gesellschaft für Theatergeschichte. 14); K. *Frenzel,* Berliner Dramaturgie. II. Bd., Erfurt 1875 (bes. das Kapitel »Die Zukunft des deutschen Theaters«); O. *Blumenthal,* Verbotene Stücke, Berlin 1900; E. *Bernatzki,* Polizei und Kulturpflege. In: Kultur der Gegenwart, hrsg. v. P. Henneberg. Teil II, Berlin 1906, 387–426; R. *Grelling,* Die Theater-Censur. In: R. Grelling, Streifzüge. Gesammelte Aufsätze, Berlin 1894, 197–205; *ders.,* Die Theater-Censur. In: Das Magazin. 59 (1890), 681–683.

2 Vgl. H. H. *Houben,* Polizei und Zensur, Berlin 1926, 102; dort auch ausführlich zur administrativen Struktur der Zensur, zur Zuständigkeit und Kompetenzverteilung.

3 Ebenda, 103.

4 Ebenda, 103.

5 In den folgenden Paragraphen der Hinckeldeyschen Verordnung sind die wesentlichsten Reglementierungen zusammengefaßt:

»§ 5. Die Erlaubnis zur Veranstaltung einer öffentlichen Theatervorstellung muß von dem Unternehmer unter Angabe der zur Aufführung bestimmten Zeit zeitig bei dem Kgl. Polizeipräsidium schriftlich nachgesucht werden. Dem Gesuche muß, wenn nicht in einzelnen Fällen eine Ausnahme hiervon aus besonderen Gründen gestattet wird, das zur Aufführung oder zum Vortrage bestimmte Stück oder Gedicht, bei musikalischen Darstellungen das Textbuch, bei mimischen oder plastischen Darstellungen eine genaue Beschreibung des Gegenstandes derselben in zwei gleichlautenden Exemplaren beigefügt werden [...] Endlich ist der Unternehmer verpflichtet, dem Kgl. Polizeipräsidium auf Verlangen jede auf die Vorstellung bezügliche Auskunft zu erteilen, namentlich auch die Zulassung eines Beamten zur Generalprobe zu gestatten [...]

§ 7. Das Kgl. Polizeipräsidium prüft demnächst, ob nach den hierüber vorhandenen Bestimmungen sicherheits-, sitten-, ordnungs- oder gewerbepolizeiliche Bedenken der beabsichtigten Darstellung entgegenstehen und wird je nach Befund die Erlaubnis erteilen, versagen oder von Erfüllung gewisser Bedingungen abhängig machen [...]

§ 8. Wenn die Erlaubnis erteilt wird, so wird das Kgl. Polizeipräsidium beide eingereichten Exemplare mit seiner Unterschrift versehen und das eine dem Unternehmer zurückgeben [...]

§ 10. Wenn die Erlaubnis zu einer öffentlichen Vorstellung versagt oder, nachdem sie erteilt war, zurückgenommen wird, so ist das Kgl. Polizeipräsidium nicht verbunden, dem Unternehmer die Gründe der Entscheidung mitzuteilen. Dagegen steht dem Unternehmer der Weg der Beschwerde offen.

§ 11. Bei der öffentlichen Vorstellung müssen die Bedingungen, unter welchen die Erlaubnis erteilt ist, genau erfüllt werden, auch darf kein Darsteller in Wort oder Handlung von dem Inhalte des polizeilich gezeichneten Exemplars abweichen. Wenn daher [...] bei Wiederholung einer bereits genehmigten Vorstellung [...] eine Abweichung [...] oder ein Zusatz [...] beabsichtigt wird, so muß die Abänderung oder der Zusatz rechtzeitig dem Kgl. Polizeipräsidium in zwei gleichlautenden Exemplaren eingereicht werden.

§ 12. Das Kgl. Polizeipräsidium ordnet zu jeder Vorstellung so viel Beamte ab, wie demselben erforderlich erscheinen [...] Die Polizeibeamten haben die Verpflichtung, Störung der Ruhe und Ordnung während der Vorstellung zu verhindern, das Ansehen der Gesetze dem Publikum wie den Darstellern gegenüber aufrecht zu erhalten und jede Abweichung von den Bedingungen, unter welchen die polizeiliche Erlaubnis erteilt ist, zu verhüten.«

Vgl. H. H. *Houben,* Polizei und Zensur, Berlin 1926, 111 f. Auf dem Wege dieser Verordnung war die im September 1848 abgeschaffte Theaterzensur erneut eingeführt. Sie galt zunächst für die Berliner Theater, wurde aber bald in ganz Preußen angewandt.

6 Die wichtigsten Einzelbeiträge zur Zensurfrage, die vor allem auch die Praxis der Zensur dokumentieren: C. *Mario,* »Was erwartet die deutsche Kunst von Kaiser Wilhelm II.?«. In: Der Kunstwart. 2 (1888/89), 131–132; C. *Alberti,* In Sachen: Was erwartet die deutsche Kunst von Kaiser Wilhelm II? In: Der Kunstwart. 2 (1888/89), 186–187 u. C. *Marios* »Erwiderung«, 187–188; Das Theater und die Polizei. In: Der Kunstwart. 3 (1889/90), 53; Naturalismus vor Gericht. In: Freie Bühne. 1, 1 (1890), 132–134; O. *Brahm,* Bairische Kammer und Naturalismus. In: Freie Bühne. 1 (1890), 295–299; Der Realismus vor Gericht. Nach dem stenographischen Bericht über die Verhandlung am 23., 26. und 27. Juni 1890 vor der Strafkammer I des Königl. Landgerichts zu Leipzig gegen Conrad Alberti, Hermann Conradi, Willi Walloth und deren Verleger (§§ 184 und 166 des Reichsstrafgesetzbuches), Leipzig 1890; C. *Alberti,* Die vernagelte Literatur. In: Die Gesellschaft. 1890, 1137–1140; Der Realismus vor Gericht. Vorgeschichte des Prozesses. In: Die Gesellschaft. 1890, 1141–1232. Grundlegend für die Einschätzung der Zensur durch die liberalen Gruppen war die ausführliche verfassungsrechtliche Arbeit von F. *Friedmann,* Zensur und Schaubühne. In: Deutsche Dichtung. 9 (1890/91), 102–105; Beschluß In der Strafsache wider den Schriftsteller Otto Brahm und den Redakteur Wilhelm Bölsche [...] In: Freie Bühne. 2, 1 (1891), 129–130; F. M., Wieder ein Censurverbot (über Sudermanns Stück »Sodoms Ende«). In: Deutschland. 1 (1890) Nr. 5, 71; M. H., Das verbotene Sodom. In: Die Gegenwart. 38 (1890), 286–287, M. *Harden* wendet sich in diesem Beitrag besonders gegen die Moralisierung des Theaters, die mit der Zensur erfolge und die dieses auch als Institution mit einem nicht einlösbaren bildungsideologischen Anspruch befrachte. Als »letzte Ruine aus dem Polizeistaat« (57 a) wird die Theaterzensur in einem Beitrag »Weg mit der Theaterzensur!«. In: Der Kunstwart. 4 (1890/91), 56 a–57 a apostrophiert; vgl. auch: Kunst und Polizei. In: Der Kunstwart. 5 (1892), 93–96. Energisch gegen die Willkür der polizeilichen Zensur plädiert L. Nelten, er regt die Einrichtung einer

zentralen Zensurbehörde für die Theater mit kompetenten Fachleuten an, vgl. L. *Nelten,* Gesetzliche Theaterzensur! In: Der Kunstwart. 5 (1892), 321–313. Eine offiziöse Auslegung des für die Zensurfrage maßgeblichen § 27 der preußischen Verfassung findet sich in: Der Kunstwart. 6 (1892/93), 376. Allgemeine Zensurfragen diskutiert J. *Leuthold* in dem Artikel: Das Reichsgericht und die Pressfreiheit. In: Neue deutsche Rundschau. 7, 1 (1896), 270–275.

6a Der im zweiten Absatz des § 27 der Verfassung erwähnte Begriff der »Preßfreiheit« gilt nach dem § 1 des »Reichsgesetzes über die Presse« »nur für Erzeugnisse der Buchdruckerpresse und für andere, durch mechanische oder chemische Mittel bewirkte, zur Verbreitung bestimmte Vervielfältigung von Schriften, bildlichen Darstellung und Musikalien«.

7 G. *Franzos,* Die Frage der Theater-Zensur. (Eine Rundfrage mit Stellungnahmen von H. *Bulthaupt,* A. *L'Arronge,* L. *Bernay,* L. *Fulda,* J. *Kohler,* P. *Heyse,* E. *Wickert,* M. *Bernstein,* O. *Devrient,* P. *Lindau* und dem Königl. Preuß. Oberverwaltungs-Gericht). In: Deutsche Dichtung. 13 (1892/93), 22–27, 72–78, 124–126, 146–149, 173–176, 251–252. Die meisten dieser Beiträge gehen davon aus, daß zwar der gegenwärtige Rechtszustand als verfassungsmäßig umstritten zu gelten habe und eine größere sachliche Kompetenz in der Beurteilung der Stücke durch die Behörden zu fordern sei, jedoch wird einer Präventivzensur durchaus Berechtigung zugestanden; sie wird aus Gründen des für die Theater möglichen finanziellen Schadens einer Zensur nach der ersten Aufführung vorgezogen. Daß ein Aufführungsverbot auch zur Werbung für die Buchausgabe des Stückes werden kann, wird am Beispiel von Hauptmanns »Webern« bestätigt. – Prinzipiell gegen die Zensur tritt nur eine kleine Gruppe auf; so L. Fulda, der die bestehende Verodnung als »Ausnahmegesetz« (74) bezeichnet, das nur die Autoren von Theaterstücken treffe. »Der dramatische Autor ist meines Wissens gegenwärtig der einzige Mensch im Deutschen Reich (und anderswo), der in jedem Augenblick nach ungeschriebenen Gesetzen gerichtet, verurteilt und bestraft werden kann.« (74) Romanautoren oder Journalisten treffe die Zensurverordnung nicht. Dabei stellt auch Fulda in Rechnung, daß dem Theater eine Sonderstellung unter den kulturellen Institutionen zukomme, es sei »wahrlich nicht nur ein Kunstinstitut; sondern es sprechen eine Anzahl von Faktoren bei ihm mit, welche mit der Kunst wenig oder gar nichts zu thun haben.« (76) Gegen Präventivzensur spricht sich auch der Berliner Jurist J. Kohler aus, der ebenfalls die Sonderstellung, der das Theater in der Rechtsregelung unterworfen wird, kritisiert. Kohler nimmt eindeutig auf den Naturalismus Bezug, er versteht diese Bewegung als für die Entwicklung notwendige Übergangs- bzw. Experimentierphase. Diesem Urteil schließt sich ausdrücklich auch P. Heyse an (124), der die Befürwortung der Präventivzensur durch die Theaterdirektoren als »opportunistisch« bezeichnet. P. Lindau verweist auf eine Reihe von Willkürmaßnahmen in den Verbotsfällen (173 ff.). In einer Zwischenbilanz der Enquête berichtet der Herausgeber der »Deutschen Dichtung« von der breiten öffentlichen Diskussion, die diese Frage ausgelöst habe. Die Entscheidung des Preußischen Oberverwaltungsgerichts hinsichtlich der Klage gegen das Verbot von O. E. *Hartlebens* »Hanna Jagert« vom 1. Dez. 1892 klärt den Rechtszustand; obwohl das Verbot der Aufführung des Stücks aufgehoben wird, wird die Zensur an sich rechtlich legalisiert, d. h. die in der Verfassung festgelegte Meinungsfreiheit wird als auf das Theater nicht anwendbar interpretiert (251 ff.).

3. Die Volksbühnenbewegung: »ästhetische Erziehung der Massen« oder proletarische Kulturpraxis

1 Den Anstoß zur Gründung einer Freien Bühne zu Berlin hatten die beiden Kritiker M. Harden und Th. Wolff gegeben, ihnen schlossen sich die Brüder Hart, L. Fulda, der Verleger S. Fischer, P. Schlenther und vor allem O. Brahm an, der schließlich

den Vorsitz des Bühnenvereins übernahm. Am 29. September 1889 erfolgte die erste Aufführung der Freien Bühne mit Ibsens »Gespenstern«. 1890 gab *Brahm* in Verbindung mit A. *Holz* und H. *Bahr* die Zeitschrift »Freie Bühne für modernes Leben« heraus, die zur programmatischen Plattform der avantgardistischen Bewegung wurde. F. Mauthner schreibt in einer späteren Besprechung von Hauptmanns »Webern«: »Wir haben jetzt in Berlin etwa ein halbes Dutzend Vereine, welche in ähnlicher Weise [wie die Freie Bühne – M. B.] sich gebildet haben, um innerhalb eines geschlossenen Kreises, sich vor der Censur und jeder anderen Bevormundung zu schützen. Es ist möglich, daß diese Aufgabe der Freien Litterarischen Gesellschaften einmal historisch wichtig sein wird. Und dann wird man nicht ohne Fröhlichkeit zu beachten haben, daß die ganze Taktik von dem republikanischen Frankreich ausgegangen ist«. (355) Mauthner vergleicht die literarischen Gesellschaften, die von »freisinnigen Literaten und sozialistischen Arbeitern« (355) getragen werden, mit den literarischen Hofgesellschaften früherer Zeiten; z. B. hatte auch das Literaturpublikum Goethes in Weimar einen Freiraum außerhalb der Zensurbestimmungen; für die Masse des Volks waren andere Verhältnisse gegeben. Vgl. F. *Mauthner* Theater (über G. Hauptmann: Die Weber). In: Die Nation. 10 (1892/93), 355–356. Scharfe Kritik an der Freien Bühne, verbunden mit einer Polemik gegen die Berliner Naturalismusgruppe, kam aus dem Münchner Kreis, für den Hauptmanns Dramatik, mit der das Programm der Freien Bühne identifiziert wurde, eine »seltsam traurige Asphaltpflanze der Großstadtgosse« (404) war; vgl. M. G. *Conrad,* Die sogenannte »Freie Bühne« in Berlin. In: Die Gesellschaft. 6 (1890), 403–404. Vgl. auch O. *Neumann-Hofer,* Berliner Theaterbriefe (über das erste Jahr der Freien Bühne; Programm, Betriebskosten etc.). In: Das Magazin. 59 (1890), 391–395.

2 Der Begründer des Pariser Théâtre libre war André Antoine, der dieses Unternehmen als Laienspielbühne aufgebaut hatte; am 30. März 1887 veranstaltete das Théâtre libre in einem angemieteten Saal am Montmartre seine erste Aufführung, eine Gruppe moderner Einakter. Die Vorstellung wurde zu einem spektakulären Erfolg und trug zum endgültigen Durchbruch des Naturalismus im französischen Theater maßgeblich bei. Dazu: A. *Antoine,* Le Théâtre libre, hrsg. v. H. Fetting, Berlin 1960; A. *Thalosso,* Le Théâtre Libre, Paris 1909. Zur Rezeption des Pariser Unternehmens in Deutschland: Die Pariser »Freie Bühne«. In: Der Kunstwart. 3 (1889/90), 296; O. *Neumann-Hofer* (Anm. 1); M. *Harden,* Die Freie Bühne in Paris. In: Die Gegenwart. 37 (1890), 361–363. Harden charakterisiert das Théâtre libre als elitäres Literatenunternehmen, dessen künstlerisches Niveau weit über dem der Berliner Freien Bühne läge, die sich zu einseitig auf die Propagierung des Naturalismus eingelassen habe. Als »Kampfbühne für die literarische Moderne« bezeichnet ein Beitrag von P. *Remer* freilich auch das Pariser Theater; Die Freie Bühne in Paris. In: Die Gegenwart. 45 (1894), 360–362. Im Zusammenhang mit der Aufführung von Hauptmanns »Webern« geriet das Théâtre libre bei der national-konservativen Kreisen in Deutschland in den Ruf, Sprachrohr der internationalen Anarchisten zu sein.

3 P. *Schlenther,* Wozu der Lärm? Genesis der Freien Bühne, Berlin 1889.

4 Ebenda, 93.

5 H. *Kaatz,* Die Frage der Volksbühnen, Dresden u. Leipzig 1890, 25. Diese Schrift bietet eine Zusammenstellung aller Reformversuche bürgerlicher Autoren oder Gruppen zur Volksbühnenbewegung.

6 Ebenda, 26.

7 C. *Alberti,* »Volksbühnen«. In: National-Zeitung. Nr. 586, v. 27. Okt. 1889; vgl. auch die Beiträge im Berliner Volksblatt. Nr. 70, v. 23. März 1890 u. im Berliner Tageblatt. Nr. 153, v. 25. März 1890.

8 Vgl. auch H. *Kaatz* (Anm. 5), 35. Kaatz schlägt vor, die Theaterreform als einen Teil der Sozialpolitik der Regierung aufzufassen: »Machen wir die Schaubühne wirk-

lich zur moralischen Anstalt für das Volks, so wird sie als Erzieherin auch der Erwachsenen von tiefgehendster Wirkung für die Fortschritte der Cultur und Gesittung sein.« (45) Der Staat dürfe sich dieses Instrument der Volksbildung nicht aus der Hand nehmen lassen. – Zur Diskussion der Volksbühnenbewegung von bürgerlicher Seite vgl. auch: G. A. *Erdmann,* Theater-Reformen? Kritische Studien, Berlin 1892. Erdmann stellt ausführlich die Aktivitäten des »Vereins zur Gründung von Volksbühnen« dar. L. Lier berichtet über Versuche einer kleinen Berliner Bühne, Aufführungen (Schillers »Tell«) für ein Eintrittsgeld von 10 Pfennigen zu veranstalten. – Außerdem: H. *v.* *Maltzan,* Volk und Schauspiel, Berlin 1888; *ders.* Die Errichtung deutscher Volksbühnen, eine nationale Aufgabe, Berlin 1889; H. *Herrig,* Luxustheater und Volksbühne, Berlin 1888; G. *Köberle,* Das Drangsal der deutschen Schaubühne, Dresden u. Leipzig 1890; R. *Genée,* Das deutsche Theater und die Reform-Frage. In: Deutsche Zeit- und Streit-Fragen. Jg. VII (1890), Heft 99; *ders.,* Volksbühnen und Volksthümliches. In: Allgemeine Zeitung. (Beilage 72) v. 25. März 1890. Zu den Rahmenbedingungen dieser Diskussion vgl. auch: L. *Brentano,* Die Stellung der Gebildeten zur sozialen Frage, Berlin u. Leipzig 1890; G. *Schmoller,* Die soziale Frage. Klassenbildung, Arbeiterfrage, Klassenkampf, München u. Leipzig 1918; A. *Mannheimer,* Die Bildungsfrage als soziales Problem, Jena 1901.

9 G. *Adler,* Die Sozialreform und das Theater. In: Die Gegenwart. 37 (1890), 153–155; *ders.,* Die Sozialreform und das Theater, Berlin 1891. Dazu den Beitrag über die Volksbühnen in: Kunstwart 3 (1889/90), 189–200.

10 Vgl. B. *Wille,* Prof. Adler und die Volksbühne. In: Sonntags-Blatt (Beilage des »Vorwärts« Nr. 10), v. 8. März 1891, 73–74: »Die Freie Volksbühne hat keinen persönlichen Hirnkasten zum Vater, sondern ist – wie beispielsweise auch unsere kürzlich begründete Arbeiterbildungsschule – eine Eroberung des Proletariats in seinem Befreiungskriege.« (73). Zur Auseinandersetzung Willes mit den Thesen Adlers nimmt auch J. *Hart* Stellung: Wer ist der Begründer der Freien Volksbühne? In: Freie Bühne 2, 1 (1891), 243–245.

11 G. *Adler* (Anm. 9), 153.

12 Z. B. A. *Berger,* Die Schaubühne und die Arbeiter. In: Der Kunstwart. 5 (1891/92), 237–238: »Der vermögenslose Beamte mit 3000–4000 Mark Jahreseinkommen würde es sich und seiner Familie dann nicht versagen müssen, das Theater zu besuchen.« (238) Ebenso: A. *Vogt,* Organisation des Publikums. In: Der Kunstwart. 4 (1890/91), 225–227.

13 Adlers Vorstellungen waren in praktischer Hinsicht von dem späteren Modell der Freien Volksbühne nicht allzuweit entfernt: »Die subventionirten Bühnen, z. B. das königliche Schauspielhaus in Berlin, müßten angehalten werden, von Zeit zu Zeit, etwa alle acht Tage, eine für das Arbeiterpublikum berechnete Vorstellung zu geben; hier durfte der Parquetplatz höchstens 50 Pfennige kosten; und entsprechend billiger müßte der Preis für einen Sitz im 2. Range u. s. w. normirt werden. Damit nun das Theaterpublikum an einem solchen Tage auch thatsächlich aus den gewünschten Elementen sich zusammensetze und nicht etwa aus der Hefe der Großstadt sich rekrutire, ist nur nöthig, daß die Intendanz sich direct mit den Vorständen der Arbeiterkrankenkassen in's Einvernehmen setzt und ihnen den Verkauf der Billette an die Mitglieder überläßt. Selbstverständlich müßten solche Vorstellungen in einer für Arbeiter passenden Zeit stattfinden, also etwa am Sonntag Nachmittag oder an einem Wochentage nach 8 Uhr Abends (da die Bühne den – an sich geeignetsten – Sonntag Abend wohl auf alle Fälle dem besser zahlenden Publikum wird reservieren wollen).« (154) Es sollten dabei jedoch nur jene Stücke aufgeführt werden, die auch im regulären Repertoire standen.

14 B. *Wille* (Anm. 10), 73.

15 Ebenda, 74.

16 Darüber ausführlich der Artikel: Eine unfreie »Volksbühne«. In: Sonntags-Blatt (Beilage des »Vorwärts« Nr. 21) v. 24. Mai 1891, 161–162.

17 Die Vorstellung von der »versöhnenden Kraft« der Kunst war ein durchgängiger Argumentationsstopos in den Schriften der bürgerlichen Reformer. So hieß es bei Adler: »Und das milde Licht, welches der Kunst entstrahlt, dürfte wohl berufen sein, als *Friedensfackel* in dem Kampfe der einzelnen Gesellschaftsklassen zu leuchten und die schroffen *Gegensätze* von Hell und Dunkel abzutönen.« Vgl. B. *Wille* (Anm. 10), 74. A. *Berger* (Anm. 12) schreibt: »Fast hundert Jahre sind verflossen, seit Schiller die Veredelung der moralischen Menschennatur durch die ästhetische Kultur anempfahl, und in dieser Zeit ist es so gut wie nichts geschehen, um die breiten Massen *zur* Kunst zu erziehen und *durch* die Kunst zu erziehen. Am Werkeltage und bei der Arbeit war es schwierig, fast unmöglich, sich ihnen zu nähern, aber am Sonntage und bei Lustbarkeit und Spielen hätte sich ein geistiges Band von oben nach unten knüpfen lassen. Statt dessen betrachtete man es als natürlich und selbstverständlich, daß der kleine Mann in seinen Feierstunden sich in irgend einer Beziehung dem bloßen Taumel hingab und in dem Rausche des Alkohols oder noch roherer Freuden statt höherer Genüsse jene niedrigen suchte, die ihm allein zugänglich waren.« (237) – M. *Harden* ist mit dem Beitrag: »Freie Volksbühne«. In: Die Gegenwart. 38 (1890), 271 einer der wenigen bürgerlichen Kritiker, der diese die Klassenantagonismen aufhebende Funktion der Kunst in Frage stellte: »[...] ich glaube, daß die erzieherische Wirkung dieser Bühnenstücke [Ibsen u. der Naturalismus – M. B.] sich einzig und allein an die ›Bourgeoisie‹ wendet, während sie die Arbeiterklasse nur in dem einer besseren Gestaltung unserer sozialen Verhältnisse gewiß nicht günstigen Mißtrauen gegen die behaglicher situirte Minderheit bestärken muß.« (271) In einem Artikel von H. *Wolgast:* Die literarische Bildung der Volksmassen. In: Die Gegenwart. 42 (1892), 117–119 u. 137–140 heißt es: »Wo der Gedanke, was werden wir essen, was werden wir trinken, womit werden wir uns kleiden? Herz und Hirn vom frühen Morgen bis zum späten Abend erfüllt, da ist nicht Raum für den lichten Schein der Poesie [...] da wirft der Mensch sich lieber der Trägheit oder dem rohen Genuß in die Arme.« (118) Von diesen Überlegungen ausgehend entwickelt Wolgast ein Bildungskonzept für das Proletariat, in dem jedes stoffliche Interesse verworfen wird, dagegen rückt die Erziehung zum ästhetischen Genuß in den Vordergrund, denn in der »Differenz im ästhetischen Empfinden zwischen den unteren und oberen Klassen« liege die eigentliche soziale Frage.

18 Vgl. Anm. 16, 161.

19 Ebenda, 161. – Über die Möglichkeit der Abwerbung der Arbeiter von den Veranstaltungen der Sozialdemokratie durch attraktive Unterhaltungsveranstaltungen handeln eine Reihe Beiträge in der ersten Hälfte des Monats Mai 1891 in der »Nationalzeitung« und im »Berliner Tageblatt«.

20 Vgl. Anm. 16, 162.

21 Die Doktrin einer primitiven Volkskultur (einfache Schwankstücke für das Theater) propagiert E. *Wolff* in dem Beitrag: Volksbühne und Volksdichtung. In: Die Gegenwart. 45 (1894), 40–41: »Jene Divergenz der geistigen Interessen zwischen dem vierten Stand und den sogenannten oberen Zehntausend reißt bei uns, weit mehr als beispielsweise in England, einen schwer überbrückbaren Abgrund in das gesamte Bildungsleben der Nation, und so auch in die Literatur. Die Literatur ihrerseits aber kann sich keine neuen sozialen Zustände unmittelbar erschaffen, sondern zunächst nur aus bestehenden hervorgehen, um sie zu spiegeln – oder auch zu verzerren. Schon daraus ergibt sich, daß eine heutige Volksliteratur einige Stufen tiefer ansetzen muß als die auf der Höhe der geistigen Entwicklung stehende Literatur der Gebildeten.« (40)

22 Über öffentliche Kunstpflege. In: Der Kunstwart. 5 (1891/92), 224.

23 H. *Land,* Die Kunst und das Volk. In: Freie Bühne. 1 (1890), 260.

24 H. *Feidel-Mertz,* Zur Ideologie der Arbeiterbildung, Frankfurt (2. Aufl.) 1972, 241;
   diese materialreiche Arbeit bietet eine ausführliche Analyse der Konstitutionsbedingungen des bürgerlichen Bildungsbegriffs und dessen Adaption durch die Kulturpolitik der Sozialdemokratie am Ende des 19. Jahrhunderts. Vgl. dazu auch W. *Strzele-*
   *wicz/*H. D. *Raapke/*W. *Schulenburg,* Bildung und gesellschaftliches Bewußtsein,
   Stuttgart 1966.

25 Vgl. dazu die zahlreichen Beispiele bei H. *Feidel/Mertz* (Anm. 24), 49 f.

26 Für die Geschichte der Freien Volksbühne und der Neuen Freien Volksbühne Berlin
   in den Jahren vor 1900 ist die Arbeit von S. *Nestriepke,* Geschichte der Volksbühne Berlin. I. Teil: 1890 bis 1914, Berlin 1930 eine unerläßliche Quelle. Nestriep-
   kes Darstellung bedarf jedoch einiger Ergänzungen und mancher Korrekturen hinsichtlich der Einschätzung der Entwicklung der beiden Bühnenvereine, besonders in
   den frühen 90er Jahren im Zusammenhang mit den allgemeinen politischen Auseinandersetzungen innerhalb der Sozialdemokratie. Vgl. auch H. *Selo,* Die »Freien
   Volksbühnen« in Berlin. Geschichte ihrer Entstehung und ihre Entwicklung bis zur
   Auflösung im Jahre 1896, Diss. Erlangen 1930.

27 B. *Wille,* Aufruf zur Gründung einer »Freien Volksbühne«. In: Freie Bühne. 1
   (1890), 260–261.

28 Zu den vorbehaltlosen Befürwortern von Willes Projekt zählte M. *Harden,* vgl. Die
   freie Volksbühne. In: Die Gegenwart. 38 (1890), 110–111, der in dem Plan zu dem
   Unternehmen auch die These von der Kulturfeindlichkeit der Sozialdemokratie
   widerlegt sah. – A. Dresdner spricht dagegen die Befürchtung aus, daß sich die
   Sozialdemokratie mit dieser Vereinsgründung lediglich eine agitatorische Plattform
   schaffen wolle und damit nun auch die »ästhetische Massenerziehung« an sich reiße.
   Die Gruppe um F. Lienhard forderte als Gegengewicht zu der Freien Volksbühne
   eine »Deutsche Volksbühne«, die nicht allein die Interessen des Großstadtproletariats
   vertreten würde; F. *Lienhard,* Deutsche Volksbühnen! In: Das Zwanzigste Jahrhundert. 4 (1893/94), 437–441.

29 Vgl. S. *Nestriepke* (Anm. 26), 14.

30 Der Bericht ist zitiert in einem Beitrag: Über die Freie Volksbühne. In: Der Kunstwart 3 (1889/90), 340–341.

30a Damit freilich war die Freie Volksbühne in ihren Produktionsbedingungen mit den
   allgemeinen Produktionsverhältnissen des zeitgenössischen Theaterbetrieb verbunden, hier wurden auch die Grenzen des inselartigen Status, den sie einnahm, deutlich
   spürbar. Die Anmietung geeigneter Säle bereitete oft größte Schwierigkeiten, die
   Möglichkeiten der technischen Bühnenausstattung waren meist gering, auf Grund der
   niedrigen Honorare, die die Freie Volksbühne zu zahlen in der Lage war, konnten
   in der Regel nur zweitklassige Schauspieler engagiert werden, freilich stellten sich
   oft auch bekannte Stars, ohne ein Honorar· zu fordern, zur Verfügung. Vgl. dazu
   S. *Nestriepke* (Anm. 26), 43.

31 Vgl. S. *Nestriepke* (Anm. 26), 29.

32 Vgl. dazu: Über die »Freie Volksbühne«. In: Allgemeine Zeitung (München), v.
   25. Okt. 1890, 10; K. v. S., Verein »Freie Volksbühne«. In: Die Post (Berlin). Nr. 289,
   v. 21. Okt. 1890; beide erwähnen, daß bei der Eröffnungsvorstellung kaum Arbeiter
   zu sehen gewesen wären, zumeist seien Literaten, bürgerliche Mittelschicht und »die
   sozialdemokratische Gruppe« anwesend gewesen. Dagegen bestätigt ein Bericht von
   O. *Erich,* Die erste Vorstellung im Verein »Freie Volksbühne«. In: Volkstribüne
   (Berlin), v. 20. Okt. 1890 die Anwesenheit vieler Arbeiter. »Dieser Tag entschied
   die Frage, ob das moderne, zum Bewußtsein seiner Lage erwachte Proletariat für die
   große Kunst der Zeit reif sei. Und er entschied die Frage, indem er sie bejahte.«

33 Dazu: C. B., Die »Freie Volksbühne« und Herr Otto Neumann-Hofer. In: Vorwärts. Nr. 118, v. 24. Mai 1891; O. E. *Hartleben,* Freie Volksbühne. In: Vorwärts.
   Nr. 119, v. 26. Mai 1891.

34 In einer Erklärung des Vorstands der Freien Volksbühne, die im Vorwärts, Nr. 119, v. 26. Mai 1891 erschien, wurde den Autoren eine Aufführung des Stücks einschließlich des vierten Akts angeboten. Eine solche Aufführung kam jedoch nicht zustande.

35 In dem Artikel: Das socialdemokratische Theater in Berlin. In: Allgemeine Evangelisch-Lutherische Kirchenzeitung (Leipzig), Nr. 31, v. 31. Juli 1891 heißt es: »Die Parteileitung hat da ein Agitationsmittel geschaffen, wie es gefährlicher noch nicht erreicht worden ist; die boße Existenz eines socialdemokratischen Theaters ist ein schlimmes Zeichen für die immer schärfer sich ausprägende Absonderung des beinahe schon ein Staat im Staate bildenden Standes [...] Ein Augenzeuge [der Aufführung von »Kein Hüsung« – M. B.] entwirft von der Theilnahme der Arbeiter an solchen Vorgängen und ihrem Applaus ein erschreckendes Bild. Sie scheinen in ihrer förmlichen Raserei zu vergessen, daß es nur Schein ist, was sie sehen. Der Augenzeuge räth den Abgeordneten und Staatsmännern hinzugehen und sich Notizen zu machen. Welch grauenvolle Vorrohung und Aufstachelung zu Gewalthätigkeit wird hier systematisch betrieben.« (763) Gleiche Agitationsabsichten unterstellt der Autor den Arbeiterbildungsschulen. – Die Neue Preußische Zeitung (Kreuzzeitung), v. 26. Mai 1891 (Abendausgabe) kommentiert: »Dies, von Schuhmachergehülfen, Tapezierern und anderen Kunstverständigen geleitete Unternehmen verfolgt trotz aller Betheuerungen eben nur die Ziele der Sozialdemokratie, die Unzufriedenheit der verblendeten Massen zu schüren. Im Ostend-Theater geschieht das durch die Kunst, wie in der Volksversammlung durch die Politik, und Schiller, Ibsen oder Jahnke ist ihnen gleich, wenn das Werk nur revolutionären Geist athmet.«

36 Die Freie Volksbühne. In: Vorwärts. Nr. 119, v. 26. Mai 1891.

37 Eine gute Übersicht über die Bestrebungen der Arbeiterbildung in Berlin in den frühen 90er Jahren geben die Beiträge: Die Arbeiter-Bildungs-Schule. In: Vorwärts. Nr. 145, v. 25. Juni 1891 (Übersicht über Kostenfragen, Lehrpläne, Statistisches); G. Ledebour, Bildungsbestrebungen in der proletarischen Bewegung. In: Freie Bühne. 3, 2 (1892), 1274–1282. Ledebours Beitrag diskutiert vor allem die Frage des »Sachverständigenbeirats«, der maßgeblich das Programm der Arbeiterbildungsschulen festlegte. Einen solchen Beirat hatte auch die Freie Volksbühne für die Festlegung ihres Programms eingerichtet. Diese Beiräte setzten sich fast ausschließlich aus Intellektuellen, zumeist Literaten, zusammen und waren in den Auseinandersetzungen um die Führungsfrage in der Freien Volksbühne der Hauptangriffspunkt jener Gruppe, die gegen den »angemaßten Führungsanspruch« der »Kopfarbeiter« polemisierte. Eben diese Auseinandersetzung, die eine der Ursachen war, die schließlich zur Spaltung der Freien Volksbühne führten, wurde mit gleicher Heftigkeit auch innerhalb der Arbeiterbildungsschulen ausgetragen. – Auf den Zusammenhang von Freier Volksbühne und Arbeiterbildungsschule (Programmdiskussionen) weist ein Artikel: Die socialdemokratische Volksuniversität. In: Kölnische Zeitung (MA), v. 30. Sept. 1891 hin, der freilich beide Institutionen als Agitationsforen der Sozialdemokratie heftig kritisiert. Hier findet sich auch ein Hinweis auf einen »socialdemokratischen Volkskalender«, in dem »von allen Mordanschlägen gegen gekrönte Häupter [...] aufs sorgfältigste Notiz genommen (wird), aber die großen vaterländischen Gedenktage [...] nicht vorhanden [sind]«. E. Seiffarth, Berliner Arbeiter-Bildung. In: Freie Bühne. 1, 2 (1890), 913–916; H. Schulz, Volksbildung oder Arbeiterbildung? In: Die Neue Zeit. 22, 2 (1904), 522–529; O. Rühle, Ein neuer Weg zur Volksbildung. In: Die Neue Zeit. 22,2 (1904) 92–96; H. Schulz, Arbeiterbildung. In: Die Neue Zeit. 24, 2 (1906), 180–186 u. 262–269; O. Krille, Die Kunstphrase und die Arbeiterfeste. In: Neue Zeit. 22, 2 (1904), 92–96; H. Schulz, Arbeitbildung. In: Die Neue Zeit. 24, 2 Zeit. 25, 2 (1906), 385–396. Das Problem der Arbeiterbildung wird in den meisten Beiträgen im Zusammenhang einer Ideologiekritik des bürgerlichen Bildungsbegriffs diskutiert, zumeist auch verbunden mit einer Kritik jener Forderungen einer »voraussetzungslosen Wissenschaft« (Korn, 388) und »tendenzfreien Kunst«, wie sie

selbst sozialdemokratische Theoretiker erhoben. O. Krille: »Als einen *Mangel* an tiefer sozialistischer Weltansschauung betrachte ich es darum auch, wenn aus unseren eigenen Reihen sich bisweilen Stimmen erheben, die mit Kassandrarufen die ›Tendenzpoesie‹ von den Arbeiterfesten verdrängen möchten, als ob sie die Feindin aller ›wahren Kunst‹ sei. Die wahre Kunst ist in den meisten Fällen nichts weiter als *bürgerliche Weltanschauungskunst*.« (460) In diesen Diskussionen werden insbesondere auch die Rezeptionsbedingungen der Arbeiterleser und des Arbeitertheaterpublikums thematisiert, auch sind Ansätze einer empirischen Leserforschung (Aufsatzreihen: »Was liest der deutsche Arbeiter?«) entwickelt.

38 Dazu: A. *Bebel,* Die Maifeier und ihre Bedeutung. In: Die Neue Zeit. 11, 1 (1893), 437–444; C. u. W. *Friedrich,* Ideologische Tendenzen in Maidichtungen der Jahrhundertwende. In: Wiss. Zs. d. Martin-Luther-Universität Halle-Wittenberg. Gesell.- u. Sprachwiss. Reihe. 14 Jg. 1965 Heft 2, 65–71; Geschichtliches zur Maifeier in Deutschland. Nach Tatsachenmaterial zusammengestellt v. Vorstand d. Deutschen Metallarbeiter-Verbands, Stuttgart 1907.

39 R. *Luxemburg,* Wie entstand die Maifeier? In: R. Luxemburg, Ausgewählte Schriften und Reden II, Berlin 1951, 17.

40 Dazu ausführlich C. u. W. *Friedrich* (Anm. 38); außerdem: Der 1. Mai im Spiegel der Dichtung. Ein Gedenkbuch an den ersten internationalen Arbeiter-Feiertag am 1. Mai 1890, hrsg. u. m. einem Vorwort vers. v. E. Klaar, Dresden (1891); Festlieder zur Feier des 1. Mai 1891. Allgemeine Gesänge zur Lassallefeier, Leipzig 1891. Über die meisten der gängigen Theaterstücke, die für die Maifeiern geschrieben wurden, schreiben C. u. W. Friedrich zu Recht, daß sie lediglich die Entpolitisierung der proletarischen Veranstaltungen förderten. »Die Lustspiele der Schwänke basieren fast ausschließlich auf oberflächlicher, unpolitischer Situationskomik; sie entbehren meist völlig der scharfen satirischen Ausfälle gegen die herrschenden Klassen, die in den Jahren der ersten Anfänge einer sozialistischen Dramatik selbst die Stücke lassalleanischer Verfasser enthielten. Die Agitationsstücke blieben entweder in der Art des bürgerlichen Naturalismus bei anklagenden Elendsschilderungen stehen oder propagierten unmittelbar opportunistische Auffassungen.« (67) An dieser Theaterpraxis gemessen, bedeutete die Arbeit der Freien Volksbühne (auch in ihrer Maifeierbeteiligung) eine völlig neue künstlerische und politische Qualität innerhalb der kulturellen Aktivitäten der Arbeiterbewegung.

41 Aufschlußreich dazu: H. *Skrzypczak,* Die Maifeier-Diskussion auf der deutschen Vorkonferenz zum Internationalen Sozialistenkongreß in Stuttgart. Protokoll und Kommentar. In: Intern. Wiss. Korrespondenz z. Geschichte d. Dt. Arbeiterbewegung. 16. Aug. 1972, 1–39. Auf der Konferenz von 1907 zielte die Diskussion auf den Kompromiß, »Maifeier-Leidenschaft mit der konkreten Verantwortung für ihre finanziellen Folgen zu koppeln« (21). Es war vor allem auch Fr. Engels, der sich von den spektakulären und risikenreichen (Konflikt mit der Polizei, Tarifbruch durch Arbeitsniederlegung etc.) Massenveranstaltungen distanzierte. Diese Haltung charakterisierte schon Anfang der 90er Jahre die Einstellung der Parteiführung zur Maifeier.

42 Die Maifeier. In: Vorwärts. Nr. 103, v. 5. Mai 1891.

43 Ebenda; Zur Maifeier. In: Vorwärts. Nr. 100, v. 1. Mai 1891; Die Maifeier. In: Vorwärts. Nr. 101, v. 2. Mai 1891. Die Berichte machen den spektakulären Massencharakter, den die Maifeiern des Jahres 1891 in Deutschland hatten, deutlich; vielfach gab es Zusammenstöße mit der Polizei, an einigen Orten versuchten Anarchistengruppen, die Veranstaltungen für ihre Ziele umzufunktionieren. Eine anschauliche Reportage der Berliner Feiern bietet auch E. *Seiffarth,* Träumereien zur Maifeier. In: Freie Bühne. 2, 1 (1891), 441–444.

44 Vgl. Anm. 42.

45 Über die polizeilichen Repressalien dieser Jahre berichtet ausführlich F. *Mehring,* Der Krieg gegen die Freien Volksbühnen. In: Die Neue Zeit. 28, 2 (1910), 849–852. –

Zur gleichen Zeit, als das Vorgehen der Polizeibehörden gegen die Freie Volksbühne einsetzte, erhöhte die Berliner Stadtverordnetenkammer drastisch die »Lust-
barkeitssteuer« für Vereine mit »kulturellen und gemeinnützigen Bestrebungen«. Die
Freie Volksbühne geriet dadurch in größte finanzielle Schwierigkeiten. Es läßt sich
zeigen, daß sich in den folgenden Jahren die Koppelung von ordnungsbehördlichen
Maßnahmen (Anwendung der Vereins- und Zensurgesetze) mit finanziellen Repressalien (Steuererhöhungen, Preiserhöhungen für die Platzkarten der Theater) als deutliche Strategie im Vorgehen gegen die Durchsetzung proletarischer Interessen im kulturellen Bereich ausbildete.

46 S. *Nestriepke* (Anm. 26), 49 ff.

47 Eine ausführliche Darstellung der Klagebegründung der Polizei findet sich bei
B. *Wille*: Die Freie Volksbühne und der Polizei-Präsident. In: Freie Bühne. 2, 2
(1891), 673–677.

48 Ebenda, 675.

49 S. *Nestriepke* (Anm. 26), 51 f.

50 B. *Wille* (Anm. 47), 676.

51 S. *Nestriepke* (Anm. 26), 53.

52 Entscheidungen des Ober-Verwaltungsgerichts. In: Reichsanzeiger. v. 12. Jan. 1892, 3.

53 S. *Nestriepke* (Anm. 26), 56.

54 So wurde z. B. Anklage gegen den Vorstand der Freien Volksbühne erhoben, weil
bei Erscheinen der ersten Nummer der Vereinszeitschrift der Verlag nicht genau angegeben war; die Anklage stützte sich auf das Preßgesetz und führte auch zur
Verurteilung. Vgl. S. *Nestriepke* (Anm. 26), 57.

55 Vgl. S. *Nestriepke* (Anm. 26), 62 f.

56 B. *Wille,* Die Spaltung der Freien Volksbühne. In: Der Kunstwart. 6 (1892/93),
49–52.

57 Daß es bei dieser Argumentation auch um die prinzipielle Einstellung zur Demokratie
ging, wird aus einer anderen Stelle in Willes Beitrag deutlich, an der dieser seine
Solidarität zur Kulturpolitik der Sozialdemokratie beteuert: »obwohl ich durchaus
keinen Hehl aus meiner ganz undemokratischen Gesinnung auch auf politischem Gebiete mache.« (50) Solche Äußerungen waren es, auf die sich jene berufen konnten,
die Wille und die Gruppe der Friedrichshagener Sozialisten als Anarchisten bezeichneten. In einem Artikel Willes: Die freie Volksbühne. In: Die Zukunft. 1 (1892),
232–236 heißt es über die Türk-Gruppe: »Mit Souveränität setzte sie sich über die
Vereins-Statuten hinweg und wählte, ohne lange zu fackeln, schlüssig – wie sie ja
schon vor aller Diskussion gewesen war –, einen neuen Vorstand, bestehend aus
Dr. Franz Mehring, Türk und drei Arbeitern. Man hatte ja nun durch einfaches
Hände-Aufheben erreicht, was man erreichen wollte. Die ecclesia triumphans der
Heerden-Proletarier hatte wieder einmal ihre Macht aufgeboten und ihren Willen
mit allen Mitteln durchgesetzt.« (235) Das Reizwort von den »Heerden-Proletariern«,
das Wille in diese Diskussion eingebracht hatte, wurde vor allem in den Auseinandersetzungen beim Erfurter Parteitag vom Parteivorstand gegen die Dissidenten-
gruppe ausgespielt. Wille hatte sich damit vor der Masse der Parteianhänger desa-
vouiert.

58 Dazu die instruktiven Arbeiten von H. M. *Bock,* Die »Literaten- und Studenten-
Revolte« der Jungen in der SPD um 1890. In: Das Argument. 13 (1971) Nr. 63,
22–41; M. *Boedecker*/A. *Leisewitz*, Intelligenz und Arbeiterbewegung. Materialien
zum politischen Verhalten der Intelligenz und zur Intelligenzpolitik der revolutionären deutschen Arbeiterbewegung bis zum VII. Weltkongreß der Kommunistischen
Internationale. In: Soziale Stellung und Bewußtsein der Intelligenz, hrsg. v. Ch. Kievenheim u. A. Leisewitz, Köln 1973, 9–110 und M. *Neuhaus,* Friedrich Engels'
Kontroverse mit den »Jungen« – ihre Hintergründe und Lehren. In: Wiss. Zs. d.
Karl-Marx-Universität. Leipzig, Ges.- u. Sprachwiss. R. 22 (1973), 431–451. Als

zeitgeschichtliche Quellen: Der Kongreß zu Erfurt. In: Die Neue Zeit. 10, 1 (1892), 161–167 und H. *Müller,* Der Klassenkampf und die Sozialdemokratie (1892) m. e. Beitrag v. A. *Staffelberg,* Revolutionäre und reformistische Politik in der Geschichte der deutschen Arbeiterbewegung, Heidelberg, Frankfurt, Hannover, Berlin 1969 (= Schriften zur Revolution und Produktion. 1). Es muß problematisch erscheinen, die oppositionelle Gruppe als »revolutionäre Linke« (*Staffelberg,* XXVII) zu bezeichnen, da sich diese Gruppe vielmehr durch verbalen Radikalismus charaktersierte als durch konkrete politische Praxis. Wie widersprüchlich diese Position war, wurde besonders in der Auseinandersetzung um die Freie Volksbühne deutlich, wo Wille seinen in der politischen Diskussion vertretenen Massenaktionismus zu Gunsten eines elitären Führungsanspruchs der Intelligenz aufgab. Aus den gleichen Gründen ist auch Staffelbergs These entschieden zu widersprechen, daß sich die Politik der »Jungen« mit der der späteren KPD decke (XXVIII). Daß die Veranstaltungen der »Jungen« zeitweise in Berlin tatsächlich ein großes Massenpublikum hatten, lag nicht zuletzt an der Zugkraft der Freien Volksbühne und deren Engagement für die beliebten Maifeiern.

59 H. *Müller* (Anm. 58), 70 ff.

60 Ebenda, 103 ff. u. H. M. *Bock* (Anm. 58), 28.

61 Wille war zwar SPD-Mitglied, wurde aber in Erfurt nicht offiziell ausgeschlossen. Der Parteivorstand verbot jedoch dem »Vorwärts«-Verlag den weiteren Vertrieb von Willes Schriften (eine Jugendzeitschrift und ein Gedichtband). In einem Brief an Wille erklärte der Parteivorstand, daß er annehme, daß Wille sich wohl nicht mehr als der Sozialdemokratie angehörig betrachte und deshalb auf ein besonderes Ausschlußverfahren verzichtet werden könne.

62 Vgl. H. M. *Bock* (Anm. 58), 28 f. Bock faßt das Programm der »Unabhängigen Sozialisten« in den folgenden drei Punkten zusammen: »1. Soziologisch begründeter Reformismus-Verdacht, 2. Parlamentarismus-Kritik und 3. Hypostasierung revolutionärer Massenaktionen.« (32).

63 MEW 22, 84.

64 In einer Antwort Engels' auf eine Erklärung der oppositionellen Redaktion der »Sächsischen Arbeiter-Zeitung« bereits im September 1890 heißt es: »Mögen sie einsehen, daß ihre – ohnehin einer gründlichen, kritischen Selbstrevision bedürftige – ›akademische Bildung‹ ihnen kein Offizierspatent mit Anspruch auf entsprechende Anstellung in der Partei ausstellt; daß in unsrer Partei jeder von der Pike auf dienen muß; daß Vertrauensposten in der Partei erobert werden nicht durch bloßes literarisches Talent und theoretische Kenntnisse, selbst wenn beide zweifellos vorhanden, sondern daß dazu auch Vertrautheit mit den Bedingungen des Parteikampfes und Eingewöhnung in seine Formen, erprobte persönliche Zuverlässigkeit und Charaktertüchtigkeit und schließlich willige Einordnung in die Reihen der Kämpfenden gehört – kurz, daß sie, die ›akademisch Gebildeten‹, alles in allem viel mehr von den Arbeitern zu lernen haben als diese von ihnen.« (MEW 22, 69 f.).

65 Dazu H. M. *Bock* (Anm. 58), 37. Die Parteiführung der Sozialdemokratie hatte die Massen-Arbeitslosen-Demonstration im Februar 1892 in Berlin, bei der es zu Gewalttaten gekommen war, als Spontanaktion des Lumpenproletariats erklärt und sich entschieden davon distanziert. Dieser Beurteilung stand das Programm der »Unabhängigen Sozialisten« entgegen, das gerade die spontanen Massenaktionen als notwendige politische Mittel propagierte. Vgl. auch: K. *Schneidt,* Neue Aufschlüsse über die Hungerrevolte in Berlin, Berlin (1892).

66 R. *Rocker,* Johann *Most.* Das Leben eines Rebellen, Berlin 1924, 382; dazu auch H. M. *Bock* (Anm. 58), 31 und U. *Linse,* Organisierter Anarchismus im Deutschen Kaiserreich von 1871, Berlin 1969, 47 ff.

67 Vgl. dazu das Kapitel: »Die Weber« im sozialgeschichtlichen Kontext der neunziger Jahre.

68 B. *Wille,* Die Spaltung der Freien Volksbühne. In: Der Kunstwart. 6 (1892), 52; dazu auch S. *Nestriepke* (Anm. 26), 68 ff.; vgl. auch F. *Mauthner,* Neue freie Volksbühne. In: Die Nation. 10 (1892/93), 519.

69 B. *Wille* (Anm. 26), 52.

70 Einen ausführlichen Bericht über die Spaltungsvorgänge an der Freien Volksbühne, der gegen Willes Darstellungen gerichtet war, gibt F. *Mehring* in einer Artikelreihe in der »Neuen Zeit«: Zur »Krisis« der Freien Volksbühne. In: Die Neue Zeit. 11, 1 (1893), 180–184. Mehring geht hier vor allem auf eine Kampagne der bürgerlichen Presse ein, die, Willes Polemik aufgreifend, die »Gegensätze« von »Handarbeitern« und »Kopfarbeitern« innerhalb der Sozialdemokratie spektakulär aufbauschte. Dazu Mehring: »Wenn die ›Kopfarbeiter‹ anfangen, die ›Handarbeiter‹ zu boykotten, so hört einfach der Spaß auf; dann gehört jeder ›Kopfarbeiter‹, der auf sich hält, zu den ›Handarbeitern‹.« (181) Mehrings Polemik gegen Wille ist auch verbunden mit einer dezidierten Naturalismuskritik, eine Komponente, die permanent in dieser Diskussion anklingt. »Die geilen Haluzinationen, in denen die ›reine Volkspädagogik‹ [ein Programmwort Bruno Willes – M. B.] der ›naturalistischen Dichter‹ den Arbeiter stets nur im Bordell und in der Schnapskneipe sieht, werden deshalb doch nicht zur Wahrheit werden.« (184). Darauf erwidert G. *Ledebour,* der zusammen mit Wille aus der Freien Volksbühne ausgetreten war: »Zur Krisis der Freien Volksbühne«. Eine Erwiderung. In: Die Neue Zeit. 11, 1 (1893), 284–286; dazu erneut: Fr. *Mehring,* Ein letztes Wort in Sachen der Freien Volksbühne. In: Die Neue Zeit. 11, 1 (1893), 317–323: »Daß ich die Sorte von ›Naturalismus‹ die ewig um den Kehricht des Kapitalismus grinst, die den arbeitenden und kämpfenden Proletarier nicht kennen will, sondern den verkommenen Lumpenproletarier schildert, – diesen freilich manchmal mit der Sicherheit des wahlverwandten Instinkts – nicht für eine Wiedergeburt der Kunst, sondern für ihren scheußlichsten Verfall halte, das weiß Ledebour seit manchem Jahr.« (322) – Nach dieser Artikelreihe kristallisierten sich ganz deutlich die folgenden Punkte heraus, um die sich die Auseinandersetzungen zentrierten: 1. Das Verhältnis von »Handarbeitern« und »Kopfarbeitern« innerhalb der sozialistischen Arbeiterbewegung. 2. Die Einstellung zum literarischen Naturalismus und die Frage nach dessen Rezeption durch die Arbeiterschaft. 3. Das Parteilichkeits-, bzw. Tendenzproblem in der Kunst. 4. Die innere Organisation proletarischer Institutionen (Divergenz von elitärem Führungsanspruch und demokratisch geführter Massenpartei). – Zwei spätere Repliken *Mehrings* zu diesen Fragen sind: Die Freie Volksbühne. In: Die Neue Zeit. 18, 2 (1900), 530–536 und noch einmal: Ein letztes Wort in Sachen der Freien Volksbühne. In: Die Neue Zeit. 19, 1 (1901), 58–62.

71 Vgl. Anm. 32.

72 Vgl. S. *Nestriepke* (Anm. 26), 97.

73 Ebenda, 98.

74 Freie Volksbühnen. In: Die Neue Zeit. 11, 2 (1892/93), 481–485.

75 Vgl. die Argumentationen beim Gothaer Parteitag von 1896, W. *Liebknechts* Briefe aus Berlin u. a.

76 S. *Nestriepke* (Anm. 26), 132.

77 Ebenda, 133.

78 Ebenda, 142.

79 Die Neue Freie Volksbühne versuchte unter Führung Willes eine Satzung zu entwickeln, die den behördlichen Vorstellungen eines »geschlossenen Vereins« entsprach. Als dies schließlich gelang, wurde die neue Satzung am 28. November 1896 in einer Generalversammlung gebilligt. Es wurde vor allem die Erlangung der Mitgliedschaft organisatorisch präzisiert und in den Formalien erschwert. – Daraufhin formierten sich auch die ehemaligen Mitglieder der Freien Volksbühne, und es wurde die Neukonstitution auch dieses Vereins diskutiert. Am 7. März 1897 veröffentlichte der

»Vorwärts« einen Aufruf zur Neugründung der Freien Volksbühne, am 12. März kam es zur ersten Versammlung. Dabei trat auch ein Redner der Neuen Freien Volksbühne auf, der einen Brief Willes verlas, in dem dieser Zusammenarbeit anbot. Dieser Vorschlag wurde jedoch zurückgewiesen, da man in der neuen Satzung der Neuen Freien Volksbühne alle Mängel erhalten sah, die 1892 zur Spaltung geführt hatten. Die Wiederaufrichtung der Freien Volksbühne aber wurde beschlossen, eine Kommission hatte bereits unter Berücksichtigung der von der Polizei inzwischen genehmigten Satzung der Neuen Freien Volksbühne einen eigenen Satzungsentwurf vorbereitet, der von der Versammlung angenommen wurde. Im § 1 war der Zweck des Vereins definiert, es hieß: »Der Verein Freie Volksbühne stellt sich die Aufgabe, seinen Mitgliedern künstlerische Veranstaltungen, insbesondere durch Aufführung und Vorlesung bedeutender Dichtungen darzubieten.« Weggelassen wurde der Hinweis auf die Pflege »zeitgemäßer, von Wahrhaftigkeit erfüllter« Dichtungen. Da Franz Mehring eine Kandidatur für eine neue Vorstandsschaft des Vereins ablehnte, wurde Conrad Schmidt zum Vorsitzenden gewählt. Bereits im Geschäftsjahr 1897/98 stieg die Zahl der Mitglieder der Freien Volksbühne auf über 5000 an; vgl. dazu S. *Nestriepke* (Anm. 26), 150 ff.

80 G. *Fülberth,* Proletarische Partei und bürgerliche Literatur. Auseinandersetzungen in der deutschen Sozialdemokratie der II. Internationale über Möglichkeiten und Grenzen einer sozialistischen Literaturpolitik, Neuwied u. Berlin 1972, 109 (= Collection alternative. 4) Wenngleich Fülberths Einschätzung der Freien Volksbühnen, die sich fast ausschließlich an deren Programmatik orientiert, m. E. widersprochen werden muß, bleibt seiner Arbeit das Verdienst, die literaturpolitischen Auseinandersetzungen der Sozialdemokratie vor der Jahrhundertwende wieder ins Blickfeld der Forschung gerückt und den Zusammenhang von Kulturpolitik, Theoriebildung und Literaturkritik aufgezeigt zu haben. Jedoch korrigiert sich das Bild, das sich aus der Programmatik der Kulturpolitik wie aus der ästhetischen Theorie allein ableiten läßt, zum Teil beträchtlich durch die Analyse der Komplexität der Praxis der kulturellen Einrichtungen, die allein deren politisch-kämpferische Komponente sichtbar macht. Zur Praxis der Freien Volksbühnen gehörten neben den kulturellen Veranstaltungen der Ausbau ihrer institutionellen Organisation und ihre permanente politische Selbstbehauptung und Selbstdarstellung in den Auseinandersetzungen mit den Ordnungsbehörden. Zuweilen mag in diesen letzteren Vorgängen eine bedeutendere politische Funktion gelegen haben als in den kulturellen Veranstaltungen selbst.

II. DIE ZEITGENÖSSISCHE REZEPTION VON GERHART HAUPTMANNS STÜCK »DIE WEBER« ALS FALLSTUDIE

1. Der »Weber«-Prozeß

1 Hinweise auf einige lokale Verbotsverfahren gegen Hauptmanns »Weber« finden sich in H. H. *Houbens* Arbeit: Verbotene Literatur von der klassischen Zeit bis zur Gegenwart. Ein kritisch historisches Lexikon über verbotene Bücher, Zeitschriften und Theaterstücke, Schriftsteller und Verleger, Berlin 1924 und in R. *Grellings* Aufsatzsammlung »Streifzüge« (Berlin 1894), in der auch einige Urteile und Verfügungen der gerichtlichen Verfahren abgedruckt sind. Eine neuere Arbeit zur zeitgenössischen Aufnahme der »Weber« ist die von H. *Schwab-Felisch,* Gerhart Hauptmann: Die Weber, Frankfurt-Berlin 1959 (= Dichtung und Wirklichkeit 1); für eine Rezeptionsanalyse ist diese Ausgabe hinsichtlich des gebotenen Materials und der zugrunde liegenden Auswahlkriterien aber unzureichend. Der Nachdruck zumindest aller bei *Grelling* wiedergegebenen Zeugnisse wäre zur Dokumentation der Vorgänge wünschenswert gewesen, zumal sich in diesen Materialien eine Perspektive der zeitge-

nössischen Aufnahme des Stücks widerspiegelt, die in den literarischen Kritiken der Tagespresse und der Zeitschriften nicht erfaßt wird. Schwab-Felisch klammert auch alle Besprechungen der »Weber« in der sozialdemokratischen Presse aus, ebenso die wichtigen Protokollteile zu diesem Gegenstand vom Gothaer Parteitag der Sozialdemokratie im Jahre 1896. Es bleibt auch zu fragen, warum statt der Darstellung des Weber-Aufstands von W. Wolff nicht Hauptmanns unmittelbare Quelle, die Arbeit von A. *Zimmermann,* Blüthe und Verfall des Leinengewerbes in Schlesien, Breslau 1885 im Auszug wiedergegeben wurde. – Interessant für die Rezeptionsforschung sind *Schwab-Felischs* Ausführungen »›Die Weber‹ – ein Spiegel des 19. Jahrhunderts« (73–113), die auf das Weber-Problem vor den 90er Jahren eingehen. Auch hier aber wären die zahlreichen Presse- und Kommissionsberichte zu berücksichtigen gewesen, die das Urteil der Öffentlichkeit und die Aktivitäten der Regierung in dieser Frage dokumentieren und die Rezeption von Hauptmanns Stück gerade in ihrer politischen Komponente maßgeblich mitbestimmen. Der nachträgliche Bericht von M. Baginski reicht dazu nicht aus.

Unserer Arbeit liegen neben den zeitgenössischen Rezensionen der »Weber« und Berichten über Vorgänge im Zusammenhang mit den »Weber«-Prozessen in der Tagespresse, soweit diese ermittelt werden konnten, die vollständigen »Akten der Abteilung III des Polizei-Präsidiums zu Berlin betreffend Die Verhandlungen wegen des Schauspiels ›De Waber‹ (Die Weber) von Gerhard Hauptmann. Deutsches Theater« (der Akt umfaßt 700 Seiten und wird im folgenden zitiert: Akten Pol. Präs. Berlin), die Akte des Königlichen Geheimen Civil-Cabinets »Betr. Die Angelegenheiten der Theater 1892–1900. Vol. II u. III, Generalia 21« (im folgenden zitiert: Akten Angelegenheiten d. Theater) zugrunde, außerdem die Protokolle des Preußischen Hauses der Abgeordneten, des Parteitags der Sozialdemokratischen Partei Deutschlands in Gotha und der französischen Deputiertenkammer (im Zusammenhang mit den Anarchistenprozessen in Paris); dazu konnten zahlreiche Materialien aus den Archiven der ehemaligen preußischen Verwaltungsbezirke (zumeist die »Weber«-Prozesse im Reich betreffend) benützt werden.

2 Akten Pol. Präs. Berlin. Bl. 1–2.

3 F. *Mauthner,* Theater: Allerlei Volksstücke (Über G. Hauptmanns »Weber«). In: Das Magazin. 61 (1892), 124–127. Mauthner charakterisiert »Die Weber« als »durchaus pessimistisches Arbeiterstück« (125): »Die Weber sind voll Handlung, absichtlich aber giebt es für diese Handlung keine bestimmten Träger. Das Weberelend ist der Held. Der erste Weber wird mißhandelt, der zweite hungert, der dritte plündert dafür das Haus des Fabrikanten und der vierte wird zur Strafe erschossen. Das ist bei einem Manne wie Hauptmann selbstverständlich weder Unfähigkeit noch künstlerische Lüderlichkeit, es ist wolberechnete Absicht. Wir sollen auf der Bühne lebendig vor uns sehen, was die neueste Wissenschaft lehrt: daß nicht einzelne historische Helden, sondern die volkswirtschaftlichen Verhältnisse die Geschichte machen. Sehr richtig – und daß bei Krawallen und Revolutionen oft die Unschuldigen erschossen werden, das ist auch richtig. Ich kann aber den Gedanken nicht los werden, daß prinzipieller Pessimismus ebenso kokett sein kann, wie prinzipieller Optimismus.« Mauthner bezeichnet den Tod des alten Hilse als »arrangiert«, für ihn ist das ein erheblicher Vorwurf hinsichtlich der ästhetischen Qualität der »Weber«.

4 Im ersten Brief des Regierungs-Präsidiums Breslau vom 9. Okt. 1891 an den Berliner Polizeipräsidenten von Richthofen heißt es: »Zeitungs-Nachrichten zufolge hat die Berliner freie Bühne unlängst das demnächstige Erscheinen eines wahrscheinlich durch die auch noch anderen Richtungen höchst bedeutlich gewordenen Agitationen des Pastors Klein aus Reinerz in der Presse angeregten Dramas von Gerhard Hauptmann in Aussicht gestellt, welches den Titel »Die Weber« führen und unter Benutzung des ›Weberliedes‹ den Aufstand der Schlesischen Weber im Eulengebirge im Jahre 1844 behandeln soll.« (Akten Pol. Präs. Bl. 15) In dem Brief wird angefragt,

ob in Berlin über das Projekt etwas bekannt sei. Eine handschriftliche Notiz der Berliner Behörde vermerkt am Rande: »Ist hier nicht bekannt.« In dem zweiten Schreiben des Regierungspräsidenten von Breslau vom 15. Febr. 1892 an die Berliner Polizei heißt es, daß das Stück die Weberrebellion der 40er Jahre in »tendenziöser Darstellung« zeige; das Drama »endigt mit einer Andeutung eines Sieges der kämpfenden Weber über die eingeschrittenen Truppen«. (Akten Pol. Präs. Berlin, Bl. 17) – Für den wichtigen Zusammenhang der »Weber«-Rezeption mit der Wirtschaftskrise im Webergewerbe 1891 und die Rolle des hier zitierten Pastors Klein aus Reinerz vgl. das Kapitel: »Die Weber« in sozialgeschichtlichen Kontext der neunziger Jahre.

5 Das Stück wurde am 22. Dez. 1892 erneut zur Zensur vorgelegt, nachdem eine Reihe Streichungen (auf den Seiten 36, 42, 57, 89, 90, 102, 105 und 107 der Buchausgabe) vorgenommen worden waren, die den Bedenken der Behörde Rechnung tragen sollten. (Akten Pol. Präs. Berlin, Bl. 21) In der behördlichen Erwiderung (Bl. 22) vom 4. Jan. 1893 heißt es, daß die Streichungen nur einige brutale und unanständige Redensarten beträfen, die Gründe, die das Verbot rechtfertigten, damit jedoch keinesfalls aus der Welt geräumt seien.

6 Zur Klageschrift R. *Grellings* vgl. Akten Pol. Präs. Berlin, Bl. 28–30.

7 In der Berliner Zeitung v. 2. Febr. 1893 wird die erste Aufführung der »Weber« durch die Freie Bühne, die dafür das Neue Theater gemietet hatte, für Sonntag, den 26. Feb. (mittags) angekündigt.

8 J. *Hart,* (Über G. Hauptmanns »Weber«). In: Tägliche Rundschau. v. 28. Febr. 1893. Hart weist in seiner Besprechung auch auf den »Bruch« hin, den der 5. Akt gegenüber den vorherigen darstelle und aus dem die »Beschränktheit« der naturalistischen Kunstlehre zu erkennen sei; »[...] hier tastet der Dichter nach etwas ganz Anderem hin, und er tastet in einen Nebel hinein, in einem Nebel umher, hinter dem das Land einer anderen Kunst liegt, das des idealistischen Kunstideals«. Dieser neue, andere Inhalt läßt sich für Hart in der naturalistischen Kunstform nicht adäquat gestalten und bedarf einer neuen Form. Vgl. auch die Besprechung von F. *Stahl,* Die Weber. In: Deutsche Warte. v. 28. 2. 1893; Stahl berichtet von der außerordentlichen Wirkung des Stücks in der Aufführung der Freien Bühne. Nach dem zweiten Akt hätten sich die Zuschauer spontan zum Beifall erhoben. »Es ist ein historisches Schauspiel, das Hauptmann hier gegeben hat, wenn man den Titel ansieht, aber es ist in seinem Inhalt durch und durch modern. Es sind die sozialen Kämpfe darin geschildert, die gerade heute mit ungeheurer Erbitterung von beiden Seiten geführt werden. Und diese Kämpfe hatten dieselben Ursachen und die Schlagworte der Parteien sind dieselben, die auch uns heute in die Ohren gellen. Ich glaube auch, daß Hauptmann nur deshalb den historischen Kampf statt des gegenwärtigen gewählt hat, weil er dort die Katastrophe fand, die er brauchte, den furchtbaren Abschluß, die soziale Revolution.« Revolution werde in dem Stück aber nicht »gepredigt«, insofern sei es kein Tendenzstück; es sei es auch deswegen nicht, »weil es kein Programm aufstellt und nicht von dem Standpunkt einer Partei geschrieben ist. Es stellt keine Forderung als die nach wirtschaftlichen Reformen und diese Forderung ist heute Gemeingut aller Unbefangenen.« – Gegenüber den späteren Premieren der »Weber« in der Freien Volksbühne, der Neuen Freien Volksbühne und dem Deutschen Theater hatte die Aufführung des Stücks in der Freien Bühne verhältnismäßig wenig öffentliche Resonanz. Die im Februar 1892 noch nicht gegebene Öffentlichkeit des juristischen Verfahrens gegen das Stück mag als maßgeblicher Grund dafür anzusehen sein.

9 Akten Pol. Präs. Berlin, Bl. 43–44.

10 Vgl. M. *Baginski,* Gerhart Hauptmann unter den schlesischen Webern. In: Sozialistische Monatshefte. 1. Bd. (1905), 151–157.

11 Eine Abschrift des Urteils befindet sich in den Akten Pol. Präs. Berlin, Bl. 45–49.

12 Urteil des Bezirksausschusses zu Berlin vom 7. März 1893. (Akten Pol. Präs. Berlin,

Bl. 61–108). – Ausführlich kommentiert ein Beitrag: Die Weber. In: Berliner Zeitung. v. 11. März 1893 das Urteil des Bezirksausschusses. Ein Bericht in den »Berliner Neuesten Nachrichten« vom 7. Juni 1893 schildert die Reaktionen in Paris auf das »Weber«-Verbot des Berliner Gerichts: Die offiziellen Pariser Stellen seien sehr einverstanden mit dieser Entscheidung des Bezirksausschusses, denn es »habe der Verfasser zwar ein sehr naturgetreues Bild menschlichen Leidens und trostloser Zustände gegeben, jedoch keinerlei Schluß daraus gezogen, so daß zu befürchten stände, die Masse werde die vom Verfasser verschwiegenen Schlüsse selber ziehen. Etwas anderes sei es, wenn Hauptmann zum Schluß einen Weg der Heilung des Elends gezeigt haben würde, der versöhnend gewirkt hätte«.

13 Die Theatercensur in Berlin. In: Börsen-Courier. (Morgen-Ausgabe) v. 8. März 1893, 1–2 (enthält die Stellungnahme des Polizeipräsidenten von Berlin vor dem Bezirksausschuß zu der Verbotsverfügung der Aufführung der »Weber«).

14 Vgl. zu diesem Teil der Argumentation auch den Beitrag: Die »Weber«. In: Der Reichsbote. Nr. 231 v. 3. Okt. 1894.

15 In dem »Weber«-Prozeß im Jahre 1896 in Hannover wird von der Behörde ebenfalls auf spezifischen lokalen Verhältnisse angespielt: »Es käme ja auch heute noch vor, daß Arbeiter und Arbeiterinnen in unglaublicher Weise von ihren Arbeitgebern ausgenutzt würden, zum Beispiel diejenigen der Konfektion.« (3) Zum Beweis, daß die »Weber« als sozialdemokratisches Agitationsstück gelten müssen, zitiert die Polizeiverfügung aus E. Steigers Rede auf dem Gothaer Parteitag dessen Huldigung auf G. Hauptmann. R. Grelling, der auch 1896 Hauptmann in den Prozessen vertritt, hält dem die Äußerungen W. Liebknechts entgegen, mit denen dieser Steiger geantwortet hatte. In diesem Vorgang wird erkennbar, welche weitreichende Wirkung die Diskussionen auf dem Parteitag von 1896 für die Naturalismusrezeption im Grunde hatten. Vgl. Der neueste »Weber«-Prozeß. In: Vorwärts. (v. 16. Okt. 1896) 3. Auf den Gothaer Parteitag der Sozialdemokratie wird noch ausführlicher einzugehen sein.

16 Vgl. J. E. v. *Grotthuß,* Die dramatische Internationale. In: Velhagen und Klasings Neue Monatshefte. 1 (1889/90), 591–601.

17 Für die Position der liberalen Kritik sind die Einwände der Redaktion des »Börsen-Couriers« gegenüber den Ausführungen von Richthofens aufschlußreich; es sind Versuche, in einem werkimmanenten Erklärungsrahmen zu differenzieren, z. B. in dem Sinne, daß der Fabrikant Dreißiger eher naiv als grausam charakterisiert werde, daß sich der Ortsgeistliche doch um die Weber kümmere, daß die Weber in Hauptmanns Stück lediglich des Hungers wegen aufständisch geworden seien, »im Grunde ihres Herzens aber die guthmüthigsten Philister« (1) wären, denen nichts ferner gelegen habe als politischer Aufruhr. Wesentlicher aber erscheint in dieser Anmerkung jedoch der Hinweis auf die Rezeptionssituation: nämlich, »daß diejenigen Bevölkerungskreise, die der Socialdemokratie und ihrem Einfluß nahestehen, in Volksversammlungen und Vereinen an ganz andere Kost gewöhnt sind, als ihnen in dem Hauptmannschen Stück geboten wird. Wir sind sogar der Meinung, daß die Aufführung der ›Weber‹ gerade bei der arbeitenden Bevölkerung nur geringen Eindruck machen wird. Dazu ist es zu fein gearbeitet, dazu fehlt es eben an Schlagworten. Das Hauptmannsche Hungerdrama setzt eine Reflection voraus, die bei einem naiven Publikum nicht vorhanden ist«. (1) Damit ist in der Tat auf ein wesentliches Problem der politischen Wirkung dieses Stücks wie des naturalistischen Theaters ingesamt hingewiesen: die Frage der Rezeption ist in Verbindung mit der ästhetischen Form des Stücks gesehen, d. h. ein Zusammenhang zwischen szenischer Struktur, kunsttheoretischer Konzeption und Rezeption unterstellt. Dieser Funktionszusammenhang wird bei der Strukturanalyse des naturalistischen Zeitstücks noch eingehend zu prüfen sein. – Auf die »ziemlich indirekt[e]« Wirkung des Stückes verweist bereits R. *Grelling* in seiner Erwiderung zum Urteil des Bezirksausschusses (*Grelling,* Anm. 1, 259).

18 R. *Grelling* (Anm. 1), 255.

19 Wilhelm *Wolff* (1809–1864), dem Marx den ersten Band des »Kapitals« gewidmet hatte, war Lehrer und Journalist, Sohn eines noch leibeigenen Bauern aus Schlesien; seit März 1848 Mitglied der Zentralbehörde des Bundes der Kommunisten, später Redakteur der »Neuen Rheinischen Zeitung«.

20 R. Grelling (Anm. 1), 256.

21 Ebenda, 257.

22 Ebenda, 259. Grellings Unterscheidung zwischen den »Arbeitslosen Berlins« (also Lumpenproletariat in der gängigen zeitgenössischen Auffassung) und den »socialdemokratischen Arbeitern« zeigt deutlich, mit welcher Genauigkeit hier hinsichtlich der Rezipientengruppen differenziert wird. In der »Beantwortung der Berufungsschrift« durch den Berliner Polizeipräsidenten vom 10. Mai wird erneut darauf verwiesen, daß die Absicht des Schriftstellers bzw. die kunsttheoretisch begründete Tendenzlosigkeit des Werkes für seine zeitgenössische Aufnahme irrelevant seien, daß es allein auf die konkrete politische Wirkungsmöglichkeit des Stücks ankomme: eine Aktualisierung des Stoffes ergäbe sich allein aus dem politischen Kontext der Zeitumstände. Für die Beurteilung des Stücks seien daher vor allem auch die Besprechungen in der sozialistischen Presse maßgeblich; es wird auf den »Socialisten« und Mehrings Aufsatz in der »Neuen Zeit« verwiesen, die deutlich den aktuellen Charakter der »Weber« herausstellten. Grelling erklärt dagegen, daß keiner der Rezensenten die Meinung der Sozialdemokratie repräsentieren würde.

23 Ebenda, 265. Noch im Jahre 1894 drückt Grelling im Auftrage Hauptmanns der Direktion des Deutschen Theaters sein Bedauern über die Politisierung des Stücks aus und erklärt Hauptmanns eindeutige Distanzierung von allen politischen Zielen der Sozialdemokratie. *Grellings* Brief an die Theaterdirektion wurde im »Berliner Tageblatt«, Nr. 497, v. 30. Sept. 1894 veröffentlicht.

24 F. *Mehring*, Entweder – Oder. In: Franz Mehring, Aufsätze zur deutschen Literatur von Hebbel bis Schweichel, Berlin 1961 (= Gesammelte Schriften 11), 293–294.

25 Gleichzeitig kritisiert Mehring schärfstens, daß Grelling sich auf eine Qualifikation der Freien Volksbühne als sozialdemokratische Parteibühne eingelassen habe und die Freigabe des Stücks für das Deutsche Theater mit der Begründung erreichen wollte, daß sich dort das Proletariat keine Platzkarten leisten könne.

26 Vgl. auch den Beitrag *Mehrings:* Zum Verbot der »Weber«. In: Aufsätze zur deutschen Literatur. (Anm. 24), 293–294. – Hauptmanns Versuche, »Die Weber« für eine Aufführung an der Freien Volksbühne zurückzuhalten, hätten Mehring eigentlich schon früher darauf aufmerksam machen müssen, daß es offensichtlich auch Hauptmann darum ging, Grellings Argument mit den Preisen der Platzkarten im Deutschen Theater zu unterstützen. Im Abschnitt VII der »Ästhetischen Streifzüge«, in: Aufsätze zur deutschen Literatur. (Anm. 24), 191 ff., nimmt Mehring die Verbotsfrage erneut auf. Nun aber mit einer scharfen Kritik an Hauptmann selbst, der zugelassen habe, daß von Grelling die sozialdemokratische Tendenz des Stücks abgestritten wurde; besonders verwerflich sei es gewesen, den Anwalt das Stück im Sinne der ordnungspolizeilichen Argumentation interpretieren zu lassen, so daß in das Stück »eine arbeiterfeindliche und ordnungspolizeiliche Tendenz« gebracht wurde, indem Grelling darauf verwies, daß die rebellierenden Weber am Ende durch eine Handvoll Soldaten ja wieder zur Ordnung gebracht worden wären. »Aber wenn Hauptmann mit Fug sagen konnte: Ich habe die Dinge nicht als Sozialdemokrat, sondern als Künstler angesehen, so mußte er sein künstlerisches Recht nicht bloß nach links sondern auch nach rechts wahren.« (193) D. h. Hauptmann hätte der »ästhetischen Lösung« des Stücks (dem Tod des alten Hilse) die wirkliche »historische Lösung« vorziehen müssen, nämlich: »Wie die aufständischen Weber vom Büttel ausgepeitscht und dann ins Zuchthaus gesperrt wurden, denn so endete der Weberaufstand in der historischen Wirklichkeit.« (193) Mehring korrigiert hier seine Vorstellung (von

1893) über die Faktentreue von Hauptmanns Stück beträchtlich; über diese Vorgänge hatte auch Zimmermann ausführlich berichtet.

27 Vgl. R. *Grellings* Resümee: Glossen zum Weberprozeß. In: Das Magazin. 62 (1893), 649–652 und die Pressekommentare: Gerhard Hauptmanns »Weber« vor dem Ober-Verwaltungsgericht. In: Vorwärts. v. 3. Okt. 1893; Hauptmanns »Weber« und die Theaterzensur. In: Berliner Zeitung. v. 3. Okt. 1893; (Über G. Hauptmanns »Weber«). In: Berliner Courier. v. 3. Okt. 1893. In dem Beitrag: Von der Theater-Zensur. In: Volks-Zeitung. v. 3. Okt. 1893 heißt es, die Verbotspraxis sei im Falle der »Weber« deswegen besonders falsch gewesen, da dadurch das Stück den Freien Bühnen zuge-spielt worden wäre; damit sei »das Publikum, welchem das Stück vorenthalten wer-den muß [...], die große Masse der Minderbemittelten«, gerade an das Stück heran-gekommen. Im Deutschen Theater hätten die Preise dem einen Riegel vorgeschoben.

28 Vgl. dazu: J. *Kuczynski*, Darstellung der Lage der Arbeiter in Deutschland von 1871 bis 1900, Berlin 1962, 295 ff. (= Die Geschichte der Lage der Arbeiter unter dem Kapitalismus Bd. 3).

29 Vgl. den Beitrag: Die »Weber« als Repertoirestück. In: Neue deutsche Rundschau. Nr. 10, v. 11. Okt. 1894.

30 Vgl. den Bericht des Breslauer Polizeipräsidiums vom 12. Oktober 1893 über den Antrag des Lobe-Theaters vom 3. März zur Genehmigung der öffentlichen Aufführung der »Weber« und die Ablehnung der Polizeibehörde (diese forderte beim Berliner Polizeipräsidenten die Unterlagen der Berliner Prozesse an; Akten Pol. Präs. Berlin, Bl. 146–149). Dazu: Das Urteil des Ober-Verwaltungsgerichts in der Klage des Direktors des Lobe-Theaters gegen das Aufführungsverbot der »Weber« durch den Breslauer Polizeipräsidenten. (Akten Pol. Präs. Berlin, Bl. 157–161) Über die Vor-gänge berichtet auch ausführlich der Artikel: Ein neuer Weberprozeß in Sicht? In: Freisinnige Zeitung. v. 27. Jan. 1894.

31 (Über G. Hauptmanns »Weber«). In: Vorwärts. Nr. 231, v. 4. Okt. 1894.

32 Hauptmanns Weber an Sonntagen verboten. In: Frankfurter Zeitung. (III. Morgen-blatt) Nr. 288, v. 18. Okt. 1900.

33 Vgl. dazu J. *Kuczynski* (Anm. 28), 343 ff.

Exkurs über das Aufführungsverbot der »Weber« in deutschen Städten und im Aus-land; die Darstellung folgt der Chronologie der Vorgänge:

Über das Aufführungsverbot der »Weber« in Hirschberg (Schles.) berichtet ein Arti-kel in: Berliner Zeitung, Nr. 253, v. 28. Okt. 1894; das Verbot erfolgt ausdrücklich unter Hinweis auf das Weberlied. Zu Verboten in Stettin vgl. den Bericht der Stetti-ner Behörden v. 21. Nov. 1894 (Akten Angelegenheiten d. Theater) und: Vorwärts. Nr. 273, v. 23. Nov. 1894; in Görlitz: Berliner Tageblatt. Nr. 14, v. 9. Jan. 1895; in Tilsit: National-Zeitung. Nr. 215, v. 29. März 1895 u. Vorwärts. Nr. 81, v. 5. Apr. 1895; in Bremen: Freisinnige Zeitung. Nr. 81, v. 5. Apr. 1895 u. Vorwärts. Nr. 80, v. 4. Apr. 1895, dazu die Korrespondenz der Politischen Polizei Berlins mit den Bremer Behörden, die mitteilen, daß in Bremen nur eine Aufführung des Stücks auf der Bühne des Sozialdemokratischen Vereins verboten worden wäre, nicht generell für die öffentlichen Theater (Akten Pol. Präs. Berlin, Bl. 252); in Brandenburg: Berliner Börsen-Courier. Nr. 261, v. 7. Juni 1895; in Görlitz: Berliner Tageblatt. Nr. 506, v. 5. Okt. 1895; in Stuttgart: Die Polizei gegen die »Weber«. In: Vor-wärts. Nr. 289, v. 11. Dez. 1895; Volks-Zeitung. Nr. 80, v. 17. Feb. 1896; »Die Weber« und die Stuttgarter Stadtdirektion. In: Frankfurter Zeitung. (Abendblatt) Nr. 50, v. 19. Feb. 1896; in Leipzig: Freisinnige Zeitung. Nr. 127, v. 1. Juni 1895; Die »Weber« und die Leipziger Polizei. In: Frankfurter Zeitung. Nr. 304 (II. Mor-genblatt), v. 2. Nov. 1895 (mit ausführlicher Wiedergabe der Verbotsbegründung); Vorwärts. Nr. 26, v. 30. Jan. 1896; Der staatsgefährliche Hauptmann. In: Berliner

Morgen-Zeitung. Nr. 239, v. 12. Okt. 1900; in Beuthen (Schles.): Berliner Börsen-Zeitung. Nr. 99, v. 28. Feb. 1896, das Verbot in Beuthen erfolgt unter Hinweis auf die besonderen wirtschaftlichen Verhältnisse in Schlesien. In München verbietet die Polizei eine im Arbeiterbildungsverein geplante Rezitation der »Weber«, vgl. Vorwärts. Nr. 304, v. 31. Dez. 1895, in Berlin eine von der Sozialdemokratie arrangierte Lesung und eine Aufführung im Theaterverein »Vorwärts«, vgl. Vorwärts, Nr. 108, v. 21 Juli 1895 u. Nr. 283, v. 4. Dez. 1895. In Nürnberg werden die »Weber« zur Aufführung freigegeben, vgl. Vorwärts. Nr. 184, v. 9. Okt. 1895. Über das Verbot der »Weber« in Halle, vgl. Das Kleine Journal. Nr. 43, v. 23. Feb. 1895; in der Verbotsbegründung durch den Oberpräsidenten von Pommer-Esche, die im Berliner Börsen-Courier. Nr. 176, v. 16. Apr. 1895 veröffentlich ist, heißt es: »[...] Kein irgendwie hervortretender Umstand nöthigt zu der Annahme, daß die dargestellten Vorgänge nicht in der Gegenwart spielen. Zudem werden Ideen, welche die Jetztzeit bewegen, in einer einseitigen, den Fabrikanten und die Behörden herabsetzenden Art erörtert. Mag nun vielleicht in ruhigen Zeiten die Aufführung eines solchen Stückes unbedenklich sein, in der *gegenwärtigen* Zeit der Gährung und Unzufriedenheit, der socialrevolutionären Agitation und Spannung auf wirthschaftlichem Gebiete ist die Aufführung eines solchen Stückes geeignet, die niederen und der Noth mehr ausgesetzten, von socialrevolutionärer Bewegung besonders ergriffenen Schichten der Bevölkerung in ihrer Neigung zu gewaltthätiger Auflehnung gegen die bestehende Ordnung zu bestärken und unter Umständen zu öffentlichen Ausbrüchen der Parteileidenschaft verführen.« – Der Beitrag: Das Ober-Verwaltungsgericht und »die Weber«. In: Preußische Zeitung (Hauptblatt). Nr. 253, v. 1. Juni 1895 gibt im Zusammenhang mit einer Kommentierung des Urteils in Halle eine Übersicht über alle in den bisherigen »Weber«-Prozessen vorgebrachten Argumente. Der Berichterstatter hält die Gründe für die Freigabe durchweg nicht für stichhaltig, vor allem sei das Preisregulativ nicht unter der Kontrolle der Behörden und damit von einzelnen Theatern leicht zu umgehen. Die privatwirtschaftlich geführten Theater würden zunächst die Preise drastisch erhöhen, um die Aufführungsgenehmigung zu erhalten, veranstalteten dann aber nach einer gewissen Laufzeit des Stücks »aus Gewinnsucht« verbilligte Aufführungen. In dem Beitrag wird wieder ausführlich auf die Verurteilung des Redakteurs Feldmann am 23. Okt. 1891 durch das Amtsgericht Schweidnitz eingegangen. Dieses Urteil schien offenbar in der zeitgenössischen Kommentierung der »Weber«-Frage ein wichtiger Präzedenzfall gewesen zu sein. Vgl. auch: Das Oberverwaltungsgericht (zum Urteil in Halle). In: Vossische Zeitung. Nr. 259, v. 6. Juni 1895; Theater, Polizei und Verwaltungsrechtsprechung (zum Urteil in Halle). In: National-Zeitung (Hauptblatt). Nr. 357, v. 9. Juni 1895. Eine von der Sozialdemokratie in Halle geplante Lesung der »Weber« wird ebenfalls verboten, vgl. Vorwärts. Nr. 192, v. 18. Aug. 1895 u. Nr. 202, v. 30. Aug. 1895. Ausführlich berichtet wurde in der zeitgenössischen Tagespresse über das »Weber«-Verbot in Hannover, das dort wegen der ortsansässigen Konfektionsindustrie einen besonderen politischen Akzent erhielt (vgl. Anm. 15), vgl. Berliner Tageblatt. Nr. 169, v. 1. Apr. 1896; Herr v. Bennigsen als Theater-Zensor. In: Volks-Zeitung. Nr. 486, v. 15. Okt. 1896. Über die Verbotsaufhebung in Hannover vgl. Berliner Tageblatt. Nr. 528, v. 16. Okt. 1896 und Akten Pol. Präs. Berlin, Bl. 305–318. Die Freigabe erfolgt mit Berufung auf die Freigaben in Berlin und Halle. Ein präventives Vorgehen erscheint dem Hannoverschen Gericht nur dann zulässig, wenn an der Gefährdung der öffentlichen Sicherheit »kein Zweifel« (Bl. 312) besteht; nach den Berliner Erfahrungen sei dies jedoch »nicht zweifelsfrei«. Herausgehoben wird das Weberlied als das einzig gefährdende Moment in dem Stück, auf die Verurteilung Feldmanns in Schweidnitz wird hingewiesen. In dem Stück erscheine das Lied jedoch in einem anderen Kontext als in der agitatorischen Zeitung »Der Proletarier aus dem Eulengebirge«; dort auch »[...] an einem Orte mit einer großen, mit ihrem Loose vielfach unzufriedenen

Weberbevölkerung, zu einer Zeit, in welcher dort ein Nothstand herrschte«. (Bl. 314). Der beklagte Polizeipräsident berief sich auch auf ein noch bestehendes Verbot eines Stücks in lebenden Bildern mit dem Titel »Nothwehr«, die Autorin war Elsa *von Schabelsky*, das in Urteilen vom 8. März und 2. Juli 1894 vom Oberverwaltungsgericht Berlin verboten wurde; auch diese Analogie weist das Gericht in Hannover zurück, da das Stück »Nothwehr« vor einer Menschenmenge von 5000 aufgeführt wurde; das Gericht lehnt es ab, jedes Stück zu verbieten, das den Unterschied zwischen Arm und Reich thematisiert. – Auch der »Vorwärts« berichtet in dem Beitrag: Der neueste »Weber«-Prozeß (Nr. 243, v. 16. Okt. 1896) über das Urteil von Hannover und kommentiert vor allem die Argumente, die der Polizeipräsident für das Verbot vortrug. »In den ›Webern‹ seien die Kaufleute, Gutsbesitzer, Beamten usw. als hart und roh hingestellt, und die nothleidende Arbeiterschaft könne daraus nur Haß und Erbitterung gegen sie saugen. Es käme ja auch heute noch vor, daß Arbeiter und Arbeiterinnen in unglaublicher Weise von ihren Arbeitgebern ausgenutzt würden, zum Beispiel diejenigen der Konfektion. Aus dem Stücke ergebe sich für die Besitzlosen der Gedanke, daß nur Gewalt gegen die besitzenden Klassen und die Regierung den Arbeitern helfen könne. Der Verfasser hetze sogar gegen das Staatsoberhaupt. Im übrigen falle ins Gewicht, daß in letzter Zeit die Sozialdemokratie außerordentlich gewachsen sei. Überall dränge sie sich ein, zum Beispiel seien die Arbeiterbeisitzer in den Gewerbegerichten fast alle Sozialdemokraten. Aber nicht nur in der Arbeiterklasse gewinne die Sozialdemokratie immer mehr Anhänger, sie dringe auch in andere Schichten ein. Es schlössen sich ihr beispielsweise Rechtsanwälte an, Geistliche ständen ihr wohlwollend gegenüber, und sogar von den Beamten müßten sich ihr nicht wenige zugewandt haben: wie erkläre es sich sonst, daß die sozialdemokratische Presse häufig in den Besitz vertraulicher Schriftstücke von Behörden gelangt.« – Gerade in dieser Begründung wird deutlich, daß die Polizeibehörde stets auf einer anderen Ebene argumentierte als die Verwaltungsgerichte. Während sich diese an einer abstrakten Rechtsnorm orientierten, gingen die Polizeipräsidenten jeweils von den spezifischen lokalen Rezeptionsbedingungen aus, die in der Regel sehr genau erkannt wurden und von denen aus die politische Virulenz eines Stücks, seine mögliche Funktion als Katalysator zur Politisierung der Massen, beurteilt wurde. Eine weitere Freigabe der »Weber« erfolgte durch ein Urteil des Oberverwaltungsgerichts Dresden, vgl: Die »Weber« in Sachsen freigegeben. In: Berliner Tageblatt. Nr. 566, v. 6. Nov. 1901, dazu auch: »Die Weber« in Sachsen. In: Tägliche Rundschau. Nr. 532, v. 12. Nov. 1901. Eine Verbotsaufhebung beschloß auch das Leipziger Ober-Verwaltungsgericht; obwohl das Gericht »die Grenzen des Schönen in dem Stück vielfach überschritten« sah, erschien doch eine unmittelbare Gefährdung der öffentlichen Sicherheit nicht gegeben, vgl. Berliner Courier. Nr. 21, v. 25. Jan. 1902. In der Rechtsprechung hatte sich offensichtlich das Argument durchgesetzt, daß Präventivmaßnahmen nur gerechtfertigt seien, wenn eine Gefahr mit Sicherheit erwartet werden könne. Diese Erwartung aber ließen die Erfahrungen mit »Weber«-Aufführungen in Deutschland nicht zu. – Auf eine Anfrage der Polizeibehörde in Magdeburg vom 25. Apr. 1894 zum »Weber«-Verbot berichtet der Berliner Polizeipräsident von bis dahin 90 Aufführungen an Abend- und an verbilligten (!) Nachmittagsvorstellungen am Deutschen Theater. Dazu wird von der Behörde bemerkt, daß das Kalkül des Verwaltungsgerichts mit den Preisen offenbar keine verläßliche Wirkung habe, da es den Theatern freistehe, ihre Preise beliebig herabzusetzen. Außerdem wird zu bedenken gegeben, daß für die schädliche Wirkung des Stücks nicht allein öffentliche Störungen ausschlaggebend seien, zu prüfen sei vielmehr, »ob nicht in den Herzen der Zuschauer durch die Darstellung des Stückes leidenschaftliche Erbitterung gegen den Staat, seine Organe und die heutigen sozialen und wirtschaftlichen Verhältnisse sowie gegen das auf die Weber schießende Militär erregt wird«. (Akten Pol. Präs. Berlin, Bl. 256).

An das Berliner Polizeipräsidium ergingen eine Reihe von Anfragen aus den verschiedensten Teilen des Reiches hinsichtlich der juristischen Sachlage und der Erfahrungen mit dem Verbot der »Weber« in der Hauptstadt; es ging jeweils darum, daß örtliche Polizeibehörden von ihren Stadttheatern um die Aufführungsgenehmigung gebeten wurden. Die Akte der Politischen Polizei Berlin enthält folgende Korrespondenzen: Anfrage aus Frankfurt vom 5. Juni 1894 (Bl. 163), Anfrage des Großh. Badischen Bezirksamts Konstanz vom 8. Juli 1894 (Bl. 172), der Polizeibehörde Hamburg vom 5. Okt. 1894 (Bl. 202–203), des Polizeipräsidenten von Stettin am 5. Nov. 1894 (Bl. 219), des Großh. Badischen Bezirksamts Mannheim vom 10. Nov. 1894 (Bl. 224), aus Darmstadt vom 26. Mai 1895 (Bl. 263–265), von der Polizeibehörde von Heilbronn (Württ.) (Bl. 267), aus Stuttgart (Bl. 270–271), aus Kassel (Bl. 304 und 320), aus Flensburg vom 29. Sept. 1899 (Bl. 326), des Stadtrats vom Zittau vom 7. März 1900 (Bl. 327); der Gesangsverein Zittau plante einen Vortragsabend von Hauptmanns »Webern« mit dem Rezitator Emil Walkotte aus Berlin. Bei der Anfrage über die Möglichkeiten des Vortragsverbots heißt es: »Gleichzeitig wäre uns eine vertrauliche Mittheilung über den genannten Recitator erwünscht. Ist Genannter Sozialdemokrat und Hetzapostel dieser Partei?« Der Politischen Polizei Berlins war jedoch lediglich die Frau des Rezitators bekannt. – Bitten um Amtshilfe kamen weiterhin von der Polizeiverwaltung Münster (Bl. 329–330), dem Regierungs-Präsidenten von Wiesbaden vom 2. Nov. 1900 (Bl. 336), der Polizeidirektion Dresden vom 2. April 1901 (Bl. 337), der Stadtdirektion Stuttgart vom 3. Juni 1901 (Bl. 338) und der Polizeibehörde Magdeburg vom 31. Okt. 1905 (Bl. 345–347). Die zahlreichen Anfragen machen deutlich, wie lange sich die Aktualität des »Weber«-Verbots erhalten hat; für die Rezeptionsanalyse sind die jeweiligen Schriftwechsel besonders aufschlußreich, da in ihnen oft sehr ausführlich die Erfahrungen mit den Aufführungen in Berlin, die weit über 100 hinausgingen, mitgeteilt wurden und jede Anfrage Aspekte aus ihrer spezifischen lokalen Situation in die Diskussion einbrachte, mit deren Hilfe stets neue Verbotsbegründungen juristisch fundiert werden sollten.

Neben den Verboten in Deutschland wurden eine Reihe Aufführungsverbote in ausländischen Städten bekannt. So in Wien, wo Karl *Kraus* eine Aufführung vor geladenem Publikum vorbereitet hatte, vgl. Berliner Tageblatt. v. 9. April 1894 u. Berliner Börsen-Courier. Nr. 460, v. 2. Okt. 1894; über eine von O. *Brahm* in Wien geplante »Weber«-Aufführung vgl. Berliner Börsen-Courier. Nr. 588, v. 16. Dez. 1901. Die italiensche Übersetzung der »Weber« (»Il Tessitori«) von Ernesto Gagliardi wurde in Italien verboten, die Ando'sche Gesellschaft wollte das Stück aufführen; »aus Sicherheitsgründen« erfolgte ein Verbot in Venedig (Akten Pol. Präs. Berlin, Bl. 245). Verboten wurden die »Weber« auch in Prag. vgl. Das Kleine Journal. Nr. 181, v. 3. Juli 1897. Der Berliner Lokal-Anzeiger berichtet in der Nr. 360, v. 3. Aug. 1895 über eine Aufführung in Budapest: »Die gestrige erste Aufführung der ›Weber‹ in der Osener Arena verlief unter stürmischen Demonstrationen der massenhaft erschienenen Socialisten. Nach Schluß der Vorstellung marschirten die Arbeiter unter Absingung der Marseillaise ab.« Dazu ebenfalls eine Meldung im Berliner Börsen-Courier. Nr. 183, v. 7. Aug. 1895; ausführlich berichtet auch der Vorwärts. Nr. 184, v. 9. Aug. 1895, daß während der Aufführung in Budapest rote Fahnen geschwungen worden seien. In einer Meldung des Vorwärts. Nr. 192, v. 18. Aug. 1895 ist die Rede davon, daß die Budapester Aufführung infolge einer direkten Intervention des Ministerpräsidenten verboten worden sei, vgl. auch: Vorwärts. Nr. 194, v. 21. Aug. 1895. Die Volks-Zeitung. Nr. 450, v. 25. Sept. 1895 meldet ein Verbot der »Weber« für ganz Ungarn. – Das Berliner Tageblatt. Nr. 126, v. 9. März 1899 enthält einen Bericht über eine Aufführung der »Weber« in der St. Georges Hall in London. »Es waren keine Schauspieler vom Fach, sondern Mitglieder der *Kommunistischen Arbeiterunion* in London.« Es handelte sich um eine öffentliche Aufführung, das Arbeiterpublikum war ausschließlich auf der Galerie. In Chicago brachte es die »Weber«-Aufführung des New Yorker Arbeitertheater-Clubs unter der Leitung des Anarchisten John Most zu 12 Vorstellungen innerhalb zweier Wochen; in dem anarchistischen Organ »Die Freiheit« (Nr. 3, v. 19. Jan. 1895) heißt es: »Es wurde damit ein sehr guter Eindruck gemacht und ein bedeutender agitatorischer Effekt erzielt. Und das war die Hauptsache.« 1904 wurde das »Weber«-Verbot in Rußland aufgehoben und eine Vorstellung im berühmten Moskauer Künstlertheater vorbereitet, vgl. Die Welt am Sonntag. Nr. 47, v. 21. Nov. 1904.

34 Dazu: Freie Volksbühnen. In: Die Neue Zeit. 11, 2 (1893), 481–485 u. a.

35 Diese Situation beschreibt O. *Brahm* sehr genau für die spektakuläre Erstaufführung von Hauptmanns »Vor Sonnenaufgang« in der Freien Bühne; vgl. Theater (u. a. über G. Hauptmann: Vor Sonnenaufgang). In: Die Nation 7 (1889/90), 58–60. Brahms Schilderung der Premiere macht deutlich, daß sich für dieses Stück das in der zeitgenössischen Diskussion hochgespielte Tendenzproblem erst durch seine politische Rezeption ergab: »Hatte man vor der Aufführung die Schauspieler durch anonyme Briefe geängstigt und bedroht, so suchte man sie jetzt aus der Fassung zu bringen durch Anblasen, Aushöhnen und alle die bekannten ungezogenen Künste der Premièrebesucher; nur daß diesmal die Entrüstung nicht im Moment hervorgerufen, sondern im Hause vorbereitet war durch Lektüre des Werkes und durch Gespräche von einer ausdauernden Heftigkeit wie sie in Berlin literarischen Erscheinen gegenüber selten sind.« (59) – Bereits ein Jahr nach der ersten Aufführung aber konnte O. E. *Hartleben* berichten, daß das Stück jeden revolutionären Zug verloren habe und auch vor einem Arbeiterpublikum (auf der Freien Volksbühne) kaum Erregung hervorrufe; »bei den altruistischen Reden Loths erbaut es sich und über alles Drastische amüsirt es sich.« (1088) Vgl. »Vor Sonnenaufgang« auf der freien Volksbühne. In: Freie Bühne. 1 (1890), 1088–1089. Dies macht deutlich, daß die provokatorische Wirkung auch dieses Stücks, die es in den ersten Aufführungen 1889 ohne Zweifel gehabt hatte, allein Resultat des Zusammenwirkens aller situationellen Faktoren einer spezifischen Rezeptionssituation war. Zur Aufführung in der Freien Volksbühne und zu der Rezeption von »Vor Sonnenaufgang« durch ein Arbeiterpublikum vgl. auch M. *Kent,* Theater (u. a. über G. Hauptmann: Vor Sonnenaufgang). In: Die Nation. 8 (1890/91), 107–109.

2. »Die Weber«: ein Stück »aus den vierziger Jahren«

1 E. *Steiger,* Das Werden des neuen Dramas. Erster Teil: Henrik Ibsen und die dramatische Gesellschaftskritik, Berlin 1898, Zweiter Teil: Von Hauptmann bis Maeterlinck, Berlin 1898.

2 O. *Brahm,* Hauptmann's Weber. In: Die Nation. 9, 2 (1892), 446–447.

3 A. *Bartels,* Gerhart Hauptmann, Weimar 1897.

4 L. *Nelten,* Dramaturgie der Neuzeit. Essays und Studien, Halle 1892.

5 S. *Lublinski,* Die Bilanz der Moderne, Berlin 1904. Vgl. *ders.,* Der Ausgang der Moderne. Ein Buch der Opposition, Dresden 1909; in dieser Arbeit modifiziert Lublinski seine erste »Bilanz« auch im Hinblick auf den Naturalismus.

6 Daß dem Stück der persönliche Held fehlt, wertet Lublinski positiv, denn durch eine zentrale Figur hätte sich der Horizont des Stücks in eine allgemeinere Dimension erweitern müssen, es wäre zum platten Tendenzdrama geworden. »So war es gerade ein unbedingter Vorzug der ›Weber‹, daß der Held fehlte, daß ein geschlossener Horizont diese Welt von allen Seiten her einhüllt.« (257) Durch die Figur eines Helden wäre der Aufstand zur Episode geworden, da dessen individueller Konflikt in den Mittelpunkt gerückt wäre.

3. »Die Weber« als Katalysator zum politischen Aufruhr: der ideologische
Konsensus von national-konservativer Literaturkritik und den Ordnungsbehörden

1 F. Kirchner, Gründeutschland. Ein Streifzug durch die jüngere deutsche Dichtung,
Wien u. Leipzig 1893.

2 Der »Berliner Börsen-Courier« brachte am 13. Okt. 1893 eine kurze Ankündigung
über die geplante Aufführung der »Weber« an der Neuen Freien Volksbühne für
den 15. und 22. Oktober und auch darüber, daß die Freie Volksbühne das Stück
aufführen werde. – In der Besprechung der Aufführung im »Kleinen Journal«
(Morgen-Ausgabe) v. 16. Okt. 1893 heißt es, daß sich die Befürchtungen der Polizei
hinsichtlich des Ausbruchs öffentlicher Unruhe zwar nicht bestätigt hätten, jedoch
berge die öffentliche Darstellung ihre Gefahren. »Am interessantesten verlief der
vierte Akt. Das protzige Verhalten der ungebildeten Fabrikantenfrau, die Entlassung des für das Volk eintretenden Hauslehrers, die Verhaftung eines Rädelsführers,
des zur Reserve entlassenen Soldaten, das bürokratische Auftreten des Polizeiver-
walters, den der Fabrikant zu Hülfe gerufen hatte, diese Momente hatten die Spannung der Zuschauer auf die Spitze getrieben, und es gährte im Publikum fast mehr,
als auf der Bühne. Die Leute konnten ihren Unwillen, ihre durch den Dichter auf-
gewiegelte Theilnahme nicht mehr zurückdämmen. – Ein Sturm drohte loszubre-
chen, der nur mit Mühe niedergehalten wurde durch einen Theil besonders eifriger
Theatergäste, die mit stockendem Athem die Entwicklung des Vorgangs verfolgten.
Als nun hinter der Szene der Rädelsführer vom Volk befreit, die Polizei fortgejagt
wurde und vor den Coulissen der Fabrikant und seine Frau in hilfloser Angst hin-
und herrannten, bis sie der Kutscher durch die Hinterthür rettete, da gab es kein
Halten mehr im Publikum – mitten in den Akt hinein erbrauste ein jubelnder Lärm,
der das Spiel auf Minuten unterbrach und wie ein Schrei der Entrüstung über das
menschliche Elend das Haus durchtoste. Am Ende des vierten Aktes wurde Hauptmann mehrmals gerufen.« – Eine weitere Ankündigung der »Weber«-Aufführung:
Die Neue freie Volksbühne. In: Der Sozialist. v. 7. Okt. 1893 berichtet über die
leidenschaftliche Anteilnahme des Publikums auch bei der Pariser Aufführung: »Das
Stück, das das Elend und den 44er Aufstand der schlesischen Weber in ergreifender
Weise schildert, ist von mächtiger, hinreißender Wirkung. In Paris ist es bei der Aufführung in der dortigen ›Freien Bühne‹ vorgekommen, daß einzelne Zuhörer, ganz
befangen in den vorgeführten Szenen, aufsprangen und in den Saal hineinriefen:
›Nieder mit den Ausbeutern! Tod der Knechtschaft!‹« Die Argumentation mit den
hohen Eintrittspreisen am Deutschen Theater im Urteil des Oberverwaltungsge-
richts wird als eklatantes Beispiel von Klassenjustiz gebrandmarkt. »Nach diesem
Urteil wissen die Proletarier, daß dieses Stück für die Armen, und nicht für die
Reichen geschrieben ist.« Am 11. Nov. 1893 berichtet der »Sozialist« in dem Beitrag
»Neue freie Volksbühne« über die Wiederholungsvorstellungen der »Weber«-Auf-
führung in Berlin.

3 Vgl. Anm. 2.

4 Akten Pol. Präs. Berlin, Bl. 132.

5 Akten Pol. Präs. Berlin, Bl. 135.

6 Der Tendenzaufsatz (7–11), der Teil einer Fortsetzungsreihe zu diesem Thema ist,
handelt von der »Agitations-Dichtung«, die als künstlerisch minderwertig verworfen
wird. »Der Agitations-Dichter will sein Publikum überreden, zur Folgsamkeit hinreißen, zu einer bestimmten Handlung anregen. Denselben Zweck verfolgt der Redner. Daher gehört die Agitations-Dichtung inhaltlich in das Gebiet der Rhetorik, nur
formell zur Poesie.« (7)

7 Akten Pol. Präs. Berlin, Bl. 136–137.

8 Vgl. Die Freie Volksbühne (zur Premiere von G. Hauptmanns »Webern«). In: Das
Kleine Journal. v. 4. Dez. 1893: »Gestern nun, wo die schärfsten Vertreter des vier-

ten Standes den Zuschauerraum bis zum letzten Plätzchen unterm Dache füllten, übte
die Tragödie des Hungers eine Wirkung aus, wie man sie ähnlich wohl in unseren
deutschen Theatern noch nicht wahrgenommen hat. Schon die ersten Akte mit ihrer
unbemerkbar sanft aufsteigenden Handlung fesselten die Menge in ganz außerge-
wöhnlicher Weise. Den episch-breiten Schilderungen des Hunger-Elends folgten die
Leute mit einer Aufmerksamkeit, die deutlich genug bekundete, daß hier der künstlerische Genuß weit zurückgedrängt wurde von dem Interesse an dem historischen Er-
eigniß, daß der Dichter in szenischen Bildern wiedergab. Höhnisches Lachen be-
gleitete die naive Demuth der verhungerten Weber, sobald sie – in den ersten
Akten – vor dem Arbeitgeber oder vor der Polizei zu Kreuze krochen. Bei den
hochmüthigen Reden des Fabrikanten und des Gendarms lag eine Spannung auf den
Gesichtern der Zuschauer, daß man jeden Augenblick einen Ausbruch der Wuth erwarten konnte [...] Als nun der Vortrag des revolutionären Weberliedes die erste
dramatische Bewegung brachte, da gab es kein Halten mehr in den Reihen der
Volksbühnen-Mitglieder. Die Wuth der auf der Bühne zur Empörung schreitenden
Weber fand ein vollklingendes Echo in dem Zorn der aufgestachelten Zuschauer.
Das nervöse Zischen, das anfänglich jede Beifallsstörung zu unterdrücken suchte, nur
damit kein Wort von dem Evangelium der auf der Bühne agirenden Kapitals-Stür-
mer verloren gehe, verlor sich bald unter dem tobenden Beifall, der der arbeiter-
freundliche Ausgang des Aufruhrs auf der Bühne fand.«

9 Der Polizeipräsident hatte einen offiziellen Beobachter zur Premiere ins Deutsche
Theater geschickt. Sein Bericht (Akten Pol. Präs. Berlin, Bl. 198–200) stellt fest, daß
es zwar zu keiner öffentlichen Störung gekommen sei, vermerkt aber nachdrücklich
die erregten Diskussionen in den Pausen und nach dem Ende der Aufführung
vor dem Theater; darauf verweisen auch die Berichte in der »Berliner Zeitung«.
Nr. 225, v. 26. Sept. 1894, in der »Post«. Nr. 265, v. 27. Sept. 1894 u. a.
Folgende Besprechungen und Schilderungen der Premieren-Stimmung der »Weber«-
Aufführung im Deutschen Theater konnten noch ermittelt werden: J. K., Im Deut-
schen Theater (Über G. Hauptmanns »Weber«). In: Berliner Lokal-Anzeiger. Nr. 450,
v. 26. Sept. 1894: »Im Deutschen Theater feierten gestern (Dienstag) die Anhänger
Gerhard Hauptmanns ihre erste Orgie. Das fünfaktige Schauspiel des Dichters ›Die
Weber‹ wurde nach seinen zahlreichen Darstellungen an den verschiedenen freien
Bühnen zum ersten Male ›öffentlich‹ aufgeführt. Und da galt es natürlich für jeden
Genossen des Autors auf dem Posten zu sein. Und sie waren auf dem Posten,
vollzählig bis auf den letzten Mann, und alles, was an stürmischem Beifall bisher
Hauptmann gespendet wurde, ward weit übertroffen von dem Orkan, den das
Klatschen, Brüllen und Fußstampfen dieser begeisterten Leute gestern erzeugte. Es
war ein demonstrativer, tumultuarischer Erfolg, dessen wüster Lärm wohl weniger
die Zustimmung zu einem literarischen Kunstwerk, als zur *Tendenz* des aufgeführten
Stückes ausdrücken sollte. In diesem wilden Beifallsgejohle, das gleich mit dem ersten
Akt einsetzte, ging jede andere Meinung und auch jede gemäßigtere Zustimmung
nicht unbedingter Anhänger Hauptmanns ohnmächtig unter. Man könnte daher eher
eine lärmende Demonstration, als einen echten, herzlichen Erfolg constatiren.« –
E. Z., (Über G. Hauptmanns »Weber«). In: Nationalzeitung. Nr. 534, v. 26. Sept.
1894. Zabel kritisiert heftig die Form des Stücks, das er als »Bilderbogen« und als
»ausgemalte[s] Szenengemenge« bezeichnet, als ein Dokument der Verrohung des
Theaters. »Es war namentlich der zweite Rang, der sich erwärmte, als im Hause des
Fabrikanten Dreißiger die Arbeiter Alles kurz und klein schlugen und über das Werk
der Zerstörung jubelten. Aber auch die zarten Hände der Damen im ersten Rang
wurden anmuthig aneinander geschlagen, wenn die zerlumpten Gestalten der Weber
ihre Noth ausstöhnten und wildester Klassenhaß gepredigt wurde.« Prinzip des
Stückes sei es, die Anprangerung des sozialen Unrechts »in jedem Akt von einem

neuen Gesichtspunkt« zu erläutern. – O. A., (Über G. Hauptmanns »Weber«). In: Die Post. Nr. 265, v. 27. Sept. 1894. Die ausführliche Besprechung rückt das Stück eindeutig in die Nähe der »Umsturzpartei«. »Nicht die Noth unserer wie seiner Landsleute ging dem Autor ans Herz, nicht um das Elend war es ihm zu thun, in welchem die armen Menschen schmachten mußten, das Alles ist ihm nur Zweck, denn das Stück verfolgt vom ersten Worte bis zum letzten eine *sozialistische Tendenz der verwerflichsten Art.* Mit kalter, rücksichtsloser Berechnung reiht der Autor aneinander, was gegen Gottesfurcht, Ordnung im Staate, Autorität der Behörden gerichtet sein kann. Seine Figuren sind nur darum so in Lumpen gekleidet, hohläugig und verhungert, um den Kontrast gegen die besitzende Klasse greller hervortreten zu lassen, er riß aus dieser nur darum schlechte, hartherzige Elemente heraus, um der großen Masse das Trugbild von Verknechtung und Unterdrückung der Arbeiter vorhalten zu können. Nicht der Dramatiker wollte Herr Hauptmann sein, der ein Stück Geschichte zu Nutz und Segen und Heil der Menschen verwendet, sondern der Sozialistenführer, welcher mit Empörung eifrig zur Widersetzlichkeit aufgestachelten Elementen gewisse Direktiven geben will. Wohlweislich verschweigt der in der Geschichte Schlesiens so sehr bewanderte Autor, daß die damalige Regierung nach der Erkennung der Sachlage sofort umfangreiche Maßregeln zur Linderung der Noth treffen ließ, denn Gutes und Edles kann man nicht gebrauchen, wenn Zwecke der Umsturzpartei verfolgt werden sollen.« So konnte sich auch bei der Stimmungsmache im Deutschen Theater eine »kleine sehr aufgeregte, um das Durchbringen ihrer politischen Meinung wie wütend kämpfende Schaar« durchsetzen. Der Berichterstatter erwähnt noch lange Diskussionen nach der Aufführung vor dem Theaterhaus. – (Über G. Hauptmanns »Weber«). In: Der Reichsbote. Nr. 226, v. 27. Sept. 1894 und Nr. 227, v. 28. Sept. 1894. In dem zweiten Bericht heißt es: »Unter dem Jubelgebrüll der Zuschauer und inmitten der erregten Menschen hatte man das Gefühl, daß nun die Demolierung des Theaters begonnen werden würde. Das Schauspiel der Revolution ist gefunden! Am Tage, wo sie beginnt (wenn uns Gott nicht in Gnaden davor bewahrt!), wird man dies Stück aufführen und die Massen werden wissen, was sie zu thun haben. Uns ist es unbegreiflich, daß das Schauspiel die Öffentlichkeit sehen durfte, das gerade dadurch so gefährlich ist, weil es mit solcher Kunst gemacht ist.« – R. N., Hauptmanns »Weber« im Deutschen Theater. In: Deutsche Warte. Nr. 227 A, v. 27. Sept. 1894: »›Die Weber‹ sind das gefährlichste und aufreitzendste Schauspiel, das je in deutscher Sprache gedichtet worden ist. Hinter sieben Thüren und sieben Schlössern müßte es eine ›staatskluge‹ Zensur verwahren. Ein Mann hat dieses Stück ersonnen, dessen Herz heißer für die Armen der Niederung, die Bedrängten und Schwachen schlägt, als die Herzen der Singer, Stadthagen und Liebknecht zusammengenommen.« Das Stück enthalte mehr revolutionäre Sprengkraft als alle Schriften von Marx; Hauptmann habe den gottergebenen Webern der 40er Jahre das Klassenbewußtsein der modernen Arbeiter eingegeben. – Als »in Handlung umgesetzte Tendenz« erschienen »Die Weber« dem Berichterstatter des »Deutschen Reichs-Anzeigers«. Nr. 227, v. 26. Sept. 1894; auf die Anwesenheit der sozialdemokratischen Parteiführer im Deutschen Theater weist ein Artikel in den »Berliner Neuesten Nachrichten«. Nr. 457, v. 26. Sept. 1894 ausführlich hin. Der Beitrag: Die Berliner Aufführung von Hauptmanns »Weber«. In: Kölnische Zeitung. Nr. 789, v. 28. 9. 1894 bemüht sich um ein ausgewogenes Urteil, indem zwischen dem »Künstler« und dem »Sozialisten« Hauptmann unterschieden wird. – Zu den wenigen positiven Stimmen in der bürgerlichen Presse zählen die beiden Beiträge im »Berliner Tageblatt«. O. N. H., (Über G. Hauptmanns »Weber«). In: Berliner Tageblatt. Nr. 489, v. 26. Sept. 1894. Das Stück wird enthusiastisch als von weltliterarischem Rang gefeiert: »Diese Originalität, dieses Vorbildlose, dieses schlechthin Neue, dieses unmittelbar Geschaute [...]«. Zur Aufnahme durch das Publikum heißt es: »In dem stür-

misch bewegten Hause hätte man, selber erregt, schwerlich die numerische und aku-
stische Stärke, mit der die einzelnen Beifallsmotive sich kundgaben, abschätzen
mögen. Nur eines steht außer Frage: hätte die Dichtung nicht als solche mächtig gewirkt, es hätten Nebenmotive einen so ungewöhnlichen Sieg nicht erzeugen können.
Nein, der größte Theil des Erfolges war ein literarischer, ein rein literarischer Erfolg;
das gewaltige Drama der Noth griff den Zuhörern ins Herz.« Und: F. D., (Über
G. Hauptmanns »Weber«). In: Berliner Tageblatt. Nr. 490, v. 26. Sept. 1894. Dieser
zweite Bericht sieht den Zusammenhang der »Weber« mit der Sozialdemokratie sehr
viel deutlicher gegeben, auch er aber beurteilt die »Weber« als Dichtung positiv:
»Ein Stück sozialdemokratischer Parteidemonstration war zweifellos, wohl organisiert
und geleitet, in das Haus eingedrungen. Aber Alles, was zu dieser Sache gerechnet
werden kann, bildete doch nur einen zahlenmäßig ganz untergeordneten Bruchteil
der Versammlung.« Der Zeitbezug aber sei unverkennbar: »In Gehirn und Adern
der schlesischen Weber ist sozialdemokratisches Blut von heute infiltriert worden;
es rollt und schäumt mit ganz anderer Macht, als die dürftige Ideenwelt der Opfer
seiner kläglichen Periode dies thun konnte. Schon das äußere Aufgebot von Lärmen,
Schreien, Singen, das Glockenläuten, Trommeln und Schießen hat etwas die Nerven
Erregendes, Sensationelles. Wer konnte sich dem entziehen? So wenig wie einem
Wagnerschen Nervenbohrer.« – Wurde in diesen Beiträgen die Originalität des
Hauptmannschen Stücks in den Vordergrund gerückt und als beispiellos gefeiert, so
sahen andere Kritiker gerade in diesem Punkt Hauptmanns geringstes Verdienst. In
einem mit S. gezeichneten Beitrag im »Kleinen Journal«. Nr. 339, v. 26. Sept. 1894
heißt es: »Es ist im Wesentlichen nach dem guten alten Muster gearbeitet, dem die
Fabrikanten französischer Sensationsmelodramen ihre nachhaltigen Erfolge zu ver-
danken haben. Hungernde Kinder, bleichwangige Weiber, hartherzige Fabrikanten
und durch das Alles hindurch das dumpfe Murren der Gequälten, das sich schließlich
zu einem gewaltigen, revolutionären Aufschrei steigert. Im Ambigu- und im Châte-
let-Theater in Paris sind derartige Massenschauspiele zu Dutzenden aufgeführt worden und sie haben ihre rührende Wirkung auf die Thränendrüsen der Zuschauer
nur selten verfehlt. Die Tendenz war dort freilich meist eine andere als in den
›Webern‹ [...]« – Kaum verhüllte Agitation, ja offene Hetze gegen die proletarische Bewegung verband eine Gruppe konservativer Kritiker mit der Anprangerung
von Zeitmoral, Liberalismus und Judentum. Beispielhaft dafür sind die Berichte im
»Kleinen Journal«, in den »Berliner Politischen Nachrichten«, dem »Reichsboten«
und in der »Katholischen Volks-Zeitung«. Der Beitrag eines Dr. L., Im Foyer (Über
G. Hauptmanns »Weber«). In: Das Kleine Journal. Nr. 339, v. 26. Sept. 1894
attackiert besonders das bürgerliche Publikum, das dem vermeintlichen Politspektakel
der Sozialdemokratie seinen Beifall gespendet habe. Daß die Parteifunktionäre dem
Stück zujubelten, sei verständlich, doch: »So mancher Bourgeois aus Berlin W., die
Salon-Revolutionäre, die als Schwiegersöhne mehrfacher Millionäre sich alljährlich
den Luxus eines Durchfalls bei einer freisinnigen Wahl leisten können, die Dichter,
denen der wahrhaft vornehme Ton eines anständigen Vorderhauses zeitlebens ein
unergründliches Geheimniß bleiben wird, die Damen mit den gefärbten Haaren und
den Brillanten in den Ohren – sie Alle klatschten mit den Rothen Brüderschaft
und erbrachten den unumstößlichen Beweis ihrer Feigheit, ihrer Unkenntniß und
ihrer geistigen Inferiorität. Wir freuen uns, daß jenes an und für sich vollständig
gerechtfertigte Verbot der Aufführung der ›Weber‹ aufgehoben worden ist. Denn
wir haben hierdurch an einem eclatanten Falle konstatiren können, auf welch niedri-
gem geistigen Niveau ein Bruchtheil unseres sogenannten guten Première-Publikums
steht. Es ist allerdings eine merkwürdige Erscheinung, daß dieselben Leute, welche
soeben noch der Revolution gegen Besitz und Kapital zujubelten, nachher ruhigen
Gemüths auf Gummirädern zu Uhl und Dressel fahren konnten, um dort, voll von

der Größe und der dichterischen Leistung Gerhart Hauptmann's, Austern und Hummern mit Wohlgefallen zu verzehren. Sind denn diese Leute so naiv oder so beschränkt, um nicht vor den Beifallsstürmen zu erschrecken, welche bei den Stellen auf offener Szene das Haus durchtosten, in denen Aufruhr gegen unsere Gesellschaftsordnung und die Regierungsgewalt gepredigt wird? Sind sie so harmlos, um zu meinen, daß dereinst, wenn die soziale Frage, was Gott verhüten möge, zum blutigen Ernste wird, das Proletariervolk sie verschonen wird, weil sie gestern Abend im Deutschen Theater Beifall geklatscht haben? Ist es nicht der reine Hohn, daß gerade jene Kreise Herrn Brahm die Mittel dazu gegeben haben, um der Sozialdemokratie gestern Abend zu einem Triumpfe zu verhelfen?« Der Berichterstatter spricht von der »Entweihung eines Kunsttempels« durch die »Weber«-Aufführung, die führende Rolle des Deutschen Theaters im deutschen Kulturleben sei nun vorbei. – Der Kommentator der »Berliner Politischen Nachrichten« schreibt am 26. Sept. 1894 von der »[...] an Frivolität grenzenden Kurzsichtigkeit, Leichtsinnigkeit, um nicht zu sagen Lüsternheit, mit welcher vor den von den Umsturzbestrebungen und Umsturzparteien drohenden Gefahr um des Reizes des Augenblicks willen die Augen geschlossen werden. Das Übel wäre noch nicht so schlimm, wenn nicht die Aufnahme der Vorstellung in der Reichshauptstadt für die Provinz vorbildlich wäre, und wenn nicht, nachdem das Stück erst seinen Rundgang über die Provinzbühnen gemacht, die breiten Schichten der Bevölkerung die Angriffe, welche von der Bühne herab gegen Regierung und Arbeitgeber gerichtet werden, kritiklos in sich als des Beifalls würdig aufnähmen und sich von ihnen bestimmen und aufreizen ließen. Unter dem Schutz der Sorte von bürgerlicher Gesellschaft, welche gestern mit den Sozialdemokraten des ordinären Kitzels willen fraternisirte, können die Umsturzparteien allen Versuchen, ihren Agitatoren durch Änderung des Vereins-, Versammlungs- und Preßrechtes entgegenzutreten, spotten. Wirksamer als auf diesen Gebieten wird für sie mittelst des Theaters Propaganda gemacht. Geschieht dies aber, so trägt das Verhalten des berliner Premièrenpublikums, welches dem Sinnenkitzel der Sensation jede ernste Rücksicht opfert, die Hauptschuld.« – In der Nr. 226, v. 27. Sept. 1894, des »Reichsboten« heißt es in einem mit D. Red. gezeichneten Beitrag: »Daß zwar Hunger und Elend den Aufstand der Weber Schlesiens erklärlich machen, aber den sinnlosen Widerstand gegen die Staatsgewalt nicht entschuldigen, – diese Konsequenz wird kein Sozialdemokrat aus dieser Geschichte ziehen. Nur die Freude am brutalen Zerschlagen und wirren Reden der schnapstrunkenen Arbeiter schlug durch.« Der Beifall der Bourgeoisie war Beifall »zu ihrer eigenen Hinrichtung«. »Während der Kaiser die Nation zum Kampf gegen den Umsturz aufruft und die Minister sich die Köpfe zerbrechen, wie dieser Kampf zu führen sei, wird hier mit polizeilicher Genehmigung im Theater zum Gaudium der Sozialdemokraten der Umsturz gefeiert und dem Volke zur Belustigung vorgeführt, wie die Staatsbehörden von den Umstürzlern behandelt werden . Was soll man dazu sagen? Wenn die Regierung Erfolg haben will, dann muß vor allem Zusammenhang und Konsequenz in ihren Maßregeln sein. Was hat diese Aufführung für einen Zweck? Einen wirklichen Kunstwert hat das Stück nicht; aber es macht Sensation, es ist ein Radaustück, es zieht an, füllt das Haus – und die Kasse des Theaters. Und für diese jüdischen Herren ist ja das Theater ebenso ein Geschäft, wie die Zeitung für sie Geschäft ist – genauso wie der Handel mit Börsenpapieren, mit Vieh, Schnaps und alten Kleidern [...] Wie das Theater sich in den Händen dieser Elemente gestaltet, ist es geeignet, unser Volksleben bis ans Mark zu vergiften. Das darf nicht so weitergehen.« Im Kontext dieser Argumentation werden naturalistische Kunsttheorie, Sozialdemokratie, Judentum und Umsturz als ein politisches Negativbild zusammengefügt. – Der gleiche Argumentationszusammenhang findet sich in einem Artikel von Obscurus, (Über G. Hauptmanns »Weber«). In: Katholische Volks-Zeitung. Nr. 225, v. 30 Sept. 1894: »In der

Reichshauptstadt, in dem ›vornehmen‹ *Deutschen Theater*, hat ein Stück mit unverkennbar social-aufreizender Tendenz, die ›Weber‹ von dem jüngstdeutschen Dichter Gerhart *Hauptmann*, von dem jetzigen Leiter dieser Bühne, dem Juden Brahm
(Abraham) öffentlich aufgeführt werden können, unter dem brüllenden Jubel der
von Sozialdemokraten besetzten Galerien, aber auch – und das ist die Hauptsache – unter dem lauten Beifall des ›feinen‹ Premièrenpublikums im Parquett und
in den Logen, eines Publikums, das allerdings hier stets größten oder doch großen
Theils aus Juden besteht.« Diese Gruppe konservativer Kritiker benützt die Naturalismuspolemik als Vehikel ihrer antisemitischen Hetze.
10 Première im »Deutschen Theater« (Berlin, 30. September). In: Hamburger Nachrichten. v. 1. Okt. 1894, 3.
11 Die Weber. In: Germania. (Berlin) Nr. 226 (Zweites Blatt) v. 2. Okt. 1894, 1. Der
Bericht setzt sich mit den Pressekommentaren anderer Blätter auseinander und vermerkt die Beruhigung, die nach der Premiere eingetreten sei. Insgesamt schaffe das
Stück jedoch für die zielbewußten Sozialdemokraten »die Stimmung für den großen
Tag der Rache [...] für den großen Kladderadatsch«. Am Rande wird vermerkt, daß
Hauptmann infolge einer nervösen Erkrankung, als deren Ursache die Vorgänge um
die Premiere am Deutschen Theater vermutet werden, an der Premiere der »Weber«
in Breslau nicht anwesend sein könne.
12 (Über G. Hauptmanns »Weber«). In: Vorwärts. v. 1. Okt. 1894, 5.
13 Vgl. Anm. 9; *Zabels* spätere Analyse in: Zur Modernen Dramaturgie. Studien und
Kritiken über das Theater, Oldenburg u. Leipzig 1900, 173–226, in der er die Tendenz des Stücks als Resultat seiner Rezeption durch die zeitgenössische Öffentlichkeit
bezeichnet, ist gemäßigter in der Zurückweisung; erst durch die Diskussionen der
Aufführungsverbote wären »Die Weber« zum politischen Agitationsmittel, ja überhaupt zum politischen Fall geworden. (191)
14 O. *Elster* (Über Hauptmanns »Weber«). In: Neue Preußische Zeitung. (Berlin)
Nr. 451, v. 26. Sept. 1894, 5. Elster spricht von gesteuerten Beifallskundgebungen,
die offensichtlich im Zusammenhang mit der Anwesenheit der sozialdemokratischen
Parteiführer stünden. Das Stück sei geeignet, politische Leidenschaft und Radikalismus
zu erzeugen und zu schüren. Die Formen der Ausbeutung, die es zeige, seien für die
Gegenwart nicht mehr typisch: wenn man sich im politischen Kampf einer Dichtung
»zur Aufhetzung bedienen wollte, kein anderes Stück als die ›Weber‹ wäre geeigneter dazu«. (5) Mit welcher Aufmerksamkeit die Anwesenheit sozialdemokratischer
Politiker bei den Aufführungen der Hauptmannschen Stücke von der bürgerlichen
Kritik stets vermerkt wurde, macht ein Kommentar von K. E. *Franzos,* Gerhart
Hauptmanns »Florian Geyer«. In: Deutsche Dichtung. 19 (1895/96), 200–204 deutlich, der festhält, daß die »literarische Partei«, die Hauptmann als ihren Bahnbrecher
begreife, zur Stelle war, in noch größerer Zahl die politische Partei, die ihn mit
weit geringerem Rechte den ihren beizählt, die Sozialdemokratie«. (201) Bemerkungen dieser Art finden sich in den meisten Aufführungsbesprechungen dieser Jahre.
15 (Über G. Hauptmanns »Weber«). In: Das Kleine Journal (Berlin), v. 28. Sept.
1894, 7.
16 H. *Bulthaupt,* Dramaturgie des Schauspiels. IV. Bd. Ibsen, Wildenbruch, Sudermann,
Hauptmann, Oldenburg u. Leipzig 1909.
17 Eine Analyse der Wirkung der »Weber« unternimmt M. *Broemel* in der Schrift:
Sozialpolitische Glossen zu Hauptmann's Webern! In: Die Nation. 11 (1894/95), 20
–23. Broemel berichtet ausführlich über die Aufführung des Stücks vor Arbeiterpublikum; bezogen auf den 4. Akt heißt es: Das Publikum »war mit Leib und Seele
bei dem Zerstörungswerk. Es hätte mich nicht Wunder genommen, wenn die um
mich sitzenden Herrschaften die Bänke aus dem Parquet gerissen und selbst auf die
Bretterherrlichkeit des unmenschlichen Parchentfabrikanten eingeschlagen hätten.« (20)

In seiner Analyse geht Broemel davon aus, daß die Situation der Arbeiter in den 90er Jahren nicht mit den Verhältnissen in den 40er Jahren verglichen werden könne, das Stück lege jedoch den Schluß nahe, dies sei die soziale Frage der Gegenwart. »Die litterarische Kritik hat nichts gethan, um dieses unklare Gefühl zur Klärung zu bringen [...] Sie hat das Stück als dramatische Dichtung besprochen und damit ihre Aufgabe erfüllt. Aber darüber hinausgreifend hat sie auch für eine bestimmte Tendenz des Stückes gearbeitet. Das anfangs ergangene Aufführungsverbot hatte das historische Schauspiel für Alle in enge Beziehung zu den sozialen Kämpfen unserer Zeit gebracht; die litterarische Kritik ist dem Berliner Polizeipräsidium auf diesem Weg gefolgt.« (21) Das Stück verdanke einen großen Teil seiner Wirkung »dem Zusammentreffen seiner Tendenz mit den Zeitkämpfen« (22), nur so gerate der Zuschauer in die Lage, zu glauben, er sähe auch in diesem Stück ein »Zeitbild«. Der Arbeiter der Gegenwart möge, so empfiehlt Broemel, zur Korrektur dieses Bildes die politische Tagespresse der Sozialdemokratie zu lesen, darin werde er rasch erkennen, daß die politische Ohnmacht der schlesischen Weber nicht seine Ohnmacht sei. Zu Broemels »Sozialpolitischen Glossen« nimmt der Beitrag: Das »Laster der Zufriedenheit« und Hauptmanns Weber. In: Conservative Correspondenz. Nr. 105, v. 25. Okt. 1894 Stellung. In ihm wird vor allem der Einfluß des Judentums auf Kulturleben und Wirtschaft beklagt, diesem sei auch die Weber-Misere anzulasten, denn gerade die Hausindustrie sei fest unter jüdischer Kontrolle. – Ein Resümee über die bürgerliche Pressekampagne (»Probe-Mobilmachung« anläßlich der »Weber«) gibt der Artikel: Eine nichtswürdige Hatz. In: Vorwärts. Nr. 233, v. 30. Sept. 1894. Eine ähnliche Zusammenschau bietet ein mit L. Z. gezeichneter Beitrag: Die Stellung des Staats und der Gebildeten zu Hauptmanns »Webern«. In: Die Gesellschaft. 9 (1895), 1097–1104. Hauptmanns Dichtung wird von dem Verfasser als »soziale That« (1100) bezeichnet und durchaus im Sinne einer politischen Kritik verstanden, die sich gegen das »System« richtet. »Dreißiger thut nur, was alle andern Fabrikanten auch thun. Er ist nicht persönlich schlecht, sondern schlecht ist das System, das, weil es einmal das herrschende ist, auch er befolgt, ohne sich der Schlechtigkeit desselben voll bewußt zu sein. Und diesem System, dem auch der erste Rang und das Parkett huldigt, wird das Urteil gesprochen.« (1101) Z. weist eine Deutung des Stücks als sozialdemokratisches Tendenzdrama entschieden zurück, dem widerspreche allein die Rolle des alten Hilse, der den Schlußakzent setzt. Das Engagement für die sozial Schwachen aber sollte »die Gesellschaft« auf keinen Fall den Sozialdemokraten allein überlassen, die hochgespielte politische Auseinandersetzung um das »Weber«-Drama erscheint Z. unter diesem Gesichtspunkt als politischer Fehler ersten Ranges: »Aber wenn dann solche Leute in einem fort hören, das Stück sei umstürzlerisch und sozialdemokratisch, dasselbe Stück, das sie so begeistert, und das ihnen so aus der Seele gesprochen hat, dann werden sie, die zum größten Teile nicht imstande sind zu beurteilen, was an dieser Kritik richtig oder falsch ist, und die über ihre politische Anschauung nicht so mit sich im Reinen sind, es schließlich glauben und die Konsequenz daraus ziehen, daß die Sozialdemokratie doch etwas sehr Gutes sein müsse, und bereitwillig ihrer Fahne folgen. Dann hat sie aber nicht die Tragödie der ›Weber‹, sondern das unverständige Geschrei der Leute der Sozialdemokratie in die Arme getrieben.« (1103) Der Verfasser analysiert damit (vom Standpunkt des regierungstreuen Sozialpolitikers aus) sehr genau die politische Ebene der »Weber«-Rezeption am Anfang der 90er Jahre.

18 Ein Beispiel für dieses Argument der Hauptmann-Kritiker ist der »Weber«-Kommentar in der »Berliner Börsen-Zeitung«. Nr. 474, v. 10. Okt. 1894, der dem Dichter vorwirft, bewußt die Unwahrheit zu verbreiten, da er verschweige, daß die staatlichen Behörden 1844 alles getan hätten, um die Not der Weber zu lindern.

19 Akten Angelegenheiten d. Theater, Bl. 74.

20 Akten Angelegenheiten d. Theater, Bl. 75.
21 Ein Schriftenvergleich läßt Wilhelm II. eindeutig als Schreiber dieser Notizen iden-
   tifizieren, sie sind zudem mit der Paraphe des Kaisers versehen.
22 Akten Angelegenheiten d. Theater, Bl. 84.
23 Vor dem Hintergrund dieser Bemerkungen wird die Urteilsschelte des Innenministers
   im Haus der Abgeordneten, die in vielen Kreisen der Öffentlichkeit als Skandal
   empfunden wurde, verständlich. In dem Beitrag: Die »Weber« und der Umsturz. In:
   Vorwärts. Nr. 55, v. 6. März 1895 wird berichtet, daß der für die Freigabe der
   »Weber« zuständige Senatspräsident des Oberverwaltungsgerichts vom Innenminister
   »so angerüffelt« und vom Kaiser auf einem Hoffest so »ungnädig behandelt« worden sei, daß er seinen Abschied genommen habe.
24 Akten Angelegenheiten d. Theater, Bl. 90.
25 Dem Schreiben liegt ein Bericht des Polizeipräsidenten vom 4. Okt. 1894 über die
   »Weber«-Aufführung im Deutschen Theater bei (Akten Angelegenheiten d. Theater,
   Bl. 91 ff.).
26 (Über G. Hauptmanns »Weber«). In: Bank- und Handels-Zeitung. Nr. 271, v.
   2. Okt. 1894.
27 Vgl. dazu: Akten Pol. Präs. Berlin, Bl. 191.
28 (Über G. Hauptmanns »Weber«). In: Bank- und Handels-Zeitung. Nr. 272, v.
   3. Okt. 1894. Vgl. dazu auch die Berichte im »Berliner Tageblatt«. Nr. 505, v.
   4. Okt. u. Nr. 509, v. 5. Okt. 1894, die deutlich machen, daß offenbar niemand
   über den Vorgang so recht Bescheid weiß.
29 Nochmals »Die Weber«. In: Bank- und Handels-Zeitung. Nr. 277, v. 8. Okt. 1894.
   Das Blatt gibt eine die Diskussion abschließende Erklärung zum Besuchsverbot für
   Offiziere ab. Ein Verbot wäre nicht erlassen worden, heißt es nun, aber die Stand-
   ortkommandanten hätten den »Wunsch« geäußert, daß kein Offizier die »Weber«-
   Aufführung besuche. »Ein solcher vom Kommandanten ausgesprochener Wunsch aber
   ist ein Verbot. Alle Versuche, die Sache anders darzustellen, sind Haarspaltereien.«
   Damit war der Tatbestand offenbar hinreichend geklärt. Zugleich berichtet die
   »Bank- und Handels-Zeitung« über eine »Weber«-Aufführung in Brüssel vor einem
   »guten Publikum«, das weitgehend reserviert geblieben wäre. Die Sozialdemokraten
   »begnügten sich deshalb damit, am Schluß der einzelnen Akte *anarchistische Flugblätter unter die Zuschauer hinabzuwerden.* Kann nicht ähnliches auch in Berlin
   vorkommen?« – Von Besuchsverboten für Offiziere in Breslau und einem Verbot
   der Mitwirkung der Mannschaften als Statisten am Lobe-Theater ist in Artikeln des
   »Berliner Tageblatts«. Nr. 300, v. 2. Okt. 1894 und des »Berliner Lokal-Anzeigers«.
   Nr. 466, v. 5. Okt. 1894 die Rede. Die Breslauer Militärbehörden dementierten jedoch
   beide Meldungen.
30 (Über G. Hauptmanns »Weber«). In: Das Kleine Journal. Nr. 365, v. 22. Okt. 1894.

4. »Die Weber« im sozialgeschichtlichen Kontext der neunziger Jahre: das Weber-
elend in Schlesien und der Fall des Pastors Klein

1 Anschauliche Darstellungen der Not der Weber bieten die Beiträge: R. L., Zur Nothlage der schlesischen Handweber. In: Hausfreund für Stadt und Land. Nr. 3, v.
  17. Jan. und Nr. 4, v. 24. Jan. 1891; Die Not der Weber im Eulengebirge. In: Schlesische Volkszeitung. Nr. 33, v. 22. Jan.; Nr. 37, v. 24. Jan.; Nr. 39, v. 25. Jan.;
  Nr. 57, v. 6. Febr.; Nr. 87, v. 24. Febr. u. Nr. 165, v. 14. Apr. 1891; Zum Weberelend. In: Langenbielauer Wochenblatt. Nr. 6, v. 8. Jan. 1891 (Über Aussiedlungs-
  pläne der schlesischen Weber nach Ostpreußen); Die Noth im Eulengebirge. In:
  Hirschberger Tageblatt. Nr. 33, v. 8. Feb. 1891; Ein klares Bild von der Lage der
  Weber. In: Schlesische Volkszeitung. Nr. 71, v. 14. Febr. 1891 (der Beitrag enthält

genaue Angaben über die Reallöhne der Weber und die Arbeitszeiten, die in der Regel von 5 Uhr früh bis 9 Uhr abends dauerten); statistische Angaben über Löhne und Arbeitszeiten finden sich auch in einem Beitrag in der »Kreuz-Zeitung«. v. 15. Apr. 1891: »Zum Nothstand der Weber in Schlesien« (1,60 bis 2 Mk in der Woche als höchstes Einkommen). – *Audax*, Zur Weberfrage im schlesischen Gebirge. In: Breslauer General-Anzeiger. Nr. 44, 45, 46, v. 13., 14., 15. Febr. 1891; Was kann helfen? Weberelend im Eulengebirge. In: Schlesische Volkswacht. Nr. 43, 2. Febr. 1891; Die Nothlage der Weber im Glatzer Gebirge. In: Schlesische Zeitung. Nr. 205, v. 22. März 1891; Über die Webernot. In: National-Zeitung. Nr. 123, v. 23. Febr. 1891; Ch. *Meyer*, Die Webernoth in Schlesien. In: Tägliche Rundschau. Nr. 120, v. 27. Mai u. Nr. 121, v. 28. Mai 1891; Die Nothlage der arbeitenden Bevölkerung. In: Volkswacht. Nr. 252, v. 27. Okt. 1892. Dieser Bericht schildert drastisch die psychische und physische Verelendung der Weber und deren Ausbeutung durch die Fabrikanten: »Wir sind der Meinung, und die Geschichte beweist uns dies, solche Zustände haben nicht von jeher bestanden, können somit auch wieder abgeschafft werden. Die Profitwuth der Geldprotzen hat sie gezeitigt und das eifrige Bestreben derselben ist es, diese fluchwürdigen Zustände zu verewigen. Aber schon fängt auch hier die Socialdemokratie an, diesem ›Verewigen wollen‹ ein energisches ›Halt‹ zuzurufen.« Ein Bericht in der Nr. 62, v. 14. März 1893 der »Volkswacht« schildert die großen Epidemien (Hungertyphus) im Webergebiet; Das Weber-Elend im Eulengebirge. In: Berliner Abendpost. Nr. 19, v. 22. Jan. 1891; Weberelend. In: Vossische Zeitung. Nr. 39, v. 24. Jan. 1891; Zur Webernoth in der Grafschaft Glatz. In: Vossische Zeitung, v. 16. Apr. 1891; Zur Webernoth. In: Germania. Nr. 90, v. 22. Apr. 1891. Auch außerhalb der schlesischen und Berliner Presse wurde ausführlich über die Webermisere in Schlesien berichtet, vgl.: Münchner Neueste Nachrichten. Nr. 136, v. 25. März 1891, dort heißt es: »Übrigens hat sich ein Hilfskomitee, das im Anfang der Bewegung in jener Gegend zusammengetreten war, wohl auf einen Wink ›von Oben‹ schleunigst wieder aufgelöst und einen bereits versandten ›Aufruf‹ wieder zurückgezogen«. Einen instruktiven Bericht über die Situation bringt die Beilage zur »Allgemeinen Zeitung« (München) Nr. 107, v. 18. Apr. 1891; ebenso Die Nothlage der Schlesischen Weber. In: Hannoverscher Courier. Nr. 16988, v. 21. Apr. 1891.

2 E. *Klein*, Die Noth der Weber in der Grafschaft Glatz. In: Die Gartenlaube. Jg. 1891, 152–154; auch dieser Artikel wurde von zahlreichen Zeitungen im Reich nachgedruckt. Vgl. auch E. *Klein*, Zur Webernoth in der Grafschaft Glatz (Dank und Bericht) In: Kreuz-Zeitung. Nr. 101, v. 1. März 1891 (ausführlicher Rechenschaftsbericht Kleins).

3 Über die Tätigkeit der staatlichen Kommissionen berichtete kritisch ein Beitrag im Langenbielauer Wochenblatt. Nr. 105, v. 31. Dez. 1890. Die Mitglieder der Kommission hätten ihre Auskünfte fast durchweg aus zweiter Hand: »Es ist auch ein unästhetischer Anblick für die zarten Nerven eines Regierungspräsidenten, wenn er vielleicht in eine Weberwohnung kommt, welche einem Stall ähnlicher ist, als einer menschlichen Behausung.« Vgl. auch: Zur Handweberei. In: Neue Frensische Zeitung. Nr. 13, v. 9. Jan. 1892; Aufruf zu Spenden für die Weber. In: National-Zeitung. Nr. 31, v. 2. Febr. 1892; Über die Webersituation (Bericht über die Umschulung der Weberkinder) In: Breslauer Morgen-Zeitung. Nr. 82, v. 6. Apr. 1892; Hausindustrielle Organisation bei den Schlesischen Webern. In: Berliner Börsen-Zeitung. Nr. 135, v. 21. März 1891 (Bericht über eine Erkundigungsfahrt eines Mitglieds des Direktoriums des deutschen Offiziersvereins in die Weberdörfer. Der Offiziersverein versuchte durch Auftragsvergaben, den Webern zu helfen.).

4 Über 700 Weber hatten am 28. Apr. 1890 eine Petition an den Kaiser gerichtet und um Hilfsmaßnahmen gebeten; vgl. Reichenbacher Wochenblatt. Nr. 100, v. 14. Dez.

1890. Die Antwort darauf wird in dem Beitrag »Bescheid des Kaisers an die schlesischen Weber« in: Volkswacht. Nr. 87, v. 15. Apr. 1891 abgedruckt; der Kaiser hatte auf Grund der Kommissionsberichte die Petition abgewiesen.

5 Einblick in die behördeninterne Auseinandersetzung mit dem »Fall Klein« bietet die »Acta betr. Webernoth in der Grafschaft Glatz. Vol. I.« des Breslauer Präsidialamts. (zitiert als: »Acta betr. Webernoth«), besonders das Schreiben des Regierungspräsidenten vom 14. März (Bl. 61–63) über den »Gartenlaube«-Artikel Kleins und den Brief vom 3. Apr. (Bl. 180–189), der Klein Vernachlässigung der Amtsaufgaben vorwirft. Die Akten des Regierungspräsidenten enthalten zahlreiche anonyme Briefe Reinerzer Bürger gegen Klein. Ebenso aber finden sich in den Akten große Unterschriftensammlungen aus allen Schichten der Bürgerschaft, die für Klein votieren (vgl. Bl. 175–176, 200–206). Der Gemeindeschreiber von Reinerz hatte offenbar die Aufgabe, regelmäßig Berichte über Klein mit genauen Angaben auch über dessen Freundeskreis an die Breslauer Behörden zu liefern.

6 Die Wahrheit über den »Fall Klein«. In: Schlesische Volkszeitung. Nr. 521, v. 14. Nov. 1891.

7 Über Feldmanns agitatorische Tätigkeit berichtet der Artikel: Ein neuer Triumph der Sozialdemokratie in der Grafschaft Glatz. In: Langenbielauer Wochenblatt. Nr. 88, v. 11. Nov. 1891. Vgl. auch das Schreiben der Staatsanwaltschaft beim Landgericht Schweidnitz an den Regierungspräsidenten zu Breslau v. 10. Nov. 1893, in dem dieser eine Abschrift des Feldmann-Urteils (Akte: Arch. Panstwowe I 9868, Bl. 109 bis 122) schickt. Die »Schlesische Volkswacht« berichtet in der Nr. 239, v. 31. Mai 1891 von der Verurteilung zweier »Sozialistenführer«. Ein Schneidermeister August Klein hatte die Weber zum Mundraub und zum Aufstand aufgerufen, Max Baginski hatte die staatlichen Hilfsmaßnahmen öffentlich kritisiert. – In einem Brief des Reinerzer Amtsrichters vom 20. März 1891 an das Königliche Konsistorium zu Breslau berichtet dieser: »Die erste infolge der Kleinschen Bestrebungen hervorgerufene socialdemokratische Versammlung findet übermorgen statt.« (Acta betr. Webernoth, Bl. 132). – Andererseits nahmen selbstverständlich auch die sozialdemokratischen Blätter die Vorgänge um Klein und die aktuelle Webernot zum Anlaß, ihre publizistische Agitation zu verstärken. In dem Artikel »Wie ›macht‹ man Revolution?« In: Schlesische Volkswacht. Organ für die Interessen der Arbeiterklasse. Nr. 72, v. 26. März 1891 erinnert das sozialdemokratische Blatt an die Weberrevolte »Anfang 1845« und die damaligen Hilfsaufrufe eines Pastors Hepke. Die Parallele zu den Aktivitäten Kleins sei unübersehbar. Durchweg ist die Schilderung der gegenwärtigen Webernot in dem Artikel verbunden mit Vergleichen und Anspielungen auf den Weberaufstand der 40er Jahre. Beiträge dieser Art erschienen täglich in den sozialdemokratischen Parteizeitungen des Webergebiets.

8 Über die Erklärung vom 17. März 1891 vgl. Zur Webernoth in der Grafschaft Glatz. In: Königlich Berlinische Zeitung. Nr. 149, v. 1. Apr. 1891; ebenso: Die Webernoth im Eulengebirge. In: Schlesische Morgenzeitung. Nr. 77, v. 3. Apr. 1891; Die Stellung der Staatsbehörden zur Nothlage der Weber. In: Vossische Zeitung. Nr. 151, v. 2. Apr. 1891: »Nunmehr erhalten wir indessen von einem neuen Vorgehen des Regierungspräsidenten in Breslau Kenntniß, welches in hohem Maße zeigt, wie sich jedwede abhängige Person im Weberbezirke fortan hüten muß, von dem Nothstande zu reden.« – Zum Kapitel Webernoth in der Grafschaft Glatz. In: Echo des Heuscheuer- und Meuse-Gebirges. Nr. 13, v. 28. März 1891: Eine Gruppe Gemeindevorsteher, die sich zunächst öffentlich mit Klein solidarisch erklärt hatten, zogen diese Erklärung unter dem Druck der Behörde zurück. – Eine längere Notiz in der Freisinnigen Zeitung. Nr. 77, v. 3. Apr. 1891 berichtete von der »verantwortlichen Vernehmung« aller Gemeindevorsteher durch den Landrat wegen der von diesen unterschriebenen Erklärung zu Gunsten der Hilfsmaßnahmen von Klein im »Echo«. Scharfe Angriffe gegen die Regierung wegen des Vorgehens gegen Klein

bringt die Volks-Zeitung (Berlin), Nr. 93, v. 22. Apr. 1891; ebenso der Artikel: Gerechtigkeit! Zur Noth der schlesischen Weber. In: Leipziger Tages-Anzeiger. Nr. 93, v. 24. Apr. 1891.

9 Dr. *Schubert*, Zur Nothlage der Weber im Glatzer Gebirge. In: Berliner Zeitung. Nr. 58, 10. März 1891. Zum Schubert-Artikel vgl. auch: Zur Nothlage der Weber im Glatzer Gebirge. In: Berliner Zeitung. Nr. 68, v. 21. März 1891 (Gegenerklärungen einzelner Mitglieder von Hilfskommitees aus den Weberdörfern, die Schubert falsche Informationen nachweisen); Über die publizistische Fehde Klein-Schubert ausführlich der Beitrag in der Neuen Gebirgs-Zeitung. Nr. 24, v. 24. März 1891; ebenso: Über die Lage der schlesischen Handwerker. In: Liegnitzer Tageblatt. Nr. 73, v. 27. März 1891. Im Echo des Heuscheuer- und Meuse-Gebirges Nr. 12, v. 21. März 1891 erschien ein von 18 Bürgern aus Reinerz unterschriebener Beitrag gegen die Darstellung Schuberts »Zur Webernoth in der Grafschaft Glatz«. Die Solidaritätserklärung der Reinerzer Bürger für Klein bringt auch die Königlich privilegierte Berliner Zeitung. Nr. 134, v. 20. März 1891; die gleiche Zeitung druckt in der Nr. 141, v. 25. März 1891 einen größeren Artikel ab, der Schuberts Verharmlosung der Webernot widerlegen will, und in der Nr. 149, v. 1. Apr. 1891 einen Beitrag über weitere Unterschriftenaktionen für Klein, die das diesem von den kirchlichen Aufsichtsbehörden angedrohte Strafverfahren abwenden wollen. Dieser Beitrag enthält zahlreiche Auszüge aus den Protokollen der Notstandskommissionen, die durchweg Kleins Darstellung bestätigen. – In dem Artikel »Zur Webernoth in der Grafschaft Glatz« In: Berliner Zeitung. Nr. 75, v. 1. Apr. 1891 verteidigt sich Schubert gegen die Angriffe der Klein-Anhänger. Schubert behauptet, Klein treibe »einen Keil zwischen die Weber und ihre Arbeitgeber« und berichtet von der Androhung eines Fabrikanten Dierig, die Handweber künftig nicht mehr zu beschäftigen. »Es sind hier in unserer Gegend gegen 6000 Weber: rechnen wir pro Kopf pro Woche 5 Mk, so gehen dann der Gegend wöchentlich 30 000 Mk verloren.« In einem umfangreichen gegen Klein gerichteten Beitrag in der Schlesischen Volkszeitung. Nr. 151, v. 5. Apr. 1891 wird von der Unterstützung der »Kleinschen Agitation« durch das einfache Volk gesprochen, und: »Daß auf diese Weise die Masse des Volkes gegen die Regierung ausgespielt wird, ist so recht bezeichnend für die Gesinnungen, welche hier allmählich Platz gegriffen haben. Es ist dies umso beklagenswerther in einer Zeit, in welcher geistliche und weltliche Obrigkeit vereint ihren ganzen Einfluß aufbieten sollten, um die Autorität der Staatsgewalt nach Kräften zu stützen.« Der regierungsnahe »Reichsanzeiger« veröffentlichte eine Reihe von Artikeln, die bestätigen sollten, daß keine »acute Noth« herrsche, sondern nur die übliche, die bei schlechten Ernten auch andere Kleinhandwerkszweige treffe. In diesem Sinne agitierte auch die Norddeutsche Allgemeine Zeitung Nr. 177, v. 17. Apr. 1891 gegen Klein, wo es hieß: »Monate lang sind die manchesterlich-demokratischen Stimmungsmacher bestrebt gewesen, unter anderen sogenannten Beweisen für die Verkehrtheit der nationalen Wirthschaftspolitik auch die Noth der schlesischen Handweber über die Agitationsbühne marschiren zu lassen.« Gegen den Artikel in der »Norddeutschen Allgemeinen Zeitung« polemisiert heftig der Beitrag: Wer trägt die Hauptschuld am schlesischen Weberelend? In: Volkswacht. Nr. 96, v. 26. Apr. 1891: »Das unglückselige Volk der schlesischen Weber war das Opferlamm, welches auf dem Altare der preußischen internationalen Wirthschaftspolitik geschlachtet wurde.«

10 Ausführliche Berichte über den »Fall Klein«, die die Stufen der Eskalation in der Auseinandersetzung Kleins mit den Behörden dokumentieren, in: Neue Preußische Zeitung. Nr. 508, 30. Okt. 1891; Schlesische Zeitung. Nr. 756, v. 9. Okt. 1891 (mit Abdruck zahlreicher Berichte anderer Blätter); Breslauer Morgen-Zeitung. Nr. 256, v. 30. Okt. 1891. Eine ausführliche Dokumentation des ganzen »Falls« bringt »Die christliche Welt« (Das Verfahren des Schlesischen Konsistoriums gegen Pfarrer Klein). In: Nr. 46, v. 13. Nov. 1891; außerdem: Die Wahrheit über den »Fall Klein«. In:

Schlesische Volkszeitung. Nr. 521, v. 13. Nov. 1891. Das Ende des Falls Klein. In: Die christliche Welt. Nr. 13, v. 24. März 1892. In Berlin befaßte sich der Evangelische soziale Kongreß mit der Weberfrage, vgl. die ausführliche Notiz in: Schlesische Volkszeitung. Nr. 239, v. 31. Mai 1891; der Kongreß behandelte auch den Fall Klein und stellte fest, daß die Regierungsverfügung vom 17. März die evangelische Bevölkerung in Erregung versetzt habe.

11 Z. B. Die mehrhundertjährige Geschichte des schlesischen Weberelends. In: Schlesische Nachrichten. Nr. 13. v. 20. März 1891 und: Die schlesischen Weber in vergangenen Jahrhunderten. In: Volkswacht. Nr. 49, v. 26. u. Nr. 50, v. 27. Feb. 1895.

12 Von der Handweberei in der Grafschaft Glatz. In: Schlesische Zeitung. Nr. 238, v. 7. Apr. 1891. – Zahlreiche Zeitungen des Reichs druckten in diesen Monaten Weberlieder ab; Franz Feldmanns Verurteilung wegen des Abdrucks des Weberlieds im »Proletarier aus dem Eulengebirge« wurde bereits im Zusammenhang mit dem »Weber«-Prozeß erwähnt. Wegen Abdruck des Heineschen Weberlieds wurde in Thüringen ein Redakteur des »Thüringischen Volksfreunds« zu drei Monaten Gefängnis verurteilt; vgl. Schlesische Volkswacht. Nr. 69, v. 22. März 1891. »Neue Weberlieder« erschienen regelmäßig in den lokalen Zeitungen des Webergebiets.

13 Eine »Erklärung« gegen Kleins Darstellung in der »Gartenlaube«, die elf Garnausgeber, die in den Zeitungsberichten wie in Hauptmanns »Webern« als die eigentlichen Bösewichte hingestellt wurden, abgegeben hatten, veröffentlichte das »Echo des Heuscheuer- und Meuse-Gebirges« in der Nr. 11, v. 14. März 1891; die »Erklärung« wurde vielfach nachgedruckt.

14 Vgl. Notiz in der Berliner Zeitung. Nr. 75, v. 1. Apr. 1891.

15 Vgl. Acta betr. Webernoth, Bl. 109–123; in dem Protokoll über das Gespräch zwischen Klein und dem Schlesischen Generalsuperintendenten heißt es: »Pastor Klein zog die an die Deutsche Verlagsanstalt (Illustrierte Welt), Stuttgart, bereits abgesandten Photographien von Webertypen, Häusern und Stuben, auch während der Besprechung zurück. Ebenso erklärt er sich bereit, die Deutsche Verlagsanstalt zu bitten, einen von einem Dr. S. in Berlin zu diesen Bildern geschriebenen Aufsatz nicht zu veröffentlichen.«

16 Vgl. Brief des Königlichen Konsistoriums der Provinz Schlesien an Pastor Klein vom 21. März 1891 (Acta betr. Webernoth, Bl. 124–131).

17 In dem Bericht von A. *Schneer* (Anm. 18) heißt es: »Welches schreckenerregende Elend namentlich bei dieser letzten Klasse vorherrscht, davon kann sich die regste Phantasie keinen Begriff machen, alle Schilderungen, welche Tagesblätter und Zeitungen hiervon enthielten, bleiben, wenn man sie für noch so übertrieben halten wollte, weit hinter der Wirklichkeit zurück. Für Tausende von Familien mußte ein täglicher Verdienst von 9 Pf, den Mann, Frau und Kind erarbeiteten, oft für eine sechsköpfige Familie ausreichen«. (42 f.) Über die Gesamtlage und die mit den Wirtschaftskrisen regelmäßig verbundenen Hungertyphusepidemien vgl.: C. *Frahne,* Die Textilindustrie im Wirtschaftsleben Schlesiens. Ihre wirtschaftlichen und technischen Grundlagen, historisch-ökonomische Gestaltung und gegenwärtige Bedeutung, Tübingen 1905 (mit ausführlicher Bibliographie).

18 Es geht bei diesen Vorschlägen um die Verbesserung der Verkehrs- und Wirtschaftsstruktur des Gebiets, um staatliche Kapitalhilfen zur Anschaffung neuer Webstühle, um berufliche Umschulung der Weber und um ein Prämiensystem, das die Bevölkerung veranlassen soll, ihre Kinder in andere Berufszweige einzuweisen. Vgl. auch C. G. *Kries'* Arbeit: Über die Verhältnisse der Spinner und Weber in Schlesien und die Thätigkeit der Vereine zu ihrer Unterstützung, Breslau 1845, betont die außerordentliche Publizität, die das Weberelend durch Presse und zeitgenössische Literatur habe, und schildert drastisch die totale physische Verelendung der Weberbevölkerung, die dazu geführt habe, daß den Webern auch durch Umschulung oder Bereitstellung besserer Webstühle nicht mehr geholfen werden könne. A. *v. Minutoli*

ist einer der engagiertesten Sozialpolitiker, der sich der Weberfrage annimmt. Seine Darstellung: Die Lage der Weber und Spinner im Schlesischen Gebirge und die Maßregeln der Preußischen Staats-Regierung zur Verbesserung ihrer Lage, Berlin 1851 gibt eine Übersicht über die Hilfsmaßnahmen, die in den Weberdörfern durchgeführt wurden; auch wurde versucht, durch gesetzliche Verordnungen »betreffend die polizeilichen Verhältnisse des Leinen-Gewerbes in Schlesien und der Grafschaft Glatz« die Weber vor der gröbsten Willkür der Fabrikanten zu schützen. Minutolis Arbeit enthält einen Anhang, der mit einer Vielzahl von »Denkschriften« die Bemühungen um die Weberfrage dokumentiert. Dazu auch: *Magistrat und Kaufmanns-Sozietät in Landeshut,* Über den Schlesischen Leinwandhandel und die gegenwärtige Noth der Weber. Eine wahrhafte Darstellung, Breslau 1827; A. *Schneer,* Über die Not der Leinenarbeiter in Schlesien und die Mittel ihr abzuhelfen, Berlin 1844; F. *Ziegler,* Die sozialpolitischen Aufgaben auf dem Gebiete der Hausindustrie, Berlin-Hamburg 1890. A. *Kern,* Noch einiges zur Geschichte der Weber in Schlesien, Weimar 1895 (= Ztschr. f. Sozial- und Wirtschaftsgeschichte. 3). In G. Freytags Schilderung der: Sociale[n] Trauerspiele in der preußischen Provinz Schlesien. In: G. *Freytag,* Vermischte Aufsätze aus den Jahren 1848 bis 1894, hrsg. v. E. Elster, Leipzig 1903, 2. Bd., 319–332 ist die Rede davon, daß jede Hilfe im Grunde »nur eine Verlängerung des Todeskampfes« (330) bedeute, so weitgehend wäre der allgemeine Verfall der Weberbevölkerung bereits fortgeschritten. Von den verschiedensten Positionen aus wurden Analysen der Situation der Schlesischen Weber vorgetragen und Modelle zur Besserung ihrer Lage entwickelt, vgl. H. *Herkner,* Die soziale Reform als Gebot des wirtschaftlichen Fortschritts, Leipzig 1891 (bes. 62 ff. macht den Vergleich der schlesischen Weber mit dem Standard der Arbeiter anderer Gebiete des Reichs deren extreme Notlage deutlich), Ch. *Meyer,* Die schlesische Leinenindustrie und ihr Notstand, Leipzig 1893 (= Vierteljahrsschrift f. Volkswirtschaft, Politik u. Kulturgeschichte. 3) u. F. *Mehring,* Geschichte der deutschen Sozialdemokratie, Stuttgart 1897/98 (die Kapitel über die schlesischen Weber).

19 Fr. *Spielhagen,* Neue Beiträge zur Theorie und Technik der Epik und Dramatik, Leipzig 1898. – Ders., Gerhart Hauptmanns »Weber«. In: Das Magazin. 62 (1893), 144–145; ders., Rückblicke auf die Theatersaison 1892/93. In: Preuß. Jb. 72 (1893), 385–405.

20 Maßgebend waren hier die Arbeiten G. *Schmollers,* des wohl einflußreichsten Nationalökonomen dieser Zeit, besonders verwiesen sei auf seine Darstellung: Die Entwicklung und Krisis der deutschen Weberei im 19. Jahrhundert, Berlin 1873 (= Deutsche Zeit und Streitfragen. Flugschriften zur Kenntniß der Gegenwart II. Jg. H. 25). Schmoll- und Streitfragen. Flugschriften zur Kenntniß der Gegenwart II. Jg. H. 25). Schmoller charakterisiert ausführlich die Struktur der »Faktorenwirthschaft« dieses Industriezweiges: »Der Fabrikant kennt seine Arbeiter nicht, er weiß nicht, wen und wie viele Leute er beschäftigt, er hat nicht das Gefühl der Verantwortlichkeit [...] Die ohnedies bei der Gewebeindustrie sehr starken Wechsel der Nachfrage und der Conjunktur lasten dadurch doppelt schwer auf den Webern« (26). So stellten diese Bevölkerungsgruppen »die tiefste Stufe des Proletariats« (33) dar. Schmoller resümiert: »Der Staat und die besitzenden Klassen fangen an zu erkennen, daß sie ihr eigenes Grab sich bereiten, wenn ihnen die Hebung der unteren Klassen nicht gelingt.« (36) Vgl. auch die Arbeit von L. *Brentano,* Über die Ursachen der heutigen sozialen Not, Leipzig 1889 – Zur Problematik der Hausindustrie auch: R. *Wilbrandt,* Die Weber in der Gegenwart. Sozialpolitische Wanderungen durch die Haus-Weberei und die Webfabrik, Jena 1906; W. *Lochmüller,* Zur Entwicklung der Baumwollindustrie in Deutschland, Jena 1906; A. *Oppel,* Die deutsche Textilindustrie, Leipzig 1912; E. *Landauer,* Handel und Produktionsform in der Baumwollindustrie unter besonderer Berücksichtigung der lohnindustriellen Organisationsform, Tübingen 1912 (= Arch. f. Sozialwissenschaft u. Sozialpolitik. Ergänzungsheft 4). Landauer er-

läutert, daß die schlesische Weberei durch die Umgestaltung der Zollmaßnahmen 1871 und 1883 besonders hart betroffen wurde; der Rückstand in der technischen Entwicklung dieses Gebiets machte die Lage vollends »trostlos«: »Da die schlesischen Arbeiter für bessere Qualitäten meist zu unintelligent sind, so ist Schlesien auf die Veredelung der billigen Stapelartikel angewiesen. Bei diesen kann Schlesien mit Süddeutschland nur solange konkurrieren, als billigere Arbeitslöhne und Kohlen die Transportkostensätze zumindest aufwiegen.« (100) Durch Zollverordnungen fiel der österreichische Markt aus, und die schlesische Industrie mußte sich im Reich einen neuen Markt aufbauen. Eine »Reichsenquéte für die Baumwoll- und Leineninindustrie« (Berlin 1878) macht im Vergleich mit anderen Gebieten die hoffnungslose Lage der schlesischen Weberei deutlich. Die Krisenanfälligkeit der Webindustrie, die durch die langen Produktionswege, durch die enge Verflechtung mit dem Konjunkturbewegungen auf dem Weltmarkt und mit der Entwicklung der Bekleidungsmode bedingt ist, wird ausführlich in der Arbeit: »Die Störungen im deutschen Wirtschaftsleben während der Jahre 1900 ff. Erster Band: Textilindustrie. Mit Beiträgen von H. *Potthoff,* H. *Sybel,* K. *Kuntze,* hrsg. v. Verein für Socialpolitik, Leipzig 1903 (= Schriften des Vereins für Socialpolitik. 55) dargestellt. In dieser Arbeit wird besonders betont, daß die Sozialpolitik der Regierung in den 80er und 90er Jahren (Arbeiterschutzgesetzgebung, Versicherungswesen u. a.) die Hausweberei in Schlesien kaum erreichte, da die Heimarbeiter selten feste Verträge hatten und zumeist bei mehreren Verlegern gleichzeitig beschäftigt waren; dazu auch W. *Lochmüller* (33 ff.). So traf das in der Diskussion von Hauptmanns »Webern« immer wieder gegen das Stück ausgespielte Argument, die sozialen Verhältnisse der Arbeiter hätten sich durch die Bismarcksche Sozialreform entscheidend verbessert, für die schlesischen Weber der Jahre 1890/92 nicht zu. Vgl. auch A. *Schäfer,* Die schlesische Leinenindustrie nach einigen Gesichtspunkten der Gewerbezählungen von 1882, 1895, 1907, Diss. Würzburg 1921; J. *Musäus,* Die Leinenindustrie der Niederlausitz in Vergangenheit und Gegenwart, Diss. Halle 1922; O. *Schumann,* Die Landeshuter Leinenindustrie in Vergangenheit und Gegenwart. Ein Beitrag zur Geschichte der schlesischen Textilindustrie, Jena 1928 (bes. über die Krise von 1890; 68 ff.); J. *Kuczynski,* Studien zur Geschichte der zyklischen Überproduktion in Deutschland 1873–1914, Berlin 1961 (= Die Geschichte der Lage der Arbeiter unter dem Kapitalismus. 12) (ausführlich über die Krise von 1890/92 : 77 ff.); H. *Blumberg,* Die deutsche Textilindustrie in der industriellen Revolution, Berlin 1965 (ausführliche Bibliographie).

21 J. *Proelß,* Bei den darbenden Webern im Glatzer Gebirge. In: Die Gartenlaube. Jg. 1891, 271–275.

22 Dieser Differenzierung schließt sich weitgehend die Redaktion der »Gartenlaube« an, die in einem Nachwort zu den Berichten schreibt: »Fern hat es uns aber gelegen, mit unserem Hilferufe irgend einen einzelnen *Stand,* wie den vielfach selbst schwer bedrängten Garnausgebern, die Schuld an dem Elend der armen Weber aufzubürden. Dieses Unglück ist durch Ereignisse beeinflußt, für die einzelne nicht verantwortlich gemacht werden können [...] Nach den Beobachtungen und Erkundigungen unseres Berichterstatters ist die Lage der Handweberei in Schlesien heutigen Tages so beschaffen, daß allerdings weder die Fabrikanten noch die Garnausgeber an der Arbeit der Hausindustrie reich werden können.« (275) Hier lag zweifellos ein objektiver Unterschied zwischen der Darstellung der Gesamtsituation bei Hauptmann und der Situation der Webindustrie um 1892. Die Lage der Kleinfabrikanten vom Schlage Dreißigers und der Gruppe der Garnausgeber hatte sich in den neunziger Jahren infolge des fortgeschrittenen Verfallprozesses des gesamten Wirtschaftszweiges erheblich verschlechtert, diese Entwicklung traf jedoch die Hausweber in noch härterem Grade. – Zur Stellung der »Gartenlaube« zum Naturalismus vgl. die Arbeit von S. *Fischer,* Die Aufnahme des naturalistischen Theaters in der deutschen Zeitschriften-Presse (1887–1893), Diss. (FU) Berlin 1953.

23 Es ist eine in den sozialgeschichtlichen Analysen der Zeit und in der Presseberichterstattung immer wiederkehrende Bemerkung, daß die jungen Männer der Weberbezirke auf Grund ihrer physischen und psychischen Degeneration nicht einmal mehr
der Wehrpflicht nachkommen könnten.

24 A. *Zimmermann*, Blüthe und Verfall des Leinengewerbes in Schlesien, Breslau 1885.

25 Vgl. Zimmermanns Bericht, der Hauptmanns vornehmliche Quelle für das »Weber«-
Drama war: »Die Häuser waren nicht selten halb verfallen, oft fehlte ihnen selbst
der Schornstein, und der Rauch suchte durch ein Luftloch einen Ausweg. Seit 7 und
mehr Jahren hatten viele der Armen kein Kleidungsstück mehr kaufen können, die
Kinder gingen theilweise ganz nackt. In ihren Lumpen schämten sich die Leute zur
Kirche zu gehen, so fehlte ihnen auch der religiöse Trost [...] Ein 67 Jahre alter
Weber erzählte Schneer mit Freudenthränen, daß zu seinem Glück in der Nähe zwei
Pferde krepirt seien, die ihm und den Seinen eine Zeit lang Speise geboten. Viele
Weber verzehrten aus Hunger die saure, stinkende Schlichte [Klebflüssigkeit zum
Verfestigen und Glätten der Webgarne – M. B.]. Eine Familie hat in der Noth ein
Stück Brot gegessen, das sie einem alten Brauch zufolge 6 Jahre zuvor bei der Hoch-
zeit im Hause versteckt hatte.« (349)

26 A. *Zimmermann* (Anm. 24), 341; vgl. auch: H. *Schneider,* Die Widerspiegelung
des Weberaufstandes von 1844 in der zeitgenössischen Prosaliteratur. In: WB. 7
(1961), 255–277.

27 Über die Vereinstätigkeiten vgl. auch C. *Frahne* (Anm. 17), 146 f; Zimmermann
resümiert zu diesen Unterstellungen: »So sehr man in Berlin in Folge von Merchels
wiederholter Versicherung, daß ernste Noth gar nicht unter den Webern herrsche, zu
der Annahme geneigt war, daß sozialistisch und revolutionair gesinnte Agitatoren die
eigentlichen Urheber der Bewegung seien, so wenig fand man in den Thatsachen einen
Anhalt für diese Vermuthung.« (362)

28 A. *Schäfer* (Anm. 20), der eine ausführliche Analyse der Krisenstruktur der schlesischen Webindustrie durchführt, stellt fest: »Seit 1850 hat die Regierung die Leineinin-
dustrie, insbesondere die Weberei sich selbst überlassen.« (67) Bei *Zimmermann*
(Anm. 24) heißt es: »Die ewige Nothlage der schlesischen Weber ließ das Interesse
der regierenden Kreise für die Weberei immer mehr erkalten« (301).

29 M. *Baginski,* Gerhart Hauptmann unter den schlesischen Webern. In: Sozialistische
Monatshefte. 1. Bd. (1905), 151–157.

30 P. *Schlenther* weist in seiner Besprechung der »Weber« in der Glosse »Theater und
Musik« in: Vossische Zeitung (Berlin) Morgenausgabe. v. 27. Sept. 1894, 4–5 besonders darauf hin, daß auch Hauptmanns Quelle, die Arbeit von A. Zimmermann,
eine außerordentlich kritische Auseinandersetzung mit dem Problem enthalte, daß
dieser Arbeit aber nie umstürzlerische Tendenzen nachgesagt wurden. Die preußischen
Behörden hätten Zimmermann vielmehr mit Material zu seiner Arbeit versorgt. Der
wissenschaftliche Charakter dieser Studie, die zwar unter einem eindeutiger geschütz-
ten Recht der freien Meinungsäußerung stand als das Theater, hat diese andere Einschätzung allein wohl nicht bewirkt. Es war in erster Linie der konkrete politische
Kontext, in dem die beiden Darstellungen gesehen wurden, der ihre politische Dimension bestimmte. Zimmermann hatte, selbst im diplomatischen Dienst stehend,
seine kritische Studie dem kaisertreuen »Herrn Professor Dr. Gustav Schmoller
zugeeignet« und kam somit nie in den Verdacht, mit der als Umsturzpartei ver-
rufenen Sozialdemokratie zu sympathisieren. Dies aber traf für die jüngstdeutsche
Bewegung durchaus zu.

5. »Die Weber«: »Rührstück« oder Tragödie

1 Für die enthistorisierende Interpretation der »Weber« als Ideendrama sind in der bürgerlichen Hauptmannforschung die Arbeiten von K. S. *Guthke,* Die Bedeutung des
Leids im Werke Gerhart Hauptmanns. In: K. S. *Guthke* u. H. M. *Wolff,* Das Leid

im Werke Gerhart Hauptmanns, Bern 1958, 11–50 (den gleichen Ansatz nimmt die Arbeit von H. M. *Wolff* auf: Der alte Hilse. In: Das Leid im Werke Gerhart Hauptmanns. 65–73) und K. *May,* Hauptmann. Die Weber. In: Das deutsche Drama vom Barock bis zur Gegenwart. Interpretationen II, hrsg. v. B. v. Wiese, Düsseldorf 1964, 158–166 charakteristisch. – Nach Guthkes Ansicht kennzeichnet den Naturalismus die »Offenheit für die Nothaftigkeit menschlicher Existenz« (11), vor allem für die Not der Alltagswirklichkeit. Für die dichterische Intention des Naturalismus unterstellt Guthke, daß »das von den Naturalisten immer wieder dargestellte Weltbild bereits in seinen tiefsten, metaphysischen Wurzeln gefaßt« (11) sei; eine dieser »metaphysischen Wurzeln« aber sei das Leid. Diese Kategorie wird für Guthke zum Interpretationshorizont der »Weber«: Es »wurde in der naturalistischen Literatur das Leid, dessen man sich plötzlich bewußt wurde, nicht als vorfindliches realsoziologisches Phänomen lediglich diagnostisch konstatiert, sondern immer zugleich gedeutet und überwunden, indem es Anlaß wurde zum sendungsbewußten Pathos des sozialen, humanitären Aufrufs und Protests [...] Dem ethischen Aufrufcharakter der Elendslyrik und der Milieuromane des Naturalismus entspricht im Drama die Figur des Raisonneurs: also jene Gestalt, die die dargestellte Not im Sinne des naturalistischen Reformertums kommentiert und damit das Leid in einen Sinn- und Gedankenzusammenhang einordnet. Dieser bleibt jedoch gemäß der Denkweise des naturwissenschaftlichen Positivismus und des erstarkenden Sozialismus der Zeit ausschließlich lebensimmanent bezogen« (12). Inwieweit der Figurentyp, dem Guthke die Rolle des Raisonneurs zuweist, tatsächlich in dieser Funktion gesehen werden kann, wird noch zu prüfen sein. Es ist m. E. problematisch, wie Guthke die Perspektive der Leidüberwindung, die ihn das Stück als Darstellung des Menschlichen »sub specie aeternitatis« (21) deuten läßt, am Werk selbst begründet. Wenn Guthke für den alten Hilse in Anspruch nimmt, daß dieser in der sozialen Realität das Leid als transzendierenden Faktor erfahre und nicht er in seinem Sterben tragisch zu sehen sei, sondern vielmehr »die anderen Weber, denen in ihrem Leid und ihren diesseitigen Lebensbezügen nicht das Geschenk der jenseits gerichteten Gewißheit und Ewigkeitsschau zuteil wird« (22), so werden damit metaphysische Kategorien an das Stück herangetragen, die seinen historischen Charakter nicht mehr vermitteln. Eine Deutung der »Weber«, die die Hilse-Szene so ins Zentrum rückt, läuft Gefahr, das Kollektivschicksal der Weber in einer symbolischen Verkürzung (auf eine Figur) erklären zu müssen. – K. May sieht in den »Webern« ein »sozialhistorisches Schicksalsdrama« (160); dieser Begriff ist bezeichnend für seine Interpretation des Stücks. May weist die Auffassung zurück, »Die Weber« als literarische »Reproduktion« eines geschichtlichen Vorgangs zu begreifen. Das Schicksal des alten Hilse im letzten Akt, in dem May eine moralische Wertung des ganzen Stücks durch den Dichter selbst signalisiert sieht, die »hinter und über den Zusammenhängen einer physiologisch-psychologischen und soziologischen Wirklichkeit liegt« (165), transzendiere jede historisierende Deutung. May folgert daraus, daß der junge Hauptmann »aus einer profanen sozialistischen Theorie her nicht erschöpfend interpretiert werden kann«. (165 f.) So wenig wie Guthke vermag er jedoch die unterstellte Funktion der Hilse-Szene im Rahmen der Gesamtstruktur des Stücks zu begründen; betrachtet man den 5. Akt schon für sich, dann erscheint die dramaturgische Erklärung Fontanes, der Tod des alten Hilse sei lediglich ein Kunstgriff, der das Stück zum Abschluß bringe, m. E. noch einleuchtender.

2 P. *Mahn,* Gerhart Hauptmann und der moderne Realismus, Berlin 1894.

3 W. *Bölsche,* Gerhart Hauptmanns Webertragödie. In: Freie Bühne. 3 (1892), 180 bis 186.

4 Diese Deutung wird von J. *Bab,* Neue Wege zum Drama, Berlin 1911 aufgenommen. Hauptmanns »Weber« seien kein Produkt »sozialen Anteiles, politischen Interesses« (45). »Es ist nicht das soziale Gebilde, nicht die kämpfende Klasse, nicht die zerbrechende gesellschaftliche Form, die hier den Dichter interessiert, sondern

immer wieder nur die Menschenseele an sich und ihre göttliche Leidensfähigkeit, die ihn packte.« (45) Hauptmann sei allenfalls in dem Maß ein sozialer Dichter zu nennen, als er ein christlicher Dichter ist.

5 Th. *Fontane,* Hauptmann. Die Weber. In: Th. Fontane, Sämtliche Werke, hrsg. v. W. Keitel: Aufsätze, Kritiken, Erinnerungen, München 1969, 858–859.

6 Von einem Bruch der Schlußszene gegenüber den vorausgegangenen vier Akten gehen in ihren »Weber«-Interpretationen auch P. Szondi und K. May aus. F. Martini weist die These von einem Bruch zurück, ihm erscheint vielmehr die Hilse-Szene als von Anfang an angelegte Konsequenz, die aus dem durchgehenden Motiv der Erlösungssehnsucht resultiere.

7 Vgl. R. Grellings Berufungsbegründung zum Urteil des Bezirksausschusses.

8 Die Theatercensur in Berlin. In: Börsen-Courier. (Morgen-Ausgabe) v. 8. März 1893.

9 F. *Mauthner,* Allerlei Volksstücke. In: Das Magazin. 61 (1892), 127.

10 H. *Merian,* Die Dramen Gerhart Hauptmanns. In: Die Gesellschaft. 9 (1893), 1298 –1303; vgl. auch: Lumpe als Helden. In: Die Gesellschaft. 7 (1891).

11 P. *Schlenther,* Gerhart Hauptmann. Sein Lebensgang und seine Dichtung, Berlin 1898; vgl. *ders.,* In: Vossische Zeitung (Berlin). v. 26. Sept. 1894 (Morgenausgabe), 5 u. v. 27. Sept. 1894 (Morgenausgabe), 4–5. Die Deutung Schlenthers, »Die Weber« als »modernes Schicksalsdrama« zu begreifen, wird von E. *Sulger-Gebing,* Gerhart Hauptmann, Leipzig 1909 (= Aus Natur und Geisteswelt. 283) aufgenommen. Sulger-Gebing sieht die industrielle Entwicklung als moderne Schicksalsgröße, der der einzelne restlos ausgeliefert sei. (43) – Als »Rührstück« bzw. »Rührkomödie« klassifiziert W. *Kirchbach,* Alte und »moderne« Dramaturgie. In: Deutsche Dramaturgie. 1 (1894/95), 13–17 u. 49–57 »Die Weber«: »Was ist damit geholfen, daß die Reichen sich über solches Elend, daß der wohlhabende Bürger in Sentimentalität verfällt?! Erfahrungsgemäß hilft das zur Besserung der Zustände gar nichts; jede agitatorische Parlamentsrede, die mit ciceronischer Kunst verfährt, ist nützlicher als eine Dichtung, die beim größten Realismus eben doch schon der Form nach – Dichtung bleibt [...] Eine weit höhere Rührung, eine weit tiefere Erschütterung würde der Dichter erzeugt haben, wenn die ›moderne‹ Theorie ihn nicht verhindert hätte, die großen, ursächlichen wirtschaftlichen Zusammenhänge zu sehen, als deren Opfer die armen Weber bluten« (54). Die naturalistische Technik verstelle den Zusammenhang »des Charakters mit den historischen und ethischen Naturgesetzen der Gesellschaft und Gesellschaftsordnungen« (57). Diese Argumente hatten bereits F. Spielhagens Urteil über »Die Weber« bestimmt; er sah in Hauptmanns Stück eine grobe Vereinfachung in der Darstellung der Probleme der technischen und ökonomischen Entwicklung der Zeit. Hätte Hauptmann diese Faktoren berücksichtigt, würde er, so meint Spielhagen, wohl festgestellt haben, »daß dieses Elend [...] entstehen mußte infolge schlimmer Handelskonjunkturen und des unaufhaltsamen Umschwunges, der sich in eben jener Zeit in der Textilindustrie vollzog und Maschinenarbeit anstatt der landläufigen Handarbeit gebieterisch forderte zum Verderben derer, die dieser Forderung nicht nachkommen wollten, und so freilich dem Elend rettungslos preisgegeben waren. Von dieser ruhig-objektiven Betrachtung der Dinge, die der Wissenschaft heilig ist, weiß Hauptmann in seinem Drama nichts. Ich gebe zu, hätte er davon gewußt oder wissen wollen und, wie die Noth der Arbeiter, so die Hilflosigkeit der Arbeitgeber gegenüber Verhältnissen, die ihnen über den Kopf wuchsen, mit den entsprechenden kräftigen Farben geschildert, – der ungeheuren Wirkung, die sein Stück jetzt hat, würde es sicher ermangeln.« (285 f.) D. h. die erschütternde Wirkung der »Weber« wurde auf Kosten der »Wahrheit und Objektivität« der Darstellung erreicht. Vgl. Fr. *Spielhagen,* Neue Beiträge zur Theorie und Technik der Epik und Dramatik, Leipzig 1898. Ähnlich argumentiert M. *Harden,* Die Weber. In: Die Zukunft. (Berlin) v. 11. März 1893, 467–470: »Deshalb glaube ich auch,

daß der weitaus größte Theil des Beifalls, den das Schauspiel des Herrn Hauptmann gefunden hat, den sozialen Instinkten und nicht der künstlerischen Befriedigung entstammt. Und weil vor diesem Schauspiel aus den vierziger Jahren heute selbst der verhärtetste Ausbeuter sich bekreuzigen und beschwören kann, daß er nicht ist wie der Fabrikant aus Peterswaldau, deshalb bin ich auch überzeugt, daß die vereinigte Plutokratie von Berlin eines Tages noch diesen illuminirten Freskobildern tobenden Beifall klatschen wird.« (468)

12 A. *Auerbach,* Gerhart Hauptmann's »De Waber« (Die Weber). Schauspiel aus den vierziger Jahren. In: Der Socialist. v. 10. Dez. 1892, 4; v. 17. Dez. 1892, 4–5 und v. 26. Dez. 1892 (Beilage), 3–4.

13 E. *Schlaikjer,* Soziales aus Dramen von Gerhart Hauptmann. I, II, III, IV. In: Der Sozialdemokrat. v. 31. Mai, 7. u. 28. Juni, 2. Aug. 1894; Schlaikjers politische Beanspruchung der Literatur des Naturalismus als proletarische Literatur wird auch ganz eindeutig vorgetragen in dem Beitrag: Die Befreiung der Kunst. In: Die Neue Zeit. 14, 1 (1895/96), 69–77. In diesem Aufsatz wird der Kunst kein Freiraum gegegenüber den Klassenkampfinteressen eingeräumt. Möglicherweise erfolgte diese Verschärfung der Argumentation in der Folge der Parteitagsauseinandersetzungen von 1896. Bezogen auf Hauptmann, Ibsen und Strindberg resümiert Schlaikjer: »Es mag sein, daß diese Dichter nicht dem Proletariat entstammen, vielleicht der Weltanschauung nach nicht einmal dazu gehören, jedenfalls aber waren ihre Interessen als geistige Arbeiter, deren Arbeit ebenfalls der kapitalistischen Ausbeutung unterlag, denen der Bourgeoisie entgegengesetzt und ihre Dichtungen entstanden aus feindlichen Konflikten mit der bürgerlichen Welt.« (651) Die Redaktion der »Neuen Zeit« macht zu diesem Aufsatz Schlaikjers den korrigierenden Vermerk, daß die genannten Autoren wohl kaum »proletarisch« genannt werden könnten und sie beschreibt deren gesellschaftliches Bewußtsein, wenn sie feststellt: »Hinter dem Antikapitalismus dieser Gruppe, der Ibsen, Tolstoj etc., vielleicht auch Hauptmann's, wenn wir sein ›Hannele‹ recht verstehen, steckt ebenso viel reaktionäre Mystik als revolutionärer Materialismus.« (651 Fußnote)

14 »Die Situation, aus der die Erhebung herauswächst, ist mit Scharfblick gekennzeichnet. Die letzte wirthschaftliche Ursache – das Endglied einer langen Kette kapitalistischer Mißhandlungen – ist die Lohnreduktion auf 10 Silbergroschen fürs Gewebe. Der ökonomischen Ausbeutung entspricht in der politischen Verwaltung als nothwendige Begleiterscheinung eine freiheitsfeindliche Handhabung des Rechts, eine naturgesetzliche Folge des inneren Zusammenhanges, der zwischen den privaten Machthabern und der öffentlichen Macht (Regierung) besteht. Wenn der ökonomische Druck wächst, wird durch politische Vergewaltigung der Versuch gemacht, das ausgebeutete Volk im Zustand der Ruhe zu erhalten. Ein infames Polizeisystem, das Denunzianten und Spitzel züchtet, wird über das Land verhängt. Mißliebige Personen werden durch allerlei erlaubte und unerlaubte Mittelchen chikanirt. Dem ehrlich-groben Schmied Wittich werden die Kunden abwendig gemacht. Brutale Lümmel, wie der Gendarm Kutsche, greifen in die Privatbeziehungen der Bürger ein, und hündische Naturen wie der Tischler Wiegand machen sich zu ihren freiwilligen Helfershelfern. Der Presse geht es, wie immer in solchen Zeitläuften, besonders schlimm. ›Hergelaufene Skribenten‹ – ›Schauergeschichten‹ – ›Preßhunde‹ – man wähnt sich in einen modernen Gerichtssaal versetzt.« (61)

15 H. *Herting,* Der Aufschwung der Arbeiterbewegung um 1890 und ihr Einfluß auf die Literatur, Diss. Berlin (Inst. f. Gesellschaftswiss. b. ZK d. SED) 1961.

16 Herting weist auf die verschiedenen Stufen des proletarischen Kampfes und beruft sich auf eine Bemerkung von K. *Marx* in den »Kritischen Randglossen« zu dem Artikel »Der König von Preußen und die Sozialreform. Von einem Preußen«, wo es heißt, daß keiner der englischen oder französischen Arbeiteraufstände »einen

so theoretischen und bewußten Charakter besaß wie der schlesische Weberaufstand«. (*Marx/Engels,* Über Kunst und Literatur II, Frankfurt 1968, 227) – Die Richtigkeit dieser historischen Analyse von Marx sei dahingestellt, in Hauptmanns »Weber«-Dichtung ist der Vorgang als spontan ausbrechende, unorganisierte Revolte dargestellt.

17 H. J. *Geerdts,* Gerhart Hauptmann: Die Weber, Diss. Jena 1952.

18 Naturalismus 1892–1899. Dramen, Lyrik, Prosa, hrsg. u. m. e. Nachwort v. U. *Münchow,* Berlin-Weimar 1970.

III. Sozialdemokratie als »Umsturzpartei« – Naturalismus als literarischer Anarchismus

1. Sozialdemokratie und Naturalismus als Ausdruck antibürgerlichen Materialismus

1 J. *Volkelt,* Dichtung und Wahrheit. Ein Beitrag zur Kritik der Aesthetik des Naturalismus. In: Beilage zur Allgemeinen Zeitung. 1890, Nr. 4 (Beilage Nr. 3), 1–3; Nr. 6 (Beilage Nr. 4), 2–3; Nr. 7 (Beilage Nr. 5), 2. Vgl. dazu auch den Bericht über einen Vortrag Volkelts zum gleichen Thema von F. *Hammer* in: Die Gesellschaft. 6 (1890), 286–288 und M. G. *Conrads* Erwiderung: Professor Volkelt und der deutsche Realismus. In: Die Gesellschaft. 6 (1890), 317–326: ebenso F. *Hammer,* Zur realistischen Bewegung. In: Die Gesellschaft. 6 (1890), 134.

2 J. *Volkelt,* Vorträge zur Einführung in die Philosophie der Gegenwart, München 1892.

3 J. *Volkelt,* Ästhetische Zeitfragen, München 1895.

4 J. *Volkelt,* (Anm. 2) 3–29.

5 Der Vortrag »Philosophie und Kultur« (Anm. 2, 167–197) verschärft den Angriff gegen den Sozialismus noch mehr. Nachlassendes Pflichtgefühl sei das Resultat der politischen Emanzipation der Arbeiter; Zuchtlosigkeit und Bestialität die Folgen, wenn jene Triebfedern fehlten, »die aus dem Kampfe mit den sozialen Zufällen und Nöten des Lebens, aus der Sorge um Eigentum, um Erhaltung der Familie, aus der Gewißheit, durch eigene Kraft die äußere Lebensgestaltung heben zu können, entspringen«. (183) Volkelt sieht in den Kampf um die soziale Sicherheit ein moralisches Regulativ in der Gesellschaft; diese Position erweist sich damit als reiner Sozialdarwinismus. Sozialismus setzt Volkelt gleich mit Epikurismus. Seine Argumentation macht die gesellschaftspolitische und ideologische Funktion literarischer Kritik aus diesem Lager offenkundig, sie versteht sich erklärtermaßen als Affirmation der bestehenden gesellschaftlichen Klassenordnung.

6 So bezeichnet auch E. *Kraus* in der Schrift: Romantik und Naturalismus. Litterarische Kreuz- und Quersprünge, Mitau 1891 den Naturalismus als den »dichterische[n] Ausfluß der modernen Nervosität, der tiefen körperlichen und seelischen Verstimmung unserer Zeit«. (16) Kraus identifiziert die Naturalisten jedoch nicht mit dem Sozialismus sondern unterstellt ihnen auch gegenüber der politischen Bewegung eine kritische Haltung; mit Bezug auf Loth heißt es, daß der Naturalismus die »Hetzereien der Volksaufwiegler« (31) entlarve. Die »naturalistische Epidemie« bezeichnet L. v. Sacher-Masoch als »kranke Literatur für ein krankes Publikum« (393); vor allem auch wird hier die Kommerzialisierung des Literaturbetriebs hervorgehoben, die sich erstmals aus der Produktion von Massenliteratur ergebe. Vgl. Die naturalistische Epidemie. In: Die Gesellschaft. 35 (1889), 390–393. – Der Versuch von M. *Harden,* von der Position des konvervativen Kritikers aus den Naturalismus begrifflich schärfer zu fassen, kommt zu der These, daß in dem artistischen Ansatz (d. h. der Überbetonung der technischen Mittel und deren Selbstzweck) und der Zugehörigkeit zur »Bewegung der décadence« (d. h. thematische

Fixierung auf vermeintliche Randphänomene des Sozialen und deren Verzerrung) das Wesen der literarischen Moderne liege; vgl. M. *Harden,* Naturalismus. In: Die Gegenwart. 37 (1890), 339–343. – Als Formalismus und in der Tradition des Manierismus stehend, charakterisiert R. *Prölß* den Naturalismus; die Verfeinerung der technischen Mittel sei zum Selbstzweck geworden. Vgl. Katechismus der Dramaturgie, Leipzig (2. Aufl.) 1899 (= Webers Illustrierte Katechismen).

7 Durch die Maschinenarbeit wäre »jene gesund und froh machende Wirkung, jene sittliche Befriedigung, die von der Arbeit ausgeht« (189) verloren gegangen; Volkelt übersieht allerdings, daß es sich dabei um eine Entwicklung handelt, die eben von jener Gesellschaftsschicht getragen wird, die die Arbeiterbewegung politisch bekämpft.

8 Vgl. für das Ende der 80er Jahre auch G. *Oertel,* Die litterarischen Strömungen der neuesten Zeit, insbesondere die sogenannten »Jungdeutschen«, Heilbronn 1887 (= Zeitfragen des christlichen Volkslebens 13, Heft 3). Oertel entwickelt eine dezidierte Naturalismuskritik vom Standpunkt des christlich-bürgerlichen Denkens aus. Der Naturalismus wird eindeutig als sozialistische Bewegung klassifiziert, die sich den großen Zeitfragen entziehe und sich unmittelbar in den politischen Parteikämpfen binde. »Die meisten Jünger der neuen Schule sind Vorkämpfer des *vierten Standes,* Bannerträger der *sozialen Revolution*«. (53) Der soziale Kampf der Übergangszeit lasse eine »vorurteilsfreie« Zeitliteratur nicht aufkommen. Oertels Arbeit macht die Denk- und Zuordnungsschablonen der konservativen Kritik in ihrer undifferenziertesten Form deutlich. Als bloße Libertinage und Freigeisterei bezeichnet W. *Kirchbach* in dem Pamphlet: Realismus, Idealismus, Naturalismus in den gegenwärtigen europäischen Literaturen. In: Das Magazin. 57 (1888), 681–686 und 701–704 den literarischen Naturalismus, ihm sei allein mit weltanschaulicher Kritik zu begegnen.

9 K. *Frenzel,* Der moderne Realismus. In: Vom Fels zum Meer. Jg. 1891, 156–160.

10 Vgl. den gleichen Argumentationsansatz in M. *Hardens* »Weber«-Analyse.

11 K. *Frenzel,* Die Berliner Theater (u. a. über A. *Holz/* J. *Schlaf*: Familie Selicke). In: Deutsche Rundschau. 63 (1890), 447–461.

12 Zur Position K. Frenzels, der als einer der profiliertesten Kritiker seiner Zeit gelten kann, vgl. die Arbeit von W. *Haacke,* Julius Rodenberg und die Deutsche Rundschau. Eine Studie zur Publizistik des deutschen Liberalismus (1870–1918), Heidelberg 1950 (= Beiträge zur Publizistik. 2). Frenzel vertritt zusammen mit J. Rodenberg, dem Gründer der »Deutschen Rundschau«, die ideologische Stellung des national gesinnten konservativen Bürgertums, das den Naturalismus aus seinem politischen und weltanschaulichen Gegensatz zur Sozialdemokratie, mit der es die literarische Bewegung identifizierte, ablehnte. Für diesen Standpunkt ist die Arbeit von P. D. *Fischer,* Betrachtungen eines in Deutschland reisenden Deutschen. In: Deutsche Rundschau. 79 (1894), 19–38 auf Grund der Naivität ihrer agitatorischen Argumentation ein extremes Beispiel, sie veranschaulicht gleichzeitig die Alltagsperspektive des konservativen Bürgers auf die Arbeiterbewegung. Fischer spricht von einer systematischen Verhetzung der Arbeiter durch die Sozialdemokratie wie durch die naturalistische Literatur. Ein Indiz für die umstürzlerischen Tendenzen der Sozialdemokratie sind ihm Hauptmanns »Weber«. Gerade an diesem Beispiel werde die politische Manipulation und Hetze besonders deutlich, da die soziale Situation der Arbeiterschaft der 90er Jahre mit dem in dem Stück gezeigten Elend nicht vergleichbar sei. Fischer argumentiert: »Ich habe in den Putzmacherläden in St. Johann oder in Gelsenkirchen von Arbeitern Damenhüte kaufen sehen, vor deren glänzender Ausstattung sich der meiner Frau verstecken konnte.« (32) Auch seien die gemeinsame Benutzung der öffentlichen Verkehrsmittel etc. Grund genug, die Klassengegensätze als kein aktuelles Problem mehr zu betrachten. An die naturalistischen Literaten erfolgt die Mahnung: »Wissen die Herren, die ihre Fabrikanten zu Theaterbösewichten machen,

denn nicht, daß die Arbeiter diese Geschöpfe für Wirklichkeit nehmen und darin eine greifbare Bestätigung der Irrlehren erblicken, die ihnen tagtäglich beigebracht werden?« (35 f.)

2. Sozialdemokratie und Naturalismus als antibürgerliche Internationale

1 E. *Bauer,* Die »Modernen« in Berlin und München. In: Das Zwanzigste Jahrhundert. 1, 2 (1891), 768–781.

2 In der von Bauer herausgegebenen Zeitschrift wird der Naturalismus mit dem ideologischen Programm der »demokratisch kosmopolitischen Menschheitsideale« identifiziert, als deren vornehmlichster Träger das internationale Judentum angesehen wird. Bauer verweist auf die Rolle, die O. Brahm und S. Fischer im Zusammenhang mit der »Freien Bühne« spielen. Eine Reihe von Beiträgen in der Zeitschrift »Das Zwanzigste Jahrhundert« beklagen den Verfall der deutschen Literatur als Folge des Einflusses der »internationalen naturalistischen Bewegung«. Dabei wird der Kontext naturalistisch - sozialistisch - materialistisch - international - undeutsch systematisch als Feindfolie aufgebaut. Exemplarisch für diese Rezeptionsebene ist die Beitragsreihe von F. *Lienhard,* Nationale Ästhetik. In: Das Zwanzigste Jahrundert. 2 (1891/92), 1255–1260; Wie die deutschen Theater die Kunst fördern. In: ebda. 3 (1892/93), 394–405; Echt deutsche Kunst? In: ebda. 4 (1893/94), 149–158; Ein Angriff auf deutsche Volkskunst. In: ebda. 4 (1894/95), 430–446; Deutsche Volksbühnen! In: ebda. 4 (1893/94), 437–441; ebenso die Arbeit von A. *v. Westarp,* Der Verfall der deutschen Bühne. In: ebda. 2 (1891/92), 780–792. Es ist bezeichnend, daß das Vokabular dieser Naturalismuskritik von der völkisch-nationalen Literaturwissenschaft nach 1930 wieder aufgegriffen wird; so folgert G. *Ramseger* in der Arbeit: Literarische Zeitschriften um die Jahrhundertwende unter besonderer Berücksichtigung der »Insel«, Berlin 1941 (= Germanische Studien. 231), der »Versuch, die Erscheinung des Naturalismus zu einer umgestaltenden Revolution zu stempeln, war das Werk einer Propaganda Artfremder, die mit Hilfe dieser ›Revolution‹ sich in den literarischen Betrieb einschalten wollten«. (51) Ramseger interpretiert den Naturalismus als Dekadenzkunst, die vom internationalen Judentum getragen worden sei; psychologische Zergliederung, Großstadtthematik und die Reize des Nervös-Sensiblen seien für diese Literatur charakteristisch. Es ließe sich an einer Fülle von Beispielen im Vokabular auch anderer Arbeiten dieser Zeit zeigen, daß zahlreiche Wertungen der völkisch-nationalistischen Literaturkritik ihre Vorläuferschaft in den Beiträgen jener konservativ-deutschnationalen Kritikergruppe haben, für die in den 90er Jahren der Antisemitismus (in Verbindung mit der Naturalismuskritik) das ideologische Bindeglied darstellte. Figuren wie F. Lienhard und A. Bartels sind beispielhaft für diese Einstellung, die sich besonders im Zusammenhang mit den Wirtschaftskrisen in den 90er Jahren ausbildete und vor allem die mittelständischen Schichten erfaßte. Vgl. dazu auch D. *Stegmanns* Resümée: Der Antisemitismus blieb »das Palliativ gegen alle die Gewalten, die daran interessiert waren, das bestehende soziale Gefüge zu verändern: Der Freisinn, der ›jüdische Liberalismus‹ und die Sozialdemokratie waren die Hauptgegner der konservativen Agitation«. (23) Dieser ideologische Konsensus ging restlos in die Naturalismuskritik der 90er Jahre ein.

3 H. *Rosenberg,* Große Depression und Bismarckzeit. 88 f.

4 B. *Litzmann,* Das deutsche Drama in den litterarischen Bewegungen der Gegenwart, Hamburg u. Leipzig 1894.

5 Litzman polemisiert vor allem auch gegen die Programmatik der Modernität, die diese Bewegung trage und sie zugleich als »international« und »antinational« charakterisiere. »Der gemeinsame Nährboden, aus dem dieses Ideal seine Nahrung zieht, ist leider die moderne Nervosität und Hysterie. Auf diesem Grund entwickeln sich je nach der Individualität, dem Bildungsgang, dem Temperament, die heterogensten

Erscheinungen: krassester Materialismus, mystischer Spiritismus, demokratischer Anarchismus, aristokratischer Individualismus, pandemische Erotik, sinn-abtötende Erotik.« (119) In diesen Formeln sind die Feindschablonen der konservativen Naturalismuskritik zusammengefaßt. – Gegen eine Identifizierung von »sozialdemokratisch« und »Moderne« richtet sich aus einer deutlich national argumentierenden Polemik F. *Lienhard* (Anm. 2). J. E. *v. Grotthuß*, der eine scharfe Kritik an Hauptmanns »Vor Sonnenaufgang« entwickelt, spricht von einer »dramatischen Internationale«; vgl. Die dramatische Internationale (u. a. über G. Hauptmann: Vor Sonnenaufgang). In: Velhagen und Klasings Neue Monatshefte. 1 (1889/90), 591–601.

3. Sozialdemokratie und Naturalismus als politischer und ästhetischer Anarchismus

1 H. *Bulthaupt*, Theater und Gesellschaft. In: Deutsche Revue. 19, 3 (1894), 163–178.
2 Das Stück war von Jean Thorel übersetzt worden: Gérard Hauptmann. Les Tisserands, drame en 5 actes, en prose, traduction française de M. Jean *Thorel* (Paris, Théâtre-libre, 29. mai 1893) Paris 1893. Im Vorwort der Ausgabe heißt es: »Les sectaires du socialisme ont proclamé que c'était là un drame socialiste. Nous ignorons si M. Hauptmann a jamais adhéré à aucun parti révolutionnaire, et cela nous importe peu, car si vraiment la représentation publique des *Tisserands* peut exciter à la haine et aux luttes violentes que peut toujours déchaîner la haine, ce serait uniquement parce que la pièce ne serait pas entièrement comprise des spectateurs. M. Hauptmann a écrit, non pas un plaidoyer socialiste, mais une œuvre bien plus profonde, bien plus belle, et, ajoutons-nous, bien plus utile: il a écrit de drame de la misère. Et nous pensons que dans une société que son effroyable égoïsme mène à la ruine, rien n'est plus utile que de montrer par tous les moyens, aux puissants et aux fortunés du jour, la misère qu'ils veulent trop ignorer. Nous n'avons pas la naïveté de penser qu'au sortir de chez M. Antoine tous ses abonnés allaient se précipiter chez leur notaire pour rédiger immédiatement, en faveur des pauvres, un acte de renonciation à leur fortune; nous irgnorons aussi si jamais la douleur, ou même seulement la misère matérielle, sera vaincue dans le monde; mais, tant qu'il existera de la douleur, tant qu'il y aura de la misère, le premier devoir de tout être humain et de toute société sera de chercher à y remédier; et on n'a pas encore trouvé de meilleur moyen d'exciter la pitié que de montrer la souffrance. Que les humbles ne puissent pas comprendre toute la souffrance qu'il peut aussi y avoir chez ceux qu'ils croient les heureux du monde, c'est trop naturel, et nous n'avons pas à nous en étonner. Que leur haine grandisse contre la société, c'est un malheur, mais c'est un malheur inévitable, et c'est la société elle-même qui doit porter la responsabilité de ce mal, tant qu'elle ne travaillera pas à l'extirper, par le seul moyen salutaire qui existe: se guérir de son égoïsme.« (VI f.) Thorel übersetzte auch »Hanneles Himmelfahrt«: »L'Assomption de Hannele Mattern, drame de rêve en deux parties [...] (Paris, Théâtre-libre, 1er fêvrier 1894), Paris 1894.
3 Gerhart *Hauptmann*. Âmes solitaires, drame. Traduction d'Alexandre Cohen (Paris, l'Œuvre, 12. décembre 1893), Paris 1894.
4 Dazu J. *Maitron,* Histoire du Mouvement anarchiste en France (1880–1914), Paris 1951; über Cohen 233, über Vaillant 212 ff.. Maitron bietet eine ausführliche Übersicht auch über alle publizistischen Aktivitäten der französischen Anarchisten. Vgl. auch F. *Dubois,* Die Anarchistische Gefahr (Le Péril Anarchiste) übersetzt v. M. Trüdjen, Amsterdam 1894, bes. 37 ff., über das Attentat von Vaillant am 9. Dez. 1893 auf die Deputiertenkammer 171 ff.. Die Darstellung von J. M. Gros, Le mouvement littéraire socialiste depuis 1830, Paris o. J. geht besonders auf das Theater in den 80er und 90er Jahren in Paris ein (305 ff.); an der Spitze der ausländischen Autoren stand eindeutig G. Hauptmann (310).
5 Das Sitzungsprotokoll findet sich in den: Annales de la Chambre des Députés.

Session Ord. N. S. T. 42, Paris 1895, 67–70. Der Abgeordnete Paul *Vigné*, der die »interpellation« an die Adresse der Regierung, vor allem den Innenminister Raynal, eingebracht hatte, stellte die Vorgänge am Théâtre l'Œuvre so dar:
»Voici les faits.

Le 13 du mois dernier, la troupe de l'Œuvre se disposait à représenter sur la scène des Bouffes-du-Nord un drame en cinq actes de M. Gérard Hauptmann, traduit de l'allemand en français par M. Alexandre Cohen.

La répétition générale avait déjà eu lieu, les affiches avaient été apposées, les invitations lancées, toutes les places louées, lorsque, quelques heures avant le lever du rideau, la préfecture de police signifiait brutalement à la direction de l'Œuvre l'interdiction de la pièce. Grande fut la stupeur de tous les intéressés et profond leur désappointement; d'autant plus que la société de l'Œuvre n'est pas une société d'industriels, fondée pour l'exploitation d'un théâtre vulgaire; elle traverse la période toujours difficile des débuts. Ceux qui la composent ont pour but de faire connaître au public français les chefs-d'œuvre de la littérature dramatique étrangère; ce sont des initiateurs à l'instar de notre honorable collègue M. de Vogüé, dont les travaux ont éclairé d'un jour si intense la littérature jusque-là peu connue de nos amis les Russes.

Malheureusement, les sociétaires n'ont pour que leur jeunesse, leur intelligence et le culte du beau. Sans doute, ils ont eu les approbations, les félicitations des artistes, des lettrés, de tous ceux qui veulent maintenir la France à la tète du mouvement artistique et littéraire; mais de la part du Gouvernement, ils ne connaissent encore en fait d'encouragements que les ukases draconiens de la préfecture de police.

Vous le voyez, nous sommes encore loin de la République athénienne rêvée par Gambetta.

Ceci dit, il convient de se demander quels mobiles ont pu pousser la préfecture de police à prendre à l'égard de la pièce *Ames solitaires* une mesure dont personne ne contestera la gravité et sur laquelle je tiens à avoir les explications les plus nettes du ministre de l'intérieur.

Serait-ce, messieurs, le lieu d'origine de la pièce? Cela me parait impossible. La pièce, il est vrai, est d'origine allemande. Si dans l'ordre economique on peut hésiter entre le système du libre-échange et celui de la protection, il n'en est pas de même dans l'ordre littéraire, où la liberté des échanges fut toujours considérée comme chose sacrée, l'encombrement n'étant pas à craindre sur le marché des idées.

Je ferais tort à votre culture, messieurs, en vous disant, ce que vous savez tous, que les nations les plus jalouses de leur patrimoine intelectuel virent toujours dans un commerce suivi avec leurs voisines le meilleur moyen d'entretenir et d'accroître leur propre vie artistique et littéraire. (*Très bien! très bien! sur divers bancs.*)

Vous n'ignorez pas ce que nos classiques durent à la littérature espagnole et la part d'influence qu'exerça l'Allemagne sur le grand mouvement romantique qui restera l'honneur de notre siècle.

Si l'internationalisme des frontières est une de ces doctrines honteuses que tous ici nous répudions, il n'en est pas de même de l'internationalisme des idées. Il convient d'affirmer bien haut cet axiome tant de fois émis par les plus grands esprits de tous les âges, que la pensée humaine n'a pas de patrie et que de ses manifestations glorieuses tout le monde a le droit d'être fier. Gœthe, Shakespeare, Corneille n'appartiennent exclusivement ni à l'Allemagne, ni à l'Angleterre, ni à la France, ils sont à quiconque a le pouvoir de les admirer, et cette fraternité intellectuelle de la science, de la littérature et de l'art où les nations semblent communier dans le culte du vrai et du beau, n'est-elle pas la chose la plus consolante à cette triste époque de militarisme haineux que nous traversons? (*Applaudissements à l'extrême gauche.*)

Donc, pour que le ministre de l'intérieur ait laissé la préfecture de police porter atteinte à une liberté aussi sacrée, il a fallu des motifs autrement graves que le pays d'origine de la pièce: il n'a fallu rien moins qu'une bombe éclatant dans cette enceinte. L'interdiction des *Ames solitaires* a été un des résultats les plus inattendus de l'explosion, et si quelques-uns d'entre nous ne furent que légèrement blessés, la pièce, elle, y perdit la vie; il n'y entrait peut-être pas assez de clous, mais il y en avait trop dans la marmite. (*Sourires.*)

Voyons un peu quelle relation l'autorité a pu établir entre l'acte criminel de Vaillant et la représentation d'une œuvre dramatique sur la scène des Bouffes-du-Nord.

Y a-t-il dans ces cinq actes une excitation à l'anarchie, une apologie des crimes anarchistes ou même de simples tendances anarchistes?

Eh bien! j'ai lu la pièce avec toute l'attention que mèrite l'œuvre, encore peu connue en France, de Gérard Hauptmann, et je puis vous affirmer le contraire [. . .]« (68)

Vigné stellt Hauptmann als Sozialisten hin, der durch sein Stück »Die Weber« zu literarischem Weltruhm gelangt sei; sein Sozialismus sei von der Art, wie er sich auch im Werke Ibsens, Dostojewskys und Zolas finde. Die Debatte selbst, in deren Verlauf der Innenminister die Maßnahmen des Polizeipräfekten gegen Cohen zu rechtfertigen versuchte, erbrachte keine nennenswerte Klärung des Falls. Sehr viel wichtiger als die Debatte selbst sind für die Rezeptionsfrage die Berichte über den Vorgang in der deutschen Presse. Die Tatsache, daß sich die französische Deputiertenkammer im Zusammenhang mit den Anarchistenprozessen auch mit Hauptmann befaßt hatte, schien all denen, die den Zusammenhang von Naturalismus und Anarchismus immer schon behauptet hatten, nun als ganz eindeutiger Beweis ihrer agitatorischen Thesen.

6 Dazu schreibt R. Rocker, Mosts Biograph: »Als die alten Mittel, die nötigen Gelder heranzuschaffen für die Existenz der Zeitung, nicht mehr recht verfangen wollten, fiel er [Most – M. B.] auf die Idee, eine Art freie Bühne ins Leben zu rufen, deren Vorstellungen ihm helfen sollten, das laufende Defizit des Blattes zu decken [. . .] Das erste Stück, das man aufführte, waren Hauptmanns ›Weber‹. Most selbst wirkte bei der Aufführung mit und spielte die Rolle des alten Baumert.« Vgl. R. *Rocker,* Johann Most. Das Leben eines Rebellen, Berlin 1924, 381. In der »Freiheit« schrieb Most über die »Weber«-Aufführung in New York: »Der Zweck dieser Vorstellung war Aufbringung von Geld für literarische Interessen der anarchistischen Gesellschaft von New York.« Vgl. J. *Most,* Die »Weber«-Aufführung in New York und die Presse. In: Freiheit. Nr. 42, v. 20. Okt. 1894. Der Artikel referiert ausführlich die amerikanischen und deutschen Pressekommentare zu Mosts »Weber«-Inszenierung.

7 Most über diese Rolle: »Wenn sie sich vorstellen, daß der alte Baumert als ›Held‹, ›Heldenvater‹ oder dergleichen aufzutreten habe, so beweisen Sie nur, daß Sie keine Ahnung von diesem Charakter haben. Der alte Baumert war ein an sich und der Welt verzweifelter, gebrochener Greis. Nur durch das Erscheinen von Moritz Jäger und dessen Deklamation des Dreißiger-Liedes, sowie den ungewohnten Schnapsgenuß und die um sich greifende Unruhe unter der Weberbevölkerung, gerät er mehr und mehr außer sich [. . .] Dem entsprechend ist der alte Baumert auch darzustellen.« (Vgl. R. *Rocker,* Johann Most. 382)

8 Vgl. »Die Weber« staatsgefährlich. In: Wochenblatt der New Yorker Volkszeitung. Nr. 41, v. 3. Nov. 1894.

9 Vgl. Die »Weber« und die Polizei in Amerika. In: Der Sozialdemokrat. Nr. 42, v. 15. Nov. 1894; (über Hauptmanns »Weber«). In: Freiheit. Nr. 48, v. 1. Dez. 1894; Nr. 21, v. 25. Mai 1895 (mit einer Kostenabrechnung der Freien Bühne New York) und Nr. 23, v. 8. Juni 1895 (mit einem Bericht über die Verbote der »Weber« in Deutschland). Bei einem von der politischen Polizei archivierten Beitrag »Der Arme Konrad« (Über »Die Weber«) In: Deutsche Arbeiter-Zeitung v. 5. Sept. 1896, der auch auf Mosts »Weber«-Aufführung anspielt, steht als handschriftliche Notiz vermerkt: »Durch Theaterstücke, wie die ›Weber‹ behaupten die anarchistischen Seiten, ihrer Sache mehr zu nützen, wie durch Volksversammlungen.« (Akten Pol. Präs. Berlin, Bl. 300)

10 Von einem »Kampfe, den heute die Kunst der Gesellschaft mit der Kunst des Anarchismus zu kämpfen hat« (5) spricht A. *Fitger* in dem Beitrag: Neunundzwanzigste große Gemäldeausstellung des Kunstvereins Bremen. In: Weser-Zeitung. v. 7. März 1894. Den Begriff des »Kunstanarchismus« prägt Fitger für die naturalistische Malerei (»die sogenannten Wahrheiten der Kartoffelfeld- und Krankenhausmaler«); der Naturalismus wird als der bestehenden Gesellschaftsordnung entgegengesetzte Kunst bezeichnet. Ebenso: S. *Schultze,* Der Zeitgeist der modernen Litteratur Europas, Halle 1895. Aus dem naturwissenschaftlichen materialistischen Ansatz der Milieulehre, die das Individuum als »mathematisches Additionsexemple« (14) verstehe, folge ein konsequenter Nihilismus; dem entspreche im politischen Denken der Sozialismus, der zur Herrschaft des Proletariats führe, zur völligen Nivellierung, zur Aufhebung jeder Ordnung und damit zum Anarchismus. Zu der politischen Absicht, die bestehende gesellschaftliche »Ordnung« durch den Sozialismus aufzuheben, wird die »ästhetische Revolution« gegen die »Ordnung« der klassischen Kunst als direktes Korrelat begriffen.

11 Die Diskussion um die Abgrenzung gegen den Anarchismus wurde von der Sozialdemokratie in den 90er Jahren intensiv geführt, gerade auch weil sie die politische Auseinandersetzung mit dem konservativen Bürgertum, das Sozialismus und Anarchismus schlichtweg identifizierte, dazu zwang. Dazu die Ausführungen in der »Vorbemerkung« dieser Arbeit zum ideologischen Konsensus der konservativen Gruppen und zur Bildung einer antisozialistischen Front. F. *Naumann* interpretiert die politische Sammlung gegen die »Umsturzparteien« als politische Taktik: »Man heuchelte Revolutionsfurcht, um Vorteile zu gewinnen«; vgl. Demokratie und Kaisertum, Berlin 1904, 139; H. *Herkner* spricht davon, daß es wohl die Absicht der konservativen Parteien gewesen sei, die Arbeiterbewegung »auf die Abwege des Terrorismus« (352) zu locken. – Bereits in einer Resolution des Parteitags von St. Gallen im Jahre 1887 heißt es: »Der Parteitag erklärt die *anarchistische Gesellschaftstheorie,* soweit dieselbe die absolute Autonomie des Individuum erstrebt, für *antisozialistisch,* für nichts anderes als eine einseitige Ausgestaltung der Grundgedanken des bürgerlichen Liberalismus, wenn sie auch in ihrer Kritik der heutigen Gesellschaftsordnung von sozialistischen Gesichtspunkten ausgeht.« (33) Die Sozialdemokratie verurteilt vor allem die anarchistische Gewaltpolitik als reaktionär; vgl. dazu auch die Artikelreihe von G. *Plechanow:* Anarchismus und Sozialismus. In: Der Sozialdemokrat. v. 15. Juni 1894, 1–3; v. 21. Juni 1894, 1–3; v. 28. Juni 1894, 1–4 und in Buchform: Anarchismus und Sozialismus, Berlin 1904. Nach Plechanow hatte der Weberaufstand die Merkmale einer anarchistischen Aktion (vgl. 75). Auf dem Parteitag 1896, der den Höhepunkt der Auseinandersetzung mit dem Naturalismus bildete, nahm A. Bebel eindeutig gegen die anarchistische Agitation und die »Propaganda der Tat« (34) Stellung: der Anarchismus werde (als extreme Tendenz des bürgerlichen Liberalismus) von der Sozialdemokratie in gleicher Weise bekämpft wie der Kapitalismus. Die wesentlichen parteioffiziellen Stellungnahmen verzeichnet das Handbuch der Sozialdemokratischen Parteitage, Bd. 1; von 1863 bis 1909, bearbeitet von W. *Schröder,* München 1910, 32 ff.. – Ein besonderes Beispiel der sozialdemokratischen Anarchismusdiskussion ist die Artikelreihe, die 1890 und 1897 in den »Sozialistischen Monatsheften« erschien. H. *Hamon* geht in dem Aufsatz: Der Anarchismus, eine Richtung des Sozialismus. In: Der sozialistische Akademiker. 2 (1896), 107–112, 148–153, 238–242 davon aus, daß es eine Fülle geschichtlicher und ideologischer Verbindungen zwischen beiden Bewegungen gebe; insbesondere verweist Hamon auf das Selbstverständnis der Anarchisten als Sozialisten; es wird jedoch betont, daß die deutsche Sozialdemokratie insofern eine Sonderstellung innerhalb der internationalen sozialistischen Bewegung einnimmt, als sie sich schärfer als andere sozialdemokratische Parteien vom Anarchismus absetze. Der Beitrag A. *Kuroffs,* Der Anarchismus, keine Richtung des Sozialismus. In: Der sozialistische Akademiker. 2 (1896), 692–698 versucht in

einer differenzierenden Analyse, den Anarchismus als eine radikale Form des liberalen Freiheitsgedankens hinzustellen; durch die Ausgliederung des Individuums aus dem gesellschaftlichen Denken verstelle sich der Anarchismus jedoch jede Verbindung zum Sozialismus. Die Debatte, der noch ein Beitrag G. *Landauers:* Anarchismus – Sozialismus. In: Der sozialistische Akademiker. 2 (1896), 751–754 und eine Erwiderung *Kuroffs:* Anarchistische und sozialistische Moral. In: Sozialistische Monatshefte. 1 (1897), 146–152 angehören, wird von einer Stellungnahme H. *Starkenburgs:* Noch einmal Anarchismus und Sozialismus. In: Sozialistische Monatshefte. 1 (1897), 216–219 abgeschlossen; Starkenburg hebt die Gegensätze scharf heraus: »In der sozialistischen Gesellschaftsordnung muß [...] das individuelle Interesse sich dem Interesse der Gesamtheit unterordnen. In der anarchistischen Welt-Unordnung giebt es Gesamt-Interessen überhaupt nicht, das Interessse des Individuum steht über Allen und über Allem.« (146) – Gerade die Anarchismusdiskussion der Sozialdemokratie ist ein Beispiel dafür, daß in der Naturalismusrezeption die Zuordnung einzelner Bewegungen fast ausschließlich über fixierte ideologische Schablonen erfolgte, die durch den politischen Standort vorbestimmt waren; die Konservativen nahmen die heftig geführten Abgrenzungsdiskussionen der Sozialdemokratie gegenüber den Anarchisten nicht zur Kenntnis, bzw. denunzierten sie als bloße Taktik. Die Etikettierung des Naturalismus als »künstlerischer« oder »literarischer Anarchismus« resultierte aus so divergenten Argumentationen, daß die angewandten Begriffe nur noch als polemisch-agitatorische Formeln fungierten.

4. Der Naturalismus in der Reichstagsdebatte zur Umsturzvorlage (1894/95)

1 Umsturz und Sozialdemokratie. Verhandlungen des Deutschen Reichstags über die Umsturz-Vorlage nach dem offiziellen stenographischen Bericht, Berlin 1895.

2 Im Mittelpunkt der Diskussion standen die §§ 130 und 131, die mit Strafe bedrohten, »wer in einer den öffentlichen Frieden gefährdenden Weise die Religion, die Monarchie, die Ehe, die Familie oder das Eigenthum durch beschimpfende Äußerungen öffentlich angreift«. (4) Der § 131 stellte die Verbreitung erdichteter Aussagen oder entstellter Tatsachen unter Strafe, durch die Staatseinrichtungen oder Anordnungen der Obrigkeit verächtlich gemacht werden. (7) Beide Paragraphen wären voll auf ein Stück wie »Die Weber« anwendbar gewesen und hätten zur strafrechtlichen Verfolgung des Dichters geführt.

3 Wie eindeutig die Intention dieses Paragraphen auch gegen das naturalistische Theater gerichtet war, wird durch den Vergleich der Argumentationen in den Verbotsverfügungen von Hauptmanns »Webern« und den Formulierungen in dem Gesetzentwurf erkennbar. Die bestehende Rechtslage hatte sich für die Ordnungsbehörden letztlich als unwirksam gegenüber dem neuen Theater erwiesen. *Grelling* zitiert in den »Glossen zum Weberprozeß« (In: Das Magazin. 62 (1893), 649–652), daß das Stück auch deswegen verboten war, weil dort die Träger der öffentlichen Gewalt verächtlich gemacht wurden, »weil der Gendarm Kutsche ›ein moralisch defekter Mann‹ sei, weil dem Polizeiverwalter der Helm vom Kopfe geschlagen wird, weil der Landrat ›nicht Achtung einflöße, sondern ein Mitleid erregendes Zerrbild‹ sei« (650) – Die Argumentationen der konservativen Parteien machen überdies die agitatorische Funktion des Gesetzes gegenüber der Sozialdemokratie immer wieder deutlich; die Verbindung von Naturalismus und Sozialdemokratie wird durchweg unterstellt. Diesen Zusammenhang betont auch Th. Mommsen in seiner Kommentierung des Entwurfs: Einige Äußerungen über die Umsturzvorlage. Von Theodor *Mommsen,* Gabriel *Max* und Hans *Thoma.* In: Deutsche Revue. 20 (1895), 93–98; vgl. auch die Diskussion der Vorlage im »Vorwärts«: Die Debatte über die Umsturzvorlage. In: Vorwärts 12 (1895), Nr. 9, 1–2; Zur Umsturzvorlage. In: Vorwärts. 12 (1895), Nr. 10, 1–2; Die Aufhebung der Preßfreiheit in der Umsturzvorlage. In: Vorwärts. 12

(1895), Nr. 4, 1; ebenso: Die Umsturzvorlage. In: Der Sozialdemokrat. v. 13. Dez. 1894, 2–3.

4 Vgl. Anm. 1, 51.

5 Die Frage des Literaturverbots wurde auch in der Etatdebatte am 21. Febr. 1895 aufgenommen, in der jene aufsehenerregende Rüge des Berliner Oberverwaltungsgerichts wegen der Aufhebung des Aufführungsverbots der »Weber« durch den Innenminister von Köller ausgesprochen wurde. In der Berichterstattung der Nationalliberalen Partei über: Die Thätigkeit des Preußischen Abgeordnetenhauses in der 18. Legislaturperiode, II. Session 1895, Leipzig 1895 – wird die Forderung »nach polizeilicher Bevormundung der Bühne und überhaupt der freien Künste« (79) als das eigentliche Ziel der konservativen Kreise bezeichnet, das durch die Umsturzgesetze erreicht werden sollte. Vgl. dazu die Stellungnahme im »Vorwärts«: Politische Übersicht. In: Vorwärts. v. 6. März 1895, 1. In der gleichen Sitzung hatte der Centrums-Redner von Heeremann erklärt, das Theater sei »herabgesunken von einer Stätte höherer Bildung oder geistvoller Anregung zu einer Stätte der Darstellung von Unsitte und Unfug, von Glaubensverhöhnung und Sinnenreiz und subversiver Tendenzen. Ich meine, man kann in dieser Richtung nicht scharf genug sein; denn der Zweck des Theaters, einen Menschen harmlos zu unterhalten, oder auch literarisch und künstlerisch anzuregen, wird durch diese Stücke nicht erreicht [es wurde Bezug genommen auf die ›Weber‹ u. a. naturalistische Dramen – M. B.], es werden umgekehrt leichtfertige Begriffe über Sitte und Ordnung, Mangel an religiöser Auffassung und vielfach auch Anregungen, die auf Unzufriedenheit, Umsturz und auf Unordnung im Staate sich richten, gefördert und gestärkt«. (79) Gegen die Äußerungen von Heeremanns und von Köllers wandte sich in einer scharfen Erwiderung J. *Lewinsky* mit dem Beitrag: Der preußische Landtag und das Theater. In: Deutsche Revue. 20 (1895), 41–44. – Auch in dieser Debatte also wurde die politische Polarisierung deutlich, die die Rezeption des naturalistischen Theaters bestimmte. Im Sinne des Beitrags von Lewinsky (die Ungerechtigkeit der Gesellschaft, nicht das naturalistische Theater habe die Probleme verursacht) geht auch die Streitschrift »Von einem Volksfreund«: Umsturzvorlage und Revolution, Berlin 1895 gegen den Entwurf vor: Allein eine Änderung der Besitzverhältnisse in der Gesellschaft könne die Spannungen lösen, die naturalistische Literatur spiegele diese Spannungen nur wider. – Einen späteren Nachtrag zur Umsturzdebatte stellt die Schrift von »Demophilus«: Umsturzbestrebungen und Volkserziehung. Ein Mahnwort, Berlin 1898 dar. Der Literatur wird hier die Rolle der moralischen Erziehung des Proletariats zugedacht; allein auf diesem Wege könne sie zum Abbau der Klassenspannungen beitragen. – Festzuhalten ist, daß unter den zahlreichen sozialistischen Blättern, die von der bürgerlichen Presse und in der Debatte im Reichstag immer wieder im Zusammenhang mit politischen Umsturzbestrebungen genannt werden, stets auch der »Proletarier aus dem Eulengebirge«, mit dessen Redakteur M. Baginski Hauptmann seine Studienreise in die Weberdörfer gemacht hatte, zitiert wird. Baginski wird als Vertreter der extremistischen linken Gruppen innerhalb der Sozialdemokratie charakterisiert (Vgl. Th. *Barth,* Die Sozialdemokratie und die öffentliche Meinung. In: Grenzbote. 49 (1890), 130–134 und 139.). Da diese gemeinsame Exkursion schon in den Zeitungsberichten von 1892/93 häufig erwähnt wurde, schien hier ein weiterer Beleg dafür vorzuliegen, daß Hauptmann dem politischen Sozialismus anhänge.

6 Im § 130 wurden Ehe, Familie und Eigentum ausdrücklich als »*Grundlage der Gesellschaftsordnung*« (261) bezeichnet, in § 131 wurde die Beleidigung der Monarchie zusätzlich unter Strafe gestellt.

7 Th. *Barth,* Umsturzparteien. In: Die Nation. 11 (1893/94), 751.

8 *Barth* ist in dieser Diskussion einer der kompetentesten Kritiker der Vorlage; vgl. auch seine Beiträge: Die Aussichten der Umsturzvorlage. In: Die Nation. 12 (1894/95), 267; Der Umsturz der Umsturzvorlage. In: ebda., 338–339; Die Umsturzvor-

lage in der Kommissionsfassung. In: ebda. 379–380; Wird die Umsturzvorlage Gesetz werden? In: ebda. 423–424.

9 Th. *Barth,* Wo liegt die Schuld? In: Die Nation. 12 (1894/95), 393–394.

10 L. *v. Bar,* Das Gesetz gegen die Umsturzbestrebungen. In: Die Nation. 12 (1894/95), 143–149; *ders.,* Im Zeichen der Umsturzvorlage. In: ebda., 323–326.

11 K. *Telmann,* Wo liegt die Schuld? Ein Wort zur Umsturz-Vorlage, Berlin 1895.

12 P. *Schlenther,* Theater und Umsturz. In: Die Nation. 12 (1894/95), 313–316.

13 Schlenther erläutert ausführlich die Rolle des Innenministers für das Zustandekommen des Gesetzentwurfs und den öffentlichen politischen Skandal seiner Urteilsschelte. Von Köllers Rede vom Schutz der »heiligsten Güter der Nation« (316) sei eindeutig auf Hauptmanns »Weber« bezogen gewesen. Schlenther zitiert einen empörten Kommentar der »Temps« über diesen auch im Ausland mit Empörung zur Kenntnis genommenen Vorgang.

14 Gustav *Freytag* an den Dichter der »Weber« über die Umsturzvorlage. In: Die Nation. 12 (1894/95), 440.

IV. Die Naturalismusdiskussion innerhalb der Sozialdemokratie

1. Wilhelm Liebknechts Briefe aus Berlin

1 W. *Liebknecht,* Brief aus Berlin (Berlin, 17. Februar). In: Die Neue Zeit. 9, 1 (1890/91), 709–711. – Die Naturalismusdiskussion innerhalb der Sozialdemokratie wird vor allem in der »Neuen Zeit« geführt. Die Zeitschrift wurde 1877 beim Sozialistenkongreß in Gotha als »wissenschaftliche Revue« gegründet, von der Partei als offizielles Organ anerkannt und finanziert (vgl. Handbuch der sozialdemokratischen Parteitage, Bd. 1, 344 ff.).

2 »Ich habe das ›*junge* Deutschland‹ gekannt, welches aus dem Boden des noch jugendfrischen bürgerlichen Liberalismus hervorgewachsen ist. Und als ich erfuhr, daß nun ein ›jüngstes Deutschland‹ erstanden sei, da dachte ich, es müsse zu dem modernen *Sozialismus* in einem ähnlichen Verhältniß stehen, wie weiland das ›junge Deutschland‹ zu dem inzwischen auf den Aussterbeetat gesetzten Liberalismus, dessen Weltanschauung mehr und mehr von der sozialistischen verdrängt wird. Da ich keine Zeit habe ins Theater zu gehen und nicht dazu kam, die Vorstellungen der ›Freien Bühne‹ zu besuchen, so blieb ich längere Zeit bei diesem meinem Glauben, bis ich, meiner Unwissenheit mich schämend, daran ging, die mir von Freunden des ›jüngsten Deutschland‹ empfohlenen ›besten Stücke‹ der Hauptvertreter dieser Schule zu lesen – und da wurde mir denn eine gründliche Enttäuschung bereitet.« (709)

3 Die Argumentation Liebknechts, die Zeit habe den Kampf und nicht die Kunst nötig, wird auch von G. *Landauer,* der der Gruppe der »Jungen« nahestand, mit Entschiedenheit vertreten. Sein Beitrag: Die Zukunft und die Kunst. In: Die Neue Zeit. 10, 1 (1891/92), 532–535 entwickelt die These: »Ich glaube nicht, daß die nächste Zukunft unter dem Zeichen der Kunst stehen wird, und ich würde sehr bedauern, wenn es doch der Fall wäre. Wir haben vorerst keine Zeit mehr für die Kunst. Kunst braucht Ruhe; wir brauchen den Kampf.« (532) Der naturalistische Literat rede nur über die Wirklichkeit, beteilige sich aber nicht am politischen Kampf für ihre Veränderung. Für eine wirklich neue Kunst könne die Wirklichkeit nur Stoff eines »*Modells*« (535) sein; die »minutiöse Kleinmalerei« der Modernen verdiene kein Interesse, sie bleibe bloße »Abstraktion« (532); die Naturalisten »stricheln, um möglichst getreu das nachzuahmen, was schon da ist [...] wozu aber brauchen wir einen Johannes Vockerat abgebildet, *so* abgebildet, daß wir nicht über ihn zornig werden oder lachen, sondern Mitleid mit ihm haben sollen?« (534) Ihre ästhetische

Programmatik mache die naturalistische Literatur völlig ungeeignet, Tendenzkunst im Dienste der proletarischen Emanzipationsbewegung zu sein, sie erweise sich in ihrem theoretischen Ansatz als bürgerliche Literatur. – Diesem Artikel von Landauer, der eindeutig die Forderungen einer neuen Parteikunst aufstellt, tritt P. *Ernst* in einer Erwiderung entgegen: Die Zukunft und die Kunst (Eine Erwiderung). In: Die Neue Zeit. 10, 1 (1891/92), 658–660, in der er das Programm einer sozialistischen Tendenzkunst entschieden zurückweist. Eine Literatur des politischen »Leitartikels« (659) überschätze die Wirkungsmöglichkeiten der Dichtung. Die Forderung einer engagierten Parteikunst wird auch in dem Beitrag von J. H., Die bürgerliche Kunst und die besitzlosen Klassen. In: Die Neue Zeit. 11, 1 (1892/93), 334–339 erhoben. Im Grunde ist auch in diesem Beitrag große Skepsis gegenüber der Wirksamkeit von Literatur im Klassenkampf spürbar; der Verfasser geht davon aus, daß die eigentlichen Talente im politischen Kampf engagiert seien, Literatur würden nur jene produzieren, »die nicht sofort auf die Wirklichkeit reagieren, sondern Eindrücke in sich verarbeiten und zu ganzen Bildern gestalten«. (336) Künstlerische Gestaltung müsse jedoch »immer parteiliche Gestaltung« sein.

Die wissenschaftlichen Arbeiten zu dieser Frage bieten zumeist auf Grund einer zu schmalen Basis der aufgearbeiteten Quellen (in der Regel auf die literarische Kritik beschränkt) ein nur ungenaues, oft unzutreffendes Bild: W. *Ackermann* bezeichnet in seiner Arbeit: Die zeitgenössische Kritik an den deutschen naturalistischen Dramen (Hauptmann, Holz, Schlaf), Diss. München 1965 das Verhältnis der Sozialdemokratie zum Naturalismus als »skeptisch«: »Waren die Arbeiter geneigt, in den naturalistischen Dichtern Genossen zu sehen, so maß die zurückhaltendere Sozialdemokratische Partei die Persönlichkeiten und ihre Werke mit parteipolitischen Maßstäben. Im Sinne der Partei waren Holz, Bölsche, Bahr, Paul Ernst, Hartleben, Henckell, Wille usw. keine Sozialisten, ihr ›Sozialismus‹ vermischte sich tatsächlich fortwährend mit den verschiedensten modernen Ideen und vielfältigen verschwommenen und vom parteipolitischen Standpunkt aus gesehen, sogar reaktionären Tendenzen.« (49) Das trifft zwar die Generallinie, ist jedoch zu undifferenziert im einzelnen, denn gerade in der Reihe der zitierten Autoren werden von der zeitgenössischen sozialdemokratischen Kritis zu Recht beträchtliche Unterscheidungen getroffen; Ackermanns Darstellung ist an einer unzureichenden Quellenlage orientiert. Das Gleiche gilt für die Arbeiten von P. A. *Brandt,* Das deutsche Drama am Ende des neunzehnten Jahrhunderts im Spiegel der Kritik. Ein Beitrag zur deutschen Kritik. Diss. Leipzig 1932 und von S. *Fischer,* Die Aufnahme des naturalistischen Theaters in der deutschen Zeitschriften-Presse (1887–1893), Diss. (FU) Berlin 1953, die wichtige Zeitschriften unberücksichtigt lassen und das eigentliche Rezeptionsproblem m. E. nicht erkennen. Fischer verharmlost die Auseinandersetzungen als »parteiliche[s] Gezänk« (2). Die Untersuchung von E. *Krause,* Gerhart Hauptmanns frühe Dramen im Spiegel der Kritik, Diss. Erlangen 1952 kommt aus den gleichen Gründen zu einseitigen Resultaten. – Es ist bezeichnend für den Stand der Naturalismusforschung, daß die wichtige Auseinandersetzung der sozialdemokratischen Presse mit dem Naturalismus bisher völlig unbeachtet blieb; einen ersten Ansatz, dieses Bild zu korrigieren, stellte die Arbeit von G. *Fülberth,* Sozialistische Literaturkritik vor 1914. In: alternative 76 (1971), 2–16 dar.

4 W. *Liebknecht,* Brief aus Berlin (25. März). In: Die Neue Zeit. 9, 2 (1890/91), 41–46.

5 Auch A. *v. Hanstein* charakterisiert die Arbeitergestalten in den naturalistischen Stücken in dieser Weise: »[...] es waren Salonarbeiter, unwahr, wie die gezierten Schäfer des ausgehenden Mittelalters.« (234) Vgl. Das jüngste Deutschland. Zwei Jahrzehnte miterlebter Literaturgeschichte, Leipzig 1901.

6 R. *Schweichel,* Deutschlands jüngste Dichterschule. In: Die Neue Zeit. 9, 2 (1890/91), 624–630. Gegen Schweichels Polemik wendet sich entschieden J. *Hart* in dem Auf-

satz: Ein sozialdemokratischer Angriff auf das »jüngste Deutschland«. In: Freie Bühne. 2 (1891), 913–916.

7 Im Sinne Schweichels und Liebknechts sprechen sich eine Reihe weiterer sozialdemokratische Kritiker gegen den Naturalismus aus. In dem Beitrag von G. *Landauer: Gerhart Hauptmann.* In: Die Neue Zeit. 10, 1 (1891/92), 612–621, den die Redaktion der »Neuen Zeit« mit dem Hinweis versieht, daß Hauptmann, ähnlich wie Nietzsche, als Modeerscheinung einzuschätzen sei, wird zwar »Vor Sonnenaufgang« als Ansatz einer neuen Entwicklung im Drama bezeichnet – Landauer ist einer der wenigen Kritiker, der die Figur des Loth von der Anlage her positiv (als Verkünder einer »neuen Welt«) sieht – doch wird der Naturalismus als Kunstrichtung deutlich abgewertet. Die Theorie des »konsequenten Realismus«, wie sie von Holz und J. Schlaf propagiert werde, sei darauf angelegt, die Wirklichkeit ohne jede Stellungnahme zu schildern, »mit kalte[r] Objektivität« (615), um »das Leben und die Kämpfe im Leben kümmern sie [die Literaten – M. B.] sich höchstens insoweit als sie gelegentlich einmal eine Momentphotographie davon aufnehmen wollen« (615). Selbst ein Stück wie die »Weber« gerate unter dieser Technik zur »tragische[n] Idylle« (619) ohne revolutionäre Perspektive. Besonders die ausführlichen Regieanmerkungen sind es, die für Landauer den rein deskriptiven Charakter der Stücke ausmachen. Diese Kritik wird in zwei Aufsätzen von H. *Ströbel* aufgenommen, die den beschreibenden, unkritischen Charakter besonders der Stücke von A. Holz hervorheben: Holz' Sozialaristokraten. In: Die Neue Zeit. 15,2 (1896/97), 20–25 und: Neue Dramen. In: Die Neue Zeit. 16,2 (1897/98), 233–239; in keinem der Stücke geht es darum, ein Problem zu lösen oder eine neue Perspektive zu zeigen. – Leidenschaftlich wird die Frage diskutiert, welches Bild das neue Drama vom modernen Proletariat entwerfe; hier werden die schwerwiegendsten Einwände gegen den Naturalismus erhoben. In H. *Mielkes* Arbeit: Proletariat und Dichtung. In: Magazin. 60 (1891), 182–186 wird in der Darstellung des Proletariats ein »positives Ideal« (185) gefordert, nicht allein die Auflehnung gegen das bestehende System und die Schilderung der Verelendung der Arbeiter. Ebenso stellt H. *Ströbel* in der Arbeit: Proletarier in der modernen Dichtung. In: Die Neue Zeit. 18, 1 (1899/1900) 300–307 fest, daß der Naturalismus stets nur das proletarische Einzelschicksal darstelle, nicht aber die proletarische Emanzipationsbewegung. – Die Untersuchung von L. M. *Kupfer-Kahn,* Versuch einer Sozialcharakterologie der dichterischen Gestalten des Naturalismus, Diss. Heidelberg 1952 ist eine der wenigen Arbeiten, die behaupten, daß der Naturalismus ein wahres Bild der sozialen Frage seiner Zeit entwerfe. Aufschlußreich sind die statistischen Angaben über die Situation des Proletariats im Jahre 1895 (85 f.). Kupfer-Kahns Untersuchung ist jedoch am europäischen Naturalismus orientiert und kommt daher für die Situation in der deutschen Entwicklung zu unzutreffenden Schlüssen. Der großstädtische Industriearbeiter, dessen Gestaltung untersucht wird (auch statistisch), taucht im deutschen Naturalismus kaum auf. Die Wirkung des naturalistischen Theaters im Sinne sozialer Kritik wird wohl zu sehr vereinfacht, wenn sie darin gesehen wird, daß die Naturalisten, »diese Zustände auch den oberen Schichten publik machten«. (86)

8 Der Kapitalismus und die Kunst. In: Die Neue Zeit. 9, 2 (1890/91), 649–653 und 686–690.

2. Die Polemik gegen proletarische Tendenzkunst als apologetische Argumentation für den Naturalismus

1 O. *Brahm,* Naturalismus und Sozialismus. In: Freie Bühne. 2 (1891), 241–243.
2 In: Freie Bühne. 2 (1891), 913–916.
3 Die Diskussion um die These einer »Ästhetik der schwieligen Faust« wird vor allem

in der Auseinandersetzung um die Sperber-Artikel im Jahre 1910 im »Vorwärts«
wiederaufgenommen.

4 In dem Beitrag: Die Freie Volksbühne. In: Freie Bühne. 1 (1890), 713–715 wendet
sich O. *Brahm* entschieden gegen das Schlagwort vom »socialdemokratischen Theater«
(713). »Aus dem einfachen Grunde: weil es wohl ein socialistisches Publikum, aber
keine socialistische Dramen geben kann. Wo die Partei siegt, stirbt das Kunstwerk.«
(713) Der Naturalismus habe seine Aufgabe in der Darstellung der Zeitverhältnisse,
nicht von Parteiprogrammen.

5 In Sachen: Kunst und Sozialdemokratie. In: Der Kunstwart. 6 (1892/93), 362–365.
362–365.

6 E. *Reich,* Die bürgerliche Kunst und die besitzlosen Volksklassen, Leipzig 1892.

3. *Edgar Steigers Inanspruchnahme des Naturalismus für die sozialistische Arbeiterbewegung*

1 F. *Wahl,* Edgar Steiger zum Gedächtnis. In: Mitteilungen des Vereins Arbeiterpresse.
20 (1919), Nr. 189, 5–6. Zu Steiger vgl. auch den Aufsatz von K. *Bleibtreu:*
Ein »sozialistischer« Ästhetiker. In: Die Gesellschaft. 15 (1899), 416–421. Bemer-
kenswert muß erscheinen, daß ein so entschiedener Gegner des Naturalismus wie
J. Volkelt Steiger einen durchaus »idealistischen Ansatz« bestätigte, Volkelt versuchte die Position Steigers aus einem Synkretismus von Romantik, Materialismus,
Idealismus und symbolischer Darstellung zu erklären.

2 E. *Steiger,* Der Kampf um die neue Dichtung. Kritische Beiträge zur Geschichte der
zeitgenössischen deutschen Literatur, Leipzig 1889. – In diesen ersten Beiträgen
geht es Steiger um eine Legitimation der Zeitliteratur gegenüber der klassischen
Tradition; in dem Aufsatz »Die soziale Frage und die Literatur« (9–14) wird der
Klassenkampf als Thematik einer neuen Literatur propagiert; die Auseinandersetzung
»Moderner Realismus in Deutschland« (15–146) versucht die nationale Eigenständig-
keit der naturalistischen Entwicklung in Deutschland gegenüber der Zolaschen Kunsttheorie nachzuweisen, deren Vorbereitung durch Spielhagen und die Geniebewegung
der 70er Jahre des 18. Jahrhunderts. Steiger verweist ausdrücklich auf J. M. R. Lenz,
eine in der naturalistischen Programmatik immer wieder zitierte Figur.

3 E. *Steiger,* Das arbeitende Volk und die Kunst. Kritische Streifzüge, Leipzig 1896.

4 Ebenda, 8–12.

5 In dem Beitrag »Kunst oder Traktätchen« (Ebenda, 12–14) stellt *Steiger* »echte
Dichtung oder sozialdemokratisches Traktätchen« (14) gegenüber. Er macht der
offiziellen Literaturprogrammatik der Partei zum Vorwurf, Tendenzliteratur zu
fordern und damit den »Kunstwert« hintanzusetzen. Mit dieser Forderung würden sich
die Sozialdemokraten im Grunde mit den bürgerlichen Kritikern auf die gleiche
Stufe stellen, nur forderten sie statt des bürgerlichen Moralkodex' das Erfurter
Programm.

6 E. *Steiger,* Das Werden des neuen Dramas. Erster Teil: Henrik Ibsen und die dramatische Gesellschaftskritik, Berlin 1898.

7 Diese Position wird auch in der in der zeitgenössischen Diskussion vielfach zitierten
Arbeit von W. *Crane:* The Claims of Decorative Art, Berlin 1896 eingenommen,
d. h. daß erst in der verwirklichten sozialistischen Gesellschaft die Voraussetzungen
für eine Hinführung der Arbeiterschaft zur Kunst möglich seien. Diese Überlegungen
bereiten eine Art Literaturtrotzkismus vor. Vgl. L. *Trotzki,* Literatur und Revolution, Wien 1924. Auch Trotzki geht davon aus, daß das Proletariat in der Zeit der
Klassenkämpfte alle Kräfte brauche, um die politische Macht zu erringen und zu
festigen; daraus leitet Trotzki die Folgerung ab, daß in dieser Phase die Bedingungen für das Hervorbringen einer neuen Kultur nicht gegeben seien, das Proletariat
verstehe sich allein als politische Kampforganisation. In dieser Übergangsperiode wird

es nur eine revolutionäre Tendenzliteratur geben, die »vom Geiste sozialen Hasses durchdrungen« (105) sei. Diese Literatur aber werde von allen Kräften der Gesellschaft getragen, die an der Sache des Proletariats engagiert seien, das Proletariat selber besitze dafür (formal) die schlechtesten Voraussetzungen. Eine neue Kultur werde es also erst in der vollendeten sozialistischen, d. i. klassenlosen Gesellschaft geben. »Daraus wäre die allgemeine Folgerung zu ziehen, daß eine proletarische Kultur nicht nur nicht existiert, sondern auch nicht existieren wird, und man hätte wirklich keinen Grund, das zu bedauern: das Proletariat ergreift die Macht, um eben ein für allemal den Klassenkulturen ein Ende zu machen und einer Menschheitskultur den Weg zu bahnen.« (115)

4. Die Naturalismusdebatte auf dem Gothaer Parteitag von 1896

1 Der Gothaer Parteitag wird in seiner Bedeutung für die Naturalismusdiskussion der neunziger Jahre und für den Zusammenhang zwischen bürgerlicher Kulturtradition und der proletarischen Bewegung zumeist einseitig beurteilt; das Urteil von G. Lukács hat hier für die neuere Forschung offenbar die Weichen gestellt. So muß auch das Resümee von G. Fülberth: »Die Debatte innerhalb der SPD unterscheidet sich – sieht man von der Verspätung ab – in der Substanz nicht von ähnlichen Diskussionen in der bürgerlichen Presse« (12) korrigiert werden. Fülberth unterschätzt m. E. die Naturalismuskritik, die seit 1890 von der Sozialdemokratie vorgetragen wurde und beurteilt die Diskussion des Parteitags zu sehr im Hinblick auf ihre begriffliche Unschärfe – diese aber gilt es erklären. Berücksichtigt man die Breite des Spektrums sozialdemokratischer Literarkriktik in diesen Jahren, kann auch der Standpunkt Mehrings nicht als »innerhalb der Partei völlig isoliert« (12) bezeichnet werden. Eine Analyse der Literaturkritik der Sozialdemokratie, die sich allein an die parteiinterne Auseinandersetzung hält und nicht die Funktion der sozialdemokratischen Kritik in der allgemeinen Rezeptionssituation und in der Auseinandersetzung mit der bürgerlichen Naturalismuspolemik berücksichtigt, wird der historischen Bedeutung dieser Kritik nicht gerecht. Die Diskussion von 1896 wird vor allem dann nicht richtig eingeschätzt, wenn sie als »Verspätung« apostrophiert wird, sie gewinnt vielmehr erst in der historischen Perspektive von 1896 (nach den »Weber«-Prozessen, der Umsturz-Debatte, den ausführlichen Diskussionen der Hauptmannschen Stücke in der Parteipresse und den Erfahrungen mit den naturalistischen Stücken in der Freien Volksbühne) ihre kulturpolitische Funktion. Vgl. G. *Fülberth,* Sozialdemokratische Literaturkritik vor 1914. In: alternative. 14 (1971), Nr. 76: Proletarische Partei und bürgerliche Literatur. 2–16. – Von einem anderen Ansatz aus kommt auch G. Roth mit Bezug auf den Gothaer Parteitag zu dem Urteil, daß die Sozialdemokratie der 90er Jahre nicht in der Lage gewesen sei, »über bedeutende politische und nichtpolitische Werte des herrschenden Systems hinauszugelangen«. (342) Roths Folgerung, daß es in der Arbeiterbewegung »einfach nicht genug Männer mit literarischer und künstlerischer Begabung« (353) gegeben habe, die einen neuen Kunststil hätten entwickeln können, muß als zu hypothetisch zurückgewiesen werden; es ging in diesen Diskussionen vielmehr um die grundsätzliche Klärung der Möglichkeit einer proletarischen Kunst, um eine Problematik also, die letztlich auch in den auf einem weit höheren theoretischen Niveau geführten Diskussionen der 20er und 30er Jahre des 20. Jahrhunderts offen blieb. Vgl. G. *Roth,* Die kulturellen Bestrebungen der Sozialdemokratie im kaiserlichen Deutschland. In: Moderne deutsche Sozialgeschichte, hrsg. v. H.-U. *Wehler,* Köln u. Berlin 1968, 342–365; ders., Social Democrats in Imperial Germany, Totowa 1963. – Anderseits ist jedoch auch der Versuch von U. Münchow verfehlt, die Gothaer Diskussionen und »das Urteil der Arbeiterklasse in entscheidenden literarischen Fragen auf der Höhe der Zeit« (716) stehend zu erklären. In dieser Einschätzung sind alle Differenzierungen

innerhalb der Parteikritik aufgehoben und die Offenheit der Diskussion nicht gesehen. Vgl. Naturalismus 1892–1899, Dramen, Lyrik, Prosa, hrsg. u. m. e. Nachw. v. U. *Münchow*, Berlin 1970. – Die Naturalismusdiskussion der Sozialdemokratie in den 20er Jahren stand unter anderen Voraussetzungen als die Diskussion in Gotha, sie feierte weitgehend vorbehaltlos den inzwischen zum nationalen Dichterheros avancierten G. Hauptmann. Vgl. dazu: P. *Kampffmeyer*, Sozialismus und Naturalismus. In: Die Neue Zeit. 40 (1921/22), 2. Bd., 598–602; K. *Haenisch*, Gerhart Hauptmann und der Sozialismus. In: ebda. 482–487 u. 517–520; *ders.*, Gerhart Hauptmann und das deutsche Volk, Stuttgart u. Berlin 1922; A. *Schifrin*, K. Kautsky und die marxistische Soziologie. In: Die Gesellschaft. Intern. Revue f. Sozialismus u. Politik. 6 (1929), 2. Bd., 149–169 (bes. das Kapitel: Marxismus und Naturalismus, 156 ff.).

2 R. *Bérard*, Das arbeitende Volk und die Kunst. In: Hamburger Echo. Nr. 230 v. 1. Okt. 1896, 3.

3 Das arbeitende Volk und die Kunst. In: Hamburger Echo. Nr. 235, v. 7. Okt. 1896, 1.

4 In diesen Argumenten ist die Naturalismuskritik, die sich auf dem Gothaer Parteitag artikulierte, zusammengefaßt: »In ihren *Ansätzen* war sie [die naturalistische Literatur – M. B.] das *Resultat der Reaktion* gegen die unter der Herrschaft der bürgerlichen Gesellschaft vollbrachten Verödung, Versimpelung und tendenziösen Knechtung der Kunst. Die *Schößlinge* aber, die sie treibt, und die Früchte, die sie trägt, verrathen den Dünger, den der Sumpf der bürgerlich-gesellschaftlichen Korruption so reichlich bietet.« (1) Der naturalistischen Literatur sei der Vorwurf zu machen, daß sie sich der Darstellung des Häßlichen nicht bediene, »um eine in sittlicher Richtung liegende *Kontrastwirkung* zu erzielen, sondern lediglich um die *Lust am Häßlichen* von der sie selbst ausgeht, zu befriedigen«. (1) Steigers Entgegnung darauf, daß auch in der klassischen Dichtung das Häßliche eine große tragische Wirkung erzielen würde, sei deshalb falsch, weil in der klassischen Dichtung das Häßliche in eine sittliche Tendenz eingebettet sei. Diese fehle der naturalistischen Kunst.

5 G. *Roth* (Anm. 1), 347. – Vgl. dazu die Szenenbeschreibung in Hauptmanns »Einsame Menschen«, die den Wohnraum der Vockerats in folgender Weise charakterisiert: »Ein Pianino ist da, ein Bücherschrank; um ihn gruppirt Bildnisse – Photographie und Holzschnitt – moderner Gelehrter (auch Theologen), unter ihnen Darwin und Haeckel. Über dem Pianino Ölbild: ein Pastor im Ornat. Sonst an der Wand mehrere liebliche Bilder nach Schnorr von Carolsfeld.« (Centenar-Ausgabe. I, 169) Der weltanschauliche Hintergrund der bürgerlichen Familie wird durch dieses Arrangement in gleicher Weise als ideologischer Elektizismus charakterisiert wie der der proletarischen Familie in Brommes »Lebensgeschichte«.

6 Protokoll über die Verhandlungen des Parteitages der Sozialdemokratischen Partei Deutschlands. Abgehalten zu Gotha vom 11. bis 16. Oktober 1896, Berlin 1896. Die Protokolle erschienen zuerst im »Vorwärts« zur Zeit der Tagung.

7 P. *Hirschs* Bericht: Der sozialdemokratische Parteitag. In: Der sozialistische Akademiker. 2 (1896), 639–542 stellt fest, durch »die *Kunstdebatte über die ›Neue Welt‹* wurden alle Erwartungen bei Weitem übertroffen«. (640) Die Debatte gelte als Beweis dafür, daß der Arbeiter selbst in der Situation des härtesten wirtschaftlichen und politischen Kampfes Zeit für die Literatur aufbringe und alle Anschuldigungen der Kunstfeindlichkeit der Sozialdemokratie der Boden entzogen sei. Über den Naturalismusstreit vgl. auch das Handbuch der sozialdemokratischen Parteitage. Bd. 1, von 1863 bis 1909, bearb. v. W. *Schröder*, München 1910, 340 f.; dort auch über den erneuten Streit gegen Steigers Feuilletonredaktion auf dem Parteitag 1897 in Hamburg. Vgl. die Berichte: Der Parteitag d. deutschen Sozialdemokratie. In: Vorwärts. v. 17. Okt. 1896, 1; immer wieder wird, obwohl der Parteitag kein abschließendes Urteil über die neue Literatur gefunden hatte, das »hohe Niveau« der Debatte betont.

8 Die Anträge gegen die Redaktion der »Neuen Welt« reichten von der völligen Ab-
schaffung der Beilage bis zu gemäßigten Aufforderungen zur Reduzierung des Um-
fangs und zur Korrektur des literarischen Kurses in dem Sinne, »daß mehr Artikel
volkstümlichen Inhalts und bessere Unterhaltungslektüre geboten wird«. Entscheidend war der Antrag 44 (Teil 2): Die Leitung des Feuilletons »hat mehr als bisher
darauf zu achten, daß (die »Neue Welt«) ein populäres Unterhaltungsblatt statt
eines Tummelplatzes für literarische Experimente daraus wird.« Vgl. R. *Franz,* Theater und Volk. Nebst einem Anhang: Die Debatten des Sozialdemokratischen Parteitages in Gotha 1896 über Kunst und Proletariat, München o. J. (= Süddeutsche
Volksbücher. 5).

9 Steiger sieht in dem naturalistischen Detailismus ein Prinzip des modernen naturwissenschaftlichen Sehens verwirklicht. Zugleich wird erneut jener elitäre Anspruch
der »Erziehung des Proletariats zur Kunst« formuliert, der für Steigers Programm
charakteristisch war. Diese Problematik wurde auf dem Hamburger Parteitag des folgenden Jahres erneut diskutiert (vgl. Handbuch der sozialdemokratischen Parteitage.
(Anm. 7) 343).

10 »Wer seinen ›Sonnenaufgang‹ gelesen hat, in dem der Fluch des Alkoholismus geschildert ist, wer seine ›Weber‹ gelesen hat, in denen er das Elend des arbeitenden
Volkes so drastisch zum Ausdruck bringt, daß der Zuschauer vor Empörung und
Entrüstung aufschreit und, wenn anders er ein Menschenherz in der Brust trägt, mit
dem Bewußtsein nach Hause geht, daß dieser Zustand, den wir heute noch in anderer
Weise wahrnehmen, nicht fortdauern kann, wer seinen ›Biberpelz‹ gelesen hat, in
welchem er die Justiz, wie sie da und dort gehandhabt wird, mit blutiger Ironie
geißelt (sehr gut), so frage ich, ob das keine höhere Sittlichkeit ist.« (85) Die Vorstellung, daß das literarische Werk immer nur den »Tugendfatzken« (85) zu zeigen
habe, sei irrig, vielmehr sei die Wirklichkeit in ihrer »tatsächlichen Wahrheit« zu
schildern, die den Arbeiter mit der Not und dem täglichen Kampf ums Dasein kon-
frontiere, und die ihn auch in seiner Unzulänglichkeit und seinem Widerspruch zeige.
»Unsere Arbeiterschaft ist doch wohl geschult und gebildet genug, um zu begreifen,
daß die heilige Sache, für die wir alle kämpfen, nicht davon abhängt, ob der eine
oder andere ein schwacher Mensch ist mit Gebrechen und Lasten, ob da oder dort ein
räudiges Schaf herumläuft. Nein, die große Sache wird durch solche Existenzen immer
wieder bestätigt, und man darf von der Kunst nicht verlangen, daß sie nur Arbeiter
›im Frack‹ schildert, wie sie zufällig auf einer Rednertribüne auftreten, sondern die
Kunst hat auch hier die furchtbare Wahrheit zu vertreten und jeden bis ins Haus zu
verfolgen und zu schildern, wie er dort ist.« (85)

11 Diese Interpretationsperspektive versuchte der Freie Volksbühne in der funktionalen Koordination von Vortrag, Aufführung und Diskussion zu organisieren.

12 Der Aufsatz von R. *Claassen,* Neue Kunst. In: Der sozialistische Akademiker. 2
(1896), 632–638 wurde von der Redaktion der Zeitschrift in den Zusammenhang
der Gothaer Naturalismusdebatte gestellt. Claassen ging davon aus, daß das Proletariat noch keine Zeit für die Kunst habe, das Bürgertum aber nicht Träger einer
neuen Kunst sein könne. Der Naturalismus wird in dieser Arbeit eindeutig als
bürgerliche Literatur verstanden; dem »bürgerlichen Geist entspricht so sehr sein be-
grenzter Wirklichkeitssinn, dem nichts real ist, was er nicht sehen, hören und preisen
kann; sein Kleben am Stofflichen; seine trostlose Aufschwunglosigkeit, selbst wo
der Ausblick auf ein zukünftiges Besseres eröffnet wird«. (635)

13 G. *Roth* (Anm. 1) gibt eine Reihe interessanter Hinweise, die in der Tat in den
literarischen Vorbildern des Proletariats, seinen Lesegewohnheiten und seinem literarischen Geschmack eine beträchtliche Diskrepanz zu seinem politischen Anspruch erkennen lassen; als Ursache dafür erscheint Roth die Rezeption bürgerlicher Leitbilder
über private Lektüre und die Lehrprogramme der Volksschulen.

14 G. *Swarzenski,* Moderne Kunst und Litteratur auf dem sozialdemokratischen Parteitag. In: NDR. 7 (1896), 1135–1137.

15 Die Diskussion um den Roman in der sozialistischen Presse gehört zu den heißesten
   Eisen, die immer wieder den Streit um die Grundsatzfrage der sozialistischen Literatur und der Funktion der Institutionen (Presse und Theater) für die Arbeiterbewegung entfachten. Von den 90er Jahren des 19. bis in die 30er Jahre des 20. Jahrhunderts läßt sich eine kontinuierliche Diskussion dieser Frage belegen, die die Gegensätze zwischen Kunstwert und Agitationswert von Literatur immer schärfer formulierte.
   Noch unmittelbar vor den ersten Arbeiten G. Lukács' zu diesem Problem fand eine
   intensive Debatte um den Roman in der Parteipresse statt, die immer wieder auf die
   Gothaer Standpunkte zurückkam. Die wichtigste dieser Diskussionsreihen, ist die
   Aufsatzfolge in den »Mitteilungen des Vereins Arbeiterpresse« in den Jahren 1913
   und später 1933; es sind die Beiträge von E. *Rabold:* Das Feuilleton unserer Arbei-
   terpresse. In: Mitteilungen des Vereins Arbeiterpresse. 14 (1913), Nr. 117, 1–2;
   K. *Haenisch,* Der Roman in der Arbeiterpresse. In: ebda. Nr. 117, 3; A. *Franke,*
   Der Unterhaltungsteil. In: ebda. Nr. 118, 4–6; J. *Kliche,* Der Roman in der
   Arbeiterpresse. In: ebda. 15 (1914), Nr. 122, 4–5 und 17 (1916), Nr. 152, 8;
   E. B., Der Zeitungsroman. In: ebda. 30 (1930), Nr. 302, 4–5 und später 1932 u.
   1933. M. *Eck-Troll,* Der Roman in der Gewerkschaftspresse. In: ebda. 32 (1932),
   Nr. 324, 4–6. K. *Bielig:* Zum Kapitel Roman. In: ebda. 33 (1933), Nr. 334, 8;
   J. *Kliche,* Zum Thema Roman. In: ebda. Nr. 335, 8–9; A. *Albrecht,* Zum Thema
   Roman. Nr. 336, 6–7. In dieser bislang noch nicht wieder aufgegriffenen Diskussion,
   die die für die Rezeptionsfrage wichtige Auseinandersetzung mit der Film- und
   Radiokritik mit einschloß, wurden folgende Modelle für die Konzeption einer Arbeiter-
   zeitung entwickelt: 1. Es sollte der Feuilletonteil als »guter Unterhaltungteil« von
   einem »politischen Kampfteil« völlig getrennt, der Roman also allein »aus künstlerischen Gesichtspunkten« ausgewählt werden. 2. »Zeitliteratur« (d. h. »Tendenzliteratur«) und »künstlerische Anforderung« sollten so verteilt sein, daß neben dem
   »künstlerischen Roman« aktuelle Reportageliteratur (als Form politischer Zeitliteratur) steht. 3. Das Feuilleton soll nur Romane aufnehmen, die konsequent die sozialistische Weltanschauung widerspiegeln. – In diesen Thesen finden sich alle Argumente
   wieder, die in den neunziger Jahren in der Tendenzdiskussion am Beispiel des
   Naturalismus entwickelt wurden. Mit der Diskussion um die Frage der Redaktionsführung sozialistischer Zeitungen, besonders deren Literaturbeilagen, war ein Modell-
   fall für die Rezeptionsforschung insofern gegeben, als hier die naturalistische Literatur unter dem Aspekt ihres Leserbezugs reflektiert und mit den Ansprüchen auf Information und Unterhaltung einer spezifischen Lesergruppe konfrontiert wurde. Von
   größtem Interesse sind die Diskussionen um den Zeitungsroman in der sozialistischen
   Presse bis in die dreißiger Jahre, in denen die Redaktion stets die Auswahl gegenüber dem Leser zu rechtfertigen versuchte und zumeist ausführlich auf die Stellungnahmen der Leser (in Form von Leserbriefen) einging. Die gleiche Situation ist in
   der Radiodiskussion gegeben. Die Rezeptionsforschung für den Roman findet hier
   zahlreiche Ansatzpunkte. Vgl. dazu auch: M. *Brauneck,* Revolutionäre Presse und
   Feuilleton. »Die Rote Fahne« – das Zentralorgan der Kommunistischen Partei
   Deutschlands (1918 bis 1933). In: Die Rote Fahne. Kritik, Theorie, Feuilleton 1918–
   1933, hrsg. v. M. Brauneck, München 1973, 7–54.

16 K. *Eisner,* Parteikunst (1896). In: K. Eisner, Taggeist. Culturglossen, Berlin 1901,
   280–288.

17 N. K. *Eisner,* ebenda, 288. Ein ausführlicher Bericht über den Gothaer Naturalis-
   musstreit findet sich in dem Aufsatz »La littérature contemporaine au congrès de
   Gotha« von E. *Seilliere* in: Littérature et morale dans le Parti Socialiste Allemand.
   Essais par Ernest Seilliere, Paris 1898, 257–295. Seilliere zitiert ausführlich aus den
   Beiträgen der Debatte und kommt zu dem Resümee: »Nous croyons avoir assez

indiqué les points de vue divers auxquels se placent les membres du parti socialiste allemand pour juger la littérature moderne. Honnêteté innée rebutée par des peintures choquantes; amour-propre susceptible qui repousse toute critique de la classe ouvrière en général, qui interdit toute complaisance, peut-être toute équité envers la classe capitaliste; sacrifice de l'art pur aux nécessités de la propagande politique: voilà les sentiments qui expliquent l'attitude des intransigeants du parti dans la discussion littéraire qui a surpris et amusé les spectateurs du congrès de Gotha.« (295)

18 F. *Mehring,* Kunst und Proletariat. In: Die Neue Zeit. 15, 1 (1896/97), 129–133. Mehring hatte an der Gothaer Tagung nicht teilgenommen; er weist in diesem Beitrag einen Zusammenhang zwischen Naturalismus und der Arbeiterbewegung entschieden zurück. »Nach unseren praktischen Beobachtungen läßt sich der Gegensatz dahin zusammenfassen, daß die moderne Kunst einen tief pessimistischen, das moderne Proletariat aber einen tief optimistischen Grundzug hat [...] [die moderne Kunst – M. B.] kennt keinen Ausweg aus dem Elend, das sie mit Vorliebe schildert. Sie entspringt aus bürgerlichen Kreisen und ist der Reflex eines unaufhaltsamen Verfalls, der sich in ihr getreu widerspiegelt [...] Was ihr vollständig fehlt, ist jenes freudige Kampfelement, das dem klassenbewußten Proletariat das Leben des Lebens ist.« (129 f.) Der Naturalismus sei »Tendenzkunst«, insofern er die verfallende Welt des Bürgertums schildere, nicht aber die neue Wirklichkeit der Arbeiterbewegung. Mehring wendet sich gegen die These, die auf dem Parteitag aufgekommen war, daß eine Zeit des Übergangs und des Verfalls auch nur eine Kunst haben könne, die diesen Verfall widerspiegele. Diese Frage wird in den »Ästhetischen Streifzügen« noch schärfer reflektiert. – Zu F. Mehrings Bedeutung für die marxistische Literaturwissenschaft vgl. H. *Koch,* Franz Mehrings Beitrag zur marxistischen Literaturtheorie, Berlin 1959; S. *Reichwage,* Franz Mehring als Literaturkritiker und Literaturhistoriker, Diss. Jena 1954 u. J. *Schleifstein,* Die philosophischen Arbeiten und Anschauungen Franz Mehrings. In: Dt. Zs. f. Philos. 7 (1959), 5–33.

5. Franz Mehrings »Ästhetische Streifzüge« und die Ansätze einer wissenschaftlichen Ästhetik auf der Grundlage des historischen Materialismus

1 F. *Mehring.* Aufsätze zur deutschen Literatur von Hebbel bis Schweichel, Berlin 1961, 141–226 (= Franz Mehring. Gesammelte Schriften, hrsg. v. Th. Höhle u. a. Bd. 11).

2 F. *Mehring.* Aufsätze zur deutschen Literatur, ebenda, 127–130.

3 F. *Mehring.* Aufsätze zur deutschen Literatur, ebenda, 131–133.

4 Eine weitgehend negative Kritik erfährt der Naturalismus auch in den frühen Berliner Glossen. In: Die Neue Zeit. 11, 2 (1892/93), 153–157, in denen *Mehring* die Untauglichkeit der modernen Literatur für die Ziele des Klassenkampfes erklärt; vgl. auch die Analyse von »Hanneles Himmelfahrt« in: Ein Traumstück. In: Die Neue Zeit. 12, 1 (1893/94), 245–246. In einer Kritik von Hauptmanns »Florian Geyer« in: Die Neue Zeit. 14, 1 (1895/96), 495–497 spricht Mehring von dem mangelnden Funktionszusammenhang zwischen der neuen epischen Form des Dramas und seinem Inhalt. »Die Mißachtung der überkommenen dramatischen Form ist ein großer Fortschritt, wenn durch sie ein neuer Inhalt des Dramas erobert werden kann und soll, aber sie wird von Übel, wenn sie um ihrer selbst willen da sein will, wenn sie die realistische Wiedergabe zufälliger Äußerlichkeiten über die geistige Widerspiegelung des historischen Prozesses stellt.« (497) In den späteren Glossen Berliner Theater. In: Die Neue Zeit. 17, 1 (1898/99), 243–246 wird Hauptmann willkürlicher Abklatsch der Wirklichkeit und »mikroskopischer Detailismus« vorgehalten, eine weitere Glosse (ebda. 601–602) beklagt die Unfähigkeit der Naturalisten, Stoffe des modernen Lebens aus dem sozialen Bereich zu wählen. Allein A. Holz,

dessen Theorie es ermögliche, der Wirklichkeit alle ideologischen Hüllen abzureißen, kommt in *Mehrings* Kritik besser weg: vgl. Der Fall Holz. In: Die Neue Zeit. 15, 1 (1896/97), 321–326.

5 Zur Stellung des Proletariats zur naturalistischen Literatur vgl. auch die Abschnitte in *Mehrings* »Geschichte der Deutschen Sozialdemokratie« (Stuttgart 1898), wo er darauf hinweist, daß das Proletariat die neue Literatur aus einer klassenmäßigen Gegnerschaft ablehne, wie die Bourgeoisie die Literatur der Arbeiterklasse. Der Naturalismus repräsentiere eine Literatur, die »nicht entfernt heranreichte an die historische Größe des proletarischen Emanzipationskampfes«. (310 f.)

6 K. A. *Wittfogel,* Zur Frage der marxistischen Ästhetik. In: Die Linkskurve. 2 (1930), Nr. 5, 6–7; Nr. 6, 8–11; Nr. 7, 20–24; Nr. 8, 15–17; Nr. 9, 22–26; Nr. 10, 20–23; Nr. 11, 8–12.

7 G. *Lukács,* Tendenz oder Parteilichkeit? In: Lukács, Essays über Realismus, Neuwied 1971, 23–34 (= Georg Lukács Werke 4. Probleme des Realismus 1).

8 H. *Koch,* Franz Mehrings Beitrag zur marxistischen Literaturtheorie, Berlin 1959.

9 In diesem Sinne interpretiert Mehring auch Schillers »Briefe über die ästhetische Erziehung des Menschen«: »Schiller beginnt mit der Frage, weshalb er sich mit ästhetischen Untersuchungen abgebe, da doch ›das vollkommenste aller Kunstwerke, der Bau einer wahren politischen Freiheit‹ ein ›so viel näheres Interesse darbiete‹, in einem Augenblicke, wo auf dem politischen Schauplatze ›das große Schicksal der Menschheit‹ verhandelt werde, ›der große Rechtshandel‹, woran jeder beteiligt sei, der sich Mensch nenne.« (156 f.) Das Ausweichen in ein ästhetisches Programm wird von Mehring als resignative Lösung des politisch enttäuschten Dichters der »Räuber« interpretiert.

V. NATURALISMUSDISKUSSION IN DEN »PREUSSISCHEN JAHRBÜCHERN«: LITERATURKRITIK JENSEITS DER POLITISCHEN FRONTEN

1 Zur Position der »Preußischen Jahrbücher« vgl. A. *Thimme,* H. Delbrück als Kritiker der Wilhelminischen Epoche, 1955, 166.

2 Diese Position der Kritik wird in einer Rezension von O. Harnack zu Hauptmanns »Vor Sonnenaufgang« deutlich; Harnack lobt zwar die Schärfe der minutiösen Einzelbeobachtung und die verfeinerte Technik der Schilderung, hält jedoch das Stück im ganzen für ein »Tendenzstück im schlimmsten Sinne des Wortes [...] Gerhart Hauptmann hat es nöthig, uns eine wissenschaftliche Autorität zu zitiren, um die Tendenz seines Helden als wohlbegründet zu erweisen« (335). Der Agitator Loth erscheint Harnack als Karikatur, in der der tendenziöse Charakter des Stücks offenbar werde – freilich ohne einen Zusammenhang mit sozialistischen Ideen; Loth wird als doktrinärer Moralprediger eingeschätzt. Vgl. O. *Harnack,* Notizen (u. a. über G. *Hauptmann:* Vor Sonnenaufgang; A. *Holz/J. Schlaf:* Familie Selicke) In: Preuß. Jb. 65 (1890), 352–355. – Dieser vermeintlichen Tendenzhaftigkeit wird das in der »Familie Selicke« verwirklichte Kunstprinzip als neutral und tendenzfrei gegenübergestellt. In einer vernichtenden Kritik wendet sich O. Harnack jedoch gegen die Gleichsetzung von Natur und Kunst in Holz' Kunsttheorie, vgl. (über:) A. *Holz:* Die Kunst, Ihr Wesen und ihre Gesetze, Berlin 1891. In: Preuß. Jb. 67 (1891), 123. Gegen die »Formlosigkeit« des naturalistischen Dramas polemisiert Harnack in der Glosse: Sarrazin: Das moderne Drama der Franzosen, Stuttgart (2. Aufl.) 1893. In: Preuß. Jb. 74 (1893), 183. – Ausführlicher setzt sich Harnack mit der Tendenzfrage in der Arbeit »Poesie und Sittlichkeit« auseinander. Der Naturalismus erscheint ihm, soweit dieser seiner theoretischen Konzeption gerecht wird, als Pendant zum wissenschaftlichen Positivismus. O. *Harnack,* Poesie und Sittlichkeit. In: Preuß. Jb. 69 (1892), 44–49.

1. Der Naturalismus als »Begleiterscheinung der sozialen Frage«

1　R. *Hessen,* Die Berliner Freie Bühne. In: Preuß. Jb. 67 (1891), 14–27.
2　Ebenso argumentieren von anderen Positionen aus auch R. *Franz,* Theater und Volk, München o. J.: »Statt zu sagen, die Schilderung der Zustände sei ihnen anstößig, statt allenfalls auch zu sagen, sie sei übertrieben, zogen es die bürgerlichen Schriftgelehrten vielfach vor, dem Drama als solchem den Charakter eines Kunstwerkes zu bestreiten.« (14) und: L. Zabel in bezug auf Hauptmanns »Weber«: »kurz, die ›Weber‹ seien kein wahres, reines Kunstwerk, sondern nichts weiter als ein soziales, manche sagen geradezu ein sozialdemokratisches Tendenzstück. Und im letzten Ausdruck verbirgt sich auch der Grund, der in Wahrheit, bei den meisten wenigstens, oft vielleicht unbewußt, für ihre Stellungnahme entscheidend mitwirkt. Das ist es nämlich: den Leuten ist das Stück wegen seines sozialen Inhalts unbequem.« Vgl. L. Z., Die Stellung des Staats und der Gebildeten zu Hauptmanns »Webern«. In: Die Gesellschaft. 9 (1895), 1098.

2. Naturalismus als »allgemeine Weltanschauung«

1　M. *Lorenz,* Die Literatur am Jahrhundert-Ende, Stuttgart 1900.
2　M. *Lorenz,* Der Naturalismus und seine Überwindung. In: Preuß. Jb. 96 (1899), 481–498.
3　Der Anspruch der naturalistischen Bewegung, über den Bereich der Kunst und Literatur hinaus eine neue Richtung im Zeitbewußtsein zu repräsentieren, wird deutlich auch in der programmatischen Erklärung der »Freien Bühne«: Zum Beginn. In: Freie Bühne. 1 (1890), 1–2, in der davon ausgegangen wird, daß »die engsten und feinsten Wechselwirkungen moderne Kunst und modernes Leben aneinander« (1) knüpften. O. J. Bierbaum bezeichnete den Naturalismus als weltanschauliche Bewegung, die durch alle Bereiche, auch die Politik, gehe, als Gegenbewegung zur idealistischen Tradition; eine Betrachtung des Phänomens allein als literarisches werde dem nicht gerecht; O. J. *Bierbaum,* »Die neue Literatur«. In: Moderne Dichtung. 1 (1890), 78–86. Dazu auch zahlreiche andere Zeugnisse in: Die literarische Moderne. Dokumente zum Selbstverstand der Literatur um die Jahrhundertwende, hrsg. v. G. *Wunberg,* Frankfurt 1971 und Literarische Manifeste des Naturalismus 1880–1892, hrsg. v. E. *Ruprecht,* Stuttgart 1962.
4　M. *Lorenz,* Gerhart Hauptmann. In: Preuß. Jb. 94 (1897), 487–496.

3. Die Begründung des Zusammenhangs von Naturalismus und Proletariat unter dem Aspekt der »ästhetischen Gerechtigkeit«

1　O. *Külpe,* Die ästhetische Gerechtigkeit. In: Preuß. Jb. 98 (1899), 264–293.
2　Neben *Lorenz'* ständiger »Theater-Korrespeondenz« in den »Preußischen Jahrbüchern« sind dessen Rezensionen der Arbeiten A. Bartels und H. Landsbergs, die beide den Naturalismus scharf kritisieren, Beispiele eines Versuchs, objektiver Auseinandersetzung mit der neuen Richtung: vgl. (über) A. *Bartels,* Die Deutsche Literatur der Gegenwart. Die Alten und die Jungen, Leipzig (3. Aufl.) 1900. In: Preuß. Jb. 99 (1900), 538–544 und (über) H. *Landsberg.* Los von Hauptmann, Berlin 1900. In: Preuß. Jb. 101 (1900), 552–556.

VI. Das Soziale und die Programmatik der Moderne

1 Vgl. Aspekte der Modernität, hrsg. v. H. *Steffen,* Göttingen 1965, bes. 7–3, 150 –197.

2 A. *Bürkle,* Die Zeitschrift »Freie Bühne« und ihr Verhältnis zur literarischen Bewegung des deutschen Naturalismus. Diss. (masch.) Heidelberg 1945.

3 Th. W. *Adorno.* Ästhetische Theorie, hrsg. v. G. Adorno u. R. Tiedemann, Frankfurt 1970, 360 (= Gesammelte Schriften. 7).

1. Das Soziale als Fundierungszusammenhang der ästhetischen Theorie und des ästhetischen Urteils

1 J. *Hillebrand,* Naturalismus schlechtweg! In: Die Gesellschaft. 1 (1885), 232–237.

2 O. *Brahm,* Der Naturalismus und das Theater. In: Westermanns Monatshefte. 35 (1891), 489–499.

3 A. *Holz,* Die Kunst. Ihr Wesen und ihre Gesetze, Berlin 1891. In: Das Werk von Arno Holz. Erste Ausgabe mit Einführung v. H. W. Fischer, Berlin 1925, Bd. 10, 86 u. 90 (Holz' Konzeption einer »Soziologie der Kunst. Précédée par une lettre ouverte à Emile Zola«).

4 E. *Schlaikjer,* Der Einfluß des Kapitalismus auf die moderne dramatische Kunst. In: Die Neue Zeit. 12, 2 (1893/94), 647–655.

5 E. *Schlaikjer,* Soziales aus Dramen von Gerhart Hauptmann I (Vor Sonnenaufgang – Einsame Menschen). In: Der Sozialdemokrat. v. 31. Mai 1894, 5–7. Das Stück spiegele keinen sozialen Prozeß wider, sondern lege die Struktur der Verhältnisse frei: »Das Soziale liegt aber nicht in der Richtung, daß soziale Verhältnisse in Erschütterung gerathen und soziale Katastrophen sich vollziehen. Die wirthschaftlichen Verhältnisse bilden den festen Rahmen des Stückes, den sich gleichbleibenden düsteren Hintergrund, mit einem technischen Ausdruck: das unbewegliche Milieu der Dichtung.« (6) Schlaikjer verkennt hier die strukturierende Wirkung der Milieutheorie, die die Verhältnisse in ihrer unmittelbaren Verdinglichung zeigt, d. h. ihre Veränderung allenfalls als von außen möglich erscheinen läßt. Die mechanistische Auffassung des Sozialen, von der hier ausgegangen wird, wird deutlich in der Vorstellung der revolutionären Wirkung dieser Darstellung. Schlaikjer formuliert es so: »Und indem sie das zeigt, redet sie eindringlich der Abänderung dieser Zustände das Wort, die Sprache der sozialen Revolution.« (6) Die Konsequenz dieses Wirkungsmodells veranschaulicht Schlaikjer in seiner »Weber«-Analyse, wenn er die Mobilisierung von Mitleid als den höchsten Effekt des Stückes preist und das Stück selber nach dem Modell der Tragödie interpretiert.

6 Ebenda.

7 E. *Schlaikjer,* Soziales aus Dramen von Gerhart Hauptmann. III (Hannele). In: Der Sozialdemokrat. v. 28. Juni 1894, 5–7.

8 *Ders.,* Soziales aus Dramen von Gerhart Hauptmann. II (Die Weber). In: Der Sozialdemokrat. v. 7. Juni 1894, 5–7. Schlaikjer interpretiert das Stück konsequent als Tragödie: »Das Stück ist eine Tragödie. Der Sieg der Weber ist nur ein momentaner. Das geschlagene Militär wird verstärkt zurückkommen. Das Krachen der Gewehrsalven wird sich wiederholen, bis in das Weberdorf die todte Ruhe eingekehrt ist, die Ordnung. Der Rest ist Zuchthaus für die Rädelsführer und die alte Sklaverei für die Massen.« (6) Die Tragödiendeutung ist wesentlich orientiert an der Figur des alten Hilse am Ende des Stücks. Schlaikjer verquickt in dieser Interpretation die Deutung des Stücks im Sinne der Argumentation von R. Grelling (die Ordnung trage letztlich den Sieg davon) mit dem Versuch, das Stück für die sozialistische Bewegung zu beanspruchen. Die Widersprüchlichkeit dieser Analyse wurde bereits erläutert. Vgl. auch zu den Komödien in: Der Sozialdemokrat. v. 2. Aug. 1894, 5–7.

9 O. *Ernst,* Die Scheu vor der Tendenzdichtung (ref.). In: Der Kunstwart. 4, 2 (1890/91), 5–7.

2. Wilhelm Bölsches Schrift »Die sozialen Grundlagen der modernen Dichtung«

1 W. *Bölsche,* Die sozialen Grundlagen der modernen Dichtung. In: Sozialistische Monatshefte. 1 (1897), 23–28, 100–105, 564–567, 663–670.

2 P. *Ernst* versucht in der Analyse: Die Anfänge des modernen Dramas. In: Die Neue Zeit. 15, 2 (1896/97), 452–460 ebenfalls den Zusammenhang von Soziologie, Sozialismus und der naturalistischen Literatur auf den gemeinsamen Nenner der »Erkenntnis von der Nothwendigkeit und dem Zusammenhang alles Geschehenden« (458) zu bringen. Der Idealismus erweise sich der gesellschaftlichen Wirklichkeit gegenüber als falsche Perspektive, da sie den sogenannten »Charakter« von dessen sozialen Bedingungen isoliert betrachtet; erst die Milieutechnik des neuen Romans und des Dramas mache diesen Zusammenhang erkennbar. Es gehe also darum, die gesellschaftliche Wirklichkeit und die Stellung des Menschen in dieser Wirklichkeit in ein rationales Erklärungsmodell zu bringen; Faktoren dieses Bezugsrahmens seien für den Naturalisten neben den ökonomischen Determinanten, die psychologischen und die biologischen (Vererbung). – In einer Darstellung der Entwicklung G. Hauptmanns weist Ch. *Herrmann* in der Arbeit: Die Weltanschauung Gerhart Hauptmanns in seinen Werken, Berlin u. Leipzig 1926 (= Philosophische Reihe. 82), darauf hin, daß das Soziale, das in Hauptmanns erster Werkphase allein dem rationalen Erklärungsprinzip des Zusammenhangs von Individuum und Gesellschaft diene, in einer zweiten Entwicklungsphase, für die bereits der »Florian Geyer« charakteristisch sei, durch ein neues Gemeinschaftsempfinden abgelöst werde. »Das, was sich in der Epoche des Naturalismus als soziale Gebundenheit des Individuum darstellt, als Abhängigkeit von der Macht der bedingenden Lebensumstände, auf die der Einzelne bezogen wird und von denen her er kausal zu erklären und zu begreifen ist, das wandelt sich für Hauptmann in der Epoche des Übergangs und der Reife in die verinnerlichte und in irrationalere Schichten gehobene Abhängigkeit des Einzelnen von ihn umspinnenden Lebensmächten, die sich gesetzgebend in ihm auswirken.« (60) Herrmann vermag diese »Wandlung« jedoch nicht in Beziehung zu setzen mit dem Ansatz des Frühwerks selber. Es liegt hier die Erklärung nahe, daß in dieser Verschiebung eine Komponente aktualisiert wird, die Hauptmanns Dichtungen von Anfang an bestimmt hatte. D. h. das Soziale als Bestimmungsfaktor war auch in der ersten Werkphase für Hauptmann nur in seiner individuellen Perspektive erfaßt und nicht in der Dimensionalität der gesellschaftlichen Faktoren. Das Problem der Vererbung mußte sich für diese Reduktion der sozialen Perspektive für den bürgerlichen Literaten anbieten. – Die »socialistic conception« liegt auch nach A. *Stoeckius* allein darin, daß das naturalistische Drama den Menschen von seinen ökonomischen Verhältnissen abhängig erscheinen läßt; vgl. Naturalism in the Recent German Drama with Special Reference to Gerhart Hauptmann, Diss. New York 1903. Allein als Milieudetermination versteht G. *Kersten* das Soziale, mit dem Begriff verbinde sich keine Perspektive, die über den Horizont des einzelnen Individuums hinausgehe: vgl. Gerhart Hauptmann und Lev Nikolajevič Tolstoj. Studien zur Wirkungsgeschichte von L. N. Tolstoj in Deutschland 1885–1910, Wiesbaden 1966 (= Frankfurter Abhandlungen zur Slavistik. 9) – Der individuelle Horizont, an den das Soziale bei Hauptmann gebunden ist, wird überzeugend auch von W. *Ziegenfuß* herausgearbeitet: Gerhart Hauptmann. Dichtung und Gesellschaftsidee der bürgerlichen Humanität, Berlin 1948 (= Lebendige Soziologie): »Eine außerindividuelle Gesetzlichkeit und unpersönliche Notwendigkeit sozialer Mächte tritt als solche nicht in den Blick des Gesellschaftsdenkens von Hauptmann. Die gesellschaftliche Wirklichkeit erscheint nur insoweit in seinem Werk, als sie im Menschen in Erscheinung tritt.«

(97) Der Subjektivismus in der Betrachtungsweise des Sozialen zeigt, wieweit Hauptmann von den Entwürfen kollektiver Lösungen des Sozialen, wie sie der Sozialismus konzipiert, entfernt war.

3 An solchen Überlegungen setzt eine Arbeit von H. *Claus* an: Studien zur Geschichte des deutschen Frühnaturalismus. Die deutsche Literatur von 1880–1890, Diss. Greifswald 1933. Claus bringt die Stoffwahl in den Zusammenhang einer Haltung der Erneuerung aus den Kräften des Volkstums, ein Ansatz, der seine Gebundenheit an Vorstellungen biologistisch-völkischer Ideologie deutlich erkennen läßt. Der Naturalismus erscheint als Versuch, den »natürlichen Menschen« zu gestalten. Daraus ergebe sich die Bevorzugung der niedrig gestellten, einfachen Menschen, »da sich bei den Höhergestellten meist seelische Verrohung findet, während natürliche Leidenschaft und Seelengröße fast nur noch im Volk zu finden sind«. (38) In dieser Argumentation werden die in den neunziger Jahren von der sozialdemokratischen Kritik vorgebrachten Ansprüche auf die Führungsrolle des Proletariats im national-völkischen Kontext umgedeutet.

4 In den neunziger Jahren werden eine Reihe empirischer Erhebungen zu dieser Frage durchgeführt, das Problem einer empirischen Soziologie des Literaturbetriebs rückte erstmals ins Bewußtsein. Die Hauptmann-Biographie von E. *Hilscher,* Gerhart Hautpmann, Berlin 1969, hat diese Frage für Hauptmann zu Recht betont; ein Gegenbeispiel wäre A. Holz, für den öffentliche Spendenaktionen durchgeführt wurden, um seiner völligen Verarmung Abhilfe zu schaffen. Vgl. die für diesen Zeitraum insgesamt materialreiche Arbeit von H. *Scheuer,* Arno Holz im literarischen Leben des ausgehenden 19. Jahrhunderts (1883–1896). Eine biographische Studie, München 1971; bes. das Kapitel »Die ökonomisch-materiellen Probleme einer Dichterexistenz in zusammenfassender Darstellung« (198–213).

5 In der Arbeit: Der Kapitalismus in der Litteratur. In: Die Gesellschaft. 11 (1895), 467–476 entwickelt H. *Starkenburg* den Zusammenhang der Literatur mit dem kapitalistischen Verlagswesen, vor allem deren Abhängigkeit von den wirtschaftlichen Institutionen. Als Gegengewicht dazu fordert er die »*Bildung freier Schriftstellergenossenschaften mit eigenem gesellschaftlichem Besitz der Produktionsmittel.*« (476)

6 W. *Bölsche,* Die naturwissenschaftlichen Grundlagen der Poesie. Prolegomena einer realistischen Ästhetik, Leipzig 1887; vgl. *ders.,* Selbstanzeige: Die naturwissenschaftlichen Grundlagen der Poesie. In: Der Kunstwart. 1 (1887/88), 28.

3. Soziale Thematik und naturalistische Ästhetik

1 H. *Roth,* Die soziale Phrase. In: Die Nation. 12 (1894/95), 645–646.

2 K. *Bleibtreu,* Revolution der Litteratur, Leipzig 1886.

3 K. *Bleibtreu,* Der Kampf um's Dasein in der Literatur, Leipzig 1889, 84. – So sieht auch Ch. Ehrenfels die Gestaltung des Sozialen in dem naturalistischen Theater nicht als Problem der Kunsttheorie an, sondern als Zeitfrage. »Das soziale Problem steht im Mittelpunkte der Interessen unseres Geisteslebens und wirkt daher bestimmend auf die Wahl der dichterischen Stoffe, sowie bisher stets der Lebensinhalt einer Zeit in ihrer Kunst zum Ausdruck gekommen ist [...] Ein gleiches gilt von dem Einfluß der modernen Wissenschaft, insbesondere der Entwicklungslehre auf die Kunst der Gegenwart.« (741) Ehrenfels übersieht dabei die direktere Vermittlung, die zwischen den sozialen Inhalten und der ästhetischen Grundlegung der neuen Literatur besteht. Vgl. Ch. *Ehrenfels,* Wahrheit und Irrtum im Naturalismus. In: Freie Bühne. 2 (1891), 737–742.

4 A. *Dresdner,* Das »Moderne« im Drama. Zur Verständigung. In: Der Kunstwart. 6 (1892/93), 337–342.

5 K. *Goldmann,* Die Sünden des Naturalismus, Aesthetische Untersuchungen, Berlin 1895. Goldmann sieht den Ansatz des Naturalismus in einer »maßlosen Verachtung« (4) der Tradition und einem Selbstverständnis als Literatur des »naturwissenschaftlichen Zeitalters« (23). Diese These wird in zahlreichen Darstellungen der Zeit aufgenommen, sie wäre abzugrenzen von Brechts Programm einer dialektischen Literatur des »wissenschaftlichen Zeitalters«. Goldmann sieht den Naturalismus als Erscheinung des Übergangs an, die »ihren eigenthümlichen Reiz (auch) nur auf eine Periode des Übergangs ausüben« (10) könne und im ideologischen Spektrum des fin de siècle stehe.

6 A. *v. Berger,* Dramaturgische Vorträge, Wien 1890.

7 Die Darstellung des Sozialen als Darstellung gesellschaftlicher Randfälle und Spitzfindigkeiten, die in keinem konkreten Bezug zu den tatsächlichen Problemen der Gesamtheit stehe, kritisiert gerade E. *Wolff* in seiner Arbeit: Sardou, Ibsen und die Zukunft des Deutschen Dramas, Kiel u. Leipzig 1891 (= Deutsche Schriften für Litteratur und Kunst. 1. Reihe, H. 1); das naturalistische Drama orientiere sich am Geschmack »seiner Theoretikerkaste«. B. *Litzmann* bezeichnet die Stoffwahl der Naturalisten (das »Milieu der einfachen Leute«) als »nur eine Folgeerscheinung ihrer neuen ästhetischen Ideale«. (330) Die von C. Grottewitz im »Magazin« durchgeführte große Enquête über »Die Zukunft der deutschen Literatur im Urteil unserer Dichter und Denker« ergab (den Beitrag von K. *Henckell* und die orakelhafte Stellungnahme Hauptmanns [140] ausgenommen) eindeutig das Bild, daß die Zuwendung der neuen literarischen Bewegung zu den Themen des Sozialen eine Folge des kunsttheoretischen Ansatzes sei. Diese breit angelegte Befragung steht in ihren Ergebnissen in krassem Widerspruch zu der Einschätzung des Naturalismus in der konkreten Rezeption. Vgl. Die Zukunft der deutschen Litteratur im Urteil unserer Dichter und Denker. Eine Enquête. Von Curt *Grottewitz.* In: Das Magazin. 61 (1892), 123–124, 139–140, 157–158, 173–175, 188–189, 203, 236–237, 254, 271, 286, 340–342. Der Abdruck aller eingegangenen Beiträge erfolgte im gleichen Jahr in Buchausgabe (Berlin). – H. Bahr unterscheidet die naturalistische Bewegung von anderen zeitgenössischen Richtungen auf eine eindeutige Weise: »Eine naturalistische Geschichte unter ›anständigen‹ Leuten konnte sich die lesende Menge, welche sich an die gangbaren Schlagworte hält, überhaupt nicht vorstellen, und man schied Idealismus und Naturalismus verläßlich und bündig je nach dem Einkommen, über welches in einem Roman verfügt wird.« (58) Dies charakterisiert in der Tat eine Schablone, unter der diese Literatur vom zeitgenössischen Leser aufgenommen wurde. Vgl. H. *Bahr,* Zur Kritik der Moderne. Die Überwindung des Naturalismus. Dresden 1891.

8 E. *Zola,* Der Experimentalroman. Eine Studie, Leipzig 1904, 26.

9 W. *Bölsche,* Die naturwissenschaftlichen Grundlagen der Poesie. Prolegomena einer realistischen Ästhetik, Leipzig 1887.

10 Der naturalistische Milieubegriff wird bereits in der zeitgenössischen Kritik als zu enger Darstellungsrahmen begriffen. C. *Grottewitz* argumentiert in der Arbeit: Die Überwindung des Milieus. In: Magazin. 60 (1891), 455–457, daß dieser Begriff nur für den wenig differenzierten Durchschnittsmenschen Geltung haben könne, und sich somit von vorneherein eine inhaltliche Eingrenzung der naturalistischen Literatur ergäbe. »Die bisherige Lehre vom Milieu war für den Durchschnittsmenschen geschaffen, der, wenig individualisiert, geistig inferior, allerdings den Einflüssen des Milieus blind gehorcht. Indessen die hervorragenderen geborenen Aristokraten stellen dem Milieu ihre Berechnung, ihre Erfindungsgabe, ihre Erfahrung und Vermutung, ihr Glauben und ihr Wissen entgegen, und unter ihrem Willen beugt sich die Umwelt zu ihrem Dienst.« (456) Grottewitz erklärt damit die Tendenz der naturalistischen Schriftsteller zu den unteren, d. h. psychisch vermeintlich undifferenzierteren Volksklassen, als Folge der Milieutheorie, nicht also als politische Parteinahme. Auch in

seiner Schrift: Vom naturalistischen Menschenverstand. In: Magazin. 60 (1891), 519 bis 522 setzt sich *Grottewitz* mit dem Milieubegriff auseinander und antwortet einer Stellungnahme Bölsches in der »Freien Bühne« zu dieser Frage. Er erklärt den Naturalismus als künstlerischen Materialismus und setzt dem einen »naturwissenschaftlichen Neu-Idealismus« (Die zehn Artikel des Neu-Idealismus. In: Der Zeitgenosse. 1 (1890/91), 152–157) entgegen, der die Ergebnisse der neuen Wissenschaften in ein »positives« Weltbild zu integrieren versucht, das sich vom alten »Dogmen-Idealismus« (153) in gleicher Weise absetzt, wie von der naturalistischen Bewegung. In der Arbeit: Zur Ästhetik der Confusion. In: Freie Bühne. 2 (1891), 771–773 verteidigt *Bölsche* gegen Grottewitz' Polemik den totalen Einfluß des Milieus. Bölsche bestimmt hier den Milieubegriff als die Summe jener Faktoren, die auf den Menschen einwirken; was nicht einwirkt, ist nicht zum Milieu zu rechnen. Dieser Standpunkt, der in ganz konsequenter Weise noch die naturwissenschaftlichen Prinzipien auf die Dichtungstheorie zu übertragen versucht, wird von Bölsche auch in den beiden Arbeiten: Ziele und Wege der modernen Ästhetik. In: Moderne Dichtung. 1 (1890), 29–34 und »Hinaus über den Realismus!« Ein Wort an die Siebenmeilenstiefler in der Kunst. In: Freie Bühne. 1 (1890), 713–715 vertreten. – Eine These zur Erweiterung des Milieubegriffs entwickelt J. *Röhr* in dem Beitrag: Das Milieu in Kunst und Wissenschaft. In: Freie Bühne. 2 (1891), 341–345. Diese Erweiterung könne sich durch eine Integration der sozialökonomischen Forschungsergebnisse in das »natürliche Milieu« ergeben. Unter dieser erweiterten Perspektive wäre dann der Naturalismus als »das poetische Pendent des Socialismus« (342) zu begreifen. – Vgl. auch M. *Carrieres* Arbeit: Das Milieu. In: Die Gegenwart. 39 (1891), 343–345, in der die naturalistische Milieutheorie als materialistische Irrlehre bekämpft wird.

VII. Naturalismus und Naturwissenschaft

1. Die moderne Naturwissenschaft als beanspruchte Theoriegrundlage der naturalistischen Ästhetik: W. Bölsches »Prolegomena einer realistischen Ästhetik«

1 W. *Bölsche,* Charles Darwin und die moderne Ästhetik. In: Der Kunstwart. 1 (1887/ 88), 125–126. – Vgl. auch die Arbeiten von K. *Bleibtreu,* Realismus und Naturwissenschaft. In: Die Gesellschaft. 4 (1888), 2–ff und C. *Alberti,* Idealismus und Philistertum. Ein Beitrag zur Ästhetik des Realismus. In: Das Magazin. 57 (1888), 141–143 und 162–166.

2 C. *Alberti* sieht in seiner Arbeit: Kunst und Darwinismus. In: Magazin. Bd. 111 (1887), 313–316 und 330–333 die Literatur- und Kunstentwicklung unter dem Gesichtspunkt der Entwicklungstheorie. In diesem Schema wird die Stellung des einzelnen Küstlers durch die Frage bestimmt, ob er eine neue Gattung entwickelt oder (nur) die bestehenden weiterentwickelt habe. Unter diesem Gesichtspunkt konnte der Naturalismus als neuer Ansatz gegenüber der Literatur der Klassiknachfolge betrachtet werden.

3 Zum Beginn. In: Freie Bühne. 1,1 (1890), 1–2.

4 E. *Schiff,* Die naturwissenschaftliche Phrase. In: Freie Bühne. 1, 1 (1890), 9–12; der Titel dieser Arbeit, wie der von H. *Roth* über die »soziale Phrase« zeigt, daß in der zeitgenössischen Diskussion ein deutliches Bewußtsein über die schlagwortartige Verwendung dieser Begriffe herrschte, mit denen vielmehr stereotyp programmatische Zuordnungen als sachlich begründete Beziehungen bezeichnet wurden. Vgl. auch L. *Jacobowski,* Die realistische Bewegung in der deutschen Litteratur der Gegenwart. In: Badische Akademische Blätter. 1 (1889), 189–190 und 195–196, der den Naturalismus durch seinen Versuch, eine im naturwissenschaftlichen Denken begrün-

dete »empirische Ästhetik« (190) zu entwickeln kennzeichnet, aus der sich dann das Aufgreifen der Zeitthemen herleiten lasse.

2. Naturwissenschaft und »socialdemokratische Theorie« im Kontext der Diskussion der neunziger Jahre: ein ideologisches Argumentationsmuster innerhalb der Naturalismusrezeption

1 A. *Bebel*, Die Frau und der Socialismus. Stuttgart (33. Aufl.) 1902 – Die Bedeutung dieser Programmschrift wurde noch durch das hohe Ansehen, das A. Bebel auch auf der Seite der liberalen Kritiker genoß, verstärkt. In dem Aufsatz: Die Sozialdemokratie und die öffentliche Meinung. In: Grenzbote. 49 (1890), 130–134 und 139 läßt Th. *Barth* »das gegenwärtige Treiben innerhalb der Sozialdemokratie«, wie es in einer redaktionellen Bemerkung heißt, durchaus in einem erfreulichen Licht erscheinen und stellt gerade Bebels Rolle heraus, der über die Beteiligung der Sozialdemokratie an der parlamentarischen Arbeit einen gemäßigten Weg gehe, bei aller Konsequenz in der Verwerfung der bestehenden Gesellschaftsordnung. Allein B. Wille und M. Baginski werden als die radikalen Exponenten der Partei charakterisiert. D. h., daß die Gruppe der »Jungen« auch im Bewußtsein liberaler Kritiker als der radikale Flügel der Sozialdemokratie galt; auf die Wichtigkeit dieser Einschätzung für die Naturalismusrezeption wurde hingewiesen. Über Wille und Baginski wird die Verbindung zwischen Naturalismus und Sozialdemokratie in der Rezeption der neuen Literatur durch die bürgerliche Öffentlichkeit eher hergestellt als über A. Bebel und den gemäßigten Parteiflügel. Zur Situation vgl. auch Th. *Barth*, Der wachsende politische Einfluß des Arbeiterstandes. In: Die Nation. 12 (1894/95), 31; die politische Emanzipation der Arbeiterschaft um 1895 wird so eingeschätzt, daß Barth die staatsgefährdenden Momente der Sozialdemokratie im Rückgang sieht und der Sozialismus im Grunde nur als eine »Begleiterscheinung« (31) der Arbeiterbewegung angesehen werden müsse. Th. Barth trug in diesen Jahren wesentlich dazu bei, in den Kreisen der liberalen Bürgerschaft die unreflektierte Furcht vor dem »roten Gespenst« abzubauen.

2 Vgl. E. *Ferri*, Socialismus und moderne Wissenschaft (Darwin – Spencer – Marx), Leipzig 1895; H. Kurellas Urteil wird zitiert: »Es ist unglaublich [...], daß ein deutscher Professor [gemeint ist H. E. Ziegler – M. B.] Bebels Buch über die Frau für den Inbegriff der socialistischen Theorie halten konnte.« (IX)

3 E. *Richter*, Sozialdemokratische Zukunftsbilder. Frei nach Bebel, Berlin 1893.

4 Centenar-Ausgabe. I, 69.

5 R. *v. Gottschall*, Die Frauengestalten der modernen Bühne. In: Deutsche Revue. 20 (1895), 75–87. C. *Wald*, der Chefredakteur der »Berliner Gartenlaube«, der in einer polemischen Schrift »Sozialdemokratie und Volksliteratur« (Berlin 1889) gegen die »Verhetzungspolitik der Sozialdemokratie« agitierte, sah ebenfalls einen Zusammenhang zwischen der modernen Frauenbewegung und der Sozialdemokratie und folgert: »Die Frauenbewegung wäre unter Führung der revolutionären Sozialdemokratie ein Herd und eine Brutstätte für alle möglichen Attentate geworden.« (22)

6 Centenar-Ausgabe. I, 47.

7 Vgl. Handbuch der sozialdemokratischen Parteitage. 27.

8 Vgl. den Beitrag: Ex aequo. In: Grenzboten. 49 (1890), 97–104, in dem die politische Agitation der Sozialdemokratie gerade durch das »Hochspielen der Schnapspest« in ihrer Presse in den schwärzesten Farben gezeichnet wird. – Die Arbeit von F. *Vollmers-Schulte*: Gerhart Hauptmann und die Soziale Frage, Dortmund 1923, die den Naturalismus in einer völlig undifferenzierten Form als poetisches Pendant zum Sozialismus begreift, bringt gerade zu der Zeitdiskussion des Alkoholproblems ausführliches Material (auch zu der von Loth in »Vor Sonnenaufgang« zitierten Arbeit von G. *v. Bunge*, Die Alkoholfrage, Leipzig 1887 – die in den 90er Jahren bereits in 20 Sprachen übersetzt war.).

9 In der Arbeit von E. *Wiechmann,* Der Kampf mit geistigen Waffen gegen die Sozialdemokratie. In: Grenzbote. 49 (1890), 489–503 wird das Utopiedenken als Charakteristikum der Zeit bezeichnet: »Den ungeheuern Fortschritt auf naturwissenschaftlich-technischem Gebiete sans façon auf das geistige Leben der Menschheit zu übertragen, ist eine Chimäre [...] Utopien werden stets Utopien bleiben, aber daß sie gegenwärtig so viel Beachtung finden, daß Platons Staat und Morus Insel das Thema von so vielen Vorträgen liefern, ist charakteristisch, ist fin de siècle.« In einer Reihe von Beispielen aus der Presse veranschaulicht Wiechmann die Utopiediskussion der 90er Jahre. (497 ff.) Von ihm wird in diesem Zusammenhang auch eine Verbindung von Sozialdemokratie und Naturalismus hergestellt. »Die Sozialdemokratie führt ewig die Phrase im Munde von dem in allen Fugen krachenden Bau der modernen Gesellschaft, die ihrem unaufhaltsamen Zusammenbruch entgegengehe und in einer reißend schnellen Zersetzung begriffen sei; es entspreche ihren Zwecken, diese Redensart als bare Münze einzuschmuggeln, und leider werde sie auch anderwärts blutig ernst genommen und nachgebetet. Trotz ›Sodoms Ende‹, dessen vernichtendste Kritik das Lob des ›Volksblattes‹ ist (7. November: »Was für Vertreter der oberen Zehntausend zeigt uns Sudermann! ›Bestien‹ und ›Halunken‹, das ist der Fünftelsaft, zu dem der Held seine Erfahrungen über sich und seine Klassengenossen destilirt«) ist eine Moral der besitzenden Klassen nicht so gesunken, wie man es darzustellen beliebt.« (500 f.) Naturalismus und Sozialismus hätten somit als wesentliche Gemeinsamkeit, daß sie die bestehende Gesellschaft als im Verfall begriffen darstellten.

10 n. E. *Wiechmann,* ebenda, 496.

11 Vgl. F. *Bolle,* Darwinismus und Zeitgeist. In: Das Wilhelminische Zeitalter, 235–287. Bolles materialreiche Studie zeigt das Spektrum, in dem der Darwinismus am Jahrhundertende als Theoriegrundlage von unterschiedlichen Strömungen beansprucht wurde. Zu wenig differenziert bleibt in Bolles Studie jedoch die Rezeption des Darwinismus innerhalb der Sozialdemokratie, die mit dem Hinweis auf den Standpunkt Bebels zu sehr vereinfacht ist.

12 Ebenda, 280.

13 E. *Haeckel,* Freie Wissenschaft und freie Lehre. Eine Entgegnung auf Rudolf *Virchows* Münchener Rede über »Die Freiheit der Wissenschaft im modernen Staat«, Stuttgart 1878; vgl. *Haeckels* Stellungnahme zur gleichen Frage in: Der Monismus als Band zwischen Religion und Wissenschaft. Glaubensbekenntnis eines Naturforschers, Bonn 1893, 30 u. a.

14 Haeckel gibt in einem Anhang seiner Entgegnungsschrift eine Reihe Pressereaktionen auf Virchows Rede wieder, die die große Resonanz erkennen lassen, die die Diskussion von Virchows Thesen in der Öffentlichkeit hatte.

15 O. *Ammon,* Der Darwinismus gegen die Sozialdemokratie. Anthropologische Plaudereien, Hamburg 1891.

16 Die mit H. C. gezeichnete Studie: Darwinismus contra Sozialismus. In: Die Neue Zeit. 8 (1890), 326–333 und 376–386 sieht die Verbindung beider Theorien allein dadurch gegeben, daß die Arbeiterbewegung ein Produkt der allgemeinen gesellschaftlichen Entwicklung und in der sozialistischen Gesellschaft der Kampf ums Dasein ja nicht aufgehoben sei, es sei vielmehr kein individueller Kampf mehr, sondern ein Kampf der Gesellschaft gegen die Natur um bessere Lebensbedingungen. Ebenso bemüht sich H. *Starkenburg,* in dem Aufsatz: Darwinismus und Sozialismus. In: Die Gesellschaft. 11 (1895), 289–297 um die Vereinbarkeit beider Richtungen.

17 H. E. *Ziegler,* Die Naturwissenschaft und die Socialdemokratische Theorie, ihr Verhältnis dargelegt auf Grund der Werke von Darwin und Bebel. Zugleich ein Beitrag zur wissenschaftlichen Kritik der Theorien der derzeitigen Sozialdemokratie, Stuttgart 1894. – Die Vorrede zur 25. Auflage von A. *Bebels* Schrift »Die Frau und der

Socialismus« enthält eine ausführliche Auseinandersetzung Bebels mit der Arbeit von Ziegler u. a. Kritikern.

18 Zieglers Arbeit spielte in der Öffentlichkeit offenbar eine ähnliche Rolle wie Virchows Rede, aus der Ziegler ausführlich zitiert, vor allem dessen Grundidee: »Die Darwin'sche Theorie führt zum Socialismus« (11); ebenso zitiert Ziegler aus der wichtigen Rede des Zoologen O. *Schmidt* auf der Naturforscherversammlung 1887 in Kassel, auf der Virchows Thesen erneut aufgenommen und widerlegt wurden. Schmidt faßte zusammen: »[...] daß die Sozialdemokratie, wo sie sich auf den Darwinismus beruft, ihn nicht verstanden hat; wenn sie ihn aber ausnahmsweise verstanden hat, mit ihm nichts anzufangen weiß und sein unveräußerliches Princip die Concurrenz negiren muß.« (13)

19 Bei der Neubegründung politischer und sozialer Verhältnisse müßten Jahrhunderte veranschlagt werden, um den Charakter des Menschen zu verändern. Ziegler wendet sich entschieden gegen Bebels Vorstellung, die Anpassungs- und Entwicklungstheorie des Darwinismus als Beweisgrundlage für eine zum Sozialismus führende Menschheitsentwicklung zu beanspruchen. »Wenn also eine Partei eine weitgehende Umgestaltung der socialen Verhältnisse erstrebt, so muß sie ihren Plan so einrichten, daß die neuen Verhältnisse bereits bei ihrem Inkrafttreten soweit den bestehenden Anschauungen und den bestehenden Charakteren entsprechen, daß die neue Ordnung existenzfähig ist.« (23)

20 E. *Ferri* (Anm. 2).

21 G. *Ledebour,* Die Naturwissenschaft und die sozialdemokratische Theorie. In: Der Sozialdemokrat. v. 19. April 1894, 1–3 und v. 26. April 1894, 1–3.

22 Ledebour hält dagegen: »Die Partei fußt überhaupt nicht auf Dogmen, sie glaubt an einen unfehlbaren Bebel ebensowenig wie an einen unfehlbaren Marx. Dagegen hält sie fest an der unbedingten Berechtigung der wissenschaftlichen Kritik. Die Sozialdemokraten sind stets bereit, ihre Lehren den Ergebnissen wissenschaftlicher Forschungen anzupassen, wie sie denn in ihrer Entwicklung ihnen bisher stets auf dem Fuße geblieben sind.« (1)

23 W. *Bölsche* bemüht sich 1896 um eine Differenzierung (Sozialismus und Darwinismus. In: Der sozialistische Akademiker. 2 [1896], 267–277); er geht davon aus, daß Sozialismus wie Darwinismus ihre Hoffnung auf die Möglichkeit einer Veränderung der Menschheit setzen. Darwin habe für die Vergangenheit die Veränderung der organischen Welt bereits nachgewiesen. Die entscheidende Kategorie des Darwinismus, die Idee der Entwicklung, sei aber zugleich eine Grundvorstellung des Sozialismus. Darüber hinaus begegnen sich beide Richtungen »auf's engste in der Auffassung von der Menschheitsentwicklung als einem rein natürlichen, in den äußeren Existenzbedingungen begründeten Prozesse«. (271) Wenn Bölsche glaubt, in der zwanghaften Anpassung des Individuums an die äußeren Existenzbedingungen, die der Darwinismus voraussetzt, eine Entsprechung in der sozialistischen Geschichtsauffassung sehen zu können, dann überträgt er Argumentationen aus einem mechanistischen System in ein dialektisches. Dieser Widerspruch wird von den sozialdemokratischen Theoretikern der 90er Jahre nur selten erkannt; aus dieser Situation resultiert letztlich die ideologische und theoretische Deformation des Marxismus durch Bernstein, Kautsky u. a.

VIII. Schriftstellerische Praxis und politisches Engagement: zur ideologischen Standortbestimmung der Naturalisten

1 Eine grundlegende Diskussion der Stellung der literarischen Intelligenz zur Arbeiterbewegung um die Jahrhundertwende findet sich bei F. *Albrecht,* Beziehungen zwischen Schriftsteller und Politik am Beginn des 20. Jahrhunderts. In: F. Albrecht,

Deutsche Schriftsteller in der Entscheidung. Wege zur Arbeiterklasse 1918–1933, Berlin u. Weimar 1970, 19–73; ebenso: M. *Boedecker/A. Leisewitz,* Intelligenz und Arbeiterbewegung. Materialien zum politischen Verhalten der Intelligenz und zur Intelligenzpolitik der revolutionären deutschen Arbeiterbewegung bis zum VII. Weltkongreß der Kommunistischen Internationale. In: Soziale Stellung und Bewußtsein der Intelligenz, hrsg. v. Ch. Kievenheim u. A. Leisewitz, Köln 1973, 9–110. Zur Analyse des ideologischen Standorts der literarischen Boheme vgl. auch die materialreiche Arbeit von H. *Kreuzer,* Die Boheme. Beiträge zu ihrer Beschreibung, Stuttgart 1968, die auch auf das Verhältnis der bürgerlichen Boheme-Intellektuellen zur organisierten Arbeiterbewegung eingeht (bes. 279 ff.).

1. Gerhart Hauptmann als Beispiel

1 Von einem Freunde, Bei Gerhart Hauptmann. In: Deutsche Revue. 20 (1895), 286 bis 290.

2 Hauptmanns Auftreten als Zeuge im Breslauer Sozialistenprozeß hatte ihm den Ruf, den Sozialdemokraten nahezustehen, eingetragen, ebenso seine gemeinsame Reise mit M. Baginski in die schlesischen Weberdörfer. Daß die Stellungnahmen für oder gegen Hauptmann überhaupt so hochgespielt werden konnten, ist allein aus der politischen Gesamtsituation erklärbar, die den Horizont der Naturalismusrezeption in den wesentlichen Fronten bestimmte. Vgl. dazu auch A. *Kantorowicz,* Der junge Gerhart Hauptmann und seine Zeit. In: Neue Welt. 8 (1953), 624–642 und 744 bis 761 und: H. *Lux,* Der Breslauer Sozialistenprozeß. In: Mit Gerhart Hauptmann. Erinnerungen und Bekenntnisse aus einem Freundeskreis, hrsg. v. W. Heynen, Berlin 1922, 69–82.

3 G. *Hauptmann,* Das Abenteuer meiner Jugend. Berlin 1942 (= Das Gesammelte Werk. 1. Abt. 14. Bd.).

4 Centenar-Ausgabe. I, 321.

5 C. *Alberti,* Berliner Köpfe: Gerhart Hauptmann. In: Neue Revue. 5 (1894), Nr. 782–783.

6 M. Nordan ordnet den Naturalismus, den er für eine Art »literarische Maffia« (461) hält, in die Entartungsformen der Kunst des fin de siècle ein. Diese literarische Richtung habe nichts gemein mit den politischen Bestrebungen der Sozialdemokratie: »Der Sozialismus kommt in den ›modernen‹ Roman wie Pilatus ins Credo.« (434) Vgl. Entartung. 2. Bd. Berlin (2. Aufl.) 1893. Vgl. auch die Kritik P. *Heyses,* der den Naturalismus als »Art ästhetische Hysterie« (93) charakterisiert, die sich in einer modischen Attitüde dem Elend in der Gosse zuwende: Aus der Werkstatt, Berlin (5. Aufl.) 1912 (= P. Heyse, Jugenderinnerungen und Bekenntnisse, 2. Bd.) bes. das Kapitel »Mein Verhältnis zum Theater«. – Geschäftsinteressen wurden auch hinter Hauptmanns Weigerung vermutet, »Die Weber« der Freien Volksbühne zur Aufführung zu überlassen, bevor sie das Deutsche Theater aufgeführt hatte. In einem Artikel »Freie Volksbühnen«. In: Die Neue Zeit. 11,2 (1893), 483 f. heißt es: »Nun, die Aufführung dieses Dramas ist vom Dichter selbst der Freien Volksbühne wiederholt mit derselben Energie verboten worden, womit die Polizei die Aufführung der ›Weber‹ auf der bürgerlichen Bühne verboten hat. Wir sagen das nicht Herrn Hauptmann zum Trotz: er will nicht der Dramatiker des revolutionären Proletariats sein, und wenn er vor endgültiger Austragung seines Streits mit der Polizei sein Drama nicht dem Beifall eines Arbeiterpublikums aussetzen mag, so handelt er aus Gründen, die vom bürgerlichen Standpunkt durchaus zu verstehen sind. Aber weil hier gerade gar keine persönliche Laune oder Querköpfigkeit, sondern ein ganz berechtigtes und logisches Verfahren des Dichters vorliegt, kennzeichnet die Thatsache selbst in wahrhaft drastischer Weise, wohin es mit der dramatischen Kunst in der kapitalistisch-polizistischen Gesellschaft gekommen ist.«

7 A. *Bartels*, Gerhart Hauptmann, Weimar 1897.

8 Ebenda, 240 f..

9 *Avonianus* (= pseud. R. *Hessen*), Dramatische Handwerkslehre, Berlin 1895.

10 Das Verhältnis der Bourgeoisie zum naturalistischen Theater beschreibt F. Mehring am Beispiel von Hauptmanns »Webern« in folgender Weise: »[...] die Bourgeoisie, die durch diese Verbote gegen unliebsame Erfahrungen geschützt werden soll, läßt sich das Stück eines schönen Sonntags zwischen Lunch und Dinner als heimlichen Leckerbissen servieren; die Massen aber, denen dies Massenschauspiel gehört, können aus ökonomischen Gründen gar nicht daran denken, es anders als höchstens einmal in sehr unvollkommener Aufführung zu sehen.« (285)

11 S. *Bytkowski*, Gerhart Hauptmanns Naturalismus und das Drama, Hamburg u. Leipzig 1908 (= Beiträge zur Ästhetik. 11).

12 Als unbegründet weist auch A. *Bartels* (Anm. 6) die Bezeichnung »soziales Drama« für Hauptmanns Stück zurück, »Vor Sonnenaufgang« z. B. sei ganz aus dem bürgerlichen Denken konzipiert. »Die Lage der Bergleute, die im Gegensatz zu der der Bauern zu zeigen gewesen wäre, wird hier und da berührt, Hoffmann tritt nicht als Unternehmer und Arbeiterschinder, Loth nicht als wirklicher sozialistischer Agitator auf, kurz, es bleibt doch im Grunde bei einer Familiengeschichte.« (47) Hauptmann übertrage lediglich die Atmosphäre aus Tolstojs »Macht der Finsternis« auf die schlesischen Kohlenbauern. Von einem »Familienstück«, für das die Bezeichnung »soziales Drama« »irreleitend« (162) sei, spricht B. *Litzmann* in der Schrift »Das deutsche Drama in den literarischen Bewegungen der Gegenwart« (Hamburg u. Leipzig 1894) in Bezug auf »Vor Sonnenaufgang«. – Auch N. E. *Alexander* sieht in der Bezeichnung »soziales Drama« für Hauptmanns Stücke eine »irreleitende Terminologie« (43). Hauptmann stehe ganz in der bürgerlichen Tradition, die in den Lösungen sozialer Konflikte nur Lösungen ermögliche, die das Einzelindividuum betreffen. D. h. jedoch daß die Ursachen der Probleme, die in der Struktur der Gesellschaft liegen, nicht in Frage gestellt werden; vgl. Studien zum Stilwandel im dramatischen Werk Gerhart Hauptmanns, Stuttgart 1964 (=Germanistische Abhandlungen. 3) – Eine ähnliche Argumentation trägt M. *Günther* in der Arbeit: Die soziologischen Grundlagen des naturalistischen Dramas der jüngsten deutschen Vergangenheit, Diss. Leipzig 1912 vor, der den Begriff des Sozialen gesamtgesellschaftlich versteht und nicht auf die Probleme des Proletariats reduziert. Die Zuordnung des naturalistischen Dramas zur »sozialen Literatur« wird von ihm daher zurückgewiesen. »Dieses falsche Urteil scheint dadurch zustande gekommen zu sein, daß man zwischen Stoffwahl des Dichters und seiner weltanschaulichen Durchdringung dieses Stoffes nicht klar unterschied. Man glaubte die naturalistischen Dichter zu den Vertretern des Sozialprinzips rechnen zu müssen, da sie ihren Stoff vorzugsweise den niederen sozialen Schichten entnahmen.« (67) Günther reflektiert diese Frage jedoch nicht weiter auf den Zusammenhang zwischen Stoff und Kunsttheorie bzw. den Rezeptionszusammenhang hin, von dem aus diese Zuordnung an sich erklärbar wird. – J. Hundt versucht das Verhältnis von sozialer Frage und dem »sozialen Drama« des Naturalismus in der Weise zu interpretieren, daß die naturalistischen Autoren selbst als unparteiisch angesehen werden müßten, hingegen »die von ihnen geschilderten Arbeiter stehen zum größten Teil auf dem Boden sozialdemokratischer Anschauung«. (90) Hundt wendet sich auch gegen die zeitgenössische sozialdemokratische Kritik, die die Naturalisten als bürgerliche Liberale einschätzten; diesem Urteil stellt Hundt eine Reihe von Beispielen gegenüber, in denen nachgewiesen werden soll, daß sich zahlreiche Naturalisten mit den Theorien des Marxismus beschäftigt hätten (32 f.). So würde der Naturalismus durchaus ein objektives Bild der Existenzbedingungen des zeitgenössischen Proletariats geben; vgl. J. *Hundt*, Das Proletariat und die soziale Frage im Spiegel der naturalistischen Dichtung (1884–1890), Diss. Rostock 1931. Dem ist die Analyse von H. *Praschek*, Das Verhältnis von Kunsttheorie

und Kunstschriften im Bereich der deutschen naturalistischen Dramatik, Diss. Greifswald 1957 entgegenzuhalten. Praschek zeigt, daß der Naturalismus im Grunde kein einziges Arbeiterdrama produziert hat, das gilt auch für »Die Weber«: die Weber seien zwar völlig verarmt und in Abhängigkeit geraten »aber gelernte Handwerker mit Privatbesitz an Produktionsinstrumenten«. (38) Der moderne großstädtische Industriearbeiter, der zum großen Teil die Mitglieder der Sozialdemokratie stellt, fehlt in den Stücken völlig. Prascheks Analyse, die in vielem sehr aufschlußreiche Einsichten in das Problem der Gestaltung des Sozialen im naturalistischen Drama bietet, hat ihre Grenze in der Ausklammerung der Rezeptionsfragestellung. Die Analyse der Stücke im Bezugsrahmen der ästhetischen Theorie macht deren Wirkungsaspekt nicht genügend deutlich, ja verstellt ihn im Grunde. H. *Barnstorff* untersucht in seiner Studie: Die soziale, politische und wirtschaftliche Zeitkritik im Werke Gerhart Hauptmanns, Jena 1938 (= Jenaer Germanistische Forschungen. 34) die Gestaltung der einzelnen gesellschaftlichen Gruppen in Hauptmanns Werk und kommt zu dem Ergebnis, daß Hauptmann die höchsten Adelskreise insgesamt sehr wohlwollend, mit einiger Kritik die niedrigeren Adelskreise und je nach Lage die Bürger beschreibe. Besonderes Interesse gelte den Bauern, die z. T. sehr kritisch geschildert werden, obwohl sich hier auch Hauptmanns Sympathien abzeichneten. »Im Bilde, das Hauptmann uns von den unteren Schichten des Volkes gibt, fehlt sonderbarer Weise der klassenbewußte Arbeiter. Wir hören nichts von Arbeiterverbänden und Zugehörigkeit zu Gewerkschaften. Es findet sich kein Vertreter der organisierten Industriearbeiter, deren Solidaritätsgefühl eine große Macht im Wirtschaftskampfe geworden ist.« (50) Hauptmanns soziologische Perspektive erweise sich deutlich als die des bürgerlichen Liberalismus', der das Individuum als »klassengebanntes Wesen« (50) ansehe.

13 H. *Herting*, Der Aufschwung der Arbeiterbewegung um 1890 und ihr Einfluß auf die Literatur, Diss. Berlin (Institut f. Gesellschaftswissenschaften b. ZK d. SED) 1961, 81.

14 C. B. *Kniffler*, Die sozialen Dramen der achtziger und neunziger Jahre des 19. Jahrhunderts und der Sozialismus, Diss. Frankfurt 1929.

15 S. *Lublinski*, Die Bilanz der Moderne, Berlin 1904.

16 Zum gleichen Urteil kommt A. *v. Hanstein*, Die soziale Frage in der Poesie, Leipzig 1897: »In allen Revolutionsdramen unserer großen Dichtungsepoche handelt es sich um die Empörung gebildeter Bürgerkreise mit gebildeten Ideen und gebildeter Sprache.« (234)

17 Vgl. Centenar-Ausgabe. I, 34 f.

2. Formalismus als ästhetische Signatur der bürgerlichen Moderne

1 Ein Beispiel für diese Einstellung ist die Arbeit von F. *Mauthner*, Das Theater der Sozialdemokraten. In: Magazin. 60 (1891), 249–251. Der Vorwurf des L'art pour l'art wird der ganzen Bewegung gemacht, für die Freie Bühne aber differenziert Mauthner. »Die ›Freie Bühne‹ [...] hat mit der rücksichtslosen Förderung einer neuen Gattung, trotz allem Lärm und bei dem Wechsel von Erfolg und Mißerfolg doch einen Schritt vorwärts geholfen, der nicht mehr zurückgethan werden kann. Die oberen Zehntausend sind aus der Verdauungsstimmung, in der sie die dramatische Kunst zu genießen liebten, derb aufgerüttelt, oft sogar recht unappetitlich gestört worden. Aber viele von ihnen sind doch erwacht und haben bei ihrer Blasirtheit gerade für die raffinirteste Künstlerkunst Geschmack gezeigt. Für die Arbeiter war die Kunst niemals ein angenehmer Traum des Verdauungsschlummers. Sie hätten noch recht wohl und vielleicht noch vierzig Jahre lang durch Schiller hindurchgeführt werden können [...] L'art pour l'art, Künstlerkunst, wie sie die Brüder Goncourt formuliert haben, ist aristokratischer, als man glaubt. Sie ist ein Luxus der Dekadenz,

den sich die freie Volksbühne nicht leisten sollte.« (250 f.) So habe es sich als falsch erwiesen, die Arbeiter in die »Gährung der augenblicklichen Litteraturkämpfe hineinzustellen.« (251) – Als »verzärtelte unwahre Artistenästhetik« (138) bezeichnet K. *Eisner* den Naturalismus, dessen gestalterischer Detailismus auf seinem »physiologischen Determinismus« beruhe; vgl. Zolas Werk. In: Die Neue Zeit. 21, 1 (1902/03), 33–41.

2 E. *Wolff*, Geschichte der Deutschen Literatur in der Gegenwart, Leipzig 1896.

3 Als Beispiel P. *Ernst*, Die neueste literarische Richtung in Deutschland. In: Die Neue Zeit. 9, 1 (1890/91), 509–519. Ernst macht in dieser Arbeit eine Reihe wichtiger Angaben über den Literaturbetrieb der neunziger Jahre (Bibliotheksprobleme, Bücherpreise, Autorenhonorare u. a.), auch werden die einzelnen Gruppen der literarischen Bewegungen charakterisiert. Die Tendenzfrage wird von Ernst als ein Produkt der Rezeption der skandinavischen Literatur in Deutschland angesehen, sie sei in der ersten Phase des Naturalismus, die wesentlich durch Rezeption Zolas bestimmt war, noch nicht gegeben gewesen. – In dem Beitrag: Produktion und Publikum (Arne *Garborg*). In: Freie Bühne. 1 (1890), 142–143 stellt Ernst als entscheidendes Verdienst des Naturalismus, der keineswegs in die sozialistische Bewegung integrierbar sei, die Erkenntnis dar, »daß der Mensch nichts Absolutes ist, sondern das Produkt gewisser Umstände«. (141) – Die Arbeiten Ernsts aus dieser Phase entwickeln erste Ansätze einer empirischen Soziologie des literarischen Naturalismus.

4 Vgl. G. *Lukács*, Tendenz oder Parteilichkeit? In: Essays über Realismus, Neuwied 1971, 30 (= Probleme des Realismus I. Werke 4). Vgl. auch H. *Speier*, Zur Soziologie der bürgerlichen Intelligenz in Deutschland. In: Die Gesellschaft. 6 (1929) 2. Bd. 58–72. Speier führt aus, daß mit dem Anwachsen des Proletariats vor der Jahrhundertwende Elemente in das Gesellschaftliche eingebracht wurden, die mit den Mitteln des bürgerlichen Denkens nicht mehr erfaßbar waren. Die bürgerliche Intelligenz, die in dieser Situation auch keine produktive Kulturkritik mehr leisten konnte, geriet deswegen immer mehr in eine gesellschaftliche Isolierung, die auf ihrem Funktionsverlust beruhte. »Schon der Naturalismus um die Jahrhundertwende war [...] ein Versuch, das Kulturproblem als soziales Problem, nicht mehr als individualistisches, künstlerisch zu gestalten. Dennoch blieb diese Bemühung im Ansatz stecken (der Autor der »Weber« schrieb »Die versunkene Glocke«), weil um die Jahrhundertwende der Intelligenz noch nicht der proletarische Kulturaspekt als optimaler aufgezwungen war. Der Naturalismus war nur ein schließlich gescheiterter Versuch der bürgerlichen Intelligenz, die Isolierung zu durchbrechen [...] Die Illusion der Klassenjenseitigkeit, kennzeichnend für die bürgerliche Intelligenz in der zweiten Hälfte des 19. Jahrhunderts, bleibt auch in den neuen aufklärend moralischen Bewußtseinslage nicht aufgeklärt. Solange dieses aristokratische Bewußtsein von der Intelligenz nicht enthüllt ist, ist es ein ›falsches‹ Bewußtsein im marxistischen Sinne, das die Verwirrung des Lebens schirmt und nicht vermindert.« (68 ff.) – Eine grundlegende Analyse der Intelligenzdiskussion der neunziger Jahre wäre in diesem Zusammenhang noch zu leisten.

5 Vgl. A. *Holz* Evolution des Dramas. In: A. Holz, Das Buch der Zeit, Dafnis, Kunsttheoretische Schriften, Neuwied 1962, 54 (= Arno Holz Werke. 5).

6 K. Frenzel, Der moderne Realismus. In: Vom Fels zum Meer. Jg. 1891, 156–160.

3. Die Naturalismuskritik Georg Lukács' und der marxistischen Literaturwissenschaft

1 G. *Lukács*, Skizze einer Geschichte der neueren deutschen Literatur, Neuwied 1963.

2 Auf zwei Arbeiten, die sich um die Literatur um die Jahrhundertwende bemühen und mehr oder weniger auch auf die Periodisierungsfrage eingehen, sei hier nur kurz eingegangen: W. *Rasch*, Aspekte der deutschen Literatur um 1900. In:

W. Rasch, Zur deutschen Literatur seit der Jahrhundertwende. Gesammelte Aufsätze, Stuttgart 1967, 1–48 und H. *Schwerte*, Deutsche Literatur im Wilhelminischen Zeitalter. In: Das Wilhelminische Zeitalter, hrsg. v. H. J. Schoeps, Stuttgart
1967, 121–145 (=Zeitgeist im Wandel. 1) H. Schwertes These von der »gegenge-
schichtlichen Opposition«, in der das Wilhelminische Zeitalter zur literarischen Moderne vorgeblich stand – »gegengeschichtlich darum, weil die Geschichte der Literatur als Geschichte ihrer poetischen Formen und ihres sprachlichen Stils, diese Opposition ad absurdum geführt hat« (123), charakterisiert die historische Periode mit
aufschlußreichen Hinweisen auf die in dieser Opposition erkennbar werdenden Normen des literarischen Geschmacks, vermag aber außerhalb dieser Normen den zeitgeschichtlichen Charakter dieser Literatur nicht zwingend aufzuweisen, vor allem
nicht jene Faktoren, die diese Opposition als »gegengeschichtliche« erklären. Das
Kalkül mit der stilgeschichtlichen Entwicklung verschiebt diesen Nachweis lediglich
auf eine spätere Stufe. In Schwertes Darstellung der antimodernen Grundhaltung
des »Wilhelminischen Zeitalters« geraten jene Kräfte, die diese Anti-Moderne als
ideologische Markierung ihrer gesellschaftlichen Position aufrichten, weitgehend aus
dem Blickfeld, sie macht überdies die konkret-historische Konfliktstruktur, die der
Auseinandersetzung um den Naturalismus zugrunde liegt, nicht sichtbar. Unbestimmt
bleibt auch der Stellenwert der naturalistischen Theorie (als Weltanschauung wie als
ästhetisches Programm) innerhalb jener allgemeinen Programmatik der Moderne, die
zum ideologischen Substrat für die verschiedensten gesellschaftlichen Gruppen wurde.
Schwerte bezeichnet die antimoderne Bewegung dieser Zeit zwar als »gegengeschichtlich«, bleibt jedoch die konkrete, geschichtstheoretische Bestimmung dieser Kategorie
schuldig. – Dieser Einwand muß m. E. auch gegenüber den Arbeiten von W. Rasch
erhoben werden, der als einer der ersten in der neueren Forschung auf die Eigen-
gesetzlichkeit der Literaturperiode »um die Jahrhundertwende« und ihr revisions-
bedürftiges Grundschema aufmerksam gemacht. Rasch bemüht sich, eine neue ord-
nende Sichtung aus der historischen Distanz vorzunehmen, die sich freizuhalten versucht »vom Urteil der Zeitgenossen« wie von den »Selbstdeutungen der Literatur um
1900«. (5) In vielem ist Rasch zuzustimmen; als Charakteristikum der Zeit erscheint
ihm der Bruch mit der Tradition, die Abdankung der überlieferten Werte der Moral
wie der Ästhetik. »Das Lebensgefühl, das sich aus dieser Situation um 1900 bildet, ist
zwiespältig: seine eigentümliche Farbe ergibt sich aus einer spezifischen Mischung von
Stolz und Angst.« (9) Der Zerfall der Wirklichkeit in ein Nebeneinander beziehungs-
loser Fakten, der sich als Folge der Erkenntnisverfahren der neuen Naturwissenschaften eingestellt habe, habe auch die Zeitgenossen zutiefst irritiert. Dem aber setzte
der Dichter (Hauptzeuge der Zeit ist für Rasch Hofmannsthal) das Bewußtsein dieses
Verfalls entgegen, »in der gestaltenden Beschwörung von Gegenkräften gegen diesen
Vorgang. Die Dichtung stiftet den verlorenen Zusammenhang zwischen den isolier-
ten Erscheinungen neu, oder anders gesagt: sie macht die realen Einzeldinge zu
Symbolen eines Universalen« (11). Diese These überträgt Rasch auch auf das Werk
des frühen Hauptmann, ohne ihren ideologischen Gehalt zu analysieren. Die Gleichzeitigkeit der literarischen Ansätze: der Naturalismus, das frühe Werk Hofmanns-
thals, Georges, Wedekinds und der Brüder Mann – macht für Rasch das Signum
jener Zeit aus und läßt ihn die Dichtung »um die Jahrhundertwende« auf den gemeinsamen Grundwert des »Lebens« beziehen. (17) Mit dieser Kategorie vermeint er
einen Angelpunkt gefunden zu haben, von dem aus sich ein verzweigtes Netz über
die Literatur werfen ließe; in diesem Vorgehen jedoch löst Rasch die Literaturentwicklung von ihren gesellschaftlichen Grundlagen ab, in der sich ihre historische Bedeutung immer erst konstituiert, und orientiert sich an einer Geschichte sich verän-
dernder »Bewußtseinsstrukturen« (10). Die Problematik dieser Betrachtungsweise
wird an Raschs Periodisierung von 1890 bis 1914 deutlich. An der Zeitgeschichte
orientiert, muß diese Spanne als zu weitgezogen oder als zu kurz erscheinen; auf die

»Wilhelminische Ära« bezogen, die Rasch als Leitbegriff angibt, wäre die Periode konsequenterweise bis zum Jahre 1918 weiterzuführen. Der Expressionismus wäre dann als Phänomen der Spätphase des »Wilhelminischen Zeitalters«, mit dessen Vielschichtigkeit Rasch ja rechnet, auch in diesen Rahmen zu stellen. Eine Periodisierung, die sich in einem enger gefaßten Rahmen um die Zeit »um 1900« bemühte, hätte sich ihre Kategorien noch zu erarbeiten, die sozialgeschichtliche Forschung hat für diesen Zeitraum wichtige Vorarbeiten geleistet, ebenso findet sich in *Lukács'* »Skizze einer Geschichte der neueren deutschen Literatur« m. E. ein tragfähiges geschichtstheoretisches Gerüst. Diese Fragen lassen erkennen, daß sich die hermeneutische Orientierung an einer Bewußtseinsgeschichte als ein zu ungenaues Verfahren erweist; sie führt im ästhetischen Urteil zu Unterscheidungen zwischen »echten und verdorbenen Formen, von Kunst und Pseudokunst« (»Unsicherheit des Formniveaus auch bei respektiblen Künstlern«), die ihre Maßstäbe nicht begründet.

3 G. *Lukács,* Der historische Roman, Neuwied 1965 (= Werke 6. Probleme des Realismus III).

4 »Die Unmittelbarkeit des Naturalismus stellt die Welt dar, so wie sie in den Erlebnissen der Figuren selbst direkt erscheint. Um eine vollendete Echtheit zu erlangen, geht der naturalistische Schriftsteller weder inhaltlich noch formell über den Horizont seiner Gestalten hinaus; ihr Horizont ist zugleich der des Werks [...] Selbst bei Hauptmann wird der Bauernkrieg für uns nur so weit sichtbar, als sein Florian Geyer imstande ist, ihn zu erleben.« (Anm. 19) 160 f..

5 G. *Lukács,* Die intellektuelle Physiognomie des künstlerischen Schaffens. In: G. Lukács Essays über Realismus, Neuwied 1971, 151–196 (= Werke 4. Probleme des Realismus I). Vgl. auch *Lukács'* zum Naturalismusproblem wichtigen Aufsatz »Erzählen oder beschreiben?« (197–242).

6 Eine Stellungnahme Lukács' erfolgt ausführlich in dem Mehringkapitel der »Beiträge zur Geschichte der Ästhetik« in: G. *Lukács,* Probleme der Ästhetik, Neuwied 1969, 341–432 (= Werke 10). Der in den 90er Jahren sicherlich herausragenden Stellung Mehrings folgte die Entwicklung einer Mehringorthodoxie vor allem im Kreise um A. Thalheimer, die zu einer Art Literaturtrotzkismus in Deutschland führte; an diesem »Erbe« wird von Lukács auch die kritische Leistung Mehrings dem Naturalismus gegenüber gemessen.

7 G. *Lukács* (Anm. 1), 148.

8 Vgl. den Aufsatz: »Gerhart Hauptmann« (Anm. 5, 69–80).

9 H. J. *Geerdts,* Gerhart Hauptmann: Die Weber, Diss. Jena 1952.

10 H. *Herting,* Der Aufschwung der Arbeiterbewegung um 1890 und ihr Einfluß auf die Literatur, Diss. Berlin 1961.

11 E. *Hilscher,* Gerhart Hauptmann, Berlin 1969.

IX. Das Theater des naturwissenschaftlichen Zeitalters: »episches Theater« als Modell des Zeitstücks

1. Szenischer Illusionismus und das Prinzip der »vierten Wand«

1 Gerhart *Hauptmann.* Die Kunst des Dramas, hrsg. v. M. Machatzke, Berlin 1963, 93–95.

2 Von einer Reihe von Kritikern wird dieser Illusionismus durchaus positiv gewertet, als Absicherung des Stücks gegenüber jeder Tendenz. In diesem Sinne bezeichnet J. *Kulka* in der Arbeit: Theaterreform. In: Freie Bühne. 3 (1892), 72–76 »das vom Publikum emanzipierte Theater« als das »Theater der Zukunft«. (73) Mit dem Kunstwerk sei keinerlei Zweck verbunden, es sei eine Erscheinung der Natur, seine »Wirkung auf andere ist etwas durchaus Nebensächliches, Zufälliges, Sekundäres«

(74). – Am Beispiel von Hauptmanns »Einsamen Menschen« stellt A. *Müller-Gutten-brunn* die kommentarlose Darstellung als positives Merkmal des Stücks in den Vordergrund, sie »ergreift nicht Partei, sie besticht ihr Publikum nicht, sie ist überhaupt nur für reife denkende Menschen vorhanden« (186). Vgl. Dramaturgische Gänge, Dresden u. Leipzig 1892. – Der vollkommene szenische Illusionismus entsprach auch ganz der positivistischen Literaturtheorie jener Jahre, so fordert W. *Scherer* in seiner Poetik, Berlin 1888: »Voraussetzung des Dramas ist, daß die Leute, die da spielen, unter sich sind, und daß nur ein guter Gott den Vorhang weggezogen hat, damit das Publikum zusehen kann [...] Der Dichter redet nur in Rollen, und zwar in einzelnen Personen durch Rollen; er verschwindet vollkommen und Alles ist immer nachahmende Darstellung des Gegenwärtigen.« (250 ff.)

3 Die zeitgenössische Kritik greift das Prinzip des konsequenten Illusionismus mit folgenden Argumenten an: 1. Das Drama werde dadurch auf eine reine »Bildwirkung« reduziert, die als »episch« d. h. »undramatisch« gilt; vgl. J. *Savits,* Von der Absicht des Dramas, München 1908. 2. Das Drama sei auf die Darstellung des »Zufälligen« angewiesen und auf »Zeitstoffe«; vgl. S. *Moldauer,* Betrachtungen über moderne Schauspielkunst. In: Die Gesellschaft. 9 (1893), 101–113 u. A. *v. Berger,* Dramaturgische Vorträge, Wien 1890.

4 Eine Reihe Kritiker befürchten durch den Wegfall des Monologs eine Verarmung der Darstellungsmöglichkeiten des Theaters. H. *v. Gumppenberg* sieht in dem »Geberdenmonolog« (255), der an die Stelle des »Wortmonologs« getreten sei, eine nur sehr unzulängliche Möglichkeit der Wiedergabe des Innenlebens der Figuren; vgl. Zur Fortentwicklung unserer Litteratur. Bemerkungen über die realistische Berechtigung der »idealistischen« Formen im Drama. In: Die Deutsche Bühne. 4 (1898), 223–226 und 254–257. Vgl. auch R. *v. Gottschall,* Zur Kritik des modernen Dramas. Vergleichende Studien, Berlin 1900 und A. *Kerr,* Technik des realistischen Dramas. In: A. Kerr, Das neue Drama, Berlin 1917 (= Die Welt im Drama. I, 425–445).

5 »Das Richteramt verbleibt dem Betrachter« (167) – so charakterisiert M. *Harden* in seiner Arbeit: Literatur und Theater, Berlin 1896 den Stil der bloßen Schilderung des neuen »wissenschaftlichen« Theaters. – In einer Analyse von Hauptmanns »De Waber« beschreibt W. *Bölsche* die Perspektive des Dichters, die mit der des Zuschauers identisch sei, in folgender Weise: »[...] daß er der Welt nicht doktrinär, sondern *beobachtend* gegenübersteht. Der Beobachter muß einigermaßen immer über *alle* Parteien erhaben sein.« (182) Vgl. Gerhart Hauptmanns Webertragödie. In: Freie Bühne. 3 (1892), 180–186. – Die praxisneutralisierende Funktion der Illusionsästhetik, die die Bühne als autonome Sphäre abkapselt, wird von L. Berg deutlich erkannt: »Wir sind gleich mitten in eine Wirklichkeit hineingestellt, das realistische Milieu schließt uns von der Außenwelt völlig ab und hält jedes Lebensinteresse fern. Es steckt die Grenzen ab, gibt geschlossene Horizonte.« (394) Vgl. L. *Berg,* Realismus und Drama. In: L. Berg, Zwischen zwei Jahrhunderten, Frankfurt 1896.

6 Dieser Vergleich spielt lediglich auf den Aufbau einer artifiziellen Distanz an, die in Brechts Verfremdungstheater einen erkenntnistheoretischen Funktionswert hat. Das Verbindungsglied, das den Vergleich zuzulassen scheint, ist m. E. die gemeinsame Beeinflussung der Naturalisten und Brechts durch Zolas Theorie des Experimentalromans.

2. Das Mikroskop als perspektivische Metapher

1 K. *Frenzel,* Der moderne Realismus. In: Vom Fels zum Meer. (1891), 156–160.
2 Th. *Ziegler,* Die geistigen und socialen Strömungen des Neunzehnten Jahrhunderts, Berlin (2. Aufl.) 1901 (= Das Neunzehnte Jahrhundert in Deutschlands Entwicklung, hrsg. v. P. Schlenther. Bd. 1).

3 F. *Spielhagen,* Neue Beiträge zur Theorie und Technik der Epik und Dramatik, Leipzig 1898.

4 E. *Steiger,* Das Werden des neuen Dramas. I. Teil, Berlin 1898. Vgl. auch Steigers Argumentationen auf dem Gothaer Parteitag.

5 Protokoll über die Verhandlungen des Parteitages der Sozialdemokratischen Partei Deutschlands, Berlin 1896, 82.

6 Ebenda, 116. – In der mikroskopisch scharfen Beobachtung liegt auch für H. Gartelmann der artifizielle Reiz des naturalistischen Milieudramas. »Des Armeleutestoffs mit seinem ganzen sozialpolitischen Bimborium wird man bald genug überdrüssig werden, das Vergnügen aber an scharf ausgeprägten Gestalten und an genauer Wiedergabe der Verhältnisse wird man, wenn man es einmal erfahren hat, auf der Bühne nicht wieder missen wollen, und aus diesem Grunde wird es vom Naturalismus keine Rückkehr geben zur dramatischen Scheinkunst pomphafter Rhetorik.« (60) Vgl. H. *Gartelmann,* Hebbel als Dramaturg. In: H. Gartelmann, Streitschriften vermischten Inhalts, Bremen (2. Aufl.) 1906, 56–64. – In einen völlig anderen Erklärungsrahmen stellt W. Rasch den mikroskopischen Detailismus der Stücke des jungen Hauptmann; für ihn begründet dessen Stellung in der mystischen Tradition schlesischen Geistes den künstlerischen Sinn der »Genauigkeit und Lebensschärfe« (87) in der Darstellung. Im einzelnen werde für den Mystiker das Ganze sichtbar, in der genau und fühlbar begriffenen Erscheinung:»Hauptmanns Realismus ist die letzte Stufe dieser Entwicklung, ihre radikalste Ausprägung. Durch genaues, auch das anscheinend Belanglose erfassende Nachzeichnen, durch engen Anschluß an die Realität sucht Hauptmann die Dinge gleichsam zu zwingen, noch einmal ihre Symbolkraft herzugeben, ihre Transparenz für das Weltganze zu offenbaren.« (88) Gerade im Geringen, Häßlichen und Niedrigen würden Hauptmann die »ewigen Kräfte« des Weltganzen erfahrbar. Ein zweiter Antrieb zu gestalterischer Genauigkeit sei die Absicht, die Grundbeschaffenheit der menschlichen Wirklichkeit, das Leiden, unmittelbar zu reproduzieren. – Mit beiden Argumenten beurteilt Rasch Hauptmann unter einer geistesgeschichtlichen Perspektive, die die konkrete gesellschaftliche Situation des Dichters, wie dessen Orientierung an den Zeitströmungen des naturwissenschaftlichen und des neuen soziologischen Denkens zugunsten einer mystischen »Grundfigur der Erfahrung« Hauptmanns unberücksichtigt läßt. Damit entschwinden der Analyse die historischen Kriterien, den Naturalismus als Zeitliteratur zu begreifen, da die geistesgeschichtliche Typologie ihre Kriterien immer schon voraussetzt. Vgl. W. *Rasch,* Zur dramatischen Dichtung des jungen Gerhart Hauptmann. In: W. *Rasch,* Zur deutschen Literatur seit der Jahrhundertwende, Stuttgart 1967, 78–95.

7 Vgl. I. *Kant,* Kritik der Urteilskraft. I, § 45: »[...] *d. i.* schöne Kunst muß als Natur *anzusehen* sein, ob man sich ihrer zwar als Kunst bewußt ist. Als Natur aber erscheint ein Produkt der Kunst dadurch, daß zwar alle *Pünktlichkeit* in der Übereinkunft mit Regeln, nach denen allein das Produkt das werden kann, was es sein soll, angetroffen wird; aber ohne *Peinlichkeit,* ohne daß die Schulform durchblickt.« (I. *Kant.* Werke in sechs Bänden, hrsg. v. W. Weischedel, Bd. V, Darmstadt 1966, 405). – Es kann kein Zweifel darüber bestehen, daß die strenge transzendentallogische Abteilung dieser Argumentation bei Kant in dem Bezugssystem, in dem die naturalistischen Theoretiker diese Kategorien gebrauchen, aufgegeben ist; das trifft in gleicher Weise für die Hegelschen Begriffe zu. Auf die Frage der spätbürgerlichen Rezeption der ästhetischen Theorie des Idealismus (Kant, Hegel), kann in diesem Rahmen jedoch nicht eingegangen werden. Das Problem stellt sich ebenso bei der kunstkritischen Anwendung dieser Kategorien durch die Naturalismusgegner, bzw. ihrer Anwendung im Rahmen poetologischer Theorien (z. B. Gartelmann, Spielhagen u. a.).

3. Der »Mangel an Gesamtanschauung« im naturalistischen Drama: das Episodische als Strukturprinzip

1 A. *Bartels,* Gerhart Hauptmann, Weimar 1897, 43. Was Bartels »Mangel an Gesamtanschauung« nennt, bezeichnet E. *Müller-Riestedt* als »künstlerische Ascese«
(205); d. h. der Wissenschaftsprogrammatik fällt der Anspruch auf Komposition zum
Opfer. Vgl. Ästhetische Ketzereien. In: Die Deutsche Bühne. 4 (1898), 205–209. Im
gleichen Sinne kritisiert M. *Foth* in der Arbeit: Realismus und Bühne. In: Die
Deutsche Bühne. 4 (1898), 271–174 den Naturalismus: »Das Drama, wie jedes
echte Kunstwerk, muß, wo es darstellt, lebenswahr darstellen; wohl, aber nicht alles
muß es darstellen, was es im wirklichen Leben findet.« (273) – H. v. Gumppenberg
beklagt den Mangel an »Einheit in der Perspektive« der Betrachtung, der durch den
Verzicht auf Komposition zustande komme.

2 E. *Heilborn,* Theater (über G. Hauptmann: Florian Geyer). In: Die Nation. 13
(1895/96), 236–237. – Zur Kritik der »episodischen Form« des naturalistischen
Dramas vgl. auch: M. *Harden,* Dramatische Aufführungen (u. a. über G. Hauptmann:
Vor Sonnenaufgang). In: Die Gegenwart. 36 (1889), 271: das Stück sei »kein Drama,
es ist eine gar nicht übel dialogisierte Bauernerzählung« in der Form einer episodischen Bilderfolge. Ders., Dramatische Aufführungen (u. a. über A. *Holz/J. Schlaf*:
Familie Selicke). In: Die Gegenwart. 37 (1890), 254. – Episodenstruktur besitze
auch Hauptmanns »Friedenfest«, diese Form sei bedingt durch die Unfreiheit der
Hauptmannschen Figuren, denen jeder Wille abgehe, »die Actionsfähigkeit überhaupt«. (366) Vgl. M. *Harden,* Dramatische Aufführungen (über G. Hauptmann:
Das Friedensfest). In: Die Gegenwart. 37 (1890), 365–367.

3 F. *Spielhagen.* Neue Beiträge zur Theorie und Technik der Epik und Dramatik,
Leipzig 1898, 237; auf diesen Zusammenhang verweist auch M. *Harden,* Literatur
und Theater, Berlin 1896: »In Decadence-Zeiten blüht die Technik immer zu kaum
geahnter Höhe empor.« (167)

4 R. *Link* Hermann Sudermann und Gerhart Hauptmann. Eine vergleichende Betrachtung. In: Das Magazin. 60 (1891), 281–283.

5 K. *Bleibtreu* spricht in seinem Beitrag: Realismus und Naturwissenschaft. In: Die
Gesellschaft (Litterarisch-sritische Rundschau). 4, 1 (1888), 1–5 davon, daß, entgegen der starren Objektivitätsprogrammatik der Zola-Anhänger, der Sehwinkel auf
die Wirklichkeit sich stets verändere, immer historisch bedingt sei. »Ziehe also der
Realismus daraus die tiefe Lehre, daß man seinen Blick, durch analytische Studien
geübt, hauptsächlich auf die *großen allgemeinen Züge* zu richten, nicht nach tausend
Detail-Dokumenten des ›Milieu‹ zu spüren habe.« (5)

6 Diese Kritik trägt auch H. *Landsberg* in seiner Schrift: Los von Hauptmann! Berlin
1900, vor; Hauptmanns Stücke seien charakterisiert durch einen »Mangel an Idee«,
es »fehlt ihnen der Ewigkeitsgehalt« (14); so wird Loth in »Vor Sonnenaufgang« als
reine Tendenzfigur interpretiert, die »verhaltene Parlamentsreden gegen Alkoholismus, gegen die Jagd und den Krieg, gegen das Schwitzsystem des Kapitalismus, gegen
Streber- und Protzentum« (26) halte; das Publikum sei »Beobachter und nur Beobachter« (64). C. *Weitbrecht* spricht davon, daß die naturalistischen Stücke nur
»Rohstoff« (88) bieten würden, ohne Verarbeitung; vgl. Das Deutsche Drama,
Grundzüge seiner Ästhetik, Berlin (2. Aufl.) 1903.

7 F. *Mehring,* Gerhart Hauptmanns Florian Geyer. In: Die Neue Zeit. 14, 1 (1895/
96), 495–497.

8 *Advocatus,* Gerhart Hauptmanns »Florian Geyer«. In: ebda. 581–588. Im gleichen
Sinne argumentiert M. *Lenz:* Florian Geyer. In: Preuß. Jb. 84 (1896), 97–127, der
das Stück mit den historischen Vorgängen konfrontiert.

9 Dazu ausführlicher: Kapitel X.

10 C. *Weitbrecht* (Anm. 6), 95.

11 W. *Bölsche,* Los von Hauptmann! In: W. Bölsche, Hinter der Weltstadt. Friedrichshagener Gedanken zur ästhetischen Kultur, Jena u. Leipzig 1904, 100–113.

12 J. *Chapiro,* Gespräche mit Gerhart Hauptmann, Berlin 1932, 162.

13 Nur wenige Kritiker versuchen in den neunziger Jahren, das naturalistische Theater
unter der Perspektive einer »neuen, positiven Idee« zu interpretieren; ein Beispiel
dafür ist die mit »N. Emo.« gezeichnete Analyse von Hauptmanns »Friedensfest«:
Sonnenaufgang? In: Moderne Dichtung. 1 (1890), 257–261. Die Überschrift versucht metaphorisch die Perspektive anzudeuten: in dem Stück kündige sich der »neue
Mensch« (259) an. Die Deutung erfolgt aus dem Bestreben, Hauptmanns Drama mit
der optimistischen Lebenshaltung des modernen Proletariats in Einklang zu bringen:
»Und so dringt denn die Moral der Zukunft, der Altruismus, die Gegenseitigkeit,
mit der Nothwendigkeit eines Naturgesetzes aus den Abgründen der modernen Gesellschaft empor; der Träger dieser neuen Weltanschauung, das Proletariat, saugt
[...] immer neue Kraft aus ihr zum Kampfe gegen den herrschenden Egoismus, und
langsam aber unwiderstehlich siegreich wirft es Bollwerk um Bollwerk vor sich
nieder.« (258 f.) Die Interpretation orientiert sich am Schluß des Stücks, der »die
innere Entwicklung völlig aus dem milieu heraus erklärt.« (260) Wilhelms These
»*Jeder Mensch ist ein neuer Mensch*« sei die Überwindung jener Position, die das
Individuum als in seiner Welt eingeschlossen auffaßt, Ida wird als Mensch der »neuen
Moral« begriffen, der es fertig bringe, auch ihrem Geliebten zu einem neuen Lebens-
sinn zu verhelfen. Die Verbindung zu den Kräften des Proletariats ist mit dieser
Deutung jedoch nur sehr vage hergestellt, sie liegt allein im vermeintlichen Durchbrechen jener pessimistischen Grundstimmung des naturalistischen Determinations-
denkens. – Von einem neuen »ethischen Stil« des naturalistischen Dramas spricht
Kaberlin in einer Reihe von Rezensionen im »Magazin«. Vgl.: Berliner Bühnenbrief
(über G. Hauptmann: Vor Sonnenaufgang). In: Das Magazin. 58 (1889), 731–733
u. 828–829; *ders.,* Eine Fortentwicklung des deutschen Dramas. In: ebda. 696–700;
ders., »Familie Selicke«. In: ebda. 59 (1890), 53–54; *ders.,* Die Freie Bühne V.
In: ebda. 92–94; *ders.,* Jenseits von Schön und Häßlich. Einige »unästhetische«
Vorbetrachtungen zu einer Ästhetik der Zukunft. In: ebda. 164–166 u. 180–181.

4. Die »epische« Form des Zeitstücks

1 Vgl. zur bibliographischen Übersicht: S. *Hoefert,* Das Drama des Naturalismus,
Stuttgart 1968 (= M 75); wenn Hoefert resümiert, »daß wir ein unvollständiges
und in vielem auch undifferenziertes Bild des deutschen naturalistischen Dramas
erhalten haben«, (84) so liegt das m. E. weniger an der Übergewichtigkeit der Hauptmannforschung, wie Hoefert meint, sondern daran, daß der Naturalismus bislang
nicht hinreichend im Kontext seiner zeitgenössischen Rezeption gesehen wurde. Die
Perspektive, die daraus resultiert, läßt die Akzente anders setzen als unter »per-
sonal-stilistischen Aspekten« (84). Die Naturalismusforschung wäre übersichtlich zu
machen durch ihre Rückkoppelung an die zeitgenössische Naturalismusdiskussion: die
Frage der Tradierung im zeitgeschichtlichen Kontext entwickelter Interpretations-
muster, den Versuch einer Differenzierung der Theorieansätze aus dem Zusammenwirken der eigenen ästhetischen Theorie des Naturalismus mit der über die Kritik
eingebrachten Rezeption der idealistischen Ästhetik und Literaturtheorie und einer
Linien- und Phasenbildung, die sich vom Spektrum dieser Diskussion aus vornehmen
läßt.

2 Vgl. Brechts Hinweis auf das naturalistische Drama als ersten Versuch eines epischen
Theaters in Deutschland; auf eine Frage Jherings nach der Entwicklung der Theorie
des epischen Theaters anläßlich eines Kölner Rundfunkgesprächs Ende der zwanziger

Jahre antwortete Brecht: »Ja, diese Theorie vom epischen Theater ist allerdings von uns. Wir haben auch versucht, einige epische Dramen herzustellen. Ich habe ›Mann ist Mann‹, Bronnen hat den ›Ostpolzug‹ und die Fleißer hat ihre Ingolstädter Dramen in epischer Technik verfaßt. Aber die Versuche, episches Drama herzustellen, sind schon viel früher dagewesen. Wann begannen sie? Sie begannen zu der Zeit, wo die Wissenschaft ihren großen Start hatte, im vorigen Jahrhundert. Die Anfänge des Naturalismus waren die Anfänge des epischen Dramas in Europa. Andere Kulturkreise, China und Indien, hatten diese fortgeschrittenere Form schon vor zweitausend Jahren. Das naturalistische Drama entstand aus dem bürgerlichen Roman der Zola und Dostojewski, der seinerseits wieder das Eindringen der Wissenschaft in Kunstbezirke anzeigte. Die Naturalisten (Ibsen, Hauptmann) suchten die neuen Stoffe der neuen Romane auf die Bühne zu bringen und fanden keine andere Form dafür als eben die dieser Romane: eine epische.« (Vgl. Bertolt *Brecht*. Schriften zum Theater. 1, Red. W. Hecht, Frankfurt 1967, 151 (= Bertolt Brecht. Gesammelte Werke. 15). Brecht charakterisiert damit das Drama der neunziger Jahre durchaus richtig, hebt aber die Abgrenzungen gegenüber seinem eigenen Ansatz und der Diskussion der zwanziger Jahre m. E. nicht klar genug hervor. Das Prinzip der Wissenschaftlichkeit, auf das Brecht hier die Dramaturgie des »epischen« Theaters reduziert, läßt die Akzente zu einseitig sehen; vor allem übergeht Brecht den Zusammenhang des positivistischen Wissenschaftsverständnisses mit der bürgerlichen Ideologie am Ende des 19. Jahrhunderts; dadurch war die kognitive Leistung jener Wissenschaft und der auf sie sich berufenden Ästhetik auf die Anwendung mechanistischer Erklärungsmodelle festgelegt. Eine Inanspruchnahme der Vorläuferschaft des naturalistischen Dramas würde sich für Brechts eigene literarische Praxis auch im Hinblick auf die Kommunikationsstruktur dieses Theaters verbieten. Hier weisen die Traditionslinien in andere Richtung. Aber auch der Vergleich mit den Formen des asiatischen Theaters löst die (gemeinsamen) stilistischen Elemente von ihrer erkenntnistheoretischen Funktion und bleibt deswegen vordergründig. – Brecht hat, das sei hier nur vermerkt, in zahlreichen späteren Bemerkungen, über die ästhetische Konzeption des Naturalismus ein ganz eindeutiges Urteil abgegeben und dessen erkenntnistheoretische Konsequenz klar durchschaut: »Der Naturalismus offenbart schon in seinem Namen seine naiven, verbrecherischen Instinkte. Das Wort Naturalismus ist selber schon ein Verbrechen. Die bei uns bestehenden Verhältnisse zwischen den Menschen als natürliche hinzustellen, wobei der Mensch als ein Stück Natur, also unfähig, die Verhältnisse zu ändern, betrachtet wird, ist eben verbrecherisch. Eine ganz bestimmte Schicht versucht hier unter dem Deckmantel des Mitleids den Benachteiligten die Benachteiligung als natürliche Kategorie menschlicher Schicksale zu sichern. Es ist die Geschichte der Benachteiliger.« Vgl. Schriften zum Theater, Frankfurt 1963 (Red. W. Hecht) Bd. 1, 157 f., Bd. 3, 37 u. 83, Bd. 5, 27 ff., Bd. 7, 28, 290 u. 325 f. u. a.

3 W. *Bölsche*, Ein deutsches realistisches Drama (über G. Hauptmann: Vor Sonnenaufgang). In: Die Gegenwart. 36 (1889), 234–236.

4 Hauptmann selber hat zur Funktion der Regieanmerkungen Stellung genommen; in dem Bericht »Von einem Freunde« (Deutsche Revue. 20 [1895], 286–290) antwortet er auf die Frage, ob er diesen Detailschilderungen nicht zu viel Raum gebe: »Soweit die Bühnenaufführung in Betracht kommt, mögen sie recht haben. Aber erstens werden Dramen auch gelesen und zweitens: die Bühne macht ihre Abstriche. Warum soll der dramatische Dichter kleine charakteristische Umstände verschweigen, die seine innere Vorstellung aufweist, da sie auf der Bühne zwar wegfallen, aber doch in nichts den Bühnenverlauf eines Stückes beeinträchtigen.« (290) Es bliebe zu fragen, inwiefern Hauptmann angesichts der Aufführungsverbote seiner Stücke in verstärktem Maße tatsächlich auch mit einem Lesepublikum rechnete. Wie gezeigt wurde, resultierten aus der Lektüre der Stücke vor der Aufführung besondere der Spezifika der

Rezeption. Die gesamte zeitgenössische Kritik setzte jedoch gerade an diesem Punkte an. H. Landsberg spricht von dem »Umfang einer knappen Novellette«, die die Anmerkungen hätten, insbesondere wird auf jene in die Vergangenheit reichenden Charakterisierungen, die Hauptmann gelegentlich benutzt, verwiesen, etwa jenes viel zitierte »wie immer«, mit dem Hauptmann zu Beginn des zweiten Aktes von »Vor Sonnenaufgang« den heimkehrenden notorischen Säufer Krause beschreibt (vgl. Centenar-Ausgabe. I, 39). – U. C. *Woerner* betrachtet die zahlreichen »novellistischen Bühnenanweisungen« der Hauptmannschen Stücke, die die Struktur »episieren«, als »Erweiterungen des dramatischen Bereichs«; vgl. Gerhart Hauptmann, Berlin (2. Aufl.) 1901 (= Forschungen zur neueren Litteraturgeschichte. 4). In der Arbeit von E. *Lind,* Die Szenenbemerkungen bei Hermann Sudermann, Diss. Wien 1961 werden die Regieanmerkungen im naturalistischen Theater als unbedingt erforderliche Anweisungen für den Schauspieler angesehen. Nur ihre konsequente «Befolgung gewährleistet die optimale Umsetzung des Textes in szenisches Spiel«; Lind sieht darin einen Übergang der Bühne zu den Stilmitteln des Films. (561) Die Verlagerung der wesentlichen Ausdruckselemente ins Mimisch-Gestische sieht G. *Litzmann* als Folge des Mangels an Reflexion im naturalistischen Drama, daraus resultierten die umfänglichen Szenenbemerkungen als »epische Beschreibungen«. Vgl. Das naturalistische Drama. Von seiner Entstehung und Technik. In: Mitteilungen d. literarhist. Gesell. Bonn 2 (1907), 309–327 (Diskussion: 327–336). – Die epische Struktur der naturalistischen Stücke stellt G. Schwarzkopf am Beispiel der »Familie Selicke« heraus. Dieses Stück sei als Novelle konzipiert, Merkmal dafür seien die seitenlangen psychologischen Kommentare des Dichters. »Wie soll ein Schauspieler es denn veranschaulichen, – um nur ein wirklich drastisches Beispiel zu geben, – das er *»wie immer als Letzter«* aus dem Gasthause kommt? (Hauptmann »Vor Sonnenaufgang«). Er kann starke Betrunkenheit markieren, aber diese Betrunkenheit wird das Publikum noch immer nicht darüber aufklären, daß er es *immer* ist.« (263) Vgl. G. *Schwarzkopf,* Die Familie Selicke. In: Moderne Dichtung. 1 (1890), 261–263. Als »erzählend« charakterisiert S. Bytkowski Hauptmanns Dramen, die »Romanausschnitten« gleichen würden. Die ausgedehnten Regieanmerkungen zeigen, »daß der Naturalismus nichts anderes will, als epische Darstellung auf das Drama zu übertragen.« (34) – H. Schlag kritisiert die Auflösung der Gattungsgrenzen in Hauptmanns episierten Dramen am Beispiel der »Weber«: »Hauptmanns Weberstück hat gewiß Wirkungen auf das Publikum, namentlich auf eine bestimmte Partei gehabt, es hat aber nicht die hervorgebracht, die der *Gattung* zukommen und die auf keine Weise durch andere ersetzt werden können: das Stück ist ein Epos in einzelnen Bildern und ohne wirkliche dramatische Handlung, obwohl an lärmenden Taten, Zerschlagen und Zertrümmern kein Mangel ist. Zugleich ist das Stück ein helleuchtendes Beispiel für die Erfahrung, daß gerade der an sich schon unkünstlerische Naturalismus zur Verunreinigung des Dramatischen mit Epischem verführt.« (111) Vgl. H. *Schlag,* Das Drama. Wesen, Theorie und Technik des Dramas, Essen (2. Aufl.) 1917. Vgl. auch O. *Doell,* Die Entwicklung der naturalistischen Form im jüngstdeutschen Drama (1880–1890), Halle 1910. – Als »novellistischen Charakters« bezeichnet H. *Thielmann* in der Arbeit: Stil und Technik des Dialogs im neueren Drama (Vom Naturalismus bis zum Expressionismus), Düsseldorf 1937 das naturalistische Drama. Von einem »epischen Gestaltungsraum« (45) des naturalistischen Theaters spricht R. *Hartogs* in: Die Theorie des Dramas im deutschen Naturalismus, Diss. Frankfurt 1931. – Von der unsicheren gattungsmäßigen Einordnung der naturalistischen Stücke geht L. *Berg* in seiner Arbeit: Realismus und Drama. In: L. Berg, Zwischen zwei Jahrhunderten. Gesammelte Essays, Frankfurt 1896, 388–399 aus. Der Naturalismus komme von der kurzen epigrammatischen Erzählung zum Drama. »Die Knappheit führte zum Dialog, und so war denn das Drama geschaffen.« (393) Die Naturalisten

»erzählen und sie malen, aber sie treiben keine dramatische Handlung heraus, sie sind keine Kämpfernaturen, ihnen fehlt das Pathos der Tragödie. Der dramatische Gegensatz kommt bei ihnen als Tendenz heraus, die Schicksals-Idee wird hier rein äußerlich zu einem Naturgesetz, die Handlung bleibt auf Arrangement beschränkt«. (393) – Als »dramatische Romane ohne Berücksichtigung der völlig verschiedenen Wirkungsfähigkeit« (389) bezeichnet E. *Brausewetter* das naturalistische Drama; vgl. Emile Zola als Dramatiker. In: Die Gesellschaft. 7 (1891), 249–255 und 386–397. P. Schlenther verweist auf die Aufhebung der Gattungsunterschiede besonders im Hinblick auf die Skizzenreihe »Papa Hamlet« und die »Familie Selicke«. Aus der programmatischen Wissenschaftlichkeit der naturalistischen Kunsttheorie und der davon abgeleiteten Milieulehre erklärt F. Spielhagen die epische Form des naturalistischen Dramas; ihm liege ein »ganz wesentlich episches Sehen« (233) zu Grunde, es sind die »sogenannten Dramen sehr oft nur dramatisierte Romane, respektive letzte Romankapitel«. (233) Als »dramatisierte Romane« klassifiziert P. *Mannsberg* in seiner Studie: Einiges über die Grenzen zwischen Roman und Drama. In: Das Magazin. 111 (1887), 283–287 das naturalistische Drama.

5 F. *Mauthner,* Einsame Menschen. Drama von Gerhart Hauptmann. In: Das Magazin. 60 (1891), 47–48.

6 M. *Harden,* Dramatische Aufführungen (u. a. über G. Hauptmann: Einsame Menschen). In: Die Gegenwart. 39 (1891), 46–47.

7 M. *Kent,* Theater (u. a. über G. Hauptmann: Einsame Menschen). In: Die Nation. – (1890/91), 251–254.

8 Über die erste öffentliche Aufführung der »Einsamen Menschen« im Deutschen Theater vgl. auch: st., G. Hauptmanns »Einsame Menschen« auf dem Deutschen Theater. In: Das Magazin. 60 (1891), 207.

9 S. *Bytkowski,* Gerhart Hauptmanns Naturalismus und das Drama, Hamburg u. Leipzig 1908.

10 »Es ist die Darstellung der kleinen Tageskonflikte und Konfliktchen, eine Nähedarstellung ohne Hintergründe, es ist zum großen Teil *Eintagsliteratur*.« (180)

11 E. *Sulger-Gebing,* Gerhart Hauptmann, Leipzig 1909.

12 Die aufschlußreiche Arbeit von E. H. *Bleich,* Der Bote aus der Fremde als formbedingender Kompositionsfaktor im Drama des deutschen Naturalismus (Ein Beitrag zur Dramaturgie des Naturalismus), Diss. Greifswald 1936 ist besonders geeignet gerade dieses Strukturkriterium kritisch zu überprüfen. Während in der zeitgenössischen Kritik wie in den meisten wissenschaftlichen Darstellungen noch heute die »Boten aus der Fremde«, Figuren etwa wie Loth in »Vor Sonnenaufgang« u. a., fast ausschließlich in der Rolle des Kommentators, des Berichterstatters oder Erzählers gesehen werden, zeigt Bleich, daß die »Boten aus der Fremde« ihre entscheidende Funktion im Rahmen des Handlungsaufbaus erhalten. Der Thesengehalt ihrer Botschaften erfüllt in erster Linie handlungsauslösende und handlungsstrukturierende Aufgaben; darin liegt ihre Funktion als Kompositionsfaktor. Die Aufgabe des »Boten« sei es, »die vorgefundenen Verhältnisse in Spannung zu bringen, ähnlich wie ein hinzukommender fremder Stoff den im Reagenzglas bereits vorhandenen zur Reaktion oder gar zur Explosion bringt«. (32) Das Auftreten des »Boten« bewirke neue Personengruppierungen, die allmähliche Herauslösung der bisherigen Zentralgestalt aus ihrer Passivität und damit allgemein den Anstoß zur Handlung. Die Funktion dieses Figurentyps läßt sich unter der Konzeption des Epischen daher nicht erklären, sondern ergibt sich aus der spezifischen Anlage der Spielsituation im Milieu und der Bindung der Milieufiguren in ein fatalistisches Determinationsbewußtsein, das jede spontane Aktion ausschließt. Diese Erklärung fügt sich m. E. zwingend in das Gesamtkonzept der naturalistischen Ästhetik ein.

13 Hauptmann räumt zwei Möglichkeiten der dramatischen Gestaltung ein: 1. die streng

»architektonische«, oder, wie er auch sagt, »senkrechte Komposition« (vgl. »geschlossene Form«) und 2. die epische, fließende, »waagrechte« Komposition (vgl. »offene Form«). »Der echte Biologe wird keine der beiden Formungsmöglichkeiten entbehren wollen, weil durch jede stofflich Besonderes begriffen wird. Im Falle der waagrechten wird immer dann zu befahren sein, daß man die Elemente der fließenden Komposition für unzulänglich nimmt, weil sie eben fließende sind und weil man mit Unrecht von ihnen Stillstand, Tragfähigkeit, Architektur verlangt.« Die Kunst des Dramas, hrsg. v. M. *Machatzke,* Frankfurt – Berlin 1963, 37; vgl. auch: Gerhart-Hauptmann-Jahrbuch 1948, hrsg. v. F. A. *Voigt,* Goslar 1948, 159.

14 Ernst bezeichnet Hauptmann als den Nutznießer der Holz'schen Erfindung, er sei zu Unrecht in die Rolle eines theoretischen Bahnbrechers und Neuerers gebracht worden. Die Stücke, die er schrieb, behandeln Stoffe, die auf der Straße lagen und an die »jeder Gleichstrebende schon gedacht hatte.« (453) Den Stoffen allein verdanke Hauptmann die große Wirkung seines Theaters.

15 Vgl. A. *Holz,* Evolution des Dramas. In: Arno Holz Werke, hrsg. v. W. Emrich u. A. Holz, Neuwied 1962, Bd. 5, 54 f.. Vgl. dazu auch die Arbeiten von H. *Gartelmann,* Dramatik. Kritik des Aristotelischen Systems, Berlin 1892. Gartelmann sieht ebenfalls in der »Darstellung von Charakteren« (59) das Grundgesetz des Dramatischen. *Ders.,* Zur Dramatik. Ein dramaturgischer Waffengang mit Professor Richard Maria Werner, Berlin 1896.

16 P. *Schlenther,* Theater. Freie Bühne: Das vierte Gebot. In: Freie Bühne 1 (1890), 142–143.

17 F. Spielhagen, 232; vgl. E. *v. Grotthuß,* Die dramatische Internationale (u. a. über G. Hauptmann: Vor Sonnenaufgang). In: Velhagen und Klasings Neue Monatshefte. 1 (1889/90), 501–601: Nirgends finde sich in dem Stück die eigentliche Problematik der Gegenwart, der »Riesenkampf der Arbeit mit dem Kapital« (600); das Stück sei weder Zeit- noch Parteitheater, sondern nur »epische Schilderung« einer verkommenen Gesellschaft.

18 G. *Lukács,* Skizze einer Geschichte der neueren deutschen Literatur, Neuwied 1963, 19.

19 P. *Szondi,* Theorie des modernen Dramas, Frankfurt 1963 (= edition suhrkamp 27).

20 Unter der Voraussetzung einer Form-Semantik, die die Hegelsche Form-Inhalt-Dialektik zu Grunde legt, kommt Szondi zu den vorausgesetzten Bestimmungen des Dramas wie der Epik. In diesem Bezugssystem kann er davon sprechen, daß die moderne Dramatik vom Drama wegführe. Für die Klassifizierung bietet sich Szondi der »Gegenbegriff« »episch« als strukturales Kriterium an. Die Problematik dieses Vorgehens scheint mir darin zu liegen, daß der Rahmen der idealistischen Ästhetik, von dem aus die Begriffe Drama und Epos bestimmt werden, nicht aufgegeben wird, obwohl das Versagen dieses ästhetischen Modells am Beispiel der modernen Dramatik deutlich erkannt wurde, sondern innerhalb dieses Modells lediglich eine Verschiebung vorgenommen wird: das moderne Drama wird eben als »episch« bezeichnet.

21 E. H. *Bleich* (Anm. 12).

22 F. *Martini,* Soziale Thematik und Formwandlungen des Dramas. In: DU. 5 (1953), H. 5, 73–100.

23 Die Arbeit von W. *Kayser: Zur Dramaturgie des naturalistischen Dramas. In: Monatshefte. 48 (1956), 169–181 behandelt Fragen der Dramentheorie, die sich aus der Auseinandersetzung mit A. Holz' ästhetischer Theorie und dessen poetischer Praxis ergeben. Für unsere Fragestellung kann daraus wenig gewonnen werden.

X. Tendenz oder Kunstwert: die Diskussion einer vermeintlichen Aporie

1. Tendenz und wissenschaftliche Ästhetik: »künstlerisch verwertete« Tendenz – »illustrierte« Tendenz

1 L. *Berg*, Der Naturalismus. Zur Psychologie der modernen Kunst, München 1892.

2 Diese Vorstellung wird von einer Reihe von Theoretikern aufgegriffen und zu einer Differenzierung von »gestalteter« Tendenz und »aufgesetzter« Tendenz gebraucht. Im Sinne von »gestalteter« Tendenz nennt M. G. *Conrad* in dem Aufsatz: Dichtung und Politik. In: Die Gesellschaft. 13 (1897), 1–4 jede große Dichtung eine »Kampfschrift«; A. *Lauenstein* geht in einer entsprechenden Differenzierung davon aus, daß große Dichtung immer die Funktion der Erziehung habe und daß die zeitgenössische Diskussion um Idealismus oder Realismus im Grunde eine Diskussion zwischen dem »alten« Idealismus und dem »neuen« Idealismus sei; vgl. Kunst und Leben. In: Freie Bühne. 2 (1891), 761–765.

3 Von einer »Umwandlung« (1228) der großen Zeitfragen in der »reinen Dichtung« spricht H. *Schliepmann* in der Arbeit: Ästhetischer Pessimismus. In: Freie Bühne. 1 (1890), 1226–1229; die Tendenzliteratur lasse diese »Umwandlung« einfach fehlen. Mit der Kategorie der »Umwandlung« oder der »künstlerischen Verwertung« wird ein zentraler Begriff der Hegelschen Ästhetik in die Diskussion der Tendenzfrage eingebracht. Hegel unterscheidet Poesie von prosaischer Kunst eben durch jenen Vorgang der »Umwandlung«, die »der Hauptberuf der Dichtkunst« (266) sei, und die bewirke, daß aus einem konkreten Stoff der Geschichtsschreibung oder der realwirklichen Faktizität der »innerste Kern und Sinn« herausgehoben werde. Die Dichtkunst hat »die umherspielenden Zufälligkeiten aber und gleichgültigen Beiwerke des Geschehens, die nur relative Umstände und Charakterzüge abzustreifen, und dafür solche an die Stelle zu setzen, durch welche die innere Substanz der Sache klar herausscheinen kann, so daß dieselbe in dieser umgewandelten Außengestalt so sehr ihr an und für sich entsprechenden Wirklichkeit entwickelt und offenbar macht«. (266) vgl. G. W. F. *Hegel*, Vorlesungen über die Ästhetik, hrsg. v. H. Glockner, Stuttgart (Nachdruck) 1964 (= Sämtliche Werke. 14). Mit der Kategorie der »Umwandlung« ist ein Prozeß der »Naturalisierung« bzw. der Ontologisierung durch den Vorgang der poetischen Gestaltung bezeichnet, der den Stoff enthistorisiert und der Lebenspraxis gegenüber neutralisiert.

4 A. *Klaar* verwendet den Tendenzbegriff positiv (im Sinne der Gestaltung der »wahren Motive des Lebens« [198]) und negativ, wenn im literarischen Werk eine These nur »illustriert« (198) werden soll: »Man wehrt sich gegen die Vorlesung oder gegen die Predigt, die leicht in einen sinnlichen Vorgang gekleidet ist.« (198) Vgl. A. *Klaar*, Probleme der modernen Dramatik, München 1921 (= Philosophische Reihe. 36).

5 J. *Hart*, Poesie und Tendenz (ref.). In: Der Kunstwart. 1, 2 (1887/88), 317–318.

6 Mit den gleichen Argumenten kritisiert G. *Lukács* in dem Aufsatz »Reportage oder Gestaltung?« die Romane von Bredel, Ottwalt und Tretjakow; deren Figuren seien Demonstrationsobjekte, an denen abstrakte Thesen abgehandelt würden, die »Darstellungsweise hat zu dem Dargestellten überhaupt keine Beziehung«. Vgl. G. *Lukács*, G. Lukács, Essays über Realismus, Neuwied 1971, 53 (= Werke 4). Lukács' Kritik zeigt seine eigene Orientierung an Hegels Vorstellung vom »poetischen Kunstwerk«, sie ist in seiner Argumentation durchgehend nachweisbar.

7 Vgl. G. *Lukács*, ebenda, 69.

8 Vgl. G. *Lukács*, ebenda: »›Tendenz‹ ist nämlich etwas sehr Relatives. Das heißt in der bürgerlichen Literaturtheorie, was heute sogar offiziell anerkannt wird, erscheint als ›tendenzmäßig‹ jenes Schriftwerk, dessen Klassengrundlage und Klassenziel der

herrschenden Richtung – klassenmäßig – feindlich ist, die ›eigene Tendenz‹ ist also keine ›Tendenz‹, nur die gegnerische.« (25)

9 Eine materialreiche Übersicht über die Tendenzdiskussion, ausgehend vom Drama de »Jungen Deutschlands«, findet sich in: Das Deutsche Drama. In Verbindung mit J. Bab u. a. hrsg. v. R. F. *Arnold,* München 1925, 605–619. Dort wird gezeigt, daß der Begriff »Tendenzdrama« weitgehend gleichbedeutend gebraucht wird mit dem Begriff »bürgerliches Drama«. Arnold schlägt als besseren Begriff »Gegenwartsdrama« vor und trifft damit m. E. in der Tat die Intention richtiger. Die Feststellung Arnolds, daß die Grundhaltung des Tendenzdramas, auch der Tendenztragödie, »durchaus optimistisch« (612) sei, läßt diese Kategorie auf das Drama des Naturalismus kaum anwendbar erscheinen. Dies würde jedoch die Kritik der Sozialdemokratie am Naturalismus stützen und auch von der Begriffsgeschichte her ein Indiz mehr darstellen, daß der Tendenzcharakter der naturalistischen Dramatik erst Ergebnis seiner zeitgeschichtlichen Rezeption ist.

10 Eine Analyse des Tendenzbegriffs in der Programmatik der »Freien Bühne« unternimmt A. Bürkle. Er geht davon aus, daß für den Naturalismus Tendenz immer »Tendenz zum Natürlichen« bedeute und dann auch legitimiert sei. Unter dieser Voraussetzung unterscheidet er »gute« und »schlechte« Tendenz; »schlechte« Tendenz sei mit dem Vorwurf des Unkünstlerischen verbunden. Der Begriff »wird stets dann angewandt, wenn eine Dichtung offenbar nicht dem Leben dient«. (196) Damit wird das Tendenzproblem um seine ästhetische Komponente verkürzt; Bürkle übersieht die programmatische Forderung nach »Gestaltung« auch der »guten« Tendenz, die deren inhaltliche Bestimmung letzthin überlagert.

11 L. *Fulda,* Moral und Kunst. In: Freie Bühne. 1 (1890), 5–9.

12 C. *Alberti,* Die zwölf Artikel des Realismus. Ein litterarisches Glaubensbekenntnis. In: Die Gesellschaft. 5 (1889), 2–11.

13 »Die Grenze der Kunst wird erst in dem Moment überschritten, wo jene persönliche Färbung nicht mehr naiv, sondern gewollt und beabsichtigt ist. In diesem Moment tritt etwas Fremdes ein, tritt in die Schöpfung, welche natürlich erscheinen soll, etwas Außernatürliches, und wir haben etwa die störende Empfindung, als wenn in die Bühne eines Puppentheaters zu den täuschend bewegten Figürchen plötzlich ein lebensgroßer Kinderkopf hereinschaut. Wir sehen den Draht, an welchem die Gestalten gelenkt werden, und am andern Ende des Drahtes erblicken wir den Schöpfer, der bald wohlgefällig lächelt, bald grimmig zürnt, je nach seiner charaktervollen Überzeugung. Das ist nicht mehr die reine Kunst; das ist Tendenzkunst, und weil hier der Künstler noch etwas sagt neben dem, was seine Gestalten sagen, deshalb tritt er als Person breitspurig in seine eigene Schöpfung hinein, deshalb verläßt er seinen erhabenen Standpunkt jenseits von Gut und Böse. Erst damit unterwirft er sich der Moral und wird aus einem Souverain, der außerhalb der Diskussion steht, ein verantwortlicher Minister.« (243) Damit ist mit der ästhetischen Begründung des konsequenten Illusionismus auch ein Kriterium für die Tendenzfrage gegeben. Der konsequente Illusionismus führe dazu, daß der dargestellten Wirklichkeit gegenüber eine Interpretation oder Analyse, die den Bedingungsrahmen, in dem die Figuren des Stücks stehen, transzendiert, beim einfühlenden Zuschauer verhindert wird.

14 B. *Brecht,* Schriften zum Theater 1, Frankfurt 1967, 299 f. (= Gesammelte Werke 15).

15 Vgl. auch: K. *Erdmann,* Anrüchige Stoffe. In: Der Kunstwart. 6 (1892/93), 113–116.

16 C. *Alberti* (Anm. 12), 2 f.

17 Dieses Zurückdrängen der Persönlichkeit wird in einer Reihe von Beiträgen, die sich gegen Albertis »litterarisches Glaubensbekenntnis« richten, heftig kritisiert. Das Problem greift über in die Auslegung des Begriffs des Temperaments in der Zolaschen Roman- und Kunsttheorie, auf die hier nicht weiter eingegangen werden soll. *Alberti* antwortet dieser Kritik in dem Beitrag: Zum Glaubensbekenntnis des Realismus. In: Die Gesellschaft. 5 (1889), 1167–1171.

18 G. W. F. *Hegel* (Anm. 3), 238 u. a.

19 Hegel unterscheidet beide Auffassungsweisen durch die Kategorie der »Totalität«, durch die die Abbildungsperspektive des Poetischen bestimmt sei. Die Darstellung der Wirklichkeit als Totalität stelle diese »als in sich beschlossen, als hervorgebracht, bewegt von dem Einen« (239) dar; vgl. G. W. F. *Hegel* (Anm. 3), 239. Dagegen seien die Werke der Beredsamkeit (»prosaische Auffassung«) an der Situation ihres Gebrauchs und an ihrem Zweck orientiert; der Redner muß gegenüber der »freien poetischen Organisation des Kunstwerks (265), »den Ort, an welchem er spricht, den Grad der Bildung, die Fassungsgabe, den Charakter der Zuhörerschaft durchweg [...] berücksichtigen, um nicht mit dem Verfehlen des gerade für diese Stunde, Personen und Lokalität gehörigen Tones den erwünschten praktischen Erfolg einzubüßen«. (265)

2. Tendenz und Zeitliteratur

1 B. *Wille,* Tendenz und Poesie. Eine Einleitung zur Ergründung eines Zeitproblems. In: Freie Bühne. 2 (1891), 465–468, 495–498 und 516–521.

2 Hervorzuheben ist Willes Hinweis, »daß zuweilen die Subjektivität des Empfangenden die Tendenzwirkung verschuldet«. (498) Damit ist angedeutet, daß die Tendenz auch erst aus der Rezeption resultieren könne.

3 Vgl. auch A. *Lasson,* Realismus und Naturalismus in der Kunst. In: Philosophische Vorträge, hrsg. v. d. Phil. Gesell. z. Berlin, Leipzig 1892, N. F. H. 22/23, 3–34. In Lassons Arbeit sind die Hegelschen Kategorien explizit aufgenommen, im Hinblick auf das naturalistische Drama spricht Lasson von »prosaischer Genauigkeit« und »prosaischem Gehalt« (32).

4 Zu diesem Theoriezusammenhang vgl. auch den Aufsatz von W. Preisendanz, Der Funktionsübergang von Dichtung und Publizistik bei Heine. In: Die nicht mehr schönen Künste. Grenzphänomene des Ästhetischen, hrsg. v. H. R. Jauß, München 1968, 343–374 (= Poetik und Hermeneutik. III).

5 Auf die Problematik der Auskunft, die Brecht zu dieser Frage in dem Kölner Rundfunkgespräch Ende der zwanziger Jahre gegeben hatte, wurde schon eingegangen. In der zeitgenössischen Kritik spiegelt sich die Unsicherheit, das »neue Theater« kategorial zu bestimmen, ganz eindeutig wider. Vor allem wird die Formel vom »epischen Theater« aufgegriffen, die in der Naturalismusdiskussion entwickelt worden war. J. *Bab* beschreibt eine Seite dieser Situation Ende der zwanziger Jahre in seiner Arbeit »Episches Theater?« In: Die Volksbühne. 4 (1929/30), 113–118; dort heißt es: »Das neue Schlagwort vom ›Epischen Drama‹ ist zusammengeballt aus allen möglichen Stimmungen der Zeit: die Flucht vor dem Sentimentalen, die Sehnsucht nach neuer Sachlichkeit, die soziale Tendenz zu Massenkult und Entpersönlichung, all das treibt den neuen Begriff empor.« (114) Kinodrama und Kolportageroman werden als Vergleichsfolie ebenso herangezogen wie das Renaissancetheater und die einfachen Formen des Markttheaters; wissenschaftliches Stoffinteresse wird gegen künstlerischen Anspruch in gleicher Weise ausgespielt, wie dies in der Tendenzdiskussion seit den neunziger Jahren immer wieder geschehen war. »Diese Prologe und Zwischenreden, diese Landkarten und Stammbäume, die auf den Vorhang projiziert werden, sie sind allesamt undramatische, und wenn überhaupt künstlerische Mittel, dann eher epische. Denn es muß durchaus fraglich sein, ob solche quasi wissenschaftliche Inanspruchnahme unseres aufmerkenden Verstandes überhaupt noch etwas mit Kunst zu tun hat, ob künstlerische Wirkung nicht überhaupt durch das Medium der Phantasie, durch willkürliche Hingerissenheit begrenzt ist.« (115) Diese Stelle macht vollends deutlich, aus welcher begrifflichen Verlegenheit heraus hier das »Epische« in die Argumentation gerät. Die gebrauchten Kategorien (»wissenschaftlich«, »undramatisch«) zeigen, daß mit dem Begriff vom »epischen Drama« zunächst nicht mehr geleistet ist, als ein »neues Theater« mit einer Formel etikettiert, die sich

bereits gegenüber einem anderen Typus »neuen Theaters« bewährt zu haben schien, dem Drama des Naturalismus: Mangel an dramatischer Handlung, Tendenzcharakter und Wissenschaftsprogrammatik legten die Übertragung nahe. So argumentiert im Grunde auch Brecht in dem Kölner Rundfunkgespräch.

6 M. *Krell*, Bilanz der Dichtung. In: Die neue Dichtung. 1 (1922/23), 257–268.

7 W. *Hasenclever*, Soll die Dichtung eine Tendenz haben? (Rundfrage) In: Der Scheinwerfer. 2 (1928), 21: »Wir müssen das Dichterwerk oder Drama, das eine Tendenz ist, muß so sein, daß man sie nicht merkt. Gesinnung ist keine Entschuldigung für mangelndes Können. Ein Gedicht ist kein Essay, ein Roman keine Abhandlung, ein Theaterstück kein politischer Leitartikel.« (7)

8 H. *Frank*, Soll die Dichtung eine Tendenz haben? (Rundfrage) In: Der Scheinwerfer. 2 (1928), 6: »Denn für Kämpfe dieser Art [»öffentliche Streitfragen« – M. B.] sind die gegebenen Kampfmittel: Leitartikel, Broschüre, geschriftstellertes Buch, nicht Roman und Drama, also gedichtetes Buch.« (6) Der Begriff der »Broschüre« wird in diesem Zusammenhang auch polemisch von der Redaktion der »Linkskurve« gebraucht; in einer Bemerkung zu dem Artikel von M. *Valentin*, Agitpropspiel und Kampfwert. In: Die Linkskurve. 2 (1930), Nr. 4, 15–17. Die Redaktion stellt sich entschieden gegen die These Valentins, daß der »Kampfwert« das entscheidende Kriterium bei einem Kunstwerk sei; es heißt in der Bemerkung: »Man bräuchte dann nur noch ›Broschüren‹ von der Bühne verlesen und die ›Kunst‹ den Bürgerlichen überlassen.« (16)

9 W. *Michel*, Gesinnungstheater. In: Der Kunstwart. 40, 2 (1927), 127–128. *ders.*, Deutsche Theaterprobleme der Gegenwart. In: Der Kunstwart. 41, 2 (1928), 77–89.

10 K. *Weill*, Aktuelles Theater. In: Die Scene. 20 (1930), 4–7. Weill polemisiert dagegen, daß das »neue Theater« allein unter dem Schlagwort der Aktualität diskutiert wird, wesentlicher sei als Form »neuen Theaters«, »für [das] Qualität und Gesinnung ausschlaggebender sind als die Reize der Aktualität«. (5) Theater sei in seiner informativen und kommunikativen Funktion neben Wissenschaft, Presse und Politik zu sehen und habe Stellung zu beziehen. Weill polemisiert gegen den Typus des aktuellen Zeitstücks (in der Form der »Zeitrevue«), das die Ereignisse und Probleme der Zeit zwar nenne aber nicht kritisiere; für ihn resultiert daraus eine unmittelbare Beziehung zum naturalistischen Theater als Zeitliteratur: »[...] man zeigt Geschehnisse unserer Zeit, aber man zeigt nicht die großen Zusammenhänge, man will die Zeit photographieren, anstatt ihr den Spiegel vorhalten, in dem sie sich sehen kann. Daraus ergibt sich die andere Gefahr dieser Gattung: der Rückfall in den Naturalismus. Der Darstellungsstil dieser Zeitstücke unterscheidet sich kaum von dem der Jahrhundertwende. Aktuelle Inhalte in einer veralterten Theaterform.« (6)

11 A. *Kerr*, Was wird aus Deutschlands Theater. Dramaturgie der späten Zeit, Berlin 1932. Kerr äußert sich voller Sarkasmus über die »Vereinsregeln des nagelneuen epischen Theaters« – gemeint sind Brechts »Mahagonny«-Anmerkungen.

12 O. *Zarek*, Soll die Dichtung eine Tendenz haben? (Rundfrage). In: Der Scheinwerfer. 2 (1928), 22: »kunstvolles Plakat oder Werbefilm«; K. *Westhoven*, O. S! Landkarte contra Dichter. In: Der Scheinwerfer. 3 (1929), H. 2, 14–15: »Agitationsplakate«; E. *Lissauer*, Das politische Theater. In: Die Scene. 20 (1930), 345–348: »Mittel des Kampfes, der Werbung, als Aufruf, Plakat, als Signal«. (347)

13 R. *Bie*, O. S. In: Der Scheinwerfer. 3 (1929), H. 1, 12–14: bezogen auf A. Bronnens Oberschlesienroman spricht Bie von »Reportage«. L. *Hirsch*, die jungen deutschen Schriftsteller, In: Der Scheinwerfer. 3 (1929/30), H. 1, 14–16 nennt die Reportage die »Schreibart« (15) der Tendenzliteratur.

Versuche, das »neue Theater« begrifflich aus dem traditionellen Bezugsrahmen herauszuheben und aus seiner kommunikations- bzw. produktionsästhetischen Perspektive zu beschreiben, stellen die an den Medien orientierten Gattungsbegriffe dar, die in den zwanziger Jahren entwickelt wurden, etwa Begriffe wie »Kino-Novelle«

oder das »Szenarium«; die Formen wurden durchaus unabhängig von ihrer technischen Realisation als literarische Formtypen verwendet. Vgl. S. *Eisenstein,* Drehbuch? Nein: Kino-Novelle! In: Die Literatur. 32 (1929/30), 255–256, dazu E. *H.,* Kino-Novellen. In: Die Literatur. 32 (1929/30), 252–253. Eisensteins Aufsatz löste eine breite Diskussion dieser Frage aus; es wurden zahlreiche Sammlungen von »Kino-Novellen« vorgelegt, die eine ähnliche Auflösung der Gattungsgrenzen aufwiesen, wie etwa die »Skizzen« von A. *Holz.* Es wäre also auch die Mediendiskussion (Radiodiskussion, Kinodiskussion) der zwanziger und dreißiger Jahre in die Theoriebildung eines neuen Zeittheaters einzubringen, in ihr sind die Faktoren der Produktion und Rezeption stets aufeinander bezogen.

14 E. *Piscator,* Das Politische Theater (Faksimiledruck der Erstausgabe 1929), Berlin 1968 (= Erwin Piscator. Schriften 1), 57.

15 L. *Weltmann,* Zum deutschen Drama IV. Alfons Paquet. In: Die Literatur. 30 (1927/28), 441–444. Weltmann weist auf die Praxis von Paquet hin, den gleichen Stoff in verschiedenen Darstellungsformen (Roman, Schauspiel, Film) zu erproben und damit in jeweils andere Wirkungszusammenhänge zu stellen.

16 Die prägnanteste Formulierung findet diese Konzeption in Brechts Texten zur Radiotheorie: »Erläuterungen zum ›Ozeanflug‹«, »Über Verwertungen« und »Der Rundfunk als Kommunikationsapparat«. (In: Schriften zur Literatur und Kunst. 1, Red. W. Hecht, Frankfurt 1967, 123–134 (= Gesammelte Werke 18) und in dem Vorwort der Reihe »Versuche« (1930): »Die Publikation der Versuche erfolgt zu einem Zeitpunkt, wo gewisse Arbeiten nicht mehr so sehr individuelle Erlebnisse sein (Werkcharakter haben) sollen, sondern mehr auf Benützung (Umgestaltung) bestimmter Institute und Institutionen gerichtet sind zu dem Zweck, die einzelnen sehr verzweigten Unternehmungen kontinuierlich aus ihrem Zusammenhang zu erklären.«

17 A. *Paquet,* Soll die Dichtung eine Tendenz haben? (Rundfrage aus dem »Scheinwerfer«) In: Die Scene. 17 (1927), 34.

18 Dieser Begriff wird hier aufgenommen, wie ihn F. Sengle in seiner Schrift: Die literarische Formenlehre. Vorschläge zu ihrer Reform, Stuttgart 1967 (= Dichtung und Erkenntnis 1) entwickelt hat – durchaus mit Vorbehalten und zunächst auch unter Inkaufnahme aller Unschärfen dieser Konzeption. Die entscheidende Anregung, die mit Sengles »Vorschlägen« in die Diskussion gebracht wurde, wird dadurch nicht geschmälert. Der Zusammenhang, der in dieser Arbeit zwischen den Formen der Zweck- und Gebrauchsliteratur und der Rhetorik als ihrer möglichen Theoriegrundlage aufgezeigt wird, scheint m. E. einen Weg zu weisen, aus den kategorialen Schwierigkeiten der Zeit- bzw. Gebrauchsliteratur gegenüber herauszukommen.

19 F. *Koffka,* Vom »tätigen« und vom lebendigen Geist. In: Das junge Deutschland. 1 (1918), 155–159.

20 P. *Kornfeld,* Soll die Dichtung eine Tendenz haben? (Rundfrage) In: Der Scheinwerfer. 2. (1928), 9.

21 E. *Moes,* Tendenzdramen. In: Der Scheinwerfer. 2 (1929), H. 14, 11–14. – Vgl. auch R. *Arnheim,* Die Kunst dem Volke. In: Die Weltbühne. 24, 1 (1928), 97–100; A. *Wolfenstein,* Soll die Dichtung eine Tendenz haben? (Rundfrage) In: Der Scheinwerfer. 2 (1928), 21: »Wir müssen das Dichtwerk oder Drama, das eine Tendenz hat, als eine bestimmte starke Gattung neuer Kunst ansehen.« (21) – E. *Lissauer* (Anm. 12) versucht das politische Zeittheater zu differenzieren, in: politische Gebrauchsdramatik (z. B. Lampels »Revolte im Erziehungsheim«), politische Tendenzdramatik (z. B. Hauptmanns »Weber«) und künstlerisches politisches Theater (»Dem eigentlichen politischen Theater, dem politischen Dramatiker [...] geht es auch um die großen Fragen der Menschheit.« [347] – z. B. Schillers »Kabale und Liebe«). – K. *Weill,* Briefwechsel über Dreigroschenopern. In: Die Scene. 19 (1929), 63–65. In Weills Argumentation für die »neuen Genres« wird vor allem die soziologische, kommunikative Komponente der neuen Gattungen in den Vordergrund gerückt,

ihr wird die »splendid isolation« der alten Oper gegenübergestellt, eine Formel, die in der zeitgenössischen Diskussion (insbesondere bei Brecht) immer wieder auftaucht, um die Kommunikationsstruktur des traditionellen Theaters gegenüber den neuen Versuchen abzugrenzen. Die Diskussion am Beispiel der Oper ist in gleicher Weise modellhaft zu begreifen wie die Radiodiskussion. Beide Bereiche lassen die Intentionen des »neuen Theaters« von ihren spezifischen Aspekten aus verschärft erkennen Vgl. auch *Weills* Ausführungen zum Gebrauch der »neuen Genres« in dem Beitrag: Über meine Schuloper »Der Jasager«. In: Die Scene. 20 (1930), 232–233. Zum Thema ebenso: H. *Strobel*, Gebrauchsmusik. In: Der Scheinwerfer. 2 (1928/29), H. 5, 5–7.

22 O. *Ernst*, Die Scheu vor der Tendenzdichtung (ref.). In: Der Kunstwart. 4,2 (1890/ 91), 5–7.

23 G. *Lukács*, Tendenz oder Parteilichkeit? 32. (Essays über Realismus, Neuwied 1971)

24 O. *Ernst* versucht außerdem den Tendenzbegriff in einen philosophischen Zusammenhang zu stellen und fordert, daß die Tendenz über die subjektive Meinung hinaus, eine Darstellung der »Metamorphose der Ideen« sei: die »vollkommene und echte Tendenzdichtung soll analog der Metamorphose der Pflanzen eine Metamorphose der Ideen zeigen und die Vielfalt der Gedanken und Empfindungen als Verwandlungen weniger Grundorgane, die jüngste Idee als ihre jüngste Erscheinungsform erkennen lassen«. (6) Diese Überlegungen weisen in die Richtung, in der die Lukács Parteilichkeit im Sinne der marxistischen Geschichtsdialektik als Parteilichkeit für die den geschichtlichen Fortschritt vorantreibenden Kräfte begreift. Ernst sieht demzufolge den erkenntnismäßigen Wert der Tendenzdichtung darin, in der Konfrontation mit parteilichen Meinungen, den eigenen Standpunkt zu überprüfen. – Vgl. auch: F. *Mehrings* Analyse des Tendenzbegriffs in seinem Aufsatz »Kunst und Proletariat« (Gesammelte Schriften. 11, 445–449): »Die ›tendenziöse Kunst‹ des Proletariats war im Grunde offener und wahrer als die ›reine Kunst‹ der Bourgeoisie, die nie und nirgends existiert hat, die nur eine reaktionäre Erfindung ist, gerichtet gegen die großen revolutionären Dichter des Bürgertums, die alle ›tendenziös‹ im Sinne ihrer Klasse gewesen sind.« (445)

25 H. v. *Gumppenberg*, Zur Fortentwicklung unserer Literatur. Bemerkungen über die realistische Berechtigung der »idealistischen« Formen im Drama. In: Die Deutsche Bühne. 4 (1898), 223–226 u. 254–257.

26 Über die poetische Vorstellungsweise heißt es: »Sie ist das ursprüngliche Vorstellen des Wahren, ein Wissen, welches das Allgemeine noch nicht von seiner lebendigen Existenz im Einzelnen trennt, Gesetz und Erscheinung, Zweck und Mittel einander noch nicht gegenüberstellt und aufeinander dann wieder raisonnirend bezieht, sondern das Eine nur im Anderen und durch das Andere faßt [...] In dieser Anschauungsweise stellt sie nun alles, was sie ergreift, als eine in sich zusammengeschlossene und dadurch selbständige Totalität hin.« G. W. F. *Hegel,* Vorlesungen über die Ästhetik, Bd. 3, 239.

27 M. *Haushofer* erscheinen ökonomische Fragen »eigentlich zu gemein für die Dichtung überhaupt und für das Drama insbesondere«. (332) Hingegen sei das Politische durch die dramatische Tradition als Stoff legitimiert. Vgl. Die socialen Fragen im Lichte der dramatischen Dichtung. In: Westermanns Illustrierte Deutsche Monatshefte. 81 (1896/97), 330–342. H. Schlag spricht in Berufung auf »Vor Sonnenaufgang« davon, daß das Stück »ein wahrer Tummelplatz für theoretische Sträuße [sei], die nicht auf die Bühne, sondern in wissenschaftliche Bücher gehören«. (103) – Charakteristisch für diese Kritik ist der unterstellte Gegensatz von wissenschaftlicher (d. i. »prosaischer«) und »poetischer« Darstellung.

28 Hegel spricht davon, daß das prosaische Kunstwerk das »Allgemeine in wissenschaftlicher Abstraktion zu ihrem Gegenstande hat«, hingegen das poetische Kunst-

werk »das individualisirte Vernünftige zur Darstellung bringt«. Vgl. G. W. F. *Hegel* (Anm. 6), 244.

29 G. W. F. *Hegel* (Anm. 6), 264.

30 E. *Mauerhof,* Das naturalistische Drama, Halle 1907.

31 L. *Berg,* Der Naturalismus. Zur Psychologie der modernen Kunst, München 1892.

32 Mit Bezug auf die Funktion des Kritikers bzw. des Kommentators innerhalb der Figurentypen heißt es bei Berg: »Die deutschen Realisten glauben, ohne ihn auskommen zu können. Wir werden sehen, wie weit sie damit kommen. Was sind Figuren wie Hauptmanns Loth anders als die deutlich gekennzeichneten Stellen, wo eigentlich ein Kritiker stehen sollte, bewußt gewordene Lücken – Loth ist ein verdorbener Stockmann, ein Kritiker, der kein Kritiker ist – ein unerfüllbares Ideal, mithin Objekt der Kritik, ein Kritisierbares, Verfallenes [...]« (244) Berg spielt damit seine Tendenztheorie gegenüber dem naturalistischen Darstellungsmodell aus.

33 R. *Hamann,* Gerhart Hauptmann und sein Naturalismus. In: Die Gesellschaft. 16 (1900), 73–83. Vgl. auch C. *Heinrich,* Der Naturalismus und das deutsche Publikum. In: Die Gesellschaft. 10 (1894), 1476–1482. Heinrich entwickelt die These, daß sich die Bourgeoisie völlig zu Unrecht so hartnäckig gegen den Naturalismus als eine sozialdemokratische Tendenzkunst zur Wehr setzt, dies sei der Naturalismus nicht; es scheint eher die drastische Sinnlichkeit der neuen Literatur zu sein, vor der sich das mittelständische Publikum abgestoßen fühlt.

34 »Dadurch gewinnt das Ganze den Schein unmittelbarer Wirklichkeit. Die Phantasie des Lesers braucht weder über die Worte des Dichters zu Gestalten und Bildern hinwegfliegen, noch verrät irgend ein Wort, eine Bemerkung, daß hier ein Dichter zu einem Publikum redet.« (73)

4. Die Tendenzdiskussion in den Jahren 1910/1911: ein kritisches Resümee

1 H. *Sperber,* Tendenziöse Kunst. In: Vorwärts. v. 4. Sept. 1910, 9. Eine Dokumentation der Diskussion bietet auch das Heft 76 der Zeitschrift »alternative«: Proletarische Partei und bürgerliche Literatur.

2 H. *Sperber,* Kunst und Industrie. In: Vorwärts. v. 7. Aug. 1910, 5 und Kunst und Industrie II. In: ebda. v. 14. Aug. 1910, 5; *ders.,* Berlin – die Musikstadt. In: ebda. v. 21. Aug. 1910, 5; *ders.,* Wo steckt der Dichter? In: ebda. v. 9. Okt. 1910, 5.

3 H. *Sperber* (Anm. 1), 5.

4 *Sperber* entwickelt diese These auch am Beispiel des Journalismus, er spricht in dem Zusammenhang von der »Clownskleidung der ›Objektivität‹« (5) in der Zeitschriftenpresse; vgl. Moderne Journalistik. In: Vorwärts. v. 10. Okt. 1910, 5.

5 H. *Sperber* (Anm. 1), 5.

6 H. *Sperber* (Anm. 2: v. 7. Aug. 1910); Sperber spricht im Hinblick auf die Sache des Proletariats von der »gewaltigen Strömung, die die Strömung der Zukunft ist,« (5) und stellt die proletarische Bewegung als die geschichtsbestimmende Kraft dar.

7 H. *Sperber* (Anm. 1), 5.

8 H. *Sperber* (Anm. 1), 9.

9 Vgl. auch Sperbers Besprechung des Romans »Kubinke« von G. Hauptmann und die Erwiderung darauf von H. *Ströbel:* H. Sperber, Humor. In: Vorwärts. v. 13. Nov. 1910, 5–6; H. *Ströbel,* Humor. In: Vorwärts. v. 15. Dez. 1910, 5–6; dazu *Sperbers* Antwort in der gleichen Nummer des »Vorwärts«, S. 6. Sperber hatte die These aufgestellt, daß auf Grund des Klassengegensatzes der Proletarier nicht »humoristisch« über den Bürger schreiben könne.

10 Vgl. H. *Sperber* (Anm. 1), 5. Sperber referiert hier offenbar aus der umfangreichen Diskussion seiner Artikelreihe in der Öffentlichkeit.

11 Die Aufsätze Sperbers hatten auch F. *Mehring* veranlaßt, in der »Neuen Zeit« eine

»Ästhetisch-literarische Enquête« In: Die Neue Zeit. 30,1 (1911/12), 304 aufzugeben, in deren Ankündigung er scharf gegen H. Sperber polemisiert. Eine der ersten Antworten, die eingingen, war der Beitrag von L. *Märten:* Zur ästhetisch-literarischen Enquête. In: Die Neue Zeit. 30,2 (1911/12), 790–793: »Wir haben es [...] mit Kunst, mit Können, mit Gestalten zu tun, nicht mit Gesinnungen und Weltanschauungen, wir können uns sonst mit einer Grenzform der Kunst, mit Rhetorik begnügen und hätten diesen Streit nicht nötig.« (792) D. h., daß Märten Sperbers Programm einer proletarischen Kampfliteratur dem Rhetorikbereich zuweist; Poesie wird hingegen mit der Forderung der »Gestaltung« verbunden. In einem Beitrag: Die »proletarische« Kunst? In: Die Neue Zeit. 30,2 (1911/12), 793–799 stellt W. *Zimmer* dem Programm Sperbers die (auch für das Proletariat) erzieherische Wirkung des »reinen Kunstwerks« entgegen. Mit dieser Argumentation werden jene Positionen wieder aufgegriffen, die in der Debatte 1896 vielfach diskutiert wurden; darauf geht auch der Beitrag von R. *Grötzsch,* Kunst und Arbeiterschaft. In: Die Neue Zeit. 30,2 (1911/12), 799–800 ein. Insgesamt wird die Kritik von zwei Fronten her an Sperber herangetragen: einmal vom Aspekt der Gestaltungstheorie aus, zum andern mit der Argumentation einer Art literarischen Trotzkismus'; für beide Positionen läßt sich die Kontinuität zur Naturalismusdebatte der neunziger Jahre unmittelbar aufzeigen.

12 Vgl. F. Stampfers Polemik gegen eine proletarische Tendenzliteratur und H. Sperbers Entgegnungen: F. *Stampfer,* Kunst und Klassenkampf. In: Die Volksbühne 15 (1911), H. 9. 11–12; H. *Sperber,* Die Theatersaison. In: Vorwärts. v. 31.5.1911, 5; F. *Stampfer,* Klasseninstinkt und Kunstverständnis. In: Vorwärts. v. 9.6.1911, 6; H. *Sperber,* Klasseninstinkt und Kunstverständnis. In: Vorwärts. v. 13.6.1911, 5–6.

13 H. *Ströbel,* Eine ästhetische Werttheorie. In: Die Neue Zeit. 29,1 (1911), 597–602. – Ströbel nimmt auch in einem weiteren Artikel gegen die Sperber-Beiträge Stellung: Kunst und Proletariat. In: Die Neue Zeit. 30,2 (1911/12), 785–790, in dem jede politische Propaganda durch die Literatur als unkünstlerisch zurückgewiesen wird.

14 Vgl. zu dieser These die Auffassung von G. *Lukács* in dem Aufsatz »Tendenz oder Parteilichkeit?«, der zur Frage der Erkenntnis der Entwicklungsgesetze der Geschichte feststellt: »Diese Erkenntnis ist kein mechanisch unmittelbares Produkt des gesellschaftlichen Seins. Sie muß erarbeitet werden« (31). Das Proletariat aber habe für die Erkenntnis keine Klassenbarriere zu überwinden, dies ist sein Vorteil gegenüber dem bürgerlichen Oppositionellen.

15 E. *Ottwalt,* »Tatsachenroman« u. Formexperiment. Eine Entgegnung an Georg Lukács. In: Die Linkskurve. 4 (1932), H. 10, 21–26.

16 R. *Franz,* Tendenzkunst und Kunsttendenz. In: Vorwärts. v. 11. Sept. 1910, 5. Vgl. dazu *Sperbers* Erwiderung in: Vorwärts. v. 18. Sept. 1910, 5.

17 R. *Franz,* Theater und Volk, München o. J.

18 Franz teilt das Urteil Mehrings über die Gothaer Debatte, in der er »gesunde Abneigung gegen die moderne bürgerliche Kunst sah« (14), beklagt andererseits aber die mangelnde Reflexion, die zu einer falschen Polemik zwischen Kunst und Klassenkampf geführt habe. In der Tendenzfrage fordert Franz eindeutig »Gestaltung« und geht konkret auf die Frage der Struktur von Tendenzdramen ein; jedes direkte Sprechen des Dramatikers zum Publikum wird als unkünstlerisch verworfen, jede »Leitartikelliteratur« zurückgewiesen, damit wird weitgehend das naturalistische Darstellungsmodell bestätigt: die »Programmkunst ist im Grunde der Bankerott der Kunst überhaupt«. (16) Am Beispiel von Schillers »Kabale und Liebe« zeigt Franz »gestaltete«, d. h. ästhetisch legitimierte Tendenz und versucht nachzuweisen, daß Tendenz und »große Kunst« sich keineswegs ausschließen. Das negative Beispiel, das Franz dem entgegenhält, zeigt alle Merkmale des später von Piscator entwickelten Agitationstheaters, das eben die Gestaltungsforderung aufgibt; Franz polemi-

siert: »Man stelle sich vor, wie jener Heinz Sperber, der glücklich abgesägte Quarxist des ›Vorwärts‹, seinerseits den Fall behandelt haben würde. Einen Akt Maitressenwirtschaft, einen Akt Soldatenhandel, einen Akt Beamtenwillkür und mindestens zwei Akte unverdautes Erfurter Programm.« (17) Die Forderung von Franz, die Tendenz aus dem Individualfall »organisch« darzustellen und im Individuellen das Typische zu zeigen, deckt sich weitgehend mit der Forderung Lukács', der Individualisierung des Typischen. Der »poetischen Auffassung« wird bei Franz die wissenschaftliche Erkenntnis der gesellschaftlichen Entwicklung konträr entgegengesetzt, aus dieser Auffassung könne allenfalls Programmkunst produziert werden, die die dichterischen Figuren zu Exponenten theoretischer Positionen werden lasse und das Stück insgesamt »zu einer Sammlung von Flugblättern« (18). Die Unvereinbarkeit von Wissenschaft und ästhetischer Gestaltung ist in dieser Position wieder voll aufgebrochen.

19 Franz über den oppositionellen Tendenzdichter: »Die Verwechslung der Bühne mit der Rednerbühne liegt zu nahe, da in beiden Fällen unmittelbar vor einem Publikum gesprochen wird; und die Erkenntnis, daß zwischen dem Reden *vor* einem Publikum und *zu* einem Publikum ein großer Unterschied ist, diese sehr seltene Erkenntnis wird noch viel seltener praktisch bestätigt. Solche Dramatiker lassen dann ihre Personen aus der Rolle fallen, lassen sie zum Publikum sprechen, das doch für den Dramatiker gar nicht zu existieren scheinen muß. Überdies ist es schon verwerflich, wenn zwar nicht direkt zum Publikum, aber doch so geredet wird, daß man merkt: die Personen reden nicht als wenn sie allein wären [...] sondern sie reden mit einem inneren Schielen zum Zuschauer hin. Solche Dichter lassen durch ihre Figuren direkt aussprechen, was der echte Künstler dem Hörer aus dem Inhalt der zwanglosen Rede und Gegenrede selber zu entnehmen überläßt [...] Die Empörung oppositionell gerichteter Künstler gegen irgendwelche Zustände geht leicht mit ihnen durch, veranlaßt sie Leitartikel statt lebende Menschen zu schaffen. Diese Künstler reden, statt zu bilden.« (16) – Von »Leitartikeln« und »Versammlungsreden« spricht auch H. *Zehder* in den polemischen Anmerkungen zur Situation. In: Die neue Bühne, hrsg. v. H. Zehder, Dresden 1920, 7–15.

20 Vgl. dazu die Hinweise zu *Lukács'* Naturalismuskritik (Kap. VIII).

21 Damit ist weder der Willkür des Lesers im Umgang mit dem Text Tür und Tor geöffnet noch folgt daraus ein »Relativismus der Standorte«. Unsere Analyse gibt keinen Anlaß, das emanzipative Moment ästhetischer Kommunikation verloren zu geben. Es ist vielmehr der These H. Hillmanns (»Rezeption – empirisch«) zuzustimmen, daß, wenn »man die kritischer Potenz von Literatur nicht im Leseakt verschwinden sehen« [23] will, der Rezeptionsvorgang von einer »Literaturpädagogik« flankiert werden müsse. Dieser Begriff kann sehr weit gefaßt werden als das Ensemble jener materiell-praktischen und sinnvermittelnden Operationen, die, die Bedingungen literarischer Produktion und Distribution umfassend, die kognitive und humanisierende Funktion der ästhetischen Kommunikation erschließen. Die Praxis der Freien Volksbühne stellte in unserem historischen Bereich ein solches Ensemble von Bedingungen bereit, das die bürgerliche Literatur im Dienste der Arbeiterbewegung operationalisieren sollte. Damit wird aber zugleich deutlich, daß es in diesem Vorgang nicht um ein objektivistisches Textverständnis, das »dem Text zu seinem Recht« verhelfen will, geht, sondern in hohem Maße um interessenspezifisches, operatives Verstehen von Literatur, das den Literaturwissenschaftler, den professionellen Kritiker wie den Literatur verwertenden Didaktiker zur inhaltlichen Legitimation seines Erkenntnisinteresses auffordert.

Von diesen Überlegungen aus wird m. E. ein besonderes methodologisches Problem in Hillmanns rezeptionsanalytischem Experiment deutlich, es betrifft, soweit ich sehe, die meisten vorliegenden empirischen Rezeptionsanalysen und resultiert aus der abstrakten Experimentsituation selbst. Es werden in diesen Arbeiten Leser in der Rezeption von Texten getestet, für die sie als Bezugsgruppe außerhalb der Voraus-

setzungen des Experiments kaum in Frage kommen. Bei diesem Vorgehen wird die
Komplexität und historische Bedingtheit des Rezeptionsvorganges beträchtlich reduziert. Die Bedingungen der in jedem Rezeptionsvorgang eingeschlossenen Textpro-
duktion und -distribution werden dann nicht mehr reflexiv. D. h., daß es viel mehr
die Aufgabe sein wird, empirische Rezeptionsanalysen im Rahmen von Voraussetzungen durchzuführen, die auch diese Bedingungen in die Analyse einbeziehen.
Rezeptionsforschung wird dann nicht mehr auf die hermeneutische Fragestellung verkürzt, sondern erhält ihren Stellenwert in einer umfassenden Theorie der ästhetischen
Produktion.

Titel oder Ergänzungen in der bibliographischen Angabe, die in eckigen Klammern stehen, stammen vom Verfasser. Bei den Titeln handelt es sich in der Regel um Beiträge aus Zeitungen, die ohne Überschrift oder in allgemeinen Rubriken (»Kulturelle Nachrichten«, »Aktuelles aus der Hauptstadt« o. a.) erschienen sind.

Vorbemerkung

Bergsträsser, L.: Geschichte der politischen Parteien in Deutschland (hrsg. v. W. Mommsen), München u. Wien 11. Aufl. 1965 (= Deutsches Handbuch der Politik. 2)

Bernstein, E.: Geschichte der Berliner Arbeiterbewegung. Bd. 3, Berlin 1910

Böhme, H.: Deutschlands Weg zur Großmacht. Studien zum Verhältnis von Wirtschaft und Staat während der Reichsgründungszeit 1848–1881, Köln u. Berlin 1966

ders.: Prolegomena zu einer Sozial- und Wirtschaftsgeschichte Deutschlands im 19. und 20. Jahrhundert, Frankfurt (3. Aufl.) 1969

Bollnow, H.: Wilhelms II. Initiative zur Arbeiterschutzgesetzgebung und die Entlassung Bismarcks. In: Aspekte sozialer Wirklichkeit. Berlin 1958, 94–195 (= Abh. d. Hochschule f. Sozialwissenschaften. 7)

Born, K. E.: Der soziale und wirtschaftliche Strukturwandel Deutschlands am Ende des 19. Jahrhunderts. In: Moderne deutsche Sozialgeschichte, hrsg. v. H.-U. Wehler, Köln u. Berlin 1968, 271–284

Dobb, M.: Studies in the Development of Capitalism, London 1963

Durzak, M.: Plädoyer für eine Rezeptionsästhetik. In: Akzente, 18 (1971), 487–504

Engelberg, E.: Deutschland von 1871 bis 1897 (Deutschland in der Übergangsphase zum Imperialismus), Berlin 1967

Fieguth, R.: Rezeption contra falsches und richtiges Lesen? Oder Mißverständnisse mit Ingarden. In: Sprache im technischen Zeitalter. Heft 38 (1971), 142–159

Forschungsprojekt (Pilotstudie) zur Literaturrezeption an der Universität Halle. Berichte von D. *Löffler*, E. M. *Scherf*, J. *Driclaud*, A. *Ziegs*, H. *Spiess*, E. *Köstler*, G. *Braun*, A. *Walter* und D. *Sommer*. In Wiss. Zs. d. Univ. Halle, gesell.- u. sprachwiss. R. 18 (1969), 233–235, 237–239, 241–246, 247–252, 253–259, 261–273, 275–281, 283–289 u. 291–295

Fortunatow, N.: Künstlerischer Schaffensprozeß und Leser-Rezeption. In: Kunst und Literatur. 1 (1971), 26–44

Gneuss, Ch.: Um den Einklang von Theorie und Praxis, Eduard Bernstein und der Revisionismus. In: Marxismusstudien, 2. Folge, hrsg. v. I. Fetscher, Tübingen 1957, 198–226

Haupt, G.: Programm und Wirklichkeit. Die internationale Sozialdemokratie vor 1914. Mit einem Vorwort v. E. Labrousse, Neuwied u. Berlin 1970

Herkner, H.: Die Arbeiterfrage. Eine Einführung. 2. Bd.: Soziale Theorien und Parteien, Berlin u. Leipzig 1921

Hillmann, H.: Rezeption – empirisch. In: Ästhetische Erfahrung und literarisches Lernen, hrsg. v. W. Dehn, Frankfurt 1973, 219-237

Hohendahl, P. U.: Literaturkritik und Öffentlichkeit. In: Literaturwissenschaft und Linguistik. 1/2 (1970), 11-46

Iser, W.: Die Appellstruktur der Texte. Unbestimmtheit als Wirkungsbedingung literarischer Prosa, Konstanz 1970 (Konstanzer Universitätsreden. 28)

Jauß, H. R.: Literaturgeschichte als Provokation der Literaturwissenschaft, Konstanz 1967 (= Konstanzer Universitätsreden. 3)

ders.: Literaturgeschichte als Provokation, Frankfurt 1970, 144-207 (edition suhrkamp 418)

König, E.: Vom Revisionismus zum ›Demokratischen Sozialismus‹. Zur Kritik des ökonomischen Revisionismus in Deutschland, Berlin 1964 (= Deutsche Akademie der Wissenschaften zu Berlin. Schriften des Instituts für Wirtschaftswissenschaften. 16)

Kuczynski, J.: Studien zur Geschichte der zyklischen Überproduktionskrisen in Deutschland 1873 bis 1914, Berlin 1961

Lubbers, K.: Aufgaben und Möglichkeiten der Rezeptionsforschung. In: GRM. N.F. 14 (1964), 292-302

Mandelkow, K. R.: Probleme der Wirkungsgeschichte. In: Jb. f. Int. Germ. 2 (1970), H. 1, 71-84

Marx, K.: Grundrisse der Kritik der politischen Ökonomie, Frankfurt o. J

Matthias, E.: Kautsky und der Kautskyanismus. Die Funktion der Ideologie in der deutschen Sozialdemokratie vor dem Ersten Weltkriege. In: Marxismusstudien. 2. Folge, hrsg. v. I. Fetscher, Tübingen 1957, 151-197

Mayer, G.: Die Trennung der proletarischen von der bürgerlichen Demokratie in Deutschland 1863–1870. In: G. Mayer: Radikalismus, Sozialismus und bürgerliche Demokratie, Frankurt 1969, 108-178

Michel, E.: Sozialgeschichte der industriellen Arbeitswelt, Frankfurt 1960

Mottek, H.: Wirtschaftsgeschichte Deutschlands. Bd. 2, Berlin 1964

Naumann, M.: Literatur und Leser. In: Weimarer Beiträge. 16 (1970), 92-116

Naumann, M. / Schlenstedt, D. / Barck, K. / Kliche, D. / Lenzer, R.: Gesellschaft, Literatur, Lesen, Berlin u. Weimar 1973

Revolutionäre deutsche Parteiprogramme, hrsg. v. L. Berthold u. E. Diehl, Berlin 1964

Rosenberg, H.: Große Depression und Bismarckzeit. Wirtschaftsablauf, Gesellschaft und Politik in Mitteleuropa, Berlin 1967 (= Veröffentlichungen der Historischen Kommission zu Berlin beim Friedrich-Meinecke-Institut der Freien Univeristät Berlin. 24)

ders.: Wirtschaftskonjunktur, Gesellschaft und Politik in Mitteleuropa, 1873–1896. In: Moderne deutsche Sozialgeschichte, hrsg. v. H.-U. Wehler, Köln u. Berlin 1968, 225-253

Seidel, B.: Die Wirtschaftsgesinnung des Wilhelminischen Zeitalters. In: Das Wilhelminische Zeitalter, hrsg. v. H. J. Schoeps, Stuttgart 1967, 173-198

Spiethoff, A.: Die wirtschaftlichen Wechsellagen. Aufschwung, Krise, Stockung, Tübingen 1955

Stegmann, D.: Die Erben Bismarcks. Parteien und Verbände in der Spätphase des Wilhelminischen Deutschlands, Köln u. Berlin 1970

Steinberg, H.-J.: Sozialismus und deutsche Sozialdemokratie. Zur Ideologie der Partei vor dem 1. Weltkrieg, Hannover 1967

Teistler, H.: Der Parlamentarismus und die Arbeiterklasse, Berlin 1892 (= Sozialistische Bibliothek. 1)

Wehler, H.-U.: Bismarck und der Imperialismus, Köln u. Berlin 1969

ders.: Krisenherde des Kaiserreichs 1871–1918. Studien zur deutschen Sozial- und Verfassungsgeschichte, Göttingen 1970

Weimann, R.: Gegenwart und Vergangenheit in der Literaturgeschichte. In: Weimarer Beiträge. 16 (1970) 31-57

Weinrich, H.: Für eine Literaturgeschichte des Lesers. In: Merkur. 21 (1967), 1026 bis 1038

Zacharias, E. L.: Zwischenbilanz eines Vorversuchs zur Wirkungsforschung. In: Wiss. Zs. d. Univ. Halle, gesell.- u. sprachwiss. R. 15 (1966), 511-517

I. Theater und Öffentlichkeit. Institutionelle Bestimmungsfaktoren des Theaters im ausgehenden 19. Jahrhundert

Adler, G.: Die Sozialreform und das Theater. In: Die Gegenwart. 37 (1890), 153-155
ders.: Die Sozialreform und das Theater, Berlin 1891
Alberti, C.: In Sachen: Was erwartet die deutsche Kunst von Kaiser Wilhelm II? [u. C. Marios »Erwiderung«]. In: Der Kunstwart. 2 (1888/89), 187–188
ders.: »Volksbühnen«. In: National-Zeitung. Nr. 586, v. 27. Okt. 1889
ders.: Die vernagelte Literatur. In: Die Gesellschaft. 6 (1890), 1137-1140
Der Allgemeine Deutsche Bühnenverein. In: Der Kunstwart. 6 (1892/93), 161-163
Antoine, A.: Le Théâtre libre (hrsg. v. H. Fetting), Berlin 1960
Die Arbeiter-Bildungsschule. In: Vorwärts. Nr. 145, v. 25. Juni 1891
B.,: Die Überproduktion an Intelligenz in Deutschland. In: Die Neue Zeit. 1 (1883), 201-208
B., B.: Schilderungen aus dem Leben des Schauspielerproletariats. In: Die Neue Zeit. 18, 1 (1899/1900), 268-276
ders.: Über die ökonomische Lage der Provinzschauspieler. In: Die Neue Zeit. 20,2 (1901/02), 373-380
ders.: Die ökonomische Lage der Schauspieler an Großstadt- und Jahrestheatern. In: Die Neue Zeit. 24, 1 (1906), 23-30
B., C.: Die »Freie Volksbühne« und Herr Otto Neumann-Hofer. In: Vorwärts. Nr. 118, v. 24. Mai 1891
Bab, J.: Wesen und Weg der Berliner Volksbühnenbewegung, Berlin 1919
Bebel, A.: Die Maifeier und ihre Bedeutung. In: Die Neue Zeit. 11,1 (1893), 437-444
Benst, F. A. v.: Der Bühnenengagementsvertrag, nach deutschem und schweizerischem Recht unter Berücksichtigung des österreichischen Theatergesetzentwurfs und der französischen Judikatur, Zürich 1911
Berger, A.: Die Schaubühne und die Arbeiter. In: Der Kunstwart. 5 (1891/92), 237–238
Bernatzki, E.: Polizei und Kulturpflege. In: Kultur der Gegenwart, hrsg. v. P. Henneberg, Teil II, Berlin 1906, 387-426
Beschluß In der Strafsache wider den Schriftsteller Otto Brahm und den Redakteur Wilhelm Bölsche (. . .) In: Freie Bühne. 2,1 (1891), 129–130
Bischoff, H.: Die Theateragenturen, ein soziales Übel für Bühnenvorstände und Bühnenmitglieder. Mit Angabe der Mittel zur Beseitigung dieses Übels, Berlin 1891
Blumenthal, O.: Verbotene Stücke, Berlin 1900
Bock, H. M.: Die »Literaten- und Studenten-Revolte« der Jungen in der SPD um 1890. In: Das Argument. 13 (1971) Nr. 63, 22-41
Boedecker, M. / Leisewitz, A.: Intelligenz und Arbeiterbewegung. Materialien zum politischen Verhalten der Intelligenz und zur Intelligenzpolitik der revolutionären deutschen Arbeiterbewegung bis zum VII. Weltkongreß der Kommunistischen Internationale. In: Soziale Stellung und Bewußtsein der Intelligenz, hrsg. v. Chr. Kievenheim u. A. Leisewitz, Köln 1973, 9-110
Böhme, H.: Deutschlands Weg zur Großmacht, 1848–81, Köln 1972
Brahm, O.: Bairische Kammer und Naturalismus. In: Freie Bühne. 1 (1890), 295-299
Brentano, L.: Die Stellung der Gebildeten zur sozialen Frage, Berlin u. Leipzig 1890
Bubendey, J. F.: Soziale Schäden im Arbeitnehmertum des deutschen Bühnengewerbes und ihre Abwendung durch Selbsthilfe und Staat. Studie zur Geschichte der sozialen Bühnenbewegung, Leipzig 1912

Buchwald, R.: Die deutsche Volksbildungsarbeit im Zeitalter des Liberalismus. In: Bücherei und Bildungspflege. 12 (1932), 1–13 u. 81–96

Bühnenverein und Theateragenten. In: Der Kunstwart. 7 (1893/94), 198-199

Burckhardt, M.: Das Recht der Schauspieler, Stuttgart 1896.

Conrad, M. G.: Die sogenannte »Freie Bühne« in Berlin. In: Die Gesellschaft. 6 (1890), 403-404

Eine unfreie »Volksbühne«. In: Sonntags-Blatt. (Beilage des »Vorwärts«). Nr. 21, v. 24. Mai 1891, 161-162

Elm, L.: Zwischen Fortschritt und Reaktion. Geschichte der Parteien der liberalen Bourgeoise in Deutschland 1893–1918, Berlin 1968

Engel-Reimers, Ch.: Die deutschen Bühnen und ihre Angehörigen. Untersuchungen über ihre wirtschaftliche Lage, o. O. u. J

Erdmann, G. A.: Theater-Reformen? Kritische Studien, Berlin 1892

Erich, O.: Die erste Vorstellung im Verein »Freie Volksbühne«. In: Volkstribüne (Berlin), v. 20. Okt. 1890

[Erklärung des Vorstands der Freien Volksbühne]. In: Vorwärts. Nr. 119, v. 26. Mai 1891

Der Erste Mai im Spiegel der Dichtung. Ein Gedenkbuch an den ersten internationalen Arbeiter-Feiertag am 1. Mai 1890, hrsg. u. m. einem Vorwort vers. v. E. Klaar, Dresden (1891)

Feidel-Mertz, H.: Zur Ideologie der Arbeiterbildung, Frankfurt (2. Aufl.) 1972

Felsing, O.: Zum Kapitel vom Schauspielerelend. In: Die Gegenwart. 37 (1890), 46-47.

Festlieder zur Feier des 1. Mai 1891. Allgemeine Gesänge zur Lasallefeier, Leipzig 1891

Feuerherdt, R.: Das Arbeitsvertragsrecht der Arbeiter in staatlichen und kommunalen Theatern, Berlin 1929

Fraenkel, E.: Zur Soziologie der Klassenjustiz, Berlin 1927

Franzos, G.: Die Frage der Theater-Zensur. [Eine Rundfrage mit Stellungnahmen von H. Bulthaupt, A. L'Arronge, L. Bernay, L. Fulda, J. Kohler, P. Heyse, E. Wickert, M. Bernstein, O. Devrient, P. Lindau und dem Königl. Preuß. Oberverwaltungs-Gericht]. In: Deutsche Dichtung. 13 (1892/93), 22-27, 72-78, 124-126, 146-149, 173-176, 251-252

Die Freie Volksbühne. In: Vorwärts. Nr. 119 v. 26. Mai 1891

Freie Volksbühnen. In: Die Neue Zeit. 11,2 (1892/93), 481-485

Frenzel, K.: Berliner Dramaturgie. II. Bd., Erfurt 1875

Frey, S.: Der Luxus auf der Bühne. In: Die Gegenwart. 37 (1890), 392-393

Fricke, D.: Zur Militarisierung des deutschen Geisteslebens im wilhelminischen Kaiserreich, Der Fall L. Arons. In: ZfG. 8 (1960), 1069-1107

ders.: Bismarcks Prätorianer. Die Berliner politische Polizei im Kampf gegen die deutsche Arbeiterbewegung (1871–1898), Berlin 1962

ders.: Zur Organisation und Tätigkeit der deutschen Arbeiterbewegung (1890 bis 1914). Dokumente und Materialien, Leipzig 1962

Friedmann, F.: Zensur und Schaubühne. In: Deutsche Dichtung. 9 (1890/91), 102-105

Friedrich, C. u. W.: Ideologische Tendenzen in Maidichtungen der Jahrhundertwende. In: Wiss. Zs. d. Martin-Luther-Universität Halle-Wittenberg, Gesell.- u. sprachwiss. R. 14 (1965), 65-71

Fritz, G.: Das moderne Volksbildungswesen. Bücher- und Lesehallen, Volkshochschulen in den wichtigsten Kulturländern in ihrer Entwicklung seit der Mitte des neunzehnten Jahrhunderts, Leipzig 1909

Frühes Deutsches Arbeitertheater 1847–1918. Eine Dokumentation v. Fr. Knilli u. U. Münchow, München 1970

Fuchs, G.: Moderne Sklaven. 6 Kapitel Schauspielerelend, Berlin 1907

Fülberth, G.: Proletarische Partei und bürgerliche Literatur. Auseinandersetzungen in der deutschen Sozialdemokratie der II. Internationale über Möglichkeiten und Grenzen einer sozialistischen Literaturpolitik, Neuwied u. Berlin 1972 (= Collection alternative. 4)

Genée, R.: Volksbühnen und Volksthümliches. In: Allgemeine Zeitung Beilage 72, v. 25. März 1890

ders.: Das deutsche Theater und die Reform-Frage. In: Deutsche Zeit- und Streit-Fragen. Jg. VII (1890), Heft 99

Geschichtliches zur Maifeier in Deutschland. Nach Tatsachenmaterial zusammengestellt v. Vorstand d. Deutschen Metallarbeiter-Verbands, Stuttgart 1907

Grelling, R.: Die Theater-Censur. In: Das Magazin. 59 (1890), 681-683

ders.: Die Theater-Censur. In: R. Grelling, Streifzüge. Gesammelte Aufsätze, Berlin 1894, 197-205

Habermas, J.: Strukturwandel der Öffentlichkeit. Untersuchungen zu einer Kategorie der bürgerlichen Gesellschaft, Neuwied u. Berlin 1962

Harden, M.: Die Freie Bühne in Paris. In: Die Gegenwart. 37 (1890), 361-363

ders.: Die freie Volksbühne. In: Die Gegenwart. 38 (1890), 110-111

ders.: »Freie Volksbühne«. In: Die Gegenwart. 38 (1890), 271

ders.: Das verbotene Sodom. In: Die Gegenwart. 38 (1890), 286-287

Hart, J.: Wer ist der Begründer der Freien Volksbühne? In: Freie Bühne 2,1 (1891), 243-245

Hartleben, O. E.: Freie Volksbühne. In: Vorwärts. Nr. 119, v. 26. Mai 1891

Heindl, R.: Die Theaterzensur, Diss. Erlangen 1907

Herrig, H.: Luxustheater und Volksbühne, Berlin 1888

Herrmann, R. D.: Die Künstler in der modernen Gesellschaft, Frankfurt 1971

Heymann, R.: Das Theater im Dienste der Prostitution. Kulturgeschichtliche Skizze, Reichenau 1905

Holz, A.: Die Freie Bühne I. In: Das Magazin. 58 (1889), 666-668

Houben, H. H.: Polizei und Zensur, Berlin 1926

Jahrbuch Arbeiterbewegung, Bd. 1: Über Karl Krosch, hrsg. v. C. Pozzoli, Frankfurt 1973 (= FTB 6600)

K., K.: Das Proletariat der Bühne. Bemerkungen zum »Fall Lindau«. In: Die Neue Zeit 9,1 (1891), 43-51

Kaatz, H.: Die Frage der Volksbühnen, Dresden u. Leipzig 1890

Kaelble, H.: Industrielle Interessenpolitik in der wilhelminischen Gesellschaft 1894 bis 1914, Berlin 1967

Das Kaiserliche Deutschland, hrsg. v. M. Stürmer, Düsseldorf 1970

Kapital und Presse. In: Die Neue Zeit. 10,2 (1892), 97–101

Die Kapitalisierung von Kunst und Wissenschaft. In: Die Neue Zeit. 6 (1888), 463-470

Der Kapitalismus und die Kunst. In: Die Neue Zeit. 9, 1 (1891), 649-653 u. 686-690

Kapitalistischer Theaterskandal. In: Die Neue Zeit. 15,1 (1896/97), 33-37

Kastan, H.: Die Idee der Dichtung und des Dichters in den literarischen Theorien des sogenannten ›Deutschen Naturalismus‹ (Karl Bleibtreu, Hermann Conradi, Arno Holz), Diss. Königsberg 1933

Kellen, T.: Die Not unserer Schauspielerinnen. Studien über die wirtschaftliche Lage und die moralische Stellung der Bühnenkünstlerinnen, Leipzig 1902

Kleefeld, K.: Die Theaterzensur in Preußen, Berlin 1905

Klinkenberg, H. M.: Zwischen Liberalismus und Nationalismus im deutschen Kaiserreich 1870–1918. In: Monumenta Judaica, Köln 1963, 309-84

Köberle, G.: Der Bühnenkrieg und seine Bedeutung. In: Der Kunstwart. 3 (1889/90), 209-212

ders.: Ursachen des Bühnenniedergangs. In: Der Kunstwart. 2 (1888/89), 241-243

ders.: Das Drangsal der deutschen Schaubühne, Dresden u. Leipzig 1890 *ders.:* Das Ende des Bühnenkriegs. In: Der Kunstwart. 4 (1890/91), 321-324

Der Kongreß zu Erfurt. In: Die Neue Zeit. 10,1 (1892), 161-167

König, H.: Imperialistische und militaristische Erziehung in den Hörsälen und Schulstuben Deutschlands, 1870–1960, Berlin 1962

Korn, C.: Klassenbildung. In: Die Neue Zeit. 25,2 (1906), 385-396

Krille, O.: Die Kunstphrase und die Arbeiterfeste. In: Die Neue Zeit. 23,1 (1905), 459 bis 460

ders.: Kunst und Kapitalismus. In: Die Neue Zeit, 24,1 (1906), 530-534

Kruck, A.: Geschichte des Alldeutschen Verbandes 1890–1939, Wiesbaden 1954

Kuczynski, J.: Darstellung der Lage der Arbeiter in Deutschland von 1871 bis 1900, Berlin 1962 (= Geschichte der Lage der Arbeiter unter dem Kapitalismus. Teil 1, Bd. 3)

Kunst und Polizei. In: Der Kunstwart. 5 (1892), 93-96

Lafargue, P.: Das Proletariat der Handarbeit und Kopfarbeit. In: Die Neue Zeit. 5 (1887), 452-461

Land, H.: Die Kunst und das Volk. In: Freie Bühne. 1 (1890), 260

Landes, D. S.: Technological Change und Development in Western Europe, 1750–1914. In: The Cambridge Economic History of Europe. 6/2 (1965), 943–1007

Langsam, W. C.: Nationalism and History in the Prussian Elementary Schools. In: Fs. C. Hayes. New York 1950, 241–60

Ledebour, G.: Bildungsbestrebungen in der proletarischen Bewegung. In: Freie Bühne. 3,2 (1892), 1274–1282

ders.: »Zur Krisis der Freien Volksbühne«. Eine Erwiderung. In: Die Neue Zeit. 11,1 (1893), 284–286

Leuthold, J.: Das Reichsgericht und die Pressfreiheit. In: Neue deutsche Rundschau. 7,1 (1896), 270–275

Liebknecht, W.: Wissen ist Macht, Macht ist Wissen. Vortrag, geh. zum Stiftungsfest des Dresdener Arbeiterbildungs-Vereins am 5. 2. 1872 und zum Stiftungsfest des Leipziger Arbeiterbildungs-Vereins am 24. 2. 1872, Leipzig 1873

Lienhard, F.: Deutsche Volksbühnen! In: Das Zwanzigste Jahrhundert. 4 (1893/94, 437–441

Linse, U.: Organisierter Anarchismus im Deutschen Kaiserreich von 1871, Berlin 1969

Lorenz, P.: Die Prostitution in der Kunst. In: Die Neue Zeit. 11,1 (1893), 375–382

Luxemburg, R.: Wie entstand die Maifeier? In: R. Luxemburg, Ausgewählte Schriften und Reden II, Berlin 1951, 16–18

M., F.: Wieder ein Censurverbot [über H. Sudermanns »Sodoms Ende«]. In: Deutschland. 1 (1890) Nr. 5,71

Die Maifeier. In: Vorwärts. Nr. 101, v. 2. Mai 1891

Die Maifeier. In: Vorwärts. Nr. 103, v. 5. Mai 1891

Maltzan, H. v.: Die Errichtung deutscher Volksbühnen eine nationale Aufgabe, Berlin 1889

ders.: Volk und Schauspiel, Berlin 1888

Mannheimer, A.: Die Bildungsfrage als soziales Problem, Jena 1901

Mardon, N. C.: Die Frau beim Theater. In: Die Neue Zeit. 21,2 (1902/03), 786–792

Mario, C.: Was erwartet die deutsche Kunst von Kaiser Wilhelm II? In: Der Kunstwart. 2 (1888/89), 131–132

Marwitz, B.: Der Bühnenengagementsvertrag. Ein Handbuch für Juristen und Laien, Berlin 1902

Marx, K.: Ökonomisch-philosophische Manuskripte (Einleitung u. Anmerkungen v. J. Höppner), Leipzig 1970 (= RUB. 448)

Massing, P. W.: Vorgeschichte des politischen Antisemitismus, Frankfurt 1959

Mauthner, F.: Theater [Über G. Hauptmanns »Weber«]. In: Die Nation. 10 (1892/93), 355–356

ders.: Neue freie Volksbühne. In: Die Nation 10 (1892/93), 519

Mayer, G.: Radikalismus, Sozialismus und bürgerliche Demokratie (hrsg. v. H.-U. Wehler), Frankfurt 1969

Mehring, F.: Zur »Krisis« der Freien Volksbühne. In: Die Neue Zeit. 11,1 (1893), 180–184

ders.: Ein letztes Wort in Sachen der Freien Volksbühne. In: Die Neue Zeit. 11,1 (1893), 317–323

ders.: Die Freie Volksbühne. In: Die Neue Zeit. 18,2 (1900), 530–536

ders.: Ein letztes Wort in Sachen der Freien Volksbühne. In: Die Neue Zeit. 19,1 (1901), 58–62

ders.: Der Krieg gegen die Freien Volksbühnen. In: Die Neue Zeit. 28,2 (1910), 849–852

Miller, S.: Critique littéraire de la Social-Democratie Allemande à la fin du siecle dernier. In: Le Mouvement Social. Nr. 59 (1967). 50–69

Misch, R.: Die deutschen Stadttheater und ihre Reform. In: Die Gegenwart. 41 (1892), 213–216

Mork, G. R.: Bismarck and the »Capitulation« of German Liberalism. In: JMH. 43 (1971), 59–75

Mühle, W. K. F.: Imperialistische Kulturkrise und Beginn der freien Volksbildungsbewegung in Deutschland, Diss. Berlin 1967

Müller, H.: Der Klassenkampf und die Sozialdemokratie (1892), m. e. Beitrag v. A. Staffelberg, Revolutionäre und reformistische Politik in der Geschichte der deutschen Arbeiterbewegung, Heidelberg, Frankfurt, Hannover, Berlin 1969 (= Schriften zur Revolution und Produktion. 1)

Naturalismus vor Gericht. In: Freie Bühne. 1,1 (1890), 132–134

Negt, O.: Soziologische Phantasie und exemplarisches Lernen. Zur Theorie und Praxis der Arbeiterbildung, Frankfurt (2. Aufl.) o. J.

Negt, O. / Kluge, A.: Öffentlichkeit und Erfahrung. Zur Organisationsanalyse von bürgerlicher und proletarischer Öffentlichkeit, Frankfurt 1972 (= edition suhrkamp. 639)

Nelten, L.: Gesetzliche Theaterzensur! In: Der Kunstwart. 5 (1892), 312–313

Nestriepke, S.: Geschichte der Volksbühne Berlin, I. Teil: 1890 bis 1914, Berlin 1930

Neuhaus, M.: Friedrich Engels' Kontroverse mit den »Jungen« – ihre Hintergründe und Lehren. In: Wiss. Zs. d. Karl-Marx-Universität Leipzig, ges.- u. sprachwiss. R. 22 (1973), 431–451

Neumann-Hofer, O.: Berliner Theaterbriefe. In: Das Magazin. 59 (1890), 391–395

Neumann, S.: Die Stufen des preußischen Konservativismus, Berlin 1930

Opet, O.: Deutsches Theaterrecht, Berlin 1897

Osterwald, H.: Kunstfabriken. In: Die Neue Zeit. 16,2 (1898), 412–413

Otto, U.: Die literarische Zensur als Problem der Soziologie und Politik, Stuttgart 1968

Die Pariser »Freie Bühne«. In: Der Kunstwart. 3 (1889/90), 296

Pross, H.: Jugend, Eros, Politik, Bern 1964

Der Realismus vor Gericht. Nach dem stenographischen Bericht über die Verhandlung am 23., 26. und 27. Juni 1890 vor der Strafkammer I des Königl. Landgerichts zu Leipzig gegen Conrad Alberti, Hermann Conradi, Willi Walloth und deren Verleger (§§ 184 und 166 des Reichsstrafgesetzbuches), Leipzig 1890

Der Realismus vor Gericht. Vorgeschichte des Prozesses. In: Die Gesellschaft. 6 (1890), 1141–1232

Remer, P.: Die Freie Bühne in Paris. In: Die Gegenwart. 45 (1894), 360–362

Ritter, G. A.: Die Arbeiterbewegung im wilhelminischen Reich, 1890–1900, Berlin 1963

Rocker, R.: Johann Most. Das Leben eines Rebellen, Berlin 1924

Rühle, O.: Ein neuer Weg zur Volksbildung. In: Die Neue Zeit. 22,2 (1904), 92–96

S., K. v.: Verein »Freie Volksbühne«. In: Die Post (Berlin). Nr. 289, v. 21. Okt. 1890

Der Schauspielerkultus. In: Der Kunstwart. 4 (1890/91), 262–264

Schilling, K.: Beiträge zu einer Geschichte des radikalen Nationalismus, 1890–1909, Diss. Köln 1968

Schlaikjer, E.: Der Einfluß des Kapitalismus auf die moderne dramatische Kunst. In: Die Neue Zeit. 12,2 (1893/94), 647–655

ders.: Die Befreiung der Kunst. In: Die Neue Zeit. 14,1 (1895/96), 69–77

ders.: Die Organisation der Schauspieler In: Der Kunstwart. 10 (1896/97), 110–111

Schlenther, P.: Wozu der Lärm? Genesis der Freien Bühne, Berlin 1889

ders.: Der Frauenberuf im Theater. In: Der Existenzkampf der Frau im modernen Leben. Seine Ziele und Aussichten, hrsg. v. G. Dahms, Bd. 2, Berlin 1895, 33–60

Schmoller, G.: Die soziale Frage. Klassenbildung, Arbeiterfrage, Klassenkampf, München u. Leipzig 1918

Schneidt, K.: Neue Aufschlüsse über die Hungerrevolte in Berlin, Berlin 1892

Schulz, H.: Volksbildung oder Arbeiterbildung? In: Die Neue Zeit. 22,2 (1904), 522–529

ders.: Arbeiterbildung. In: Die Neue Zeit. 24,2 (1906), 180–186 u. 262–269

Seeber, G.: Zwischen Bebel und Bismarck. Zur Geschichte des Linksliberalismus in Deutschland 1871–1893, Berlin 1965

Seelig, L.: Reichstheaterrecht. Ein Beitrag zu der sozialen Frage des Theaters, Mannheim 1913

Seiffarth, E.: Berliner Arbeiter-Bildung. In: Freie Bühne. 1,2 (1890), 913–916

ders.: Träumereien zur Maifeier. In: Freie Bühne. 2,1 (1891), 441–444

Selo, H.: Die »Freien Volksbühnen« in Berlin. Geschichte ihrer Entstehung und ihre Entwicklung bis zur Auflösung im Jahre 1896, Diss. Erlangen 1930

Sève, L.: Marxismus und Theorie der Persönlichkeit, Frankfurt 1972

Siemering, H.: Arbeiterbildungswesen in Wien und Berlin. Eine kritische Untersuchung. Karlsruhe 1911 (= Karlsruher Volkswirtschaftliche Abhandlungen. Bd. 1,3

Sinzheimer, L.: Die geistigen Arbeiter, 1. u. 2. Teil, München u. Leipzig 1922 (= Schriften des Vereins für Sozialpolitik. 152)

Skrzypczak, H.: Die Maifeier-Diskussion auf der deutschen Vorkonferenz zum Internationalen Sozialistenkongreß in Stuttgart. Protokoll und Kommentar. In: Intern. Wiss. Korrespondenz z. Geschichte d. Dt. Arbeiterbewegung. 16. Aug. 1972, 1–39

Das socialdemokratische Theater in Berlin. In: Allgemeine Evangelisch-Lutherische Kirchenzeitung (Leipzig). Nr. 31, v. 31. Juli 1891

Die socialdemokratische Volksuniversität. In: Kölnische Zeitung. Morgen-Ausgabe, v. 30. Sept. 1891

Solidarität gegen Abhängigkeit – Auf dem Weg zur Mediengewerkschaft, hrsg. v. U. Paetzold u. H. Schmidt, Darmstadt u. Neuwied 1973

Sommer, M.: Zur Geschichte der Berliner Theaterzensur, Diss. Berlin 1945

ders.: Die Einführung der Theaterzensur in Berlin, Berlin 1956 (= Kleine Schriften der Gesellschaft für Theatergeschichte. 14)

Sperber, H. Kunst und Industrie I. u. II. In: Vorwärts. Nr. 183, v. 7. Aug. u. Nr. 189 v. 14. Aug. 1910

ders.: Berlin – die Musikstadt. In: Vorwärts. Nr. 195, v. 21. Aug. 1910

Staenicke, E.: Die deutschen Theater und ihre Arbeiter. Ein Beitrag zum Arbeits- und Theaterrecht, Berlin 1930

Strzelwicz, W. / Raapke, H. D. / Schulenburg, W.: Bildung und gesellschaftliches Bewußtsein, Stuttgart 1966

Thalosso, A.: Le Théâtre Libre, Paris 1909

Das Theater und die Polizei. In: Der Kunstwart. 3 (1889/90), 53

Über die Freie Volksbühne. In: Der Kunstwart. 3 (1889/90), 340–341

Über die »Freie Volksbühne«. In: Allgemeine Zeitung (München), v. 25. Okt. 1890

Über die Massenproduktion von Theaterstücken. In: Der Kunstwart. 6 (1892/93), 309–310

[Über die Volksbühnenbewegung]. In: Berliner Volksblatt. Nr. 70, v. 23. März 1890

[Über die Volksbühnenbewegung]. In: Berliner Tageblatt. Nr. 153, v. 25. März 1890

Über öffentliche Kunstpflege. In: Der Kunstwart. 5 (1891/92), 224

Vogt, A.: Organisation des Publikums. In: Der Kunstwart. 4 (1890/91), 225–227

Vogt, K.: Ein Kapitel Bühnengenossenschaft, Berlin 1910

Walser, M.: Wie schwer es ist, eigene Erfahrungen zu verstehen. In: Kürbiskern. 1972, Heft 4: Abhängigkeit in der Kulturindustrie, 531–533

»Weg mit der Theaterzensur!« In: Der Kunstwart. 4 (1890/91), 56a–57a

Wehler, H.-U.: Krisenherde des Kaiserreichs, 1871–1918, Göttingen 1970

ders.: Sozialdarwinismus im expandierenden Industriestaat. In: Fs. F. Fischer, Düsseldorf 1973, 133–42

Wengraf, E.: Literatur und Gesellschaft. In: Die Neue Zeit. 7 (1889), 241–248

Westenberger, B.: Wie retten wir unser Bühnenschrifttum? In: Der Kunstwart. 2 (1888/89), 97–98

Willard, C.: Paul Lafargue, Critique littéraire. In: Le Mouvement social, Nr. 59 (1967), 102–110

Wille, B.: Aufruf zur Gründung einer »Freien Volksbühne«. In: Freie Bühne. 1 (1890), 260–261

ders.: Prof. Adler und die Volksbühne. In: Sonntags-Blatt (Beilage des »Vorwärts«). Nr. 10, v. 8. März 1891, 73–74

ders.: Die Freie Volksbühne und der Polizei-Präsident. In: Freie Bühne. 2,2 (1891), 673–677

ders.: Die Spaltung der Freien Volksbühne. In: Der Kunstwart. 6 (1892), 52

ders.: Die freie Volksbühne. In: Die Zukunft. 1 (1892), 232–236

ders.: Die Spaltung der Freien Volksbühne. In: Der Kunstwart. 6 (1892/93), 49–52

ders.: Philosophie der Befreiung durch das reine Mittel. Beiträge zur Pädagogik des Menschengeschlechts, Berlin 1894

ders.: Die Freie Hochschule als Mittel zur Steigerung unserer Volkskultur. Festschrift zur Feier des zehnjährigen Bestehens der Freien Hochschule Berlin, Berlin 1912

ders.: Aus Traum und Kampf. Mein 60jähriges Leben, Berlin (3. Aufl.) 1920

ders.: Mein Werk und Leben. In: Das Bruno Wille-Buch. Hrsg. v. seinen Freunden nebst einer Einleitung ›Mein Werk und Leben‹, Dresden 1923, 5–24

Wolff, E.: Volksbühne und Volksdichtung. In: Die Gegenwart. 45 (1894), 40–41

Wolgast, H.: Die literarische Bildung der Volksmassen. In: Die Gegenwart. 42 (1892), 117–119 u. 137–140

Zur Kenntnis der Theatersklaverei. In: Der Kunstwart. 6 (1892/93), 262–264

Zur Maifeier. In: Vorwärts. Nr. 100, v. 1. Mai 1891)

II. Die zeitgenössische Rezeption von Gerhart Hauptmanns Stück »Die Weber« als Fallstudie

A., O.: [Über G. Hauptmanns »Weber«]. In: Die Post (Berlin). Nr. 265, v. 27. Sept. 1894

Audax: Zur Weberfrage im schlesischen Gebirge. In: Breslauer General-Anzeiger. Nr. 44, 45, 46, v. 13., 14., 15. Febr. 1891

Auerbach, A.: Gerhart Hauptmann's »De Waber« (Die Weber). Schauspiel aus den vierziger Jahren. In: Der Socialist. v. 10. 12. 1892, 4; v. 17. 12. 1892, 4–5 und v. 26. 12. 1892 (Beilage), 3–4

[Aufführung der »Weber« in Paris.] In: Der Sozialist. v. 7. Okt. 1893

[Aufführung der »Weber« in Chicago]. In: Freiheit. Nr. 3, v. 19. Jan. 1895
[Aufführung der »Weber« in Budapest]. In: Berliner Lokal-Anzeiger. Nr. 360, v. 3. Aug. 1895
[Aufführung der »Weber« in Budapest]. In: Berliner-Courier. Nr. 183, v. 7. Aug. 1895
[Aufführung der »Weber« in Budapest]. In: Vorwärts. Nr. 184, v. 9. Aug. 1895
[Aufführung der »Weber« in London]. In: Berliner Tageblatt. Nr. 126, v. 9. März 1899
[Aufführung der »Weber« in Rußland]. In: Die Welt am Sonntag. Nr. 47, v. 21. Nov. 1904
Aufruf zu Spenden für die Weber. In: National-Zeitung. Nr. 31, v. 2. Febr. 1892
B., Z.: Die mehrhundertjährige Geschichte des schlesischen Weberelends. In: Schlesische Nachrichten. Nr. 13, v. 20. März 1891
Bab, J.: Neue Wege zum Drama, Berlin 1911
Baginski, M.: Gerhart Hauptmann unter den schlesischen Webern. In: Sozialistische Monatshefte. 1. Bd. (1905), 151–157
Bartels, A.: Gerhart Hauptmann, Weimar 1897
Die Berliner Aufführung von Hauptmanns »Weber«. In: Kölnische Zeitung. Nr. 789, v. 28. 9. 1894
Bescheid des Kaisers an die schlesischen Weber. In: Volkswacht. Nr. 87, v. 15. Apr. 1891
Blumberg, H.: Die deutsche Textilindustrie in der industriellen Revolution, Berlin 1965
Bölsche, W.: Gerhart Hauptmanns Webertragödie. In: Freie Bühne. 3 (1892), 180–186
Brahm, O.: Theater [über G. Hauptmanns »Vor Sonnenaufgang«]. In: Die Nation. 7 (1889/90), 58–60
ders.: Hauptmann's Weber. In: Die Nation. 9,2 (1892), 446–447
Brentano, L.: Über die Ursachen der heutigen sozialen Not, Leipzig 1889
[Brief R. Grellings an die Direktion des Deutschen Theaters Berlin]. In: Berliner Tageblatt. Nr. 497, v. 30. Sept. 1894
Broemel, M.: Sozialpolitische Glossen zu Hauptmann's Webern! In: Die Nation. 11 (1894/95), 20–23
Bulthaupt, H.: Dramaturgie des Schauspiels, IV. Bd.: Ibsen, Wildenbruch, Sudermann, Hauptmann, Oldenburg u. Leipzig 1909
D., F.: [Über G. Hauptmanns »Weber«]. In: Berliner Tageblatt. Nr. 490, v. 26. Sept. 1894
Ein neuer Triumph der Sozialdemokratie in der Grafschaft Glatz. In: Langenbielauer Wochenblatt. Nr. 88, v. 11. Nov. 1891
Eine nichtswürdige Hatz. In: Vorwärts. Nr. 233, v. 30. Sept. 1894
Elster, O.: [Über G. Hauptmanns »Weber«]. In: Neue Preußische Zeitung (Berlin). Nr. 451, v. 26. Sept. 1894, 5
Das Ende des Falls Klein. In: Die christliche Welt. Nr. 13, v. 24. März 1892
Fischer, S.: Die Aufnahme des naturalistischen Theaters in der deutschen Zeitschriften-Presse (1887–1893), Diss. (FU) Berlin 1953
Fontane, Th.: Hauptmann. Die Weber. In: Th. Fontane, Sämtliche Werke, hrsg. v. W. Keitel: Aufsätze, Kritiken, Erinnerungen, München 1969, 858–859
Franzos, K. E.: Gerhart Hauptmanns »Florian Geyer«. In: Deutsche Dichtung. 19 (1895/96), 200–204
Die Freie Volksbühne [zur Premiere von G. Hauptmanns »Webern«]. In: Das Kleine Journal, v. 4. Dez. 1893
Freie Volksbühnen. In: Die Neue Zeit. 11,2 (1893), 481–485
[Freigabe der »Weber« zur öffentlichen Aufführung in Nürnberg]. In: Vorwärts. Nr. 184, v. 9. Okt. 1895
Freytag, G.: Vermischte Aufsätze aus den Jahren 1848 bis 1894, hrsg. v. E. Elster, Leipzig 1903, 2. Bd., 319–332
Geerdts, H. J.: Gerhart Hauptmann – Die Weber, Diss. Jena 1952

Gerechtigkeit! Zur Noth der schlesischen Weber. In: Leipziger Tages-Anzeiger. Nr. 93, v. 24. Apr. 1891

Gerhart Hauptmanns »Weber« vor dem Ober-Verwaltungsgericht. In: Vorwärts, v. 3. Okt. 1893

Gerhart Hauptmanns »Weber« und die Theaterzensur. In: Berliner Zeitung, v. 3. Okt. 1893

Grelling, R.: Glossen zum Weberprozeß. In: Das Magazin. 62 (1893), 549–652

ders.: »Streifzüge« (Berlin 1894)

Grotthuß, J. E.: Die dramatische Internationale. In: Velhagen und Klasings Neue Monatshefte. 1 (1889/90), 591–601

Guthke, K. S.: Die Bedeutung des Leids im Werke Gerhart Hauptmanns. In: K. S. Guthke / H. M. Wolff, Das Leid im Werke Gerhart Hauptmanns, Bern 1958, 11–50

H., O. N.: [Über G. Hauptmanns »Weber«]. In: Berliner Tageblatt. Nr. 489, v. 26. Sept. 1894

Harden, M.: Die Weber. In: Die Zukunft (Berlin), v. 11. März 1893, 467–470

Hart, J.: [Über G. Hauptmanns »Weber«]. In: Tägliche Rundschau v. 28. Febr. 1893

Hartleben, O. E.: »Vor Sonnenaufgang« auf der freien Volksbühne. In: Freie Bühne. 1. (1890), 1088–1089

Hauptmann, G.: Gesammelte Werke in sechs Bänden, Berlin 1913

Hauptmanns Weber an Sonntagen verboten. In: Frankfurter Zeitung (III. Morgenblatt). Nr. 288, v. 18. Okt. 1900

Hausindustrielle Organisation bei den Schlesischen Webern. In: Berliner Börsen-Zeitung. Nr. 135, v. 21. März 1891

Herkner, H.: Die soziale Reform als Gebot des wirtschaftlichen Fortschritts, Leipzig 1891

Herr v. Bennigsen als Theater-Zensor. In: Volks-Zeitung. Nr. 486, v. 15. Okt. 1896

Herting, H.: Der Aufschwung der Arbeiterbewegung um 1890 und ihr Einfluß auf die Literatur, Diss. (Inst. f. Gesellschaftswiss. b. ZK d. SED) Berlin 1961

Houben, H. H.: Verbotene Literatur von der klassischen Zeit bis zur Gegenwart. Ein kritisch historisches Lexikon über verbotene Bücher, Zeitschriften und Theaterstücke, Schrifsteller und Verleger, Berlin 1924

K., J.: Im Deutschen Theater [Über G. Hauptmanns »Weber«]. In: Berliner Lokal-Anzeiger. Nr. 450, v. 26. Sept. 1894

Kent, M.: Theater [über G. Hauptmanns »Vor Sonnenaufgang«]. In: Die Nation. 8 (1890/91), 107–109

Kern, A.: Noch einiges zur Geschichte der Weber in Schlesien, Weimar 1895 (= Ztschrf. f. Sozial- und Wirtschaftsgeschichte. 3)

Kirchbach, W.: Alte und »moderne« Dramaturgie. In: Deutsche Dramaturgie. 1 (1894/95), 13–17 u. 49–57

Kirchner, F.: Gründeutschland. Ein Streifzug durch die jüngere deutsche Dichtung, Wien u. Leipzig 1893

Klein, E.: Die Noth der Weber in der Grafschaft Glatz. In: Die Gartenlaube. Jg. 1891, 152–154

ders.: Zur Webernoth in der Grafschaft Glatz (Dank und Bericht). In: Kreuz-Zeitung. Nr. 101, v. 1. März 1891

Kries, C. G.: Über die Verhältnisse der Spinner und Weber in Schlesien und die Tätigkeit der Vereine zu ihrer Unterstützung, Breslau 1845

Kuczynski, J.: Studien zur Geschichte der zyklischen Überproduktion in Deutschland 1873–1914, Berlin 1961 (= Die Geschichte der Lage der Arbeiter unter dem Kapitalismus. 12)

ders.: Darstellung der Lage der Arbeiter in Deutschland von 1871 bis 1900, Berlin 1962 (= Die Geschichte der Lage der Arbeiter unter dem Kapitalismus. 3)

L., Dr.: Im Foyer [Über G. Hauptmanns »Weber«]. In: Das Kleine Journal. Nr. 339, v. 26. Sept. 1894

L., R.: Zur Nothlage der schlesischen Handweber. In: Hausfreund für Stadt und Land. Nr. 3, v. 17. Jan. u. Nr. 4, v. 24. Jan. 1891

Die Lage der Weber. In: Schlesische Volkszeitung. Nr. 71, v. 14. Febr. 1891

Landauer, E.: Handel und Produktionsform in der Baumwollindustrie unter besonderer Berücksichtigung der lohnindustriellen Organisationsform, Tübingen 1912 (= Arch. f. Sozialwissenschaft u. Sozialpolitik. Ergänzungsheft 4)

Das »Laster der Zufriedenheit« und Hauptmanns Weber. In: Conservative Corresponden. Nr. 105, v. 25. Okt. 1894

Lochmüller, W.: Zur Entwicklung der Baumwollindustrie in Deutschland, Jena 1906

Lublinski, S.: Der Ausgang der Moderne. Ein Buch der Opposition, Dresden 1909

ders.: Die Bilanz der Moderne, Berlin 1904

Magistrat und Kaufmanns-Sozietät in Landeshut. Über den Schlesischen Leinwandhandel und die gegenwärtige Noth der Weber. Eine wahrhafte Darstellung, Breslau 1827

Mahn, P.: Gerhart Hauptmann und der moderne Realismus, Berlin 1894

Marx, K./Engels, Fr.: Über Kunst und Literatur, II (Ausw. u. Redaktion: M. Kliem), Frankfurt 1968

Marx, P.: Der schlesische Weberaufstand in Dichtung und Wirklichkeit, 1892

Mauthner, F.: Theater: Allerlei Volksstücke (über G. Hauptmanns »Weber«). In: Das Magazin. 61 (1892), 124–127

ders.: Allerlei Volksstücke. In: Das Magazin. 61 (1892), 127

May, K.: Hauptmann. Die Weber. In: Das deutsche Drama im Barock bis zur Gegenwart, Interpretationen. II, hrsg. v. B. v. Wiese, Düsseldorf 1964, 158–166

Mehring, F.: Geschichte der deutschen Sozialdemokratie, Stuttgart 1897/98

ders.: Entweder – Oder. In: Fr. Mehring, Aufsätze zur deutschen Literatur von Hebbel bis Schweichel, Berlin 1961, 293–294 (= Gesammelte Schriften. 11)

Merian, H.: Die Dramen Gerhart Hauptmanns. In: Die Gesellschaft. 9 (1893), 1298–1303

Meyer, Ch.: Die Webernoth in Schlesien. In: Tägliche Rundschau. Nr. 120, v. 27. Mai u. Nr. 121, v. 28. Mai 1891

ders.: Die schlesische Leinenindustrie und ihr Notstand, Leipzig 1893 (= Vierteljahrsschrift f. Volkswirtschaft, Politik u. Kulturgeschichte. 3)

Minutoli, A. v.: Die Lage der Weber und Spinner im Schlesischen Gebirge und die Maßregeln der Preußischen Staats-Regierung zur Verbesserung ihrer Lage, Berlin 1851

Musäus, J.: Die Leinenindustrie der Niederlausitz in Vergangenheit und Gegenwart, Diss. Halle 1922

N., R.: Hauptmanns »Weber« im Deutschen Theater. In: Deutsche Warte. Nr. 227, v. 27. Sept. 1894

Naturalismus 1892–1899. Dramen, Lyrik, Prosa, hrsg. u. m. e. Nachwort v. U. Münchow, Berlin u. Weimar 1970

Nelten, L.: Dramaturgie der Neuzeit. Essays und Studien, Halle 1892

Neue freie Volksbühne, In: Der Sozialist, v. 11. Nov. 1893

Der neueste »Weber«-Prozeß. In: Vorwärts. Nr. 243, v. 16. Okt. 1896

Nochmals »Die Weber«. In: Bank- und Handels-Zeitung. Nr. 277, v. 8. Okt. 1894

Die Not der Weber im Eulengebirge. In: Schlesische Volkszeitung. Nr. 33, v. 22. Jan.; Nr. 37, v. 24. Jan; Nr. 39, v. 25. Jan; Nr. 57, v. 6. Febr.; Nr. 87, v. 24. Febr. u. Nr. 165, v. 14. Apr. 1891

Die Noth im Eulengebirge. In: Hirschberger Tageblatt. Nr. 33, v. 8. Febr. 1891

Die Nothlage der Weber im Glatzer Gebirge. In: Schlesische Zeitung. Nr. 205, v. 22. März 1891

Die Nothlage der Schlesischen Weber. In: Hannoverscher Courier. Nr. 16 988, v. 21. Apr. 1891

Die Nothlage der arbeitenden Bevölkerung. In: Volkswacht. Nr. 252, v. 27. Okt. 1892

Das Ober-Verwaltungsgericht und »Die Weber«. In: Preußische Zeitung (Hauptblatt). Nr. 253, v. 1. Juni 1895

Das Oberverwaltungsgericht [zum Urteil in Halle]. In: Vossische Zeitung. Nr. 259, v. 6. Juni 1895

Obscurus: [Über G. Hauptmanns »Weber«] In: Katholische Volks-Zeitung. Nr. 225, v. 30. Sept. 1894

Oppel, A.: Die deutsche Textilindustrie, Leipzig 1912

Die Polizei gegen die »Weber« [in Stuttgart]. In: Vorwärts. Nr. 289, v. 11. Dez. 1895

[Premiere der »Weber« am Deutschen Theater Berlin]. In: Berliner Zeitung. Nr. 225, v. 26. Sept. 1894

[Premiere der »Weber« am Deutschen Theater Berlin]. In: Die Post (Berlin). Nr. 265, v. 27. Sept. 1894

Premiere im »Deutschen Theater« (Berlin, 30. Sept.). In: Hamburger Nachrichten, v. 1. Okt. 1894

Proelß, J.: Bei den darbenden Webern im Glatzer Gebirge. In: Die Gartenlaube. Jg. 1891, 271–275

S.: Über die »Weber« am Deutschen Theater Berlin. In: Das Kleine Journal. Nr. 339, v. 26. Sept. 1894

Schäfer, A.: Die schlesische Leinenindustrie nach einigen Gesichtspunkten der Gewerbezählungen von 1882, 1895, 1907, Diss. Würzburg 1921

Schlaikjer, E.: Soziales aus Dramen von Gerhart Hauptmann. I, II, III, IV. In: Der Sozialdemokrat. v. 31. Mai, 7. u. 28. Juni u. 2. Aug. 1894

ders.: Die Befreiung der Kunst. In: Die Neue Zeit. 14,1 (1895/96), 69–77

Schlenther, P.: Theater und Musik [über G. Hauptmanns »Weber«]. In: Vossische Zeitung (Berlin). Morgenausgabe, v. 27. Sept. 1894, 4–5

ders.: Gerhart Hauptmann. Sein Lebensgang und seine Dichtung, Berlin 1898

Die schlesischen Weber in vergangenen Jahrhunderten. In: Volkswacht. Nr. 49, v. 26. u. Nr. 50, v. 27. Febr. 1895

Schmoller, G.: Die Entwicklung und Krisis der deutschen Weberei im 19. Jahrhundert, Berlin 1873 (= Deutsche Zeit und Streitfragen, Flugschriften zur Kenntniß der Gegenwart. 2. Jg. H. 25)

Schneer, A.: Über die Noth der Leinenarbeiter in Schlesien und die Mittel ihr abzuhelfen, Berlin 1844

Schneider, H.: Die Widerspiegelung des Weberaufstandes von 1844 in der zeitgenössischen Prosaliteratur. In: Weimarer Beiträge 7 (1961), 255–277

Schubert, Dr.: Zur Nothlage der Weber im Glatzer Gebirge. In Berliner Zeitung. Nr. 58, 10. März 1891

Schumann, O.: Die Landeshuter Leinenindustrie in Vergangenheit und Gegenwart. Ein Beitrag zur Geschichte der schlesischen Textilindustrie, Jena 1928

Schwab-Felisch, H.: Gerhart Hauptmann. Die Weber, Frankfurt u. Berlin 1959 (= Dichtung und Wirklichkeit. 1)

Spielhagen, Fr.: Gerhart Hauptmanns »Weber«. In: Das Magazin. 62 (1893), 144–145

ders.: Rückblicke auf die Theatersaison 1892/93. In: Preuß. Jb. 72 (1893), 385–405

ders.: Neue Beiträge zur Theorie und Technik der Epik und Dramatik, Leipzig 1898

Der staatsgefährliche Hauptmann. In: Berliner Morgen-Zeitung. Nr. 239, v. 12. Okt. 1900

Stahl, F.: Die Weber. In: Deutsche Warte. v. 28. 2. 1893

Steiger, E.: Das Werden des neuen Dramas. Erster Teil: Henrik Ibsen und die dramatische Gesellschaftskritik. Zweiter Teil: Von Hauptmann bis Maeterlinck, Berlin 1898

Die Stellung der Staatsbehörden zur Nothlage der Weber. In: Vossische Zeitung. Nr. 151, v. 2. Apr. 1891

Die Störungen im deutschen Wirtschaftsleben während der Jahre 1900 ff. Erster Band: Textilindustrie. Mit Beiträgen von H. Potthoff, H. Sybel, K. Kuntze, hrsg. v. Verein für Socialpolitik, Leipzig 1903 (= Schriften des Vereins für Socialpolitik, 55)

Sulger-Gebing, E.: Gerhart Hauptmann, Leipzig 1909 (= Aus Natur und Geisteswelt. 283)

Theater, Polizei und Verwaltungsrechsprechung [zum Urteil in Halle]. In: National-Zeitung (Hauptblatt). Nr. 357, v. 9. Juni 1895

Die Theatercensur in Berlin. In: Börsen-Courier (Morgen-Ausgabe), v. 8. März 1893

[Über den Notstand der Weber in Schlesien]. In: Reichenbacher Wochenblatt. Nr. 100, v. 14. Dez. 1890

[Über den Notstand der Weber in Schlesien]. In: Langenbielauer Wochenblatt. Nr. 105, v. 31. Dez. 1890

[Über den Notstand der Weber in Schlesien]. In: Königlich privilegierte Berliner Zeitung. Nr. 134, v. 20. März 1891

[Über den Notstand der Weber in Schlesien]. In: Echo des Heuscheuer- und Meuse-Gebirges. Nr. 12, v. 21. März 1891

[Über den Notstand der Weber in Schlesien]. In: Neue Gebirgs-Zeitung. Nr. 24, v. 24. März 1891

[Über den Notstand der Weber in Schlesien]. In: Münchner Neueste Nachrichten. Nr. 136, v. 25. März 1891

[Über den Notstand der Weber in Schlesien]. In: Königlich privilegierte Zeitung. Nr. 141, v. 25. März 1891

[Über den Notstand der Weber in Schlesien]. In: Allgemeine Zeitung (München). Nr. 107, v. 18. Apr. 1891

[Über den Notstand der Weber in Schlesien]. In: Volks-Zeitung (Berlin). Nr. 93, v. 22. Apr. 1891

[Über den Notstand der Weber in Schlesien]. In: Freisinnige Zeitung. Nr. 77, v. 3. Apr. 1891

[Über den Notstand der Weber in Schlesien]. In: Schlesische Volkszeitung. Nr. 151, v. 5. Apr. 1891

[Über den Notstand der Weber in Schlesien]. In: Norddeutsche Allgemeine Zeitung. Nr. 177, v. 17. Apr. 1891

[Über den Notstand der Weber in Schlesien]. In: Schlesische Zeitung. Nr. 756, v. 9. Okt. 1891

[Über den Notstand der Weber in Schlesien]. In: Neue Preußische Zeitung. Nr. 508, v. 30. Okt. 1891

[Über den Notstand der Weber in Schlesien]. In: Volkswacht. Nr. 62, v. 14. März 1893

Über die Lage der schlesischen Handwerker. In: Liegnitzer Tageblatt. Nr. 73, v. 27. März 1891

[Über die »Weber« am Deutschen Theater Berlin.] In: Berliner Politische Nachrichten, v. 26. Sept. 1894

[Über die »Weber« am Deutschen Theater Berlin]. In: Reichsbote. Nr. 226, v. 27. Sept. 1894

Über die Webernot. In: National-Zeitung. Nr. 123, v. 23. Febr. 1891

Über die Webersituation. In: Breslauer Morgen-Zeitung. Nr. 82, v. 6. Apr. 1892

[Über eine von O. Brahm in Wien geplante »Weber«-Aufführung]. In: Berliner Börsen-Courier. Nr. 588, v. 16. Dez. 1901

[Über G. Hauptmanns »Weber«]. In: Das Kleine Journal, v. 28. Sept. 1894

[Über G. Hauptmanns »Weber«]. In: Der Reichsbote. Nr. 226, v. 27. Sept. 1894 u. Nr. 227, v. 28. Sept. 1894

[Über G. Hauptmanns »Die Weber«]. In: Vorwärts, v. 1. Okt. 1894

[Über G. Hauptmanns »Weber«]. In Berliner Courier, v. 3. Okt. 1893

[Über G. Hauptmanns »Weber«]. In: Bank- und Handels-Zeitung. Nr. 271, v. 2. Okt. 1894

[Über G. Hauptmanns »Weber«]. In: Bank- und Handels-Zeitung. Nr. 272, v. 3. Okt. 1894

[Über G. Hauptmanns »Weber«]. In: Vorwärts. Nr. 231, v. 4. Okt. 1894

[Über G. Hauptmanns »Weber«]. In: Berliner Börsen-Zeitung. Nr. 474, v. 10. Okt. 1894

[Über G. Hauptmanns »Weber«]. In: Das Kleine Journal. Nr. 365, v. 22. Okt. 1894

[Verbot der »Weber« in Wien]. In: Berliner Tageblatt, v. 9. Apr. 1894

[Verbot der »Weber« in Wien]. In: Berliner Börsen-Courier. Nr. 460, v. 2. Okt. 1894

[Verbot der »Weber« in Hirschberg]. In: Berliner Zeitung. Nr. 253, v. 28. Okt. 1894

Verbot der »Weber« in Stettin. In: Vorwärts. Nr. 273, v. 23. Nov. 1894

[Verbot der »Weber« in Görlitz]. In: Berliner Tageblatt. Nr. 14, v. 9. Jan. 1895

[Verbot der »Weber« in Halle]. In: Das Kleine Journal. Nr. 43, v. 23. Febr. 1895

[Verbot der »Weber« in Tilsit]. In: National-Zeitung. Nr. 215, v. 29. März 1895

[Verbot der »Weber« in Bremen]. In: Vorwärts. Nr. 80, v. 4. Apr. 1895

[Verbot der »Weber« in Tilsit]. In: Vorwärts. Nr. 81, v. 5. Apr. 1895

[Verbot der »Weber« in Bremen]. In: Freisinnige Zeitung. Nr. 81, v. 5. Apr. 1895

[Verbot der »Weber« in Halle]. In Berliner Börsen-Courier. Nr. 176, v. 16. Apr. 1895

[Verbot der »Weber« in Leipzig]. In: Freisinnige Zeitung. Nr. 127, v. 1. Juni 1895

[Verbot der »Weber« in Brandenburg]. In: Berliner Börsen-Courier. Nr. 261 v. 7. Juni 1895

[Verbot der »Weber« in Berlin]. In: Vorwärts. Nr. 108, v. 21. Juli 1895

[Verbot der »Weber« in Budapest]. In: Vorwärts. Nr. 192, v. 18. Aug. 1895

[Verbot der »Weber« in Halle]. In: Vorwärts. Nr. 192, v. 18. Aug. 1895

[Verbot der »Weber« in Budapest]. In: Vorwärts. Nr. 194, v. 21. Aug. 1895

[Verbot der »Weber« in Halle]. In: Vorwärts. Nr. 202, v. 30. Aug. 1895

[Verbot der »Weber« in Ungarn]. In: Die Volks-Zeitung. Nr. 450, v. 25. Sept. 1895

[Verbot der »Weber« in Görlitz]. In: Berliner Tageblatt. Nr. 506, v. 5. Okt. 1895

[Verbot der »Weber« in München]. In: Vorwärts. Nr. 304, v. 31. Dez. 1895

[Verbot der »Weber« in Stuttgart]. In: Volks-Zeitung. Nr. 80, v. 17. Febr. 1896

[Verbot der »Weber« in Beuthen]. In: Berliner Börsen-Zeitung. Nr. 99, v. 28. Febr. 1896

[Verbot der »Weber« in Hannover]. In: Berliner Tageblatt. Nr. 169, v. 1. Apr. 1896

[Verbot der »Weber« in Hannover]. In: Berliner Tageblatt. Nr. 528, v. 16. Okt. 1896

[Verbot der »Weber« in Prag]. In: Das Kleine Journal. Nr. 181, v. 3. Juli 1897

[Verbot der »Weber« in Leipzig]. In: Berliner Courier. Nr. 21, v. 25. Jan. 1902

Das Verfahren des Schlesischen Konsistoriums gegen Pfarrer Klein. In: Die christliche Welt. Nr. 46, v. 13. Nov. 1891

Von der Handweberei in der Grafschaft Glatz. In: Schlesische Zeitung. Nr. 238, v. 7. Apr. 1891

Von der Theater-Zensur. In: Volks-Zeitung, v. 3. Okt. 1893

Die Wahrheit über den »Fall Klein«. In: Schlesische Volkszeitung. Nr. 521, v. 13. Nov. 1891

Die Wahrheit über den »Fall Klein«. In: Schlesische Volkszeitung. Nr. 521, v. 14. Nov. 1891

Was kann helfen? Weberelend im Eulengebirge. In: Schlesische Volkswacht. Nr. 43, v. 2. Febr. 1891

Das Weber-Elend im Eulengebirge. In: Vossische Zeitung. Nr. 39, v. 24. Jan. 1891

Die Weber. In: Berliner Zeitung, v. 11. März 1893

Die Weber. In: Germania (Berlin). Nr. 226 (Zweites Blatt), v. 2. Okt. 1894, 1

Die »Weber«. In: Der Reichsbote. Nr. 231, v. 3. Okt. 1894

Die »Weber« als Repertoirestück. In: Neue deutsche Rundschau. Nr. 10, v. 11. Okt. 1894

Die »Weber« in Sachsen freigegeben. In: Berliner Tageblatt. Nr. 566, v. 6. Nov. 1901

»Die Weber« in Sachsen. In: Tägliche Rundschau. Nr. 532, v. 12. Nov. 1901

Die »Weber« und der Umsturz. In: Vorwärts. Nr. 55, v. 6. März 1895

Die »Weber« und die Leipziger Polizei. In: Frankfurter Zeitung. Nr. 304 (II. Morgenblatt), v. 2. Nov. 1895

»Die Weber« und die Stuttgarter Stadtdirektion. In: Frankfurter Zeitung. Nr. 50 (Abendblatt), v. 19. Febr. 1896

Die Webernoth im Eulengebirge. In: Schlesische Morgenzeitung. Nr. 77, v. 3. Apr. 1891

Wer trägt die Hauptschuld am schlesischen Weberelend? In: Volkswacht. Nr. 96, v. 26. Apr. 1891

Zur Webernoth in der Grafschaft Glatz. In: Vossische Zeitung, v. 16. Apr. 1891

Zur Webernoth. In: Germania. Nr. 90, v. 22. Apr. 1891

Zabel, E.: [Über G. Hauptmanns »Weber«]. In: Nationalzeitung. Nr. 534, v. 26. Sept. 1894

ders.: Zur Modernen Dramaturgie. Studien und Kritiken über das deutsche Theater, Oldenburg u. Leipzig 1900

Z., L.: Die Stellung des Staats und der Gebildeten zu Hauptmanns »Webern«. In: Die Gesellschaft. 9 (1895), 1097–1104

Ziegler, F.: Die sozialpolitischen Aufgaben auf dem Gebiete der Hausindustrie, Berlin u. Hamburg 1890

Zimmermann, A.: Blüthe und Verfall des Leinengewerbes in Schlesien, Breslau 1885

Zum Kapitel Webernoth in der Grafschaft Glatz. In: Echo des Heuscheuer- und Meuse-Gebirges. Nr. 13, v. 28. März 1891

Zum Nothstand der Weber in Schlesien. In: Kreuz-Zeitung, v. 15. Apr. 1891

Zum Weberelend. In: Langenbielauer Wochenblatt. Nr. 6, v. 8. Jan. 1891

Zur Handweberei. In: Neue Frensische Zeitung. Nr. 13, v. 9. Jan. 1892

Zur Nothlage der Weber im Glatzer Gebirge. In: Berliner Zeitung. Nr. 68, v. 21. März 1891

Zur Webernoth in der Grafschaft Glatz. In: Berliner Zeitung. Nr. 75, v. 1. Apr. 1891

Zur Webernoth in der Grafschaft Glatz. In: Königlich Berlinische Zeitung. Nr. 149, v. 1. Apr. 1891

III. Sozialdemokratie als »Umsturzpartei« – Naturalismus als literarischer Anarchismus

Annales de la Chambre des Députés. Session Ord. N.S.T. 42, Paris 1895, 67–70

Der Arme Konrad: [Über G. Hautmanns »Weber«]. In: Deutsche Arbeiter-Zeitung, v. 5. Sept. 1896

Bar, L. v.: Das Gesetz gegen die Umsturzbestrebungen. In: Die Nation. 12 (1894/95), 143–149

ders.: Im Zeichen der Umsturzvorlage. In: Die Nation. 12 (1894/95), 323–326

Barth, Th.: Die Sozialdemokratie und die öffentliche Meinung. In: Grenzbote. 49 (1890), 130–134 u. 139

ders.: Umsturzparteien. In: Die Nation. 11 (1893/94), 751

ders.: Die Aussichten der Umsturzvorlage. In: Die Nation. 12 (1894/95), 267

ders.: Der Umsturz der Umsturzvorlage. In: Die Nation. 12 (1894/95), 338–339

der.: Die Umsturzvorlage in der Kommissionsfassung. In: Die Nation. 12 (1894/95), 379–380

ders.: Wo liegt die Schuld? In: Die Nation. 12 (1894/95), 393–394

ders.: Wird die Umsturzvorlage Gesetz werden? In: Die Nation. 12 (1894/95), 423–424

Bauer, E.: Die »Modernen« in Berlin und München. In: Das Zwanzigste Jahrhundert. 1,2 (1891), 768–781

Bulthaupt, H.: Theater und Gesellschaft. In: Deutsche Revue. 19,3 (1894), 163–178

Conrad, M. G.: Professor Volkelt und der deutsche Realismus. In: Die Gesellschaft. 6 (1890), 317–326

Dubois, F.: Die Anarchistische Gefahr (Le Péril Anarchiste), übersetzt v. M. Trüdjen, Amsterdam 1894

Einige Äußerungen über die Umsturzvorlage. Von Theodor Mommsen, Gabriel Max und Hans Thoma. In: Deutsche Revue. 20 (1895), 93–98

Fischer, P. D.: Betrachtungen eines in Deutschland reisenden Deutschen. In: Deutsche Rundschau. 79 (1894), 19–38

Fitger, A.: Neunundzwanzigste große Gemäldeausstellung des Kunstvereins Bremen. In: Weser-Zeitung, v. 7. März 1894

Frenzel, K.: Die Berliner Theater [u. a. über A. Holz / J. Schlaf: »Die Familie Selicke«]. In: Deutsche Rundschau. 63 (1890), 447–461

ders.: Der moderne Realismus. In: Vom Fels zum Meer. Jg. 1891, 156–160

Freytag, G.: An den Dichter der »Weber« über die Umsturzvorlage. In: Die Nation. 12 (1894/95), 440

Grelling: Glossen zum Weberprozeß. In: Das Magazin. 62 (1893), 649–652

Gros, J. M.: Le mouvement littéraire socialiste depuis 1830, Paris o. J.

Grotthuß, J. E.: Die dramatische Internationale [u. a. über G. Hauptmanns »Vor Sonnenaufgang«]. In: Velhagen und Klasings Neue Monatshefte. 1 (1889/90), 591–601

Haacke, W.: Julius Rodenberg und die Deutsche Rundschau. Eine Studie zur Publizistik des deutschen Liberalismus (1870–1918), Heidelberg 1950 (= Beiträge zur Publizistik. 2)

Hammer, F.: Zur realistischen Bewegung. In: Die Gesellschaft. 6 (1890), 134

Hamon, H.: Der Anarchismus, eine Richtung des Sozialismus. In: Der sozialistische Akademiker. 2 (1896), 107–112, 148–153 u. 238–242

Handbuch der Sozialdemokratischen Parteitage, Bd. 1: von 1863 bis 1909, bearbeitet v. W. Schröder, München 1910

Harden, M.: Naturalismus. In: Die Gegenwart. 37 (1890), 339–343

Hauptmann, G.: Âmes solitaires, drame, Traduction d'Alexandre Cohen (Paris, L'Œuvre, 1. décembre 1893), Paris 1894

ders.: Les Tisserands, drame en 5 actes, en prose, traduction francaise de M. Jean Thorel (Paris, Théâtre-libre, 29. mai 1893), Paris 1893

Kirchbach, W.: Realismus, Idealismus, Naturalismus in den gegenwärtigen europäischen Literaturen. In: Das Magazin. 57 (1888), 681–686 u. 701–704

Kraus, E.: Romantik und Naturalismus. Litterarische Kreuz- und Quersprünge, Mitau 1891

Kuroff, A.: Der Anarchismus, Keine Richtung des Sozialismus. In: Der sozialistische Akademiker. 2 (1896), 692–698

ders.: Anarchistische und sozialistische Moral. In: Sozialistische Monatshefte. 1 (1897), 146–152

Landauer, G.: Anarchismus – Sozialismus. In: Der sozialistische Akademiker. 2 (1896), 751–754

Laßwitz, K.: Natur, Sittlichkeit und Kunst. In: Die Nation. 7 (1889/90). 737–740

Lewinsky, J.: Der preußische Landtag und das Theater. In: Deutsche Revue. 20 (1895), 41–44

Lienhard, F.: Nationale Ästhetik. In: Das Zwanzigste Jahrhundert. 2 (1891/92), 1255–1260

ders.: Wie die deutschen Theater die Kunst fördern. In: Das Zwanzigste Jahrhundert. 3 (1892/93), 394–405

ders.: Echt deutsche Kunst? In: Das Zwanzigste Jahrhundert. 4 (1893/94), 149–158

ders.: Deutsche Volksbühnen! In: Das zwanzigste Jahrhundert. 4 (1893/94), 437–441

ders.: Ein Angriff auf deutsche Volkskunst. In: Das zwanzigste Jahrhundert. 4 (1894/95), 430–446

Litzmann, B.: Das deutsche Drama in den litterarischen Bewegungen der Gegenwart, Hamburg u. Leipzig 1894

Maitron, J.: Histoire du Mouvement anarchiste en France (1880–1914), Paris 1951

Meyer, R. M.: Ein Protest gegen den doktrinären Realismus. In: Die Nation. 9,1 (1891/92), 534–536

Most, J.: Die »Weber«-Aufführung in New York und die Presse. In: Freiheit. Nr. 42, v. 20. Okt. 1894

Naumann, F.: Demokratie und Kaisertum, Berlin 1904

Oertel, G.: Die litterarischen Strömungen der neuesten Zeit, insbesondere die sogenannten »Jungdeutschen«, Heilbronn 1887 (= Zeitfragen des christlichen Volkslebens. 13, Heft 3)

Philipp, P.: Der Naturalismus in kritischer Beleuchtung, Leipzig 1892

Plechanow, G.: Anarchismus und Sozialismus, Berlin 1904

ders.: Anarchismus und Sozialismus. In: Der Sozialdemokrat. v. 15. Juni 1894, 1–3, v. 21. Juni 1894, 1–3, v. 28. Juni 1894, 1–4

Politische Übersicht. In: Vorwärts. v. 6. März 1895, 1

Prölß, R.: Katechismus der Dramaturgie, Leipzig (2. Aufl.) 1899 (= Webers Illustrierte Katechismen.)

Ramseger, G.: Literarische Zeitschriften um die Jahrhundertwende unter besonderer Berücksichtigung der »Insel«, Berlin 1941 (= Germanische Studien. 231)

Rocker, R.: Johann Most. Das Leben eines Rebellen, Berlin 1924

Sacher-Masoch, L. v.: Die naturalistische Epidemie. In: Die Gesellschaft. 35 (1889), 390–393

Schlenter, P.: Theater und Umsturz. In: Die Nation. 12 (1894/95), 313–316

Schultze, S.: Der Zeitgeist der modernen Litteratur Europas, Halle 1895

Starkenburg, H.: Noch einmal Anarchismus und Sozialismus. In: Sozialistische Monatshefte. 1 (1897), 216–219

Seyfried, J.: »Grün«- und Grau-Deutschland. Eine komische Litteraturgeschichte. In: Freie Bühne. 4 (1893), 1009–1017

Telmann, K.: Wo liegt die Schuld? Ein Wort zur Umsturz-Vorlage, Berlin 1895

Die Thätigkeit des Preußischen Abgeordnetenhauses in der 18. Legislaturperiode, II. Session 1895, Leipzig 1895

[Über G. Hauptmanns »Weber«]. In: Freiheit. Nr. 48, v. 1. Dez. 1894, Nr. 21, v. 25. Mai 1895 u. Nr. 23, v. 8. Juni 1895

Umsturz und Sozialdemokratie. Verhandlungen des Deutschen Reichstags über die Umsturz-Vorlage nach dem offiziellen stenographischen Bericht, Berlin 1895

Die Umsturzvorlage. In: Der Sozialdemokrat, v. 13. Dez. 1894, 2–3

Volkelt, J.: Dichtung und Wahrheit. Ein Beitrag zur Kritik der Aesthetik des Naturalismus. In: Beilage zur Allgemeinen Zeitung. 1890, Nr. 4 (Beilage Nr. 3), 1–3, Nr. 6 (Beilage Nr. 4), 2–3, Nr. 7 (Beilage Nr. 5), 2

ders.: Vorträge zur Einführung in die Philosophie der Gegenwart, München 1892

»Von einem Volksfreund«: Umsturzvorlage und Revolution, Berlin 1895

»Die Weber« staatsgefährlich. In: Wochenblatt der New Yorker Volkszeitung. Nr. 41, v. 3. Nov. 1894

Die »Weber« und die Polizei in Amerika. In: Der Sozialdemokrat. Nr. 42, v. 15. Nov. 1894

Westarp, A. v.: Der Verfall der deutschen Bühne. In: Das Zwanzigste Jahrhundert. 2 (1891/92), 780–792

»Wie ›macht‹ man Revolution?« In: Schlesische Volkswacht. Nr. 72, v. 26. März 1891

Wilbrandt, R.: Die Weber in der Gegenwart. Sozialpolitische Wanderungen durch die Haus-Weberei und die Webfabrik, Jena 1906

Zur Umsturzvorlage. In: Vorwärts. 12 (1895), Nr. 10, 1–2

IV. Die Naturalismusdiskussion innerhalb der Sozialdemokratie

Ackermann, W.: Die zeitgenössische Kritik an den deutschen naturalistischen Dramen (Hauptmann, Holz, Schlaf), Diss. München 1965

Albrecht, A.: Zum Thema Roman. In: Mitteilungen des Vereins Arbeiterpresse. 14 (1913), Nr. 336, 6–7

Das arbeitende Volk und die Kunst. In: Hamburger Echo. Nr. 235, v. 7. Okt., 1896

B., E.: Der Zeitungsroman. In: Mitteilungen des Vereins Arbeiterpresse. 30 (1930) Nr. 302, 4–5

Bérard, R.: Das arbeitende Volk und die Kunst. In: Hamburger Echo. Nr. 230 v. 1. Okt. 1896

Bernstein, Ed.: Ein wenig neueste Dichtkunst. In: Die Neue Zeit. 14, 1 (1895/96), 650–654 u. 693–698

Bielig, K.: Zum Kapitel Roman. In: Mitteilungen des Vereins Arbeiterpresse. 33 (1933), Nr. 334, 8

Bleibtreu, K.: Ein »sozialistischer« Ästhetiker. In: Die Gesellschaft. 15 (1899), 416–421

Brahm, O.: Die Freie Volksbühne. In: Freie Bühne. 1 (1890), 713–715

ders.: Naturalismus und Sozialismus. In: Freie Bühne. 2 (1891), 241–243

Brandt, P. A.: Das deutsche Drama am Ende des neunzehnten Jahrhunderts im Spiegel der Kritik. Ein Beitrag zur deutschen Kritik, Diss. Leipzig 1932

Claasen, R.: Neue Kunst. In: Der sozialistische Akademiker. 2 (1896), 632–638

Crane, W.: The Claims of Decorative Art, Berlin 1896

Eck-Troll, M.: Der Roman in der Gewerkschaftspresse. In: Mitteilungen des Vereins Arbeiterpresse. 32 (1932), Nr. 324, 4–6

Eisner, K.: Parteikunst (1896). In: K. Eisner, Taggeist, Culturglossen, Berlin 1901, 280–288

Ernst, P.: Die Zukunft und die Kunst. (Eine Erwiderung). In: Die Neue Zeit. 10,1 (1891/92), 658–660

Fischer, S.: Die Aufnahme des naturalistischen Theaters in der deutschen Zeitschriften-Presse (1887–1893), Diss. (FU) Berlin 1953

Franke, A.: Der Unterhaltungsteil. In: Mitteilungen des Vereins Arbeiterpresse. 14 (1913), Nr. 118, 4–6

Fülberth, G.: Sozialdemokratische Literaturkritik vor 1914. In: alternative. 14 (1971), Nr. 76: Proletarische Partei und bürgerliche Literatur. 2–16

Gallas, H.: Marxistische Literaturtheorie. Kontroversen im Bund proletarisch-revolutionärer Schriftsteller, Neuwied 1971 (= collection alternative. 1)

H., J.: Die bürgerliche Kunst und die besitzlosen Klassen. In: Die Neue Zeit. 11,1 (1892/93), 334–339

Haenisch, K.: Der Roman in der Arbeiterpresse. In: Mitteilungen des Vereins Arbeiterpresse. 14 (1913), Nr. 117, 3

ders.: Gerhart Hauptmann und der Sozialismus. In: Die Neue Zeit. 40,2 (1922), 482–487 u. 517–520

ders.: Gerhart Hauptmann und das deutsche Volk, Stuttgart u. Berlin 1922

Hanstein, A. v.: Das jüngste Deutschland. Zwei Jahrzehnte miterlebter Literaturgeschichte, Leipzig 1901

Hart, J.: Ein sozialdemokratischer Angriff auf das »jüngste Deutschland«. In: Freie Bühne. 2 (1891), 913–916

Hirsch, P.: Der sozialdemokratische Parteitag. In: Der sozialistische Akademiker. 2 1896), 639–642

In Sachen: Kunst und Sozialdemokratie. In: Der Kunstwart. 6 (1892/93), 362–365

Kampffmeyer, P.: Sozialismus und Naturalismus. In: Die Neue Zeit. 40,2 (1921/22), 598–602

Der Kapitalismus und die Kunst. In: Die Neue Zeit. 9,2 (1890/91), 639–653 u. 686–690

Kliche, J.: Zum Thema Roman. In: Mitteilungen des Vereins Arbeiterpresse. 33 (1913), Nr. 335, 8–9

ders.: Der Roman in der Arbeiterpresse. In: Mitteilungen des Vereins Arbeiterpresse. 15 (1914), Nr. 122, 4–5 u. 17 (1916), Nr. 152,8

Koch, H.: Franz Mehrings Beitrag zur marxistischen Literaturtheorie, Berlin 1959

Krause, E.: Gerhart Hauptmanns frühe Dramen im Spiegel der Kritik, Diss. Erlangen 1952

Kupfer-Kahn, L. M.: Versuch einer Sozialcharakterologie der dichterischen Gestalten des Naturalismus, Diss. Heidelberg 1952

Landauer, G.: Die Zukunft und die Kunst. In: Die Neue Zeit. 10,1 (1891/92), 532–535

ders.: Gerhart Hauptmann. In: Die Neue Zeit. 10,1 (1891/92), 612–621

Liebknecht, W.: Brief aus Berlin (Berlin, 17, Februar). In: Die Neue Zeit. 9,1 (1890/91), 709–711

ders. Brief aus Berlin (25. März). In: Die Neue Zeit. 9,2 (1890/91), 41–46

Lukács, G.: Tendenz oder Parteilichkeit? In: G. Lukács, Essays über Realismus, Neuwied 1971, 23–24 (= Georg Lukács Werke 4. Probleme des Realismus 1)

Mehring, F.: Aufsätze zur deutschen Literatur von Hebbel bis Schweichel, Berlin 1961, 141–226 (= Franz Mehring. Gesammelte Schriften, hrsg. v. Th. Höhle u. a. Bd. 11)

ders.: Kunst und Proletariat. In: Die Neue Zeit. 15,1 (1896/97), 129–133

Mielke, H.: Proletariat und Dichtung. In: Magazin. 60 (1891), 182–186

Der Parteitag der deutschen Sozialdemokratie. In: Vorwärts, v. 17. Okt. 1896

Protokoll über die Verhandlungen des Parteitages der Sozialdemokratischen Partei Deutschlands. Abgehalten zu Gotha vom 11. bis 16. Okt. 1896, Berlin 1896

Ragold, E.: Das Feuilleton unserer Arbeiterpresse. In: Mitteilungen des Vereins Arbeiterpresse. 14 (1913), Nr. 117, 1–2

Reich, E.: Die bürgerliche Kunst und die besitzlosen Volksklassen, Leipzig 1892

Reichwage, S.: Franz Mehring als Literaturkritiker und Literaturhistoriker, Diss. Jena 1954

Roth, G.: Social Democrats in Imperial Germany, Totowa 1963

ders.: Die kulturellen Bestrebungen der Sozialdemokraite im kaiserlichen Deutschland. In: Moderne deutsche Sozialgeschichte. hrsg. v. H.-U. Wehler, Köln u. Berlin 1966, 342–365

Schifrin, A.: K. Kautsky und die marxistische Soziologie. In: Die Gesellschaft. Intern. Revue f. Sozialismus u. Politik. 6 (1929), 2. Bd., 149–169

Schleifstein, J.: Die philosophischen Arbeiten und Anschauungen Franz Mehrings. In: Dt. Zs. f. Philos. 7 (1959), 5–33

Schweichel, R.: Deutschlands jüngste Dichterschule. In: Die Neue Zeit. 9,2 (1890/91), 624–630

Seilliere, E.: La littérature contemporaine au congrès de Gotha. In: Littérature et morale dans le Parti Socialiste Allemand. Essais par Ernest Seilliere, Paris 1898, 257–295

Steiger, E.: Der Kampf um die neue Dichtung. Kritische Beiträge zur Geschichte der zeitgenössischen deutschen Literatur, Leipzig 1889

ders.: Das arbeitende Volk und die Kunst. Kritische Streifzüge, Leipzig 1896

ders.: Das Werden des neuen Dramas. Erster Teil: Henrik Ibsen und die dramatische Gesellschaftskritik, Berlin 1898

Ströbel, H.: Holz' Sozialaristokraten. In: Die Neue Zeit. 15,2 (1896/97), 20–25

ders.: Neue Dramen. In: Die Neue Zeit. 16,2 (1897/98), 233–239

ders.: Proletarier in der modernen Dichtung. In: Die Neue Zeit. 18,1 (1899/1900), 300–307

Swarzenski, G.: Moderne Kunst und Literatur auf dem sozialdemokratischen Parteitag.
In: NDR. 7 (1896), 1135–1137
Trotzki, L.: Literatur und Revolution, Wien 1924
Wahl, F.: Edgar Steiger zum Gedächtnis. In: Mitteilungen des Vereins Arbeiterpresse.
20 (1919), Nr. 189, 5–6
Wittfogel, K. A.: Zur Frage der marxistischen Ästhetik. In: Die Linkskurve. 2 (1930),
Nr. 5, 6–7; Nr. 6, 8–11; Nr. 7, 20–24; Nr. 8, 15–17; Nr. 9, 22–26; Nr. 10,
20–23; Nr. 11, 8–12

V. Naturalismusdiskussion in den »Preußischen Jahrbüchern«: Literaturkritik jenseits der
politischen Fronten

Bierbaum, O. J.: »Die neue Literatur«. In: Moderne Dichtung. 1 (1890), 78–86
Franz, R.: Theater und Volk, München o. J.
Fried, A.: Der Naturalismus. Seine Entstehung und Berechtigung, Leipzig u. Wien 1890
Harnack, O.: Notizen [u. a. über G. Hauptmanns »Vor Sonnenaufgang« u. A. Holz /
J. Schlaff: Die Familie Selicke] In: Preuß. Jb. 65 (1890), 352–355
ders.: [Über] A. Holz: Die Kunst. Ihr Wesen und ihre Gesetze, Berlin 1891. In: Preuß.
Jb. 67 (1891), 123
ders.: Poesie und Sittlichkeit. In: Preuß. Jb. 69 (1892), 44–49
ders.: [Über] Sarrazin: Das moderne Drama der Franzosen, Stuttgart (2. Aufl.) 1893.
In: Preuß. Jb. 74 (1893), 183
Hessen, R.: Die Berliner Freie Bühne. In: Preuß. Jb. 67 (1891), 14–27
Külpe, O.: Die ästhetische Gerechtigkeit. In: Preuß. Jb. 98 (1899), 264–293
Literarische Manifeste des Naturalismus 1880–1892, hrsg. v. E. Ruprecht, Stuttgart
1962
Die literarische Moderne. Dokumente zum Selbstverständnis der Literatur um die Jahrhundertwende, hrsg. v. G. Wunberg, Frankfurt 1971
Lorenz, M.: Gerhart Hauptmann. In: Preuß. Jb. 94 (1897), 487–496
ders.: Der Naturalismus und seine Überwindung. In: Preuß. Jb. 96 (1899), 481–498
ders.: [Über] A. Bartels, Die Deutsche Literatur der Gegenwart. Die Alten und Jungen,
Leipzig (3. Aufl.) 1900. In: Preuß. Jb. 99 (1900), 538–544
ders.: Die Literatur am Jahrhundert-Ende, Stuttgart 1900
ders.: [Über] H. Landsberg. Los von Hauptmann, Berlin 1900. In: Preuß. Jb. 101
(1900), 552–556
Spielhagen, Fr.: Gerhart Hauptmann: Einsame Menschen. In: Preuß. Jb. 67 (1891),
416–417
Thimme, A.: H. Delbrück als Kritiker der Wilhelminischen Epoche, 1955
Wolff, E.: Die bleibenden Ergebnisse der neuen literarischen Bewegung in Deutschland,
Berlin 1896 (= Fragen des öffentlichen Lebens. 10)
Zabel, L.: Die Stellung des Staats und der Gebildeten zu Hauptmanns »Webern«. In:
Die Gesellschaft. 9 (1895), 1098

VI. Das Soziale und die Programmatik der Moderne

Adorno, Th. W.: Ästhetische Theorie (hrsg. v. G. Adorno u. R. Tiedemann), Frankfurt
1970 (= Gesammelte Schriften. 7)
Aspekte der Modernität, hrsg. v. H. Steffen, Göttingen 1965
Bahr, H.: Zur Kritik der Moderne. Die Überwindung des Naturalismus, Dresden 1891
Berger, A. v.: Dramaturgische Vorträge, Wien 1890
Bleibtreu, C.: Revolution der Litteratur, Leipzig (5. Aufl.) 1889

ders.: Der Kampf um's Dasein in der Literatur, Leipzig 1889

Bölsche, W.: Die naturwissenschaftlichen Grundlagen der Poesie. Prolegomena einer realistischen Ästhetik, Leipzig 1887

ders.: [Selbstanzeige] Die naturwissenschaftlichen Grundlagen der Poesie. In: Der Kunstwart. 1 (1887/88), 28

ders.: Ziele und Wege der modernen Ästhetik. In: Moderne Dichtung. 1 (1890), 29–34

ders.: »Hinaus über den Realismus!« Ein Wort an die Siebenmeilenstiefler in der Kunst. In: Freie Bühne. 1 (1890), 713–715

ders.: Zur Ästhetik der Confusion. In: Freie Bühne. 2 (1891), 771–773

ders.: Die sozialen Grundlagen der modernen Dichtung. In: Sozialistische Monatshefte. 1 (1897), 23–28, 100–105, 564–567, 663–670

Brahm, O.: Der Naturalismus und das Theater. In: Westermanns Monatshefte. 35 (1891), 489–499

Bürkle, A.: Die Zeitschrift »Freie Bühne« und ihr Verhältnis zur literarischen Bewegung des deutschen Naturalismus, Diss. Heidelberg 1945

Carrieres, M.: Das Milieu. In: Die Gegenwart. 39 (1891), 343–345

Claus, H.: Studien zur Geschichte des deutschen Frühnaturalismus. Die deutsche Literatur von 1880–1890, Diss. Greifswald 1933

Dosenheimer, E.: Das deutsche soziale Drama von Lessing bis Sternheim, Konstanz 1949

Dresdner, A.: Das »Moderne« im Drama. Zur Verständigung. In: Der Kunstwart. 6 (1892/93), 337–342

Ehrenfels, Ch.: Wahrheit und Irrtum im Naturalismus. In: Freie Bühne. 2 (1891), 737–742

Ernst, O.: Die Scheu vor der Tendenzdichtung [Ref.] In: Der Kunstwart. 4,2 (1890/91), 5–7

Ernst, P.: Die Anfänge des modernen Dramas. In: Die Neue Zeit. 15,2 (1896/97), 452–460

Goldmann, K.: Die Sünden des Naturalismus, Aesthetische Untersuchungen, Berlin (1895)

Grottewitz, C.: Die Überwindung des Milieus. In: Magazin. 60 (1891), 455–457

ders.: Vom naturalistischen Menschenverstand. In: Magazin. 60 (1891), 519–522

Herrmann, Ch.: Die Weltanschauung Gerhart Hauptmanns in seinen Werken, Berlin u. Leipzig 1926 (= Philosophische Reihe. 82)

Hillebrand, J.: Naturalismus schlechtweg! In: Die Gesellschaft. 1 (1885), 232–237

Hilscher, E.: Gerhart Hauptmann, Berlin 1969

Holz, A.: Die Kunst. Ihr Wesen und ihre Gesetze, Berlin 1891. In: Das Werk von Arno Holz. Erste Ausgabe mit Einführung v. H. W. Fischer, Berlin 1925, Bd. 10

Kersten, G.: Gerhart Hauptmann und Lev Nikolajevič Tolstoj. Studien zur Wirkungsgeschichte von L. N. Tolstoj in Deutschland 1885–1910, Wiesbaden 1966 (= Frankfurter Abhandlungen zur Slavistik. 9)

Klaus, H.: Der Naturalismus und die Gesellschaft von heute. Briefe eines Modernen an Jungdeutschland, Hamburg 1886

Röhr, J.: Das Milieu in Kunst und Wissenschaft. In: Freie Bühne. 2 (1891), 341–345

Roth, H.: Die soziale Phrase. In: Die Nation. 12 (1894/95), 645–646

Scheuer, H.: Arno Holz im literarischen Leben des ausgehenden 19. Jahrhunderts (1883–1896). Eine biographische Studie, München 1971

Schlaikjer, E.: Der Einfluß des Kapitalismus auf die moderne dramatische Kunst. In: Die Neue Zeit. 12,2 (1893/94), 647–655

ders.: Soziales aus Dramen von Gerhart Hauptmann I (»Vor Sonnenaufgang« u. »Einsame Menschen«). In: Der Sozialdemokrat, v. 31. Mai 1894, 5–7

ders.: Soziales aus Dramen von Gerhart Hauptmann. II (»Die Weber«). In: Der Sozialdemokrat, v. 7. Juni 1894, 5–7

ders.: Soziales aus Dramen von Gerhart Hauptmann, III (»Hannele«). In: Der Sozialdemokrat, v. 28. Juni 1894, 5–7 *ders.*: Gerhart Hauptmanns Komödien (Kollege Crampton – Biberpelz). In: Der Sozialdemokrat, v. 2. Aug. 1894, 5–7

Starkenburg, H.: Der Kapitalismus in der Literatur. In: Die Gesellschaft. 11 (1895), 467–476

Wolff, E.: Sardon, Ibsen und die Zukunft des Deutschen Dramas. Kiel u. Leipzig 1891 (= Deutsche Schriften für Litteratur und Kunst. 1. Reihe, H. 1)

Ziegenfuß, W.: Gerhart Hauptmann. Dichtung und Gesellschaftsidee der bürgerlichen Humanität, Berlin 1948 (= Lebendige Soziologie)

Ziel, E.: Das Prinzip des Modernen in der heutigen deutschen Dichtung. Zeitgemäße Betrachtungen, München 1895

Zola, E.: Der Experimentalroman. Eine Studie, Leipzig 1904

Die Zukunft der deutschen Literatur im Urteil unserer Dichter und Denker. Eine Enquête. Von Curt Grottewitz. In: Das Magazin. 61 (1892), 123–124, 139–140, 157–158, 173–175, 188–189, 203, 236–237, 254, 271, 286, 340–342

VII. Naturalismus und Naturwissenschaft

Alberti, C.: Kunst und Darwinismus. In: Magazin. Bd. 111 (1887), 313–316 u. 330–333

ders.: Idealismus und Philistertum. Ein Beitrag zur Ästhetik des Realismus. In: Das Magazin. 57 (1888), 141–143 u. 162–166

Ammon, O.: Der Darwinismus gegen die Sozialdemokratie. Anthropologische Plaudereien, Hamburg 1891

Barth, Th.: Die Sozialdemokratie und die öffentliche Meinung. In: Grenzbote. 49 (1890), 130–134 u. 139

ders.: Der wachsende politische Einfluß des Arbeiterstandes. In: Die Nation. 12 (1894/95), 31

Bebel, A.: Die Frau und der Socialismus, Stuttgart (33. Aufl.) 1902.

Bleibtreu, K.: Realismus und Naturwissenschaft. In: Die Gesellschaft 4 (1888), 2–3

Bolle, F.: Darwinismus und Zeitgeist. In: Das Wilhelminische Zeitalter, hrsg. v. H. J. Schoeps, Stuttgart 1967, 235–287

Bölsche, W.: Charles Darwin und die moderne Ästhetik. In: Der Kunstwart. 1 (1887/1888), 125–126

ders.: Sozialismus und Darwinismus. In: Der sozialistische Akademiker. 2 (1896), 267–277

Bunge, G. v.: Die Alkoholfrage, Leipzig 1887

C., H.: Darwinismus contra Sozialismus. In: Die Neue Zeit. 8 (1890), 326–333 u. 376–386

Ex aequo. In: Grenzbote. 49 (1890), 97–104.

Ferri, E.: Socialismus und moderne Wissenschaft (Darwin – Spencer – Marx), Leipzig 1895

Gottschall, R. v.: Die Frauengestalten der modernen Bühne. In: Deutsche Revue. 20 (1895), 75–87

Haeckel, E.: Freie Wissenschaft und freie Lehre. Eine Entgegnung auf Rudolf Virchows Münchener Rede über »Die Freiheit der Wissenschaft im modernen Staat«, Stuttgart 1878

ders.: Der Monismus als Band zwischen Religion und Wissenschaft. Glaubensbekenntnis eines Naturforschers, Bonn 1893.

Jacobowski, L.: Die realistische Bewegung in der deutschen Litteratur der Gegenwart. In: Badische Akademische Blätter. 1 (1889), 189–190 u. 195–196

Ledebour, G.: Die Naturwissenschaft und die sozialdemokratische Theorie. In: Der Sozialdemokrat, v. 19. Apr. 1894, 1–3 u. v. 26. Apr. 1894, 1–3

Richter, E.: Sozialdemokratische Zukunftsbilder. Frei nach Bebel, Berlin 1893
Schiff, E.: Die naturwissenschaftliche Phrase. In: Freie Bühne. 1,1 (1890), 9–12
Starkenburg, H.: Darwinismus und Sozialismus. In: Die Gesellschaft. 11 (1895), 289–297
Vollmers-Schulte, F.: Gerhart Hauptmann und die Soziale Frage, Dortmund 1923
Wald, C.: Sozialdemokratie und Volksliteratur, Berlin 1889
Wiechmann, E.: Der Kampf mit geistigen Waffen gegen die Sozialdemokratie. In: Grenzbote. 49 (1890), 489–503
Ziegler, H. E.: Die Naturwissenschaft und die Socialdemokratische Theorie, ihr Verhältnis dargelegt auf Grund der Werke von Darwin und Bebel. Zugleich ein Beitrag zur wissenschaftlichen Kritik der Theorien der derzeitigen Sozialdemokratie, Stuttgart 1894
Zum Beginn. In: Freie Bühne. 1,1 (1890), 1–2

VIII. Schriftstellerische Praxis und politisches Engagement: zur ideologischen Standortbestimmung der Naturalisten

Alberti, C.: Berliner Köpfe: Gerhart Hauptmann. In: Neue Revue. 5 (1894), 782–783
Albrecht, F.: Beziehungen zwischen Schriftsteller und Politik am Beginn des 20. Jahrhunderts. In: F. Albrecht, Deutsche Schriftsteller in der Entscheidung. Wege zur Arbeiterklasse 1918–1933, Berlin u. Weimar 1970, 19–73
Alexander, N. E.: Studien zum Stilwandel im dramatischen Werk Gerhart Hauptmanns, Stuttgart 1964 (= Germanistische Abhandlungen. 3)
Avonianus [= pseud. R. Hessen]: Dramatische Handwerkslehre, Berlin 1895
Bahr, H.: Der Naturalismus im Frack. In: Die Nation. 7 (1889/90), 661-663
Barnstorff, H.: Die soziale, politische und wirtschaftliche Zeitkritik im Werke Gerhart Hauptmanns, Jena 1938 (= Jenaer Germanistische Forschungen. 34)
Bartels, A.: Gerhart Hauptmann, Weimar 1897
Böckmann, P.: Der Naturalismus Gerhart Hauptmanns. In: Gestaltprobleme. Günther Müller zu seinem 65. Geburtstage, hrsg. v. R. Alewyn u. a., Bonn 1957, 239–258
Boedecker, M. / Leisewitz, A.: Intelligenz und Arbeiterbewegung. Materialien zum politischen Verhalten der Intelligenz und zur Intelligenzpolitik der revolutionären deutschen Arbeiterbewegung bis zum VII. Weltkongreß der Kommunistischen Internationale. In: Soziale Stellung und Bewußtsein der Intelligenz, hrsg. v. Ch. Kievenheim u. A. Leisewitz, Köln 1973, 9–110
Bytkowski, S.: Gerhart Hauptmanns Naturalismus und das Drama, Hamburg u. Leipzig 1908 (= Beiträge zur Ästhetik. 11)
Chodera, J.: Das Weltbild in den naturalistischen Dramen Gerhart Hauptmanns, Poznań 1962
Eisner, K.: Zolas Werk. In: Die Neue Zeit. 21,1 (1902/03), 33–41
Endres, F.: Gerhart Hauptmann. Der Dichter der Übergangszeit, Lübeck 1932 (= Colemans kleine Biographien. 8)
Ernst, P.: Produktion und Publikum (Arne Gaborg). In: Freie Bühne. 1 (1890), 142-143
ders.: Die neueste literarische Richtung in Deutschland. In: Die Neue Zeit. 9,1 (1890/91), 509–519
Frenzel, K.: Der moderne Realismus. In: Vom Fels zum Meer. Jg. 1891, 156–160
Geerdts, H. J.: Gerhart Hauptmann. Die Weber, Diss. Jena 1952
Günther, M.: Die soziologischen Grundlagen des naturalistischen Dramas der jüngsten deutschen Vergangenheit, Diss. Leipzig 1912
Hanstein, A. v.: Die soziale Frage in der Poesie, Leipzig 1897
Hauptmann, G.: Das Abenteuer meiner Jugend, Berlin 1942 (= Das Gesammelte Werk. 1. Abt. 14. Bd.)

Herting, H.: Der Aufschwung der Arbeiterbewegung um 1890 und ihr Einfluß auf die Literatur, Diss. Berlin (Institut f. Gesellschaftswissenschaften b. ZK d. SED) 1961

Heyse, P.: Aus der Werkstatt, Berlin (5. Aufl.) 1912 (= P. Heyse, Jugenderinnerungen und Bekenntnisse, 2. Bd.)

Hilscher, E.: Gerhart Hauptmann, Berlin 1969

Holz, A.: Evolution des Dramas. In: A. Holz, Das Buch der Zeit, Dafnis, Kunsttheoretische Schriften, Neuwied 1962 (= Arno Holz Werke, hrsg. v. W. Emrich u. A. Holz, Bd. 5)

Hülsen, H. v.: Gerhart Hauptmann, Leipzig (2. Aufl.) 1927

Hundt, J.: Das Proletariat und die soziale Frage im Spiegel der naturalistischen Dichtung (1884–1890), Diss. Rostock 1931

Kantorowicz, A.: Der junge Gerhart Hauptmann und seine Zeit. In: Neue Welt. 8 (1953), 624-642 u. 744–761

Kniffler, C. B.: Die sozialen Dramen der achtziger und neunziger Jahre des 19. Jahrhunderts und der Sozialismus, Diss. Frankfurt 1929

Kreuzer, H.: Die Boheme. Beiträge zu ihrer Beschreibung, Stuttgart 1968

Litzmann, B.: Das deutsche Drama in den literarischen Bewegungen der Gegenwart, Hamburg u. Leipzig 1894

Lublinski, S.: Die Bilanz der Moderne, Berlin 1904

Lukács, G.: Skizze einer Geschichte der neueren deutschen Literatur, Neuwied 1963

ders.: Der historische Roman, Neuwied 1965 (= Werke 6. Probleme des Realismus 3)

ders.: Probleme der Ästhetik, Neuwied 1969, (= Werke 10)

ders.: Die intellektuelle Physiognomie des künstlerischen Schaffens. In: G. Lukács Essays über Realismus, Neuwied 1971, 151–196 (= Werke 4. Probleme des Realismus 1)

Lux, H.: Der Breslauer Sozialistenprozeß. In: Mit Gerhart Hauptmann. Erinnerungen und Bekenntnisse aus seinem Freundeskreis, hrsg. v. W. Heynen, Berlin 1922, 69–82

Mauthner, F.: Das Theater der Sozialdemokraten. In: Magazin. 60 (1891), 249–251

Nordan, M. (pseud. M. Südfeld): Entartung. Bd. 2, Berlin (2. Aufl.) 1893

Praschek, H.: Das Verhältnis von Kunsttheorie und Kunstschriften im Bereich der deutschen naturalistischen Dramatik, Diss. Greifswald 1957

Rasch, W.: Aspekte der deutschen Literatur um 1900. In: W. *Rasch*, Zur deutschen Literatur seit der Jahrhundertwende. Gesammelte Aufsätze, Stuttgart 1967, 1–48

Schwerte, H.: Deutsche Literatur im Wilhelminischen Zeitalter. In: Das Wilhelminische Zeitalter, hrsg. v. H. J. Schoeps, Stuttgart 1967, 121–145 (= Zeitgeist im Wandel. 1)

Speier, H.: Zur Soziologie der bürgerlichen Intelligenz in Deutschland. In: Die Gesellschaft. 6 (1929) 2. Bd., 58–72

Von einem Freunde: Bei Gerhart Hauptmann. In: Deutsche Revue. 20 (1895), 286–290

Wolff, E.: Geschichte der Deutschen Literatur in der Gegenwart, Leipzig 1896

IX. Das Theater des naturwissenschaftlichen Zeitalters: »Episches Theater« als Modell des Zeitstücks

Advocatus: Gerhart Hauptmanns »Florian Geyer«. In: Die Neue Zeit. 14,1 (1895/96), 581–588

Bahr, H.: Zur Überwindung des Naturalismus. Theoretische Schriften 1887–1904 (ausgew., eingel., u. erläuert v. G. Wunberg), Stuttgart 1968 (= Sprache und Literatur. 46)

Berg, L.: Realismus und Drama. In: L. Berg, Zwischen zwei Jahrhunderten. Gesammelte Essays, Frankfurt 1896, 388–399

Berger, A. v.: Dramaturgische Vorträge, Wien 1890

Bleibtreu, K.: Realismus und Naturwissenschaft. In: Die Gesellschaft (Litterarisch-kritische Rundschau). 4,1 (1888), 1–5

Bleich, E. H.: Der Bote aus der Fremde als formbedingender Kompositionsfaktor im Drama des deutschen Naturalismus (Ein Beitrag zur Dramaturgie des Naturalismus), Diss. Greifswald 1936

Bölsche, W.: Ein deutsches realistisches Drama [über G. Hauptmanns »Vor Sonnenaufgang«.] In: Die Gegenwart. 36 (1889), 234–236

ders.: Gerhart Hauptmanns Webertragödie. In: Freie Bühne. 3 (1892), 180–186

ders.: Los von Hauptmann! In: W. Bölsche, Hinter der Weltstadt. Friedrichshagener Gedanken zur ästhetischen Kultur, Jena u. Leipzig 1904, 100–113

Brausewetter, E.: Emile Zola als Dramatiker. In: Die Gesellschaft. 7 (1891), 249–255 u. 386–397

Brecht, B.: Schriften zum Theater 1–3 (hrsg. v. Suhrkamp Verlag in Zusammenarbeit mit E. Hauptmann), Frankfurt 1967 (= Bertolt Brecht. Gesammelte Werke. 15, 16 u. 17)

Bytkowski, S.: Gerhart Hauptmanns Naturalismus und das Drama, Hamburg u. Leipzig 1908

Chapiro, J.: Gespräche mit Gerhart Hauptmann, Berlin 1932

Doell, O.: Die Entwicklung der naturalistischen Form im jüngstdeutschen Drama (1880–1890), Halle 1910

Eckstein, E.: Irrtümer des Naturalismus. In: Das Magazin. 58 (1889), 692–695

Episches Theater, hrsg. v. R. Grimm, Köln u. Berlin 1966 (= NWB. 15)

Foth, M.: Realismus und Bühne. In: Die Deutsche Bühne. 4 (1898), 271–274

Frenzel, K.: Der moderne Realismus. In: Vom Fels zum Meer. (1891), 156–160

Gartelmann, H.: Dramatik. Kritik des Aristotelischen Systems, Berlin 1892

ders.: Zur Dramatik. Ein dramaturgischer Waffengang mit Professor Richard Maria Werner, Berlin 1896

ders.: Hebbel als Dramaturg. In: H. Gartelmann, Streitschriften vermischten Inhalts, Bremen (2. Aufl.) 1906, 56–64

Gerhart Hauptmanns »Einsame Menschen« auf dem Deutschen Theater. In: Das Magazin. 60 (1891), 207

Gerhart-Hauptmann-Jahrbuch 1948, hrs. v. F. A. Voigt, Goslar 1948

Gottschall, R. v.: Zur Kritik des modernen Dramas. Vergleichende Studien, Berlin 1900

Grotthuß, E. v.: Die dramatische Internationale [u. a. über G. Hauptmanns »Vor Sonnenaufgang«]. In: Velhagen und Klasings Neue Monatshefte. 1 (1889/90), 501–601

Gumppenberg, H. v.: Zur Fortentwicklung unserer Litteratur. Bemerkungen über die realistische Berechtigung der »idealistischen« Formen im Drama. In: Die Deutsche Bühne. 4 (1898), 223–226 u. 254–257

Harden, M.: Dramatische Aufführungen [u. a. über G. Hauptmanns »Vor Sonnenaufgang«]. In: Die Gegenwart. 36 (1889), 271

ders.: Dramatische Aufführungen [u. a. über A. Holz / J. Schlaf: Die Familie Selicke]. In: Die Gegenwart. 37 (1890), 254

ders.: Dramatische Aufführungen [über G. Hauptmanns »Friedensfest«]. In: Die Gegenwart. 37 (1890), 365–367

ders.: Dramatische Aufführungen [u. a. über G. Hauptmanns »Einsame Menschen«]. In: Die Gegenwart. 39 (1891), 46–47

Hartogs, R.: Die Theorie des Dramas im deutschen Naturalismus, Diss. Frankfurt 1931

Hauptmann, G.: Die Kunst des Dramas (hrsg. v. M. Machatzke), Berlin 1963

Heilborn, E.: Theater [über G. Hauptmanns »Florian Geyer«]. In: Die Nation. 13 (1895/96), 236–237

Hoefert, S.: Das Drama des Naturalismus, Stuttgart 1968 (= M 75)

Holz, A.: Die Freie Bühne [über G. Hauptmanns »Vor Sonnenaufgang«]. In: Das Magazin. 58 (1889), 716–717

ders.: Evolution des Dramas. In: Arno Holz Werke, hrsg. v. W. Emrich u. A. Holz, Neuwied 1962, Bd. 5

Kaberlin: Eine Fortentwicklung des deutschen Dramas [über G. Hauptmanns »Vor Sonnenaufgang«]. In: Das Magazin. 58 (1889), 696–700

ders.: Neurealistische Novellen. In: Das Magazin. 58 (1889), 713–716

ders.: Berliner Bühnenbrief [u. a. über G. Hauptmanns »Vor Sonnenaufgang«]. In Das Magazin. 58 (1889), 731–733

ders.: Berliner Bühnenbrief [u. a. über G. Hauptmanns »Vor Sonnenaufgang«]. In: Das Magazin. 58 (1889), 828–829

ders.: »Familie Selicke«. Von Arno Holz – Johannes Schlaf. In: Das Magazin. 59 (1890), 53–57

ders.: Jenseits von Schön und Häßlich. Einige »unästhetische« Vorbetrachtungen zu einer Ästhetik der Zukunft. In: Das Magazin. 59 (1890), 164–166 u. 180–181

Kayser, W.; Zur Dramaturgie des naturalistischen Dramas. In: Monatshefte. 48 (1956), 169–181

Kent, M.: Theater [u. a. über G. Hauptmanns »Einsame Menschen«]. In: Die Nation. (1890/91), 251–254

Kerr, A.: Technik des realistischen Dramas. In: A. Kerr, Das neue Drama, Berlin 1917, 425–445 (= Die Welt im Drama. 1)

Kretzer, M.: Objektivität und Subjektivität in der Dichtung. In: Der Kunstwart. 2 (1888/89), 353–356

Kulka, J.: Theaterform. In: Freie Bühne. 3 (1892) 72–76

Landsberg, H.: Los von Hauptmann!, Berlin 1900

Lenz, M.: Florian Geyer. In: Preuß. Jb. 84 (1896), 97–127

Lind, E.: Die Szenenbemerkungen bei Hermann Sudermann, Diss. Wien 1961

Link, R.: Hermann Sudermann und Gerhart Hauptmann. Eine vergleichende Betrachtung. In: Das Magazin. 60 (1891), 281–283

Litzmann, G.: Das naturalistische Drama. Von seiner Entstehung und Technik. In Mitteilungen d. literarhist. Gesell. Bonn 2 (1907), 309–327 (Diskussion: 327–336)

Mannsberg, P.: Einiges über die Grenzen zwischen Roman und Drama. In: Das Magazin. 111 (1887), 283–287

Martini, F.: Soziale Thematik und Formwandlungen des Dramas. In: DU. 5 (1953), H. 5, 73–100

Mauthner, F.: Einsame Menschen. Drama von Gerhart Hauptmann. In: Das Magazin. 60 (1891), 47–48

Mehring, F.: Gerhart Hauptmanns Florian Geyer. In: Die Neue Zeit. 14,1 (1895/96), 495–497

Moldauer, S.: Betrachtungen über moderne Schauspielkunst. In: Die Gesellschaft. 9 (1893), 101–113

Müller-Guttenbrunn, A.: Dramaturgische Gänge, Dresden u. Leipzig 1892

Müller-Riestedt, E.: Ästhetische Ketzereien. In: Die Deutsche Bühne. 4 (1898), 205–209

N., Emo: Sonnenaufgang? In: Moderne Dichtung. 1 (1890), 257–261

Savits, J.: Von der Absicht des Dramas, München 1908

Scherer, W.: Poetik, Berlin 1888

Schlag, H.: Das Drama. Wesen, Theorie und Technik des Dramas, Essen (2. Aufl.) 1917

Schlenther, P.: Theater. Freie Bühne: Das vierte Gebot. In: Freie Bühne 1 (1890), 142–143

Schwarzkopf, G.: Die Familie Selicke. In: Moderne Dichtung. 1 (1890), 261–263

Spielhagen, F.: Neue Beiträge zur Theorie und Technik der Epik und Dramatik, Leipzig 1898

Steiger. E.: Das Werden des neuen Dramas. I. Teil, Berlin 1898

Szondi, P.: Theorie des modernen Dramas, Frankfurt 1963 (= edition suhrkamp 27)

Thielmann, H.: Stil und Technik des Dialogs im neueren Drama (Vom Naturalismus bis zum Expressionismus), Düsseldorf 1937

Weitbrecht, C.: Das Deutsche Drama. Grundzüge seiner Ästhetik, Berlin (2. Aufl.) 1903
Woerner, U. C.: Gerhart Hauptmann, Berlin (2. Aufl.) 1901 (= Forschungen zur neueren Litteraturgeschichte. 4)
Ziegler, Th.: Die geistigen und socialen Strömungen des Neunzehnten Jahrhunderts, Berlin (2. Aufl.) 1901 (= Das Neunzehnte Jahrhundert in Deutschlands Entwicklung, hrsg. v. P. Schlenther, Bd. 1)

X. Tendenz oder Kunstwert: die Diskussion einer vermeintlichen Aporie

Alberti, C.: Die zwölf Artikel des Realismus. Ein litterarisches Glaubensbekenntnis. In: Die Gesellschaft. 5 (1889), 2–11
Arnheim, R.: Die Kunst dem Volke. In: Die Weltbühne. 24,1 (1928), 97–100
Bab, J.: »Episches Theater?«. In: Volksbühne. 4 (1929/30), 113–118
Berg, L.: Der Naturalismus. Zur Psychologie der modernen Kunst, München 1892
Bie, R.: O. S. In: Der Scheinwerfer. 3 (1929), H. 1, 12–14
Broch, H.: Das Böse im Wertsystem der Kunst. In: H. Broch, Dichten und Erkennen (hrsg. v. H. Arendt), Zürich 1955, Bd. 1, 311–350
Conrad, M. G.: Dichtung und Politik. In: Die Gesellschaft. 13 (1897), 1–4
Das Deutsche Drama. In Verbindung mit J. Bab u. a., hrsg. v. R. F. Arnold, München 1925
Eisenstein, S.: Drehbuch? Nein: Kino-Novelle!. In: Die Literatur. 32 (1929/30), 255–256
Erdmann, K.: Anrüchige Stoffe. In: Der Kunstwart. 6 (1892/93), 113–116
Ernst, O.: Die Scheu vor der Tendenzdichtung [Ref.]. In: Der Kunstwart. 4,2 (1890/91), 5–7
Frank, H.: Soll die Dichtung eine Tendenz haben? [Rundfrage]. In: Der Scheinwerfer. 2 (1928), 6
Franz, R.: Theater und Volk, München o. J.
ders.: Tendenzkunst und Kunsttendenz. In: Vorwärts. v. 11. Sept. 1910, 5
Fulda, L.: Moral und Kunst. In: Freie Bühne. 1 (1890), 5–9
Grötsch, R.: Kunst und Arbeiterschaft. In: Die Neue Zeit. 30,2 (1911/12), 799–800
Gumppenberg, H. v.: Zur Fortentwicklung unserer Literatur. Bemerkungen über die realistische Berechtigung der »idealistischen« Formen im Drama. In: Die Deutsche Bühne. 4 (1898), 223–226, u. 254–257
H., E.: Kino-Novellen. In: Die Literatur. 32 (1929/30), 252–253
Hamann, R.: Gerhart Hauptmann und sein Naturalismus. In: Die Gesellschaft. 16 (1900), 73–83
Hart, J.: Poesie und Tendenz [Ref.]. In: Der Kunstwart. 1,2 (1887/88), 317–318
Hasenclever, W.: Soll die Dichtung eine Tendenz haben? [Rundfrage]. In: Der Scheinwerfer. 2 (1928), 7
Haushofer, M.: Die socialen Fragen im Lichte der dramatischen Dichtung. In: Westermanns Illustrierte Deutsche Monatshefte. 81 (1896/97), 330–342
Hegel, G. W. F.: Vorlesungen über die Ästhetik (hrsg. v. H. Glockner), Stuttgart [Nachdruck] 1964 (= Sämtliche Werke. 14)
Heinrich, C.: Der Naturalismus und das deutsche Publikum. In: Die Gesellschaft. 10 (1894), 1476–1482
Hirsch, L.: Die jungen deutschen Schriftsteller. In: Der Scheinwerfer. 3 (1929/30), H. 1, 14–16
Kerr, A.: Was wird aus Deutschlands Theater. Dramaturgie der späten Zeit, Berlin 1932
Klaar, A.: Probleme der modernen Dramatik, München 1921 (= Philosophische Reihe. 36)
Koffka, F.: Vom »tätigen« und vom lebendigen Geist. In: Das junge Deutschland. 1 (1918), 155–159

Kornfeld, P.: Soll die Dichtung eine Tendenz haben? [Rundfrage]. In: Der Scheinwerfer. 2 (1928), 9

Krell, M.: Bilanz der Dichtung. In: Die neue Dichtung. 1 (1922/23), 257–268

Lasson, A.: Realismus und Naturalismus in der Kunst. In: Philosophische Vorträge, hrsg. v. d. Phil. Gesell. z. Berlin, Leipzig 1892, N. F., H. 22/23, 3–34

Lauenstein, A.: Kunst und Leben. In: Freie Bühne. 2 (1891), 761–765

Lissauer, E.: Das politische Theater. In: Die Scene. 20 (1930), 345–348

Märten, L.: Zur ästhetisch-literarischen Enquête. In: Die Neue Zeit. 30,2 (1911/12), 790–793

Mauerhof, E.: Das naturalistische Drama, Halle 1907

Mehring, F.: Ästhetisch-literarische Enquête. In: Die Neue Zeit. 30,2 (1911/12), 304

Michel, W.: Gesinnungstheater. In: Der Kunstwart. 40,2 (1927), 127–128

ders.: Deutsche Theaterprobleme der Gegenwart. In: Der Kunstwart. 41,2 (1928), 77–89

Moes, E.: Tendenzdramen. In: Der Scheinwerfer. 2 (1929), H. 14, 11–14

Ottwalt, E.: »Tatsachenroman« und Formexperiment. Eine Entgegnung an Georg Lukács. In: Die Linkskurve. 4 (1932), H. 10, 21–26

Paquet, A.: Soll die Dichtung eine Tendenz haben? [Rundfrage]. In: Die Scene. 17 (1927), 34

Piscator, E.: Das Politische Theater (Faksimiledruck der Erstausgabe 1929), Berlin 1968 (= Erwin Piscator. Schriften 1)

Preisendanz, W.: Der Funktionsübergang von Dichtung und Publizistik bei Heine. In: Die nicht mehr schönen Künste. Grenzphänomene des Ästhetischen, hrsg. v. H. R. Jauß, München 1968 (= Poetik und Hermeneutik. 3)

Schliepmann, H.: Ästhetischer Pessimismus. In: Freie Bühne. 1 (1890), 1226–1229

Sperber, H.: Kunst und Industrie I u. II. In: Vorwärts. Nr. 183, v. 7. u Nr. 189, v. 14. Aug. 1910

ders.: Berlin – Die Musikstadt. In: Vorwärts, Nr. 195, v. 21. Aug. 1910

ders.: Tendenziöse Kunst. In: Vorwärts, Nr. 207, v. 4. Sept. 1910

ders.: [Antwort auf einen Artikel von R. Franz im »Vorwärts« v. 11. Sept. 1910]. In: Vorwärts, Nr. 219, v. 18. Sept. 1910

ders.: Wo steckt der Dichter?. In: Vorwärts, Nr. 237, v. 9. Okt. 1910

ders.: Moderne Journalistik. In: Vorwärts, Nr. 245, v. 19. Okt. 1910

ders.: Humor. In: Vorwärts, Nr. 267, v. 13. Nov. 1910

ders.: Die Theatersaison. In: Vorwärts, Nr. 125, v. 31. Mai 1911

ders.: Klasseninstinkt und Kunstverständnis. In: Vorwärts, Nr. 135, 13. Juni 1911

Stampfer, F.: Klasseninstinkt und Kunstverständnis. In: Vorwärts, Nr. 132, v. 9. Juni 1911

ders.: Kunst und Klassenkampf. In: Die Volksbühne. 15 (1911), H. 9, 11–12

Strobel, H.: Gebrauchsmusik. In: Der Scheinwerfer. 2 (1928/29), H. 5, 5–7

Ströbel, H.: Humor. In: Vorwärts, Nr. 293, v. 15. Dez. 1910

ders.: Eine ästhetische Werttheorie. In: Die Neue Zeit. 29,1 (1911), 597–602

Valentin, M.: Agitpropspiel und Kampfwert. In: Die Linkskurve. 2 (1930), Nr. 4, 15–17

Weill, K.: Briefwechsel über Dreigroschenopern. In: Die Scene. 19 (1929), 63–65

ders.: Aktuelles Theater. In: Die Scene. 20 (1930), 4–7

ders.: Über meine Schuloper »Der Jasager«. In: Die Scene. 20 (1930), 232–233

Weltmann, L.: Zum deutschen Drama IV. Alfons Paquet. In: Die Literatur. 30 (1927/28), 441–444

Westhoven, K.: O. S. Landkarte contra Dichter. In: Der Scheinwerfer. 3 (1929), H. 2, 14–15

Wille, B.: Tendenz und Poesie. Eine Einleitung zur Ergründung eines Zeitproblems. In: Freie Bühne. 2 (1891), 465–468, 495–498 u. 516–521

Wolfenstein, A.: Soll die Dichtung eine Tendenz haben? [Rundfrage]. In: Der Scheinwerfer. 2 (1928), 21

Zarek, O.: Soll die Dichtung eine Tendenz haben? [Rundfrage]. In: Der Scheinwerfer. 2
(1928), 22

Zimmer, W.: Die »proletarische« Kunst?. In: Die Neue Zeit. 30,2 (1911/12), 793–799.

A., O. 226
Ackermann, W. 252
Adler, G. 23, 24, 26, 206, 207
Adorno, Th. W. 1, 124, 262
Advocatus 167, 278
Alberti, C. 22, 37, 136, 151, 152, 179, 180,
  188, 192, 203, 205, 266, 270, 285
Albrecht, A. 258
Albrecht, F. 269
Alexander, N. E. 271
Ammon, O. 144, 145, 268
Antoine, A. 205, 245
Arnheim, R. 288
Arnold, R. F. 285
L'Arronge, A. 204
Audax 232
Auerbach, A. 83, 241
Avonianus 271

B., B. 201
B., C. 208
B., E. 258
Baake, C. 28, 30
Bab, J. 239, 285, 286
Baginski, M. 41, 42, 74, 79, 160, 215, 216,
  233, 238, 250, 267, 270
Baginski, R. 30
Bahr, H. 205, 252, 265
Balzac, H. de 172
Bar, L. v. 96, 251
Barck, K. 197
Barnstorff, H. 272
Bartels, A. 64, 152, 223, 244, 261, 271, 278
Barth, Th. 95, 96, 250, 251, 267
Bauer, E. 90, 244
Bebel, A. 40, 41, 109, 111, 136, 139, 140,
  141, 145, 146, 148, 210, 248, 267, 268,
  269
Bennigsen, v. 220
Benst, F. A. v. 201
Bérard, R. 104, 105, 106, 107, 108, 109, 256
Berg, L. 177, 178, 189, 192, 276, 281, 284,
  290

Berger, A. v. 132, 206, 207, 265, 276
Bergsträsser, L. 197
Bernatzki, E. 202
Bernay, L. 204
Bernstein, E. 269
Bertelt, R. 43
Bie, R. 183, 287
Bielig, K. 258
Bierbaum, O. J. 261
Bischoff, H. 200
Bismarck, O. v. 4, 109, 157, 197, 198
Bleibtreu, K. 87, 123, 131, 132, 162, 164,
  254, 264, 266, 278
Bleich, E. H. 174, 282, 283
Blumberg, H. 237
Blumenthal, O. 202
Bock, H. M. 211, 212
Boedecker, M. 211, 270
Bolle, F. 268
Bollnow, H. 198
Bölsche, W. 28, 30, 43, 81, 82, 126, 127,
  128, 129, 130, 133, 135, 136, 168, 169,
  186, 203, 239, 252, 263, 264, 265, 266,
  269, 276, 279, 280
Born, K. E. 197, 198
Böttger 36
Brahm, O. 30, 37, 63, 64, 102, 125, 152,
  194, 203, 204, 205, 222, 223, 228, 244,
  253, 254, 262
Brandt, P. A. 252
Braun, G. 196
Brauneck, M. 199, 258
Brausewetter, E. 282
Brecht, B. 1, 49, 50, 86, 124, 130, 162, 164,
  170, 171, 175, 179, 183, 185, 186, 276,
  279, 280, 285, 286, 287, 288, 289
Bredel, W. 284
Brentano, L. 206, 236
Broemel, M. 229, 230
Bromme, W. 109
Bronnen, A. 287
Bubendey, J. F. 201
Bulthaupt, H. 18, 69, 87, 91, 92, 93, 204,

229, 245
Bunge, G. v. 154, 267
Burckhardt, M. 201
Burkhardt, J. 104
Bürkle, A. 124, 136, 137, 262, 285
Büttner, H. 43
Bytkowski, S. 153, 169, 170, 271, 281, 282

C., H. 268
Calderón de la Barca, P. 96
Carrieres, M. 266
Chapiro, J. 168, 279
Claassen, R. 257
Claus, H. 264
Cohen, A. 92, 245, 247
Conrad, M. G. 205, 242, 284
Conradi, H. 203
Corneille, P. 246
Crane, W. 254

D., F. 227
Dahms, G. 201
Dantert 66
Darwin, Ch. 135, 137, 142, 144, 146, 266, 267, 268
Dehn, W. 197
Delbrück, H. 260
Deutschinger, Fr. 43
Dickens, Ch. 177
Dierig 75
Dobb, M. 197
Doell, O. 281
Dostojewsky, F. M. 247, 280
Dresdner, A. 43, 208, 264
Driclaud, J. 196
Dubois, F. 245
Dupont, P. 39, 40
Durzak, M. 196

Eck-Troll, M. 258
Ehrenfels, Ch. 264
Eisenstein, S. 288
Eisner, K. 112, 258, 273
Elster, E. 236
Elster, O. 69, 229
Emrich, W. 283
Engel-Reimers, Ch. 201
Engelberg, E. 197
Engels, F. 4, 7, 40, 41, 42, 197, 210, 211, 212, 242
Erdmann, G. A. 206
Erdmann, K. 285
Erich, O. 208

Ernst, O. 126, 186, 187, 263, 289
Ernst, P. 41, 155, 172, 252, 263, 273
Etienne, P. (Vigné) 92
Eulenburg, B. Graf zu 71

Feidel-Mertz, H. 208
Feldmann, F. 52, 53, 68, 74, 220, 233, 235
Felsing, O. 12, 201
Ferri, E. 146, 267, 269
Fetting, H. 205
Feuerherdt, R. 201
Fieguth, R. 196
Fischer, H. W. 262
Fischer, P. D. 243
Fischer, S. 204, 237, 244, 252
Fitger, A. 248
Flaubert, G. 157
Fleißer, M. 183, 280
Flöter 35
Fontane, Th. 82, 239, 240
Fortunatow, N. 196
Foth, M. 278
Frahne, C. 235, 238
Frank, H. 183, 287
Franke, A. 258
Franz, R. 191, 192, 193, 257, 261, 291, 292
Franzos, G. 204
Franzos, K. E. 229
Freiligrath, F. 176
Frenzel, K. 44, 89, 156, 165, 202, 243, 273, 276
Frey, S. 200
Freytag, G. 96, 97, 236, 251
Friedmann, F. 203
Friedrich, C. 210
Friedrich, W. 210
Friedrich Wilhelm von Preußen 16
Frohme, K. 109, 110, 111
Fuchs, G. 201
Fülberth, G. 214, 252, 255
Fulda, L. 179, 180, 191, 204, 285

Gaghardi, E. 222
Garborg, A. 273
Gartelmann, H. 277, 283
Geerdts, H. J. 85, 86, 160, 242, 275
Genée, R. 206
George, H. 274
Gerisch, A. 30
Glockner, H. 284
Goethe, J. W. v. 150, 192, 205, 246
Goldmann, K. 131, 132, 133, 265
Goncourt, E.-L.-A. H. de 272

Goncourt, J. A. H. de 272
Gottschall, R. v. 140, 267, 276
Grelling, R. 36, 50, 51, 56, 57, 58, 60, 61,
    63, 64, 82, 150, 202, 214, 216, 217, 218,
    219, 240, 249, 262
Gros, J. M. 245
Grottewitz, C. 265, 266
Grotthuß, J. E. v. 217, 245, 283
Grötzsch, R. 291
Gumppenberg, H. v. 188, 276, 278, 289
Günther, M. 271
Guthke, K. S. 238, 239

H., E. 288
H., M. 203
H., O. N. 227
Haacke, W. 243
Habermas, J. 50
Hachmann, C. 31
Haeckel, E. 137, 142, 143, 144, 146, 268
Haenisch, K. 256, 258
Halbe, M. 43, 191
Hamann, R. 189, 290
Hammer, F. 242
Hamon, H. 248
Hanstein, A. v. 43, 252, 272
Harden, M. 43, 169, 203, 204, 205, 207,
    240, 242, 243, 276, 278, 282
Hardenberg, v. 15
Harnack, O. 117, 260
Hart, J. 28, 30, 35, 43, 52, 102, 177, 178,
    192, 204, 206, 216, 252, 284
Hartleben, O. E. 43, 204, 208, 223, 252
Hartogs, R. 281
Hasenclever, W. 183, 287
Hauptmann, G. 6, 21, 25, 31, 42, 50, 52,
    54, 56, 57, 58, 60, 61, 62, 63, 64, 65, 66,
    67, 68, 69, 70, 71, 73, 74, 76, 77, 78,
    79, 80, 81, 82, 83, 84, 86, 87, 89, 91, 92,
    93, 95, 96, 97, 100, 101, 102, 110, 111,
    112, 115, 116, 118, 119, 120, 123, 124,
    127, 128, 131, 132, 140, 141, 147, 149,
    150, 151, 152, 153, 154, 155, 159, 160,
    161, 163, 166, 167, 168, 169, 173, 174,
    175, 177, 178, 188, 189, 190, 191, 194,
    196, 197, 204, 205, 214, 215, 216, 217,
    218, 219, 222, 223, 224, 225, 226, 227,
    228, 229, 230, 231, 235, 236, 237, 238,
    239, 240, 241, 242, 243, 245, 246, 247,
    249, 250, 251, 252, 253, 256, 259, 260,
    261, 262, 263, 264, 265, 270, 271, 272,
    274, 275, 276, 277, 278, 279, 280, 281,
    282, 283, 288, 290

Hauptmann, R. 151
Haushofer, M. 289
Hebbel, F. 218, 259, 277
Hecht, W. 280, 288
Heeremann, v. 250
Hegel, G. W. F. 106, 125, 167, 176, 180,
    182, 183, 184, 185, 188, 189, 277, 284,
    286, 289, 290
Hegeler, W. 43
Heijermans, H. 190
Heilborn, E. 166, 278
Heindl, R. 202
Heine, H. 286
Heine, W. 36, 37, 38
Heinrich, C. 290
Henckell, K. 34, 67, 252, 265
Henneberg, P. 202
Hepke, 233
Herkner, H. 198, 236, 248
Herrig, H. 206
Herrmann, Ch. 263
Herrmann, R. D. 202
Herting, H. 84, 85, 86, 160, 241, 272, 275
Herwegh, G. 176
Hessen, R. 117, 118, 149, 152, 261, 271
Heymann, R. 201
Heynen, W. 270
Heyse, P. 204, 270
Hillebrand, J. 125, 186, 262
Hillmann, H. 197, 192
Hilscher, E. 160, 161, 264, 275
Hinckeldey 16, 17
Hirsch, L. 287
Hirsch, P. 256
Hirschfeld 191
Hoefert, S. 279
Hofmannsthal, H. v. 274
Hohendahl, P. U. 196
Holländer, V. 43
Holz, A. 283
Holz, A. 125, 155, 156, 169, 172, 205, 243,
    252, 253, 259, 260, 262, 264, 273, 278,
    283, 288
Houben, H. H. 202, 203, 214
Hundt, J. 271
Hütter 35

Ibsen, H. 209, 223, 229, 241, 247, 254, 265,
    280
Iser, W. 196

Jacobowski, L. 266
Jahnke, H. 31, 32, 209

Jaurès, J. 112
Jauß, H. R. 2, 3, 196, 286
Jhering, H. 279
Jordan, W. 177

K., J. 225
K., K. 201
Kaatz, H. 205
Kaberlin 279
Kampffmeyer, B. 43
Kampffmeyer, P. 41, 43, 256
Kant, I. 114, 115, 166, 176, 180, 193, 277
Kantorowicz, A. 270
Kauffmann 46
Kautsky, K. 256, 269
Kayser, W. 283
Keitel, W. 240
Kellen, T. 201
Kent, M. 169, 223, 282
Kern, A. 236
Kerr, A. 183, 276, 287
Kersten, G. 263
Kievenheim, Ch. 211, 270
Kirchbach, W. 240, 243
Kirchner, F. 65, 224
Klaar, A. 284
Klaar, E. 210
Kleefeld, K. 202
Klein, A. 233
Klein, E. 73, 74, 75, 76, 77, 79, 80, 215, 231, 232, 233, 234, 235
Kliche, D. 197
Kliche, J. 258
Kniffler, C. B. 153, 272
Köberle, G. 199, 206
Koch, H. 113, 259, 260
Koffka, F. 184, 288
Kohler, J. 204
Köller, v. 250, 251
Korn 209
Kornfeld, P. 184, 185, 288
Köstler, E. 196
Kraus, E. 242
Kraus, K. 222
Krause, E. 252
Krell, M. 183, 287
Kreuzer, H. 270
Kries, C. G. 235
Krille, O. 200, 209, 210
Kuczynski, J. 197, 201, 219, 237
Kulka, J. 275
Külpe, O. 121, 261
Kuntze, K. 237

Kupfer-Kahn, L. M. 253
Kuroff, A. 248, 249

L., Dr. 227
L., R. 231
Lafargue, P. 200
Lampel, P. M. 183, 288
Land, H. 207
Landauer, E. 236
Landauer, G. 41, 43, 249, 251, 252
Landsberg, H. 168, 261, 278, 281
Lange, G. 32
Lassalle, F. 109
Lasson, A. 286
Lauenstein, A. 284
Ledebour, G. 147, 148, 209, 213, 269
Leisewitz, A. 211, 270
Lenz, J. M. R. 254
Lenz, M. 278
Lenzer, R. 197
Lessing, E. 43
Lewinsky, J. 250
Leuthold, J. 204
Liebknecht, W. 68, 69, 99, 100, 101, 102, 104, 105, 106, 109, 110, 111, 112, 139, 141, 159, 191, 213, 217, 226, 251, 252, 253
Lienhard, F. 208, 244, 245
Lier, L. 206
Lind, E. 281
Lindau, P. 204
Link, R. 166, 278
Linse, U. 212
Lissauer, E. 287, 288
Litzmann, B. 91, 244, 265, 271
Litzmann, G. 281
Lochmüller, W. 236, 237
Löffler, D. 196
Lorenz, M. 117, 118, 119, 120, 261
Lorenz, P. 201
Lubbers, K. 196
Lubliniski, S. 64, 65, 153, 154, 223, 272
Lukács, G. 113, 114, 157, 158, 159, 160, 161, 173, 178, 184, 187, 191, 192, 255, 258, 260, 273, 275, 283, 284, 289, 291, 292
Lux, H. 270
Luxemburg, R. 33, 210

M., F. 203
Macchiavelli, N. 198
Machatzke, M. 275, 283
Maeterlinck, M. 223

Mahn, P. 81, 239
Maitron, J. 245
Maltzahn, H. v. 29, 206
Mandelkow, K. R. 2, 197
Mann, H. 274
Mann, Th. 274
Mannheimer, A. 206
Mannsberg, P. 282
Mardon, N. C. 201
Mario, C. 203
Marschalk, M. 43
Märten, L. 291
Martini, F. 175, 240, 283
Marwitz, B. 201
Marx, K. 7, 13, 56, 102, 109, 112, 185, 196, 197, 218, 226, 241, 242, 267, 269
Mauerhof, E. 188, 290
Maupassant, H.-R.-A.-G. de 157
Mauser, W. 196
Mauthner, F. 43, 51, 82, 169, 205, 213, 215, 240, 272, 282
Max, G. 249
May, K. 239, 240
Mehring, F. 40, 43, 44, 47, 57, 58, 62, 99, 103, 112, 113, 114, 115, 116, 119, 120, 130, 159, 210, 211, 214, 218, 236, 255, 259, 260, 271, 275, 278, 289, 290
Merchel 238
Merian, H. 82, 83, 240
Meyer, Ch. 232, 236
Michel, E. 4, 197
Michel, W. 183, 287
Miecker, G. 30
Mielke, H. 253
Minutoli, A. v. 235, 236
Misch, R. 201
Moes, E. 185, 288
Moldauer, S. 276
Moltke, H. Graf v. 109
Mommsen, Th. 249
Mommsen, W. 197
Morus, Th. 268
Most, J. 42, 92, 95, 212, 223, 247
Mottek, H. 197
Müller, H. 212
Müller-Guttenbrunn, A. 276
Müller-Riestedt, E. 278
Münchow, U. 85, 86, 242, 255, 256
Musäus, J. 237

N., R. 226
Naumann, F. 248
Naumann, M. 196

Nelten, L. 64, 204, 223
Nestriepke, S. 29, 208, 211, 213, 214
Neuhaus, M. 211
Neumann-Hofer, O. 205
Nietzsche, F. 104, 253
Nordan, M. 270

Obscurus 229
Oertel, G. 243
Opet, O. 201
Oppel, A. 236
Osterwald, H. 200
Otto, U. 202
Ottwalt, E. 192, 284, 291

Paetzold, U. 201
Paquet, A. 183, 184, 288
Paris, H. 34
Piscator, E. 49, 183, 185, 288, 291
Pissemski, A. F. 37
Platon 268
Plechanow, G. 248
Potthoff, H. 237
Praschek, H. 271, 272
Preisendanz, W. 286
Proelß, J. 76, 77, 79, 80, 237
Prölß, R. 243

Raapke, H. D. 208
Rabold, E. 258
Ramseger, G. 244
Rasch, W. 273, 274, 275, 277
Reich, E. 103, 104, 254
Reichwage, S. 259
Remer, P. 205
Reuter, F. 31, 32
Richter, E. 139, 267
Richthofen, B. Frhr. v. 54, 55, 56, 65, 72, 82, 215
Rocker, R. 212, 247
Rodenberg, J. 243
Röhr, J. 266
Rosenberg, H. 90, 197, 198, 244
Roth, G. 109, 255, 256, 257
Roth, H. 123, 130, 131, 264, 266
Rühle, O. 209
Ruprecht, E. 261

S. 227
S. Dr. 235
Sacher-Masoch, L. v. 242
Sardou, V. 265
Savits, J. 276

Schabelsky, E. v. 72, 221
Schäfer, A. 237, 238
Scherer, W. 135, 276
Scherf, E. M. 196
Scheuer, H. 264
Schiff, E. 137, 138, 266
Schifrin, A. 256
Schirmer, W. 31, 32
Schiller, Fr. 7, 36, 66, 94, 96, 109, 170,
    206, 207, 209, 260, 288, 291
Schlaf, J. 155, 169, 243, 252, 253, 260, 278
Schlag, H. 281, 289
Schlaikjer, E. 7, 9, 83, 84, 125, 199, 200,
    201, 241, 262
Schleifstein, J. 259
Schlenstedt, D. 197
Schlenther, P. 21, 82, 83, 96, 97, 173, 174,
    194, 201, 204, 205, 238, 240, 251, 276,
    282, 283
Schliepmann, H. 284
Schmidt, C. 28, 30, 37
Schmidt, H. 201
Schmidt, O. 269
Schmoller, G. 56, 57, 206, 236, 238
Schneer, A. 235, 236, 238
Schneider, H. 238
Schneidt, K. 212
Schnitzler, A. 191
Schnorr von Carolsfeld, J. 256
Schoeps, H. J. 197, 274
Schröder, W. 248, 256
Schubert, Dr. 75, 234
Schücking, L. 176
Schulenburg, W. 208
Schultze, S. 248
Schulz, H. 209
Schumann, O. 237
Schwab-Felisch, H. 214, 215
Schwarzkopf, G. 281
Schweichel, R. 100, 101, 102, 105, 106,
    110, 112, 218, 252, 253, 259
Schwerte, H. 274
Seelig, L. 201
Seidel, B. 197, 198
Seiffarth, E. 209, 210
Seilliere, E. 258
Selo, H. 208
Sengle, F. 288
Shakespeare, W. 246
Singer, P. 41, 68, 69
Sinzheimer, L. 202
Skrzypczak, H. 210
Sommer, D. 196

Sommer, M. 202
Speier, H. 273
Spencer, H. 146, 267
Sperber, H. 190, 191, 192, 193, 200, 254,
    290, 291, 292
Spielhagen, F. 76, 165, 166, 173, 236, 240,
    277, 278, 282, 283
Spiess, H. 196
Spiethoff, A. 197
Stadthagen 226
Staenicke, E. 201
Staffelberg, A. 212
Stahl, F. 216
Stampfer, F. 191, 291
Starkenburg, H. 249, 264, 268
Steffen, H. 262
Stegmann, D. 197, 198, 244
Steiger, E. 63, 64, 83, 84, 104, 105, 106,
    107, 108, 109, 110, 112, 113, 114, 115,
    159, 160, 165, 217, 223, 254, 256, 257,
    277
Stöcker, A. 198
Stoeckius, A. 263
Stolberg, O. Graf zu 78
Strindberg, A. 241
Strobel, H. 289
Ströbel, H. 191, 192, 253, 290, 291
Strzelewicz, W. 208
Stumm-Halberg, K.-F. Frhr. v. 94
Sudermann, H. 166, 203, 281
Sulger-Gebing, E. 170, 240, 282
Swarzenski, G. 111, 258
Sybel, H. 237
Szondi, P. 174, 175, 240, 283

Taine, H. 158
Teistler 41
Telmann, K. 96, 251
Thalheimer, A. 275
Thalosso, A. 205
Thielmann, H. 281
Thienemann, M. 161
Thimme, A. 260
Thoma, H. 249
Thorel, J. 245
Tiedemann, R. 262
Tolstoj, L. N. 241, 263, 271
Tretjakow, S. 284
Trotzki, L. 254
Trüdjen, M. 245
Türk, J. 28, 30, 37, 38, 39, 43, 46, 211

Vaillant 92, 245, 247

Valentin, M. 287
Vigné, P. 246, 247
Virchow, R. 142, 143, 268, 269
Vogt, A. 206
Vogt, K. 201
Voigt, F. A. 283
Volkelt, J. 87, 88, 242, 243, 254
Vollmers-Schulte, E. 267

Wahl, F. 254
Wald, C. 267
Walkotte, E. 222
Walloth, W. 203
Walter, A. 196
Walser, M. 14, 201
Wedekind, F. 274
Wehler, H.-U. 4, 197, 198, 255
Weill, K. 183, 287, 288, 289
Weimann, R. 196
Weinrich, H. 196
Weischedel, W. 277
Weitbrecht, C. 278, 279
Weltmann, L. 184, 288
Wengraf, E. 10, 200
Werner, R. M. 283
Werner, W. 30
Westarp, A. v. 244
Westenberger, B. 199
Westhoven, K. 287
Westphalen, v. 17
Wickert, E. 204
Wiechmann, E. 268
Wiedecke 34
Wiese, B. v. 239
Wilbrandt, R. 236

Wildberger, C. 28, 30, 41
Wildenbruch, E. v. 229
Wilhelm II. 71, 80, 109, 198, 203, 231
Wille, B. 23, 24, 28, 29, 30, 32, 35, 37, 38, 39,
    40, 41, 43, 66, 103, 181, 182 206, 207,
    208, 211, 212, 213, 214, 252, 267, 286
Witte-Wild 59
Wittfogel, K. A. 113, 114, 260
Woerner, U. C. 281
Wolfenstein, A. 288
Wolff, E. 155, 207, 265, 273
Wolff, H. M. 238, 239
Wolff, Th. 204
Wolff, W. 56, 215, 218
Wolgast, H. 207
Wolzogen, E. Frhr. v. 43
Woringen, v. 78
Wunberg, G. 261
Wurm, E. 67

Z., L. 230, 261
Zabel, E. 69, 225, 229
Zacharias, E. L. 196
Zarek, O. 287
Zehder, H. 292
Ziegenfuß, W. 263
Ziegler, F. 236
Ziegler, H. E. 145, 146, 147, 148, 268, 269
Ziegler, Th. 165, 276
Ziegs, A. 196
Zimmer, W. 291
Zimmermann, A. 56, 57, 77, 78, 79, 80,
    215, 219, 238
Zola, E. 90, 127, 133, 135, 136, 158, 172,
    189, 247, 265, 273, 276, 278, 280, 282